LE DIABLE POUR PÈRE

Introduction à la question juive

Le Diable pour père
Introduction à la question juive
Articles tirés de la revue Sodalitium

Publié par
OMNIA VERITAS LTD

www.omnia-veritas.com

FOI, MORALE ET RITES DE LA RELIGION JUIVE ... 21

INTRODUCTION ... 21
LE PASSÉ : LA NAISSANCE CHEZ LES JUIFS ... 22

La circoncision ... *23*
L'éducation des fils ... *23*
L'autorité des rabbins ... *24*
Les prêtres et les lévites ... *24*
Les prières ... *25*
Les songes ... *25*
Le serment ... *26*
La confession ... *26*
La fête du Sabbat ... *26*
L'enfer et le Paradis ... *27*

LE PRÉSENT ... 27

Le système juridique ... *29*
Être juif... Aujourd'hui ... *30*

CONCLUSION ... 35
BIBLIOGRAPHIE ESSENTIELLE ... 35

LA CONDAMNATION À MORT DE JÉSUS ... 37

LE SANHÉDRIN AU TEMPS DE JÉSUS : LES PERSONNES ... 37
LIMITATION DES POUVOIRS DU SANHÉDRIN APPORTÉE PAR ROME (10 APRÈS J.-C.) ... 38
MORALITÉ DES PERSONNES QUI JUGÈRENT JÉSUS ... 39

a) La chambre des Prêtres ... *39*
a) La chambre des Scribes ... *40*
c) La chambre des Anciens ... *40*

LES ACTES DU SANHÉDRIN : LEUR VALEUR ... 41

a) La première réunion du Sanhédrin ... *41*
b) La deuxième réunion du Sanhédrin ... *42*
c) La troisième réunion du Sanhédrin ... *42*

Règles juridiques obligatoires au Sanhédrin dans les débats de toute cause criminelle 42
Le Sanhédrin a violé toute règle de justice dans le procès de Jésus 43
Conclusion 44

LA QUESTION DU MESSIE 45

Introduction 45
Histoire de la question du Messie à partir de la Diaspora 46

Une période d'inquiétude (70-135 après J.-C.) 47
Les calculs des 70 semaines 48
Signification du compte des soixante-dix semaines 49
Période de desespoir et de silence : le Moyen-Âge 51
Le rabbinat essaye d'étouffer le problème du Messie 52
L'étude du Talmud se substitue à celle de la Bible 53
Période de rationalisme et d'indifférence (XVIIIème - XIXème siècles) 54

Le Messie regardé comme un mythe 54

France et Allemagne 55
Réfutation du mythe messianique 55
Les prophéties messianiques de l'Ancien Testament se sont accomplies en Jésus-Christ . 56

L'Esperance d'une ultime phase future : la conversion 58

Un confirmatur du juif converti Rocca d'Adria 59

LES TOLEDOTH JESHU : L'ANTI-ÉVANGILE JUIF 63

Introduction 63
La tradition textuelle 66

1) Classification 67
2) Le groupe « Pilate » (P) : les Toledoth en araméen 67
3) Le groupe « Hélène » 67
4) La première édition imprimée des Toledoth 68
5) Le groupe « Hélène ». Le type « Slave » 68
6) Le groupe « Hérode » : l'édition de Huldricus des Toledoth 68

LES TEXTES DES TOLEDOTH : 68

    1) Les Toledoth en araméen 69
    2) Le groupe « Hélène ». Le manuscrit de Strasbourg 70
    3) Les textes italiens 72
    4) Les Toledoth slaves 73
    5) La version Huldricus 74

L'HISTOIRE DANS LES TOLEDOTH 75

    Introduction 75
    Différentes versions de la naissance de Jésus 75
    Le nom de Jésus 76
    Jésus et la magie 77
    Theories sur les origines des toledoth 77
    Epilogue 78

LA CABALE 80

    PROLOGUE 80
    LA TRADITION CATHOLIQUE ET LA TRADITION CABALISTIQUE 81

        La tradition catholique 81
        L'ancienne cabale des juifs 82
        Définition de la cabale 82

    LE TALMUD 85

        Les parties intégrantes du talmud 86
        Les PÈREs de l'Église et la tradition judaïque 87
        Redaction de la Mischna ou tradition orale 87
        Supplements ou commentaires oraux de la Mischna 88
        Origine de la Ghemara ou commentaire de la Mischna, mis par écrit 88
        La ghemara de Jérusalem (279 après J.-C.) 88
        La Ghemara de Babylone (avant le VIème siecle après J.-C.) 89
        Rapports entre mischna et ghemara 89
        Corruption de la cabale juive 90
        De Moïse (1300 avant j.-c.) a la captivite de Babylone (586 avant j.-c) : Satan contre le dogme du Dieu unique et véritable 91

Apres le retour de la captivité de Babylone (environ 516 avant j. c.) : Satan attaque le dogme du Christ redempteur 93

LA SYNAGOGUE EST ENVAHIE PEU À PEU PAR LES TÉNÈBRES 95

La synagogue et le dogme de la T. S. Trinité 97
L'enseignement officiel de l'ancienne synagogue fut exempt des ténèbres de l'erreur jusqu'au jeudi saint 98

COMPARAISON ENTRE LA TRADITION CATHOLIQUE ET LA FAUSSE CABALE 99

La tentative de la cabale pervertie de détruire le Christianisme : le gnosticisme chrétien 100
La philosophie moderne et la gnose 101
La cabale à l'interieur de l'"Église conciliaire" 102

CONCLUSION 104

Note 105

RAPPORTS ENTRE JUDAÏSME ET FRANC-MAÇONNERIE **108**

INTRODUCTION 108
L'ORIGINE DE LA FRANC-MAÇONNERIE (ARGUMENTS D'AUTORITÉS HÉBRAÏQUES, MAÇONNIQUES ET CATHOLIQUES) 108

Les juifs dans la préparation de la Franc-Maçonnerie 113
Les juifs à l'origine de la Franc-Maçonnerie 113
Direction juive de la Franc-Maçonnerie ? 115
Antagonisme de fins et identité de travail entre Franc-Maçonnerie et judaïsme 116

QUE FAIRE ? 116

La théologie de la Franc-Maçonnerie est celle de la cabale 117
Les droits de l'Homme remplacent ceux de Dieu 117
But de la cabale et de la Franc-Maçonnerie 118
Les juifs maîtres dans la Franc-Maçonnerie 119

JUDAÏSME ET FRANC-MAÇONNERIE (ARGUMENTS DE RAISON) 120

Constitution des communautés juives en sociétés secrètes et leuRévolution de défensives en offensives 121
La nation hébraïque 122
Le gouvernement national hébraïque 123
Le gouvernement national juif est un gouvernement occulte comme celui de la Franc-Maçonnerie 124
Traces historiques du gouvernement national juif 124
L'action judéo-maçonnique dans la confrontation au Christianisme 127
Le judaïsme religion est une secte secrète 127
Le siècle des lumières, le judaïsme et la Franc-Maçonnerie 128
La Franc-Maçonnerie collecteur de toutes ces forces antichrétiennes 129
Lucifer et la Franc-Maçonnerie 130

Conclusion 132

L'unique vrai remède contre la judéo-maçonnerie 133

L'HOMICIDE RITUEL 134

La morale juive est la cause principale de la haine des juifs contre les non-juifs 134

La morale juive et le mystère du sang 136
Juifs reconnus coupables devant les tribunaux d'homicide rituel 137
Les révélations des rabbins convertis au Catholicisme 138
Les motifs de crédibilité de théophile le moldave 139
L'histoire 139
Liste chronologique des assassinats les plus connus commis par les juifs 140
Objections à la thèse de l'homicide rituel 144
Reponses 147
L'autorité de l'Église 148
L'autorité de la sainte écriture et de l'archéologie : les sacrifices humains dans l'Ancien Testament 152
Autorité juive : le Talmud 153
Les autorités juridiques 154
Les autorités scientifiques 155

Les papes et leur science historique 155

Leur probité historique 155

Leur discernement historique *155*
Les bollandistes et leur science historique *156*
Leur probité historique *156*
Leur discernement historique *156*
Le recit du martyre *156*

Les Franciscains observants et "la campagne de haine antijuive" 157

Le petit Saint Simon n'est plus bienheureux, Vatican II est arrivé ! *160*

Solutions 160

ENCORE SUR L'HOMICIDE RITUEL 162

Le Catholicisme anglais et l'homicide rituel 163

Le dossier est confié au Saint-Office *164*
Objections et réponses *167*
Monseigneur Umberto Benigni et l'homicide rituel *169*

LETTRE OUVERTE AUX JUIFS POUR LEUR CONVERSION 173

Introduction 173
Le dogme de la Très Sainte Trinité 174

Commentaires rabbiniques et commentaires patristiques *176*
Les Prophéties messianiques à la lumière de la Tradition de l'Ancienne Synagogue mosaïque *176*
Seule la Religion chrétienne est aussi ancienne que le monde *178*
Cabale authentique et Cabale impure *178*
La Très Sainte Trinité dans les Prophéties de l'Antique Synagogue mosaïque ... *180*
Le nom de Jahweh *181*
Encore sur la Très Sainte Trinité *182*

La question messianique 182

Divinité du Messie et son Incarnation *183*
Les Prophètes et le Messie-Dieu *183*
Incarnation du Messie Fils de Dieu *185*
Le Messie Fils de Dieu *186*

    Le Messie Fils de l'homme *188*
    Les prophéties accomplies par la Vie, la Passion et la Mort de Notre-Seigneur Jésus-Christ *189*
    La Naissance du Sauveur d'Israël *191*
    Selon les rabbins la naissance du Messie devait être miraculeuse *191*

  Conclusion : la véritable charité envers les Juifs... 193

LA VIE DU R. P. PIO EDGARDO MORTARA, JUIF CONVERTI 195

  Introduction 195
  La vie 196
  Polémiques diverses 197
  Fin de l'autobiographie.. 199

LE PROBLÈME DES MARRANES 201

  Le crypto-Judaïsme 201

    Le probleme des fausses conversions... *202*

  Les débuts du Marranisme 203

    La "Reconquista" *204*
    Les Marranes *204*

  L'institution de l'Inquisition 206

    La procédure de l'Inquisition *209*
    La torture *210*
    Les techniques d'espionnage et d'information....................................... *213*
    Le premier statut de "pureté du sang" en Espagne : Tolède 1449........... *215*

  Infiltrations crypto-juives dans le Clergé... 216

    Existe-t-il encore aujourd'hui des Marranes ? *218*
    Un cardinal papabile cryptojuif ?... *221*
    Vie du Cardinal Lustiger *222*

  Conclusion 223

INFILTRATIONS JUDÉOMAÇONNIQUES DANS L'ÉGLISE ROMAINE 226

INTRODUCTION 226
LES PAPES DÉNONCENT LES INFILTRATIONS JUDÉO-MAÇONNIQUES À L'INTÉRIEUR DE
L'ÉGLISE 228

Les faits : le dialogue catholico-maçonnique 231
Vers la revision de l'excommunication de la maçonnerie 233
La conference episcopale scandinavo-baltique (21-23 octobre 1966) 234
La lettre du cardinal Seper au cardinal Krol (19 juillet 1974) 234
La conférence episcopale d'Angleterre et du Pays de Galles (11-14 novembre 1976) 236
La conference episcopale de Saint-Domingue (29 janvier 1976) 236
Mgr Etchegaray, archevêque de Marseille (1975-1977) 236
La conférence épiscopale du Brésil (4 janvier-12 mars 1975) 236
La fausse restauration des années 80 237

L'ÉGLISE CONCILIAIRE ET LE ROTARY CLUB (1905) 238

a) Franc-Maçonnerie et Rotary 239
b) La première condamnation pontificale (4 février 1929) 239
c) La seconde condamnation (janvier 1951) 240
d) Le virage de Jean XXIII 240
e) Paul VI 240
f) Jean-Paul II 240

LE MOUVEMENT PAX ET LE GROUPE I.DOC (BRAS ARMÉ DE LA SUBVERSION À L'INTÉRIEUR
DE L'ÉGLISE CONCILIAIRE) 241

Le mouvement Pax 241
Le groupe I.Doc (Information-Documentation sur l'Église Conciliaire) 242
*Lettre ouverte à l'Église de France : ce que le juif Robert Aron pense de l'evolution de
l'Église conciliaire* 243
L'opinion d'Aron sur Vatican II 245
Influence juive au Concile 246

CONCLUSION 247

LE COMPLOT JUDÉOMAÇONNIQUE CONTRE L'ÉGLISE ROMAINE 248

INTRODUCTION 248

LE COMPLOT CONTRE L'ÉGLISE 250

La "Cinquième Colonne" 250
L'inquisition ou la légitime défense de l'Église contre la conjuration judéo-maçonnique 253
La "Cinquième Colonne" juive dans le clergé 255
Le supreme attentat. Un "Pape" selon les besoins de la judéomaçonnerie 256
Origines de la "Cinquième Colonne" et son action 257
De quelle manière les cryptojuifs (ou faux chrétiens) essayent de pénétrer dans l'Église 258
Les différents saints qui ont liberé l'Église du danger du judaïsme 260
Un cardinal crypto-juif usurpe la papauté 262
Les amitiés judéo-chrétiennes 263

CONCLUSION 264

JEAN XXIII ET LES JUIFS : JULES ISAAC 269

CHRISTIANISME ET JUDAÏSME 269

Une ère nouvelle 271
Dès son élection 271
Confrontation des deux prières 272
Le Vendredi Saint 1959 274
L'acte de consécration au Sacré-Cœur 276

LE "FRÈRE" JULES MARX ISAAC 277

La trilogie du "frère" Isaac 281
La manœuvre conjuguée d'Isaac et des B'naï B'rith 283
Qui a préparé l'audience à Jules Isaac ? 286
Isaac reçu par Jean XXIII (13 juin 1960) 288
Ite ad Bea 291

POINT D'ABOUTISSEMENT, POINT DE DÉPART 292

JEAN XXIII ET LES JUIFS SUITE : DE JULES ISAAC A NOSTRA ÆTATE 294

DEUX ALLOCUTIONS ET UNE BÉNÉDICTION 294
LA RÉFORME DU RITE DU BAPTÊME DES ADULTES 295

Suppression du culte du Bienheureux André 296

   Le cardinal Bea et Nahum Goldman (26 octobre 1960) 297

Hostilité au "dialogue" de la part des juifs orthodoxes 299

   Jean XXIII demande à Bea un schéma conciliaire sur les juifs... (1ᵉʳ février 1962)........300
   ...et le B'naï B'rith en laisse une trace écrite ! (27 février 1962) 301
   L'affaire Chaim Wardi (Juin à Août 1962) enterre le décret sur les juifs 301

Premières oppositions à l'ouverture aux juifs : politiques ou religieuses ? 305

   L'astuce de Bea..306
   Jean XXIII relance le schéma sur les juifs (13 décembre 1962) 308

Développement des relations judéo-chrétiennes jusqu'à la mort de Jean XXIII (juin 1963) 310

   Dans les sous-sols de la synagogue de Strasbourg 314

Responsabilité de Jean XXIII..315

   Saint Jean XXIII et Saint Jules Isaac 316

CHRISTIANISME ET JUDAÏSME. "L'ANCIENNE ALLIANCE JAMAIS RÉVOQUÉE" 318

L'enseignement de Jean-Paul II..318

   1ʳᵉ objection 318
   1ʳᵉ réponse en trois points..319
   2ᵉᵐᵉ objection 325
   2ᵉᵐᵉ réponse :..325
   3ᵉᵐᵉ objection 325
   3ᵉᵐᵉ réponse :..326
   4ᵉᵐᵉ objection 329
   4ᵉᵐᵉ réponse en sept points : 330
   Le cardinal Walter Kasper..333

L'épiscopat américain 338

Un livre récent du cardinal Lustiger 338
La genèse de Nostra Ætate 339
Stanislas Fumet, Jacques Maritain dans la genèse De Nostra Ætate 340
Les Maritain 341
Les Fumet 342
Jules Isaac 345
Les étapes de Nostra Ætate 346

ISLAM ET JUDAÏSME 348

LA THÈSE DU PÈRE THÉRY 348

La Mecque 350
Naissance et mariage de Mahomet 350
La conversion de Mahomet au judaïsme 351
La formation religieuse de Mahomet et son apostolat 353
Les enseignements du rabbin à Mahomet 353
Reaction des habitants de La Mecque face à la prédication de Mahomet 354
Le Coran arabe : le "Corabor" et le "Corabecrit" 354
La composition du Coran et l'activité littéraire du rabbin de la Mecque 355
Le sort du Coran arabe 358
Les premiers musulmans 359
Disputes entre les chrétiens de la Mecque et le rabbin 359

AUTRES AUTORITÉS 361

Les juifs à medine 368
Mahomet se rapproche des juifs de medine 369
Vers la rupture 369
Mahomet contre les juifs 370

CONCLUSION : LES RAPPORTS ACTUELS ENTRE MONDE PALESTINIEN ET ÉTAT D'ISRAËL 372
BIBLIOGRAPHIE ESSENTIELLE 373

CONTRE-RÉVOLUTION ET JUDÉO-MAÇONNERIE 374

DE LA POLÉMIQUE CONTRE-RÉVOLUTIONNAIRE À LA LUTTE CONTRE LA JUDÉO-MAÇONNERIE 374

La Civiltà Cattolica : naissance et développement 375

Le Judaïsme symbole et agent principal de la Révolution 378
La brèche de Porta Pia 378
La "Synagogue de Satan" 380
La conjuration antichrétienne 382
Antisémitisme et antijudaïsme 385
De l'Antijudaïsme à l'Antimodernisme 387

SOLUTION PRATIQUE DU PROBLÈME JUIF 389

Peuple ou race juive ? 389
La lutte contre les totalitarismes césaristes 390

CONCLUSION 391

ASPECTS CONTEMPORAINS DU JUDAÏSME : MONDIALISME, PLOUTOCRATIE, FRANC-MAÇONNERIE 393

LE JUDAÏSME ANTICHRÉTIEN : CAUSE PREMIÈRE DES MAUX D'AUJOURD'HUI 393

Panthéisme juif contre créationnisme chrétien 393
Jésus et le judaïsme pharisaïque 394
Les frères les plus séparés et la radicalité de l'antichristianisme judaïque 395
La Tradition authentique et la contre-tradition impure 396
Psychologie juive 397

À QUOI DEVONS-NOUS NOUS ATTENDRE ? 402

Derniers développements de la révolution gnostique : judaïsme, haute finance et mondialisme 402
Les hautes sphères du mondialisme : 403
Influence mondialiste du Judaïsme antichrétien 407
Dangers 408
Le danger judéo-massonique 409
Historia magistra vitæ 409
Judaïsme, bolchévisme et ploutocratie 410

DIFFICULTÉS 411

USA et judéo-maçonnerie 411
Qui gouverne l'Amérique ? 412

L'anticléricalisme *415*

LE REMÈDE 415

Un patron dans la bataille contre la Judéomaçonnerie : le Père Kolbe *416*

CONCLUSION. CHRISTIANISME OU JUDAÏSME : TELLE EST LA SUPRÊME ALTERNATIVE ! 418

LE GRAND KAHAL : UN TERRIBLE SECRET 419

INTRODUCTION 419
EXISTE-T-IL ENCORE UN TRIBUNAL JUIF ? 420

Monseigneur Jouin *421*
Léon de Poncins et le Kahal *421*
Hugo Wast et le Kahal *422*

NATURE ET ORGANISATION DU KAHAL 422

Le secret du Kahal *422*
Le Kahal aujourd'hui *423*
Le Kahal : sa nature *426*
La Moreine *426*

LES MEMBRES DU KAHAL OU LA MOREINE 426

"Le juif sectaire" dans sa conduite pratique *427*
Les agents du Kahal *427*
Le Kasher *427*
Les confreries juives *428*
La cour de la Synagogue *428*
Le siege du Kahal selon Henry Ford *429*

CONCLUSION 430

LES LOIS RACIALES 431

1ᴱᴿᴱ PARTIE : L'ÉGLISE ET LES JUIFS 431

Un peuple théologique *431*

Le Magistère ecclésiastique 432
La législation spéciale de l'Église et de la Chrétienté 433
Léon XIII, Pie XI et La Civiltà Cattolica 435
Catholicisme et "race" 436
Les causes de l'antisémitisme 437
De l'antijudaïsme à l'antisémitisme 438

2ᵉᵐᴱ PARTIE : LE FASCISME ET LES LOIS RACIALES 439

Les juifs en Italie 439
Les juifs italiens au début du fascisme 440
Le racisme et l'Italie fasciste dans les années trente 441
Les lois raciales en Italie 443
La France de Pétain et les statuts des juifs 446
Les juifs italiens sous le gouvernement Badoglio 448

CONCLUSION 448
APPENDICE : L'INTERVIEW D'EVOLA PUBLIÉE PAR HELIODROMOS 451

LE SIONISME : UN RÊVE MAGNIFIQUE OU UN TERRIBLE FIASCO ? 452

INTRODUCTION 452
DIFFÉRENTES ÉTAPES DE L'IDÉE SIONISTE 453

a) Première période : de la chute de Jérusalem à la mort de Julien l'Apostat (70-363). 453
b) Seconde période : de la mort de Julien l'Apostat à la Révolution française (363-1789). 454
c) Troisième période 454

BRÈVE HISTOIRE DU MOUVEMENT SIONISTE 455

Le sionisme : naissance et développement du mouvement sioniste 460
La période de résignation confiante subsiste toujours dans le judaïsme oriental 462

LE SIONISME ET LE B'NAI B'RITH 462

Le B'naï B'rith en Palestine 463
La grande Loge de Palestine 464
La loge anglaise du B'naï B'rith et la Palestine 464
Henry Monsky 464

Le B'nai B'rith fait reconnaitre Israël 465

LE LAÏCISME SIONISTE 466

La conquête de la Terre Sainte 467
Le Saint-Siège et la "théologie du sionisme" 469
Le Vatican et la question palestinienne 472
Les rapports entre sionisme et national-socialisme 473
Les rapports entre sionisme et fascisme 478
Antisémitisme païen et sionisme 481
Les rapports entre sionisme USA et URSS 481
Le sionisme et l'Ancien Testament 484
Le sionisme et le Nouveau Testament 486

CE QUE JÉSUS A PROPHÉTISÉ CONCERNANT JÉRUSALEM 487

Jésus et le royaume d'Israël 488
Le sort de Jérusalem jusqu'à la fin du monde 490
Rome contre Jérusalem 491

LE SIONISME ET L'ANTÉCHRIST 492
BIBLIOGRAPHIE 497

Ouvrages de caractère général : 497
Sur l'histoire du Sionisme : 497

CONCLUSION DE L'INTRODUCTION À LA QUESTION JUIVE : "VOUS AVEZ LE DIABLE POUR PÈRE" ! 498

PROLOGUE 498
L'ÉVANGILE 502

Saint Jean Chrysostome 503
Saint Augustin 504
Saint Thomas D'aquin 506
Le Magistère de l'Église de 1244 a 1937 509

LES MOTIFS DE L'INFIDÉLITÉ JUIVE 511

L'infidélité en général 511

L'infidélité coupable des Juifs 512
Jésus condamne l'infidélité des Juifs : leur aveuglement est volontaire 512
Différentes causes de l'incrédulité juive : la Volonté divine, l'action de Satan, l'influence des chefs 514
La cause ultime de l'incrédulité juive 514

Épilogue 516

Que faire ? 517

DÉJÀ PARU 519

FOI, MORALE ET RITES DE LA RELIGION JUIVE

Par M. l'abbé Curzio Nitoglia

INTRODUCTION

En entreprenant ce court article pour montrer au lecteur quel est encore aujourd'hui le cérémonial et la morale du Judaïsme en tant que religion, je me servirai surtout de l'ouvrage du rabbin vénitien Leon da Modena[1], du rabbin converti au catholicisme Paolo Medici[2], de Johannes Buxtorfius[3] et de l'abbé Giulio Bartolocci[4].

Cet article naît de l'exigence de compléter les études sur la question juive et d'illustrer pour le lecteur la religion du Judaïsme postchrétien À PARTIR DE SON RITUEL et de la morale qui s'ensuit. Pour ce faire et pour une nécessaire objectivité j'ai utilisé les ouvrages d'un rabbin, d'un juif converti au Christianisme, et de deux catholiques.

Le juif converti Paolo Medici écrivait dans son livre : "Je me suis... résolu à vous présenter ce livre... d'utilité, vous fournissant de brefs et clairs motifs pour réfuter et mettre en évidence LA FAUSSETÉ DES RITES JUDAÏQUES dont les juifs sont enflés et superbes, en se vantant faussement d'être les observateurs de ce que prescrit la sainte Loi"[5]. Il réfutait le traité du rabbin Leon da Modena, lequel, à son avis, "tait malicieusement une bonne partie des cérémonies que pratique le Judaïsme, pour fuir la honte et la confusion qui pourrait en advenir à la nation juive"[6].

La description de certains rites, chez Leon da Modena, est cependant si chargée d'oripeaux qu'elle en vient presque à en cacher le fond superstitieux et pour cela nous

---

[1] LEON DA MODENA, *Historia di riti hebraici*, Venezia 1678, (réimpression photolitographique Forni, Bologne 1979).
[2] PAOLO MEDICI, *Riti e costumi degli ebrei*, Torino 1737, VI, éd. 1874.
[3] JOHANNES BUXTORFIUS, *Synagoga judaica*, Basilea 1680, (réimpression photolitographique, Hildesheim - Zürich - New York 1989).
[4] DON GIULIO BARTOLOCCI, *Bibliotheca magna rabinica*, Rome 1675-83, 4 vol. ed Propaganda Fide. Cet ouvrage est d'une importance capitale. Bartolocci, (Viterbe 1616 - Rome 1687) fut un éminent orientaliste. Il fut l'élève du juif converti Giovanni Giona Galileo Battista, professeur d'hébreu à l'Université de Rome. Il entra dans l'Ordre cistercien sous le nom de Giulio di S. Anastasia et enseigna l'hébreu pendant trente ans au *Collegio dei Neofiti* à Rome. (Cf. E. FLORIT, article "Bartolocci Giulio", in *Enciclopedia Cattolica*, Città del Vaticano 1949, vol. II, col. 914).
[5] PAOLO MEDICI, *op. cit.*, p. IV.
[6] Ibidem, p. IV.
[7] « Graetz également - écrit Adolfo Ottolenghi -...reprochera à Da Modena ce livre: l'*Historia*, d'après lui, il a rendu un mauvais service au Judaïsme ». ADOLFO OTTOLENGHI, *Rassegna mensile di Israele*, sez. 2°, vol. VII. N° 7-8, nov.- déc. 1932, p. 289.

verrons "les étranges rites que pratique, à présent, la misérable Synagogue, privée de la connaissance de Dieu et, comme peine du déicide, abandonnée et réprouvée par Lui"[8].

La RECOMMANDATION que Medici fait dans l'introduction de son livre peut valoir aussi pour nous : "Cher ami lecteur, je vous prie de NE PAS RIRE, ce qui pourrait vous arriver, en lisant des choses aussi extravagantes. EXCITEZ-VOUS plutôt aux LARMES en considérant à quel degré de misère est réduite la très malheureuse Synagogue"[9].

Le même Medici, dans une lettre d'introduction "au lecteur juif", affirme que le Judaïsme post-biblique par pur caprice veut persister volontairement en une malheureuse cécité, raison pour laquelle il se résoud à écrire avec l'intention de faire comprendre à ses ex-coreligionnaires que ce qu'ils observent du Cérémonial n'est rien d'autre qu'une pure SUPERSTITION, puisqu'avec la venue du Messie le Cérémonial de l'Ancienne Alliance a cessé d'être en vigueur. Il proteste en outre que dans la narration des Rites et des coutumes juives il n'y aurait pas de parole qui ne soit pas le plus fidèlement tirée des livres les plus autorisés et authentiques de la Synagogue juive elle-même, c'est-à-dire le *Magazor* (ou Rituel), le *Sulchanharuh* et le *Talmud*.

LE PASSÉ : LA NAISSANCE CHEZ LES JUIFS

Aux quatre angles du lit des nouveaunés sont écrites en caractères hébreux les paroles : "Sanvi, Sansanvi, Samangalef, Adam, Eve, dehors Lilit".

Sanvi, Sansanvi et Samangalef sont pour les juifs les noms de trois anges ; Lilit au contraire serait une sorcière : quand Dieu créa Adam, bien avant de créer Eve, il lui donna pour compagne une femme de terre qui s'appelait Lilit. D'après cette croyance Lilit se disputa avec Adam, ne voulant pas lui être soumise, blasphéma le nom ineffable de Dieu et s'enfuit. Dieu alors envoya ces trois anges pour convaincre Lilit de retourner à son mari, et, si elle obéissait, tout se terminerait bien alors que si elle désobéissait, cent diables mis au monde par elle-même (c'est-à-dire ses enfants) mourraient chaque jour. Elle refusa d'obéir et dit que sa mission serait celle de tuer les nouveau-nés (dix jours après leur naissance pour les garçons et trente jours après pour les filles), sauf ceux dont les noms seraient écrits sur quelque cédule. Elle accepta donc la peine prescrite, c'est-à-dire que mourraient quotidiennement cent de ses enfants. C'est en raison de cette croyance que les juifs écrivent dans les chambres des accouchées les noms des anges, pour obliger Lilit à ne porter aucun dommage à l'enfant à naître. Cette pratique met en évidence l'AVEUGLEMENT du Judaïsme talmudique, qui attribue au diable, pur esprit, la faculté de mourir[10].

---

[8] PAOLO MEDICI, *op. cit.*, pp. IV-V.

[9] Ibidem, p. V.

[10] Cf. PAOLO MEDICI, *op. cit.*, pp. 3-6. J. BUXTORFIUS, *op. cit.*, ch. 4, p. 85. DON GIULIO BARTOLOCCI, *op. cit.*, pp. 70-71. LEON DA MODENA, *op. cit.*, partie IV, ch. V, p. 94.

LA CIRCONCISION

La nuit précédant la circoncision de nombreux hommes et femmes se réunissent dans la maison où le lendemain matin doit s'accomplir le rite. Après un bref discours du rabbin en l'honneur de la circoncision, tous jouent de la musique, dansent, mangent, boivent. Puis, alors que certains rentrent chez eux, les autres restent toute la nuit pour protéger le bébé des embûches de la sorcière Lilit. La pièce destinée à la circoncision est ornée de beaucoup de sièges, parmi lesquels il y en a un spécial sur lequel personne ne s'assoit ; seul y est déposé le volume de l'Ancien Testament ouvert puisque les juifs croient qu'au moment de la circoncision le prophète Elie vient s'y asseoir[11].

Leon da Modena aussi confirme ce cérémonial. "Le matin [de la circoncision] sont préparés deux sièges ornés de soie, l'un pour le parrain, l'autre, d'après certains, au nom du prophète Elie, qui toujours invisible se retrouve dans toutes les circoncisions"[12].

L'exécuteur (*Mohel*) doit être un homme et est reconnaissable aux ongles des pouces plus longs que ceux des autres doigts. C'est lui qui entonne l'hymne de la circoncision qu'il chante avec les assistants. L'hymne terminé, le parrain s'assoit sur la chaise qui lui est réservée ; entre alors dans la pièce de la circoncision la marraine avec l'enfant sur les bras, accompagnée de nombreuses autres femmes, elle va vers la chaise préparée pour le prophète Elie, cru déjà là présent et le salue avec une profonde inclination. La chaise d'Elie étant donc laissée, la marraine porte l'enfant à l'endroit de la circoncision, le tend au parrain qui le prend, le pose sur ses genoux et commence l'opération pour laquelle on se sert aussi des longs ongles des pouces[13].

L'ÉDUCATION DES FILS

A douze ans les petits garçons reçoivent l'explication de quelques passages de l'Ancien Testament et sont instruits dans l'étude du Talmud : les plus doués s'adonnent à l'étude de la Cabale.

Dans le Talmud sont contenus des blasphèmes contre Dieu, non seulement contre Notre-Seigneur Jésus-Christ[14], mais aussi contre Dieu le Père : "Dieu fait oraison,… joue trois heures par jour, DISPUTE AVEC LES RABBINS ET RESTE VAINCU, les bienheureux au ciel ne croient pas en lui,… DIEU PEUT PECHER…" ! Medici affirme ne pas avoir lu

---

[11] Cf. *Rituale ebreo*, Amsterdam 1649, p. 39.
[12] L. DA MODENA, *op. cit.*, partie 3a, ch. 7, p. 100.
[13] PAOLO MEDICI, *op. cit.*, pp. 6-18.
[14] Cf. *Sodalitium*, n° 36, pp. 14-21.

ces choses dans les livres des auteurs chrétiens, mais de "les avoir dans mon enfance apprises dans les livres [juifs]"[15].

L'AUTORITÉ DES RABBINS

Les jeunes juifs qui ont poursuivi les études sont appelés *Maschil* (savant), ou *Caver de Rab* (compagnon du rabbin) ; à un niveau plus élevé *Chaham*, c'est-à-dire rabbin ou sage. C'est parmi eux qu'est élu pour chaque ville un rabbin de la communauté (*Chaham de Kaàl*), chargé de résoudre les incertitudes concernant les choses permises, de célébrer les mariages, de déclarer les divorces et d'excommunier les délinquants[16].

LES PRÊTRES ET LES LÉVITES

Avant que les juifs n'adorassent le Veau d'or dans le désert, tandis que Moïse parlait avec le Tout-Puissant (environ 1280 avant J.-C.), tous les premiers-nés étaient des prêtres consacrés au culte de Dieu, mais après le péché d'idolâtrie les LEVITES (de la tribu de Lévi) furent choisis à leur place, avec la différence qu'Aaron, ses fils et leurs descendants étaient destinés au sacerdoce, alors que les membres des autres familles de la tribu restèrent de simples clercs consacrés au culte de Dieu. Ce sacerdoce de la FAMILLE d'Aaron de la TRIBU de Lévi dura jusqu'à la venue de Notre-Seigneur Jésus-Christ. "Il ne manque pas non plus de nos jours des juifs menteurs, qui se vantent faussement d'être des descendants de la maison d'Aaron, se font passer pour des prêtres…

Cela est tout à fait faux puisqu'AVEC LA DESTRUCTION DE JÉRUSALEM et du Temple ILS ONT [les juifs] PERDU LA CONNAISSANCE DE LA TRIBU, de manière à ce qu'il y en ait aucun qui puisse dire avec vérité d'être de telle ou telle tribu"[17].

---

[15] PAOLO MEDICI, *op. cit.*, p. 27. Voir aussi les ouvrages de SISTO DA SIENA ou de GIROLAMO DA SANTA FEDE, *Bibliotheca Patrum*.
[16] PAOLO MEDICI, *op. cit.*, pp. 34-36.
[17] Ibidem, pp. 44-45. Cf. M. BLONDET, *I fanatici dell'Apocalisse*, ed. Il Cerchio, Rimini 1992, p. 135.

Le frontispice de la "Bibliotheca magna rabbinica" de l'abbé Giulio Bartolocci

LES PRIÈRES

Les juifs ont l'habitude de réciter le *Cadish*, qui est une "louange" à Dieu, à la fin de laquelle les assistants répondent :'*Amen*'. Les talmudistes enseignent qu'à ce moment Dieu secoue la tête et dit "Malheur au Père qui a envoyé les fils en esclavage et malheur aux fils qui sont privés de la table de leur Père"[18]. C'est une habitude typiquement talmudique de juger Dieu comme impuissant et incapable de libérer un peuple de l'esclavage[19] !

Quant à la MANIERE DE PRIER, les juifs n'ont pas la manière de chanter alternativement avec deux chœurs distincts, comme cela se fait au contraire dans l'Église, et pendant qu'ils prient ils ne restent jamais immobiles, remuant toujours la tête en avant et en arrière, ou à droite et à gauche. Dans la synagogue ils n'ôtent pas leur chapeau et pratiquent une oraison exclusivement vocale, l'oraison mentale n'existant pas. Medici parle aussi (en le confirmant) de l'homicide rituel[20].

LES SONGES

---

[18] Ibidem, p. 65.
[19] Cf. JONA, *Il concetto di Dio dopo Auschwitz*, ed. il Melangolo, Genova 1991.
[20] PAOLO MEDICI, *op. cit.*, p. 75.

"La foi que les juifs prêtent au songe est une chose incroyable. Ils croient que la bonté ou la méchanceté du songe consiste dans le fait d'être bien ou mal interprété... La méthode qu'ils suivent pour annuler la méchanceté d'un songe, quand il est néfaste, est de jeûner le lendemain... Celui qui a rêvé jeûne tout ce jour, et vers le soir il va voir trois rabbins... à qui il dit sept fois... : "J'ai vu un bon songe". Et eux autant de fois répondent "Tu as vu un bon songe, et qu'il soit bon, Dieu fasse qu'il soit bon"... Les juifs sont si crédules aux rêves qu'il ne leur est permis à aucun titre de jurer le jour du Sabbat, excepté pour cause de songes..."[21]

La théorie des songes a aussi un rôle fondamental dans la psychanalyse freudienne, d'origine talmudico-cabalistique[22].

LE SERMENT

Les rabbins affirment dans le Talmud que Dieu demande pour lui l'absolution par le serment qu'il aurait fait de tenir comme esclave parmi les nations du monde le peuple israélite[23] !

LA CONFESSION

Les juifs n'ont pas la confession auriculaire comme les catholiques, mais possèdent une certaine formule qui procède par ordre alphabétique, dans laquelle sont décrits tous les vices et les péchés que l'on peut commettre. Les rabbins exhortent les fidèles, au cas où ils ont commis un péché, à ce que, arrivés à la lecture de la formule où est désigné ce péché, ils le confessent à Dieu sans que personne ne les écoute. La formule de la confession est récitée deux fois par jour, le matin et après le dîner, avec la tête un peu inclinée et la main gauche étendue sur les yeux[24].

LA FÊTE DU SABBAT

Dans son analyse Medici nous informe que les juifs "entendent célébrer le Sabbat, mais non SANCTIFIER le Sabbat...La manière dont...ils s'y préparent n'est pas de s'y préparer par des actes méritoires et vertueux, mais plutôt blâmables, puisqu'ils cherchent tout au long de la semaine, quel est l'aliment le plus savoureux au palais et l'animal le plus gras..."[25]. Et

---

[21] Ibidem, pp. 99-101.
[22] Cf. LEON DA MODENA, *op. cit.*, ch. 4, n° 5.
[23] PAOLO MEDICI, *op. cit.*, p. 108.
[24] Ibidem, pp. 109-112.
[25] Ibidem, p. 117.

encore, d'après l'enseignement des rabbins, durant le Sabbat tout juif aurait une âme en plus[26], ce qui justifie le conseil de manger plus (pour alimenter l'âme supplémentaire !)[27].

L'ENFER ET LE PARADIS

La Synagogue, à cause de la perte de l'assistance de Dieu, a perdu aussi l'unité de la foi, c'est pourquoi il est très difficile de trouver une concordance entre les rabbins même sur les doctrines religieuses.

Ceci est évident, par exemple, en ce qui concerne l'enfer ; les théories et opinions sur lui sont très variées et peu en admettent L'ETERNITE. Le *Talmud*[28] nie l'éternité des peines pour les juifs, tous destinés au salut ; les rabbins enseignent communément que pourvu qu'on persiste dans le Judaïsme, UN JOUR les peines des pécheurs morts dans le péché DEVRONT SE TERMINER. D'autres au contraire affirment que la peine de l'enfer dure seulement DOUZE MOIS !

Quant aux anges et aux démons, pour les rabbins, ce sont des créatures corporelles et matérielles qui se tachent de péchés de luxure.

LE PRÉSENT

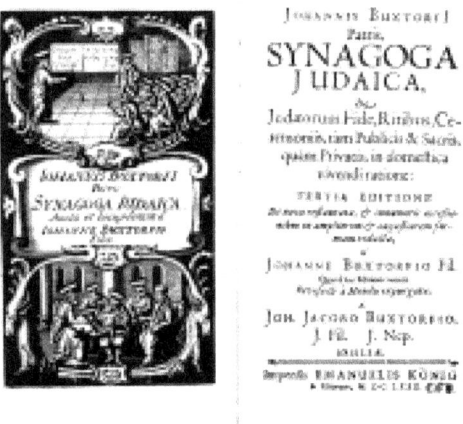

Le frontispice de la "Synagoga Judaica" de Johannes Buxtorfius

---

[26] Cf. *Talmud*, traité *Schabbat*, ch. 4°.
[27] Cf. J. BUXTORFIUS, *Sinagoga judaica*, ch. 16, "De anima judeorum sabbatina"; et don GIULIO BARTOLOCCI, *Bibliotheca magna rabbinica*, tome 3, p. 412.
[28] Traité "Sanhédrin", ch. "Chelec".

"Mais aujourd'hui se demandera le lecteur les choses sont-elles encore ainsi ?". Naturellement le juif talmudiste orthodoxe pense encore de cette manière et il n'est pas difficile de le prouver : même si un "catéchisme" de la Synagogue juive actuelle fait défaut, outre les traités fondamentaux déjà cités, on signale des livres de publication récente qui touchent certains des sujets objet de la présente étude.

Au sujet de la sorcière Lilit, on peut lire dans la *Piccola Enciclopedia dell'Ebraismo* : "LILIT, démon de sexe féminin,... apparaît souvent dans la littérature talmudique... Elle a la double fonction de séduire les hommes (même contre leur volonté...) et de mettre en danger les femmes enceintes en essayant de provoquer la mort des enfants nouveaunés... L'usage de se servir d'amulettes pour se protéger de LILIT est très répandu..."[29]. Reste l'actuelle absurdité d'un démon (qui est un pur esprit) de sexe féminin et sa capacité de forcer la volonté de l'homme.

Sur la seconde âme du Sabbat on peut lire encore aujourd'hui : « Dès le commencement du "*Shabbath*", le juif resplendit d'une lumière particulière : Dieu lui accorde en effet une "AME SUPPLEMENTAIRE" »[30] ; et par ailleurs : "On considère aussi possible qu'UNE AME PUISSE ÊTRE COMPLETEE PAR UNE AUTRE. Ainsi on affirme l'idée de l'AME DU SABBAT, qui était ajoutée à l'âme que l'homme possédait tous les autres jours"[31]. Et, d'après Gugenheim, "l'officiant récite la bénédiction sur le vin... dont le parfum a le but de retenir L'AME DE TOUS LES JOURS qui voudrait suivre... L'AME DU SHABBATH, quand elle s'en va"[32].

Sur la présence du prophète Elie à chaque circoncision on lit : "Une CHAISE SPECIALE est préparée POUR LE PROPHETE ELIE,... qui préside invisiblement la cérémonie..."[33] ; et encore "une chaise libre (...LA CHAISE D'ELIE) symbolise sa présence à la circoncision d'un nouveau-né..."[34].

Concernant ensuite la religion juive actuelle, les paroles de Elia S. Artom, écrites il y a une cinquantaine d'années et destinées "à diriger dans la pratique de la vie juive" sont éclairantes[35] : « Israël est [toujours, n.d.r.] royaume de prêtres et nation consacrée... Israël est prêtre en tant qu'il lui est confié une fonction à remplir... au milieu de tous les hommes ; ISRAEL est consacré en tant qu'il est PLACE À UN GRADE PLUS ELEVE QUE LES AUTRES NATIONS... La fonction qu'Israël doit accomplir est... celle de préparer avec ses actes... la venue du temps où tous les hommes reconnaîtront de fait ce qu'on appelle...

---

[29] J. MAIER - P. SCHÄFER, *Piccola Enciclopedia dell'Ebraismo*, Marietti, Casale Monferrato 1985, p. 369.

[30] C. SZLARMANN, *L'Ebraismo per principianti*, Giuntina, Firenze 1987, p. 112.

[31] J. MAIER - P. SCHÄFER, *op. cit.*, p. 29.

[32] E. GUGENHEIM, *L'Ebraismo nella vita quotidiana*, Giuntina, Firenze 1994, p. 73.

[33] Ibidem, p. 147.

[34] J. MAIER - P. SCHÄFER, *op. cit.*, p. 202. Voir aussi sur le sujet: G. FOHRER, *Fede e vita nel giudaismo*, Paideia, Brescia 1984 et L. SESTRIERI, *La spiritualità ebraica*, ed. Studium, Roma 1987.

[35] ELIA S. ARTOM, *Vita d'Israele*, ed. Israel, Roma 1993, 4a ed., préface.

"royaume céleste", c'est-à-dire la souveraineté de l'unique Dieu [que nous savons être Jésus Lui-même, n.d.r.] »[36].

De ce principe ethnique de la mission d'Israël[37] il découle en conséquence que : "Le mariage ne peut avoir lieu qu'entre juifs. Une union entre un juif... et une personne étrangère au Judaïsme est... interdite... C'est une des normes qui ont le plus puissamment contribué à maintenir ferme l'organisation d'Israël : l'insertion dans la famille juive d'éléments, même très bien, d'une autre origine... ne peut que contribuer à l'assimilation d'Israël et donc... à sa destruction... Les juifs [donc], en tant que prêtres de l'humanité, doivent TOUJOURS constituer une MINORITE CHOISIE au milieu des autres. Bien plus, est de règle comme condition nécessaire pour faire partie du Judaïsme celle d'y appartenir depuis la naissance. L'œuvre de diffusion de ces principes... qui, au moyen d'Israël, devaient s'étendre... à tous les hommes, ne peut consister en une propagande faite par la parole pour amener les autres à embrasser le Judaïsme, mais dans l'action afin d'atteindre un degré élevé de sainteté, QUI NOUS IMPOSE à l'admiration des autres et FASSE NAITRE en eux LE DÉSIR DE SUIVRE NOS PAS"[38].

On peut dire que de nos jours cette aspiration s'est amplement réalisée.

LE SYSTÈME JURIDIQUE

Le système juridique du Judaïsme est fondé essentiellement sur le Talmud babylonien ; au cours des siècles, cependant, il a subi des codifications et des simplifications de la part de certains talmudistes célèbres qui ont réussi à transmettre fidèlement le SENS du texte d'origine, pas toujours accessible à tous à cause de sa complexité[39].

Le docteur Israel Shahak, président de la Ligue Israélienne des droits de l'homme, a écrit un intéressant appendice à l'article La religion juive et ses attitudes par rapport aux autres Nations[40], sous le titre Lois talmudiques et rabbiniques contre les Nations[41]. Dans son écrit Shahak, se fondant sur le Talmud et sur ses meilleures codifications exactement citées, affirme que si le meurtre d'un juif est un crime capital, la situation change radicalement si la victime est un goy[42] ; en effet un juif qui tue un non juif est coupable seulement devant Dieu, et ce péché n'est pas punissable par un tribunal humain.

---

[36] Ibidem, pp. 1-2.
[37] Cf. Sodalitium, n° 26, pp. 22-46.
[38] ELIA S. ARTOM, op. cit., pp. 172-193, passim.
[39] Le plus ancien code talmudique est la Misneh Torah de Moïse Maïmonide (1180) alors que le plus autorisé, encore utilisé comme manuel est le Shulan Aruk, composé par le rabbin Yosef Karo à la fin du XVIème siècle.
[40] Khamsin, n° 9, 1981, Ithaca Press, Londres.
[41] Nous nous sommes servis de la traduction française publiée dans le livre L'azyme de Sion, du général Moustafa Tlass, Damas 1990.
[42] ISRAEL SHAHAK, op. cit., p. 311.

Déjà David Halévi[43], au XVIIème siècle, avait écrit sur le même thème que, quand il s'agit d'un païen, "… il ne faut pas lever la main dans le but de lui faire du mal, mais on peut lui nuire indirectement, par exemple en retirant l'échelle s'il est tombé dans une crevasse"[44].

Quand en guerre on tombe sur un civil de la partie adverse, non seulement on peut, mais même on doit le tuer[45]. Ainsi, si le devoir de sauver la vie à un juif d'après la *Halakhah* est primordial[46], il n'en est pas du tout de même pour les païens[47], bien qu'il soit défendu de les tuer directement.

Cette obligation de nuire aux non juifs subit des limitations au cas où, une fois découvert, cela peut susciter de l'hostilité contre les juifs : par exemple un médecin juif qui se refuserait de sauver la vie à un non juif[48].

La violation du Sabbat est permise pour sauver la vie d'un juif, alors que le Talmud interdit de sauver la vie à un goy même durant la semaine[49] ; ensuite il y a différents cas de conscience résolus selon la casuistique judaïque, comme, par exemple, la possibilité de violer le Sabbat pour sauver la vie de plusieurs personnes dans l'éventualité que parmi elles il y ait un juif[50].

D'après la *Halakhah*, les juifs ne doivent pas permettre à un goy de devenir supérieur d'un juif, et cette disposition s'applique même aux convertis au Judaïsme et à leurs descendants jusqu'à la dixième génération[51].

Les cadeaux aux goyim sont interdits, sauf s'ils servent pour obtenir quelque profit, dans ce cas ils perdent leur caractère illicite, alors que les critiques sur la conduite et sur l'habillement du goy sont toujours justifiées.

ÊTRE JUIF... AUJOURD'HUI

La voix autorisée du Grand Rabbin de Rome Elio Toaff a récemment confirmé et approfondi tout ce qui a été exposé ici, dans une interview accordée à Alain Elkann (enseignant de littérature italienne à la *Columbia University* de New York), dans laquelle il répond à ces questions : qui sont les juifs, est-ce un peuple ou une religion, en quoi croient-ils, etc.

Les réponses de Toaff sont d'une grande importance pour comprendre l'essence du Judaïsme actuel.

---

[43] Il fut l'un des plus importants commentateurs du *Shulan Aruk*.
[44] 'Tourey Zahav, Yoreh Deah' 158.
[45] ISRAEL SHAHAK, *op. cit.*, p. 314.
[46] Ibidem, p. 322.
[47] *Talmud*, Traité 'Abodazgza', 26b.
[48] ISRAEL SHAHAK, *op. cit.*, p. 323.
[49] Ibidem, p. 323.
[50] Ibidem, p. 327.
[51] Ibidem, p. 341.

Tout d'abord le Professeur Toaff affirme que "les juifs... sont un peuple qui a sa religion"[52]; LES DEUX CHOSES, PEUPLE ET RELIGION JUIVE, NE SONT JAMAIS SÉPARÉES, puisque les juifs sont liés entre eux non tant par la langue, que par la "religion et [par] l'appartenance au peuple juif"[53]. L'IDENTITÉ JUIVE EST CONSTITUÉE SURTOUT PAR L'APPARTENANCE AU PEUPLE JUIF, et, même les juifs qui ne sont pas religieux maintiennent un lien solide avec le Judaïsme, précisément "en tant qu'ils appartiennent au peuple juif"[54].

Etre juif orthodoxe signifie accepter "tout ce qui est écrit dans la Torah et tout ce qui est écrit dans le Talmud"[55].

Le point fondamental du Judaïsme est, évidemment, le monothéisme, interprété de manière antitrinitaire. "L'unité de Dieu... l'unité de l'humanité" sont, selon Toaff, le fondement du Judaïsme. À la lumière de ceci il est donc facile de comprendre ce qui se cache derrière l'œcuménisme d'aujourd'hui, selon lequel les catholiques, les juifs et les musulmans adoreraient un seul Dieu et devraient par conséquent former un seul peuple[56].

Le peuple juif est encore aujourd'hui le peuple élu et a « la mission [d'être] "un royaume de prêtres, une nation consacrée", PRÊTRES DE L'HUMANITE et consacrés à la diffusion du monothéisme dans le monde »[57]. Les prêtres de l'humanité, qui doivent répandre dans le monde entier l'idée du monothéisme antitrinitaire, se servent des "prosélytes de la porte" (ceux qui n'appartiennent pas au peuple juif mais en embrassent le "credo") pour le répandre partout.

"Le peuple juif est prêtre de cette religion monothéiste qui doit porter à tous, NON la religion JUIVE, mais la religion du Dieu unique. Dans le Talmud on dit que quand tous les peuples seront monothéistes, le Messie viendra sur la terre, c'est-à-dire à l'époque de la fraternité universelle"[58].

La religion du Dieu unique (ou du G.A.D.U.) n'est donc pas la religion juive, mais celle des noachides et la réalisation de la religion maçonnico-philantropique de fraternité universelle marquera non l'avènement du Messie mais celui de l'Antéchrist ! La réponse à la question de Elkann, s'il ne serait pas mieux qu'il n'y eut qu'une seule religion le confirme : "C'EST NOTRE BUT. L'espérance du Judaïsme est d'arriver à cette grande religion universelle"[59], mais en sauvegardant le Judaïsme : "Les juifs ne veulent pas porter le Judaïsme à tous les peuples. LA RELIGION JUIVE EST POUR LE PEUPLE JUIF ET C'EST TOUT !"[60].

---

[52] ELIO TOAFF - ALAIN ELKANN, *Essere ebreo*, ed. Bompiani, Milano 1994, p. 13.
[53] Ibidem, p. 14.
[54] Ibidem.
[55] Ibidem, p. 22.
[56] On pense à Assise 1986 !
[57] E. TOAFF - A. ELKANN, *op. cit.*, p. 34.
[58] Ibidem, p. 56.
[59] Ibidem, p. 59.
[60] Ivi.

Les juifs ne peuvent pas manger la viande de porc, "... pour une raison de SÉPARATION, puisqu'ils doivent ÊTRE SÉPARÉS des autres", avec une sorte de discrimination ethnique et religieuse, et ceux qui ne suivent pas les préceptes ou qui ne sont pas pratiquants ne cessent pas pour cela d'être juifs, mais seulement "renoncent à être un peuple de prêtres"[61].

Pour Toaff le Messie est une époque[62]. La même erreur qui causa le refus de Jésus-Christ persiste : si le Messie est le peuple juif, qui comme Jésus veut prêcher le Royaume des Cieux ouvert à tous, sans distinction de race, "il est coupable de mort", parce que, comme l'affirme le professeur Toaff : "L'époque messianique est... le contraire de ce que veut le Christianisme : NOUS VOULONS REPORTER DIEU EN TERRE, ET NON L'HOMME AU CIEL. Nous ne donnons pas le royaume des cieux aux hommes, mais nous voulons que Dieu revienne régner sur terre"[63]. Pour que le Messie arrive parmi nous "il suffirait que tous les juifs, comme il est écrit dans le Talmud, respectassent et observassent deux Sabbats consécutifs tous ensemble une fois dans leur vie et le Messie serait déjà arrivé"[64].

Pour le Judaïsme-religion, le peuple et Dieu sont un unique objet de foi : "Pour rester de bons juifs, il faut avoir foi non seulement en Dieu, mais aussi dans le PEUPLE juif"[65].

Entrer dans la religion juive est difficile, parce que cela implique l'acceptation de "toutes les règles du peuple juif contenues dans la Torah", alors que celui qui est déjà juif peut, même en le restant, ne pas toutes les suivre : "CELUI QUI EST JUIF PEUT FAIRE CE QU'IL VEUT. Celui qui n'est pas juif et veut le devenir doit tout accepter"[66]. C'est cela le point nodal du combat qui oppose depuis deux mille ans les Pharisiens à Jésus-Christ. Déjà Jean-Baptiste admonestait les Pharisiens et les Sadducéens en disant : "*Race de vipères, qui vous a montré à fuir devant la colère qui va venir ? FAITES DONC DE DIGNES FRUITS DE PENITENCE. Et ne songez pas à dire en vous-mêmes :'NOUS AVONS ABRAHAM POUR PÈRE'* ; *car je vous le dis, Dieu peut, de ces pierres mêmes, susciter des enfants à Abraham. Déjà la cognée a été mise à la racine des arbres. Tout arbre donc QUI NE PRODUIT PAS DE BON FRUIT sera coupé et jeté au feu*" (Matth. III, 7-10).

Sur le concept de l'au-delà Toaff affirme que "la Torah parle de cette vie et NE PARLE JAMAIS DE L'AU-DELA"[67].

Werner Sombart écrit également : "Il est bien connu que... le Judaïsme ignore l'Au-delà. L'homme peut donc éprouver le bien et le mal seulement en ce monde. Dieu, s'il veut punir ou récompenser, peut le faire seulement tant que l'homme vit sur la terre. Ici-bas, donc, le juste doit prospérer, ici-bas l'impie doit souffrir"[68].

---

[61] Ibidem, p. 36.
[62] Ibidem, p. 38.
[63] Ibidem, p. 40.
[64] Ivi.
[65] Ibidem, p. 46.
[66] Ibidem, p. 49.
[67] Ibidem, p. 86.
[68] WERNER SOMBART, *Gli ebrei e la vita economica*, Padova 1989, vol. II, p. 80.

Les juifs ensuite "ont confiance en cet esprit divin qui est en chacun de nous. Au moment où l'individu naît... nous recevons quelque chose qui nous unit à Dieu"[69]. On croit presque lire *Gaudium et Spes* n° 22 : "Par son Incarnation, le Fils de Dieu s'est en quelque sorte uni Lui-même à tout homme".

Ensuite en ce qui concerne le rapport entre la Foi et les œuvres, le Judaïsme attribue une plus grande valeur aux œuvres qu'à la foi[70]. Mais nous autres catholiques savons que si "la foi sans les œuvres est morte" (contre l'hérésie luthérienne), il est autrement vrai que "sans la foi il est impossible de plaire à Dieu" (contre le Pharisaïsme talmudique). Toaff insiste sur ce point : "L'homme se sauve à travers les œuvres ; s'il y a la foi c'est mieux, mais si LA FOI N'Y EST PAS ET QUE L'INDIVIDU SE COMPORTE BIEN IL SE SAUVE ÉGALEMENT"[71].

Dieu n'est pas le Dieu personnel et transcendant, il est plutôt *l'anima mundi* immanent au monde et qui fait une seule chose avec lui : "Le concept de dieu est un concept très large dans le Judaïsme, ce n'est pas une personne"[72]. Et encore : "Le péché originel dans le Judaïsme n'existe pas. Il existe le premier péché de transgression, qui a été accompli par Adam et Eve... Il n'y a pas que nous aussi qui subissions les conséquences du péché originel. Parce que le PÉCHÉ ORIGINEL EST SEULEMENT POUR QUI N'EST PAS JUIF"[73]. Il semble presque insinuer l'immaculée conception du peuple juif !

"Les racines de ce qu'est le Judaïsme actuel se trouvent dans le Talmud", qui cependant n'est pas un livre religieux, puisque "...c'est seulement une étude.... Il n'a rien à voir avec le rite, il n'a rien à voir avec la prière"[74] ; c'est en outre un texte que l'on commence à étudier à dix ans.

Toaff en vient ensuite à parler de la CABALE, dont le but est de découvrir le sens caché dans les paroles du *Zohar*, texte mystique et commentaire dogmatique de la Torah. D'après Toaff il n'y a plus un Sanhédrin général (le *Kahal*) qui puisse obliger tout le peuple juif, mais il existe des tribunaux locaux. Etudier la Cabale peut parfois être dangereux, comme il arriva à ce rabbin, dont le cas est cité dans le Talmud, qui "s'est engagé sur une mauvaise voie"[75], [peut-être parce qu'il est remonté à la Cabale pure que Dieu confia à Adam et qui est parvenue jusqu'à Jésus-Christ et, à travers les Apôtres et les Papes, jusqu'à nous, comme Tradition orale avec la même valeur que celle écrite].

Le *Zohar*, qui est la codification cabalistique la plus importante, et les livres qui s'y réfèrent, comme à un texte fondamental, ne sont pas des dogmes pour le Judaïsme : "Ceci est la beauté du Judaïsme. Si je ne suis pas satisfait et refuse quelque explication... du *Zohar*,

---

[69] E. TOAFF - A. ELKANN, *op. cit.*, p. 86.
[70] Cf. Ibidem, p. 87.
[71] Ibidem, p. 88. C'est donc le Talmud la source de la théorie du "chrétien anonyme" ?
[72] Ibidem, p. 93.
[73] Ibidem, p. 96.
[74] Ibidem, p. 107.
[75] Ibidem, p. 110.

je ne sors pas du Judaïsme, je suis tout à fait libre de l'accepter ou de ne pas l'accepter"[76]. On dirait presque une sorte de LIBRE EXAMEN luthérien.

Le *Zohar* fut compilé et transcrit en Palestine par le Rabbin Shimon Bar Yohai ; Toaff explique cependant que "il y a une quantité de théories là-dessus, parce que quelqu'un dit que la COMPILATION est une chose, et les TRADITIONS une autre". Par conséquent la théorie de Drach (et de très nombreux autres spécialistes) en ce qui concerne l'existence d'une Cabale pure donnée par Dieu à Adam et qui se transmet oralement à chaque époque, corrompue ensuite par les Pharisiens à partir du IIème siècle avant J.-C. jusqu'à devenir la Cabale impure du Judaïsme post-biblique, semble accréditée par Toaff, qui avance aussi une distinction entre spécialistes de la Cabale et cabalistes. Ces derniers en effet appliquent les théories mystiques de la Cabale à leur propre vie[77] pour atteindre des résultats déterminés qui surpassent la nature : "Il est resté très peu de soi-disant experts Kabbalistes [magiciens ou lucifériens, n.d.r.], parce que appliquer ces lois… n'est pas si simple…. Mais JE PARLE ICI DE KABBALE ET JE NE DEVRAIS PAS… Certaines choses ne s'enseignent pas, chacun les étudie par lui-même"[78]. Et tandis qu'il confirme que la Cabale (impure) n'est pas une révélation divine mais "le fruit de la spéculation mystique du juif", il révèle aussi qu'il n'a rien appris de la Cabale par son père, bien que ce dernier ait été un grand spécialiste de la Cabale.

Chaise d'Elie, utilisée durant la cérémonie de la circoncision
(cette chaise se trouve à la synagogue de Bevis Marks à Londres).

---

[76] Ibidem, p. 111.
[77] Ibidem, p. 113.
[78] Ibidem, p. 114.

Conclusion

De tout ce qui vient d'être dit on peut déduire combien est fausse l'affirmation de Jean-Paul II faite à la synagogue de Rome le 13 avril 1986 selon laquelle les juifs sont "nos frères aînés DA NS LA FOI d'Abraham", quand cette foi ils l'ont au contraire reniée par le Déicide, comme l'a montré clairement un juif converti sincèrement à la religion du Christ, Paolo Medici. L'actuel Judaïsme, comme nous l'avons vu, n'est pas la continuation de l'Ancien Testament, et n'est en aucune manière conciliable avec le Nouveau.

Prions donc Dieu Tout-Puissant qu'il daigne éclairer les Israélites et les accueillir dans l'Église du Christ.

Veuille la Très Sainte Vierge, victorieuse de toutes les hérésies écraser la tête du serpent infernal qui a réussi, en ces derniers temps, à pénétrer jusqu'à l'intérieur du Sanctuaire.

Bibliographie essentielle

Liliana Treves Alcalay, *Contro il malocchio : molto aglio e vestiti tutti azzurri*, in Bollettino della Comunità Ebraica di Milano, mai 1995, p. 15.

S. N. Eisenstadt, *Civiltà ebraica*, Donzelli, Roma 1994.

M. H. Luzzatto, *La voie de Dieu*, éd. Ramhal, Jérusalem 1993.

H. Cohen, *L'éthique du Judaïsme*, éditions du Cerf, Paris 1994.

Erich Fromm, *La legge degli ebrei*, Rusconi, Milano 1993.

Gilbert Dahan, *La disputa antigiudaica nel medioevo cristiano*, Ecig, Genova 1993. "Riti e costumi ebraici", Anima supplementare del Sabato, in *Actualité Juive*, n° 399, 12/X/1994, p. 17.

Rabbi Hatoun, *Le chabbat*, Jérusalem.

S. Ben-Chorin, *Il giudaismo in preghiera*, ed. Paoline, Milano 1988.

Ben Zion Bokser, *Il giudaismo. Profilo di una fede*, il Mulino, Bologna 1969.

A. Penna, *La religione d'Israele*, Morcelliana, Brescia 1958.

E. Testa, *Usi e riti degli Ebrei ortodossi*, Franciscan Printing Press, Gerusalemme 1973.

C. Fleury, *Costu mi degli Israeliti*, ed. Fontana, Milano 1883.

B. Z. Bokser, *Il Giudaismo*, Il Mulino, Bologna 1969.

A. Unterman, Dizionario di usi e leggende ebraiche, Laterza, Bari 1994.

E. Baroukh D. Lemberg, *Guide pratique du Judaïsme*, First, Paris 1994.

H. Cohen, Religione della ragione dalle fonti dell'ebraismo, ed. San Paolo, Milano 1994.

Y. Hillel, *La foi, la Kabbale et la folie*, éd. Kodesh, Jérusalem 1994.

Gadi Luzzatto Voghera, *L'antisemitismo*, Feltrinelli, Milano 1994.

P. Drach, *De l'harmonie entre l'Église et la Synagogue*, P. Mellier édit., Paris 1844.

Un mohel exécutant la circoncision tandis que le sandek tient l'enfant

Selon un décret du grand rabbin d'Israël, les juifs pratiquants peuvent tuer des poux durant le shabbat, sans transgresser le jour de repos hebdomadaire sacré. Mais, uniquement si le parasite se trouve sur la tête d'un être humain. Il est cependant interdit de se peigner pour isoler les poux, car la loi proscrit formellement tout travail du vendredi soir au samedi soir. En revanche, si le pou se trouve dans un vêtement, il faut l'ôter et le jeter "sans lui faire de mal". De même pour les rats, que la Torah interdit formellement de tuer pendant le shabbat, il faut les saisir par la queue "et les lancer au loin".

Le Progrès, 14.2.95

LA CONDAMNATION À MORT DE JÉSUS

Par M. l'abbé Curzio Nitoglia

LE SANHÉDRIN AU TEMPS DE JÉSUS : LES PERSONNES

Le Sanhédrin était le Tribunal suprême des Juifs. Il fut établi à Jérusalem, après l'exil babylonien (586 avant J.C.). Le conseil des soixante-dix anciens, institué par Moïse (1280 avant J.-C.) en était le modèle, mais on ne peut pas dire, comme le font les rabbins, que le Sanhédrin était ce conseil lui-même, seul son nom ayant changé. Le conseil institué par Moïse dura peu de temps et fut créé pour soulager Moïse lui-même, dans l'administration de la justice. Il disparut dès l'entrée d'Israël dans la Terre promise. "S'il s'était maintenu à côté de la puissance royale, comme le prétendent les rabbins, la Bible, Josèphe Flavius ou Philon en auraient certainement fait mention"[79].

D'après les frères Lémann, voici au contraire la vérité : le Sanhédrin apparaît pour la première fois à l'époque machabéenne, entre l'an 170 et l'an 106 avant J.-C. Il se composait de soixante et onze membres, les présidents compris[80]. Au temps de Jésus, ces soixante et onze membres se distribuaient en trois chambres : la chambre des Prêtres, celle des Scribes ou Docteurs et celle des Anciens. L'Évangile le confirme formellement : "Les Prêtres, les Scribes et les Anciens s'assemblèrent pour juger Jésus"[81].

Le Sanhédrin avait deux présidents, l'un portait le titre de "Prince" (*Nasi*) et était le vrai président ; l'autre était appelé "Père du Tribunal" (*Ab Bêth-din*) et n'était que le vice-président.

Le Sanhédrin s'était imposé une restriction dans son droit de vie et de mort : une limite ressortant des lieux mêmes où la sentence était prononcée. En effet, il n'y avait qu'une salle à Jérusalem où l'on pût prononcer la peine capitale, c'était la "salle des pierres taillées" (*Gazith*) et elle était située dans l'une des dépendances du Temple[82]. Or, que ce fût là, et là seulement, qu'on pût régulièrement prononcer la peine de mort, la tradition juive est unanime à l'affirmer[83]. Cette coutume avait été introduite un siècle à peu près avant Jésus-Christ, c'est pourquoi durant la vie de Jésus, toute sentence de mort prononcée hors de la "salle des pierres taillées" était nulle.

---

[79] A. et J. LÉMANN, *Valeur de l'assemblée qui prononça la peine de mort contre Jésus-Christ*, éd. Lecoffre, Paris 1876 (1975), p. 4. Dans cet article je me suis servi de ce précieux travail.

[80] Cf. FLAVIUS JOSEPHE, *Guerre des Juifs*, II, XX, 5. M. MAIMONIDE, *Iad-Chazaka*, liv. XIV, ch. II.

[81] Mc XIV, 53; XVI, 1; Matth. XVI, 21; Jn XI; Act. IV, 5. Cf. aussi M. MAIMONIDE, *op. cit.*, ch. II.

[82] *Talmud*, traité *Sanhédrin*, ch. XIV.

[83] A. et J. LÉMANN, *op. cit.* p. 10 - *Talmud Bab.*, traité *Abboda - Zara*, ch. I, fol. 8, recto. R. MARTIN, *Pugio fidei*, éd. de Leipzig, p. 872. M. MAIMONIDE, *op. cit.*, ch. XIV.

Limitation des pouvoirs du Sanhédrin apportée par Rome (10 après J.-C.)

Vingt-trois ans avant le procès de Jésus (en 10 après J.-C.), le Sanhédrin avait perdu le droit de condamner à mort[84].

La Judée avait été réduite à une province romaine et les procurateurs de l'EmPÈREur Auguste, avaient enlevé au Sanhédrin le *jus gladii* pour l'exercer eux-mêmes. Le Talmud lui-même l'affirme : "Un peu plus de quarante ans avant la destruction du Temple, on enleva aux Juifs le droit de prononcer les peines capitales"[85]. Donc, non seulement le droit de faire exécuter les condamnations à mort, mais aussi celui de les prononcer, et le Sanhédrin essaya toujours de violer cette interdiction.

En effet, ils savaient qu'avec la disparition de ce pouvoir, le temps fixé par Jacob pour la venue du Messie était définitivement accompli. "Les membres du Sanhédrin se couvrirent la tête de cendres, revêtirent le cilice en disant : Malheur à nous parce que le sceptre est enlevé à Juda et que le Messie n'est pas venu !"[86].

Or, comme la Synagogue ne voulait pas reconnaître le Messie dans la personne de Jésus, elle s'efforçait de toutes les manières possibles d'arrêter l'accomplissement de la prophétie qui disait : "Toi, Juda, tes frères te loueront. Le sceptre ne sortira point de Juda, ni le Législateur d'entre ses pieds, jusqu'à ce que vienne Celui qui doit être envoyé"[87]. Or, deux signes devaient précéder la venue du Messie : 1°) le sceptre est enlevé à Juda. 2°) le pouvoir judiciaire est supprimé. Le Talmud aussi, commentant cette prophétie dit : "Le Fils de David, le Messie, ne doit pas venir qu'auparavant la puissance royale ait disparu de Juda... Le Fils de David ne doit pas venir qu'auparavant les juges aient cessé en Israël"[88].

Enfin, quand Rome conquit la Judée, il y avait longtemps que le sceptre (puissance royale) avait disparu de Juda, puisque depuis le retour de la captivité de Babylone (586 avant J.-C.), c'est-à-dire depuis plus de quatre cents ans, nul des descendants de David, de la tribu de Juda, n'avait plus porté le sceptre (la puissance du Roi). Le premier signe, la fin du pouvoir royal de Juda, était réalisé.

Restait le second : la suppression du pouvoir judiciaire. Une fois que Rome eût supprimé le droit du Sanhédrin de prononcer des condamnations à mort, il n'y eut plus de vrai législateur au pouvoir exécutif et judiciaire.

D'autre part le Talmud enseigne : "le pouvoir judiciaire supprimé, il n'y avait plus de Sanhédrin"[89].

---

[84] FLAVIUS JOSEPHE, *Antiquités judaïques*, liv. XVII, ch. XIII, nn° 1-5.
[85] *Talmud Gerosol*, traité *Sanhédrin*, fol. 24, recto.
[86] R. MARTIN, *Pugio fidei* p. 872.
[87] Gen. XLIX, 8-10.
[88] *Talmud*, traité *Sanhédrin*, fol. 97, verso.
[89] *Talmud de Babylone*, traité *Sanhédrin*, ch. IV, fol. 37, recto.

Et voilà pourquoi, ayant refusé de reconnaître le Messie dans Jésus de Nazareth, le Sanhédrin a poussé ce cri de désespoir : "Malheur à nous, parce que le sceptre est enlevé à Juda et le Messie n'est pas venu".

MORALITÉ DES PERSONNES QUI JUGÈRENT JÉSUS

Tout le monde connaît Caïphe, Anne et Pilate. Mais personne ou presque ne connaît les autres membres du Sanhédrin. Les frères Lémann étudiant les Évangiles, Flavius Josèphe et le Talmud, nous ont fourni beaucoup d'informations sur eux[90] ; plus de la moitié du Sanhédrin, environ quarante juges, vont comparaître sous nos yeux.

A) LA CHAMBRE DES PRÊTRES

« Depuis près d'un demi-siècle, [à partir de l'Avènement de Jésus, n.d.r.], un détestable abus s'était introduit, qui consistait à nommer et à destituer arbitrairement les grands Prêtres. Tandis que, durant quinze siècles, le Souverain Pontificat était héréditaire, par l'ordre de Dieu, dans une seule famille, et se conservait à vie[91] ; à l'époque de Jésus-Christ, il était devenu l'objet d'un véritable trafic. Hérode avait commencé ces destitutions arbitraires[92]. ...Cette expression des Evangélistes "le conseil des Grands Prêtres"... se trouve donc d'une rigoureuse exactitude, puisqu'on comptait une douzaine de Grands Prêtres déposés, et que tous ceux qui l'avaient été conservaient leur titre pour le reste de leur vie, et restaient de droit dans la haute assemblée... Avec eux... siégeaient de simples Prêtres"[93].

Les frères Lémann nous fournissent le *curriculum vitæ* de dix-sept Grands Prêtres du temps de Jésus, en se fondant sur la Bible, Flavius Josèphe, le Talmud, Don Giulio Bartolocci, Munk[94]. De ces sources il ressort que "plusieurs de ces Pontifes étaient personnellement très peu honorables... Que tous les Grands Prêtres qui se succédaient annuellement dans la charge d'Aaron, au mépris de l'ordre établi par Dieu, n'étaient que de misérables intrus... il est impossible de dissimuler l'indignité de ceux qui jugèrent Jésus... Chez la plupart d'entre eux... une hypocrisie ambitieuse avait... dénaturé la Loi de Moïse. Le plus grand nombre des Prêtres appartenait au Pharisaïsme, secte dont les membres faisaient servir la religion à leur ambition personnelle. Dans le but de dominer le peuple par des apparences religieuses, ces Prêtres pharisiens n'avaient pas craint de surcharger la Loi de Moïse de pratiques exagérées ... Comment s'étonner de la haine homicide que ces hommes... conçurent contre Jésus-Christ ? Quand Sa parole, ...mit à nu leur hypocrisie, et montra, sous le masque d'une fausse justice, la pourriture intérieure de ces tombeaux blanchis, ils Lui vouèrent une haine

---

[90] Cf. A. et J. LÉMANN, *op. cit.*, pp. 20-44.
[91] FLAVIUS JOSEPHE, *Antiquités judaïques*, XX, X, 1 ; XV, III, 1.
[92] *Ibid.* XV, III, 1.
[93] A. et J. LÉMANN, *op. cit.*, pp. 22-23.
[94] *Ibid.* pp. 24-26.

mortelle ; jamais ils ne Lui pardonnèrent de les avoir démasqués devant le peuple. L'hypocrisie ne pardonne jamais à qui la démasque publiquement"[95].

Jésus condamné à mort mourut sur la Croix

A) LA CHAMBRE DES SCRIBES

Ils étaient choisis aussi bien parmi les Lévites que parmi les laïques et formaient *l'intelligentsia* de la Nation. Ils étaient les docteurs en Israël. Les frères Lémann nous fournissent de nombreux détails sur la vie de quatorze scribes qui vécurent au temps de Jésus, en se fondant sur les mêmes sources citées pour les Grands Prêtres et spécialement sur la Mischna, sur David Ganz, de Champagny, Gian Bernardo De Rossi, Drach, Maïmonide[96]. Il en ressort qu'ils étaient dominés par l'orgueil ; jaloux de leur titre de docteurs (*Rabbi*) et de leur science, ils essayaient de dominer la société. Durs et implacables, sans miséricorde, pleins d'autosuffisance. "L'impartialité se demandent les frères Lémann pouvait-elle être possible dans des intelligences si orgueilleuses et sur des lèvres si infatuées d'ellesmêmes ?... Lorsque le Christ sera devant eux, ce ne sera plus seulement des accès d'orgueil, ce sera la vengeance de l'orgueil"[97].

C) LA CHAMBRE DES ANCIENS

C'était la moins influente des trois chambres du Sanhédrin. Les frères Lémann nous donnent le *curriculum* de sept Anciens, en citant les mêmes sources dont ils s'étaient servis

---

[95] *Ibid.* pp. 28-29.
[96] *Ibid.* pp. 30-35.
[97] *Ibid.* pp. 37-38.

pour les deux premières chambres[98]. Si elle était la moins influente du Sanhédrin, elle en était peut-être la plus respectable, et par conséquent les Anciens furent les moins passionnés dans le procès de Jésus. Cependant ses membres étaient pour la plupart des Sadducéens, c'est-à-dire des matérialistes qui niaient l'immortalité de l'âme et n'avaient comme but que le plaisir. Parmi ces "épicuriens", deux faisaient exception (comme Loth parmi les habitants de Sodome) : Nicodème et Joseph d'Arimathie.

Les actes du Sanhédrin : leur valeur

Les faits que j'examinerai révèlent que le Sanhédrin était résolu depuis le début et *a priori* à condamner Jésus, indépendamment de Son innocence. Ces faits sont les trois décisions prises par le Sanhédrin dans les trois réunions antérieures à celle du vendredi Saint : la condamnation à mort de Jésus, avant même qu'Il comparût comme accusé.

A) La première réunion du Sanhédrin

Elle se tint du 28 au 30 septembre (*Tisri*) de l'an de Rome 781 (33 après J.C.). L'Évangile parle du "dernier jour de la fête des Tabernacles"[99], qui cette année-là commençait le 22 septembre et se terminait le 28. St Jean rapporte que Jésus avait guéri miraculeusement un aveugle-né et que "Ses parents, craignaient les Juifs ; car les Juifs AVAIENT DE JADE CRETE ENSEMBLE que si quelqu'un confessait que Jésus était le Christ il serait chassé de la synagogue"[100]. Le décret d'excommunication avait été lancé du 28 au 30 septembre. Or ce décret prouve deux choses :

1°) qu'une réunion solennelle du Sanhédrin avait eu lieu, car le Sanhédrin avait seul le pouvoir de lancer l'"excommunication majeure" ;

2°) qu'on avait, dans cette réunion, agité la question de mort par rapport à Jésus-Christ. L'ancienne Synagogue en effet, distinguait trois degrés d'excommunication : la SEPARATION (*niddui*) ; l'EXECRATION (*chœrem*) et la MORT (*schammata*).

La SEPARATION condamnait quelqu'un à vivre isolé durant trente jours. Elle n'était point exclusivement réservée au Sanhédrin. L'EXECRATION comportait une séparation complète de la société judaïque ; on était exclu du Temple et voué au démon. Seul le Sanhédrin de Jérusalem pouvait l'infliger, et il la prononça contre quiconque oserait prononcer que Jésus était le Messie. La MORT était réservée aux faux prophètes : "Or tout fait supposer que le Sanhédrin, qui n'hésita pas à lancer l'exécration contre les partisans du

---

[98] *Ibid.* pp. 39-40.
[99] Jn VII, 37.
[100] Jn IX, 22.

Christ, dut, dans la même séance, délibérer s'il ne prononcerait pas contre le Christ Luimême... la peine de mort. Une vieille tradition talmudique dit qu'il en fut ainsi"[101].

B) La deuxième réunion du Sanhédrin

Elle eut lieu au mois de février (*adar*) de l'année 782 de la fondation de Rome (34 après J.-C.), quatre mois et demi environ après la première. Ce fut à l'occasion de la résurrection de Lazare. St Jean écrit : "Depuis ce jour-là, ils résolurent de Le faire mourir"[102]. Dans la première réunion la condamnation à mort n'avait été qu'indirectement et dubitativement proposée, mais dans la seconde la décision est prise ! Sans avoir cité le condamné, sans l'avoir entendu, sans accusateurs ni témoins.

C) La troisième réunion du Sanhédrin

Elle eut lieu vingt ou vingt-cinq jours après la seconde, le mercredi Saint, 12 mars (*nisan*) 782 *ab Urbe condita*. St Luc écrit : "Alors les Princes et les Anciens du peuple s'assemblèrent dans la salle du grand Prêtre, et tinrent conseil pour savoir comment ils se saisiraient adroitement de Jésus, et Le feraient mourir. Et ils disaient : Il ne faut pas que ce soit pendant la fête, de peur qu'il ne s'élève quelque tumulte dans le peuple"[103]. Ce troisième conseil, n'avait pas comme objet la condamnation à mort de Jésus, puisque Sa mort avait déjà été décrétée dans le deuxième conseil. Il ne s'agissait maintenant que de déterminer le temps et la manière de se saisir de Jésus, et on décida de patienter et remettre après les fêtes de Pâques l'arrestation de Jésus ; mais un événement imprévu les fit revenir sur cette décision : "Judas, surnommé Iscariote, ...vint trouver les princes des Prêtres pour leur livrer Jésus"[104]. Judas, le traître, ôte toute incertitude au Sanhédrin, la condamnation de Jésus ne sera plus renvoyée à un jour indéterminé après les fêtes de Pâques, mais au premier moment favorable.

"Eh bien, nous le demandons maintenant à tout Israélite de bonne foi : lorsque le Sanhédrin fera comparaître devant lui Jésus de Nazareth comme pour discuter Sa vie, n'y aura-t-il pas là une sanglante dérision, un effroyable mensonge ; et l'accusé, quelque innocente que puisse être sa vie, ne sera-t-il pas, à coup sûr, vingt fois condamné à mort ?"[105].

Règles juridiques obligatoires au Sanhédrin dans les débats de toute cause criminelle

---

[101] A. et J. LÉMANN, *op. cit.*, pp. 50-51.
[102] Jn XI, 50.
[103] Lc XXIII, 1-3.
[104] Lc XXII, 3-4.
[105] A. et J. LÉMANN, *op. cit.* pp. 55-56.

Ces règles, très précises, existent et ont été consignées par la Mischna de Rabbi Juda, qui, vers la fin du IIème siècle après J.-C., voulut mettre par écrit la tradition juive, préoccupé par l'état déplorable de sa Nation, qu'Adrien venait de chasser pour toujours de la Judée.

LE SANHÉDRIN A VIOLÉ TOUTE RÈGLE DE JUSTICE DANS LE PROCÈS DE JÉSUS

Frontispice du livre de Gian Bernardo de Rossi, le "géant" des études sur le Judaïsme

Jésus fut conduit à la maison de Caïphe "où tous les Prêtres, les Scribes et les Anciens étaient assemblés"[106]. St Jean nous dit que "c'est la nuit"[107] : PREMIÈRE IRRÉGULARITÉ : la Loi juive défend, sous peine de nullité, de juger de nuit : "qu'on traite une affaire capitale durant le jour, mais qu'on la suspende la nuit"[108]. De nuit et donc après le Sacrifice du soir. DEUXIÈME IRRÉGULARITÉ : "Ils ne siègeront que depuis le Sacrifice du matin jusqu'au sacrifice du soir"[109]. C'était le premier jour des azymes, veille de la fête de Pâque, TROISIÈME IRRÉGULARITÉ : "Ils ne jugeront ni la veille du sabbat, ni la veille d'un jour

---

[106] Matth. XXVI, 57.
[107] Jn XIII, 30.
[108] *Mischna*, traité *Sanhédrin*, ch. IV, n° 1.
[109] *Talmud de Jérusalem*, traité *Sanhédrin*, ch. I, fol. 19.

de fête"[110]. De plus "Caïphe interrogea Jésus"[111]. Ce même Caïphe avait déclaré que le bien public réclamait la mort de Jésus. Autrement dit l'accusateur est aussi le juge, voilà la QUATRIÈME IRRÉGULARITÉ. La législation hébraïque distingue nettement le juge et l'accusateur et interdit que l'un soit en même temps l'autre[112].

Les frères Lémann ont dénombré vingtsept irrégularités, je m'arrête ici à la quatrième, renvoyant le lecteur qui voudrait approfondir la question à l'ouvrage cité.

Conclusion

Il peut arriver que dans un procès on découvre une irrégularité : elle seule entraîne automatiquement l'absolution de l'accusé puisqu'elle pourrait être l'effet de l'inadvertance humaine. Mais quand le procès est émaillé de vingt-sept irrégularités, qui se succèdent l'une après l'autre, toutes graves, toutes scandaleuses et préméditées, n'est-ce peut-être pas la preuve que l'accusé a déjà été condamné *a priori* et injustement ?

Eh bien, se demandent les auteurs, face à ces vingt-sept graves irrégularités n'y a-t-il pas peut-être pour tout Israélite une raison d'honneur, voire même de justice, qui l'oblige en conscience à ne pas ratifier le jugement du Sanhédrin, avant d'avoir examiné par soi-même ce qu'était Jésus-Christ ?

Eh bien, poursuivent les auteurs, qu'étaitil donc cet étrange accusé ? *Quis est hic ?* Cette question, ô Israélites, demande qu'aujourd'hui vous vous la posiez à vous-mêmes ! *Qui est donc Celui-ci*, à l'égard duquel le Sanhédrin a violé toute justice ? « Cette question, à dix-neuf siècles de distance, ...tout Israélite loyal, la Bible dans les mains, peut aisément la résoudre [ce que j'essayerai de faire dans l'article suivant, n.d.a.]. Méditez-la cette page, ô Israélites ; elle vous révélera *qui était* le condamné du Sanhédrin, en même temps qu'elle vous fera connaître ce que doit être, ici-bas, le dernier acte du peuple juif avant que d'entrer... dans la terre promise de l'Église... Voici donc cette page, elle est du Prophète Zacharie... : "Je répandrai sur la maison de David et sur les habitants de Jérusalem un esprit de grâce et de prières : Alors ILS JETTERONT LES YEUX SUR MOI QU'ILS ONT PERCÉ DE PLAIES, et ils seront pénétrés de douleur comme on l'est à la mort d'un fils unique... En ce temps-là ils invoqueront mon nom et je les exaucerai... Alors ILS M'APPELLERONT PAR MON NOM... SEIGNEUR, MON DIEU !" (Zach. XII, XIII) »[113].

Per Christum et cum Christo Pax super Israel.

---

[110] *Mischna*, traité *Sanhédrin*, ch. IV, n° 1.
[111] Jn XVIII, 19.
[112] Deut. XIX, 16-17.
[113] A. et J. LÉMANN, *op. cit.* pp. 69-97.

LA QUESTION DU MESSIE

Par M. l'abbé Curzio Nitoglia

INTRODUCTION

Le XXème siècle a eu la fonction, sous certains aspects terribles, d'abattre les murs qui séparaient encore les nations, les ethnies et même les religions. Le XXIème, au moyen du Nouvel Ordre Mondial, semble être projeté vers l'unification des Etats (la soi-disant République Universelle) et des Religions, *"si fieri potest"*.

Dans le dessein de la Providence tout le mal n'arrive pas forcément pour nuire : parmi les ruines produites par le Mondialisme on peut distinguer une future et certaine (parce que révélée) conversion des frères AINÉS SÉPARÉS : les Juifs, (actuellement talmudistes antichrétiens) qui, avec les Gentils convertis au Christianisme, formeront "un seul troupeau".

À travers toutes les divisions de l'humanité, il n'en existe pas « de plus profonde et de plus obstinée que celle qui séparait le peuple juif du reste du genre humain »[114]. Les Juifs ont vécu mis à l'écart en Palestine pendant deux mille ans, et vivent encore isolés au sein des nations qui les ont accueillis depuis deux mille ans. Ils sont le peuple de l'isolement. Le mur de la séparation avait une double résistance, religieuse et sociale. Avec le 29 septembre 1791 la résistance sociale a reçu un rude coup par l'émancipation et l'assimilation. Cependant les talmudistes orthodoxes ne se sont jamais résignés à cette émancipation qui aurait conduit à l'assimilation et ont lutté contre elle. Au XXème siècle nous avons aussi vécu le phénomène de la reconstruction de l'État d'Israël mais sur des bases laïques et areligieuses[115]. Toutefois si l'émancipation a produit surtout en Occident une faible assimilation (qui a été interrompue en partie par la seconde guerre mondiale) la résistance religieuse subsiste très certainement. Et c'est surtout elle qui empêche que les Juifs retournent au Christ en disant *"Béni soit Celui qui vient au nom du Seigneur"*. En effet, même si toutes les séparations sociales tombaient, et ne subsistait que la division religieuse, elle finirait par rétablir toutes les autres. En effet elle a été justement la diversité, ou mieux l'opposition religieuse (avec le Christ ou contre le Christ) qui a rendu nécessaires les lois de sauvegarde de la contagion antichrétienne que le Judaïsme portait partout avec lui, et l'érection des ghettos. Or la grande division entre Israélites et Chrétiens réside dans la question du Messie : c'est-à-dire le Messie-Dieu estIl déjà venu en la Personne de Jésus-Christ ou non ?

J'essayerai de l'aborder dans cet article.

---

[114] J. et A. LÉMANN, *La question du Messie et le Concile du Vatican*, Joseph Albanel éd., Paris 1869, p. X.
[115] Cf. *Sodalitium*, n° 42, pp. 4-33.

Histoire de la question du Messie à partir de la Diaspora

À partir de la chute de Jérusalem (70 après J.-C.) l'histoire de la question messianique s'obscurcit, on en perd la trace. Joseph et Augustin Lémann dans leurs ouvrages ont réussi à faire la lumière sur ce problème et leurs conclusions sont à la base de cet article.

Le point de départ est la Bible, il y a trois données bibliques évidentes : 1°) Le Messie devra naître de la race d'Abraham « ... pour préparer le Corps de son Christ, Dieu fait exprès un peuple. À cet effet il prend un homme, Abraham... d'où il va extraire ce grand peuple »[116].

"Voilà que la vierge concevra et enfantera un fils, et son nom sera appelé Emmanuel" (Is. VII, 14)

2°) Parmi les douze tribus d'Israël, le Messie naîtra de la tribu de Juda, « Et toi, Bethléem, tu es petite entre les villes de Juda : et cependant c'est de toi que sortira Celui qui doit régner dans Israël, et dont la génération est dès l'éternité »[117].

---

[116] J. et A. LÉMANN, *op. cit.*, p. 2. cf. Genèse XXII, 17-18.
[117] Michée V, 2.

3°) Entre toutes les familles de Juda, le Messie naîtra de la famille de David, « ... Le temps vient dit le Seigneur où je susciterai à David un rejeton juste... Et voici le nom qu'ils donneront à ce roi : Jéhovah, notre justice »[118].

Tous les autres peuples ATTENDRONT aussi le Messie, mais seul le peuple juif LUI FOURNIRA SON SANG. Comme il est bien vrai qu'Il mourra pour le salut de tous les peuples, mais seulement le peuple juif le conduira à Pilate pour en demander la mort, en criant : « *Que son sang retombe sur nous et sur nos enfants* ».

Depuis vingt siècles les peuples qui attendaient le Messie disent : "Béni soit Israël qui nous a donné Celui que nous attendons !". Et depuis vingt siècles, Israël obstinément répond : "Ne soyez pas satisfaits, le Messie n'est pas encore venu !". Chose vraiment singulière : la Synagogue repousse et veut que lui échappe le fils que l'Église lui présente en la félicitant. L'écho de cette querelle entre Église et Synagogue a rempli deux mille ans d'histoire.

UNE PÉRIODE D'INQUIÉTUDE (70-135 APRÈS J.-C.)

Le point de départ, on l'a vu, a été la Bible (Israël, Juda, David), la route sera celle des "catacombes" de l'histoire juive depuis la chute de Jérusalem et le point d'arrivée sera la lumière et la certitude sur la venue du Messie.

C'est avec une grande difficulté que nous réussissons à suivre le filon messianique à travers les "catacombes" de l'histoire hébraïque, parce que le sol d'Israël fut envahi et dévasté dix-sept fois, et toutes les tribus et les institutions juives ont été détruites.

Toutefois « ... Il y a chez les Juifs, dans les siècles de la dispersion, une histoire du Messie obscure, sans liaison... Mais nous croyons qu'on peut tout ramener... à trois ou quatre grandes périodes, dont la première, doit porter le nom de période d'inquiétude »[119].

En Palestine, à l'époque que la Sainte Ecriture appelle "la plénitude des temps", la Synagogue semblait être caractérisée par une agitation particulière, tandis que les Gentils étaient dans un calme plein de pressentiment. L'Évangile lui-même en est témoin : alors que les mages demandaient « *où est né ce Roi des Juifs* »[120]. Jérusalem fut troublée à cette demande « *turbatus est, et omnis Jerosolyma cum illo* »[121]. La "plénitude des temps" ou la maturité du fruit messianique était la première cause qui agitait et troublait la Synagogue, quand une catastrophe inattendue vint donner à cette agitation un caractère sinistre, ce fut la destruction de tout ce qui devait concourir à la production du Messie. Les prophètes avaient parlé de la Maison de Jessé ou de David et l'avaient comparée à une tige (souche) d'où devait jaillir le fruit messianique. Or voici que tout à coup, comme si le fruit en était sorti, cette tige de Jessé subit le sort de la plante qui a fini de produire tout ce qu'elle était appelée à

---

[118] Jérémie, XXIII, 5-7.
[119] J. et A. LÉMANN, *op. cit.*, p. 8.
[120] Matth. I, 2.
[121] Matth. I, 3.

produire. Comme les feuilles, tombent les célèbres généalogies conservées scrupuleusement au Temple et qui servaient à distinguer la tribu de Juda de toutes les autres, et en elle la famille de David : elles brûlèrent en 70, dans l'énorme bûcher qui détruisit le Temple de Jérusalem et rien ne put être sauvé. À partir de cette année tragique commença pour les familles juives une situation de ténèbres, de confusion inextricable dont le Talmud écrira : « Depuis le jour où le livre des généalogies a été caché ou détruit, la vertu des sages s'est affaiblie, la lumière de leurs yeux s'est changée en ténèbres »[122].

Les généalogies sont tellement indispensables pour la reconnaissance du Messie que les plus célèbres rabbins soutiennent que la première fonction du Messie sera celle de les rétablir[123] ; mais comment pourra-t-il rétablir les généalogies qui devraient servir précisément, *a priori*, à démontrer son caractère messianique ?

Et puis, après les "feuilles généalogiques" c'est la "tige" elle-même qui tombe, avec la disparition de la famille de David, dispersée hors de la Palestine avec toutes les autres familles, sans savoir ce qu'elle est devenue.

LES CALCULS DES 70 SEMAINES

Il est naturel qu'en présence de ces deux événements exceptionnels, c'est-à-dire la maturité du fruit messianique et la destruction de tout ce qui devait concourir à le faire germer, l'âme des Juifs fût troublée. Ce fut alors que les sages approfondirent l'étude de la prophétie des soixante-dix semaines de Daniel. « Soixante-dix semaines (d'années) ont été abrégées.... Sache donc et sois attentif : du jour où sera publiée la parole (le décret des rois de Perse) qui ordonnera de rebâtir Jérusalem, jusqu'au Christ, chef, il s'écoulera sept semaines et soixante-deux semaines... Et le Christ sera mis à mort »[124]. Les docteurs d'Israël ont calculé les soixantedix semaines d'après cinq méthodes différentes.

1°) ils ont placé le point de départ soit depuis l'édit de Cyrus (537 avant J.-C.), soit depuis celui de Darius (520 avant J.-C.), soit depuis celui d'Artaxerxès (450 avant J.-C.), soit enfin depuis celui rendu en faveur de Néhémie (445 avant J.-C.).

2°) ils ont ensuite varié la nature des semaines, soit en les composant d'abord d'années lunaires (plus courtes), puis d'années solaires (plus longues).

3°) puisque le Christ n'arrivait toujours pas ils ont condensé les siècles passés pour différer le point d'arrivée des soixante-dix semaines.

4°) ils ont eu la hardiesse de rejeter dans l'avenir, arbitrairement, le point d'arrivée des soixante-dix semaines, à l'année 4231, c'est-à-dire au IIIème siècle après J.-C., avec la Mischna, au quinzième siècle, avec le rabbin Chasdai, et à la fin des temps, avec le rabbin Menassé-ben-Israël.

---

[122] *Talmud Babyl.* traité *Pesachin*, ch. V, gd. 62.
[123] M. MAIMONIDE, traité *Mélachim*, ch. XII.
[124] Daniel, IX, 24-26.

5°) ils ont eu recours à la Cabale, de laquelle, avec de nouvelles dates, ils ont fait sortir de nouvelles déceptions.

A côté de l'agonie des calculs "infinitésimaux" des rabbins, pour prouver que le Messie n'était pas encore venu, Dieu a permis que le peuple d'Israël fût trompé, vingtcinq fois par vingt-cinq faux Messie, à partir de Theudas en Palestine en 45, jusqu'à Zabathaï Tzevi, en Turquie en 1666. À ce propos les frères Lémann commentent :

« Tout cela, ô Israélites, est authentique ; tout cela c'est de l'histoire… non pas une fois, non pas dix fois, mais vingt-cinq fois nos ancêtres ont été le jouet de ce mirage : pour avoir méconnu le Messie là où Il était, on était réduit à Le chercher là où Il n'était pas »[125].

Telle fut cette longue période d'inquiétude, bien représentée par la médaille que firent frapper les emPÈREurs romains sur laquelle figurait une femme enveloppée d'un manteau, assise au pied d'un palmier, la tête appuyée sur sa main, avec cette inscription : *Judea capta*, ce qui signifie que la Judée, captive dans ses calculs, est tombée de lassitude et refroidie dans la vaine attente du Messie.

SIGNIFICATION DU COMPTE DES SOIXANTE-DIX SEMAINES

La prophétie annonce avec une extraordinaire précision l'Avènement du Sauveur. En 537 Babylone tombe aux mains des Perses et après soixante-dix années se termine la captivité des Juifs commencée en 606, exactement comme l'avait prophétisé Jérémie : « *Quand commenceront à s'accomplir soixante-dix semaines à Babylone, dit le Seigneur, je vous visiterai, et réaliserai la promesse que je vous avais faite, de vous reconduire dans la terre de Judée* »[126].

La promesse était formelle, mais Daniel savait que l'effet des promesses divines peut être retardé ou annulé par la conduite de ceux auxquels elles ont été faites, comme une prière humble et fervente peut hâter leur accomplissement (comme celle de Marie à Cana). Troublé par le fait que la promesse ne se réalisait pas Daniel commença à prier et lui apparut l'Ange Gabriel qui lui dit : « *Je suis sorti afin de t'instruire et que tu comprennes… Soixante-dix semaines ont été abrégées pour ton peuple et pour ta Ville Sainte, afin que soit abolie la prévarication, et que prenne fin le péché, et que soit effacée l'iniquité, et que vienne la justice éternelle… et que soit oint le Saint des Saints. Depuis que sortira la parole pour que de nouveau soit bâtie Jérusalem, jusqu'au Christ chef, il y aura sept semaines et soixante-deux semaines… Et après soixante-deux semaines le Christ sera mis à mort ; et il ne sera pas son peuple, le peuple qui doit le renier. Et un peuple, avec un chef qui doit venir, détruira la cité et le sanctuaire… il confirmera son alliance avec un grand nombre dans une semaine ; et au milieu de la semaine cesseront l'oblation et le sacrifice ; et l'abomination de la désolation sera dans le Temple* »[127].

---

[125] J. et A. LÉMANN, *op. cit.*, p. 24.
[126] Jér. XXIX, 10.
[127] Dan. IX, 20-27.

L'Ange réconforta Daniel et lui dit que les soixantedix semaines prédites par Jérémie ne concernaient pas tant la libération de l'exil babylonien qu'une libération infiniment plus importante, la libération du genre humain des chaînes du péché. Jérémie avait annoncé non seulement la fin de la domination étrangère mais surtout la fin du règne du démon, au moyen de la venue du Messie.

C'est ainsi que les Pères expliquent la signification de la prophétie :

a) "Soixante-dix semaines ont été abrégées pour ton peuple..." Les semaines écourtées, avec une expression courante chez les Juifs, représentent les années ; donc soixante-dix par sept (c'est-à-dire les soixante-dix semaines) équivaut à quatre cent quatrevingt-dix années. Mais ces semaines sont dites écourtées parce qu'elles n'arriveront pas complètement à leur terme : en effet l'événement extraordinaire qu'elles préparent arrivera durant la dernière de celles-ci et non à la fin. Le peuple juif devra attendre encore quatre cent quatre-vingt-dix années (non accomplies) pour voir le Messie.

b) *"Afin que soit abolie la prévarication"* : c'est-à-dire jusqu'au jour où on touchera le fond, en consumant le crime le plus horrible : le déicide. Mais avec le déicide "sera fermée l'ère du péché".

c) En effet avec Sa mort en Croix le Messie vaincra le péché et le démon et

d) *"Que vienne la justice éternelle..."* le règne de la grâce, la Nouvelle et Eternelle Alliance, l'Église romaine.

e) "Que soint Oint le Saint des saints", l'Oint est le Christ[128].

f) *"De l'émanation de l'ordre de reconstruire Jérusalem"* : cet ordre concerne non seulement la reconstruction du Temple (édit de Cyrus, 536 avant J.-C.) mais de Jérusalem tout entière (édit de Artaxerxès, 454 avant J.-C.)[129].

g) De 454 avant J.-C. jusqu'à l'"Oint", au "Chef", c'est-à-dire jusqu'à ce que le Christ assumera publiquement Sa mission en se faisant baptiser dans le Jourdain *"il y aura sept semaines et soixante-deux semaines"*. Les sept semaines représentent les années nécessaires pour

h) *"Rebâtir la place publique et les murailles* [de la cité]..." et se calculent en quarante-neuf années. L'Évangile enseigne que la reconstruction du Temple sous Zorobabel avait duré quarante-six ans[130]. Cependant, avec Eusèbe de Césarée qui se basait sur le témoignage de Flavius Josèphe, on sait avec certitude que l'accomplissement total des travaux de décoration dura trois ans de plus, arrivant donc au calcul total de quarante-neuf (ou des sept semaines prophétisées). Il y aura encore *"soixante-deux semaines"*... et celles-ci nous conduiront jusqu'à 29 après J.C., *"l'an quinzième du règne de Tibère"*, année où, d'après l'Évangile, Jésus se fit baptiser, inaugurant Son ministère public[131]. Alors commencera la soixante-dixième semaine (au total soixante-neuf se seront écoulées), qui sera aussi la dernière. Semaine

---

[128] Is. XLI, 1; Ps. XLIV, 8; Act: X, 33.

[129] II Esdras II, 1-8.

[130] Jn II, 20.

[131] Lc III 1-22: « *L'an quinzième du règne de César Tibère, Ponce Pilate étant gouverneur de la Judée* ».

UNIQUE, sainte entre toutes les autres, où s'accomplira la Rédemption. Mais après trois ans et demi, au milieu de la dernière semaine

i) "*l'Oint sera mis à mort*". Daniel fait durer la dernière semaine trois ans et demi[132].

j) "*Et ce ne sera pas Son peuple qui Le reniera…*". Le peuple que Dieu avait élu, à partir du Vendredi Saint ne sera plus SON PEUPLE, puisqu'il a renié définitivement le Sauveur, et Dieu abandonne (seulement) après avoir été abandonné.

k) "Et un autre peuple avec un chef qui doit venir, détruira la Cité et le Sanctuaire", (les Romains avec Titus en 70).

La châsse contenant le corps incorrumpu du Bhx Lorenzino de Marostica

Période de desespoir et de silence : le Moyen-Âge

Dans cette période trois choses sont arrivées : la diaspora (135 après J.-C.), le refus de la part des nations des Juifs comme part ie coopérante de leur formation, et la consolidation d'un noyau judaïque à l'intérieur des nations elles-mêmes. D'un côté « … on ne les veut pas dans l'organisation de la société… Eux, également ne veulent pas non plus accepter les conditions générales de la société du Moyen Age, par crainte d'y perdre leurs usages, leurs lois, leurs traditions. Des deux côtés, on veut être à part ; de là les Ghettos... positivement voulus par les Juifs comme par les Chrétiens »[133].

Nous voyons donc chaque État se former avec un noyau de Juifs dans son sein : tout comme le noyau d'un fruit qui, alors que celui-là mûrit et se colore, reste obscur, dur, non assimilable. « ... Ainsi en était-il des Juifs ; autour d'eux, la jeune société chrétienne mûrissait et se développait ; elle les tenait englobés dans son sein... mais ils restaient durs, impénétrables »[134]. Cependant ce noyau impénétrable a son rôle futur, celui de produire un jour un arbre (la conversion d'Israël) ; entre-temps on donne une organisation qui se

---

[132] Dan. IX, 27 - XII, 7.
[133] J. et A. LÉMANN, *op. cit.*, p. 31.
[134] J. et A. LÉMANN, *op. cit.*, p. 31.

concentre dans le Rabbinat et qui s'appelle le Grand Kahal, avec ses lois propres, ses propres juges et son chef.

« Aussi longtemps que les Juifs aient habité la Palestine, on avait soigneusement maintenu la division des pouvoirs [le magistère, l'empire et le sacerdoce]. Ces trois grandes institutions, le Sacerdoce [Temple], le Sanhédrin [juges], l'Ecole [docteurs Synagogue] avaient eu chacune leurs attributions distinctes. Mais quand le peuple juif fut dispersé, l'instinct de la conservation, puis la confusion et l'habitude, firent concentrer dans les mains d'un seul homme, qui n'était cependant ni prêtre, ni juge, ni docteur, les débris de ce triple pouvoir... [cet homme était le rabbin, n.d.a.]. Mais alors... il y eut exagération, et parfois exagération ridicule, de l'autorité rabbinique »[135]. Le rabbinat au Moyen Age fut le point focal et fondamental du monde judaïque.

LE RABBINAT ESSAYE D'ÉTOUFFER LE PROBLÈME DU MESSIE

Par l'énorme puissance prise par le rabbinat, la question messianique, durant le Moyen Age, entra dans une nouvelle phase, définie par les auteurs, comme la phase de désespoir et de silence.

D'une part, au dedans de la Synagogue, on était à bout de calculs et de supputations, d'autre part, au dehors de la Synagogue, la Religion chrétienne commençait sa lutte apologétique et faisait succéder aux victoires sanglantes de ses martyrs, les victoires non sanglantes et lumineuses de ses docteurs. La Synagogue se trouvait donc dans une situation délicate et pour prévenir un grande victoire de la part de l'Église sur la question messianique, le rabbinat forma une résolution « désespérée mais habile, celle d'interdire, d'étouffer et d'enterrer la question messianique »[136]. À cette fin la Synagogue adopta deux sortes de mesures : a) Les mesures publiques, comme les anathèmes, par lesquelles tous les rabbins commencèrent à maudire ceux qui recherchaient la lumière sur le Messie. À ce propos Maïmonide a écrit : « Les sages... ont défendu de calculer le temps de sa venue, parce que le peuple est scandalisé de voir qu'il n'arrive pas, bien que les temps soient passés »[137]. b) Les mesures détournées : puisque l'interdit explicite pouvait être violé, le rabbinat eut recours à quelque chose de plus sûr et moins flagrant, en cherchant ainsi à détourner les esprits curieux et amoureux de la vérité qui, insouciants de l'interdiction, entendraient violer l'interdiction, et en les mettant dans l'impossibilité de retrouver la route : en changeant ou en inversant les signes trouvables dans les prophéties messianiques.

Ceci arriva de deux manières.

---

[135] J. et A. LÉMANN, *op. cit.*, pp. 32-33.
[136] J. et A. LÉMANN, *op. cit.*, p. 34.
[137] M. MAIMONIDE, *Iggereth Hatteman*, fol. 125, 4.

1°) D'abord on commença par altérer la lettre de certaines prophéties[138] et ensuite on introduisit les innovations dans l'œuvre des Massorèthes de Tibériade, docteurs juifs du VIème siècle qui comptèrent les versets, les mots et les lettres de chaque livre de l'Ancien Testament. Les altérations introduites dans l'œuvre massoréthique, appelée par la postérité juive "la haie de la loi", sont devenues immuables et intouchables. Cependant l'altération de la Lettre n'eût pas été un obstacle suffisant pour empêcher d'arriver à la Vérité.

2°) Pour éviter l'apparition de soupçons dans le cas où il y aurait eu trop d'altérations, on chercha à conserver dans leur intégrité les prophéties, mais en changeant leur destination finale, en les faisant aboutir à un point d'arrivée autre que le Messie : en d'autres termes, on ménageait la lettre mais on détournait le sens. Toutes les écoles rabbiniques ont donc interprété les prophéties messianiques comme si elles parlaient du peuple juif et non du Messie : « C'était rien moins que l'Humanisme dans la rédemption : la créature se substituait à Dieu dans l'œuvre du rachat du monde »[139].

L'ÉTUDE DU TALMUD SE SUBSTITUE À CELLE DE LA BIBLE

Le but final de cette manœuvre était de faire oublier la Bible et surtout les Prophètes qui avaient annoncé le Messie. À une étude attentive du Talmud, comme le mettent en évidence les frères Lémann, on découvre un double but, l'un apparent et l'autre profond. Le premier est un but de CONSERVATION des traditions hébraïques qui, transmises oralement au cours des siècles, furent réunies en un seul code quand la diaspora fit craindre leur possible perte ; l'œuvre de rassemblement, appelée Talmud (c'est-à-dire enseignement, transmission) commença en Palestine avec Rabbi Juda le Saint, vers 190 et se termina à Babylone vers 500. Le second but du Talmud est un but de DIVERSION : en effet le texte est riche de questions scientifiques, cérémonielles et casuistiques, mais vide, ou à peu près vide de questions dogmatiques et surtout messianiques. Au Moyen Age ensuite, les écoles hébraïques se sont concentrées sur l'étude du Talmud au détriment des études bibliques et des Prophètes ; le dicton est célèbre : « la Bible est l'eau, la Mischna est le vin, la Ghemara est la liqueur aromatique. Qui s'occupe de la Bible fait quelque chose d'indifférent ; qui s'occupe de la

---

[138] Sur les exemples pratiques de l'altération du texte hébraïque, qui n'est donc pas le plus sûr, à la différence de la Vulgate de St Jérôme, cf. J. et A. LÉMANN, op. cit., p. 38. note 1. D'autres auteurs ont découvert et dénoncé cette altération du texte hébreu soit parmi les Chrétiens soit parmi les ex-Juifs. Voir, par ex., ST JUSTIN, Dialogue avec Triphon; ST IRENEE, l. III, ch. XXIV; TERTULLIEN, Lib. contra Judæos, n° 10, 13; Contra Marcionem, n° 19; Lib. de habitu muliebri, ch. III; ORIGENE, Ep. ad Africanum, hom. XXII in Jeremiam; ST ATHANASE, In fine Synopsis divinæ Scripturæ; EUSEBE, Historiæ, l. IV, ch. XVII; NICEPHORE CALLISTE, Hist. Eccl., l. IV, ch. VI; ST JEAN CHRYSOSTOME, hom. V in Matth., hom. IX; ST AUGUSTIN, De civitate Dei, l. XV, ch. XI; ST JEROME, Epist. Ad Marcell, in ch. III, Ep. ad Gal.. De nombreux rabbins convertis au Christianisme ont également admis le fait: NICOLAS DE LYRE, in cap. IX, Osée v. 12; PIERRE GALATIN, De arcanis catholicæ veritatis, l. I, ch. VIII; PAUL, EVEQUE DE BURGOS, In additione ad Psalm. XXI; RAYMOND MARTIN, Pugio fidei; PAUL DRACH, De L'harmonie entre l'Église et la Synagogue, t. I, pp. 51-56.

[139] J. et A. LÉMANN, op. cit., p. 44.

Mischna mérite récompense ; qui s'occupe de la Ghemara fait, de toutes les actions, la plus méritoire »[140]. L'esprit des Juifs était désormais concentré sur les interminables subtilités du Talmud et n'avait plus l'opportunité d'aborder la question messianique. « Ce que le Ghetto a été à nos corps, le Talmud l'a été à nos intelligences : il les a enserrées. Il fallait empêcher le peuple de retourner aux Prophéties, on y a réussi »[141].

"*Et tenebræ factæ sunt*"… Le silence est descendu depuis lors sur le Messie. Mais cela avait aussi été prédit par le Prophète Isaïe : « [Un jour] … *la vision d'eux tous* [les prophètes] *sera pour vous comme le livre scellé : lorsqu'on le donnera à un homme qui sait lire, on dira : "Lis ce livre" ; et il répondra : "Je ne le puis, car il est scellé"* »[142].

PÉRIODE DE RATIONALISME ET D'INDIFFÉRENCE (XVIIIÈME - XIXÈME SIÈCLES)

Avec le XVIIIème siècle commence pour Israël une nouvelle période, celle du rationalisme et de l'indifférence. Au Moyen Age la pensée du peuple juif était comme en tutelle. On n'osait même pas penser au Messie ; comme nous l'avons vu c'était l'heure de la puissance du rabbinisme et des ténèbres. Dans la Synagogue du XVIIème et du XIXème siècles on respire un air nouveau, complètement différent : la question du Messie est traitée librement. Il y a toujours, sans doute, le vieux parti talmudiste qui voudrait renfermer la pensée d'Israël dans les subtilités talmudiques, mais désormais prévalent deux écoles : a) celle qui pense que le Messie est un mythe, et c'est le Judaïsme rationaliste ; b) l'autre qui ignore la question messianique et c'est l'indifférentisme et le relativisme matérialiste.

LE MESSIE REGARDÉ COMME UN MYTHE

Le Messie mythique[143] rappelle aux esprits le Christ cosmique : ce n'est pas une personne, c'est une idée, c'est un règne universel : ou celui du monothéisme antitrinitaire, ou celui de la triade révolutionnaire (liberté, égalité, fraternité). Les causes de la corruption de l'idée Messianique peuvent se ramener à trois : le Philosophisme du XVIIIème siècle, la Révolution de 1789, la destruction du talmudisme orthodoxe. La première est le Philosophisme, instrument de scepticisme, de l'agnosticisme et de libre pensée, destructeur

---

[140] Cod. *Sopherim*, ch. XV.

[141] J. et A. LÉMANN, *op. cit.*, p. 49.

[142] Is, XXIX, 11.

[143] Aujourd'hui encore parmi les Juifs ultra-orthodoxes l'idée d'un Messie personne n'a pas du tout disparu même si elle apparaît minoritaire. Voir par exemple J. L. SCHOCHET, *Mashiach, il concetto di Mashiach e dell'era Messianica nelle regole e nelle tradizioni ebraiche*, Chaya, année V, n° 9, Milano 1993. « Le Messie est un être humain, né de façon naturelle de parents humains » (cf. OZ HACHAMA, sur *Zohar* II: 7b; R. CHAIM VITAL, *Arba Meot Shekel Kfessef*, ed. Tel Aviv, 5724, p. 241 a-b). Mais cette interprétation exclut la divinité du Messie, même en admettant la personnalité.

de toute Religion. Spinoza et Mendelssohn furent les principaux représentants de cette école et avec eux commença une sorte de néojudaïsme moderniste. La théorie du Messie mythique de Mendelssohn pénètre dans les synagogues par l'Allemagne et l'idée d'un règne prend la place de celle d'un Messie personne.

Et voici qu'un événement historique d'exceptionnelle importance (la Révolution française de 1789) vient fournir des couleurs, concrétiser, donner l'apparence de réalité à la théorie du Messie mythique. L'émancipation du peuple juif (1791), l'égalité civile de tous les hommes, marquent le commencement de la pénétration profonde du peuple juif dans la famille des nations, dont il avait été séparé pendant dix-huit siècles. C'est pourquoi la théorie du Messie considéré comme un règne universel ou comme une ère, trouva consistance et faveur.

FRANCE ET ALLEMAGNE

En Allemagne le progrès de la nouvelle doctrine du Messie mythique s'accomplit sous l'influence du Philosophisme, tandis qu'en France ce fut sous l'influence de l'émancipation civile. Les Juifs allemands en effet n'étaient pas encore émancipés civilement mais étaient travaillés par le Philosophisme, alors que ceux de France, civilement émancipés, s'en méfiaient encore.

A partir de 1843 en Allemagne on commença à aspirer au retour en Palestine, en donnant naissance au Sionisme actuel, dont les racines sont laïques, agnostiques et modernistes, très éloignées de l'idée du Règne du Messie personne ; les Juifs allemands, encore privés de la liberté civile étaient disposés à renoncer à tout, Messie compris pour l'obtenir.

En France au contraire les Juifs jouissaient de la liberté civile et politique depuis 1791 et étaient donc moins enclins à modifier leur "credo" ; l'autorité du rabbinat était restée très influente, au point de faire rester dans l'ombre toute question inhérente au Messie, quoique allégorique et impersonnelle. Mais avec 1848 les choses changèrent : durant le règne de LouisPhilippe le Rationalisme allemand avait stimulé et influencé le Judaïsme français au point qu'en 1846 même dans la Synagogue de France on s'engagea dans la voie de l'"aggiornamento".

RÉFUTATION DU MYTHE MESSIANIQUE

« Mais à présent s'insurgent passionnément les frères Lémann la Bible dans les mains et l'indignation dans le cœur... nous nous levons pour venger les traditions de nos pères »[144] ; si le Messie personnel était un mythe, toute la tradition judaïque de l'Ancien Testament tomberait en ruine, non seulement la tradition patriarcale mais aussi la tradition

---

[144] J. et A. LÉMANN, *op. cit.*, p. 69.

prophétique. Le Messie n'est pas un mythe, Abraham a parlé de sa semence[145], Jacob de sa tribu[146], Isaïe a décrit son intelligence, sa bouche, son visage[147], Daniel sa mort[148]. Enfin si le Messie était un mythe et non une Personne, Israël perdrait son titre honorifique d'avoir donné le Sang au Messie. En effet si le Messie est le règne des principes de 89, c'est la France qui les a proclamés et non Israël. Si l'Occident a étendu dans le monde entier le règne du Messie, qui est l'Église du Christ, Israël a "enfanté" sa personne. « À l'Occident le règne messianique ; à l'Orient la personnalité messianique ; au peuple chrétien, son sceptre, mais au peuple juif son berceau ! »[149]. Et un jour prochain, prédit par St Paul, nous verrons l'Orient qui remerciera l'Occident d'avoir étendu son règne, alors que l'Occident remerciera l'Orient d'avoir produit sa Personne, le peuple chrétien et le peuple juif former un seul royaume : l'Église du Christ.

LES PROPHÉTIES MESSIANIQUES DE L'ANCIEN TESTAMENT SE SONT ACCOMPLIES EN JÉSUS-CHRIST

Toutes les prophéties messianiques de l'Ancien Testament se sont réalisées en Jésus-Christ, qui est donc le vrai Messie. Il est bon de rappeler ici au moins les principales.

1) Le temps. Trois prophètes au moins ont prédit la venue du Messie : a) Jacob[150] qui affirma : « Le sceptre ne sera pas ôté de Juda, ni le prince de sa postérité, jusqu'à ce que vienne Celui qui doit être envoyé, et Lui-même sera l'attente des Nations »[151]. Que le temps fût accompli dans le Christ l'histoire nous l'enseigne : le pouvoir fut enlevé à la tribu de Juda après l'avènement du Christ et non avant. En effet avant le Christ, c'est-àdire depuis David jusqu'à la captivité de Babylone la tribu de Juda eut toujours des rois. Après le Christ les Juifs restèrent sans roi, sans autorité et furent dispersés par le monde, comme en témoigne l'histoire. b) Le prophète Malachie dit : « *Voici que moi j'envoie mon Ange, et il préparera la voie devant ma face. Et aussitôt viendra dans son Temple le dominateur que vous cherchez, et l'Ange de l'alliance que vous désirez* »[152]. Le Dominateur et l'Ange du Testament sont le Messie-Dieu. L'Ange qui le précède est le Baptiste, le Précurseur, et St Matthieu nous le confirme : « *Car c'est lui* [le Baptiste] *dont il est écrit : Voici que moi j'envoie mon Ange devant votre face, lequel préparera votre voie devant vous* »[153]. c) Le prophète Aggée a prédit « *Voilà ce que dit le Seigneur des armées : encore un peu de temps, et j'ébranlerai le ciel et la terre, et la mer, et la partie aride. Et moi j'ébranlerai toutes les nations. Et viendra le Désiré*

---

[145] Gen. XII, 3.
[146] Gen. XLIX, 10.
[147] Is. LII, 13-15.
[148] Dan. IX, 26.
[149] J. et A. LÉMANN, *op. cit.*, pp. 74-75.
[150] Gen. 49, 10.
[151] Gen. 49, 10.
[152] Mal. III, 1.
[153] Matth. XI, 10.

de toutes les nations ; et je remplirai cette maison de gloire »[154]. Ici le prophète parle du Messie qui doit venir dans le Temple de Jérusalem (qui à partir de 70 n'existe plus et constitue le terme avant lequel devait se vérifier la venue du Messie).

2) Le lieu de sa venue. Michée prophétisa que le Messie naîtrait à Bethléem de Judée : « Et toi, Bethléem Ephrata, tu es très petit entre les mille de Juda ; de toi sortira pour moi celui qui doit être le dominateur en Israël, et sa génération est de toute l'éternité »[155] ; les mêmes prêtres et scribes interrogés par Hérode où devait naître le Messie, répondirent : à Bethléem.

3) La mère vierge de Jésus avait été prédite par Isaïe : « Voilà que la vierge concevra et enfantera un fils, et son nom sera appelé Emmanuel »[156].

4) De l'origine du Messie parlèrent : a) Isaïe : « et il sortira un rejeton de la racine de Jessé [père de David] et une fleur s'élèvera de sa racine »[157]. b) Jérémie : « Voilà que des jours viennent, dit le Seigneur ; et Je susciterai à David un germe juste ; un roi régnera, il sera sage, et il rendra le jugement et la justice sur la terre »[158].

5) La dignité du Messie : a) Il sera Roi spirituel, et plusieurs prophéties l'appellent *Rex, Fortis, Dux, Princeps, Dominator*[159] ; à Lui est promis un royaume universel et perpétuel[160]. b) Prêtre, comme l'appelle David, « *Vous êtes Prêtre pour l'éternité, selon l'ordre de Melchisédech* »[161]. c) Prophète, comme le présente Moïse : « Le Seigneur ton Dieu te suscitera un prophète de ta nation et d'entre tes frères »[162].

6) La passion et la mort du Christ que nous connaissons par les Évangiles, a été prophétisée presque à la lettre et avec toutes les circonstances dans l'Ancien Testament, comme cela ressort de la confrontation suivante : « Ils pesèrent ma récompense, trente pièces d'argent »[163]. « Ils ont reçu les trente pièces d'argent, prix de celui qui a été apprécié »[164]. « Il a été compté parmi les scélérats »[165] « Il a été mis au rang des scélérats »[166] / « J'ai abandonné mon corps à ceux qui me frappaient, mes joues à ceux qui arrachaient ma barbe ; je n'ai pas détourné ma face de ceux qui me réprimandaient et qui crachaient sur moi »[167]. « Alors il lui crachèrent au visage, et le déchirèrent à coups de poing »[168] / « Ils ont percé mes mains et

---

[154] Ag. II, 7.
[155] Mich. V, 2.
[156] Is. VII, 14.
[157] Is. XI, 1.
[158] Jér. XXIII, 5.
[159] Cf. Ps. II, 6; Jér. XXIII, 5.
[160] Cf. Lc I, 32; Jn XVIII, 37; Matth. XXVI, 64; Mc XV, 2; Lc XXII, 70; Matth. XXVIII, 18; Jn XVIII, 36.
[161] Ps. CIX, 4.
[162] Deut. XVIII, 15.
[163] Zach. XI, 12.
[164] Matth. XXVII, 9.
[165] Is. LIII, 12.
[166] Mc XV, 28.
[167] Is. L, 6.
[168] Matth. XXVI, 67.

mes pieds : ils ont compté tous mes os »[169]. « Lorsqu'ils furent arrivés au Calvaire, ils le crucifièrent »[170]/ « Ils se sont partagé mes vêtements, et sur ma robe ils ont jeté le sort »[171]. « Après qu'ils L'eurent crucifié, ils partagèrent ses vêtements, jetant le sort... »[172]/ « Ils m'ont donné pour nourriture du fiel, et dans ma soif ils m'ont abreuvé de vinaigre »[173]. « L'un d'eux, prit une éponge, l'emplit de vinaigre, puis la mit au bout d'un roseau, et il lui présentait à boire »[174]

L'ESPERANCE D'UNE ULTIME PHASE FUTURE : LA CONVERSION

St Paul a parlé de l'Antéchrist et de la Grande Apostasie ; comme le peuple juif n'a pas voulu accueillir le Messie, le temps hélas est arrivé où les nations, d'abord païennes et ensuite chrétiennes, ne veulent plus que Jésus-Christ règne sur elles : c'est l'Apostasie des Nations. Quelle Nation reconnaît aujourd'hui encore le Règne social du Christ ? Malheureusement aucune : St Paul nous avait averti : « *Ne cherche pas à t'élever* [gentilité], *mais crains. Car si Dieu n'a pas épargné les rameaux naturels, il pourra bien ne pas t'épargner toi-même. Vois donc la bonté et la sévérité de Dieu : sa sévérité envers ceux qui sont tombés, et sa bonté envers toi, si toutefois tu demeures ferme dans cette bonté ; autrement tu seras aussi retranchée* »[175], et il ajoute aussi : « *Comme autrefois vous-mêmes* [les Gentils], *n'avez pas cru à Dieu, et que maintenant vous avez obtenu miséricorde à cause de leur incrédulité* [des Juifs], *ainsi eux* [dont *l'incrédulité a été cause de la miséricorde que vous, Gentils, avez obtenue*], *maintenant n'ont pas cru pour que miséricorde vous fût faite, et qu'à leur tour ils obtiennent miséricorde* »[176].

La mauvaise disposition du peuple juif a mis environ deux mille ans pour arriver à son comble, depuis Abraham au déicide. Ainsi maintenant la Grande Apostasie s'est manifestée complètement, environ deux mille ans après la mort de Jésus ! St Jérôme enseigne : « Le péché des Juifs a produit le salut des nations, et de l'incrédulité des nations viendra à son tour la conversion d'Israël »[177], et de nombreux Pères avec lui soutiennent la même thèse[178].

Quand un jour par l'infidélité des nations chrétiennes, Dieu se tournera vers Israël pour le rappeler à Lui et quand Israël finalement, après tant de refus se jettera dans les bras de

---

[169] Ps. XXI, 17.
[170] Lc XXIII, 33.
[171] Ps. XXI, 19.
[172] Matth. XXVII, 35.
[173] Ps. LXVIII, 22.
[174] Matth. XXVII, 48.
[175] Rom. XI, 20-22.
[176] Rom. XI, 25.
[177] ST JEROME, *Super Cant. Cant.*, hom. 1.
[178] ORIGENE, *Explic. Ep. ad Rom.*, ch. II; *Hom. IV in Jeremiam.* ST JEAN CHRYSOSTOME, *Hom. In cap. II ad Rom.* ST AUGUSTIN, *Comm. In Ps. VII, n° 7.*

Dieu, à ce moment il y aura dans le cœur de Dieu une telle effusion de tendresse et de miséricorde qu'Il se tournera aussi vers l'autre peuple infidèle : le peuple chrétien, et alors Juifs et Chrétiens seront unis par l'Amour miséricordieux infini de Dieu en un seul troupeau. C'est dans ce but que Dieu permet que le germe mauvais, le "*Mystère d'Iniquité*" croisse dans le monde. St Paul le confirme : « *Dieu a renfermé tout dans l'incrédulité* [Juifs et Gentils], *pour faire miséricorde à tous* »[179] Cette conversion des deux peuples infidèles à Dieu ne coïncidera pas selon l'interprétation la plus commune avec la fin du monde. Même elle la retardera. C'est seulement quand il y aura une nouvelle grande infidélité et un éloignement de Jésus qu'alors viendra la fin qui sera donc précédée d'une certaine période de paix et de foi dans le monde entier, de telle sorte qu'il n'y aura plus qu'UN SEUL TROUPEAU SOUS UN SEUL PASTEUR[180].

UN *CONFIRMATUR* DU JUIF CONVERTI ROCCA D'ADRIA

Ce qu'écrit le Juif converti Rocca d'Adria sur la question du Messie est encore très intéressant : « Les Juifs soutiennent que le Messie n'est pas venu… eh bien le peuple juif est truffé de ses rabbins, qui dans le Talmud reconnaissent… d'abord : que le Messie est venu, ensuite : que le Messie est venu l'année de la naissance de Jésus-Christ, dans la condition de Jésus-Christ et ne peut pas mourir sinon comme Jésus-Christ est mort. Ecoutez. Dans le Talmud, traité Sanhédrin… édition de Venise, 1520, folio 98, le rabbin Josué fils de Levi dit qu'il rencontra le prophète Elie et lui demanda… "*Quand ce Seigneur arrivera-t-il ?*" Elie répondit : "*Va et interroge-le lui-même*". "*Et où est-Il ?*" Et Elie de répondre : "*Le Messie est assis aux portes de Rome*". "*Et comment le reconnaîtrai-je ?*". "*Il est assis au milieu des pauvres, des infirmes et des affligés, Il débande et rebande leurs blessures, mais Il les couvre et les recouvre, les unes après les autres parce qu'Il dit : Peut-être serai-je appelé à sauver Israël et rien ne pourra m'en retenir*" ».

Donc d'après cette première et non moins importante confession talmudique, le Messie est venu, seulement Il ne se manifeste pas encore.

Dans le Talmud, traité *Berahòd*, chapitre *Cahorè*, la reconnaissance du Messie est plus explicite. On y lit : "Le jour où fut détruit le Temple, dans lequel naquit le Messie"… Et cela est répété par le très célèbre Aben Esra, dans son commentaire du Cantique VIII, 5. "Le Messie naquit le jour où fut démoli le Temple". Dates inexactes, mais événement certain : le Messie est venu.

Dans le Talmud, traité *Sanhédrin*… chapitre *hec*, il est écrit : "Le Messie ne viendra pas jusqu'à ce que le Royaume… des Romains prévale sur Israël neuf mois" ; et pareillement dans le traité *Jomà* : "Le Messie ne viendra pas jusqu'à ce que le royaume des Romains s'empare du monde pendant l'espace de neuf mois"… Maintenant ces… phrases non seulement concordent à admettre la venue du Messie après l'hégémonie de Rome sur

---

[179] Rom. XI, 31-32.
[180] Jn X, 16.

Jérusalem, mais sont signalées deux cents ans après la destruction de Jérusalem, donc l'événement devait forcément s'être déjà produit.

De la même nature, une autre confession très importante du Talmud, traité *Sanhédrin*... chapitre *chadinè mamanód* dit : "... Le Messie ne viendra pas tant qu'il manque deux maisons des pères d'Israël qui sont, le chef de la captivité de Babylone, et le prince de la terre d'Israël, comme il est écrit en Isaïe VIII, 14, et il sera pour vous moyen de sanctification, mais pierre d'achoppement pour les deux maisons d'Israël, et... ruine pour les habitants de Jérusalem". Cinq cents ans après la venue de Jésus-Christ, le Talmud était obligé de reconnaître que le Messie devait venir à manquer aux deux maisons d'Israël. Et Jésus-Christ naissait justement alors que le chef de la captivité de Babylone avait perdu toute domination sous les Grecs, et le prince de la maison d'Israël avait été dépeint dans la personne du dernier Macchabée, par l'œuvre d'Hérode Alienigène.

Cette confession talmudique est toujours tenue dans la plus grande vénération par tous les rabbins, et, qui plus est, est tenue très secrète. Mais il est une autre très importante confession qu'ont dû faire les rabbins dans le traité *Ghnavodà zarà*, au chapitre *lifnè eèden*, où il est écrit : "c'est une tradition de l'académie d'Elie... que le monde dure six mille ans, parmi lesquels deux mille sans loi, deux mille le temps de la loi et deux mille le temps du Messie". Donc d'après cette sentence talmudique... le Messie devait naître l'an quatre mille [après Adam et donc il y a deux mille ans, n.d.r.] ; dans le livre *Zèmah David* [on lit] : "Jésus le Nazaréen naquit à Bethléem de Juda, à une lieue et demi de Jérusalem, en l'an 3760 de la création du monde, et 42 de l'Empire de César Auguste"... Donc les rabbins du Talmud reconnaissent clairement que le Messie est venu et admettent implicitement que le Messie était Jésus-Christ. [En 70] les rabbins tremblèrent. On avait jamais vu une dévastation semblable ! Une autre fois, c'est vrai, le Temple avait été détruit, mais la masse du peuple avait été déportée en un seul pays, à Babylone : maintenant au contraire la majorité du peuple, pas même déportée avait été crucifiée : il ne s'était plus trouvé de bois pour faire des croix ! Les cinq sixièmes des Juifs étant morts, le reste dispersé par le monde entier ; les tribus de Juda et de Benjamin étant confondues pour toujours ; la race de David ayant été assassinée jusqu'à son dernier rejeton, il était donc impossible que naisse encore un Messie de cette souche... il était impossible de nier l'évidence : le Sanhédrin, Anne Caïphe s'étaient trompés, Jésus-Christ était le vrai Fils de Dieu et le vrai Messie. Ceci posé, il ne restait plus aux rabbins, sinon de confesser finalement qu'ils s'étaient trompés, que le Messie était venu, mais il fallait avoir le courage de s'exposer à la colère du peuple, trompé dès lors, sur lequel était tombé le plus terrible des fouets... Les rabbins n'en étaient pas capables. Que faire ? Les Juifs voulurent regagner deux buts. Le premier, de la plus grande importance, était celui d'assurer aux restes de leur nation les avantages apportés par le Messie, le second, avertir les générations futures de l'erreur, en mettant par écrit, ce qui servit à éclairer ceux qui guideraient les restes de la misérable nation...

Le Martyre du Bienheureux André de Rinn

Le Sang de Jésus-Christ devenu nourriture et breuvage de l'homme assurait la rémission des péchés et la vie éternelle. Mais ce Sang était sous le pouvoir des prêtres chrétiens ; impossible aux rabbins de s'en emparer directement, il fallait donc l'obtenir de seconde main [en se leurrant, aveuglément et superstitieusement, que ce sang puisse porter des fruits et non de nouvelles malédictions, n.d.r.] : c'est-à-dire en prenant le sang d'une créature sauvée par le Sang du Christ et en se nourrissant de ce sang.

Et maintenant voulez-vous savoir pourquoi l'imitation de la Communion eucharistique adoptée par les Juifs s'appelle *aficòmen* (fortifiant), et quel est le remontant gardé dans cet azyme spécial, dite justement garde ? Ouvrez le procès du bienheureux Simon de Trente et pour venir aux temps modernes, ouvrez la confession du rabbin Théophile, converti et devenu moine grec : vous trouverez la description du rite [de l'homicide rituel, n.d.r.[181]], dont son père lui-même fit le dépositaire[182] : feuilletez le procès de l'assassinat rituel perpétré par les Juifs de Damas en 1840 sur la personne du Père Thomas de Calangiano, capucin, et vous trouverez la confirmation ; le sang sert pour les azymes[183].

Il est donc prouvé que les Juifs ont une communion pascale ; que c'est *l'aficòmen*, et qu'elle fut instituée par les rabbins après la destruction de Jérusalem.

Et maintenant un mot sur deux objections qui pourraient être faites : *l'aficòmen* n'est pas en contradiction avec la haine des Juifs contre Jésus-Christ, puisque tout le Talmud est basé sur un système spécial : c'est-à-dire que l'essence de la religion réside dans les formules et dans la lettre ; l'intention et le cœur n'ont rien à y voir, c'est une chose très naturelle pour les compilateurs du Talmud et pour tous les rabbins, de haïr à mort Jésus-Christ, et de contrefaire la communion, en pratiquant *l'aficòmen*, pour participer à la rémission des péchés et à la vie éternelle »[184].

---

[181] Cf. *Sodalitium*, n° 29, pp. 20-38.
[182] *Rivelazioni di Neofito ex rabbino, monaco greco*, Prato, Giacchelli ed. 1883, pp. 34-35.
[183] A. LAURENT, *Relation historique des affaires de Syrie depuis 1840 jusqu'en 1842*, Gaume éd., Paris 1846.
[184] ROCCA D'ADRIA, *L'Eucarestia e il Rito pasquale ebraico*, in "Atti del Congresso Eucaristico tenutosi in Torino", 2-6 septembre 1894, vol. 2°, Torino, tipografia Pietro Celanza 1895, pp. 81-89. Lire aussi du même auteur *Nella tribù di Giuda*, ed. Fassicomo, Genova 1895, où il confirme ce qu'il prouva dans le travail sus-

Pour confirmation de ce qui est écrit sur la question messianique on renvoie le lecteur à l'œuvre du prêtre G. Bernardo de Rossi, qui fut « ...le plus grand hébraïste de l'Italie chrétienne,... mort à Parme en 1831... en correspondance avec les érudits de toute l'Europe,... qui rassembla une très riche bibliothèque de manuscrits et incunables hébreux...[et] publia... plus de cinquante volumes »[185], et en particulier au savant ouvrage *"Della vana aspettazione degli ebrei del loro Messia"*[186], actuellement consultable à la Bibliothèque Palatine de Parme.

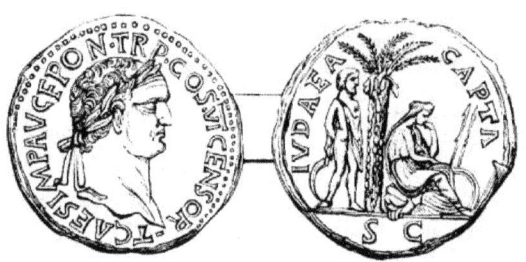

Monnaie de la "Judée captive"

---

mentionné, c'est-à-dire que, la Sainte Ecriture et les textes rabbiniques en main, le Messie est déjà venu en la Personne de Jésus-Christ.

[185] DE ROSSI - G. BERNARDO, in *Enciclopedia Cattolica*, Città del Vaticano 1950, vol. IV, col. 1451.
[186] Stamperia reale, Parma 1773.

LES TOLEDOTH JESHU : L'ANTI-ÉVANGILE JUIF

Par M. l'abbé Curzio Nitoglia

INTRODUCTION

Le Judaïsme refusa le Messie Jésus-Christ et persécuta les Chrétiens. Au fil du temps le Christianisme se développa et devint la religion officielle des peuples jadis païens : le Judaïsme religion fut alors isolé pour éviter qu'il ne contaminât les Nations désormais chrétiennes. En réaction le Judaïsme talmudique s'inspira de la dispute violente, née en même temps que la prédication des Apôtres, contre le Christianisme et la personne de son fondateur Jésus. « C'est par ce type de rapport que s'est développée, à partir de bases éloignées dans le temps, une littérature polémique... qui a eu pour objet l'histoire de Jésus et les origines du christianisme »[187].

Toledoth est un terme qui apparaît dans l'hébreu biblique avec la double signification de "descendance" ou "histoire", soit au singulier soit au pluriel. Toledoth Jeshu représente donc l'histoire ou les histoires de Jésus : une série de récits juifs sur et contre Jésus et les origines du Christianisme.

« Différentes rédactions, même très dissemblables entre elles par le contenu et l'étendue existent de ces récits. La production des Toledoth est un processus qui dure depuis des siècles... une interprétation polémique des événements de Jésus aurait déjà commencé durant sa vie (Mc IV, 22 et 30) et tout de suite après sa mort (Matth. XXVIII, 15). L'élaboration de narrations alternatives et polémiques s'est poursuivie jusqu'aux dernières décennies du siècle dernier »[188].

La première édition imprimée des Toledoth est celle de Wagenseil (1681) ; en 1705 Huldreich publia un autre texte, très différent, dont on ne possède pas le manuscrit original. À partir de ce moment les éditions ont été nombreuses, huit précisément, jusqu'à celle de 1902 publiée par Samuel Krauss, qui est l'étude la plus importante sur le sujet et reste aujourd'hui encore la référence principale de toute recherche scientifique.

« Les Toledoth Jeshu jouissent d'une réputation négative et sinistre. Les histoires qu'elles racontent sont si démystifiantes, et la forme si polémique que le monde chrétien les a

---

[187] R. DI SEGNI, *Il Vangelo del Ghetto*, Newton Compton Editori, Roma 1985, p. 9. Cf. aussi: J. MAIER, *Gesù Cristo e il cristianesimo nella tradizione giudaica*, Paideia ed., Brescia 1994. R. DI SEGNI, *La traduzione testuale delle Toledoth Jeshu*, in « La Rassegna Mensile d'Israel », n° 50, 1984, pp. 84-100. Cf. également G. STEMBERGER, *Il Talmùd. Introduzione, testi, commenti*, E. D. B., Bologna 1997.

[188] *Ibid.*, p. 10. Riccardo Di Segni, rabbin romain, conseiller de l'Institut Supérieur des Etudes Juives, est l'auteur de la première traduction italienne des Toledoth, sur laquelle je m'appuie pour le présent article. De nombreux indices indiquent l'Italie comme le pays où les Toledoth se seraient développées.

toujours repoussées avec de vives critiques et anathèmes »[189]. Wagenseil les définissait comme : *"nefandum et abominabilem libellum"*, *"cacatus a Satana"* ; de Rossi les appelait *"nefandum ac pestilentissim um opusculum"*. En 1958 le Dictionnaire Ecclésiastique, paraphrasant l'abbé Giuseppe Ricciotti, écrivait : "Libelle blasphématoire et calomnieux, circulant avec des rédactions différentes depuis les VIIIème-IXème siècles, résumés fantastiques et calomnies obscènes manipulées par les milieux juifs de l'époque et que l'on fait passer pour être les sources authentiques de la vie de Jésus".

« À la condamnation du monde chrétien a fait pendant du côté juif l'embarras pour une œuvre qui à différents moments de l'histoire est apparue peu sérieuse et précise, incommode et inopportune »[190]. Di Segni, dans son livre dont nous nous sommes inspirés, poursuit : « Cet embarras explique les résistances à répandre l'œuvre... On a même tenté... d'attribuer certaines versions de l'ouvrage à des antisémites [qui s'ils n'existaient pas devraient être inventés, comme les auteurs des Protocoles, n.d.a.], qui s'en seraient servis pour attiser la haine chrétienne envers les juifs »[191].

Frontispice de la première édition imprimée des Toledoth

D'après les Actes des Apôtres, les synagogues furent le premier siège de la prédication des Apôtres, lesquels provoquèrent dès le commencement les objections des Juifs (Actes XIII, 45-50) et même une opposition organisée et souvent violente. « Il est difficile de ne pas admettre que n'ait pas été mise aussi en discussion la vie même de Jésus. (...) De ces faits on

---

[189] *Ibid.*, p. 11
[190] Ivi.
[191] Ivi.

déduit l'existence d'une polémique vivace déjà dans les premières décennies de la mort de Jésus, dans laquelle ont été placées les lointaines origines de la littérature des Toledoth »[192].

Pour ce qui concerne les sources juives, il existe différents passages du Talmud qui parlent de Jésus[193]. « Jésus est appelé Notzri (Nazaréen), d'autres fois Pandera ou Ben Pandera, avec une liaison évidente aux données païennes sur sa paternité... appelé ben Stada et fils d'une relation adultère... on parle de la lapidation de Jésus à la vigile de Pâques, sous l'accusation de sorcellerie et de corruption... Ces faits n'attestent pas l'existence des Toledoth, au moins dans la forme dans laquelle nous les connaissons, mais ordonnés... ils peuvent constituer la base pour une histoire alternative sur Jésus. Ils attestent de toute façon l'existence d'une littérature vivace à ce propos. Tout ce groupe d'informations est déjà complet à la fin du quatrième siècle »[194].

Les Pères de l'Église parlent d'une série de croyances juives et aussi païennes. Le Talmud accuse Jésus d'être magicien et corrupteur du peuple, comme écrit St Justin martyr. St Pione martyr dit que, selon les Juifs, le Christ avait pratiqué la nécromancie, et que c'est par elle qu'il était ressuscité après sa mort. Le païen Celse apprend d'un juif la leçon contre Jésus : la mère de Jésus aurait été chassée par son mari parce que suspectée d'adultère avec un soldat romain du nom de Panthera. Tertullien, soutient que les ennemis de Jésus le qualifient de fils d'un forgeron et d'une prostituée. Toutes ces données se retrouvent dans les Toledoth. « Il y en a suffisamment pour supposer l'existence d'histoires alternatives aux Évangiles circulant parmi les opposants au christianisme »[195].

Il faut cependant arriver au IXème siècle pour avoir une information précise d'une histoire complète sur Jésus, racontée par les Juifs. Le premier à en parler explicitement est St Agobard, archevêque de Lyon (778-840). Dans le *De Judaicis superstitionibus*, St Agobard écrit : « Les Juifs disent que Jésus avait été un jeune honorable chez eux... et qui avait eu de nombreux disciples ; à l'un d'eux, à cause de sa dureté et de sa torpeur mentale il avait donné le nom de Céphas, c'est-à-dire Pierre. (...) Enfin, accusé de nombreux mensonges, il fut incarcéré par décision de Tibère, parce qu'il avait fait grandir dans le sein de la fille de celui-ci... un fœtus de pierre. Il fut donc pendu à une potence comme un méprisable magicien, et là, frappé avec une pierre à la tête il fut tué ; il fut enseveli à côté d'un aqueduc... mais la nuit il fut submergé par un débordement imprévisible des aqueducs ; par ordre de Pilate il fut recherché pendant douze mois et ne fut pas trouvé. Alors Pilate promulgua une loi de ce type : "Il est évident qu'il est ressuscité comme il avait promis, celui que vous avez été tué par envie...". Mais toutes ces choses furent inventées par les scribes... dans le but d'annuler l'entière vérité de la valeur de la passion du Christ »[196].

« Les découvertes de ce siècle commente Di Segni ont donné une nouvelle importance à la note d'Agobard ; celui-ci est, par exemple, le seul à parler d'un fœtus de pierre dans le

---

[192] *Ibid.*, pp. 14 et 16.
[193] Cf. *Sodalitium*, n° 36, pp. 4-11.
[194] R. DI SEGNI, *op. cit.*, p. 17.
[195] *Ibid.*, p. 18.
[196] P. L. 104: 87-88.

sein de la fille de César ; la circonstance est confirmée et amplement expliquée dans le fragment araméen publié par Ginzberg en 1928.

Par le successeur d'Agobard, Amolon (archevêque de Lyon de 841 à 852), nous apprenons d'autres détails. Le texte est l'*Epistola* (ou le *Liber*) *contra Judeos*, attribué de manière erronée par certains auteurs à Raban Maure. L'auteur cite en général les accusations blasphématoires que les Juifs adressent à la religion chrétienne, parmi lesquelles certaines revêtent un intérêt pour notre analyse : « Nous appelons les saints Apôtres'apostats'... Ils ne savent pas que Jésus fut suspendu à la croix avec des clous... mais disent de façon infamante, qu'il fut puni de la même manière que les brigands qui étaient pendus en même temps ; et... il fut déposé du bois et jeté dans le sépulcre dans un jardin rempli de choux, afin que la terre ne soit pas contaminée. Ils appellent Notre-Seigneur Jésus-Christ Lui-même... dans leur langue *Dissipator Ægyptius*... Le culte que dans le monde entier lui prêtent les fidèles, ils l'appellent culte de Baal et religion d'un dieu étranger... Ils reconnaissent qu'il fut impie et fils d'impie, c'est-à-dire d'un certain païen qu'ils appellent Pandera, par qui ils disent que la mère du Seigneur fut corrompue et dont naquit celui auquel nous croyons »[197].

Le témoignage de Raban Maure, archevêque de Mayence en 847, date de la même époque. Dans son ouvrage *Contra Judeos*, il rapporte les mêmes informations qui nous ont été transmises par Amolon : naissance d'un adultère avec un païen appelé Pandera, la punition comme brigand, la sépulture dans le jardin des choux, etc. Le témoignage suivant remonte à la fin du XIIIème siècle. Raimondo Martini, dominicain, fut l'auteur de plusieurs écrits contre les Musulmans et les Juifs. Dans le *Pugio Fidei* (le poignard de la foi) l'auteur rapportait une histoire que les Juifs racontaient sur Jésus, en la faisant précéder de cette introduction : « Puisque Notre-Seigneur Jésus-Christ accomplit d'innombrables miracles possibles qu'à Dieu seul, la perfidie juive, à qui ne manque jamais la ruse du renard, essaya de dégrader par des blasphèmes tout cela. Ils composèrent donc contre le Christ un livre dans lequel ils inventèrent cette fable »[198].

Suit, dans l'ordre chronologique, un précieux témoignage juif. Il s'agit de l'*Even Bochan* (pierre de vérification) écrite en Espagne en 1385 par Shem Tov ibn Shaprut. « Un chapitre de ce livre est dédié à la réfutation des thèses antijuives... Shem Tov fournit des informations fondamentales sur les Toledoth »[199].

Les Toledoth furent condamnées par l'antipape Benoît XIII, le 11 mai 1415. Le confesseur de l'antipape était St Vincent Ferrier, très zélé dans la lutte contre le Judaïsme talmudique.

LA TRADITION TEXTUELLE

---

[197] R. DI SEGNI, *op. cit.*, p. 20, P. L. 116: 141, 184.
[198] *Pugio Fidei*, II partie, ch. 8.
[199] R. DI SEGNI, *op. cit.*, p. 21.

1) Classification

Il est nécessaire de procéder à une classification de la production des Toledoth Jeshu à partir de leurs sources, qui consistent tant en manuscrits qu'en éditions imprimées de textes dont on a perdu la source originale.

Aujourd'hui on compte plus de cent compositions de Toledoth. La langue utilisée dans la plupart d'entre eux est l'hébreu, mais il existe des versions en araméen, judéo-allemand, judéo-espagnol, judéo-arabe.

L'extrême variété des versions requiert une classification du matériel. La première distinction à faire est entre trois groupes principaux, qui ont été appelés du nom de ceux qui, dans le texte, jugent Jésus : Pilate (P), Hélène (E), Hérode (H). Le premier groupe est le plus ancien, le second est le plus vaste et est caractérisé par la présence de la reine Hélène. Le dernier groupe est celui de l'édition imprimée par Huldricus en 1705.

2) Le groupe « Pilate » (P) : les Toledoth en araméen

A la fin du XIXème siècle, l'existence des Toledoth en araméen était connue uniquement grâce au témoignage d'un juif converti Avner Alfonso, rapporté par Shem Tov ibn Shaprut à la fin du XIVème siècle. « Mais de ce texte on ne possédait que les quelques lignes récapitulatives de Shem Tov. La réouverture, à la fin du dix-neuvième siècle, de la *Ghenizah*, la salle de dépôt des livres usagés de la synagogue du Caire, permit finalement la première connaissance directe des textes araméens des Toledoth »[200].

3) Le groupe « Hélène »

Le groupe « Hélène » est le plus vaste et le plus développé des Toledoth. On note la présence constante d'une reine Hélène, juge de Jésus. Le contenu nous est connu, depuis le XIIIème siècle, grâce au témoignage de Raimondo Martini.

« Dans l'ensemble du groupe "Hélène" on peut identifier un type particulier que nous avons défini comme "italien". Ce nom vient d'une série d'indices qui indiquent l'Italie comme le lieu où ce type particulier a été, sinon précisément écrit à l'origine, du moins conservé et transmis avec des caractères particuliers. Les manuscrits sont presque tous en caractères hébreux italiens ; dans le texte apparaissent même des mots italiens... en transcription juive »[201].

---

[200] *Ibid.*, p. 30.
[201] *Ibid.*, p. 35.

4) La première édition imprimée des Toledoth

La première édition imprimée des Toledoth fut publiée en 1681. « Le texte apparut dans un recueil d'écrits juifs de polémique antichrétienne, accompagnés d'une traduction latine et de longues et savantes réfutations. Le titre de l'ouvrage était *Tela ignea Satanæ* (les traits de feu de Satan) ; l'auteur Johann Christof Wagenseil, savant orientaliste, né à Nuremberg le 23 novembre 1633... Le livre fut imprimé à Altdorf en Bavière près de Nuremberg... Wagenseil... fit preuve de courage en diffusant un ouvrage dont on connaissait l'existence, mais qui par sa seule nature ne pouvait pas ne pas être regardé comme un texte dangereux. (...) En 1704 il publia en allemand une dénonciation "à tous les magistrats chrétiens pour les amener à empêcher les blasphèmes des Juifs contre Jésus-Christ et la religion chrétienne". (...) Après la publication ce texte a eu une large diffusion parmi les chrétiens et les juifs... Considéré par les critiques comme l'un des meilleurs textes des Toledoth »[202].

5) Le groupe « Hélène ». Le type « Slave »

Ce type représente la version la plus récente des Toledoth. En effet la production des Toledoth a continué jusqu'à la fin du siècle dernier. Le nom de « Slave » a été conféré par Krauss et par Bischoff en considération des nombreux indices qui indiquent cette provenance, comme la transcription de noms slaves. Ce groupe est caractérisé par de notables aspects particuliers : l'extrême prolixité du récit, d'abondantes idées satyriques et fortement polémiques, des citations bibliques et talmudiques.

6) Le groupe « Hérode » : l'édition de Huldricus des Toledoth

En 1705, était publié en Hollande, à Leyde, un texte des Toledoth complètement différent. Le responsable de l'édition était Huldreich, théologien d'origine suisse qui avait effectué des études d'hébreu d'abord à Brême, puis en Hollande. Il eut la chance d'avoir entre les mains un texte jusqu'alors inconnu du public, dans lequel les idées polémiques sont particulièrement enflammées ; il semble que l'origine de cette œuvre doive être recherchée en Allemagne.

Les textes des Toledoth :

---

[202] *Ibid.*, p. 37.

1) Les Toledoth en araméen

Pour donner au lecteur une idée plus précise je rapporterai les passages les plus intéressants des textes des Toledoth, renvoyant le lecteur désireux d'approfondir le sujet au livre de Riccardo Di Segni.

L'interrogatoire de Jean-Baptiste

Le Baptiste avait été enfermé en prison « parce qu'il avait corrompu beaucoup de personnes du peuple de Judée »[203]. Il lui fut demandé : « Si, sur ces livres de sorcellerie trouvés entre les mains de Jeshu ton disciple, tu nous disais la vérité, nous te libérerions, sinon toi et Jeshu serez passés au fil de l'épée »[204]. Jean-Baptiste répondit : « Ces livres ont été écrits par Jeshu... c'est lui et les onze disciples qui les ont écrits et avec eux séduisent le peuple »[205].

Le Baptiste et Jésus furent amenés à Tibériade et Jean fut crucifié et enseveli, « après lui ils portèrent Jeshu et tentèrent de le crucifier ; mais quand il vit qu'il y avait une croix prête pour lui il dit une formule magique et s'envola de leurs mains, en l'air, comme un oiseau »[206]. Un jardinier vola derrière lui, mais « quand Jeshu le mauvais le vit, il alla se cacher dans la grotte de Elihau, dit une formule magique et ferma la porte de la grotte »[207]. Le jardinier alors alla à la porte de la grotte et par une formule réussit à l'ouvrir, « Jeshu le mauvais transforma sa personne en un volatile, un coq, et alla se poser sur le mont Carmel ; jusqu'à ce qu'arriva R. Jehudah le jardinier qui le saisit par la crête et le porta à R. Jehoshua'ben Perachiah ; il l'éleva et le crucifia sur le tronc d'un cyprès. Avant qu'il le suspende à la croix, Jeshu, (...) demanda d'appeler les personnes qu'il avait induites en erreur et leur dit : "Si vous veniez demain et que vous ne trouviez ni moi ni mon corps sans vie sur la croix, c'est parce que je serai monté au firmament du ciel et vous ne pourrez pas me voir". Ils le suspendirent vivant à la croix et le lapidèrent et il mourut sur la croix... Ils le descendirent de la croix et l'ensevelirent dans un cours d'eau dans le jardin de R. Jehudah le jardinier. Quand ensuite arrivèrent les hommes que Jeshu avait induits en erreur et qu'ils ne le trouvèrent pas sur la croix, ils furent frappés de frayeur ; ils prirent les juifs et leur dirent : "C'est vrai ce que nous a dit notre seigneur Jeshu que les juifs sont des menteurs ; si vous l'avez mis sur la croix, où est son corps ? C'est donc vrai qu'il est allé au ciel". Immédiatement Pilate appela... le jardinier et lui demanda : "Qu'as-tu fait du corps de Jésus ?". R. Jehudàh répondit : (...) si le seigneur veut je le porterai et montrerai son corps à ces personnes, afin qu'elles sachent que Jeshu est malfaisant". R. Jehudàh le jardinier partit donc et le tira hors de la tombe ; il attacha une corde aux jambes et le traîna à travers toutes les rues de Tibériade (...). Ils le portèrent à Pilate, qui fit appeler tous ses disciples qu'il avait

---

[203] *Ibid.*, p. 45.
[204] Ivi.
[205] Ivi.
[206] *Ibid.*, p. 49.
[207] Ivi.

induits en erreur, et il y en eut qui crurent et qui ne crurent pas (...). Que celui qui a fait un jugement avec le mauvais Jeshu juge rapidement et punisse ceux qui haïssent son peuple et tous ceux qui... sont allés rendre un culte au mauvais Jeshu »[208].

2) LE GROUPE « HÉLÈNE ». LE MANUSCRIT DE STRASBOURG

« Sa mère Miriam était juive et avait un mari qui était d'origine royale, de la maison de David ; il s'appelait Jochannan... Il y avait près de la porte de sa maison, (...) un homme de bel aspect, ...Josef ben Pandera. Il l'avait regardée, et une nuit... il passa ivre devant sa porte ; il entra chez elle et elle pensa que c'était son mari... Il l'embrassa, tandis quelle lui disait : "Ne me touche pas, j'ai mes règles" ; il... ne se préoccupa pas de ses paroles et coucha avec elle et elle tomba enceinte de lui. À minuit arriva son mari... elle lui dit : "Qu'estce que c'est que ça ? Ce n'était pas ton habitude depuis que tu m'as épousée, de venir à moi deux fois en une nuit". Il répondit : "C'est la première fois que je viens à toi cette nuit". Elle dit : "Tu es venu à moi et je t'ai dit que j'avais mes règles et tu ne t'en est pas préoccupé et tu as fait ce que tu voulais et tu t'es en allé". Dès qu'elle eût entendu cela, elle reconnut tout de suite que Josef ben Pandera l'avait regardée et que c'était lui qui avait fait cette action. (...) Après quelques jours la rumeur se répandit que Miriam était enceinte. Son mari dit : "Elle n'est pas enceinte de moi ; dois-je rester là à avoir honte continuellement devant tout le monde ?" Il partit et s'en alla en Babylonie. Après [quelques temps] Miriam [engendra] un fils qui fut appelé Jehoshua'[Josué]... mais après que l'on découvrît son irrégularité ils l'appelèrent Jeshu [Jésus] »[209].

De plus les Toledoth poursuivent en racontant que Jésus « est un bâtard et fils de femme qui a ses règles »[210] et que « quand Miriam fut enceinte il [le mari] pour sa grande honte, partit en Babylonie et ne revint plus ; et que Miriam avait accouché de Jeshu mais n'était pas pour cela passible de mort, puisqu'elle ne l'avait pas fait consciemment ; puisque Josef ben Pandera était un habitué des prostituées... Et après que la chose sur Jésus fut connue, qu'il était bâtard et fils de femme ayant ses règles et qu'ils l'avaient condamné à mort [comme rebelle à la tradition depuis les origines], il sortit et s'enfuit à Jérusalem »[211].

Les histoires de Jésus continuent soutenant que : « Dans le Sanctuaire [de Jérusalem c'est-à-dire dans le Temple détruit par les Romains, n.d.a.] il y avait la "pierre de fondement"... et sur elle étaient écrites les lettres du nom divin et quiconque les apprenait pouvait y faire tout ce qu'il désirait. Les docteurs craignaient que les jeunes juifs les apprennent et avec elles détruisent le monde, et ils avaient élaboré un système pour l'empêcher : des chiens de bronze suspendus sur deux colonnes de fer vers la porte du flambeau. Si quelqu'un entrait et apprenait ces lettres, à la sortie les chiens aboyaient contre

---

[208] *Ibid.*, pp. 49-50.
[209] *Ibid.*, pp. 51-52.
[210] *Ibid.*, p. 53.
[211] *Ibid.*, pp. 53-54.

lui, et en les voyant il oubliait les lettres. Jeshu vint et les apprit et les écrivit sur un parchemin ; il s'incisa la cuisse et y mit le parchemin avec ces lettres ; afin que l'entaille de sa chair ne lui cause pas de douleur il remit donc la peau à sa place ; et quand il sortit les chiens de bronze aboyèrent contre lui ; les lettres s'effacèrent de son esprit ; mais il alla chez lui, coupa avec un couteau sa chair, prit l'écrit et apprit les lettres ; et il partit et rassembla 310 jeunes d'Israël »[212].

Toujours d'après les Toledoth Jésus dit à ses disciples que les Scribes et les Docteurs de la Loi disaient de lui qu'il était bâtard et fils de femme ayant ses règles. « Considérez au contraire que tous les Prophètes ont prophétisé sur l'Oint du Seigneur et je suis cet Oint... Il [le Seigneur] m'a engendré sans rapport sexuel avec ma mère, alors qu'il m'appellent bâtard. (...) Ils apportèrent un estropié... je prononçai sur lui les lettres (divines) et il se mit sur pieds. Alors tous s'inclinèrent et dirent : "C'est le Messie". (...) Quand les docteurs virent qu'ils croyaient tant en lui, ils le prirent et l'amenèrent à la reine Hélène, dans les mains de qui était la terre d'Israël. Ils lui dirent : "Cet homme connaît les arts et induit en erreur le peuple" »[213]. « Les anciens... continuent les Toledoth allèrent prendre un homme du nom de Jehuda [Judas] Iscariote, et l'introduisirent dans le Saint des Saints ; il apprit les lettres du nom divin qui étaient gravées sur la "pierre de fondement" et les écrivit sur un petit parchemin et il s'incisa la cuisse en prononçant le nom divin pour qu'il il ne lui fît pas mal, comme Jeshu l'avait fait avant. Quand Jeshu s'assit avec sa compagnie près de la reine, celle-ci fit appeler les docteurs. (...) Quand les docteurs entrèrent avec Jehuda Iscariote, ils présentèrent leurs arguments contre lui... jusqu'à... ce qu'il élevât les bras comme les ailes de l'aigle et s'envolât... Les anciens d'Israël dirent à Jehuda Iscariote : "Prononce toi aussi les lettres sacrées et monte derrière lui". Il fit aussitôt ainsi et vola au ciel. (...) Iscariote l'embrassa pendant qu'il volait ; aucun des deux ne pouvait vaincre l'autre en le faisant tomber à terre avec le nom sacré, puisque le nom sacré était possédé par tous les deux. Quand Jehuda vit que les choses restaient ainsi, il fit une mauvaise action et urina sur Jésus qui devint impur et tomba à terre et Jehuda aussi avec lui »[214]. Enfin il fut tué le Vendredi de la veille de Pâques et ils l'ensevelirent. « Les fous pensèrent alors à le chercher dans la tombe et ne le trouvèrent pas. Les séditieux allèrent alors dire à la reine Hélène : "La personne qu'ils ont tuée était le Messie... or après sa mort ils l'ont enseveli, mais il n'est plus dans la tombe, parce qu'il est déjà monté au ciel... Les sages étaient épouvantés et ne savaient que répondre. Ceci parce qu'une personne l'avait sorti de la tombe et l'avait porté dans son jardin ; il avait barré le cours d'eau qui y passait, avait creusé dans le sable et l'avait enseveli ; après il avait fait rentrer les eaux dans leur cours, sur la tombe. (...) Les juifs étaient tous affligés... Les séditieux saisirent l'occasion pour dire : "Vous avez tué l'Oint du seigneur".

---

[212] *Ibid.*, p. 54.
[213] *Ibid.*, pp. 54-55.
[214] *Ibid.*, p. 57. Dans la note 40 on lit : « La formule qui apparaît ici n'explique pas ce qui serait effectivement arrivé. En réalité l'impureté ne vient pas de l'urine, mais de l'émission de sperme... Dans le texte cité par Petrus Niger, en 1475, il y aurait eu aussi un acte de sodomie. Il semble que la brutalité de la légende ait embarrassé même les copistes ».

(...) Le maître du jardin dit : “Aujourd’hui il y aura en Israël soulagement et joie, puisque je l’ai enlevé, pour empêcher que les séditieux ne se le prennent pour avoir un prétexte dans les générations futures”. (...) Ils lièrent des cordes aux pieds de la dépouille et la traînèrent par les rues de Jérusalem, jusqu’à la reine ; ils lui dirent : “Celui-ci est le même qui est monté au ciel”. Ils la quittèrent avec joie, alors qu’elle raillait les séditieux et louait les docteurs »[215].

122 HISTORIA JESCHUÆ

Lucæ in *Actis Apoſtolorum*, qua infirmi primitus Chriſtianorum cœtus vires indies majores ſumſiſſe referuntur.

ויהי בימים ההם והכרת
מרים אם יו״ש ויצו המלך
לקבור אותה תחת העץ
אשר נתלה עליו יו״ש ואת
אחי יו״ש ואחותיו צוה המלך
לתלות ויתלו אותם וכתבו
על מצבת אבן פה נתלו
בני זנונים ואמם נקברה
תחתם בושה אמכם וגו
ויבאו הפריצים מקרובי
יו״ש ויגנבו את המצבה
הזאת והעמידו מצבה
אחרת תחתיה וכתבו עליה
הנה סולם מצב ארצה
וראשו מגיע השמימה והנה
מלאכי אלהים עולים וגו׳
אם הבנים שמחה הללויה
ויהי כאשר שמע המלך את
אשר עשו הפריצים ויצו
המלך לנתוץ את המצבה
ויהרוג כמאה איש מקרובי
יו״ש.

Contigit eodem etiam tempore, ut vita decederet Miriam, mater Jeſu. Juſſit autem Rex eam ſepeliri infra lignum, de quo ſuſpenſus fuerat Jeſus, fratres vero Ieſu & ſorores ejus itidem ſuſpendi : Suſpenderunt itaque illos, & erecto ibi monumento lapideo hanc inſculpſerunt inſcriptionem : Heic loci ſuſpenſi ſunt liberi ſcortationum, & mater eorum ſepulta eſt infra illos, pudore ſuffuſa eſt mater veſtra &c. Homines vero Nequam, Ieſu cognati venerunt, & ſuffurati monumentum illud, aliud ibidem poſuerunt, in quo incidebant hæc verba : En Scalam depoſitam in terra, caput vero ejus pertingit ad cœlum uſque ; & Ecce Angeli Dei aſcendentes &c. Mater filiis ſuis lætatur, Hallelujah. Rex vero cum percepiſſet factum hominum improborum, monumentum deſtruere jubet, & neci dat centum circiter viros ex agnatis Ieſu.

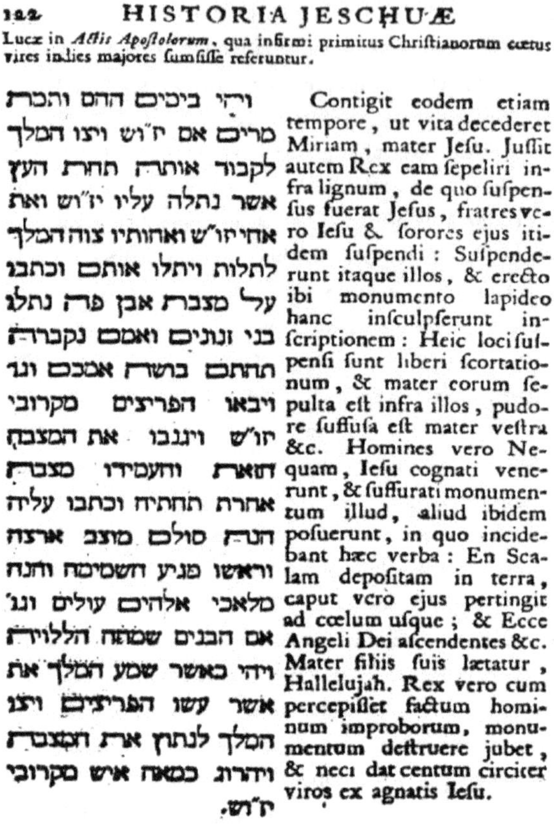

Le récit de la mort de Marie dans l’édition Huldricus;
à côté du texte hébreu la traduction latine et le commentaire

3) LES TEXTES ITALIENS

La naissance de Jésus

Dans les textes italiens on retrouve l’histoire de Josef Pandera, époux de Miriam, et du voisin Jochannan le mauvais, qui par un stratagème coucha avec Miriam quand elle avait ses règles et la mit enceinte. Le mari Josef décida d’abandonner sa femme, puisque « on

[215] *Ibid.*, pp. 61-62.

savait qu'avec lui elle était stérile et n'avait pas eu d'enfants depuis longtemps... À la fin se répandit par toute la ville la nouvelle que Miriam l'épouse de Josef attendait un enfant... et qu'elle appela Jehoshua'... Jochannan... révéla la chose et dit à tout le monde que cet enfant était son fils... Quand le garçon grandit il le mit à l'école pour étudier la Torah et ce bâtard était intelligent et en une journée il apprenait ce que les autres n'apprenaient pas en une année »[216].

4) Les Toledoth slaves

Naissance, enfance et adolescence de Jésus

On parle toujours de Miriam, de son mari Jochannan et de Josef Pandera. Cette fois intervient la mère de Josef et elle invite chez elle Miriam, pour un repas. Durant le banquet les invités mangèrent et burent, et après le repas s'éloignèrent de la salle. Ainsi Josef et Miriam restèrent seuls, Miriam comprit les mauvaises intentions de Josef et réussit à s'enfuir. Alors Josef chercha de devenir ami avec Jochannan, y réussit, et put ainsi se rapprocher de Miriam, qui essaya de mettre en garde son mari contre le pervers Josef mais n'y réussit pas. Un samedi Josef invita Jochannan à dîner et lui fit boire beaucoup de vin. Quand Josef vit que Jochannan dormait désormais profondément il alla frapper à la porte de Miriam et lui dit à voix basse, pour ne pas être reconnu : Je suis Jochannan ton époux, j'étais à table avec Josef et maintenant à cause de la forte pluie je ne peux aller chez moi, fais-moi entrer. « Miriam alla ouvrir la pièce, en pensant que c'était Jochannàn ; quand Josef entra dans la pièce il fit semblant de réciter le *Shema*, [que l'on récite avec une main sur le visage] jusqu'à ce qu'il fût arrivé à son lit, l'embrassa... Miriam eut peur et dit : "Que fais-tu ! Je ne suis pas pure !"... Josef lui répondit doucement, afin qu'elle ne reconnaisse pas la voix : "Mais non, une nouvelle règle a été donnée à l'école aujourd'hui par mon maître, selon laquelle le fiancé peut avoir des rapports avec sa fiancée, même si elle a ses règles". Et puisque les femmes se laissent facilement séduire, ce malfaisant s'unit à elle et coucha avec elle, qui pensait qu'il était son fiancé Jochannan »[217]. Le lundi Miriam rencontra son fiancé et lui demanda une explication, mais Jochannan ne savait rien et commença à soupçonner Josef. Après trois mois toute la ville de Jérusalem sursauta : Miriam était enceinte de son fiancé Jochannan. Jochannan s'enfuit en Babylonie. Après que Jochannan s'enfuit de Jérusalem, Josef le mauvais « alla chaque jour chez Miriam, jusqu'à ce qu'il réussît à la séduire et elle se donna à lui comme une prostituée ; après neuf mois elle accoucha d'un bâtard fils de femme ayant ses règles [Jeoshua']... Après que celui-ci eût agi de manière incorrecte les sages du Sanhédrin l'appelèrent Jeshu, comme marque que "soit effacé son nom et son souvenir". Ce bâtard grandit et sa mère le mit à l'école de R. Jehoshua'ben Perachiah, en disant qu'il était le fils

---

[216] *Ibid.*, pp. 69-70.
[217] *Ibid.*, pp. 77-78.

de Jochannan, et il y resta jusqu'à ce qu'il se ruinât ; et ce mauvais était complètement adonné à l'étude, exceptionnellement doué et expert dans les doctrines ésotériques »[218].

5) LA VERSION HULDRICUS

Dans cette version il n'y a rien de nouveau concernant la conception de Jésus, excepté le nom du mari de Miriam, qui ici est Pappos ben Jehudah, alors que le corrupteur est toujours Josef Pandera. Par contre dans cette version, on parle de la fuite en Egypte et du massacre des innocents. Un nouveau détail est introduit : Jésus extorque la vérité sur sa conception irrégulière de Miriam, lui écrasant les seins entre les gonds de la porte et pris de colère tue son père Josef Pandera. Jésus est enfin mis à mort et suspendu à un bois hors de Jérusalem. Le soir même Judas s'approprie le corps et le met dans son jardin, sur un tas d'ordures. Les adeptes de Jésus racontent que leur maître était ressuscité et monté au ciel trois jours après sa mort. Enfin le chiffre de la bête 666 correspond à Jésus le Nazaréen. « C'est une des plus subtiles méchancetés des Toledoth ; elle veut retourner dans le sens antichrétien une... prophétie de l'Apocalypse »[219]. Enfin Miriam meurt et elle est ensevelie sous le bois où Jésus avait été suspendu.

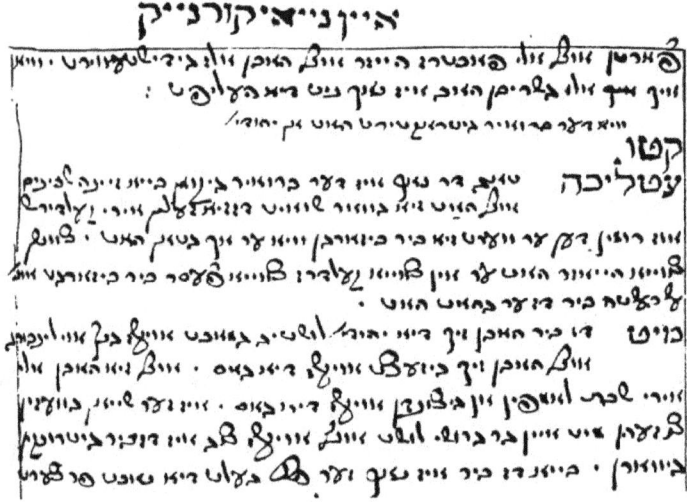

Manuscrit d'Amsterdam

---

[218] *Ibid.*, pp. 79-80.
[219] *Ibid.*, pp. 93, 96; note n° 43.

L'HISTOIRE DANS LES TOLEDOTH

INTRODUCTION

Après avoir rapporté certains passages des Toledoth, passons maintenant à l'examen critique de leur contenu. D'un point de vue historique on remarque tout de suite dans tous ces récits une grande confusion de dates, de personnes et de lieux. Les faits contrastent avec les informations qui nous sont fournies par la littérature chrétienne et en outre on relève plusieurs contradictions entre les différentes versions des Toledoth elles-mêmes. Ces discordances ne sont pas dues au hasard, mais proviennent de la superposition dans un même texte de traditions différentes.

La raison principale de l'anachronisme qui caractérise toutes les Toledoth est l'existence de certaines traditions talmudiques qui parlent de Jésus et placent le début de son activité à une époque beaucoup plus ancienne que l'époque réelle. La source principale à ce propos est un enseignement rabbinique en langue hébraïque antérieur à 200 après J.-C., complété par des traditions successives en langue araméenne.

« La substance des traditions talmudiques à propos de Jésus est celle-ci : Jésus appartenait au groupe restreint de disciples qui suivit l'un des maîtres contraint à l'exil égyptien par les Asmonéens. Au moment du retour, entre le maître et l'élève il y eut une rupture pour des motifs futiles ; le maître excommunia... le disciple parce qu'il... avait fait trop attention à l'aspect physique, et aux défauts de la patronne de l'auberge qui les accueillait. Jésus... accepta la punition et se mit à demander pardon plusieurs fois à son maître. Quand à la fin celui-ci estima qu'était arrivée l'heure de le pardonner, par une banale méprise le disciple ne comprit pas le geste de salut du maître, et en tira la conviction que désormais pour lui il n'y avait pas de pardon ; ce fut ce qui le poussa à une rébellion définitive contre les maîtres et contre la foi »[220].

Quant au personnage de la reine Hélène, il faut se demander à qui se réfère exactement le texte et il semblerait s'agir de la mère de Constantin. Selon une légende Hélène aurait été attirée d'abord par le Judaïsme, alors que son fils Constantin, influencé par le Pape St Sylvestre, fut attiré par le Christianisme. Pour résoudre la question, le Pape organisa une dispute avec douze rabbins, en présence de l'emPÈREur. Durant le débat le rabbin, appelé Zamberi, tua un bœuf en murmurant le nom de Dieu, mais St Sylvestre démontra sa supériorité en ressuscitant l'animal, avec la simple invocation du nom de Jésus ; alors les rabbins et les païens se convertirent au Christianisme.

DIFFÉRENTES VERSIONS DE LA NAISSANCE DE JÉSUS

---

[220] *Ibid.*, p. 102.

Jusqu'aux premiers siècles de l'ère chrétienne, le dogme de l'Incarnation du Verbe et de la naissance virginale de Jésus suscita des réactions malveillantes et des calomnies haineuses de la partie adverse. Il y eut une énorme diffusion d'histoires alternatives à la Tradition chrétienne. Celse lui-même (auteur païen) reprit de sources juives la version selon laquelle Jésus était né d'un adultère consommé par sa mère, femme d'un artisan, avec un soldat du nom de Panthera. Selon une autre calomnie, rapportée par Tertullien, Jésus aurait été le fils d'une prostituée (*quæstuaria*). Selon St Jérôme la généalogie de Jésus était très discutée parmi les juifs romains.

Le Talmud, dans différents passages (Tosefta *Chul.* 2 :22-23, TP *Shab.* 14 : 4) appelle Jésus *ben* (fils de) Pantera ou simplement Pantera, et c'est le même Jésus qui dans des passages parallèles est appelé *hanotzrì* (Nazaréen). Le terme Pantera semble être « un anagramme du terme grec *Partenos* qui indique la vierge ; c'est pourquoi à qui appelait Jésus fils de la vierge on opposait de manière polémique un nom qui cachait une accusation infamante : celle d'adultère avec quelqu'un qui portait un nom étranger... le nom veut contester l'hypothèse de la naissance virginale par une accusation infamante »[221]. « Parmi les autres interprétations... Pantera signifie pratiquement prostituée »[222].

Un autre point à approfondir est la question du *mamzer* qui peut être traduit comme "bâtard". Au bâtard est interdit le mariage avec une juive, pour en empêcher la perpétuation. L'accusation adressée à Jésus d'être bâtard « doit être lue de manière polémique contre le dogme de la virginité, de la naissance sans péché, et du fait d'être fils de Dieu »[223]. Toutefois d'après la loi juive, pour qu'un adultère donne lieu à un enfant bâtard, il est nécessaire que les deux parents soient juifs (*Shulchan'Arukh*, *Even ha'ezer* 4 : 19). Donc si Jésus pour les Toledoth doit être considéré comme un bâtard, même le père physique doit être juif. Or les sources non juives, qui rapportent les calomnies païennes et juives, sont d'accord pour préciser que Pantera (le père physique de Jésus) n'était pas juif, mais était un soldat romain. Les sources juives des Toledoth, ont réussi à faire convertir au Judaïsme le séducteur, c'est pourquoi Jésus serait un bâtard dans tout le sens du terme.

LE NOM DE JÉSUS

Le nom juif Jeshu, doit être expliqué comme une forme péjorative dérivée du nom d'origine de Jehoshua': Josué. « Le nom trilitère serait un sigle de l'expression d'origine biblique qui en italien signifie "que soit effacé son nom et son souvenir". Et c'est justement pour ce motif que le nom Jeshu dans plusieurs textes est écrit avec des guillemets additionnels, pour souligner qu'il s'agit d'un sigle »[224].

---

[221] *Ibid.*, p. 114.
[222] *Ibid.*, note n° 5, p. 114.
[223] *Ibid.*, p. 119.
[224] *Ibid.*, p. 132.

JÉSUS ET LA MAGIE

Les Toledoth ne nient pas les miracles faits par Jésus et rapportés par la Tradition chrétienne. Mais ils essayent d'en démontrer la nature maléfique en les présentant comme de la magie et de la sorcellerie. « Jésus par ses miracles est attaqué précisément à cause de l'usage et de la présentation qu'en font les textes chrétiens : pour ces derniers les miracles sont la démonstration de la nature divine de Jésus, alors que c'est inconcevable pour le juif orthodoxe... du point de vue de l'orthodoxie [juive] les miracles sont considérés comme une œuvre diabolique. (...) Du côté juif, dans les sources talmudiques disponibles, la magie est le premier des délits contestés à Jésus. Déjà dans les premières Toledoth, d'après ce qu'en rapporte Agobard, Jésus est considéré comme *"magum detestabilem"* »[225].

Dans la tradition juive on admet communément que les pouvoirs magiques peuvent arriver à l'homme de différentes sources : par l'exploitation des forces occultes, maléfiques et démoniaques ; ou par l'usage de la force particulière qui découle du nom divin.

THEORIES SUR LES ORIGINES DES TOLEDOTH

« Les critiques ont longtemps discuté du problème des origines des Toledoth (...) après des recherches philologiques approfondies, des hypothèses plutôt fantastiques ou tout au moins pas soutenues par la même rigueur qui avait accompagné l'étude des détails du texte, ont été avancées »[226]. Les hypothèses les plus communes sont substantiellement au nombre de deux : la première fut avancée par Krauss en conclusion de son livre de 1902. D'après lui les Toledoth proviennent des récits sur Jésus contenus dans le livre du *Josippon* (petit Joseph), une chronique juive qui raconte l'histoire juive et romaine de manière comparative, et qui se présente comme une sorte de condensé de l'œuvre historique de Joseph Flavius (à qui elle est aussi attribuée par une tradition bien établie). « Puisque dans le *Josippon* que nous connaissons maintenant, les passages relatifs à Jésus... sont plutôt limités, Krauss émit l'hypothèse de la dépendance des Toledoth non de l'actuel *Josippon*, mais de l'épreuve initiale (*UrJosippon*), qui aurait consacré plus de place au sujet. On a tout de suite vu que cette histoire n'avait pas de motifs solides pour résister à une critique. Avant tout pour la datation du *Josippon* : un accord général existe parmi les critiques dans la datation de l'œuvre, même dans sa forme initiale, pas avant le Xème siècle ; tandis que nous savons bien que les Toledoth, au moins sur la base de ce que dit Agobard, existaient depuis longtemps... Toute la théorie de Krauss s'effondre. Il est vrai... qu'il y a eu des contacts entre les Toledoth et cette œuvre... mais tout fait penser que l'auteur de l'interpolation a copié à partir des Toledoth et non vice-versa »[227].

---

[225] *Ibid.*, p. 145.
[226] *Ibid.*, p. 216.
[227] Ivi.

La seconde hypothèse importante sur les origines des Toledoth, considère le rapport probable avec la littérature apocryphe chrétienne. « Le problème a été posé par des critiques de façon trop schématique, et c'est ce qui ôte toute crédibilité aux thèses soutenues... aussi le problème reste-t-il ouvert en substance »[228].

Voulant tirer une conclusion à partir de tous les éléments que l'excellent travail de Di Segni a mis en évidence nous pouvons dire que la production des Toledoth « est un processus continu d'accumulation de matériel et de nouvelle élaboration systématique »[229]. Parler d'un noyau unique et initial du récit (*Ur-Toledoth*), comme fait Krauss, paraît absurde. Le noyau, à supposer qu'il existe, n'est pas seul ; il y a tant de noyaux de provenances diverses qu'ils convergent en une narration en continuelle évolution et qui sont réadaptés librement. Donc pour Di Segni cela n'a aucun sens de parler d'une unique source apocryphe qui aurait été le modèle sur lequel l'auteur présumé des *Ur-Toledoth* aurait bâti son œuvre. Il n'y a pas un seul auteur des Toledoth, mais plusieurs auteurs et plusieurs sources. Tout ceci ne signifie pas que les Toledoth n'ont aucun rapport avec les Apocryphes chrétiens ; le contact avec eux est même très étroit et n'est pas limité à une source unique. Les Toledoth sont le lieu de confluence, entre autres, d'une quantité de traditions chrétiennes apocryphes, souvent complètement hétérodoxes ; les auteurs des Toledoth les ont connues, reprises et transmises. Quant à la datation des différents noyaux des Toledoth, chacun d'eux est de provenance et de date différentes, « il est certain que beaucoup de noyaux initiaux sont d'époque lointaine, des premiers siècles... puis on arrive au minimum au Xème siècle pour certaines sources de la légende de Simon Pierre, et au moins au XIIIème siècle pour le "roman" de la naissance de Jésus. (...) La réalité est que les Toledoth sont un processus de très longue évolution »[230].

Epilogue

Di Segni écrit "Il est difficile de dire, étant donné que chez les juifs il n'existe pas de dogmes ou de doctrines canoniques, ce qu'est Jésus pour les juifs ; il est plus facile de spécifier ce qu'il n'est pas... Il ne peut être ni Dieu, ni Fils de Dieu dans le sens où on l'entend dans le dogme de la Trinité. Une telle conception est pour les juifs non seulement un sacrilège et un blasphème, mais une chose incompréhensible. Il n'est même pas un Messie... il ne peut pas être non plus considéré comme un Prophète »[231]. Le refus de la divinité de Jésus de la part d'un grand nombre de Juifs a donné lieu à une littérature polémique de

---

[228] *Ibid.*, p. 217.
[229] Ivi.
[230] *Ibid.*, p. 219.
[231] *Ibid.*, p. 223.

contre-information calomnieuse à l'égard du Fondateur du Christianisme. "Le judaïsme a vis-à-vis du christianisme une haine viscérale, doublée d'ignorance"[232].

Les Toledoth représentent une sorte d'Anti-évangile juif ; malheureusement nous remarquons que les mêmes histoires calomnieuses sur Jésus sont contenues dans le Talmud et dans la "littérature post-talmudique, qui est ensuite l'unique chose en laquelle les juifs aient cru pendant tout le XIXème siècle et que beaucoup, spécialement en Israël, croient encore aujourd'hui. Ces récits eurent un poids déterminant dans la formation de l'attitude négative des juifs par rapport au christianisme". "Cette attitude... provient de la haine envers Jésus et des épithètes injurieuses accumulées au cours des siècles pour le définir".

---

[232] ISRAEL SHAHAK. *Histoire juive - Religion juive. Le poids de trois millénaires.* La Vieille Taupe, Paris 1996, p. 199.

LA CABALE[233]

par M. l'Abbé Curzio Nitoglia

PROLOGUE

L'histoire humaine est composée substantiellement par deux courants de pensée auxquels tous les autres se ramènent comme des mutations accidentelles.

La première est LA TRADITION CATHOLIQUE, révélée par Dieu à Adam, aux Patriarches et à Moïse, conservée et transmise par l'ancienne Synagogue mosaïque, (vraie Église de Dieu dans l'Ancien Testament) et appelée même CABALE VRAIE car non pervertie par les Rabbins et les Pharisiens. La seconde est LA CABALE FAUSSE et IMPURE ou GNOSE, qui prend son origine de la VRAIE et PURE CABALE (ou Tradition catholique), et qui a été pervertie ensuite par la méchanceté de l'homme tenté par LUCIFER ; le *"Non serviam"* et l'*"Eritis sicut dii"* constituent en effet le cœur de la GNOSE ou FAUSSE CABALE.

LA TRADITION CATHOLIQUE se fonde sur l'être, sur ce qui est immuable, sur l'acte.

La FAUSSE CABALE au contraire, se fonde sur le devenir, sur le changement, sur l'évolution et sur le mythe du progrès à l'infini : Dieu n'est donc pas, mais Il devient ou se fait.

De ceci naît L'OPPOSITION "PER DIAMETRUM" DES DEUX MODES DE VIE : celui catholique, qui est contemplatif, par lequel l'homme au moyen de l'intelligence et de la volonté cherche à connaître et à aimer Dieu, et celui cabalistico-gnostique, qui est surtout magique, pratique et technique.

Le monde actuel, presque complètement cabalisé, a rendu l'homme esclave et "mécanique", seulement capable d'agir, de faire, de s'affairer pour produire, et tout à fait incapable de contempler avec amour l'Acte pur (qui, comme nous le rappelle Notre-Seigneur dans l'Évangile, est *"l'unique chose nécessaire"*, à laquelle il faut subordonner chaque activité pratique, qui si elle ne doit pas être méprisée, ne doit pas non plus avoir la primauté dans la hiérarchie des valeurs de la vie humaine). Avec la FAUSSE CABALE (rabbinicopharisaïque) la créature (comme déjà Lucifer) a la prétention de se faire égale à Dieu par son propre effort et au moyen d'une technique (*gnosis*). Ce n'est pas Dieu qui sauve gratuitement, par sa pure miséricorde, mais c'est l'homme qui est le perfectionnement et le point oméga vers lequel *"dieu"* tend de façon panthéiste. La FAUSSE CABALE se fonde sur les trois concupiscences : l'amour désordonné des plaisirs sensibles, des biens périssables et

---

[233] Certains auteurs écrivent Cabbale, d'autres Kabbale, ...Drach écrit : « L'Académie française écrit CABALE ... un auteur écrit Kabbale, alléguant pour motif que cette orthographe est plus conforme à l'hébreu... Le bon sens dit que lorsqu'on écrit du français on n'écrit point de l'hébreu » (P.L.B. DRACH, *De L'harmonie entre l'Église et la Synagogue*, Paul Mellier édit., Paris 1844, *op. cit.*, tome 1, p. XXVIII).

matériels, et de nous-mêmes. LA TRADITION CATHOLIQUE au contraire se fonde sur l'esprit des Conseils évangéliques : l'amour de la souffrance, le détachement des biens de ce monde et le mépris de nous-mêmes en acceptant nos propres limites, pour être attirés par Dieu à participer de sa vie intime et divine d'une manière finie, comme il convient à une créature, au moyen de la grâce sanctifiante qui est "*semen gloriæ*".

St Augustin nous enseigne que "La Cité de Satan est formée de ceux qui s'aiment eux-mêmes jusqu'au mépris de Dieu ; la Cité de Dieu au contraire de ceux qui par amour pour Dieu se méprisent eux-mêmes".

Il nous reste à choisir : de quelle cité voulons-nous faire partie ? À quelle Tradition voulons-nous adhérer, à la luciférienne ou à la chrétienne ?

LA TRADITION CATHOLIQUE ET LA TRADITION CABALISTIQUE

Dieu, au moyen de la Révélation, a transmis à l'humanité, à partir du premier homme, la Vérité sur les mystères de sa vie intime (cf. Somme Théologique II-II, q. 2, a. 7).

Cependant la principale Révélation orale communiquée par Dieu à Adam a été déformée et falsifiée par la révolte et la malice de l'homme.

« Hélas À PARTIR DE LA TRADITION ORALE JUDAÏQUE (...), sous l'inspiration de l'esprit du mal, À PRIS NAISSANCE UNE TRADITION MAUVAISE, la tradition GNOSTICO-CABALISTIQUE (...). On part d'un "dieu" indéterminé... qui contient en lui-même les contraires (...le bien et le mal...) qui devient monde et homme. L'homme, dans la conception gnosticocabalistique, serait le sommet du processus émanatif de l'univers » (J. MEINVIELLE, *Influsso dello gnosticismo ebraico in ambiente cristiano*, publié par d. Ennio Innocenti, titre original de l'ouvrage : *Dallà Càbala al progressimo*, Roma 1988, p. 14).

Pour la vraie Tradition (catholique), l'homme, avec un acte de Foi ou d'assentiment certain de l'intelligence à l'enseignement de Dieu, peut connaître les mystères que Dieu a voulu révéler, tandis que pour la fausse Tradition gnostico-cabalistique, l'homme ne se conforme pas et n'adhère pas à la réalité mais la construit et l'élabore, au moyen d'un système subjectif et fantaisiste, dans lequel le monde et "dieu" sont la même chose (le Panthéisme).

LA TRADITION CATHOLIQUE

Adam reçut la Révélation des Mystères divins de Dieu Lui-même, comme l'enseigne St Thomas : « ... Au commencement Dieu parlait avec les premiers hommes de la même manière qu'il parlait avec les Anges... » (Somme Théologique II-II, q. 2, a. 7).

Dans l'article sur le Déicide, on a vu qu'avant le Péché Originel Adam avait une connaissance explicite de l'Incarnation du Verbe et de la T.S. Trinité (cf. S. T. II-II, q. 2, a. 7) ; c'est donc avec lui que commence la VRAIE TRADITION, qui propose à l'homme les vérités naturelles et surnaturelles nécessaires au salut. Cette TRADITION fut communiquée à l'homme par trois "économies" différentes : 1) TRADITION PRIMORDIALE (Adam) . 2) TRADITION ORALE ECRITE, OU LOI MOSAÏQUE (1280 avant J.-C). 3) TRADITION EVANGELIQUE OU LOI NOUVELLE.

L'ANCIENNE CABALE DES JUIFS

Le peuple élu, possédait donc, avant encore la Loi écrite de Moïse (1280 avant J.C), une TRADITION PRIMORDIALE ORALE, qui a été ensuite confiée à un corps spécial de soixante-dix docteurs, placés sous l'autorité suprême de Moïse et de ses successeurs (les Grands Prêtres).

La Tradition de la SYNAGOGUE ANCIENNE ET VÉRITABLE se divisait en deux branches : LE TALMUD (non encore corrompu) qui comme une espèce de théologie morale en fixant la signification de la Loi écrite, définissait ce qui était permis, obligatoire ou illicite et LA CABALE (non encore corrompue) qui constituait l'enseignement dogmatique et mystique et traitait de la nature de Dieu, de Ses attributs, comme théologie spéculative et dogmatique de la Loi Ancienne, en passant oralement de génération en génération et qui donnait la signification spirituelle de ce que Moïse aurait ensuite mis par écrit.

DÉFINITION DE LA CABALE

La Cabale est une science "acroamatique" ou ésotérique, adjectif qui qualifie toute science secrète chez les antiques, qui s'enseignait seulement aux initiés. L'adjectif opposé est exotérique : au dehors, public, pas secret. L'adjectif "acroamatique" ou ésotérique désigne donc toute science mystérieuse qu'il faut expliquer de vive voix et qu'on ne peut apprendre dans les livres.

La Cabale non encore pervertie de l'ancienne Synagogue mosaïque pas encore répudiée par Dieu [jusqu'au Jeudi Saint] traitait de la nature de Dieu et de ses attributs, « de l'Incarnation et de la Trinité ; ceci est attesté ... par de nombreux Rabbins qui se sont convertis au Christianisme en lisant la Cabale [véritable]. (...) Telle est la CABALE ANCIENNE ET VÉRITABLE, que nous distinguons... de la CABALE MODERNE, FAUSSE, condamnable et condamnée par le Saint-Siège, œuvre des Rabbins, qui ont également falsifié et dénaturé la Tradition talmudique. Les docteurs de la Synagogue la font remonter jusqu'à Moïse, tout en admettant que les principales vérités qu'elle contient étaient connues par Révélation des premiers Patriarches du monde » (P.L.B. DRACH *De l'harmonie entre l'Église et la Synagogue*, Paul Mellier édit., Paris 1844, *op. cit.*, tome 1, pp. XIII, XXVII).

Il est utile sur ce point de lire ce qu'écrit le Rabbin converti Drach de l'affirmation de l'existence à côté de la vraie Cabale d'une Cabale nouvelle et falsifiée par les Rabbins et les Pharisiens : « [il y a] une CABALE VRAIE et sans mélange, qui s'enseignait oralement [et en privé, par les docteurs seulement] DANS L'ANCIENNE SYNAGOGUE, et DONT LE

CARACTERE est franchement CHRETIEN [c'est-à-dire qui annonçait le Christ comme seconde Personne de la T.S. Trinité et comme Verbe Incarné et Rédempteur crucifié]. Il y a une SECONDE CABALE, fausse, PLEINE DE SUPERSTITIONS RIDICULES et en outre s'occupant de magie et de médecine... DEVENUE TELLE ENTRE LES MAINS DES RABBINS [PHARISIENS ET SADDUCEENS] DE LA SYNAGOGUE INFIDELE [après le Jeudi Saint]... Une notable partie de la Tradition dont le dépôt était confié à la Synagogue ancienne, consistait dans les explications mystiques, allégoriques et anagogiques du Texte de l'Ecriture ; en d'autres termes, tout ce que la Tradition enseignait touchant... le monde spirituel (...). Cette doctrine orale, qui est la Cabale [distincte du Talmud qui est la "seconde Loi", donnée oralement à Moïse sur le Sinaï, texte qui est la Mishna et dont le commentaire s'appelle la Ghemara] avait pour objet les plus sublimes vérités de la Foi, qu'elle ramenait sans cesse au Rédempteur promis.(...).

Il y a cette différence entre le Talmud et la Cabale, bien qu'ils se touchent sans qu'il soit facile d'assigner entre eux des limites précises ; LE TALMUD se borne généralement à CE QUI CONCERNE LA PRATIQUE extérieure, L'EXECUTION matérielle DE LA LOI MOSAÏQUE ; LA CABALE, comme THEOLOGIE SPECULATIVE, MYSTIQUE, S'EMPARE DE LA PARTIE SPIRITUELLE DE LA RELIGION (...).

Au retour de la Captivité de Babylone [538 avant J.-C.], le prophète Esdras, voyant que les calamités de la nation pouvaient amener un jour l'oubli entier de la Tradition cabalistique, consigna cette Tradition, par l'ordre de Dieu, dans soixante-dix volumes. Mais ces livres n'étaient pas rendus publics (...).

Le caractère qui distingue essentiellement la Loi Ancienne de la Loi Nouvelle, est que la première avait un enseignement secret que l'on cachait au commun du peuple, mais qui devait être prêché ouvertement à la Venue du Messie (...) SOUS LE REGIME DU NOUVEAU TESTAMENT, LE DERNIER DES FIDELES EST INITIE AUX PLUS SUBLIMES VERITES DE LA RELIGION [l'enseignement ésotérique était licite et voulu par Dieu SEULEMENT POUR UN CERTAIN TEMPS, c'est-à-dire jusqu'à l'Avènement de Jésus-Christ. Avec le Christianisme, ce qui était enseigné en privé par les docteurs, par peur que le peuple juif encore imparfait ne tombât dans le polythéisme, devait être prêché publiquement à tous les fidèles. On voit ainsi comment pour la vraie Religion l'ésotérisme est condamnable et inadmissible. Dieu l'avait permis seulement pour préserver de l'idolâtrie le peuple juif encore grossier, ndr.] (...) Cette Tradition [cabalistique et talmudique] du peuple de Dieu, qui était avant le Christianisme le seul dépositaire de la vraie Foi, était toute chrétienne [annonçait Jésus-Christ, seconde Personne de la Trinité, Rédempteur du genre humain, ndr.]. Malheureusement, l'ancienne et bonne Cabale, s'est perdue en grande partie... Vers les derniers temps de l'existence de Jérusalem, le culte des juifs tourna rapidement au Pharisaïsme qui envahit presque tout le terrain de la Synagogue. Les présomptueux Pharisiens étouffèrent ...la pure Loi de Dieu [corrompirent ainsi le Talmud et la Cabale] sous leurs arguties et leurs vaines subtilités d'où résultait cette foule d'observances minutieuses... que nous retrouvons dans les pratiques superstitieuses de la Synagogue actuelle. Le cœur se desséchait et devenait étranger au culte qui bientôt ne consistait plus que dans l'accomplissement d'actes extérieurs et matériels.(...) Dans cet état de choses toute l'attention des docteurs se portait sur la théologie talmudique [morale] qui existait seulement à l'état d'enseignement oral et pas encore écrit. Non seulement on négligeait la théologie spéculative, mystique [Cabale], mais en raison de sa tendance chrétienne (...) elle tomba dans le discrédit quand les Pharisiens commencèrent à s'opposer à la doctrine prêchée par Notre-Seigneur Jésus-Christ... Mais déjà alors la Cabale avait subi le sort de la Tradition talmudique, elle fut corrompue. Elle était devenue ce que le Talmud appelle, "vinaigre fils du vin".

(...) Après la dispersion des juifs [130 après J.-C], quand les Rabbins se trouvèrent en contact avec les philosophes des autres nations, ils reprirent du goût pour les spéculations métaphysiques, et ils revinrent à leur Cabale. En ressuscitant cette science, qu'ils durent recréer *"ex novo"* en grande partie, ils y introduisirent... des lambeaux des philosophies grecque et orientale, systèmes opposés entre eux et surtout incompatibles avec la Révélation mosaïque. Telle est la CABALE MODERNE, dans laquelle les Rabbins ont... maladroitement admis des formules équivoques prêtant autant au matérialisme grec et au panthéisme indien qu'à l'unité d'un Dieu personnel, séparé par son essence de l'univers.

(...) Il paraît que la saine CABALE, en grande partie perdue, était fort considérable, et pouvait bien fournir la matière des soixante-dix volumes d'Esdras, puisque les débris qui nous en ont été conservés sont encore assez nombreux, et fournissent abondamment des preuves en faveur de tous les principaux articles de la Foi catholique, de sorte que l'on peut combattre avantageusement les juifs par leurs propres livres.

Une page du Talmud : au milieu, la Mischna et la Ghemara

(...) Ici se présente une question. Comment peut-on reconnaître les restes de l'ancienne et vraie Cabale [chrétienne] au milieu du fatras rabbinique où ils sont comme perdus ? (...)

La règle est celle-ci... TOUTES LES FOIS QU'UN PASSAGE EXPRIME, EN TERMES DONT ON N'A PAS BESOIN DE FORCER LE SENS, UN ARTICLE DE LA CROYANCE CATHOLIQUE, nié par les juifs [qui n'ont pas accueilli Jésus-Christ comme Messie]... VOUS POUVEZ ÊTRE CERTAIN QUE CE PASSAGE N'A PAS ÉTÉ FABRIQUE PAR LES RABBINS. Nous ajouterons que SI CE PASSAGE EST SEULEMENT SUSCEPTIBLE D'UNE INTERPRÉTATION CHRETIENNE [sans annoncer le Christ explicitement et clairement], ON PEUT ENCORE L'ACCEPTER COMME AUTHENTIQUE ; car les Rabbins... savaient parfaitement ce qui les divisait du Christianisme, et ils auraient évité soigneusement toute équivoque (...). Il ne faut donc pas s'étonner si l'étude de cette science a amené un grand nombre de juifs à embrasser le Christianisme. En effet, à moins de faire violence au texte des précieux morceaux qui nous restent de la CABALE ANCIENNE, il faut convenir que LE DOGME CHRETIEN Y EST PROFESSE AUSSI NETTEMENT QUE DANS LES LIVRES DES PÈRES DE L'ÉGLISE. Les Rabbins s'en sont si bien aperçus qu'ils ont pris des mesures pour éloigner les juifs de la lecture de la Cabale parce qu'elle pourrait, disaient-ils, ébranler la "foi" de ceux qui n'y sont pas assez solidement affermis » (P.L.B., DRACH op. cit., tome II, pp. XIII-XXVII).

En bref, comme l'enseigne un grand savant de l'hébraïsme, Gougenot des Mousseaux : « Il existe deux Cabales (...)

La CABALE ANCIENNE : la Synagogue possédait antérieurement aux livres de Moïse une Tradition orale qui servait en quelque sorte "d'âme au corps de la lettre". (...) Cette Tradition de la Synagogue ancienne se divisait en deux branches : l'une publique et c'était la Tradition Talmudique... qui fixa le sens de la Loi écrite. La seconde branche était la partie mystérieuse et sublime de la Tradition orale. Elle formait la Tradition cabalistique ou CABALE.

(...) Nous la distinguerons avec soin de la CABALE MODERNE, FAUSSE, œuvre des Rabbins qui ont également falsifié la Tradition talmudique. (...) Si donc la PREMIÈRE CABALE OU LA PLUS ANTIQUE TRADITION RELIGIEUSE DU MONDE, EST D'ORDRE DIVIN, LA SECONDE CABALE EST DEMONIAQUE (...). Cette seconde Cabale sous l'égide des Templiers menaça le monde entier et... s'est réfugiée dans les doctrines et les rites... de la Maçonnerie. (...) Aussi pouvons-nous affirmer que la seconde Cabale cultivée par les juifs... effaçait presque à elle seule toutes les autres sociétés secrètes... Il est une science... donnant aux hommes qui la prennent pour règle une puissance souveraine qui les rend maîtres de toutes les choses inférieures. Or, cette science c'est la magie, dont la seconde Cabale est le dogme » GOUGENOT DES MOUSSEAUX, *Le judaïsme et la judaïsation des peuples chrétiens*, Paris 1869, Henry Plon édit., pp. 509-525).

Pour plus de renseignements, je rapporte ce qu'a écrit le Rabbin Drach converti au Catholicisme.

LE TALMUD

« Talmud...(apprendre, enseigner), est un terme hébreu-rabbinique, qui signifie doctrine, étude. Il désigne plus particulièrement le grand corps de doctrine des juifs, auquel ont travaillé successivement, à des époques différentes, les docteurs les plus accrédités en Israël. C'est le code complet, civil et religieux, de la Synagogue. Son objet est d'expliquer la Loi de Moïse conformément à l'esprit de la Tradition verbale.

Les parties intégrantes du Talmud

« Le Talmud est distingué en MISCHNA, appelée communément MISNA... qui est le texte [mis par écrit en 190 environ après J.C, ndr.], et en GHEMARA..., qui en est le commentaire (ou texte). La Ghemara (à son tour) est double : celle de JÉRUSALEM et celle de BABYLONE.

La Mischna (de la racine... répéter)..., signifie répétition de la Loi, seconde Loi, celle que, selon les Rabbins, Dieu a enseignée oralement à Moïse sur le Mont Sinaï, après lui avoir donné la Loi écrite, appelée Thora.

Ghemara (de la racine parfaire...) signifie... supplément, complément, doctrine. Sous le nom de Thora, les Rabbins désignent fréquemment la Ghemara seule [commentaire de la Mischna]. Ils nomment souvent dans leurs livres le Talmud babylonien et le Talmud jérusalémitain, pour Ghemar a de Babylone, Ghemara de Jérusalem.

(...) Un code écrit quelconque [Thora] est nécessairement accompagné de traditions... sur la manière de l'entendre et de l'appliquer [Mischna ou seconde Loi orale]. La lettre nue serait l'objet des préventions, du caprice, des passions [comme le libre examen luthérien], et, au lieu de servir de lien de fraternité..., ce code ne serait qu'une pomme de discorde. Le peuple se scinderait en sectes (...). Ainsi outre la Loi écrite, dictée à Moïse sur le Sinaï, depuis le premier mot de la Genèse jusqu'au dernier mot du Deutéronome,... le peuple de Dieu avait une seconde Loi... une Loi orale, qui se transmettait de bouche en bouche (...). Son objet était de fixer le sens de la Bible... comme aussi de préserver de l'oubli les préceptes divins non écrits. Car la Synagogue, tant après sa réprobation [Jeudi Saint] que lorsqu'elle était encore l'Église de Dieu, n'a jamais été..."protestante".

(...) L'Ecriture nous apprend que Moïse, ... monta sur le Sinaï, où il demeura quarante jours... au bout desquels il reçut les tables du Décalogue.

Si nous en croyons le Talmud (*Traité Berrahot*, fol. 5 recto), il apprenait de Dieu l'explication et le développement de la Loi écrite ; en un mot, cette Loi orale que la Tradition fut ensuite chargée de conduire de génération en génération jusqu'à la fin des siècles. (...) Dans les temps anciens, il ne pouvait être porté aucune atteinte à la Tradition, car aussitôt qu'il surgissait un dissentiment entre les docteurs, la cause était portée, de degré en degré, jusque devant la grande Assemblée de Jérusalem, appelée... Sanhédrin. Elle était composée de soixante-dix docteurs de la Loi, sans compter le "nâci"... chef, président, regardé comme le légitime successeur de l'autorité spirituelle de Moïse [le Grand Prêtre]. (...) Le Deutéronome (XVII, 8 ss.) comporte des passages les plus remarquables en faveur de la soumission due à l'autorité spirituelle, résidant dans le corps enseignant de l'Église, dépositaire de la tradition, et, en dernier ressort, dans le chef suprême du Sacerdoce sur terre, gardien infaillible de la doctrine divine [le Pape].

(...) Les Pères de l'Église nous parlent aussi de la tradition orale de la Synagogue. St Hilaire dit : "Outre la Loi écrite, Moïse enseigna séparément les mystères les plus secrets de la Loi aux soixante-dix anciens ... ceci est la doctrine traditionnelle" (tract. in II Ps, éd. des Bénédictins, p. 28). Le Pentateuque, dit le Rabbin, n'est qu'une lettre morte, une espèce d'index des préceptes religieux, et nous ne pouvons avoir connaissance de la Loi écrite qu'au moyen de la Loi orale.

Notre sainte mère l'Église, qui a recueilli l'héritage de la Synagogue [mosaïque] nous propose également des... articles de Foi, fondés uniquement sur la Tradition, et dont l'Ecriture ne fait mention nulle part. Voilà pourquoi l'Apôtre St Paul fait cette recommandation : *"Demeurez fermes... et conservez les traditions qui vous ont été enseignées, soit de VIVE VOIX, soit par notre lettre"* (II Thess. 2, 14). (...) Et ce précepte (d'obéir à la décision du chef *"pro tempore"* de la Religion) est de la plus haute importance ; car la Thora nous a été donnée par écrit, et il est notoire que les opinions varient dès qu'il s'agit de raisonner [et de l'interpréter]. Les disputes se multiplieraient, soit pour expliquer la lettre du texte, soit pour en tirer des inductions ; et ainsi la Thora deviendrait je ne sais combien de "Thoras".

La Loi coupe court à toute contestation en ordonnant de prêter obéissance au grand tribunal qui se tient devant Jéhova dans le lieu qu'il a choisi (à Jérusalem, la cité sainte, alors la capitale de la Religion, comme maintenant Rome, la ville sainte, est la capitale du monde chrétien), en tout ce qu'il nous prescrit (...). Et lors même qu'il nous semblerait que cette Autorité se trompe, il n'est loisible à nul homme privé d'entre nous de suivre sa propre opinion ; car ce serait la ruine de la Religion, un sujet de division dans le peuple, et la dissolution de la nation entière.

LES PÈRES DE L'ÉGLISE ET LA TRADITION JUDAÏQUE

« L'existence... de la Loi orale traditionnelle de la Synagogue [mosaïque], n'était point ignorée des Pères... des premiers siècles de l'Église, bien qu'alors la Ghemara ne fût pas encore mise par écrit. St Epiphane parle longuement... des traditions falsifiées des Pharisiens, tandis que St Hilaire parle de la bonne et véritable Tradition,... dépôt sacré entre les mains des docteurs assis sur la Chaire de Moïse. St Augustin écrit : "Outre les Ecritures de la Loi et des Prophètes, les juifs ont certaines traditions qu'ils apprennent par cœur sans les écrire, et qu'ils transmettent l'un à l'autre oralement. C'est ce qu'ils appellent la Deutérôse ou Loi orale" (C. Adv., tome X, p. 696, ed. di Venezia, in 4).

REDACTION DE LA MISCHNA OU TRADITION ORALE

« Touché de l'état déplorable des études sacrées de sa nation, laquelle était dispersée définitivement depuis sa sanglante défaite (...), sous le règne de l'EmPÈREur Adrien (130 après J.-C.), qui bannit les juifs de la Judée ; considérant en outre que les docteurs de la Loi, dont un grand nombre avait péri sous le fer des Romains, devenaient de plus en plus rares, et déjà alors suffisaient à peine pour conserver... la connaissance de la Loi orale ; Rabbi Juda se détermina (...) à coucher par écrit toute la Tradition... Ce recueil reçut le nom de Mischna... Malheureusement outre les bonnes traditions, qui du reste n'y sont pas toutes, on y admit beaucoup de traditions fausses ou altérées des Pharisiens. Quelques-unes de ces "traditions" supposées étaient dirigées contre le Christianisme.(...)

La rédaction de la Mischna, selon l'opinion la plus probable, date d'un peu avant la fin du second siècle, vers 190 de l'ère chrétienne. Elle est écrite en hébreu pur et facile a comprendre.

SUPPLEMENTS OU COMMENTAIRES ORAUX DE LA MISCHNA

« La Mischna, rédigée dans un style concis et sentencieux, n'était pas à la portée du commun des lecteurs. Rabbi Juda passa le reste de sa vie à l'expliquer de vive voix. Par la suite, plusieurs de ses disciples (les thanaïtes) écrivirent des livres dans le but de combler les lacunes laissées dans l'œuvre de leur maître, et de développer ce qu'il n'avait pas exprimé assez clairement (...).

ORIGINE DE LA GHEMARA OU COMMENTAIRE DE LA MISCHNA, MIS PAR ECRIT

« Quelques années après la mort de Rabbi Juda et de ses disciples (les thanaïtes), commença une nouvelle série de docteurs de la Loi mosaïque, désignés sous le nom d'émoraïm'(diseurs, disputeurs). Ils expliquaient et développaient, dans des leçons publiques, tous les passages de la Mischna qui en avaient besoin. On a recueilli leurs enseignements dans la GHEMARA.

LA GHEMARA DE JÉRUSALEM (279 APRÈS J.-C.)

« Le premier recueil de cette espèce fut... la Ghemara de Jérusalem, compilation due à Rabbi Yohhanan, fils d'Eliéser, qui la termina, selon le calcul le plus probable, en 279 de notre ère.(...) Cette Ghemara est appelée jérusalémitaine, parce qu'elle fut écrite en Judée, spécialement à l'usage des juifs qui habitaient la Terre sainte.(...) La Ghemara de Jérusalem, depuis l'époque de son apparition jusqu'à nos jours, n'a jamais eu un grand succès parmi les juifs, tant à cause de son insuffisance que parce qu'elle était trop obscure et écrite dans un langage difficile, presque inintelligible pour les juifs établis en ce temps-là hors de la Terre sainte.

LA GHEMARA DE BABYLONE (AVANT LE VIÈME SIECLE APRÈS J.-C.)

« Ce sont probablement les défauts de la Ghemara de Jérusalem qui ont engagé plusieurs Rabbins de la Babylonie, où étaient les docteurs les plus savants,... à colliger un autre commentaire sur la Mischna, plus clair, plus étendu, plus détaillé. Rabbi Asschi aidé de Rabbi Abina... exécuta ce grand travail,... l'un de ces objets principaux de Rabbi Asschi était de donner des explications allégoriques de plusieurs passages de l'Ecriture Sainte... C'est cette dernière partie qui a fait regarder le Talmud comme un ouvrage renfermant un grand nombre de rêveries, d'extravagances bien ridicules, d'indécences très révoltantes, surtout de blasphèmes horribles contre tout ce que la Religion chrétienne a de plus sacré.(...) La Ghemara de Babylone fut close,... dès les premières années du VIème siècle de notre ère... Elle fut aussitôt acceptée de tout Israël. C'est ce corps de droit canon, religieux et civil à la fois, qui règle jusqu'à ce moment la conduite des juifs attachés à leur foi erronée.(...) Les traditions contenues dans le Talmud (ou Ghemara) sauf les fausses que nous renvoyons aux Pharisiens remontent à la plus haute antiquité. ... Moïse est la tête et le premier anneau de la chaîne de la Tradition orale [talmudique].

RAPPORTS ENTRE MISCHNA ET GHEMARA

« Rabbi Juda a porté dans la composition de la Mischna un certain esprit de critique pour le choix des traditions, tandis que les auteurs de la Ghemara ont tout entassé sans discernement. (...) Le Christianisme, devenu après la mort de Rabbi Juda, la Religion dominante de l'Empire Romain, aigrissait contre lui, par ses succès mêmes, l'esprit des Pharisiens... et les poussait à altérer encore davantage les traditions de la Synagogue [mosaïque], à en supposer même de fausses, dans le but de perpétuer la haine qui n'animait déjà que trop les Pharisiens contre les Chrétiens. Dans la Ghemara [de Babylone, au début du VIème siècle après J.-C], il y a au moins cent passages qui attaquent la mémoire de notre adorable Sauveur, la pureté plus qu'angélique de Sa divine Mère,... le caractère moral des chrétiens, que le Talmud représente comme adonnés aux vices les plus abominables. On y trouve des passages qui déclarent que les préceptes de justice, d'équité, de charité envers le prochain, non seulement ne sont pas applicables à l'égard du chrétien, mais font un crime à l'égard de celui qui agirait autrement (Talmud, traité Aboda-Zara, fol. 13 verso, fol. 20 recto ; traité Baba-Kamma, fol. 29 verso). Dans la Mischna, on rencontre à peine quatre ou cinq de ces passages impies,... encore y garde-t-on une certaine mesure dans les expressions.

Dans l'édition du Talmud que Proben, imprimeur de Bâle, exécuta en 1584, les censeurs Marcus Marinus, Italus Brixiensis, Petrus Cavallerius, supprimèrent les principaux des passages que nous venons de signaler. (...) Mais quelques temps après, les juifs rétablirent, dans une édition qu'ils publièrent à Cracovie, toutes les suppressions opérées à Bâle. Toutefois ces passages réintégrés ayant soulevé l'indignation des hébraïsants chrétiens, le synode juif, réuni en Pologne en 1631, en prescrivit lui-même le retranchement dans les éditions qui devaient se faire subséquemment, en ces termes : "Nous vous enjoignons, sous peine d'excommunication majeure,... de ne rien imprimer dans les éditions à venir, soit de la Mischna, soit de la Ghemara, qui ait rapport, en bien ou en mal, aux actes de Jésus le Nazaréen... Nous vous enjoignons en conséquence de laisser en blanc... les endroits qui ont trait à Jésus le Nazaréen, et de mettre à la place un cercle..., qui avertira les Rabbins... d'enseigner à la jeunesse ces endroits de vive voix seulement. Au moyen de cette précaution, les savants d'entre les Nazaréens (chrétiens) n'auront plus de prétexte de nous attaquer à ce sujet" » (P.L.B. DRACH, *op. cit.*, tome I, pp. 149-168).

CORRUPTION DE LA CABALE JUIVE

« L'esclavage du peuple élu en Egypte (1300 avant J.-C.) et l'esclavage à Babylone (environ 586 avant J.-C.)[234], ont provoqué, dans le sein d'Israël, une immense perturbation et LA TRADITION CABALISTIQUE ORTHODOXE (ou véritable) EST TOMBEE DANS L'OUBLI. Plus tard, quand les temps se sont accomplis, la faute des docteurs de la Synagogue a consisté... dans la jalousie avec laquelle ils ont caché au peuple la clé de la science ou l'exposition traditionnelle des Livres saints, par laquelle Israël aurait pu reconnaître le Messie.

Vers les derniers temps de Jérusalem (150100 avant J.-C), le culte a été envahi par le Pharisaïsme. L'attention des docteurs s'est tournée pourtant, à la théologie talmudique... La

---

[234] Quarante jours après que Moïse fût monté sur le Mont Sinaï, le peuple juif se souleva contre Aaron. « Ils (les hébreux) commençaient à trouver bien sévère le régime théocratique auquel, depuis l'Exode, le Patriarche Moïse prétendait les restreindre... Ne les obligeait-il pas... à adorer un Dieu austère, qui n'avait rien de commun avec ceux des autres peuples, qui ne tolérait aucune licence, aucun dérèglement,... Quelle différence avec les religions qu'ils avaient eues sous les yeux, pendant tant d'années en Egypte ! Celle-là, au moins, ne vous imposaient pas une contrainte perpétuelle et des restrictions sans nombre ! Elles comportaient au contraire des jeux, des danses, des banquets, des beuveries, où l'on s'amusait pour de bon, où l'on pouvait se permettre toutes les extravagances, tous les excès, toutes les folies, et donner libre cours à son tempérament ! (...)
[Les juifs] se dirigèrent en tumulte vers la tente d'Aaron... lui criant de prendre le commandement... *"Fais-nous des dieux qui nous précèdent"*. Moïse, en partant avec Josué pour le sommet du Sinaï, avait laissé le soin de gouverner le peuple... non seulement à son frère, mais aussi à Hur. Ce furent donc ces deux hommes que les hébreux vinrent trouver... pour obtenir LE CHANGEMENT DE RELIGION qu'ils réclamaient. Hur, indigné, voulut leur tenir tête... et ils le lapidèrent... Devant cette exécution... Aaron eut peur... il ordonna de fondre les bijoux [des femmes des hébreux], puis il en fit un veau d'or... qui fut exposé à la vénération du peuple... Avec une légèreté et une perversité incroyables, hommes, femmes, enfants, tournoyaient autour de l'idole, en répétant à l'envi : "Voilà ton dieu, Israël, voilà celui qui t'a tiré de la servitude d'Egypte !" (...) Le lendemain, le peuple aiguillonné par son désir de s'en donner à coeur joie, "se leva de grand matin". Il offrit sans honte à ce dieu à quatre pattes, "des holocaustes"... ce qui était l'abomination de la désolation, car ce genre de sacrifice, était l'expression du culte de latrie, de l'hommage total de soi-même, qui n'est dû qu'au Créateur » (DOM DE MONLÉON o.s.b., *Moïse*. Les éd. De la Source, Paris sine data. pp. 229-232).

Tradition talmudique alors... dénaturée, corrompue dans sa partie essentielle, a reçu le mélange impur des fantaisies rabbiniques... ». (J. MEINVIELLE, *op. cit.*, Roma 1988, pp. 21-22).

DE MOÏSE (1300 AVANT J.-C.) A LA CAPTIVITE DE BABYLONE (586 AVANT J.-C) : SATAN CONTRE LE DOGME DU DIEU UNIQUE ET VÉRITABLE

Voyons ce que dit à cet égard un autre Rabbin converti au Christianisme et devenu Prêtre, le Chanoine Mgr Augustin Lémann :

« On a dit... que la vocation du peuple juif pouvait être rapprochée de celle du prêtre,... En effet c'est pour enseigner la Vérité religieuse et administrer les choses saintes... que le peuple juif avait été élu comme un peuple sacerdotal.

« La première mission d'Israël consistait à conserver et à communiquer la Vérité religieuse... La croyance au Dieu unique et créateur du ciel et de la terre.... Sa seconde mission... consistait à produire, à "administrer" le Messie au monde. (...) C'est contre l'une et l'autre mission que le démon envieux et homicide dirigera ses attaques. Mais il le fera en serpent, en tacticien habile.

« ...Du Sinaï (1380 avant J.-C.) à la destruction du premier temple (586 avant J.C.), toute l'action diabolique s'est concentrée... contre la croyance au Dieu créateur et unique. Satan n'a poursuivi qu'un but : neutraliser la mission de lumière confiée au peuple juif, en l'entraînant lui-même dans l'erreur de l'idolâtrie. La Foi éteinte chez lui, elle devait par contrecoup s'éteindre dans le reste du monde. [Pour y arriver] SATAN S'EST SERVI DES ATTRAITS SEDUCTEURS DE L'IDOLATRIE ELLE-MÊME qui sont : d'abord une SCIENCE OCCULTE, qui semblait devoir satisfaire la curiosité innée de l'homme. Elle n'était... qu'un... monstrueux assemblage d'idées et de pratiques étranges, souvent diaboliques, (...) la Révélation mosaïque devait paraître nue, froide et stérile, en face des brillantes promesses des secrets de la nature et des secrets de l'avenir que cette science occulte prétendait découvrir. La Loi de Moïse répondait peu à l'inquiète curiosité de l'homme.

« Tandis que le culte établi par Moïse était tout entier dans la prière et le Sacrifice de l'autel, l'idolâtrie se prêtait aux vaines inquisitions de l'esprit par les pratiques les plus variées et les plus superstitieuses. (...).

« Un autre attrait de l'idolâtrie était la SATISFACTION DES SENS (...). Il existait donc pour la nature dépravée de l'homme des côtés malheureusement séduisants dans le paganisme oriental. Or,... dans le sang du peuple juif, bouillonnaient toutes les ardeurs... ce peuple aimait avec fureur tout ce qui parle aux sens... Les moyens employés par le démon contre le premier objet de la mission de ce peuple, la conservation et la propagation de la croyance au Dieu un et créateur, étaient vraiment redoutables.

« Jéhova, qui avait opéré tant de merveilles pour se former un peuple, et qui veillait en Père sur le double objet de sa mission... s'était empressé de le PREVENIR et de le PREMUNIR contre les entreprises de Satan. Il l'avait prévenu par des exhortations réitérées et solennelles : *"Vous ne servirez point les dieux étrangers"* (Deut. VI, 14). Il l'avait prémuni, de plusieurs manières : d'abord en l'isolant des autres nations (...). Non content d'avoir séparé physiquement Israël du reste du monde, Dieu... l'avait encore séparé moralement par une législation religieuse, politique et civile (...). Tout... dans la législation mosaïque, tendait à ce point capital : ... rappeler au peuple le Dieu créateur et unique.

« À toutes ces précautions divines, que l'on ajoute encore la voix incessante des Prophètes... qui durant plusieurs siècles, se succèdent pour réveiller la conscience du peuple, flétrir l'idolâtrie, proclamer le Dieu unique... Le peuple élu se trouvait ainsi fortement armé pour résister victorieusement aux assauts que l'enfer allait lui livrer. Et cependant c'est Satan qui l'emporta !

« Voici les grandes lignes de la lutte : ce fut d'abord dix tribus constituant le royaume schismatique d'Israël (au nord, avec Samarie pour capitale) qui succombèrent (722 avant J.-C.)... L'idolâtrie ayant été placée par le roi Jéroboam à la base même du nouveau royaume. (...) Tous les rois d'Israël, successeurs de Jéroboam, avaient imité et maintenu cette idolâtrie, durant une période de 252 ans (...).

« Une des conséquences inévitables de cet état de choses avait été des alliances fréquentes avec les rois idolâtres de l'Egypte, de Tyr, de Sidon, de Syrie, de l'Assyrie, alliances qui avaient encore développé l'idolâtrie en introduisant en Israël les formes les plus variées du polythéisme.

« (...) Le dernier jour de Samarie arriva, où Dieu la livra à ses ennemis (722 avant J.-C.)... Samarie fut détruite... Ses habitants furent passés au fil de l'épée. ...Ceux qui étaient échappés aux fléaux, Dieu les chassa de la Terre Sainte comme des profanes, ... pour vivre dans l'Assyrie sans sacrifices et sans culte public. C'est ainsi que finit le royaume d'Israël, après avoir duré environ 200 ans depuis le schisme de Jéroboam (935 avant J.-C).

« La tactique du démon avait rencontré plus de difficultés et de résistances dans le royaume de Juda [royaume du sud, avec pour capitale Jérusalem]. Par rapport à l'idolâtrie, ses rois peuvent se diviser en trois classes :

1) Ceux qui la repoussèrent, demeurant pleinement fidèles au vrai Dieu.
2) Ceux qui prohibèrent le culte des idoles, mais laissèrent subsister les "hautslieux". ...Satan... entretenait cette négligence coupable, sachant bien où elle aboutirait. Et en effet deux des six rois négligents, ...tombèrent ensuite dans l'idolâtrie.
3) Ceux qui furent idolâtres.

« (...) À la fin, le funeste exemple donné [par les rois idolâtres] dévoya le peuple tout entier, et l'idolâtrie devint pour ainsi dire générale dans le royaume de Juda. (...) Le plan de Satan semblait avoir réussi contre le royaume de Juda, de même qu'il avait réussi contre le royaume d'Israël... Mais... la destruction (586 avant J.-C.) fut aussi le châtiment de l'idolâtrie dans le royaume de Juda. Sous l'épée de Nabuchodonosor... tout avait disparu... même le Temple. Et la captivité de Babylone avait commencé. Elle allait durer environ 50 ans [jusqu'en 538 avant J. C.].

« Cependant la justice vengeresse de Dieu devait être à l'égard du royaume de Juda, tempérée de miséricorde, ce qui n'avait point eu lieu pour le royaume d'Israël. C'est que

Juda, bien que prévaricateur, avait été moins coupable qu'Israël. (...) La terre elle-même durant les 50 années de captivité, se purifiera (suivant les desseins de Dieu) des souillures que les juifs y ont commises. (...) Mais pour qu'il soit bien démontré que l'exil de Juda n'est qu'un châtiment dont il doit revenir, Dieu empêchera qu'aucun des peuples étrangers voisins de la Terre Promise ne vienne s'y établir. (...) Cette conduite de Dieu faisait avorter en partie le plan de Satan.... Satan espérait qu'en raison de cette défaillance, la tribu de Juda... cesserait comme les dix tribus d'Israël, d'être le peuple de Dieu (...). La miséricorde du Seigneur trompa et déjoua l'astuce diabolique. Dans son exil, la tribu de Juda, revenue à Dieu dans la douleur et le repentir, est devenue par ses grands prophètes, Ezéchiel et Daniel,... le héraut de la Vérité religieuse au milieu même de ses vainqueurs idolâtres. (...) La noble tribu revient [de l'exil] pour être de nouveau, ... comme un phare de lumière et préparer ainsi les voies et l'Avènement du Messie. »

APRÈS LE RETOUR DE LA CAPTIVITÉ DE BABYLONE (ENVIRON 516 AVANT J. C.) : SATAN ATTAQUE LE DOGME DU CHRIST REDEMPTEUR

« C'est un fait très remarquable qu'à partir du retour de la captivité de Babyione [538 avant J.-C], quatre siècles environ avant l'ère chrétienne, l'idolâtrie cessa absolument dans la famille d'Israël. On croirait se trouver en présence d'un peuple nouveau. (...) Désormais le monothéisme est inscrit en traits ineffaçables dans la conscience du peuple juif. (...) Diverses causes peuvent expliquer ce changement... Outre l'école du malheur dans l'exil, il est une autre cause : la modification apportée par Satan dans son plan d'attaque. Pressentant l'avènement prochain de la Venue du Messie, Satan s'est décidé à modifier sa tactique... Désormais ce n'est plus le dogme de l'unité de Dieu qui sera l'objet de ses attaques, mais l'Avènement du Christ. (...) L'antique démon de l'idolâtrie... a été expulsé par les souffrances de la captivité... De retour dans la Terre Promise, le peuple élu va devenir pour un temps plus fidèle... Malheureusement cet état prospère ne sera pas de longue durée ; car Satan, fâché d'avoir été chassé... reviendra à la charge avec un autre plan... C'est contre Jésus "Celui qui doit lui écraser la tête" qu'il s'est mis en garde. (...) L'action infernale... durant quatre siècles, travaille sans cesse à fausser dans l'esprit des juifs l'annonce et la notion du véritable Christ. ... Satan savait que le Christ serait Rédempteur ; qu'Il fonderait sur la terre un royaume d'un genre à part ; ... qu'il était désigné... comme Fils de Dieu.

C'est par rapport à ces trois points que Satan va recourir aux ténèbres pour les corrompre. ... Cependant Satan ignorait que le Christ sera souffrant (S. T. III, q. 44, a. 1, ad 2 I, q. 57, a. 5, ad 1 q. 64, a. 1, ad 4)... Il ignorait comment s'accomplirait l'Incarnation : la manière dont le Fils de Dieu pourrait être à la fois Dieu et homme.... Enfin, il ignorait également de quelle manière s'accomplirait la Rédemption. (...) Dans cet état d'ignorance, l'idée que le prince des ténèbres se faisait de l'Incarnation était celle d'un Messieroi, roi terrestre, roi guerrier, roi conquérant, souverain, dominateur. ... Ainsi, entraîné par son orgueil, Satan ne réussit pas à accorder... les prophéties relatives aux souffrances du Christ avec celles relatives à ses grandeurs.... Il se fixa sur ces dernières et conclut : quand le Fils de Dieu viendra en ce monde pour me combattre, ce ne pourra être qu'armé de la puissance des héros. (...) Cette idée d'un Messie guerrier... sera..., l'erreur que Satan communiquera au peuple juif. (...) Avant de constater l'infiltration de ces premières ténèbres, il importe de se demander si la Synagogue enseignante avait la possibilité de les apercevoir et de les écarter. La réponse est affirmative. 1) la Synagogue savait... que si le Christ se trouvait décrit sous les dehors d'un guerrier, c'est qu'à l'origine, immédiatement après le Péché Originel, il avait été promis comme "Celui qui écraserait la tête du serpent" (...). 2) la Synagogue avait la possibilité d'éviter l'erreur provenant du démon, le texte même des prophéties (mal interprétées par Satan) lui en fournissant les moyens. En effet, ces prophéties renfermaient (à côté des descriptions empruntées à la guerre) des avertissements, des indices, des expressions qui avaient pour but de rappeler que la Rédemption par le Messie, ses combats, ses victoires, s'effectueraient dans l'ordre spirituel (...). Si le Messie y est présenté comme portant le glaive, c'est pour la vérité, la mansuétude, la justice (...). S'il est Roi et Dominateur... c'est en tant que Père de l'éternité, Prince de la Paix... certaines expressions de ces prophéties indiquaient aux docteurs de la Loi que l'appareil guerrier décrit pour le Christ ne devait pas être pris au pied de la lettre... 3) la Synagogue avait la possibilité de se soustraire aux ténèbres de Satan, d'autres prophéties,... annonçaient en termes clairs, que le Christ serait un Prince absolument pacifique... 4) la Synagogue avait la possibilité d'éviter les ténèbres, d'autres prophéties annonçant non seulement un Christ doux et pacifique, mais un Christ souffrant et livré à la mort.... C'était donc dans l'ordre spirituel et moral, pour la Rédemption des âmes, que devaient s'accomplir toutes les victoires... annoncées comme devant être celles du Christ. (...) La contradiction apparente entre des grandeurs, d'une part, et des humiliations, de l'autre, disparaissait : le Christ sera guerrier, conquérant et triomphateur, parce que, par le mérite de ses luttes contre Satan, et par le prix de ses souffrances, Il arrachera au péché et à l'Enfer les âmes et les générations qui gémissaient sous leur joug. (...) Il importe cependant de reconnaître que ces deux sortes de prophéties... pouvaient susciter dans les esprits un certain embarras. Pour peu... qu'on oubliât que c'était contre... Satan que la revanche par le Messie avait été promise, on risquait, à l'exemple de Satan, de se laisser subjuguer par les descriptions des triomphes du Messie... et par la lettre de ces prophéties, et dés lors, de ne pouvoir plus les faire s'accorder avec celles relatives aux humiliations et aux souffrances du Christ. En cet embarras résidait par une permission divine l'épreuve de la Foi. Les esprits humbles... lisant d'une part, que le Christ aurait à souffrir et d'autre part qu'Il serait conquérant, ...surent du moins s'abstenir de toute présomption... et croyant fermement soit aux souffrances, soit aux victoires, également prédites, attendirent avec confiance et patience la venue du Christ, pour que l'obscurité se dissipe et que l'accord entre les prophéties se fasse à leurs yeux. Il n'en est pas ainsi de Satan. Enflé d'orgueil et persuadé que, pour un adversaire tel que lui, le Fils de Dieu ne peut se présenter qu'armé de sa puissance, c'est avec un Christ guerrier qu'il compte avoir à lutter. (...)

« La Synagogue fut encore plus prémunie, contre l'erreur d'un Christ guerrier, depuis le retour de la Captivité, par les enseignements des derniers prophètes que le Seigneur dans sa providence attentive lui réservait avant la venue du Christ.

Ces derniers Prophètes ont été Aggée, Zacharie [520 avant J.-C] et Malachie [432 avant J.-C.]. À leurs oracles messianiques devaient s'adjoindre plusieurs passages prophétiques de deux livres sapientaux, L'Ecclésiastique [IIème siècle avant J.-C] et La Sagesse [150 avant J.-C], qui annonceront également un Christ souffrant.

LA SYNAGOGUE EST ENVAHIE PEU À PEU PAR LES TÉNÈBRES

« *"Diabolus malus Legis interpres"* (St Cyprien, Hom., 3, ex var.). Dénué de toute lumière surnaturelle, mais toujours poussé par l'orgueil... Satan, lorsqu'il lui arrive de recourir à l'Ecriture Sainte, en abuse (...). L'exégèse satanique est entachée d'applications erronées, d'additions arbitraires, de suppressions audacieuses. Eh bien, C'EST EN COMMUNIQUANT AUX DOCTEURS DE LA SYNAGOGUE CETTE MANIERE D'INTERPRETER L'ECRITURE, QUE SATAN VA CONTRIBUER À ETABLIR AU SEIN DU PEUPLE JUIF L'ERREUR DU MESSIE CONQUERANT (...). AINSI EN VA-T-IL ÊTRE D'UN GRAND NOMBRE DE RABBINS ET DE SCRIBES ; INSPIRES PAR SATAN, ILS TORTURERONT ET CORROMPRONT LES PLUS IMPORTANTES PROPHETIES MESSIANIQUES . Ce ne sera plus le Christ des Prophètes qui deviendra l'objet de leur attente, mais un Christ... défiguré.

« Outre la participation de Satan, l'action humaine et des événements politiques contribueront à l'introduction et à l'affermissement des ténèbres au sujet du Christ Rédempteur.

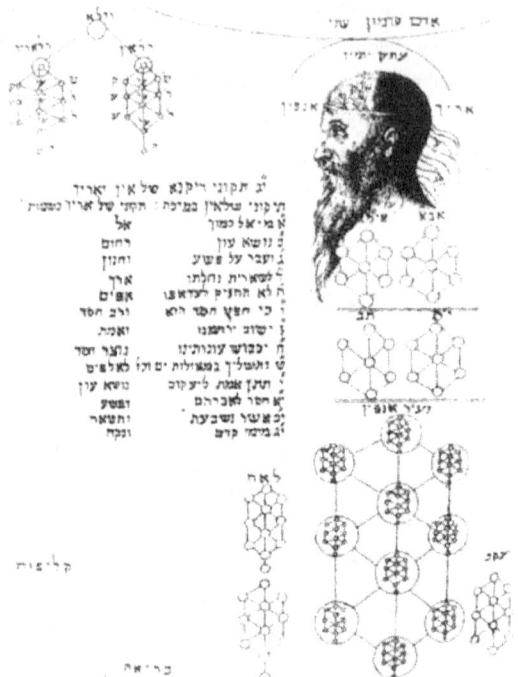

Une page de la Cabale riche de symboles et des signes ésotériques, d'une édition du XVIIe siècle

« L'ACTION HUMAINE : "...LES JUIFS... COMMENCERENT... non point à oublier le Dieu de leurs pères, mais À MELER DANS LA RELIGION DES SUPERSTITIONS INDIGNES... Sous le règne des Asmonéens, la secte des Pharisiens commença parmi les juifs... et se donna un pouvoir absolu sur le peuple ; les Pharisiens se rendirent les arbitres de la doctrine et de la Religion, qu'ils tournèrent insensiblement à des pratiques superstitieuses... Les juifs [corrompus ainsi par cette secte présom ptueuse]... oublièrent que seule la bonté de Dieu les avait séparés des autres peuples, et regardèrent sa grâce comme une dette" . (BOSSUET, *Discours sur l'Histoire universelle*, part. II, ch. 17). Enflés d'orgueil, ils se mirent à croire qu'ils étaient les seuls dignes des bienfaits du Messie. Le Messie pour eux seuls ! Cette présomption allait être leur premier pas dans la région des ténèbres.

« Des EVENEMENTS POLITIQUES les y poussèrent davantage, en contribuant à leur mettre en tête un Messie non seulement exclusif [pour les seuls juifs], mais encore guerrier et conquérant. Les événements dont il s'agit furent L'ASSUJETISSEMENT DE LA JUDEE À LA PUISSANCE ROMAINE et L'AVENEMENT DE L'IDUMEEN HERODE SUR LE TRONE DE DAVID... Il est donc arrivé que, mal guidés par ces influences occultes, les lettrés juifs antérieurs ou postérieurs à l'ère chrétienne ont... substitué des oracles concernant le second Avènement du Messie [quand Il viendra à la fin du monde glorieux et triomphant] à des oracles relatifs au premier [qui triomphe par la souffrance].

La Synagogue et le dogme de la T. S. Trinité

« Satan va s'efforcer de dénaturer la notion de Fils de Dieu chez ceux qui parmi les juifs en possèdent la véritable intelligence (les *"Majores"*). (...) Perfide dans ses insinuations, Satan se gardera bien de faire rayer de la Bible ce titre de "Fils de Dieu" qui est affecté au Messie ; mais en l'y faisant maintenir... il le fera expliquer d'une telle manière que la nature divine ne devra aucunement être attribuée au Messie attendu. (...) Dans la Bible le nom de "Fils de Dieu" se trouvait pris en deux sens : 1) dans un sens large... il exprime la qualité de Fils adoptif de Dieu. (...) 2) dans un sens strict, il signifie une filiation naturelle, consubstantielle, et c'est celle que les Livres saints attribuaient au Messie, qui serait Dieu par nature.

« (...) Or, À L'INSTIGATION DU DEMON... LES PRÊTRES ET LES SAVANTS DE LA SYNAGOGUE (...) AFFIRMERENT QUE LE TITRE "FILS DE DIEU " ATTRIBUE AU MESSIE... DOIT S'ENTENDRE DANS UN SENS LARGE, DERIVE, METAPHORIQUE, exprimant la qualité de disciple, de protégé, de favori, d'adopté [par Dieu]. LE MESSIE SERA DONC FILS DE DIEU, NON PAR NATURE, MAIS SEULEMENT PAR ADOPTION. Ce plan adopté, Satan le fera réaliser par les maîtres les plus illustres en Israël et par ses docteurs les plus autorisés... La Synagogue trouvait dans ces mêmes Ecritures des enseignements indicateurs pour éviter le piège que Satan allait lui tendre. En effet... le mot "Elohim", Dieu (être fort, être puissant) n'est jamais communiqué aux créatures, anges, princes, justes... qu'au nombre pluriel..., tandis que le singulier "Eloha" reste réservé pour le seul vrai Dieu et pour le Messie.

« (...) Or pourquoi arrivera-t-il que les juifs ne voudront pas du Christ et Le livreront à la mort ? Voici la réponse que l'auteur du livre de La Sagesse... met sur les lèvres des bourreaux : *"Faisons tomber le Juste dans nos pièges... Parce qu'Il assure qu'il a la science de Dieu, Il se nomme le Fils de Dieu, Il se glorifie d'avoir Dieu pour Père... S'il est véritablement Fils de Dieu, Dieu prendra sa défense"* (Sag., II, 12-18).

« Secrètement dirigés par Satan, les docteurs de la Synagogue détourneront leurs yeux de toutes ces indications, et ne voyant dans les termes prophétiques Dieu et Fils de Dieu, appliqués au Messie, que des dénominations métaphoriques, ils lui dénieront toute participation à la nature divine.

« (...) En résumé, dès le siècle qui précède l'Avènement de Jésus-Christ, des ténèbres œuvre de Satan sont venues s'interposer entre les passages bibliques qui annoncent... que le Christ sera le Fils même de Dieu [par consubstantialité] et l'intelligence de nombreux docteurs de la Loi. (...) Quant à la masse du peuple [les *"minores"*], elle sera jusqu'au dernier moment, maintenue à l'écart des grandes annonces prophétiques sur la divinité du Rédempteur. On sait avec quel mépris les docteurs juifs tenaient la foule sans instruction. Ils se nommaient eux "un peuple saint" par opposition au "vil peuple de la terre"...

C'est en exagérant [le concept de] l'unité de Dieu que Satan réussira à faire repousser la Trinité des Personnes.

L'ENSEIGNEMENT OFFICIEL DE L'ANCIENNE SYNAGOGUE FUT EXEMPT DES TÉNÈBRES DE L'ERREUR JUSQU'AU JEUDI SAINT

« Deux jours avant d'être condamné à mort... Jésus-Christ dira : "Les docteurs de la Loi et les Pharisiens sont assis sur la Chaire de Moïse : faites donc ce qu'ils disent, mais ne faites pas ce qu'ils font". Par ces paroles, dit Bossuet, Jésus-Christ a fait deux choses : "l'une, de déclarer cette Chaire pure jusqu'alors des erreurs courantes parmi les docteurs, qu'elle n'avait point passées en dogme ; l'autre, d'établir la maxime sur laquelle roule la Religion et le remède perpétuel contre tous les schismes, que la corruption des particuliers laisse en entier l'autorité de la hiérarchie" (BOSSUET, Seconde instruction sur les promesses de l'Église, n. XXVI). (...) Jésus-Christ... attribue clairement à la Synagogue une vérité infaillible ; en sorte qu'il fallait tenir pour certain tout ce qui avait passé en dogme constant de la Synagogue : car il ne donne à personne le droit de juger au-dessus d'elle et le partage du peuple est l'obéissance... Dieu... gouvernera tellement le corps des docteurs de la Loi qu'ils soutiendront [en paroles] les saintes maximes plus qu'ils ne les pratiqueront (...).

Comme conclusion... retenons que l'enseignement officiel de la Synagogue, donné du haut de la Chaire de Moïse par le Grand Prêtre et le Sanhédrin, a été par une protection divine irréprochable, c'est-à-dire pur de toute erreur doctrinale jusqu'à la veille de la Passion.

« (...) Non seulement le Grand Prêtre était juge de la Foi, mais il était encore juge infaillible, ce qui arrivait lorsqu'il enseignait et décidait dans la Chaire de Moïse, c'est-à-dire lorsqu'il enseignait ou décidait d'après la Loi mosaïque, et pour tout Israël (...). Cette prérogative de l'infaillibilité attachée au Souverain Pontificat s'étendait au Sanhédrin, lorsque celui-ci portait une décision de concert avec le Grand Prêtre. (...) Mais si le Grand Prêtre et avec lui le Sanhédrin jouissaient du don d'infaillibilité, lorsque, assis dans la Chaire de Moïse, ils interprétaient la Loi pour tout Israël ; il n'en était pas de même de leur enseignement privé. (...) Il pouvait être fautif, entaché d'erreur, soit de la part du Grand Prêtre, soit de la part du Sanhédrin, (...). C'est cet enseignement privé, entaché d'erreur que Jésus-Christ flétrira lorsqu'il dira à ses disciples : *"Gardez-vous du levain des Pharisiens et des Sadducéens"* (Mt. XVI, 6). (...) C'est à cette assistance divine qui leur était concédée, lorsqu'ils enseignaient publiquement dans la Chaire de Moïse, que le Grand Prêtre et le Sanhédrin ont dû de se maintenir dans la Vérité doctrinale, jusqu'au jour du Jeudi Saint.

« (...) LORS DE L'ASSEMBLEE DU SANHÉDRIN, À UNE INTERPELLATION FAITE À JÉSUS-CHRIST PAR LE GRAND PRÊTRE CAIPHE, LA SYNAGOGUE TOMBE DANS L'ERREUR. (...)

Si Caïphe et les Grands Prêtres ses prédécesseurs seront de concert avec le Sanhédrin et en vertu de l'assistance divine les conservateurs, dans l'enseignement public, de la notion du Messie souffrant, leur tort et leur culpabilité consisteront en ce que, en dehors de cet enseignement officiel, ils laisseront se propager librement l'erreur du Messie conquérant admise d'une manière privée par plusieurs d'entre eux (...). Aussi LA SYNAGOGUE ENSEIGNANTE AYANT, SOUS CE RAPPORT, GRAVEMENT MANQUÉ À SON

DEVOIR, PAR UNE NEGLIGENCE COUPABLE, MERITERA-T-ELLE D'ÊTRE PRIVEE DE L'ASSISTANCE DIVINE. LIVREE À SON PROPRE ESPRIT, ELLE TOMBERA DANS L'ERREUR EN MECONNAISSANT JÉSUS CHRIST ET EN CONDAMNANT DANS SA DIVINE PERSONNE LE MESSIE SOUFFRANT ». (A. LEMANN, *Histoire complète de l'idée messianique*, 1909. Réimpression : Compagnons de Saint Michel, Belgium 1974, pp. 165-326 passim).

COMPARAISON ENTRE LA TRADITION CATHOLIQUE ET LA FAUSSE CABALE

L'Abbé Julio Meinvielle à la page 28 de son livre *Dalla Càbala al progressismo*, Roma 1988, reproduit un tableau que je rapporte ci-dessous, dans lequel il oppose les deux traditions : la vraie et la fausse.

« TRADITION CATHOLIQUE :

a) Existence d'un Dieu personnel, intelligent et libre, transcendant le monde.

b) Dieu, engendre l'existence de l'homme et du monde, sans rien présupposer.

c) Dieu offre à l'homme la divinisation en lui donnant, par grâce, une destinée qui dépasse toutes les exigences propres de l'être créé et capable de l'être.

d) l'homme ayant perdu sa divinisation primitive peut la retrouver en adhérant à Jésus-Christ, Dieu fait homme, qui, en vertu de Sa Passion, de Sa Mort et de Sa Résurrection lui restitue la grâce divine.

e) Jésus-Christ a institué dans l'Église, son corps mystique, un moyen de salut de l'homme, qui, par lui, vient à l'existence dans l'état de créature et, désormais, de péché, incliné à la ruine.

FAUSSE CABALE :

a) Immanence et résolution de Dieu dans le monde. Athéisme ou panthéisme qui divinise le monde ou fait du monde l'apparence de la divinité elle-même.

b) Le monde et l'homme sont des émanations de la substance de la divinité.

c) L'homme est divin en vertu de sa nature propre. L'homme est Dieu.

d) L'homme tire sa divinité de lui-même, mais Jésus-Christ peut lui indiquer la route. L'homme est *gnostique* par lui-même. Jésus-Christ, premier gnostique, est un paradigme de la glorification de l'homme.

e) L'homme se sauve tout seul en se remettant à la libre autonomie de sa réalité intérieure, qui est divine. Il n'a pas besoin de l'Église, encore moins d'une Église opposée au péché et à son organisation mondaine ».

Vittorio Messori dans son livre *Pensare la Storia*, éd. Paoline, Milano 1992, aux pages 174-175, nous propose aussi un petit tableau, tiré de l'auteur Umberto Eco, qu'il sera intéressant d'examiner : « Quelqu'un a dit... que l'histoire de l'Occident est l'histoire des tentatives de la mentalité gnostique de combattre le christianisme ou de le corrompre de l'intérieur. (...) Donnons donc le "tableau" préparé par Eco...

Modèle général. *Christianisme* : conquiert les peuples. *Gnosticisme* : conquiert les élites. *Ch* : est public. *Gn.* : est secret. *Ch.* : promet le progrès. *Gn.* : promet le retour aux origines. *Ch.* : est pensée historique. *Gn.* : est pensée antihistorique. *Ch.* : le temps fait partie de la Rédemption. *Gn.* : le temps est une erreur de la création. *Ch.* : est religieux, mais supporte la laïcisation. *Gn.* : peut se présenter comme laïc, mais est nécessairement religieux.

Dieu et le monde. *Ch.* : Dieu est unité et non contradiction. *Gn.* : Dualisme. *Ch.* : Dieu est différent de l'homme. *Gn.* : unité de Dieu et de l'homme. *Ch.* : Dieu aime le monde. *Gn.* : Dieu hait le monde. *Ch.* : bien qu'inconnaissable, Dieu est d'une certaine façon rationnellement compréhensible. *Gn* :. Dieu est inconnaissable, la raison ne peut le connaître mais seulement l'illumination mystique et le mythe. *Ch.* : le monde est bon. *Gn.* : le monde est mauvais. *Ch.* : Jésus s'incarne, la chair ressuscitera. *Gn.* : la chair est méprisable.

Le Mal. *Ch.* : le Mal est un accident de la création. *Gn.* : le Mal fait partie de Dieu et du monde. *Ch.* : le Mal est un accident de la liberté humaine. *Gn.* : l'homme n'est pas responsable du Mal. *Ch.* : il faut fuir le Mal. *Gn.* : il faut connaître le Mal, le pratiquer pour le vaincre.

Connaissance. *Ch.* : l'histoire comme Rédemption. *Gn.* : l'histoire comme chute progressive. *Ch.* : la rédemption est dans le futur. *Gn.* : la vérité est ineffable. *Ch.* : la vérité est publique. *Gn.* : la vérité est secrète. *Ch.* : *Aut-aut, tertium non datur*. *Gn.* : les contraires sont vrais. *Ch.* : théologie comme discours rationnel. *Gn.* : théologie comme récit mythique.

Salut. *Ch.* : nous pouvons nous libérer du péché et n'importe qui peut le faire. *Gn.* : seuls les élus se libèrent du péché. *Ch.* : le salut ne demande pas une connaissance difficile. Tous peuvent comprendre l'essentiel pour se sauver. *Gn.* : peu seulement peuvent atteindre le salut. Le salut est initiation, connaissance difficile. *Ch.* : les pauvres en esprit se sauvent, de même que les esclaves. *Gn.* : seuls les meilleurs se sauvent. *Ch.* : la théologie rend explicite la lumière naturelle possédée par tout homme. *Gn.* : le salut est un secret réservé à peu d'hommes. *Ch.* : esprit missionnaire de l'Église. *Gn.* : esprit sectaire de la gnose. *Ch.* : le salut est de revenir à Dieu. *Gn.* : le salut est de redevenir Dieu ».

LA TENTATIVE DE LA CABALE PERVERTIE DE DÉTRUIRE LE CHRISTIANISME : LE GNOSTICISME CHRÉTIEN

Il y a deux erreurs fondamentales sur lesquelles se fonde la Cabale mauvaise et pervertie : 1) Dieu a une existence indéterminée entre l'être et le non-être, entre le bien et le mal. 2) Dieu se réalise seulement dans l'univers et dans l'homme, qui, étant une émanation nécessaire de Dieu le complètent et le perfectionnent. Donc l'homme est divin (culte de l'homme).

La Cabale qui est la perversion de la Révélation donnée par Dieu au peuple élu, cherche à pervertir même le christianisme à peine né. « Il y a des juifs qui cherchent à détruire le christianisme de l'extérieur, en persécutant le Christ et les chrétiens ; d'autres de l'intérieur, en le corrompant [*si fieri potest*] avec la Cabale. Cette dernière tentative produit le phénomène du "Gnosticisme chrétien". Comme ils ont tenté de détruire le message mosaïque de la Révélation divine, ils tenteront de même de détruire aussi le christianisme » (J. MEINVIELLE, *op. cit.*, p. 101).

Pour détruire le christianisme il fallait le vider de l'intérieur ; c'est l'œuvre des gnostiques. "La Gnose c'est l'intention de rendre judaïque ou cabalistique le christianisme" (*op. cit.*, p. 102). Le Gnosticisme chrétien, comme celui du judaïsme, se caractérise par certaines des erreurs suivantes : MONISME et DUALISME.

Dans le Gnosticisme chrétien comme dans la Cabale, il existe un monisme de fond. Chaque substance matérielle ou spirituelle, bonne ou mauvaise, émane d'un principe unique, le Tout ("Plérome" pour les gnostiques, "En sof" pour les cabalistes).

La doctrine catholique condamne ce monisme panthéiste en tant qu'elle confesse la distinction réelle entre l'être de Dieu (incréé) et l'être de la créature (fini)[235]. Cependant, assemblé à un tel monisme panthéiste, nous trouvons aussi un certain DUALISME, en tant que la matière est considérée comme mauvaise. La méchanceté de la matière dérive d'un principe unique qui contient en lui le règne du bien et du mal (Cabale), ou de deux "dieux", l'un bon et l'autre mauvais (Manichéisme).

"La tentative de judaïser ou cabaliser le christianisme à la racine et dans sa nature ayant échoué, laissant seulement son apparence, les juifs n'ont pas manqué d'entreprendre une tâche plus restreinte, comme celle d'attaquer quelque dogme. De là les différentes hérésies trinitaires et christologiques qui se sont succédées à partir de l'arianisme" (J. MEINVIELLE, *op. cit.*, p. 123).

LA PHILOSOPHIE MODERNE ET LA GNOSE

L'essence de la Gnose consiste dans le Panthéisme, c'est-à-dire faire de toute la réalité (divine et humaine, bonne et mauvaise...) une unique réalité. La Cabale fait la même chose ; l'"En Sof", qui se confond avec le rien ou l'indéterminé, évolue et, de cette façon se forme l'univers qui est divin dans sa nature même.

« Dieu et le monde sont une unique réalité : DIEU N'EST PAS TRANSCENDANT AU MONDE MAIS IMMANENT. La création étant repoussée, le monde... provient de la

---

[235] « Les gnostiques... renversent... la façon de percevoir (et le contenu) d'un des concepts les plus fondamentaux du monde classique, celui de LIMITE.Ce concept en effet passe d'une évaluation positive (est limite ce qui m'actue,...) à une évaluation négative (est limite ce qui... me contraint et qui pour cela m'étouffe) » (E. SAMEK LODOVICI *Metamorfosi della gnosi*, éd. Ares, Milano 1991, p. 106). La conséquence du refus de la limite sera la haine de toute morale et éthique, « ...un mépris profond pour le droit... pour la loi morale en particulier. Un mépris duquel dérive de fait pour le gnostique un dualisme sociologique entre les croyants : d'un côté ceux, les illuminés, qui peuvent accomplir indemnes toutes les expériences, même les plus aberrantes, de l'autre, les autres hommes, qui sont tenus à une règle de vie précise... » (*op. cit.*, pp. 9-10). En bref, pour le gnostique, "LA MORALE FAIT MAL"... comme l'écrivait la revue *"30 Giorni"* il y a quelques temps.

substance de Dieu. À cause de cela la création est entendue comme génération... Un Dieu qui, avant de constituer le monde vient lui-même de rien, est parfaitement inutile. Donc dans la totale immanence de Dieu au monde, Dieu est inutile, l'athéisme s'impose et implique la divinisation de l'homme » (J. MEINVIELLE, *op. cit.*, p. 201).

Avec Descartes († 1605) nous assistons à la tentative gnostico-cabalistique d'autofondation de la pensée en elle-même. Le *"Cogito"* est le principe premier et unique duquel doit naître toute la réalité. La droite raison au contraire enseigne que la pensée doit se comparer et se fonder sur l'être extra-mental et objectif des choses. De l'Idée on ne peut passer à l'existence. Si j'ai l'idée d'avoir cent millions, cela ne signifie pas qu'*"ipso facto"* j'ai réellement cent millions dans mon portefeuille, cela signifie seulement que "je suis en train de bâtir des châteaux en Espagne"... L'idée de l'homme ne produit et ne crée pas l'être, au contraire elle le présuppose. La pensée moderne sous l'influence cabalistique qui s'est exercée sur une élite de "philosophes" dans l'Humanisme et la Renaissance, élève la pensée ou le *"Cogito"* au principe créateur. La pensée remplace donc Dieu et est suffisante à créer le monde [position radicale exprimée explicitement par Fichte († 1814) mais contenue déjà virtuellement dans le *"Cogito ergo sum"* de Descartes].

LA CABALE À L'INTERIEUR DE L'"ÉGLISE CONCILIAIRE"

« En considérant toutes les mutations en cours [avec le Concile Vatican II], nous arriverons à la conclusion qu'À L'INTERIEUR DE L'ÉGLISE CATHOLIQUE ROMAINE IL Y A EN GESTATION UNE NOUVELLE RELIGION, SUBSTANTIELLEMENT DIFFERENTE DE CELLE DU CHRIST, AVEC DES CARACTÈRES GNOSTICO-CABALISTIQUES, contre laquelle se dresse la promesse divine *"Portæ inferi non prævalebunt"*.

« (...) Karl Rahner dit ceci : "Avec l'incarnation du Verbe de Dieu, l'humanité s'est changée réellement en peuple de fils de Dieu, avant même la sanctification effective de chacun au moyen de la grâce" (*Scritti di Teologia*, tome II, Taurus Ediciones, Madrid 1961, p. 9).

... Comme elle est forcée toute cette théologie du "christianisme anonyme", d'une humanité qui aurait été sanctifiée par le Christ par le seul fait de l'Incarnation ! » (J. MEINVIELLE, *op.cit.*, p. 245).

Quelqu'un parle même de "refus de l'extrinsécisme" : c'est-à-dire la grâce et l'Ordre Surnaturel ne sont pas un don gratuit de Dieu, extrinsèque à l'homme (qui vient à l'homme de l'extérieur, c'est-à-dire de Dieu), mais sont une exigence, un droit, quelque chose d'intrinsèque à l'homme.

« Henri de Lubac dans son livre '*Surnaturel*', est l'auteur le plus représentatif de ce courant, évidemment gnostique » (J. MEINVIELLE, *op. cit.*, p. 321-322).

Une autre conséquence de la cabalisation du christianisme est LE MELANGE DE TOUTES LES RACES, PEUPLES, CULTURES ET RELIGIONS ET L'EGALISATION

ENTRE POUVOIR SPIRITUEL ET POUVOIR TEMPOREL. « Voilà pourquoi, en substance, est gnostique la tentative accomplie par Maritain dans *"Humanisme Intégral"* pour favoriser la "chrétienté laïque", c'est-à-dire le monde chrétien à une dimension unique. Si on refuse la subordination du monde à l'Église, il faut favoriser un mouvement qui affirme d'abord l'égalité entre le monde et l'Église, puis la fusion de l'Église avec le monde, donc la sécularisation.

... Maritain réclame une Église qui se pose au service du monde et qui, donc, flatte le monde » (J. MEINVIELLE, *op. cit.*, pp. 332-333).

Nous retrouvons, hélas, la même doctrine cabalistique dans l'enseignement du Concile Vatican II.

'*Gaudium et Spes*' n° 22 affirme : « En Lui (le Verbe) la nature humaine a été élevée en nous aussi à une dignité sans égale. PAR SON INCARNATION, LE FILS DE DIEU S'EST EN QUELQUE SORTE UNI LUI-MÊME À TOUT HOMME » . Jean-Paul II affirme dans '*Redemptor hominis*' n° 9 :

« DIEU, DANS LE CHRIST, SE FAIT PROCHE DE TOUT HOMME EN LUI DONNANT L'ESPRIT DE VÉRITÉ TROIS FOIS SAINT » et encore '*Redemptor hominis*' n° 11 : « ...Cette dignité que chaque homme a atteinte dans le Christ et QUI EST LA DIGNITÉ DE L'ADOPTION DIVINE ». Toujours dans '*Redemptor hominis*' n° 13 : « IL NE S'AGIT PAS DE L'HOMME ABSTRAIT, MAIS RÉEL, DE L'HOMME CONCRET, HISTORIQUE. IL S'AGIT DE CHAQUE HOMME, PARCE QUE (...) JÉSUS-CHRIST S'EST UNI À CHACUN, POUR TOUJOURS (...). L'HOMME TOUT HOMME SANS AUCUNE EXCEPTION À ÉTÉ RACHETÉ PAR LE CHRIST, PARCE QUE LE CHRIST EST EN QUELQUE SORTE UNI À L'HOMME, À CHAQUE HOMME SANS AUCUNE EXCEPTION, même si ce dernier n'en est pas conscient (...) MYSTÈRE (DE LA RÉDEMPTION) DONT DEVIENT PARTICIPANT CHACUN DES QUATRE MILLIARDS D'HOMMES VIVANT SUR NOTRE PLANÈTE, DÈS L'INSTANT DE SA CONCEPTION PRÈS DU CŒUR DE SA MÈRE ». Toujours Jean-Paul II dans '*Dominum et vivificantem*' n° 50 écrit : « Et Verbum caro factum est. LE VERBE S'EST UNI À TOUTE CHAIR (CRÉATURE), SPECIALEMENT À L'HOMME, qui est la portée cosmique de la Rédemption. DIEU EST IMMANENT AU MONDE ET LE VIVIFIE DE L'INTÉRIEUR. (...) L'INCARNATION de Dieu-Fils SIGNIFIE QUE LA NATURE HUMAINE EST ELEVÉE À L'UNITÉ AVEC DIEU, mais aussi, en elle, en un sens, TOUT CE QUI EST CHAIR : TOUT LE MONDE VISIBLE ET MATÉRIEL (...). LE PREMIER-NÉ DE TOUTE CREATURE, EN S'INCARNANT... S'UNIT, en quelque sorte, AVEC TOUTE LA REALITÉ DE L'HOMME (...) et, en elle, AVEC TOUTE CHAIR, AVEC TOUTE LA CRÉATION ».

Dans '*Dives in misericordia*' n° 1 Jean-Paul II affirme : « Tandis que les divers courants de pensée, anciens et contemporains, étaient et continuent à être enclins à séparer et même à opposer théocentrisme et anthropocentrisme, l'Église (conciliaire, ndr.)... cherche à assurer leur conjonction organique et profonde... C'est là un des principes fondamentaux, et peut-être même le plus important, de l'enseignement du dernier Concile ».

Conclusion

En résumé, on peut dire que la Cabale renferme quatre idées fondamentales : 1) Dieu coïncide avec le rien, sort du rien ; 2) ce rien se transforme dans le monde et dans l'homme ; 3) le mal est en Dieu ; 4) le sommet de Dieu, parfaitement achevé, c'est l'Homme avec un grand "H" (cf. G. SCHOLEM, *Le grandi correnti della mistica ebraica*, Il Melangolo, Genova 1990, pp. 15-51).

Pour la doctrine catholique, Dieu est un être personnel et transcendant qui, librement et par sa pure bonté, crée de rien tout l'univers. Tandis que selon la Cabale, Dieu, en sortant de l'indéterminé ou du néant, évolue jusqu'à devenir l'Homme qui est "dieu" réalisé et achevé.

Il faut spécifier qu'une telle ÉVOLUTION est ASCENDANTE pour les gnostiques modernes (Hegel, Teilhard), c'est-àdire tend toujours au mieux ; tandis qu'elle était DESCENDANTE pour les anciens qui voyaient l'émanation du monde à partir de Dieu (panthéisme-acosmique) comme une dégradation de Dieu jusqu'à la limite extrême des créatures matérielles.

« Rappelons... les grandes thèses de la pensés gnostique. La première et fondamentale est celle-ci : le monde, et l'homme dans le monde, sont le fruit d'une chute, ... l'entière réalité dans laquelle nous nous trouvons est une réalité d'exil.

À cette première affirmation s'ensuit une seconde qui en représente un curieux renversement. C'est vrai que le monde est malade... cependant le salut y est déjà, nonobstant une fracture qui ne peut être comblée, il existe quelqu'un, le gnostique, l'élu, qui est en mesure de la colmater. Le gnostique, en effet, est... de la même substance que le monde divin, et, comme tel, capable en vertu de son origine divine de se racheter. Pour retourner au... monde parfait dont nous nous sommes éloignés, il est nécessaire, cependant de se servir de certains instruments. (...) Il existe une technique pour retourner au Paradis et cela signifie qu'on exclue qu'il y ait des aspects de la réalité qui ne soient pas en notre pouvoir et donc qu'il faut avoir besoin d'une 'grâce'... pour accéder au monde divin » (E. SAMEK LODOVICI, *Metamorfosi della gnosi*, éd. Ares, Milano 1991, pp. 8-9).

« SEULES deux formes fondamentales de pensée et de vie traversent l'histoire humaine : la catholique et la gnostique. (...) La dialectique qui agite le monde (...) est entre l'Église et la Synagogue [pharisaïque]. Le Christ vainc la Synagogue. L'ère des martyrs des premiers siècles du christianisme, quand la Synagogue poussait le monde païen à se jeter contre les chrétiens a servi à arroser la semence chrétienne, qui resplendit vigoureuse avec l'Église des Pères et des Docteurs, bien au-dessus de la Synagogue, désormais réduite à la vie des ghettos. Mais dans l'ère moderne la Synagogue se venge de cette marginalisation et la Cabale pénètre dans la chrétienté et la sécularise. Actuellement, nous nous trouvons confrontés à ce dernier phénomène. AVEC LA TACTIQUE DE L'AMITIÉ ET DU "DIALOGUE JUDÉO-CHRÉTIEN", LA SYNAGOGUE EST ENTRAIN DE PRÉVALOIR SUR L'ÉGLISE. (...) L'Histoire réunit en son sein, dans une alliance mystérieuse, ces deux forces qui pourront se résoudre seulement dans une perspective eschatologique. Dans le temps, les hommes (et avec eux l'Histoire) sont mus et par Dieu et par Satan, et par le Christ et par l'Antéchrist, et par l'Église et par la Synagogue (...). Cet entrecroisement est présent dans chaque individu, qu'il soit saint ou pécheur. Chaque acte libre de chaque homme, en définitive cherche le Christ ou l'Antéchrist. (...) Le progressisme... veut enfermer dans l'histoire le jugement sur l'histoire : le monde s'achemine vers une cité heureuse, vers un troisième âge de bonheur et de paix !... (...) Au contraire, la théologie de l'Histoire de St Augustin et de St Thomas, a vu clairement que, après l'Avènement du Christ, il n'arrivera rien qui puisse modifier le cours ordinaire des événements. (...) Point n'est besoin de beaucoup de sagacité pour voir que DEPUIS CINQ SIECLES LE MONDE S'ALIGNE TOUJOURS DAVANTAGE SUR LA TRADITION CABALISTIQUE. LE MONDE DE L'ANTÉCHRIST AVANCE RAPIDEMENT. TOUT CONCOURT À L'UNIFICATION TOTALITAIRE DU "FILS DE LA PERDITION". Voilà le succès du progressisme : le christianisme est en train de se séculariser ou de s'athéiser. COMMENT DOIVENT S'ACCOMPLIR, DANS CET "ÂGE CABALISTIQUE" LES PROMESSES DE L'AIDE DE L'ESPRIT DIVIN À L'ÉGLISE ET COMMENT DOIT SE VÉRIFIER LE *"PORTÆ INFERI NON PRÆVALE BUNT"*... TOUT CELA EST TROP SUPERIEUR À L'INTELLIGENCE HUMAINE.

L'Église a commencé son histoire comme une semence minuscule qui est ensuite devenue un arbre touffu ; eh bien, ELLE PEUT AUSSI REDUIRE SON EXPANSION ET SE RESTREINDRE À UNE RÉALITÉ TRES MODESTE. Nous savons que le *"mysterium iniquitatis"* est déjà à l'œuvre ; mais nous ne connaissons pas les limites de son pouvoir. Cependant, il n'est pas difficile d'admettre que l'"Église de la publicité" qui se pare du nom de catholique puisse être vaincue par l'ennemi et se muter en une Église gnostique. Il est possible que nous ayons deux Églises : l'"Église de la publicité", magnifiée par la propagande (avec évêques, prêtres et théologiens publicisés...) ; l'"Église du silence"... avec des prêtres et des évêques fidèles... disséminés comme le *"pusillus grex"* par toute la terre. (...) Le Seigneur a dit : *"Quand le Fils de l'homme viendra, trouvera-t-Il la Foi sur la terre ?"*. St Paul appelle Apostasie universelle cette défection de la Foi, qui coïncidera avec la manifestation de l'*"homme de l'iniquité, du fils de la perdition"*. L'apostasie universelle semble être la sécularisation ou l'athéisation totale de la vie publique et privée qui est en cours dans le monde actuel. L'unique alternative à l'Antéchrist sera le Christ : le Christ l'anéantira *"avec le souffle de sa bouche"* et ainsi s'accomplira l'acte final de l'Histoire. MAIS LE SALUT N'EST PAS PROMIS AUX MASSES. AU CONTRAIRE, LE CHRIST SAUVERA SON ÉGLISE "PUSILLUS GREX"... » (J. MEINVIELLE, *op. cit.*, pp. 349-353).

NOTE

Dans la compilation de l'article sur la Cabale (thème épineux et controversé) j'ai voulu m'appuyer avant tout sur des auteurs éprouvés et sûrs, tels que :

DAVID PAUL DRACH. « Hébraïste, né à Strasbourg le 16 mars 1791, mort à Rome en janvier 1865. Fils d'un célèbre Rabbin et talmudiste, à l'âge de 12 ans il fréquenta l'école talmudique d'Edenfor et ensuite celle de Bischheim. À seize ans, il fut instructeur à Roppoltsweiler, puis à Colmar. En 1808, il vint à Paris où il obtint le titre de Rabbin ; là, touché par l'exemple de certaines familles catholiques qu'il eut l'occasion de fréquenter, au cours de longues et sérieuses études, particulièrement des Pères de l'Église et des Septante, il se convertit. Il fut baptisé le Samedi Saint de 1823 avec deux filles et un fils ; et sa conversion en produisit beaucoup d'autres. En 1827, il vint à Rome, où il fut bibliothécaire de la 'Propagande' jusqu'à sa mort. Drach, pour faire oeuvre d'apostolat parmi ses anciens coreligionnaires, écrivit *"Les lettres d'un rabbin converti aux Israélites, ses frères"* (Paris 1825) ; et les frères Libermann se dirent redevables à Drach de leur conversion. (...) Il écrivit aussi *"De l'harmonie entre l'Église et la Synagogue"* (Paris 1844) et *"La Cabale des Hébreux"* (Rome, 1864) ... » (E. ZOLLI « *Drach* », in Enciclopedia cattolica, Città del Vaticano 1950, vol. IV, col. 1919).

Don JULIO MEINVIELLE : « Penseur argentin, prêtre, né à Buenos Aires le 31 août 1905 (...). La principale contribution philosophique de Meinvielle réside dans le domaine politique et dans les fondements métaphysiques de la doctrine politique. Il combattit le libéralisme en toutes ses manifestations économiques, politiques et religieuses... » (M. A. VIRASOFO « *Meinvielle* », in Enciclopedia filosofica, Lucarini, Roma 1982, vol. V, col. 627).

MGR AUGUSTIN LÉMANN : « Les frères Lémann, Joseph et Augustin, juifs convertis, devenus prêtres catholiques, célébraient en 1904, le cinquantième anniversaire de leur conversion et de leur baptême. Ils reçurent à cette occasion de précieux témoignages d'estime et de sympathie. Le Saint Pape Pie X, qui les connaissaient personnellement et qui, quatre ans plus tard, devait les honorer de la prélature romaine, leur envoya ses félicitations et ses voeux. De nombreux Archevêques et Evêques... leur écrivirent pour les remercier des services éminents rendus à la cause catholique (...) par LA PUBLICATION DE NOMBREUX OUVRAGES DE HAUTE VALEUR DOCTRINALE. Les Facultés catholiques de Lyon, où,... Augustin était, depuis 1878, professeur d'Hébreu et d'Ecriture-Sainte... s'associèrent à ces fêtes. (...) LES ABBÉS LEMANN, écrivains remarquables, NOUS LAISSENT UNE ŒUVRE DOCTRINALE D'UNE INAPPRÉCIABLE VALEUR. Sans parler d'innombrables brochures et opuscules, ils ont composé plus de quinze ouvrages de fond sur des sujets divers mais se rattachant tous à la grande idée qui fut la pensée dominante de leur vie : le retour d'Israël et des nations au Christ-Roi » (P. THÉOTIME DE SAINT-JUST *Les frères Lémann, juifs convertis*, Librairie J. Duculot éd. Gembloux (Belg.) 1937, pp. 5, 9).

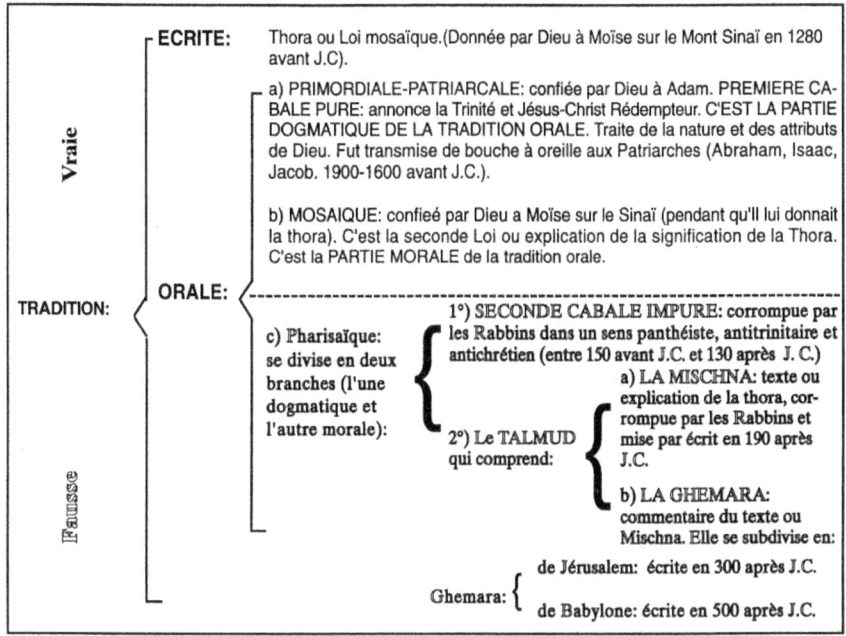

Schéma récapitulatif de l'article

Rapports entre Judaïsme et Franc-Maçonnerie

Par M. l'abbé Curzio Nitoglia

Introduction

Il y a quelques mois, le grand maître de la Franc-Maçonnerie italienne, récemment démissionnaire, Julien De Bernardo, déclarait à La Stampa de Turin, le 3 novembre 1992 : "On commence avec les francs-maçons et on finit avec les Juifs". Et l'ex-grand maître, Armando Corona ajoutait : "Les persécutions des francs-maçons et des Juifs sont toujours allées de pair."

De même, dans la recension du livre "Israël et l'humanité", parue dans le magazine du Grand-Orient d'Italie "Hiram" (novembre 1992), on peut lire la phrase suivante du rabbin cabaliste Benamozegh : "Ce qui est certain, c'est que LA THÉOLOGIE MAÇONNIQUE CORRESPOND assez bien À CELLE DE LA CABALE" (E. BENAMOZEGH, *Israël et l'humanité*, Marietti Turin, 1990, p. 49).

La répétition de ces affirmations diversement accentuées, a motivé notre intérêt pour le sujet et suscité notre curiosité d'approfondir les rapports existant entre Judaïsme et Franc-Maçonnerie ; de cette étude est né le présent article.

L'origine de la Franc-Maçonnerie (arguments d'autorités hébraïques, maçonniques et catholiques)

Bernard Lazare, écrivain juif connu affirme : "Il est certain... qu'il y EUT DES JUIFS AU BERCEAU MÊME DE LA FRANC-MAÇONNERIE, DES JUIFS CABALISTES, ainsi que le prouvent certains rites conservés..." (B. LAZARE, *L'antisémitisme*, Documents et Témoignages, Vienne 1969, p. 167).

Le juif converti, Joseph Lémann, écrit : "Qu'il y ait DANS LE JUDAÏSME UNE PRÉDISPOSITION À LA FRANC-MAÇONNERIE, c'est incontestable. Cette prédisposition lui vient, hélas ! de sa haine contre le Christ.... Il est... de notoriété historique que... l'antagonisme hébraïque, en quête d'une revanche, bien loin de désavouer le concours des sociétés occultes, les a toujours utilisées... selon ses propres intérêts contre Jésus Christ et son Église.. ". (J. LÉMANN, *L'entrée des Israélites dans la société française*, Avallon, Paris 1886 (1987), p. 234).

Puech, le grand historien (franc-maçon) des religions, écrit : "Souvent antisémitisme et haine antimaçonnique sont allés ensemble (...) la plus grande partie des noms sacrés et des mots d'ordre des différents degrés maçonniques sont juifs. À souligner l'ésotérisme cabalistique des deux Colonnes, des trois Piliers, de la disposition même des Officiants dans le Temple. (...) Il faut montrer comme les différentes formes de la Tradition occidentale ésotérique (.... Cabale juive, hermétisme christique des Templiers...) sont intégrées, enveloppées dans la pyramide maçonnique" (H. C. PUECH, *Histoire des religions. Ésotérisme, spiritisme, maçonnerie*, Universali Laterza, Bari 1981, pp. 160, 163, 178). Le grand rabbin de France Jo Sitruk a affirmé récemment : "Le judaïsme imprègne tout le monde moderne, spécialement avec la Révolution française et la déclaration des droits de l'homme" (France-Inter, 21 déc. 1988). Le journal israélien *The Jewish Tribune* a écrit : "La Franc-Maçonnerie est basée sur le Judaïsme" (New York, le 28 octobre 1927).

Mac Gowan : "La Franc-Maçonnerie est fondée sur l'ancienne Loi de l'Israël" (*Freemason*, le 2 avr. 1930), qui est la talmudique et non la mosaïque.

Rudolf Klein : "Notre rituel est juif, du début à la fin" (*La logia*, nos 7-8 de 1928). De même, la revue des Jésuites qui fait autorité, "La Civiltà cattolica", reprenait cette thèse en écrivant : "Le Judaïsme ne tarda pas... à se mêler [à la Franc-Maçonnerie et]... à l'informer de son esprit, à l'orienter selon ses intentions, à se l'incorporer (...). Pour tenter d'abattre la Religion chrétienne... il fallait aux Juifs travailler de façon souterraine, et de façon dissimulée, en envoyer d'autres devant, et se cacher derrière eux (...) : en somme, il fallait donner l'assaut avec d'autres soldats que les siens propres (...). Et à cette entreprise ils ont mis la main, se mettant à la tête du monde occulte, au moyen de la Franc-Maçonnerie qu'ils se sont assujettie. (...) On tient pour certain que l'ensemble entier de la Franc-Maçonnerie est régi par un sanhédrin juif (...). Dans la pratique, JUDAÏSME ET FRANC-MAÇONNERIE SE CONFONDENT ET S'IDENTIFIENT comme le fer avec la main de l'assassin qui le fait vibrer (...). LE BUT DERNIER AUQUEL TEND LE JUDAÏSME.... AU MOYEN DU MAÇONNISME (...) EST LA DOMINATION UNIVERSELLE, L'EMPIRE DU MONDE" (*La Civiltà Cattolica*, série XIV, vol. 8, 1890 cité in R. PIPERNO, *L'antisémitisme moderne*, Universale Capelli, Rocca San Casciano 1964, pp. 124-129).

Les auteurs cités jusqu'à présent, Juifs ou franc-maçons, disent clairement qu'entre Franc-Maçonnerie et Judaïsme, il y a un rapport très étroit : mais quelle est la nature de ce rapport ?

Dans la seconde édition des Constitutions d'Anderson-Desaguliers (Londres 1738), nous trouvons ce passage : le Franc-maçon est tenu "d'observer la loi morale comme vrai NOACHIDE"[236]. Que signifie ceci ? "Du point de vue du Judaïsme, le NOACHISME est la seule religion encore en vigueur pour l'humanité non juive, les juifs exerçant la fonction de prêtres de l'humanité et étant soumis... à la loi de Moïse" (U. FIDELE. *Le décalogue de Satan*, Polycopié personnel, sans lieu ni date, p. 36).

---

[236] Cf. R. ESPOSITO, *Le grandi concordanze tra Chiesa e Massoneria*, Nardini ed., Firenze 1987, p. 136. SODALITIUM : La question juive. Cf. aussi : G. VANNONI, *Le Società segrete*, Sansoni, Firenze 1985, p. 45.

Un grand spécialiste, le rabbin de Livourne Benamozegh, explique mieux encore : "Le judaïsme admet un culte double : [le culte laïque, noachide, de l'humanité et le culte, sacerdotal, d'Israël] (...). Le lien qui dans le judaïsme, réunissait les deux cultes... c'est l'organisation du genre humain en prêtres [les Israélites ndr] et laïques [les non Israélites, ndr]... L'accomplissement de la loi noachide [est]... ce minimum de religion et de moralité auquel aucune société au monde ne peut renoncer, si elle ne veut pas s'éteindre irrémédiablement. (...) [le noachide est un étranger] non soumis à la religion mosaïque. Il s'agit des "prosélytes de la porte" [pas complètement convertis au judaïsme, ndr] qui sont concitoyens sans être coreligionnaires ; ils se différencient des "prosélytes de justice", complètement convertis au judaïsme. (...) Le noachide (ou prosélyte de la porte) n'était pas soumis à la circoncision... : il est le gentil qui a accepté les sept préceptes de Noé et il n'est ni circoncis ni baptisé" (E. BENAMOZEGH, *op. cit.*, pp. 198-213).

LE FRANC-MAÇON, devant se soumettre à la loi noachide, N'EST DONC RIEN D'AUTRE QUE LE FIDÈLE LAÏQUE DU PRÊTRE JUIF qui est soumis à la loi mosaïque, ou mieux encore talmudique.

En effet, il est connu que le franc-maçon veut reconstruire le Temple de Salomon mais quel est le sens vrai et caché d'une telle assertion ? "Quand Salomon procéda au recensement, des étrangers ou noachides (les franc-maçons d'aujourd'hui, ndr)... [ceux-ci] furent choisis pour travailler à l'édification du Temple" (ibidem, *op. cit.*, pp. 213 214).

DONC LE FRANC-MAÇON, NOACHIDE D'AUJOURD'HUI, par son libre choix DOIT CONSTRUIRE LE TEMPLE D'ISRAEL, SOUS LA DÉPENDANCE DU JUIF, SON PRÊTRE ET MAITRE.

Mais que signifie exactement reconstruire le Temple ? Voici ce que répond Benamozegh : "La maison de Dieu (le Temple, ndr)... c'était une image et comme un résumé de l'univers entier. L'examen attentif de son architecture... révèle son caractère éminemment symbolique. (...) De cette façon était symbolisée la séparation existant entre le genre humain et le peuple sacerdotal. (...) Ainsi le lieu saint ou l'enceinte du milieu, ne représentait pas l'homme en général, mais spécialement l'Israélite ; le parvis tout le reste de la famille d'Adam et l'ensemble du bâtiment, tout notre univers. (...) Les rabbins postérieurs au Talmud (...) confirmèrent toute la conception de religion universelle qui se révèle... dans la forme du Temple.

(...) Voyons maintenant quelle part avaient eue les gentils dans l'édification du sanctuaire.... C'est Hiram, qui à la demande de Salomon, fournit les matériaux et les artisans nécessaires à la construction du Temple. (...) Hiram, que l'Écriture a soin d'indiquer comme fils de mère juive et de père originaire de Tyr, comme si dans sa personne Israël et la Gentilité s'associaient pour l'œuvre divine" (E. BENAMOZEGH, *op. cit.*, pp. 263-268).

CONSTRUIRE LE TEMPLE SIGNIFIE DONC FONDER LA RELIGION UNIVERSELLE DANS LAQUELLE LE JUIF EST LE PRÊTRE ET LE FRANC-MAÇON LE SIMPLE FIDÈLE, en effet : "Quelles sont les conditions proclamées essentielles pour que la prière des gentils soit écoutée de Dieu ? Leur adoration doit être en premier lieu conforme à celle des Israélites (...). Ils doivent ensuite reconnaître la mission sacerdotale des Juifs" (ibidem, pp. 269-270). Un FIDÈLE commente donc, "UN BON FRANC-MAÇON NE SERAIT RIEN D'AUTRE QU'UN "LAÏQUE" D'ISRAEL. En d'autres mots : LA FRANC-MAÇONNERIE ÉTAIT, depuis ses origines, UNE ORGANISATION DESTINÉE À JUDAISER LES 'GOYIM' (les non Juifs)" (*op. cit.*, p. 36). Benamozegh confirme à son tour : "La religion universelle ne consiste pas en une conversion pure et simple des gentils au mosaïsme, mais dans la dûe reconnaissance, de la part de l'humanité, de la vérité de la doctrine d'Israël" (E. BENAMOZEGH, *op. cit.*, p. 271). En bref, LE FRANC-MAÇON DOIT AIDER, en bon fidèle laïque, SON MAÎTRE ET PRÊTRE JUIF À CONVAINCRE TOUS LES PAÏENS QUE LA SEULE VRAIE RELIGION EST LA TALMUDIQUE, dans laquelle les païens entreront pour en faire partie non à titre plein, mais comme noachides.

"L'édition de 1738 [des Constitutions d'Anderson] va au-delà, elle franchit les limites du Christianisme écrit le professeur Vannoni en ce qu'elle déclare que la religion sous laquelle tous les hommes se rassemblent est représentée par les principes du noachisme. Le Christ est dépassé dans une régression temporale jusqu'au patriarche antédiluvien Noé, 'Noah' en Hébreu. (...) Il faut remarquer... que LE VIEUX TESTAMENT parle de Noé, mais il NE DIT PAS UN MOT DES PRINCIPES NOACHIDES, POUR LESQUELS IL FAUT RECOURIR AU TALMUD. Donc AVEC LA DEUXIÈME ÉDITION DES CONSTITUTIONS D'ANDERSON, LA FRANC-MAÇONNERIE ACCOMPLIT UN PAS plus GRAND.... en ALLANT PUISER DANS LE TALMUD SES PROPRES FONDEMENTS IDÉOLOGIQUES OFFICIELS" (G. VANNONI, *op. cit.*, pp. 45-46).

Il est donc permis de conclure dès à présent que LA FRANC-MAÇONNERIE EST UNE SOCIÉTÉ D'ORIGINE TALMUDIQUE !

La "*Vérité Israélite*", un magazine juif de Paris, en 1861, résumait très bien les rapports qui existent entre Judaïsme et Franc-Maçonnerie : "Ces rapports sont plus intimes que l'on ne pense. Le Judaïsme doit maintenir pour la Franc-Maçonnerie, d'une façon générale, une sympathie vive et profonde (...) [L'ESPRIT DE LA FRANC-MAÇONNERIE] EST L'ESPRIT DU JUDAÏSME DANS SES DOGMES FONDAMENTAUX, c'est son idéal, c'est son langage, c'est presque son organisation (...) Le Temple qui faut construire, depuis que le sanctuaire de Jérusalem a été détruit... c'est le sanctuaire moral, l'asile divin dans lequel se réuniront un jour... tous les hommes réconciliés" ("*Vérité Israélite*", 80 Rue Taitbout, tome 5, 1861, p. 74). "L'UNITÉ DU GENRE HUMAIN À LAQUELLE JUIFS ET FRANCS-MAÇONS TRAVAILLENT commente Léon de Poncins EST l'unification DU MONDE SOUS LA LOI JUIVE" (L. DE PONCINS, *Christianisme et Franc-Maçonnerie*, D.P.F, Chiré-en Montreuil 1975, p. 112).

Quelques auteurs pensent que le Judaïsme est l'origine et la cause de la Franc-Maçonnerie, par exemple Mgr. Jouin : "Les FRANCS-MAÇONS SONT ENTRE LES MAINS DES JUIFS qui impriment une direction unique aux loges répandues et multipliées par eux dans tout l'univers. Ces loges maçonniques, seront d'ailleurs supprimées avec l'avènement du Super-gouvernement d'Israël (le nouvel ordre mondial, ndr).

(...) Les francs-maçons sont, avec les juifs, les fidèles de la Contre-église : ils reçoivent la direction unique d'un anti-papisme mondial.... LES FRANCS-MAÇONS COMPOSENT LE TIERS-ORDRE MENDIANT DES JUIFS.

Au contraire, à entendre certains francs-maçons, il n'existe ni parenté ni fraternité entre loge et ghetto.

(...) En Hongrie, par contre, où la dissolution des Loges (1920) a donné lieu à la divulgation de plusieurs documents... on a la preuve qu'il y a une question juive et une question maçonnique, et que l'une et l'autre sont indissolublement connexes. (...) La question maçonnique dépend de la juive.... FAUT-IL DONC AFFIRMER QUE LA MAÇONNERIE EST FILLE DU JUDAÏSME ? CE NE SERAIT PAS UNE FAUTE, MAIS ON MANQUERAIT DE PRÉCISION : LE JUDAÏSME EST LE GRAND-PÈRE DE LA MAÇONNERIE QUI À POUR PÈRE LA RENAISSANCE, LE SIÈCLE DES LUMIÈRES ET LA RÉFORME PROTESTANTE. Mais les influences du Judaïsme sont très fortes dans l'Humanisme, dans le siècle des lumières et dans le Protestantime" (Mgr E. JOUIN, *Le péril judéomaçonnique*, tome II, Revue internationale des Sociétés Secrètes, Paris 1921, pp. 1-7).

Autre auteur autorisé, Drumont écrit : "La lutte contre les croyances [des chrétiens]... a été la persécution de trois religions voulant en opprimer une autre. Si les JUIFS, confondus avec les FRANCS-MAÇONS, se distinguèrent par une haine spéciale contre Celui qu'ils avaient crucifié, s'ils furent à la tête du mouvement [révolutionnaire] (...) ils furent aidés par les PROTESTANTS [qui haïssaient l'Église et le Vicaire de Christ]...

La Franc-Maçonnerie est un ordre religieux en révolte (...). L'ORIGINE JUIVE DE LA FRANC-MAÇONNERIE EST MANIFESTE... OUVREZ N'IMPORTE QUEL RITUEL ET TOUT VOUS PARLE DE LA JUDÉE. Kadosch, le plus haut grade, veut dire Saint en Hébreu...

SYMPATHIE ET TENDRESSE POUR JÉRUSALEM ET SES REPRÉSENTANTS ; HAINE POUR LE CHRIST ET LES CHRÉTIENS : TOUTE LA MAÇONNERIE EST LÀ .

(...) La Franc-Maçonnerie fut une sorte de Judaïsme ouvert [aux païens]... d'agence, où les Juifs fraternisèrent avec des gens qu'ils n'auraient pas voulu recevoir chez eux.

Abrité derrière cette machine de guerre qui le cachait, le Juif put accomplir le mal, sans être responsable"... (E. DRUMONT, *La France Juive*, Paris 1885, Marpon et Flammarion ed., pp. 310 329)[237].

---

[237] Il sera utile de lire aussi sur ce sujet :
GOUGENOT DES MOUSSEAUX, *Le juif, le judaïsme et la judaïsation des peuples chrétiens*; Paris 1869, Plon ed., pp. 263 - 272.
J. BOYER, *Los peores enemigos de nuestros pueblos*, ediciones libertad, Bogota 1979, pp. 113 - 140.
J. A. CERVERA, *La red del poder*, Ediciones Dyrsa, Madrid 1948, pp. 87 - 147.)
LEO FERRARO, *El ultimo protocolo*, Arca de la Alianza cultural, Madrid 1986, pp. 79 - 115.
E. COUVERT, *La gnose contre la foi*, éd. de Chiré 1989, pp. 100-102 ; *De la gnose à l'oecuménisme*, éd. De Chiré, 1983, pp. 32-36.
A. DE LASSUS, *Connaissance élémentaire de la Franc-maçonnerie*, Action familiale et scolaire, Paris 1991.

LES JUIFS DANS LA PRÉPARATION DE LA FRANC-MAÇONNERIE

Le témoignage du célèbre auteur juif James Darmesteter est aussi très intéressant : "Le juif recherche les points les plus vulnérables de l'Église, et il a à son service pour les pouvoir découvrir outre la connaissance des Livres saints, la sagacité de l'opprimé. C'est le docteur de l'incrédule, tous les révoltés de l'esprit sont venus à lui, dans l'ombre ou à ciel ouvert.

Il travaille dans le laboratoire immense du blasphème... c'est lui qui forge tout cet arsenal assassin de raisonnements et d'ironie qui armera les sceptiques de la Renaissance et les libertins ; et ce certain sarcasme de Voltaire n'est que le dernier écho d'une parole murmurée,... six siècles avant, dans l'ombre du ghetto ou mieux encore aux temps de Celse et d'Origène, au berceau même de la religion du Christ" (J. DARMESTETER, *Coup d'œil sur l'histoire du peuple juif*, Paris 1881).

De tous ces courants antichrétiens est finalement née la Franc-Maçonnerie, fille du Paganisme de la Renaissance, du siècle des lumières et du Libre Examen protestant, petitfils de la haine juive contre Notre-Seigneur Jésus Christ et arrière-petit-fils de Lucifer. "La Franc-Maçonnerie moderne... se relie, non seulement à la Franc-Maçonnerie opérationnelle où se sont infiltrés des membres honoraires qui l'ont transformée en Franc-Maçonnerie spéculative, mais aussi aux sectes, aux sociétés secrètes, occultistes et cabalistes, qui leur sont antérieures, et en qui se retrouve l'élément juif" (Mgr E. JOUIN, *op. cit.*, p. 7. Cf. aussi Mgr. H. DELASSUS, *La Conjuration antichrétienne*, Lille 1910, Desclée, Tome II, pp. 420 428 ; 564 577 ; 613 628 ; 675 688).

LES JUIFS À L'ORIGINE DE LA FRANC-MAÇONNERIE

"Les Loges martinezistes furent mystiques, tandis que les autres ordres de la Franc-Maçonnerie étaient plutôt rationalistes ; ce qui peut permettre de dire que les sociétés secrètes représentèrent les deux côtés de l'esprit juif : le rationalisme pratique et le panthéisme... qui aboutit à la théurgie cabalistique.... Les Juifs purent être les bons agents des sociétés secrètes, parce que les doctrines de ces sociétés secrètes s'accordaient avec leurs propres doctrines..." (B. LAZARE, *op. cit.*, p. 167).

Un magazine maçonnique des États-Unis écrivait : "L'auteur (de l'article, ndr) a souvent noté comment un Juif, éduqué dans l'orthodoxie juive, reçoit la lumière maçonnique. (...) Quelques frères juifs qui viennent de l'Europe, où la race juive est persécutée, trouvent la lumière et la liberté maçonnique si réconfortantes, qu'ils croient retrouver le Judaïsme plus pur.... Mais la vraie raison pour laquelle le juif instruit dans l'Écriture et dans le Rituel de sa religion est familier avec les détails que lui offre la plus antique MAÇONNERIE est que les cérémonies juives reproduisent réellement tous les signes maçonniques, la plus grande partie de nos symboles et une grande partie de la phraséologie des degrés maçonniques" ("*Square and Compasses*", Nouvelle-Orléans, févr. 1921, p. 13).

Le F∴ juif Sayer, premier grand maître de la Grande Loge de Londres

De même, le Père jésuite Caprile écrit : "DANS LA FRANC-MAÇONNERIE CONFLUÈRENT QUANTITÉ d'idées et D'ÉLÉMENTS de courants... cabalistiques... PUISÉS AU JUDAÏSME. (...) L'année maçonnique s'obtient en ajoutant 4000 à l'an courant. LE RITE ÉCOSSAIS SUIT L'ANNÉE JUIVE calculée en ajoutant à celle en cours le chiffre 3760"... (G. CAPRILE S.J., *Francs-maçons et Franc-Maçonnerie*, éd. La Civiltà cattolica, Rome 1958, pp. 8 9).

Et encore, quand le docteur Isaac-M. Wise (le nom en lui-même est indicateur) dit : "LA MAÇONNERIE EST UNE INSTITUTION JUIVE, DONT HISTOIRE, LES RÈGLEMENTS, LES DEVOIRS, LES MOTS D'ORDRE ET LES EXPLICATIONS SONT JUIFS DU DÉBUT À LA FIN" ("*The Israelite*", 3 et 17 août 1855), Mgr. Jouin peut conclure : "LA FRANC-MAÇONNERIE EST UNE INSTITUTION MARQUÉE DEPUIS SA NAISSANCE PAR UNE EMPREINTE JUIVE, AVEC SON DOUBLE CARACTÈRE DÉICIDE ET SATANIQUE" (Mgr E. JOUIN, op. cit., p. 14).

L'affirmation à ce propos du journaliste Bernard Lazare revêt un intérêt considérable : "IL ÉTAIT INÉVITABLE QUE LE JUIF JOUÂT UN RÔLE DANS LES RÉVOLUTIONS : IL L'A JOUÉ. (...) Les talmudistes furent à un moment des philosophes rationalistes. (...) Ces rationalistes... du Xème au XVème siècle, jusqu'à la Renaissance, furent les auxiliaires de ce qu'on pourrait appeler la révolution générale dans l'humanité. Ils aidèrent l'homme... à se débarrasser des liens religieux.

(...) En ce temps où le catholicisme et la Foi chrétienne étaient le fondement des États, les combattre ou fournir des armes à ceux qui les attaquaient, c'était faire œuvre de révolutionnaire... LES JUIFS... APPUYÈRENT LE MATÉRIALISME ARABE QUI

ÉBRANLA SI FORTEMENT LA FOI CHRÉTIENNE et répandit l'incrédulité, À CE POINT QU'ON AFFIRMA L'EXISTENCE D'UNE SOCIÉTÉ SECRÈTE AYANT JURÉ LA DESTRUCTION DU CHRISTIANISME. (...) LES JUIFS furent EN NOMBRE DANS LES SOCIÉTÉS SECRÈTES qui formèrent l'armée combattante révolutionnaire, DANS LES LOGES MAÇONNIQUES, DANS LES GROUPES DE LA CHARBONNERIE, DANS LA HAUTE VENTE ROMAINE, partout, en France, en Allemagne, en Suisse, en Autriche, en Italie.

(...) Ils ont été parmi les fondateurs du capitalisme industriel et financier et ils ont protesté avec la véhémence la plus extrême contre ce capital. Ils furent de ceux qui préparèrent la révolution par la pensée et de ceux qui la traduisirent en acte.

(...) Marx, descendant d'une lignée de rabbins... hérita de toute la force logique de ses ancêtres ; il fut un talmudiste lucide et clair... qui fit de la sociologie et appliqua ses qualités natives d'exégète à la critique de l'économie politique. Il fut animé de ce vieux matérialisme hébraïque qui rêva perpétuellement d'un paradis réalisé sur la terre... mais il ne fut pas qu'un logicien, il fut un aussi un révolté, un agitateur, un âpre polémiste et il pris son don du sarcasme et de l'invective,... aux sources juives" (B. LAZARE, *op. cit.*, pp. 162 170).

DIRECTION JUIVE DE LA FRANC-MAÇONNERIE ?

Aujourd'hui plus que jamais la Franc-Maçonnerie est la maîtresse du monde, en tant qu'elle est la "mobilisation des forces du mal qui attaquent la société et la religion" (Mgr E. JOUIN, *op. cit.*, p. 85 87). L'idéal maçonnique est donc "la suprématie de la raison sur la Foi, la Déclaration des droits de l'homme. C'est le libre examen, la morale libre et indépendante, la liberté de conscience... qui débouche sur la laïcisation de la société, en bref c'est le retour au paganisme" (ibidem). L'IDÉAL FRANCMAÇON idéal révolutionnaire et païen EST OPPOSÉ À CELUI DU CATHOLIQUE.... DE LÀ LE VRAI BUT INTERNATIONAL DE LA FRANC-MAÇONNERIE : LA DESTRUCTION DU CATHOLICISME.... LE MOT D'ORDRE DE LA FRANC-MAÇONNERIE À ÉTÉ BIEN RÉSUMÉ PAR TIGROTTO : "NOUS CONSPIRONS SEULEMENT CONTRE ROME"... En France, le magazine [maçonnique] "L'acacia" appelle continuellement la Franc-Maçonnerie : "la Contre-église, l'Église de l'hérésie, c'est-à-dire de l'opinion ; l'Église de la libre-pensée et du libre l'examen" (Mgr E. JOUIN, *op. cit.*, pp. 85-90).

Justement, en relation à l'inspiration juive de la Franc-Maçonnerie et à son asservissement aux buts de domination mondiale des Juifs, l'affirmation du franc-maçon Findel revêt un intérêt spécial : "Un jour, je suis intervenu avec chaleur pour les Juifs, car ils me semblaient être des opprimés. Maintenant j'ai compris que ce sont nos oppresseurs" (J-G FINDEL, *Vermischte Schriften*, t. II, p. 92 ; Leipzig 1902).

Les Juifs utilisent les francs-maçons pour déchaîner la Révolution dans toutes les nations.

Antagonisme de fins et identité de travail entre Franc-Maçonnerie et Judaïsme

"La RÉPUBLIQUE UNIVERSELLE, fruit de la révolution sociale, est seulement l'avantdernier acte du drame maçonnique. Quel sera le dernier ? Le SUPER-GOUVERNEMENT JUIF. La ruine est accomplie, donc la Franc-Maçonnerie, qui est oeuvre de destruction seulement, doit disparaître. (...) [En effet] l'antagonisme de la Franc-Maçonnerie et du Judaïsme est irréductible. Les FRANCSMAÇONS VEULENT LA RÉPUBLIQUE UNIVERSELLE COMME FIN DERNIÈRE, la fraternité, l'humanitarisme, le règne du peuple (...).

LES JUIFS VOIENT EN LA RÉPUBLIQUE UNIVERSELLE SEULEMENT LE TREMPLIN POUR DOMINER LES NATIONS DÉCHUES.... ET ÉTABLIR LE SUPER-GOUVERNEMENT D'ISRAEL, basé sur une dictature, une autocratie, une tyrannie inconnues... dans le passé. LE TRAVAIL juif maçonnique est le même ; LE BUT et l'idéal des Juifs et des francs-maçons sont opposés "per diametrum."

AINSI LE VRAI ENNEMI EST LE JUIF... [dans l'Histoire] on se trouve devant deux cités : celle de Dieu et celle de Satan, depuis vingt siècles la cité de Dieu est l'Église catholique et la cité du mal, c'est le peuple juif, peuple international, répandu sur toute la terre. Ici la lutte éternelle du bien et du mal, de Christ et de Satan, se joue entre le peuple catholique et le peuple juif" (Mgr JOUIN, *op. cit.*, pp. 100 116).

Que faire ?

Après tout ce qui a été dit, quels remèdes peut-on envisager ?

Certainement pas les pogroms.

Ni le ghetto (la Chrétienté médiévale est loin maintenant dans laquelle, comme disait Léon XIII "la philosophie de l'Évangile gouvernait les États") ; la conversion des Juifs est un mystère de la Foi dont la réalisation ne dépend pas de nous. Un seul remède nous est donné : NOTRE CONVERSION : en effet LE JUDAÏSME DOMINANT EST LA PUNITION DU CATHOLIQUE TIÈDE. Le Judaïsme pénètre dans la société dans la mesure où elle rejette le Règne social de Notre-Seigneur Jésus Christ. "Plus vous rejetterez la pauvreté de Jésus Christ pour adorer le veau d'or, plus le juif monopolisera la fortune publique et changera en banque nos plus beaux palais. Plus vous rejetterez la pureté de Jésus Christ, plus le Juif sèmera la corruption des mœurs.... Plus vous rejetterez l'humilité de Jésus Christ, plus vous exalterez l'homme... pour en faire un "dieu", plus de telles adulations vaines de la pensée humaine l'entoureront d'ignorance et de ténèbres.... LA CONVERSION EST LE SEUL REMÈDE.

Faites rentrer Jésus Christ et le juif reculera, les marchands du Temple verront leurs tables renversées.... En un mot nous cessons de nous judaïser. Alors le Juif redeviendra le

Juif errant et il se renfermera dans les ghettos, en attendant sa conversion sincère, le jour où nous redeviendrons sincèrement catholiques" (Mgr E. JOUIN, *op. cit.*, pp. 118 119).

LA THÉOLOGIE DE LA FRANC-MAÇONNERIE EST CELLE DE LA CABALE

Le rabbin de Livourne Élie Benamozegh admet l'identité entre les deux théologies ; analysons maintenant plus en profondeur, en quoi celle-ci consiste.

"Les DOGMES DE LA FRANC-MAÇONNERIE SONT CEUX DE LA CABALE, et en particulier ceux du livre 'Zohar'. Ce fait n'est avoué dans aucun document maçonnique. C'est un des grands secrets que les Juifs ont su garder pour eux-mêmes. (...) L'enseignement de la doctrine maçonnique est voilé... sous trois "décors" et sept "emblèmes", qui sont dérivés de l'invisible autorité suprême de la Franc-Maçonnerie comme les trois 'Sefiroth' supérieurs et les sept inférieurs émanent de l'inscrutable 'Ensoph' de la Cabale.

(...) Selon la Franc-Maçonnerie cabalistique, le triangle équilatéral est un emblème de la Trinité infinie... dont l'homme est une émanation finie.

... Les trois points (∴) représentent une forme limitée... de l'être infini qui est représenté par le triangle en lignes (⊠). Les points que les francsmaçons ajoutent à leur nom sont une profession de foi ; ils expriment par là leur croyance au dogme fondamental... de leur Ordre, que L'HOMME EST UNE ÉMANATION INDIVIDUELLE DE LA DIVINITÉ, ET PARTANT, DIVIN LUI MÊME : ... ils se rendent coupables d'une audacieuse déification de l'homme" (Mgr MEURIN, *La Franc-Maçonnerie, Synagogue de Satan*, Sienne 1895, Bureau de la bibliothèque du clergé, pp. 17 18).

Pour les cabalistes, l'"Ensoph' (l'infini : en = sans ; soph = limite) était plutôt l'indéterminé que l'infini, la puissance pure ou matière première (la 'materia matrix', comme l'appellera Teilhard), que l'acte pur. De lui émane nécessairement l'individu qui est ainsi de sa substance "divine" même. Comme on voit, une telle conception est le PANTHÉISME qui est la négation de la différence essentielle entre Dieu et l'univers, c'est la déification de la créature, c'est l'ancienne tentation démoniaque qui répète à l'homme : "Vous serez comme Dieu" (*Gen.*, III, 5).

"L'idée de Dieu est la plénitude infinie de toutes les perfections possibles. L'idée de l'Ensoph' cabalistique est le vide absolu... un zéro parfait, le néant infini. ... Dieu est l'être suprême ; l' 'Ensoph' est une abstraction purement mentale, une idole imaginaire sottement adorée par les juifs cabalistiques et les francs-maçons comme cause première" (Mgr MEURIN, *op. cit.*, p. 44).

LES DROITS DE L'HOMME REMPLACENT CEUX DE DIEU

La création est donc une émanation de l'indéterminé ; une telle doctrine peut être appelée déification ou culte de l'homme ou anthropomorphisme de Dieu. "Mettre les droits de l'homme à la place de la loi divine, établir le règne de l'humanité à la place de celui du Créateur, c'est-là le but suprême des sociétés secrètes.... Les sectes, pour réaliser ce but, s'acharnent contre l'Église catholique... ce qu'elles veulent frapper, c'est le Siège Romain, qui fait que l'Église catholique ne pourra jamais s'abaisser à devenir une église nationale comme l'orthodoxe ou l'anglicane, mais restera toujours universelle. (...) Corrompre l'Église, transformer le catholicisme... est le rêve [des sectes]... "ce qu'il nous faudrait donc, c'est un pape selon nos besoins" [écrivait le chef de la Haute-Vente, cité par CRÉTINEAU-JOLY, L'Église Romaine en face de la Révolution, T. II, pp. 85 88, ndr]... si de pareils dessins pouvaient se réaliser [et malheureusement avec Vatican II, ils se sont réalisés, ndr] la Révolution serait vraiment maîtresse du monde et le Règne de Satan remplacerait celui de Jésus-Christ [mais "les portes de l'enfer ne prévaudront pas" définitivement, ndr"] (Mgr N. DESCHAMPS, *Les sociétés secrètes et la société*, Avignon 1881, Seguin éd., tome Ier, pp. CI CVII).

BUT DE LA CABALE ET DE LA FRANC-MAÇONNERIE

"Beaucoup ne le croiraient pas écrit le Père Caprile pourtant comme but ultime de son activité... la Franc-Maçonnerie se propose la domination du monde et de la société, en éliminant et s'il était possible en détruisant l'Église et la Religion catholique" (G. CAPRILE, *op. cit.*, p. 15).

Le but de la Franc-Maçonnerie est la République universelle et la Franc-Maçonnerie est une institution juive. "Imbue de la philosophie cabalistique, LA FRANC-MAÇONNERIE N'EST-ELLE PAS ÉTABLIE - se demande Mgr Meurin POUR ÊTRE L'INSTRUMENT DU PEUPLE JUIF ?...

L'Homme archétype, l'homme par excellence, le modèle de tous les hommes, c'est le Juif !... Carlile, une autorité maçonnique, continue Mgr Meurin, donne la définition suivante du nom de Juif : "Le sens original du nom... de Juif était celui d'un homme sage et parfait.... Le mot a la même signification que Jahvé ; littéralement c'est le Dieu de l'Homme" ("Manual of Freemasonry", p. 177)... L'Homme parfait est donc le Juif" (Mgr MEURIN, *op. cit.*, pp. 84 86).

Le franc-maçon donc, quand il parle de perfectionnement éthique de l'homme, parle de judaïsation de l'humanité.

Du côté juif, le Judaïsme religion n'a pas compris le sens spirituel de sa vocation et il a cru que le Royaume du Messie serait un royaume temporel et matériel dans lequel le Juif serait le grand maître suprême de tout l'univers (des noachides, comme l'explique Benamozegh). POUR LE JUIF, donc, LA RELIGION EST L'ASPIRATION À LA DOMINATION UNIVERSELLE.

Dans la Franc-Maçonnerie, les profanes sont judaïsés, ils deviennent noachides ou "fidèles de la porte", et ils deviennent les fidèles du prêtre suprême de l'humanité : le Juif. La Cabale a tenté depuis la naissance de l'Église de la judaïser par le Gnosticisme "qui était la

Cabale juive adaptée à une fin spéciale, celle de s'infiltrer dans le Christianisme naissant pour le détruire. Ecraser l'infâme hérésie du Nazaréen a toujours été le plus ardent et haineux désir des Juifs déchus. (...) Comme leurs pères avaient déchiré le Corps de Jésus-Christ avec leurs fouets sanglants, ainsi les juifs des premiers siècles ont tâché, par la Gnose, de mettre en lambeaux sa Personne et sa Nature divine (...) N'ayant pas réussi du premier coup dans cette oeuvre diabolique, nonobstant l'alliance de leur Synagogue avec l'hérésie, ils persévérèrent avec une ténacité inouïe à attaquer le dogme chrétien en créant toujours de nouvelles sectes, filles de la Cabale ; et ils finirent par associer au venin dissolvant de leur doctrine cabalistique, la ruse et la violence des passions humaines : LES JUIFS CRÉÈRENT LA MAÇONNERIE, L'ALLIANCE DE LA SYNAGOGUE DÉCHUE AVEC UN ORDRE DÉCHU DE CHEVALERIE RELIGIEUSE. À LA HAINE DE SATAN ET DU JUIF SE JOIGNIT CELLE DE L'APOSTAT. L'ENFER, LA SYNAGOGUE ET L'APOSTASIE, LIGUÉS ENSEMBLE CONTRE LE SEIGNEUR ET SON CHRIST, VOILÀ L'HISTOIRE DU MONDE DEPUIS DES SIÈCLES ET DES SIÈCLES" (Mgr MEURIN, *op. cit.*, pp. 113 114).

Si nous considérons que la Franc-Maçonnerie a comme parents prochains le Paganisme de la Renaissance et le Libre Examen de la Réforme protestante, au-delà du philosophisme des Lumières, il est naturel et logique de conclure que "Personne n'avait intérêt à raviver l'ancien Paganisme ; le Christianisme l'avait remplacé de la manière la plus avantageuse. Il n'y avait plus de païens tenant aux croyances de leurs ancêtres. Les Juifs seuls avaient intérêt à s'opposer à l'affermissement et au libre développement de la civilisation chrétienne" (Mgr MEURIN, *op. cit.*, p. 142).

LES JUIFS MAÎTRES DANS LA FRANC-MAÇONNERIE

"Hiram,... le grand héros de la fable maçonnique était donc issu d'un mariage mixte entre un Caïnite et une Adamite. Son père était Tyrien, de la race de Cham, de Caïn, et partant, selon la fable... des maçons un descendant d'Eblis,... qui, sous la forme du serpent, avait séduit Ève. Sa mère était de la tribu de Nephtali, et partant descendante de Sem, de Seth et d'Adam. Ce mariage mixte dont est issu le héros de la Franc-Maçonnerie est le symbole de l'alliance entre le Juif et Satan dont est issue la société secrète. (...) EXAMINONS LES DOCTRINES.... DE LA FRANC-MAÇONNERIE ET NOUS TROUVERONS PARTOUT LE JUIF.... Les décors et les enseignements de la loge prouvent que LA CABALE JUIVE EST LA DOCTRINE, L'ÂME, LA BASE ET LA FORCE OCCULTE DE LA FRANC-MAÇONNERIE" (Mgr MEURIN, *op. cit.*, pp. 173 174). Nous savons que les cabalistes ont transformé l'homme-Dieu, le Verbe incarné, en une émanation de l' 'Ensoph'et au contraire, ils ont fait du juif Dieu même ; ajoutons donc au déicide le péché satanique de se faire "dieu", et nous comprendrons la colère et la haine abyssale du juif cabaliste contre Notre-Seigneur Jésus Christ et son Église et l'activité fiévreuse qu'il met à détruire tout ce qui s'oppose à son ambition et à reconstruire le Temple de Salomon, symbole de son super-gouvernement mondial. Le Juif se sert du franc-maçon comme d'un fidèle laïque dans cette oeuvre double de "solvere et coagulare". Les Juifs sont l'âme de la Franc-Maçonnerie et les "chrétiens" révolutionnaires ne sont que des marionnettes dans leurs mains.

"L'enfer a déchaîné... les erreurs funestes du Paganisme autrefois vaincu ; il a appelé sous son drapeau la haine antique de la Synagogue déchue et l'audace exaspérée du peuple déicide... il a enrôlé dans son armée toutes les passions violentes de l'humanité viciée (...). Toutes ces forces, l'Enfer les a organisées et les dirige contre l'Église de Christ (...). Le Paganisme, le Judaïsme, l'apostasie, les vices et les passions, sous la suprême direction de Lucifer, montent ensemble à l'assaut de l'Église (...). L'Épouse du Sauveur est accoutumée à vaincre par la souffrance. La Franc-Maçonnerie, cette nouvelle Synagogue de Satan sera, comme l'antique Synagogue, vaincue par la Croix.

(...) Le peuple d'Israël, qu'il est grand et majestueux tant qu'il marche avec le Seigneur, mais qu'il est terrible et horrible dans sa haine contre son Messie qu'il a méconnu et tué sur la Croix ! S'il voulait seulement s'élever du sens matériel de ses Livres saints au sens spirituel, il serait sauvé.... Mais il ne le veut pas. Son aveuglement est volontaire... l'orgueil en est l'explication. (...) L'orgueil d'une grande intelligence préfère mille fois souffrir que de s'abaisser et reconnaître son erreur. Aussitôt qu'il s'humilie devant Dieu, le Juif voit : "il tombe de ses yeux comme des écailles" (*Actes* IX, 18)... Pourquoi donc les Juifs ne voient-ils pas la vérité ? Pourquoi orgueilleusement la cherchent-ils dans une Cabale foncièrement antirationnelle et ouvertement satanique ? N'espérez pas, ô Juifs, pouvoir échapper à la calamité qui vous menace encore une fois !

Votre nation déicide est dans ce moment arrivée à une de ces apogées de pouvoir... qui doit aboutir, comme toujours, à un grand malheur national. Le jour qui vous écrasera sera la veille d'une expansion vitale de l'Église, votre victime, telle que l'Histoire n'en a jamais vue. Vos prophètes le lui ont promis" ! (Mgr MEURIN, *op. cit.*, pp. 414 415).

JUDAÏSME ET FRANC-MAÇONNERIE (ARGUMENTS DE RAISON)

Avec la destruction de Jérusalem et leur dispersion (135 ap. J-C.) les Juifs ont voulu emporter avec soi leur patrie, les dispersés ne se sont pas séparés les uns des autres, n'ont pas cherché à se fondre avec la nation qui les recevait, ils n'ont pas voulu perdre leur caractère d'étrangers. Ils se sont groupés donc, où qu'ils allaient, en petites agglomérations qui constituaient de vraies nations dans la nation. De cette situation anormale, naissait inévitablement une méfiance réciproque entre hôte et peuple d'accueil. L'hostilité, engendrée par des intérêts opposés, suivit bientôt une telle méfiance. "Il a dû s'établir entre les envahis et les envahisseurs,... un régime de lutte analogue... à celui qui existe entre certain insecte parasite et l'animal sur le corps duquel il s'installe. Celui-ci se défend comme il peut écrit Copin Albancelli chez qui puiserait librement dans cette partie de l'article ... Il éprouve le besoin d'expulser l'intrus. Le parasite, au contraire, ne veut pas être chassé. (...) Plutôt que de s'en aller, IL SE CACHE" (COPIN ALBANCELLI, *La conjuration juive contre le monde chrétien*, Paris 1909, La Renaissance Française éd., p. 302).

Nous lisons en outre dans les Actes des Apôtres que, après la mort de Notre Seigneur Jésus Christ, le Judaïsme religion a persévéré dans son refus et dans sa haine du Christ. C'est une donnée de fait évidente et incontestable, car la religion juive post-chrétienne a maintenu ses idées religieuses d'un messianisme terrestre et matériel qui sont en opposition totale avec la Religion chrétienne. D'autre part, le Juif doit admettre l'expansion universelle de l'Église du Christ. La Religion catholique a généré une civilisation, et c'est contre cette civilisation et cette Religion que lutte le judaïsme. Et même, plus la Religion chrétienne se répand et plus augmente la haine des Juifs qui ont crucifié le fondateur de cette Religion. C'est cette situation qui fait se développer, dans le peuple juif, qui ne se rend pas, une haine si implacable contre l'Église et la Société chrétienne, égale à celle que nous retrouvons dans la Franc-Maçonnerie.

La situation conflictuelle des communautés juives à l'intérieur d'autres nations fut donc particulièrement vive dans les pays chrétiens. Le Magistère pontifical, pour sa part, conseillait la prudence dans les rapports avec les Juifs, tout en condamnant la haine raciale fermement ; pendant que les Juifs, comme nous avons vu plus haut, constatant le triomphe de la Religion fondée par Jésus Christ, leur victime, nourrissaient une haine toujours plus profonde.

CONSTITUTION DES COMMUNAUTÉS JUIVES EN SOCIÉTÉS SECRÈTES ET LEURÉVOLUTION DE DÉFENSIVES EN OFFENSIVES

Les sociétés secrètes, c'est-à-dire celles auxquelles on tient son appartenance secrète aux étrangers, naissent normalement quand un groupe de gens se trouvant vivre dans un État hostile, ressent la nécessité de se réunir de façon cachée dans un but défensif et de tenir secrètes leurs délibérations.

A partir de la Diaspora, les communautés juives en viennent à se trouver dans une situation analogue, spécialement parmi les populations chrétiennes : ils n'acceptent pas le droit commun des peuples d'accueil et pour éviter soit l'expulsion soit l'intégration, donnent vie à des sociétés secrètes "défensives". Cependant une telle nécessité, ils ne la subissent pas "ab extrinseco" ; c'est au contraire l'effet du libre choix de rester une nation (juive) à l'intérieur de la nation d'accueil.

"Mais se demande Copin Albancelli n'est-ce pas la loi de la vie que les choses commençantes soient imparfaites ? Et dès lors que ces embryons existaient, n'est-ce pas par une marche naturelle et presque invincible encore qu'ils devaient être les germes de ces autres sociétés secrètes plus perfides ?...

Sociétés secrètes purement défensives et purement juives ; voilà donc, nous allons le voir, le point de départ de la future Franc-Maçonnerie" (COPIN ALBANCELLI, *op. cit.*, pp. 310 311).

Avec l'affermissement et l'expansion du Christianisme, il était nécessaire pour le Judaïsme sous peine de jeter l'éponge et se déclarer vaincu par Jésus Christ d'attaquer la Religion chrétienne, pas ouvertement mais en secret, par l'astuce, le mensonge et la fraude ; c'était fatal pour un peuple qui, désarmé et dispersé au milieu des autres peuples, prétendait rester complètement indépendant.

Intérieur de la loge maçonnique "Hajnal" de Budapest

Les Juifs, pour pouvoir acquérir une situation de supériorité, furent obligés d'observer et étudier les défauts, les passions et les vices des chrétiens, aussi par le moyen de l'espionnage et du chantage : ils réussirent ainsi à tirer avantage et à imposer leurs conditions. "On retrouve cette aptitude non seulement dans la plupart des individus appartenant à la race juive, mais aussi dans l'institution maçonnique qui est remarquablement habile à jouer des défauts de ses adversaires, en particulier de leur vanité" [attention aux flatteurs ! Ndr]. (COPIN ALBANCELLI, *op. cit.*, p. 315).

Mystère d'iniquité, qui se perpétue dans l'histoire, du "non serviam" au baiser de Judas, que le Judaïsme-religion devait redonner incessamment à la Chrétienté, en toutes les époques.

LA NATION HÉBRAÏQUE

Existe-t-il seulement une race et un religion juives, ou y-a-t-il aussi une nation juive ? Si une nation fournit à la race une communauté d'intérêts et un idéal particulier, alors on peut affirmer que les hommes appartenant à la race juive et au Judaïsme-religion constituent une nation.

Il est vrai aussi que depuis 1948, les Juifs ont un État territorial, mais il est vrai également qu'on peut correctement parler de nation juive, parce que depuis toujours les Juifs considèrent comme leur patrie le monde entier, dont, selon la religion talmudique, il se considèrent comme les seigneurs[238].

LE GOUVERNEMENT NATIONAL HÉBRAÏQUE

On objecte qu'il ne peut pas exister un gouvernement national juif : en effet une nation existe seulement quand il y a un gouvernement qui unit les intérêts de ceux qui habitent un territoire donné, tandis que l'on constate qu'il n'y a pas de gouvernement unique pour les Juifs répandus dans le monde entier. On peut répondre aisément avec l'exemple de l'histoire, que la visibilité n'est pas une condition fondamentale et que l'absence apparente d'un gouvernement ne signifie pas nécessairement qu'il n'existe pas. Il est connu maintenant que la Franc-Maçonnerie a fait le Risorgimento et a gouverné l'Italie depuis 1870[239] : en apparence, le gouvernement maçonnique ne se voyait pas, mais ce n'est pas pour cela qu'il n'existait pas ; au contraire, comme l'affirmait le premier ministre anglais Benjamin Disraëli, franc-maçon et Juif : "Le monde est gouverné par de tous autres personnages que ne se l'imaginent ceux dont l'œil ne plonge pas derrière les coulisses" (B. DISRAELI, *Coningsby*, Paris 1884, p. 184).

Si on examine l'histoire du peuple juif, on doit constater que, malgré vingt siècles de dispersion, c'est le seul au monde à avoir conservé son culte propre, son idéal religieux et national propre, la même communauté d'intérêts : il faut en déduire qu'il existe un gouvernement national juif c'est-à-dire une autorité qui maintient depuis deuxmille ans, dans le monde entier, l'unité des Juifs dispersés. (Nous pouvons facilement être conduits à

---

[238] Il faut savoir aussi que « Le Judaïsme comme religion a une dimension nationale, comme le peuple juif comme nation a une dimension religieuse... Pour comprendre les racines religieuses et le fondement spirituel de la nationalité juive... [il faut comprendre] pourquoi chez un Juif, l'engagement spirituel est si intimement lié à l'appartenance au peuple juif... » (*Appel de la Fraternité oecuménique de recherche théologique en Israël*, 30 nov. 1975, in *Les Églises devant le judaïsme*, ed. du Cerf, Paris 1980, pp. 186 - 187). Le Dr. Gerhart Riegner, secrétaire général du congrès juif mondial, a affirmé que "peuple et terre ont une place essentielle dans la foi juive" (ibidem, p. 368, 10 janv. 1975). Par conséquent, dans le Judaïsme, religion, peuple, nation font un tout.

[239] "Juif était le secrétaire de Cavour, Isacco Artom, (...). Juif était Giacomo Malvano qui fut directeur des affaires politiques, secrétaire général du ministère des Affaires Étrangères de 1879 à 1907, (...). Juif était le général Giuseppe Ottolenghi qui devint ministre de la guerre en 1902, (...). De père juif était Sidney Sonnino qui fut deux fois président du Conseil, 1906 et 1909, (...). Juif était Luigi Luzzati qui... fut président du Conseil en 1910. Juif était Alessandro Fortis, président du Conseil... entre 1905 et 1906. Enfin Juif fut Ernesto Nathan, ami de Mazzini et maire de Rome de 1870 à 1913" (S. ROMANO, *I falsi protocolli*, Il Corbaccio ed., Milano 1993, p. 81).

l'erreur sur ce sujet, car nous sommes habitués à voir un gouvernement seulement là où il y a unité territoriale.

Dès lors, en dépit des apparences, nous devons convenir qu'un gouvernement juif existe : et ceci parce qu'il existe un peuple, le Juif, qui a une communauté d'idéaux et d'intérêts ("*sine causa ullo effectu*"). La Maçonnerie non plus n'a pas d'autre patrie que le monde, et cependant il serait sot de dire qu'elle n'a pas de gouvernement ; celui-ci est spécial, en ce qu'il est occulte, mais c'est toujours un gouvernement. "Il n'y a point de corps sans tête, point de société sans gouvernement, point d'armée sans général, point de peuple sans pouvoir public. L'axiome romain "Tolle unum est turba, adde unum est populus" a ici sa pleine justification : sans pouvoir directeur [juif], la maçonnerie serait une foule plus ou moins affolée par quelques idées subversives, mais qui se désagrégerait d'elle-même au lieu d'être la maîtresse du monde" (PIERRE VIRION, *Bientôt un gouvernement mondial ?* Téqui éd., Paris 1967, p. 218).

LE GOUVERNEMENT NATIONAL JUIF EST UN GOUVERNEMENT OCCULTE COMME CELUI DE LA FRANC-MAÇONNERIE

Si le gouvernement de la nation juive (= le monde) ne se voit pas mais existe, parce qu'autrement on ne s'expliquerait pas l'unité d'intentions et d'intérêts depuis deux-mille ans, cela signifie qu'il est occulte, exactement comme celui de la Franc-Maçonnerie.

On a déjà dit comment les communautés juives, du fait des conditions spéciales dans lesquelles elles s'étaient trouvées, s'organisèrent en sociétés secrètes défensives et offensives et comment le Judaïsme "ex natura rerum" a fait du secret sa seconde nature, qui fait qu'il a dû se gouverner secrètement.

Il se pose ici une question apparemment insoluble : comment une société secrète juive a-t-elle pu gouverner la masse de la nation juive répandue dans le monde entier sans se laisser apercevoir ? En réalité elle y a réussi parce qu'existe encore le Judaïsme qui, après le Diaspora, pouvait seulement ou se gouverner secrètement pour survivre comme race, nation et religion, ou disparaître.[240]

TRACES HISTORIQUES DU GOUVERNEMENT NATIONAL JUIF

I - DE 130 ap. J.C. AU XIème SIÈCLE

a) Le Grand Sinedrio

Au moment de la Diaspora (135 ap. J.C.), le peuple juif se trouvait dans des conditions normales : c'est-à-dire qu'il avait un gouvernement visible comme tous les autres peuples. Ce fut seulement quand il fut dispersé parmi les païens qu'il fut contraint de réaliser une

---

[240] Cf. M. PINAY, *Complotto contro la Chiesa*, Roma 1962, pp. 95 - 110.

forme de gouvernement adaptée à une situation extraordinaire de dispersion, pour pouvoir maintenir son unité de buts et d'idéaux.

Le gouvernement hébreu au moment de la chute de Jérusalem (70 ap. J.C.), était exercé par le Grand Sanhédrin. "Il n'y avait rien de plus grand dans l'ancienne république des Hébreux qui le Sanhédrin. Il formait le Conseil Suprême de la nation. (...) Véritable assemblée souveraine, le Sanhédrin avait, dans les derniers temps de la nationalité juive, remplacé la monarchie : aussi son autorité était-elle considérable, tout à la fois doctrinale, judiciaire, administrative. Il interprétait la Loi. Il jugeait les causes majeures.... il était composé de 71 membres, les présidents compris" (J. LÉMANN, Napoléon Ier et les Israélites, Avallon, 1988, p.37).

b) Les Patriarches de la Judée

Après la dispersion, on s'imagine que le peuple hébreu, éparpillé dans le monde, cessa d'exister comme peuple en n'ayant plus ni patrie ni gouvernement. Nous avons vu au contraire que le peuple hébreu n'a pas disparu, mais qu'il a maintenu son unité d'idéaux politico-religieux, qu'il a une patrie et donc un gouvernement.

Le Sanhédrin a-t-il donc aussi survécu d'une manière quelconque, ou s'est-il transformé en quelque chose d'autre ? Avec la ruine de Jérusalem sous Titus (70 ap. J.C.), commença la première grande dispersion des Juifs dans le monde. La seconde eut lieu sous Adrien (135 ap. J.C.). À partir de cette époque, les Juifs furent chassés définitivement de Jérusalem et de la Palestine ; ceux qui ne furent pas tués par les soldats de Titus, se réfugièrent en différentes régions de l'Europe et de l'Asie.

Quelques groupes se fixèrent en Egypte, en Italie et en Espagne (Juifs d'Occident). Selon quelques spécialistes, leur chef résidait en Palestine, à Safné ou à Tibériade et était appelé le PATRIARCHE DE LA JUDÉE (cf. ABBÉ CHABANTY, Les juifs nos maîtres, 1882). Il agissait secrètement ou même à découvert, selon les dispositions des emPÈREurs romains envers les Juifs. À partir de 429, quand l'emPÈREur Théodose le jeune interdit au Patriarche de la Judée de percevoir les impôts de ses compatriotes, ce qui signifiait que l'emPÈREur ne reconnaissait pas d'autorité à son gouvernement, il n'y a plus de trace des "Patriarches de la Judée" dans l'histoire. Donc ce gouvernement des Patriarches fut contraint de se transformer peu à peu en gouvernement complètement occulte, sous peine de disparaître.

c) Les Princes de la captivité ou de l'exil

Mais il y avait une autre partie du peuple juif, sortie de la Palestine après la destruction de Jérusalem, qui se rendit dans les pays du nord et de l'est : Syrie, Arménie, Géorgie, Babylone et Perse. Selon les rabbins, ce fut l'élite de la nation appelée "les Juifs d'Orient" et on croit que le "Patriarche de la Palestine" fût un pouvoir secondaire soumis à cette élite, dont les chefs étaient appelés PRINCES DE LA CAPTIVITÉ OU DE L'EXIL. Selon les historiens juifs, les "Patriarches de la Judée" étaient les lieutenants des "Princes de l'exil", qui avaient l'autorité de chefs absolus sur toute la Diaspora et dont on dit que la demeure habituelle se trouvait à Babylone. Ils exerçaient leur juridiction sur les Juifs de l'Occident par les "Patriarches de la Judée", tandis que sur les Juifs de l'est, ils l'exercèrent directement et publiquement, du IIIème au XIème siècle.

S. Jérôme lui-même, qui au IVème siècle habitait en Judée, nous dit que dans ce temps il n'y avait presque plus de docteurs en Palestine et que le pouvoir suprême du Judaïsme avait son siège à Babylone.

Selon le rabbin converti Drach, de la Diaspora jusqu'au XIème siècle, les plus hauts chefs de la nation juive étaient choisis parmi les docteurs de la Loi. Les talmudistes d'aujourd'hui se basent sur cette succession ininterrompue de docteurs, pour affirmer qu'Israël a toujours eu de vrais docteurs de la Loi et qu'il n'a pas cessé d'avoir pour guide un vrai pouvoir spirituel légitime... "Selon les auteurs de la Ghémara de Babylone, les princes de la captivité étaient les légitimes continuateurs et détenteurs de la puissance souveraine concentrée autrefois dans la tribu de Juda.... Donc il y avait au VIème siècle, à Babylone, auprès des Princes de la Captivité, de véritables docteurs de la loi, comme dans le passé à Jérusalem, auprès du Grand Prêtre. (...) Le pouvoir de Jérusalem s'était perpétué dans celui de Babylone" (COPIN ALBANCELLI, *op. cit.*, p. 350)[241].

Il existe donc des traces historiques de l'existence du gouvernement auquel obéissait la nation juive éparpillée dans le monde entier et celles-ci montrent qu'entre le gouvernement visible et l'occulte, il y en eut un de transition.

II - DU XIème SIÈCLE À NOS JOURS

A partir du XIème siècle, les califes orientaux, effrayés par la puissance des "Princes de l'exil", devinrent ennemis des Juifs et mirent à mort leur chef Ezéchias (1005 ap. J.C.). Les Juifs quittèrent Babylone et quelques-uns se réfugièrent en Arabie ; les autres, en plus grand nombres, vinrent en occident, jusqu'en France et en Espagne. À partir du XIème siècle, l'histoire ne nous parle plus des "Princes de l'exil" ; peut-être ce fait indique-t-il qu'ils disparurent réellement et que les Juifs restèrent sans gouvernement ? Si l'on regarde seulement l'histoire "extérieure", on devrait répondre par l'affirmative, mais nous savons que le Judaïsme s'était structuré en forme de société secrète et qu'il a donc très bien pu continuer à être gouverné secrètement depuis le XIème siècle jusqu'à nos jours.

---

[241] L'historien Juif Paul Johnson confirme aussi que "Les Juifs les plus chanceux, dans les siècles sombres, étaient ceux qui vivaient à Babylone, sous les EXILARQUES ["Princes de l'exil" ndr]. Ces Prìnces plus puissants et laïques des 'NASI' [= Président du Sanhédrin] PALESTINIENS ["Princes de la Palestine" ndr], revendiquaient la descendance davidique directe des rois de Judas et vivaient avec une certaine pompe dans leurs palais. (...) Le judaïsme babylonien s'était toujours considéré comme le gardien de la tradition hébraïque la plus rigide et comme celui du sang le plus pur. Le Talmud babylonien affirmait : "Toutes les nations sont comme pâte comparées au [levain de la] Terre de l'Israël, et l'Israël est pâte comparée à Babylone" (Kiddushin, 71 a). (...) Cependant Babylone n'était pas sûre pour les Juifs... » (P. JOHNSON, *Storia degli ebrei*, Longanesi, Milano 1987, pp. 182 - 183).
Dans la "Petite Encyclopédie du judaïsme" on lit : "L'âge d'or des académies babyloniennes dura jusqu'à la moitié du XIème siècle environ, en correspondance avec la floraison des califats arabes" (J. MAIER - P. SCHAFER, *Piccola Enciclopedia dell'ebraismo*, Marietti, Casale 1985,p. 77).

Dans le départ de Babylone pour l'occident, on peut remarquer une sorte de rapprochement du pouvoir occulte juif de Rome, où résidait le Vicaire de l'ennemi mortel du judaïsmereligion, Jésus Christ. Nécessairement, les réfugiés s'unirent aux Juifs des colonies juives préexistantes et le Judaïsme, pour éviter l'absorption, s'organisa avec un gouvernement plus occulte encore et définitivement structuré en société secrète.

L'ACTION JUDÉO-MAÇONNIQUE DANS LA CONFRONTATION AU CHRISTIANISME

Le cardinal Caro († 1958), Archevêque de Santiago et Primat du Chili affirme : "Il est hors de doute que l'action de la Franc-Maçonnerie contre la Sainte Église catholique n'est autre que la continuation de la guerre au Christ pratiqué par le Judaïsme depuis mille neuf cents ans jusqu'à aujourd'hui. Une lutte terrible, en ce qu'elle est basée sur le SECRET, la duperie et l'hypocrisie.... n'oublions pas que le Judaïsme est le plus implacable... ennemi du Christianisme... la haine du Christianisme et de la Personne du Christ a une histoire lointaine et elle ne peut pas être regardée et justifiée comme résultat d'une persécution ; elle forme par contre un tout avec la tradition rabbinique, qui a ses origines en une époque très antérieure à celle dans laquelle éventuellement se vérifia une persécution quelconque de Juifs de la part des chrétiens" (J. MARIA CARO, *El misterio de la masoneria*, Diffusione editoriale, Buenos Aires 1954, pp. 267 268).

Maurice Pinay, de son côté, ajoute : "La lutte séculaire entreprise par notre Sainte Mère l'Église catholique contre l'aberration juive... n'a pas été causée... par l'intolérance catholique. C'est au contraire l'incommensurable méchanceté des juifs qui a imposé l'adoption de mesures défensives, vue la mortelle menace pour la Chrétienté représentée par une pareille religion. ... Les Juifs prétendent imposer aux catholiques cette thèse : combattre le judaïsme est illicite. Il est clair que... le combattre n'est pas seulement quelque chose de juste, mais un devoir" (M. PINAY, *Complot contre l'Église*, Tip. Detti, Rome 1962, pp. 151 152).

LE JUDAÏSME RELIGION EST UNE SECTE SECRÈTE

"Le problème de la RELIGION JUIVE MODERNE EST qu'il s'agit d'UNE RELIGION SECRÈTE. Les juifs en effet, après la Crucifixion du Seigneur, occultèrent pendant des siècles leurs doctrines et leurs rites. Pourquoi ? Le pourquoi en est clair : parce que leurs doctrines et leurs rites représentaient une menace pour les autres hommes. De ceci la nécessité de maintenir le secret. (...) Un texte talmudique dit : "Faire part de quelque chose de notre Loi à un'gentil', équivaut à la mort de tous les Juifs, parce que si les'Goyim'venaient connaître ce que nous enseignons en ce qui les regardent, ils nous extermineraient sans aucun doute" (*Divre en Dav*, fol. 37).

LE MENSONGE a toujours été L'ARME PRINCIPALE DE CELLE À QUI NOTRE SEIGNEUR À DONNÉ POUR NOM, depuis lors, LA SYNAGOGUE DE SATAN" (M. PINAY, *op. cit.*, pp. 155 156).

LE SIÈCLE DES LUMIÈRES, LE JUDAÏSME ET LA FRANC-MAÇONNERIE

Depuis le XVIIIème siècle, selon le Juif converti Lémann, on assiste à la glorification du judaïsme : "... Dans quel but ? [L'Enfer] tâchera de pervertir les restes indestructibles d'Israël, de les rendre impropres aux dessins de Dieu [qui veut la conversion et non la mort du pécheur, ndr] par la corruption : de la sorte, leur conversion sera rendue impossible.... Deux grands courants d'idées,... seront les moyens d'exécution d'un tel plan : le Protestantisme et les Lumières...

Le philosophisme du siècle des lumières cherchera à désorganiser la société chrétienne... de manière que le chrétien devienne sinon l'esclave, du moins l'inférieur, et le Juif, le maître.... Le but du philosophisme étant le formation d'une société nouvelle [déchristianisée] et universelle.... il y arrivera à l'aide de deux maximes.... la première : "TOUTES LES RELIGIONS SONT BONNES"... Alors plus de disputes entre religions, puisqu'elles sont toutes bonnes, tendez-vous la main. Tel est donc l'accommodement que propose, au XVIIIème siècle, le philosophisme, et par sa bonhomie, il subjugue et il trompe.... il est aisé de comprendre combien pareil système allait favoriser le Judaïsme. Une voix la même qui parla à Ève dans le Paradis terrestre... lui dira : n'avez vous pas entendu ? TOUTES LES RELIGIONS SONT BONNES ! Mais alors, il y n'a plus de raison pour qu'on vous retienne à l'écart, à cause de votre religion, qui est bonne comme les autres. Reprends courage, Israël, le philosophisme est émancipateur comme Moïse"(...).

La seconde maxime est celle-ci : "LES JUIFS SONT DES HOMMES COMME LES AUTRES"... Là encore, il est aisé de comprendre combien la nouvelle morale sociale allait favoriser les Juifs. La même voix [du serpent] leur dira : "Puisque vous êtes des hommes comme les autres, entrez dans la lice. À vous... toutes les carrières, à vous les honneurs et le pouvoir... ".

En résumé, quel est le résultat que veut atteindre le philosophisme ? Celui-ci :... pousser tous les hommes à former un nouvel ordre social où tous seront égaux et libres, sans qu'il soit tenu aucun compte à l'avenir de la dignité de chrétien. LA DIGNITÉ D'HOMME, UNIQUEMENT LA DIGNITÉ D'HOMME, TELLE SERA LA CONDITION D'INTRODUCTION DANS LA SOCIÉTÉ NOUVELLE.

... À mes yeux il n'y a plus ni dignité de chrétiens ni indignité de juifs. ... UN PAREIL PLAN NE POUVAIT SORTIR QUE DE L'ENFER.

Les fauteurs d'une NOUVELLE SOCIÉTÉ EXCLUSIVEMENT HUMANITAIRE [la nouvelle chrétienté de Maritain et de Dignitatis Humanae, ndr]... doivent être distribués en deux catégories : la masse des chrétiens dégénérés... et une petite troupe de juifs avancés.

LA MASSE DES CHRÉTIENS DÉGÉNÉRÉS, voilà les premiers fauteurs de cette société humanitaire où vont se préparer simultanément la décadence des populations chrétiennes et la prépondérance de la race juive.

(...) En tête de cette multitude... il faut nommer l'école voltairienne. Mais parler ainsi, n'est-ce pas commettre une erreur historique ? Voltaire n'est il pas présenté comme l'ennemi acharné des Juifs ? Oui, sans doute,... dans sa rage il les eût exterminés, si cela eût été en son pouvoir. Cependant le voltairianisme était très utile aux Juifs. Eux mêmes en conviennent : "SI VOLTAIRE NOUS À ÉTÉ FUNESTE, LE VOLTAIRIANISME NOUS À ÉTÉ ÉMINEMMENT UTILE" ("*Archives Israélites*", juin 1878, p. 324).

(...) Choisie de façon à aller jusqu'à la fin des siècles, la race juive... est patiente. Elle sait attendre, et réduit tout à profit, même ses ennemis. Les outrages ne l'étonnent pas : celui qui l'a outragé passe, elle non !... Voltaire a outragé les Juifs, mais il a outragé bien davantage la divine figure du Christ. Punition : LE VOLTAIRIANISME EST DEVENU PROFIT POUR LES JUIFS. Comment cela ? En AFFAIBLISSANT CHEZ LES POPULATIONS DEVENUES VOLTAIRIENNES [néopaïennes, ndr] L'ESPRIT DE FOI ET LA GRAVITÉ DES MOEURS ANTIQUES, de telle sorte que n'étant plus protégées par ce qui faisait leur supériorité, CES POPULATIONS GÂTÉES, dégénérées, en un mot voltairiennes, DEVIENDRONT PLUS FACILEMENT... LA PROIE DES JUIFS EN AFFAIRES PRIVÉES, PUIS DANS LES AFFAIRES PUBLIQUES.

(...) En résumé, par leur esprit sceptique, libertin et frondeur et par leur retour à la nature, les salons français de XVIIIème siècle préparent, dans la vie pratique, LA SUBSTITUTION DE LA SOCIÉTÉ HUMANITAIRE À LA SOCIÉTÉ CHRÉTIENNE ; et par besoin de l'or pour leurs divertissements..., ils préparent le sceptre à l'or des Juifs ! (...) (J. LÉMANN, *L'entrée des Israelites dans la société française*, Avallon, Paris 1987, pp. 205 227).

LA FRANC-MAÇONNERIE COLLECTEUR DE TOUTES CES FORCES ANTICHRÉTIENNES

Malgré toutes ces forces dissolvantes (Paganisme humaniste et de la Renaissance, Réforme protestante, Siècle des lumières), le Christianisme était encore une grande puissance publique qui empêchait la nouvelle société humanitaire, la République universelle, de s'imposer complètement dans la vie civile. De là la nécessité de recourir aux sociétés secrètes pour combattre la Chrétienté non à ciel ouvert mais dans l'ombre et dans le secret, par l'hypocrisie, le mensonge et le manque de franchise ! De telles sociétés secrètes, malgré certaines divergences apparentes et accidentelles, poursuivent toutes le même but : supprimer le Christ Roi des nations, et le remplacer par le culte de l'homme.

"Vers la fin du XVIIIème siècle, continue Joseph Lémann, ces diverses sociétés viennent confondre et perdre leurs dénominations particulières de *Manichéens*, *Albigeois*, *Templiers*, *Sociniens*, *Martinistes*, *Illuminés*, etc., dans la dénomination synthétique de Francs-Maçons.

LA FRANC-MAÇONNERIE EST LE VASTE ABÎME QUI REÇOIT, avec les trahisons du XVIII siècle, LES VAPEURS ET LES PESTILENCES DES SIÈCLES PRÉCÉDENTS. Mais la Franc-Maçonnerie ellemême, comme le voltairianisme, comme les autres trahisons, [dont celle de Juda est le prototype, ndr] va profiter amplement aux juifs, puisqu'elle est le confluent des trahisons. Il viendra un temps où ce cri d'alarme se fera entendre : "LE JUDAÏSME GOUVERNE LE MONDE, ET IL FAUT NÉCESSAIREMENT CONCLURE OU QUE LA MAÇONNERIE S'EST FAITE JUIVE OU QUE LE JUDAÏSME S'EST FAIT FRANC-MAÇON" ("*Revue des questions historiques*", 62ème livraison, 1er avril, 1882)" (J. LÉMANN, *op. cit.*, pp. 213 228).

Récemment Louis Pauwels, franc-maçon converti au Christianisme, a déclaré à Vittorio Messori : "Il y a un complot mondial de forces antichrétiennes qui visent à affaiblir (et si possible à dissoudre dans un humanisme de belles paroles, mais impuissant) la Foi des catholiques"... (V. MESSORI, *Enquête sur le christianisme*, SEI, Turin 1987, p. 152).[242]

LUCIFER ET LA FRANC-MAÇONNERIE

Pierre Virion écrit : "DE MÊME QUE LE CHRIST, chef invisible de l'Église catholique est REPRÉSENTÉ VISIBLEMENT ICI-BAS PAR LE PAPE, DE MÊME SATAN, chef invisible de l'armée du mal NE COMMANDE À SES SOLDATS QUE PAR DES HOMMES... toujours libres de se dérober à ses ordres et à ses inspirations" (P. VIRION, *Bientôt un gouvernement mondial* ? ed. Téqui, Paris 1967, p. 217).

Mgr. Meurin de son côté écrit : "L'opinion de presque tous les auteurs qui ont traité de la magie diabolique, [est] que TOUTES LES BRANCHES ET PRATIQUES DE LA SORCELERIE DOIVENT LEUR ORIGINE À LA CABALE JUIVE[243]. L'adoration de l'Étoile flamboyante, du 'Baphomet' et les formules écrites en caractères hiéroglyphiques pour l'évocation des démons... sont des indices suffisants que LA FRANC-MAÇONNERIE, DANS CERTAINS GRADES DE SES ARRIÈRE-LOGES, SE LIVRE OUVERTEMENT AUX PRATIQUES DE LA MAGIE DIABOLIQUE. (...) L'ensemble de la maçonnerie cabalistique, surtout sa guerre acharnée contre la Révélation divine, le Surnaturel et le Christianisme sont autant de preuves que LA FRANC-MAÇONNERIE EST UNE SECTE VRAIMENT SATANIQUE"... (Mgr MEURIN, *op. cit.*, pp. 199-200).

Mgr. Antonino Romeo précise à son tour : "Le Satanisme le plus profond (...) est l'apothéose de l'homme, avec la réduction de la religion et de la morale à une chose libre.

---

[242] Il sera utile de consulter : EPIPHANIUS, Maçonnerie et sectes secrètes : le côté caché de l'histoire, Publications du "courrier de Rome", Versailles, 2000.

[243] "La Cabale pratique s'occupe de théurgie (opération magique dans laquelle s'établissent des contacts avec les forces démoniaque ndr) et (...) de magie ; et c'est là que se trouvent principalement les mystères et les secrets de Cabale : procédés bizarres, serments terribles, symboles sinistres, empruntées non seulement à la Judée infidèle, mais à la Perse, à l'Inde, à l'Egypte, à la Chaldée. En receleuse perfide, cette Cabale pratique admet également des formules et des opérations haineuses contre la Religion chrétienne et les chrétiens. (...) LA CABALE EN SA PARTIE PRATIQUE EST INFERNALE" (L. LÉMANN, *op. cit.*, p. 235).

(...) Le culte de Satan se concentre dans les "messes noires", orgies infâmes mêlées à des profanations eucharistiques, présidées si possible par des prêtres dévoyés, dérivations de l'ancien "sabbat", avec des pratiques grotesques qui rappellent des formules et rites maçonniques (...) LA TANIÈRE SECRÈTE DU SATANISME EST CERTAINEMENT LA FRANC-MAÇONNERIE, laquelle hérite foi et coutumes du gnosticisme caïnite. La Maçonnerie, unique dans son esprit et dans ses lois fondamentales, est la contre-église internationale...

De la "papauté-maçonnique"..., invisible, inconnue mêmes aux initiés communs, dépendent les destinées des peuples. LE SPIRITISME-OCCULTISME ET LA THÉOSOPHIE SONT LA RELIGION et la philosophie naturaliste PROMUE PAR LA FRANC-MAÇONNERIE. LE SATANISME MAÇONNIQUE SE MANIFESTE PRINCIPALEMENT DANS LA PROFANATION RITUELLE D'HOSTIES CONSACRÉES.

Pape Léon XIII, auteur de l'encyclique "Humanum Genus"

À Fribourg en Suisse (Rue Grand'Fontaine, 41) chacun peut voir, dans une vaste grotte, aujourd'hui chapelle d'adoration réparatrice, les outils qui servaient aux rites sataniques" (A. ROMEO, *Satanismo*, in Enciclopedia cattolica, Città del Vaticano 1953, vol. X, coll. 1954, 1958-59).

Selon l'éminent cardinal Caro aussi : "En certaines loges se rend un culte à Lucifer ou à Satan" (J. M. CARO, *op. cit.*, p. 130).

Enfin, "*La Civiltà cattolica*" elle-même s'exprime ainsi : "LE SATANISME, par lequel la Franc-Maçonnerie est obsédée contre tout ce qu'elle connaît de catholique, n'EST si habilement ALIMENTÉ par rien, que par la plume, par les manœuvres, par les suggestions et PAR L'OR DES ISRAÉLITES" ("*La Civiltà Cattolica*", série XIV, vol. 8, 1890, op. cit., p. 142).

Conclusion

Je pense que pour conclure cet article, il n'y a rien de mieux que de résumer l'encyclique de Léon XIII "*Humanum genus*" (1884) sur la Franc-Maçonnerie. Le Pape rappelle qu'il y a deux races, deux cités, deux étendards : celui de Lucifer et celui de Notre-Seigneur Jésus Christ, le monde et l'Église ; ceux-ci sont toujours en lutte entre eux. "Mais en nos temps, les partisans de la cité du mal, inspirés et aidés par cette société qui... prend le nom de Société Maçonnique, il semble que tous conspirent ensemble et tentent les ultimes épreuves. Car... ils s'insurgent... contre la souveraineté de Dieu ; ils travaillent... à la ruine de la Sainte Église". il est du devoir du Pape donc de dénoncer la secte ; la Franc-Maçonnerie est funeste à l'État et à l'Église étant donné son but et sa nature ; dans l'espace d'un siècle et demi la Franc-Maçonnerie s'est propagée dans le monde entier jusqu'à "sembler presque maîtresse des États". Différentes sectes existent "qui quoique différentes de nom... sont pourtant étroitement liées entre elles par l'affinité des buts et se rejoignent en substance avec la Franc-Maçonnerie". Leurs dernières et véritables intentions, les chefs suprêmes les plus influents, sont secrets, "le candidat doit promettre de ne pas révéler... aux affiliés... les doctrines de la secte". Les membres doivent promettre obéissance aveugle et absolue aux maîtres et s'ils y manquent, doivent être prêts même à subir la mort. LE BUT DE LA FRANC-MAÇONNERIE EST : "DÉTRUIRE DE FOND EN COMBLE TOUT L'ORDRE RELIGIEUX ET SOCIAL, LEQUEL FUT CRÉÉ PAR LE CHRISTIANISME, et lui en substituer un nouveau en prenant fondements et règles du Naturalisme. Ce qui nous avons dit... doit être entendu de la SECTE MAÇONNIQUE EN ELLE-MÊME... pas des FRANCS-MAÇONS PRIS INDIVIDUELLEMENT, dans le nombre desquels peuvent s'en trouver, et pas peu, qui quoique coupables de s'être liés à des sociétés de cette sorte, cependant ne prennent pas part directement à leurs mauvaises œuvres et en ignorent également le but final". Le principe du Naturalisme est la supériorité de la Nature sur la Grâce, de la Raison sur la Révélation, et comme l'Église romaine est la dispensatrice de la Grâce et la dépositaire de la Révélation, "plus grands contre elle sont la colère et l'acharnement des ennemis". La Franc-Maçonnerie soutient la séparation entre Église et État, de manière que le Magistère et l'autorité de l'Église n'aient aucune influence sur la société.

"Mais CONTRE LE SIÈGE APOSTOLIQUE ET LE PONTIFE ROMAIN, BRÛLE PLUS VIVE LA FLAMME DE LA GUERRE". Tout d'abord fut attaqué son pouvoir temporel, pour pouvoir ensuite se débarrasser du spirituel et détruire la Papauté. "LE BUT SUPRÊME DES FRANCSMAÇONS EST VRAIMENT DE PERSÉCUTER AVEC UNE HAINE IMPLACABLE LE CHRISTIANISME ET ILS N'AURONT DE CESSE, QU'ILS NE VOIENT À TERRE TOUTES LES INSTITUTIONS RELIGIEUSES FONDÉES PAR LES PAPES. Si la secte n'impose pas aux affiliés de renier expressément la Foi catholique, cette tolérance, au lieu de déranger les dessins maçonniques, les aide. Car celle-ci est surtout une manière de tromper aisément les simples et les imprudents (...). Ensuite, EN OUVRANT LES PORTES À DES GENS DE QUELCONQUE RELIGION, ON OBTIENT L'AVANTAGE DE PERSUADER PAR LE FAIT LA GRANDE ERREUR MODERNE DE L'INDIFFERENTISME RELIGIEUX ET DE L'ÉGALITÉ DE TOUS LES CULTES : MOYEN OPPORTUN POUR ANÉANTIR toutes les religions et SURTOUT LA RELIGION CATHOLIQUE QUI, seule vraie, NE PEUT SANS UNE ÉNORME INJUSTICE ÊTRE MISE SUR UN PIED D'ÉGALITÉ AVEC LES AUTRES". Comme les âmes vicieuses sont fatiguées et serviles, la secte tâche d'"amener les masses à se repaître de licence : pour en faire ensuite ainsi l'instrument docile de leurs projets les plus audacieux. La secte veut aussi, après dix-huit siècles, RESSUSCITER LES COUTUMES ET LES INSTITUTIONS DU PAGANISME "POUR DÉTRUIRE LA RELIGION ET L'ÉGLISE FONDÉE PAR DIEU LUI-MÊME."

L'UNIQUE VRAI REMÈDE CONTRE LA JUDÉO-MAÇONNERIE

"DANS LA VERTU DE LA RELIGION DIVINE... continue Léon XIII CONSISTE LA MEILLEURE ET PLUS SOLIDE ESPÉRANCE DE REMÈDE efficace, à cette vertu il est nécessaire de recourir avant toute chose contre l'ennemi commun". Puis le Pape descend de ce principe universel aux détails pratiques :

1°) Enlever le masque (de société purement philanthropique ou de bienfaisance) à la Franc-Maçonnerie ; il faut enseigner aux hommes, par écrit et de vive voix, quels sont la nature, l'origine et le vrai but de la Franc-Maçonnerie.

2°) Infuser dans le peuple L'AMOUR DE L'INSTRUCTION RELIGIEUSE sans laquelle on ne peut aimer Dieu et pratiquer les vertus, et en conséquence réussir jamais à combattre efficacement la Judéo-maçonnerie.

3°) VEILLER spécialement SUR LA JEUNESSE, sur ses bonnes mœurs et expliquer aux jeunes la perversité des sociétés secrètes.

4°) Finalement le Pape conclut : NOS FATIGUES humaines NE SERAIENT PAS SUFFISANTES à arracher ces semences pernicieuses du champ du Seigneur SI LE CÉLESTE PATRON du vignoble NE NOUS APPORTAIT PAS COPIEUSEMENT SON AIDE. Il faut donc PRIER Dieu qu'il nous aide.... TOUS LES BONS DOIVENT SE RÉUNIR EN UNE VASTE SOCIÉTÉ D'ACTION ET DE PRIÈRE."

Léon XIII se recommande donc à la Sainte Vierge qui vainc toutes les hérésies, Celle qui devra écraser la tête du serpent infernal (IPSA CONTERET) ; à S. Michel qui fut le premier à abattre l'orgueil de Lucifer (QUIS UT DEUS), à S. Joseph patron universel de l'Église et aux Apôtres Pierre et Paul sur lesquels l'Église est fermement établie."*NON PRAEVALEBUNT !*"

L'HOMICIDE RITUEL

Par M. l'abbé Curzio Nitoglia

Dans le lointain 1893, la fameuse revue des Jésuites *"La Civiltà Cattolica"*, publia une série d'articles sur la morale juive présentée par le Père Oreglia. Dans le premier de ceux-ci, il affirmait : "Nous N'ÉCRIVONS PAS AVEC L'INTENTION DE PROVOQUER... L'ANTISÉMITISME, mais de donner plutôt aux Italiens l'alarme pour qu'ils se mettent sur la défensive contre ceux qui sont ennemis de la Foi, en corrompent les mœurs et en sucent le sang, dans le but de les appauvrir, les dominer et les rendre esclaves". (*La morale giudaica*, in *"La Civiltà Cattolica"*, série XV, vol. V. fasc. 1022, 10 gennaio 1893, p. 147).

Déjà Dante Alighieri avait chanté : "...soyez des hommes et non de stupides brebis, pour que le juif chez vous ne se moque pas de vous !" (*Divina Commedia*, Paradiso, V, vv. 80-81).

Le but pour moi-même qui écris sur ce sujet brûlant (de l'homicide rituel) n'est certes pas de fomenter l'antisémitisme (condamné par l'Église et donc par moi aussi), mais seulement de faire un peu de lumière sur un sujet aussi mystérieux.

"La liberté des cultes ayant été proclamée et la citoyenneté accordée même aux juifs, ceux-ci ont tellement su en tirer profit, que d'égaux qu'ils étaient, ils sont devenus bientôt les maîtres. En effet, qui dirige aujourd'hui la politique ? C'est LA BOURSE, laquelle est entre les mains des juifs ; qui est-ce qui gouverne ? C'est la MAÇONNERIE, laquelle aussi est dirigée par les juifs ; qui est-ce qui tourne et retourne à son gré l'opinion publique ? C'est LA PRESSE, laquelle est aussi en grande partie inspirée et subventionnée par les juifs" (P. OREGLIA, op. cit., p. 146).

"Voilà, diront certains, la raison de l'antipathie que les juifs inspirent à tous... Oui, c'est l'une des raisons continue'*la Civiltà Cattolica*'mais ce n'est ni l'unique ni la principale. Il y en a une autre cachée, plus mystérieuse, et qui en elle-même comprend toutes les autres... LA RAISON à laquelle nous faisons allusion EST UNE HAINE DU CHRISTIANISME, IMPOSÉE AUX JUIFS PAR LOI, haine qui en arrive à justifier à notre désavantage toutes sortes de crimes" (Op. cit., p. 147).

LA MORALE JUIVE EST LA CAUSE PRINCIPALE DE LA HAINE DES JUIFS CONTRE LES NON-JUIFS

"La première et principale cause de l'aversion des juifs contre les non-juifs, et surtout contre les chrétiens, doit être recherchée, chose incroyable à dire, dans leur morale même et leur religion ; laquelle N'EST PLUS LA RELIGION MOSAÏQUE, MAIS PLUTÔT LA

RELIGION TALMUDIQUE OU RABBINIQUE, façonnée selon la fantaisie des scribes et pharisiens, interprètes menteurs de la loi". (Op. cit., pp. 148-149).

Voyons alors ce que dit le Talmud sur les chrétiens : "LE CHRÉTIEN est homicide, immonde, excrément, adonné à la bestialité, sa seule rencontre contamine, et même IL N'EST PAS À PROPREMENT PARLER UN HOMME MAIS UNE BÊTE". (TALMUD. Traité Baba Metsigna, fol. 114, Edition d'AMSTERDAM 1645, et Traité Barakouth, fol. 88 Maïmonide, Traité de l'homicide, chap. 2, art. 2 Cf. PRAINATIS, *Christianus in Talmude Judæorum*, 1ère Partie, chap. 2, pp. 54-61, Petropoli).

"Une fois posée cette belle idée que les juifs ont de nous..., faudra-t-il s'étonner qu'ils se fassent un devoir de conspirer perpétuellement contre nous ? S'ils nous considèrent comme des bêtes à apparence humaine, et des bêtes destinées par Dieu à les servir, il est naturel qu'ils nous traitent, toutes les fois qu'ils le peuvent, comme des bêtes" (P. OREGLIA, op. cit., p. 150).

Le précepte de l'amour du prochain (commandé par la loi naturelle et par la loi mosaïque) n'est pas selon le Talmud un précepte universel, mais il est restreint aux seuls juifs et à leurs amis.

« Mais Maïmonide... trouve le moyen de ménager la chèvre et le chou, en disant "qu'il est LICITE DE FAIRE DU BIEN MÊME AUX CHRÉTIENS, mais QUAND CELA PEUT TOURNER AU PROFIT D'ISRAËL, ou quand cela peut servir à sa tranquillité et à mieux cacher l'inimitié envers les chrétiens" (Maïmonide : Hilkhtoh Akum X, 6) » (*"La Civiltà Cattolica"*, op. cit. p. 159). Récemment aussi en Israël, le rabbin Josef Ovadia s'est posé la question "si un juif peut se permettre de ne pas observer le Sabbat pour sauver la vie à un gentil, à un non-juif. À ce propos, il n'a pas eu de doute : dans une conférence, il a soutenu qu'un juif peut enfreindre le Sabbat s'il peut sauver la vie d'un non-juif. Au contraire, il doit le faire, BIEN QUE LA LOI JUIVE PRESCRIVE... QUE LE SABBAT NE PEUT ÊTRE ENFREINT QUE POUR SECOURIR UN AUTRE JUIF. Ovadia, en effet, soutient que la non-intervention d'un juif pour sauver un non-juif le samedi, pourrait se retourner contre la communauté juive, en redonnant vigueur aux critiques contre son style de vie. Pour cette raison, selon Ovadia, SAUVER UN NON-JUIF, même le samedi, PEUT ÊTRE INDIRECTEMENT CONSIDÉRÉ COMME UN ACTE LICITE, comme celui accompli par qui sauve un coreligionnaire en ce saint jour" (*"LA STAMPA"*, 17 novembre 1991).

Le Sanhédrin affirme qu'"UN JUIF doit être considéré PRESQUE ÉGAL À DIEU. Tout le monde est à lui, tout doit lui servir, particulièrement LES BÊTES QUI ONT FORME HUMAINE, C'EST-À-DIRE LES CHRÉTIENS" (Sanhédrin 586, cité par PRAINATIS, op. cit., part. 2, pp. 76-77).

"Admirez maintenant les conséquences qui découlent de ces beaux principes continue *"La Civiltà Cattolica"*, tous nos biens appartiennent aux juifs, puisqu'eux seuls sont des hommes, et par conséquent ont le droit de posséder, tandis que nous ne sommes pas des personnes mais des choses. C'est pour cela que le Talmud... déclare permis aux juifs l'USURE envers les Chrétiens, (Abhoda Zarah 54b Baba Metsigna c. V, par. 6, p. 14, d'après PRAINATIS, op. cit., partie 2ème, pp. 96-100), la fraude (Babha Kama 113b), le vol (Babha

Bathra 54b) et la rapine (TALMUD, Traité Baba Metsigna, fol. 111)" (Op. cit., p. 151). Et encore : "Considérez les CHRÉTIENS, dit le Talmud, comme DES BÊTES ET DES ANIMAUX FÉROCES ET TRAITEZ-LES COMME TELS. Ne faites ni du bien ni du mal aux gentils, mais mettez toute votre ingéniosité et votre zèle à anéantir les chrétiens" (TALMUD, tom. 3, liv. 2, chap. 4, art. 5. p. 279).

Maïmonide, un de leurs plus grands docteurs, leur enseigne que "TOUT JUIF QUI NE TUE PAS UN NON-JUIF, VIOLE UN PRÉCEPTE NÉGATIF" (SEPHER MITZVOT, fol. 85, c. 2, 3). ("*La Civiltà Cattolica* ", art. cit., pp. 156-157).

"LE JUIF QUI TUE UN CHRÉTIEN OFFRE À DIEU UN SACRIFICE AGRÉÉ" (Sepher Or Israël 177b). *"La Civiltà Cattolica"* conclut ainsi : "Donc de deux choses l'une : ou ils (les juifs, ndr) envoient au diable leur Talmud avec tous ses commentaires, qui sont une insulte au bons sens et un outrage à la loi naturelle elle-même, ou bien ils se résignent à être haïs et en abomination à toutes les autres religions, surtout aux nations chrétiennes" (p.160).

À ce sujet, voir aussi H. DESPORTES (*Le mystère du sang chez les juifs de tous les temps*, Albert Savine éd., Paris 1890, pp. 251-365) ; A. MONNIOT (*Le crime rituel chez les juifs*, Téqui ed., Paris 1914, pp. 73-136) ; L. FERRARO (*El ultimo protocolo*, Arca de la Alianza Cultural, Madrid 1986, pp. 37-76) ; ABBÉ JULIO MEINVIELLE, (*Le Judaïsme dans le mystère de l'histoire*, éd. Sainte Jeanne d'Arc, Villegenon 1983, pp. 47-50) ; MGR. U. BENIGNI, dans « Osservatore Cattolico » de Milan, 1892 16-17 janv. ; 19-20 janv. ; 23-24 janv. ; 30-31 janv. ; 4-5 fevr. ; 14-15 fevr. ; 8-9 mars ; 10-11 mars ; 11-12 mars ; 14-15 mars ; 16-17 mars ; 17-18 mars ; 21-22 mars ; 24-25 mars ; 29-30 mars ; 1-2 avr. ; 4-5 avr. ; 7-8 avr. ; 9-10 avr. ; 12-13 avr. ; 14-15 avr. ; 15-16 avr. ; 21-22 avr.

LA MORALE JUIVE ET LE MYSTÈRE DU SANG

"Il y a un rite religieux du juif disparu, d'un caractère exceptionnel, qui sort, avec un relief terrible, de la catégorie des rites ordinaires, et qui a acquis dans l'histoire une triste célébrité ; nous voulons parler de l'HOMICIDE RITUEL ou du SACRIFICE HUMAIN. ...En souvenir du Christ crucifié, pour donner au crime du Calvaire, jusqu'à la fin des temps, avec un souvenir horrible, une sorte de prolongement indéfini, le juif a sanctifié, chaque fois qu'il l'a pu, chaque anniversaire du Déicide, par l'immolation d'un Chrétien. ...TRAITER DE LA QUESTION JUIVE ET SE TAIRE SUR L'HOMICIDE RITUEL, SIGNIFIERAIT OMETTRE CE QU'IL Y À DE PLUS IMPORTANT DANS LE PROBLÈME. ...En aucune autre circonstance la lumière de l'histoire n'est plus nécessaire, parce qu'en aucune autre circonstance, le mensonge n'a fait plus pour créer la nuit" (P. CONSTANT, LES *Juifs devant l'Église et l'histoire*, Paris 1891, Arthur Savaete éditeur, pp. 227-228).

Cherchons alors à faire la lumière là où on a voulu faire la nuit.

"Nous déduirons nos preuves à partir de quatre points : des dépositions juridiques faites devant les tribunaux par des juifs convaincus et reconnus coupables d'homicides et d'infanticides, commis dans un but religieux ; des révélations des Rabbins convertis à notre

Foi ; des documents historiques et enfin du témoignage de la tradition" (*La morale giudaica e il mistero del sangue* in *"La Civiltà Cattolica"*, série XV, vol. V, fasc. 102 ; 12 janvier 1893, p.269).

Le Bienheureux "Niño de la Guardia" martyrisé par les Juifs en 1490

JUIFS RECONNUS COUPABLES DEVANT LES TRIBUNAUX D'HOMICIDE RITUEL

"La Civiltà Cattolica", parmi beaucoup de procès faits aux juifs pour assassinat rituel en France, Italie, Angleterre, Allemagne, Bavière, Hongrie, Lituanie et Pologne, sans parler ensuite des pays orientaux, mentionne surtout celui de Trente (sec. XV) et celui de Damas (sec. XIX).

« Eh bien affirme la prestigieuse revue des jésuites si on compare les deux procès, les coupables reconnus comme tels étant huit dans le premier et seize dans le second, outre un bon nombre de témoins tous juifs, on verra avec étonnement comment, malgré la distance des quatre siècles qui les sépare, les aveux et les témoignages déposés par eux, correspondent parfaitement quant au rite et à l'usage du sang chrétien...

1°) En comparant les deux procès ensemble, il ressort avec évidence que L'ASSASSINAT D'UN CHRÉTIEN non seulement est réputé licite, mais EST COMMANDÉ aux juifs PAR LA LOI TALMUDIQUE-RABBINIQUE...

2°) LE BUT DU-DIT ASSASSINAT n'est pas seulement d'outrager le Christ et de nuire au Christianisme, ...mais SURTOUT D'ACCOMPLIR UN DEVOIR RELIGIEUX, qui est celui de célébrer dignement les deux fêtes des Pourim et de la Pâque, en faisant usage à cette occasion du sang chrétien...

3°) Dans les fêtes des Pourim, selon l'avis des rabbins, ...on peut utiliser du sang de n'importe quel chrétien, mais pour les fêtes de la Pâque, il faut que ce soit le sang d'un enfant chrétien n'ayant pas dépassé l'âge de sept ans...

4°) Les azymes, préparés à la manière juive avec cette petite saveur de sang chrétien, sont offerts pendant les fêtes des Pourim aux non-juifs, surtout aux chrétiens qui sont (pour ainsi dire) des connaissances et des amis ; mais pendant les fêtes pascales ils sont mangés pendant sept jours uniquement par les juifs.

5°) Ceci est LE SECRET DU SEUL PÈRE DE FAMILLE, à qui revient d'introduire dans la pâte des azymes, à l'insu de sa femme et de ses enfants, un peu de sang chrétien frais ou coagulé et réduit en poudre.

6°) Il doit en plus dans le repas pascal verser quelques gouttes de sang dans le vin qu'il verse à la famille et bénir ainsi la table !...

7°) Le sang est meilleur et le sacrifice de l'enfant est davantage agréé par Dieu..., s'il se fait dans les trois jours proches de la Pâque.

8°) POUR QUE LE SANG D'UN ENFANT chrétien soit adapté au rite et PROFITABLE AU SALUT DE L'ÂME JUIVE, IL CONVIENT QUE L'ENFANT MEURE PARMI LES SOUFFRANCES...

11°) L'USAGE RITUEL ET LE MYSTÈRE DU SANG seul est écrit DANS LES CODES orientaux, par contre IL FUT SUPPRIMÉ DANS LES OCCIDENTAUX, par crainte des gouvernements chrétiens, et REMPLACÉ PAR LA PRATIQUE ET LA TRADITION ORALE" (pp. 270-272).

Telles sont les conclusions tirées des aveux des rabbins et des autres juifs examinés dans les deux procès de Trente et de Damas. Qui voudrait s'en assurer peut lire *in extenso* le compte rendu des procès de Trente et de Damas publiés par *"Civiltà Cattolica"*, série II, vol. VIII-IX-X, dans la Chronique sous la rubrique Roma (1881-1882). Pour le procès de Damas, voir aussi : ACHILLE LAURENT, *Relation historique des affaires de Syrie, depuis 1840 jusqu'en 1842.*. Désormais presque introuvable. Et aussi : ACELDAMA, *Processo celebre contro gli ebrei di Damasco*, Premiato stab. Tipografico G. Dessi, Cagliari-Sassari, 1896.

LES RÉVÉLATIONS DES RABBINS CONVERTIS AU CATHOLICISME

Nous trouvons confirmation des conclusions tirées des aveux rapportés pendant les procès et des révélations faites par des rabbins convertis à notre Foi. *"La Civiltà Cattolica"* mentionne surtout l'autorité de trois rabbins convertis : Paolo Medici, Giovanni da Feltre et Théophile, moine moldave.

« Paolo Medici dans son ouvrage intitulé *Riti e costumi degli ebrei* (p. 323, 6ème éd. Torino Tip. Borri, 1874) confirma les fréquents meurtres des enfants chrétiens ; Giovanni da Feltre déclara solennellement devant le podestat de Milan l'usage que les juifs faisaient du sang chrétien (cf. *"La Civiltà Cattolica"* série II, vol. VIII, p. 230ss) ; et Théophile en explique le mystère dans ses révélations écrites en langue moldave et rendues publiques en 1803, puis traduites en grec en 1834 à Naples de Roumanie par Giovanni de Giorgio, et finalement traduites en italien par le Prof. N.F.S. et publiées à Prato en 1883 sous le titre suivant :'*Il sangue cristiano nei riti ebraici della moderna sinagoga*'. ...L'ex-rabbin moldave,... confesse le rite sanguinaire et l'usage que lui-même, avant sa conversion, avait fait du sang chrétien... "Ce secret du sang, dit-il, n'est pas connu par tous les juifs, mais par les seuls Kakam (docteurs) ou rabbins, et par les scribes et les pharisiens, qui pour cela sont appelés conservateurs du mystère du sang"...ceux-ci LE COMMUNIQUE SEULEMENT

ORALEMENT AUX PÈRES DE FAMILLE qui le transmettent au fils qu'ils estiment le plus capable de recevoir ce secret, en l'accablant de menaces horribles au cas où il le dévoilerait à autrui. Et il raconte ici comment son père la lui révéla : "Quand j'eus 13 ans, mon père, me prenant à part, seul à seul, après m'avoir instruit et m'avoir inculqué toujours plus la haine des chrétiens, comme une chose commandée par Dieu, jusqu'à les tuer et en récolter le sang... Mon fils, me dit-il, ...je te fais mon plus intime confident et un autre moi-même ; et m'ayant mis une couronne sur la tête, il me donna les explications du mystère et il ajouta qu'il s'agissait d'une chose sacrée, révélée par Dieu, et commandée aux juifs ; et qu'ainsi j'étais mis au courant du secret le plus important de la religion juive". Suivent après les serments et les menaces de malédiction qui lui sont faites, au cas où il violerait le secret, ainsi que le précepte de ne pas le communiquer, même pas à sa mère, ni à sa sœur, ni à ses frères ni à sa future épouse, mais seulement à celui de ses enfants qui lui paraîtrait le plus zélé, le plus sage pour garder le secret...

Les juifs, dit Théophile, sont plus contents lorsqu'ils peuvent tuer les petits enfants parce qu'ils sont innocents et vierges, et par conséquent la parfaite image de Jésus-Christ ; ils les tuent à Pâques, pour qu'ils puissent mieux représenter la Passion de Jésus-Christ » (*"La Civiltà Cattolica"*, art. cit., pp. 273-276).

LES MOTIFS DE CRÉDIBILITÉ DE THÉOPHILE LE MOLDAVE

Il serait tout à fait déraisonnable de ne pas ajouter foi aux révélations de l'ex-rabbin moldave, à première vue parce que celui qui les a écrites est un témoin qui connaît parfaitement ce qu'il nous révèle ; en effet Théophile fut lui-même rabbin et apprit ces mystères dès l'âge de treize ans. Deuxièmement, il dépose contre lui-même, ayant reconnu avoir lui-même fait usage fréquent du sang chrétien. Troisièmement, il n'ignorait pas qu'avec de telles révélations, il s'exposait au risque d'être tué, et cependant il voulut le faire quand-même par acquisde conscience et par charité envers les chrétiens. Quatrièmement, puisque ses révélations concordent quant à la substance avec les confessions faites aux juges par les juifs dans les procès susmentionnés". (*"La Civiltà Cattolica"*, art. cit., p. 278).

L'HISTOIRE

'"Nous ne nous trouvons pas en face d'un auteur isolé ici et là, mais devant tout un peuple d'historiens, d'annalistes et d'auteurs d'époque, de lieu et de nation différents ; pour cette raison, il serait absurde de supposer que tous se soient mis d'accord ensemble pour falsifier les faits au détriment des juifs. ...Ce sont entre autres les Bollandistes, Baronius, Rohrbacher..." (ibidem, p. 280).

LISTE CHRONOLOGIQUE DES ASSASSINATS LES PLUS CONNUS COMMIS PAR LES JUIFS

« Année 1071. À Blois (Monumenta historica Germaniae : Scriptorum, vol. VI, p. 500) : Un enfant est crucifié puis jeté dans le fleuve. Le Comte Théobald fait brûler les juifs coupables.

1114. À Norwich en Angleterre (Bollandistes, vol. 3° de mars, 588 : et Monumenta ibid.) Guillaume, enfant de douze ans, est attiré dans une maison juive où il est crucifié parmi mille outrages le jour de Pâques, et afin de mieux représenter Jésus-Christ sur la Croix, il fut blessé au côté.

1160. À Gloucester (Monumenta ibid.) les juifs crucifièrent un enfant.

1179. À Paris (Bollandistes ibid : p. 551) : l'enfant Richard a été immolé au Château de Pontoise le Jeudi Saint : et il est honoré comme Saint à Paris.

1181. À Paris (Pagi à l'année 1881, n. 15 et Bolland. 25 mars, p. 589). Saint Robert, enfant, est tué par les juifs vers les fêtes de Pâques.

1182. Les juifs à Pontoise crucifient un garçon de douze ans, et pour cette raison sont expulsés de France. À Saragosse (Blanca Hispania illustrata, Tome 3°, p. 657) il arrive la même chose à Dominique del Val. 1236. Près d'Haguenau (Richeri Acta Senonensia Monum. XXV, p. 324 et ailleurs) trois enfants de sept ans sont immolés par les juifs en haine de Jésus-Christ.

1244. À Londres (Baronius n. 42 sur cette année) un enfant chrétien est martyrisé par les juifs ; il est vénéré dans l'église St Paul.

1250. En Aragon (Giovanni da Lent, De Pseudo Messiis, p. 33) un enfant de sept ans est crucifié vers le temps de la Pâque juive.

1255. À Lincoln (Bolland. vol, 6° de juillet, p. 494), Hugues, enfant volé par les juifs est nourri jusqu'au jour du sacrifice. Beaucoup de juifs arrivent des différentes régions d'Angleterre, et le crucifient, en renouvelant en lui toutes les scènes de la Passion de Notre-Seigneur, comme nous le raconte Matthieu Paris et Capgrave. Weever nous apprend encore que les juifs des principales villes d'Angleterre enlevaient les enfants de sexe masculin pour les circoncire, puis en outrage à Jésus-Christ les couronnaient d'épines, les flagellaient et les crucifiaient (LAURENT, *Les affaires de Syrie*, tom. 2. p. 326 Ed. de Paris 1846).

1257. À Londres (Cluverio Epitome hist. p.541) un enfant chrétien est immolé par les juifs. 1260. À Wessembourg (Annal Colmar, Monum. XVII, 191) un enfant tué par les juifs. 1261. À Pforzeim Bade (Bolland. vol. 2° d'avril, p. 838) : une enfant de sept ans est étranglée, puis saignée et noyée.

1283. À Mayence (Baronius n. 61 : Acta Colmar. Monument. XVII, 210) un enfant est vendu par sa nourrice à des juifs et tué par eux.

1285. À Munich (Radero Bavaria sancta, Tome 2°, p. 331 : Monum. XVII, 415) un enfant est saigné. Son sang sert de remède aux juifs. Le peuple brûle la maison où les juifs s'étaient réfugiés.

1286. À Oberwesel sur le Rhin (Bolland. 2° vol. d'avril, p. 697 : Monum. XVII. 77 : Baronius 1287, n. 18) Wernher, quatorze ans, est martyrisé pendant trois jours avec des incisions répétées.

1287. À Berne (Bolland. 2° vol. d'avril) le jeune Rodolphe est tué lors de la Pâque des Juifs.

1292. À Colmar (Ann. Colm. II, 30) un enfant est tué comme ci-dessus.

1293. À Crems (Monum. XI, 658) un enfant est immolé par les juifs, deux des assassins sont châtiés : les autres se sauvent grâce à l'or.

1294. À Berne (Ann. Colm. II, 32) un autre enfant a les veines ouvertes par les juifs.

1302. À Remken : même chose (Ann. Colm. II, 39).

1303. À Weissense en Thuringe (Baronius 64) l'écolier Conrad, fils d'un soldat, saigné avec des incisions aux veines.

1345. À Munich (Radero 351) le Bienheureux Henri cruellement tué.

1401. À Dissenhofen dans le Wurtemberg (histoire du Bx. Albert de Simon Habiki d'après les Bolland., vol. 2° d'avril) un enfant de quatre ans est acheté pour trois florins et saigné par les juifs.

Ici il faut noter que dans le procès fait pour cet assassin, le juif accusé confessa "que tous les sept ans les juifs ont besoin de sang chrétien. Un autre révéla que le chrétien assassiné devait avoir moins de treize ans. Un troisième dira qu'ils se servaient de ce sang dans la Pâque ; qu'ils en faisaient sécher une partie pour le réduire en poudre, et qu'ils s'en servaient pour les rites religieux" (Question Juive, pp. 59-60). Il est remarquable que les mêmes confessions et révélations aient été faites par des juifs à plusieurs siècles de distance et dans des pays très éloignés : à Trente, en Moldavie, en Suisse aux XIVème et XVIIIème siècles, comme nous l'avons déjà vu plus haut.

1407. Là aussi un autre enfant tué ; d'où une émeute populaire et la chasse aux juifs (ibid).

1410. En Thuringe (Baronius 31) les juifs sont chassé à cause de crimes contre les enfants chrétiens.

1429. À Rovensbourg (Baronius 31 : Bolland. 3° vol. d'avril, p. 978) Louis Von Bruck, jeune chrétien, est sacrifié par des juifs alors qu'il les servait à table entre la Pâque et la Pentecôte : son corps est retrouvé et honoré par les chrétiens.

1454. En Castille (Simon Habiki cit.) un enfant est coupé en morceaux et son cœur cuit comme nourriture. Pour ce crime et d'autres semblables, les juifs furent ensuite chassés d'Espagne en 1459.

1457. À Turin (ibid) un juif est pris à l'instant même où il va égorger un enfant.

1462. Près d'Innsbruck (Bolland. 3° vol. de juillet, p. 462) le Bienheureux enfant André né à Rinn, est immolé le 9 juillet par des juifs qui recueillent son sang.

1475. À Trente, le célèbre martyre du Bx. Simon, dont existent les procès d'origine qui font apparaître les juifs de Trente coupables de l'assassinat du Bx. Simon, et en révèlent beaucoup d'autres douzaines commis par eux et leurs coreligionnaires dans le même but rituel, au Tyrol, en Lombardie, dans la Vénitie, et ailleurs encore en Italie, Allemagne, Pologne, etc, etc...

1480. À Trévise (Baronius p. 569) est commis un crime semblable au précédent de Trente.

1480. Assassinat du Bienheureux Sébastien de Porto Buffole dans la région de Bergame.

1480. À Motta di Venezia (Bolland. vol. 2° d'avril) un enfant est immolé le Vendredi Saint.

1486. À Ratisbonne (Radero 3°, 174) six enfants victimes des juifs.

1490. À Gardia près de Tolède (Bolland. 1er avril 3) un enfant est crucifié.

1494. À Tyrman en Hongrie (Bolland. vol. 2° d'avril p. 838) un enfant est volé et saigné.

1503. À Waltkirch en Alsace (Bolland. vol. 2° d'avril p. 830) : un enfant de quatre ans, vendu par son père aux juifs pour dix florins, à la condition qu'il lui fût restitué vivant après en avoir retiré du sang. Les juifs le tuèrent en le saignant.

1505. À Budweys (Efele Scriptores, 1.138) un fait semblable.

1520. À Tyrnau et à Biring (Bolland. vol. 2 ° d'avril p. 839), deux enfants saignés. Pour cette raison, les juifs furent alors chassés de Hongrie.

1540. À Suppenfeld en Bavière (Radero 2,2 31 ; 3, 179) Michel, quatre ans, torturé pendant trois jours.

1547. À Rave en Pologne (Simon Habiki, cit.) le fils d'un tailleur sacrifié par deux juifs.

1569. À Witow en Pologne (ibid.) Jean, deux ans, vendu pour deux marks au juif Jacques de Leizyka, et tué cruellement par lui. D'autres faits semblables sont arrivés à Bielko et ailleurs.

La profanation de l'Hostie par les Juifs

1574. À Punia en Lituanie (ibid.) Elisabeth, sept ans, assassinée par le juif Joachim Smerlowiez le mardi avant le dimanche des Rameaux ; son sang est recueilli dans un vase.

1590. À Szydlow (ibid.) un enfant disparaît : son cadavre est retrouvé saigné avec des incisions et des piqûres.

1595. À Gostin (ibid.) un enfant est vendu aux juifs pour être saigné.

1597. Près de Sryalow (ibid.) un enfant tué : avec son sang, les juifs aspergent la nouvelle synagogue pour la consacrer.

1650. À Caaden (Tentzel, janvier 1694) un enfant de cinq ans et demi du nom de Mathias Tillich y est assassiné le 11 mars. Cet historien raconte d'autres faits semblables arrivés à Steyermarck, Karnten, Crain, etc...

1655. À Tunguch en Allemagne (Tentzel, juin 1693) un enfant assassiné.

La chasse des reliques de St Siméon de Trente

1669. À Metz (Procès : Paris 1670 : Feller, journal 1788, vol. 2°, p. 428) un enfant de trois ans volé par le juif Raphaël Levi, est cruellement assassiné. Son cadavre fut retrouvé horriblement mutilé. Le coupable fut brûlé vif par sentence du Parlement de Metz le 16 juin 1670.

1778. Le *Journal historique et littéraire* du 15 janvier 1778 à la page 88 et celui du 15 octobre de la même année à la page 258 mentionne que de nombreux enfants ont été tués par les juifs au XVIIIème siècle.

1803. Nous avons de bonnes raisons pour avancer cette date de 1803 ; car cette année-là, pour la première fois fut publié le petit livre de Théophite ou Néophite. L'autorité de celui-ci vaut historiquement plus que les autres pour démontrer que les juifs ont toujours utilisé, utilisent et doivent utiliser (s'il s'agit vraiment de juifs observants) le sang chrétien dans leurs rites.

1810. Dans les actes du Procès de Damas (Laurent ; affaires de Syrie) existe une lettre de John Barker, ex-consul anglais à Alep où il est question d'une pauvre chrétienne disparue à Alep. Tous accusaient un juif, Raphaël d'Ancône, de l'avoir égorgée pour en recueillir le sang.

1827. À Varsovie (CHIARINI, *Teoria del Giudaismo*, vol. I. p. 355) un enfant chrétien disparaît à l'occasion de la Pâque juive.

1831. À Saint-Pétersbourg (Amblagen der Suden : Leipzig 1864) un enfant est assassiné par les juifs dans un but rituel. Ainsi en ont statué quatre juges.

1839. À Damas (Procès de Damas, d'après Laurent, p. 301) on découvre à la douane une bouteille de sang apportée par un juif : il offre dix mille piastres pour étouffer l'affaire.

1840. À Damas, le célèbre procès sur l'assassinat du Père Thomas de Calangiano, capucin, et de son serviteur chrétien, tués par les juifs dans un but rituel. Les juifs furent convaincus et condamnés : mais ils furent ensuite graciés à cause de l'argent. Ces juifs assassins étaient presque tous italiens et de Livourne. L'original du procès se trouve aux Archives de Paris, et fut publié par Laurent dans le 2° volume des Affaires de Syrie.

1843. À Rhodes, Corfou et ailleurs (l'Egypte sous Méhemet Ali de Hamont : Paris 1863) assassinat par des juifs d'enfants chrétiens.

1881. À Alexandrie d'Egypte le meurtre du jeune grec Fornarachi, dont traitèrent tous les journaux de 1881-1882. Le cadavre fut retrouvé saigné, tout piqué, et semblable à une statue de cire.

1882. À Tisza Eszlar en Hongrie, une jeune fille de quatorze ans est égorgée dans la synagogue par le sacrificateur juif. Plus récemment encore, en 1891, fut trouvé chez le juif Buschoff à Xanten, dans la Prusse rhénane, le cadavre de l'enfant catholique Jean Hegmann, sans une goutte de sang. Buschoff fut jugé, puis absous, tant est grande de nos jours la puissance de l'or juif !

Nous avons lu les actes de ces procès, traduits par la *"Verona fedele"*, et nous défions quiconque les lira, de ne pas y voir le but préétabli de sauver coûte que coûte le coupable. C'est un procès qui peut être défini : Monument éternel ou bien de stupidité juridique ou bien de corruption juive ! » (*"La Civiltà Cattolica"*, 23 janvier 1893, pp. 281-286).

OBJECTIONS À LA THÈSE DE L'HOMICIDE RITUEL

Plusieurs livres assez récents cherchent à ridiculiser et à réfuter l'accusation d'homicide rituel, en le liquidant comme une légende ou une pure superstition, comme par exemple, A. MILANO, *Storia degli ebrei in Italia*, Einaudi, Torino 1992, pp. 603-607 ; J. MAIER P. SCHAFFER, *Piccola Enciclopedia dell'Ebraismo*, Marietti, Casale Monferrato 1985, aux rubriques : "sangue", "omicidio rituale", "profanazione delle ostie". De même dans le *Dizionario comparato delle religioni monoteiste* : *Ebraismo, Cristianesimo, Islam*, Piemme. Casale Monferrato 1991, à la rubrique'sangue'on lit : "Bien que LA FABLE de l'assassinat rituel ait été souvent réfutée par l'Église, elle a servi plusieurs fois comme prétexte à des pogroms et des persécutions" (p. 529). Quant à nous, nous constatons exactement lecontraire en lisant la décrétale d'Innocent III '*Etsi Judaeos*', avec ses allusions à "des pratiques abominables, contraires à la Foi catholique, qui sont détestables et inouïes".

En plus du livre de PAUL JOHNSON, *Storia degli Ebrei*, Longanesi, Milano 1987 pp. 23336, il y en a un autre en particulier qui traite avec un certain sérieux et en détail le problème du sacrifice rituel au sujet du martyre de Saint Simon de Trente ; il pose des objections apparemment plus sérieuses, n'ayant pas la prétention, comme les autres, de liquider en deux lignes l'accusation, en la ridiculisant comme si elle était une invention. J'entends parler ici de A. ESPOSITO-D. QUAGLIONI, *I processi contro gli ebrei di Trento*, Cedam, Padova 1990. Je devrai m'arrêter davantage sur cette ouvrage et je devrai y répondre.

« L'occasion du procès y trouve-t-on écrit fut la disparition, à la veille de la Pâque 1475... de l'enfant Simon, retrouvé ensuite à l'état de cadavre, dans un fossé, portant de nombreuses blessures ; en partant de la voie publique... il avait traversé la cave de la maison du plus important représentant de la communauté juive, où se trouvait aussi la synagogue. Les juifs eux-mêmes dénoncèrent au podestat la découverte du cadavre qui, nonobstant cela, et sur la base de la rumeur publique qui les disait coupables du rapt et de l'assassinat, furent incarcérés. L'*inquisitio* fut engagée dans le CLIMAT FORTEMENT VICIÉ PAR LES RAGOTS POPULAIRES. L'homicide rituel imputé aux juifs de Trente n'était pas du tout quelque chose d'exceptionnel, mais rentrait dans la pratique normale d'une secte s'adonnant aux rites de sorcellerie et de satanisme.

« C'est en procédant... surtout en s'appuyant sur les aveux des interrogés, TOUTES EXTORQUÉES PAR LA TORTURE[244]... que le juge décida la condamnation des juifs de Trente. Un mois plus tard, le 23 juillet, alarmé par ce qui était arrivé à Trente, à cause des nombreuses protestations concernant le respect de la légalité... le pape Sixte IV luimême nomma un commissaire chargé de faire un rapport sur les faits et sur le procès luimême. ...Le légat pontifical, Battista de'Giudici, ...rejoignit Trente... où il se trouva affronté au FANATISME POPULAIRE... et à l'hostilité de l'Evêque et des autorités civiles... Etant convaincu de l'innocence des juifs et de la culpabilité d'un criminel, qui avait été trop vite innocenté, ...le commissaire quitta Trente et fixa le siège de son propre tribunal à Rovereto, *oppidum* du diocèse de Trente mais appartenant au territoire plus sûr de la République de Venise. ...Avant même d'exposer ses remontrances sur la conduite du commissaire,

---

[244] Concernant la licéité de la TORTURE, lire P. PALAZZINI, *Enciclopedia Cattolica*, Città del Vaticano 1954, vol. XII, col. 342343 : « La licéité au moins de la torture peut être présentée sous deux aspects : celui de l'application de la torture comme peine ; l'autre comme moyen d'investigation. On ne peut pas douter de la licéité de la torture comme peine afflictive, étant supposée la licéité de la peine de mort... La question de la licéité de l'application de la torture comme moyen d'investigation judiciaire, sur des individus déjà suspects plus ou moins gravement, avec le but d'en tirer des aveux judiciaires, a eu des solutions différentes. Pour certains,... le bien commun peut exiger que l'accusé soit soumis même à des moyens coercitifs, tels que la torture... L'inconvénient de ne pas réussir à découvrir l'auteur d'un crime déterminé provoquerait parfois des dommages bien plus grands à la société que ceux pouvant provenir de la violation de la liberté en exigeant et en voulant la manifestation d'un individu déterminé (cf. J. DE LUGO, *De institia et iure*, disp. XXXVII, éd. Fournialis, VII, Parigi, 1869, p. 724). Toutefois, il est hors de doute que, même dans ce courant de pensée, pour être licite, la torture doit être contenue dans des limites bien définies... (cf. ST.ALPHONSE MARIE DE' LIGUORI, *Th. mor.*, IV cap. 3 a. 3, n° 202, II) ».
Il y a eu de plus les sentences du Magistère pontifical rendant licite l'usage de la torture (cf. Innocent IV, Bulle '*Ad extirpanda*', 15.05.1252 Clément IV, Bulle '*Ne Inquisitionis*', 13.01.1266 Clément V, Décrétales du Concile de Vienne Urbain IV, Bulle '*Ut negotium*', 1262).
Et enfin la pratique de l'Église, qui pour les siècles des siècles s'est servie de la torture comme moyen d'investigation judiciaire.

(l'Evêque de Trente, ndr)... il avait chargé son homme de confiance Zovenzoni... de considérer que la mauvaise santé du commissaire, était un pur prétexte et que celui-ci s'était établi à Rovereto exprès, car il y avait là un podestat qui favorisait ouvertement les juifs. Celui-ci (le commissaire Battista de'Giudici, ndr) de son côté, cita à comparaître devant son propre tribunal le podestat de Trente, mais ce dernier, avec Hinderbach luimême (l'évêque de Trente) répondit en déclarant nulles les monitions du commissaire et EN L'ACCUSANT DE CORRUPTION ET DE CONDUITE CONTRAIRE AUX INSTRUCTIONS DU PONTIFE... Par la suite, toutes les actions de Trente... visent à retourner contre le commissaire les accusations que celui-ci, entre temps, avait formulées contre les actes des juges de Trente... en le faisant paraître comme PROIE FACILE DE L'ARGENT DES JUIFS. Le commissaire en effet... avait porté à Trente l'instance du juif Jacob de Ripa, qui est... dit-on...'*providum et discretum virum*'... Le podestat de Trente était appelé à répondre devant un tribunal... à Rovereto et avec lui l'Evêque (de Trente, ndr) et le Chapitre. Le 12 octobre le secrétaire de l'Evêque de Trente,... protesta de manière solennelle à Rovereto,... que l'instance produite par Jacob de Ripa, était *nullius valoris*', parce que le commissaire avait tu que c'était l'instance d'un juif, et que les '*sceleratissimi et perfidi judei semper fuerunt atque sunt persecutores et insidiatores fidei et religionis Christianæ*'. ...Face à l'évidente discordance entre les sentences de Trente et les résultats de l'enquête de son commissaire, LE PONTIFE (Sixte IV, ndr) DUT NOMMER UNE COMMISSION DE CARDINAUX, chargés d'examiner la question... L'Evêque (de Trente, ndr) fut l'instigateur à Rome d'un vrai mouvement de curie en sa propre faveur, dans lequel se distingua de manière particulière l'humaniste Platina. LE COMMISSAIRE apostolique TOMBA évidemment (on n'arrive pas à comprendre pourquoi, ndr) EN DISGRÂCE : éloigné... de Rome, d'abord à Bénévent puis en Languedoc... La commission sixtine avait conclu ses travaux (en 1478, ndr)... en affirmant la droiture formelle de la procédure qui se serait déroulée '*rite et recte*'. Comme on le sait, un siècle plus tard, le Saint-Siège autorisa le culte local de Simon (Saint Simonin), culte qui fut officiellement abrogé après le Concile Vatican II en 1965 » (je reviendrai sur ce point à la fin de l'article, ndr). (ESPOSITO-QUAGLIONI, op. cit., pp. 12-32).

Pour ce qui regarde les décisions de la commission des cardinaux, on peut ajouter :

« Le juge de la Rote accueillit pleinement les accusations de la part de Trente, dont la principale était que la commission s'était substituée de manière indue au juge normal, en instruisant un nouveau procès, là où ses charges auraient dû se limiter à observer et à rapporter, avec une particulière attention à la vérification du martyre et des miracles.

...Battista de'Giudici fut considéré coupable d'avoir outrepassé son mandat en n'observant pas les dispositions essentielles et..., d'avoir agi de manière ouvertement favorable aux juifs... Le travail du commissaire était ainsi... déclaré '*nullius momenti... et multipliciter irritum*', par contre le podestat de Trente était libéré de l'accusation d'avoir agi violant la légalité... La Bulle pontificale fut promulguée le 20 juin 1478... il y était affirmé que les procès de Trente s'étaient déroulés '*rite et recte*', c'est-à-dire dans le respect de la légalité (D. QUAGLIONI, Introduzione a : BATTISTA DE'GIUDICI, Apologia judeorum invectiva contra Platinam, RR inédite, Roma 1987, pp. 34-35).

Reponses

Selon le livre en question, soutenir les thèses de l'homicide rituel « NE CONVIENT PAS À DES HOMMES SAINS D'ESPRIT »

(op. cit. p. 49). Les objections contenues dans ce livre voudraient démontrer « le ridicule et l'absurde de la légende de l'homicide rituel » (ibid. p. 50). Mais même rien qu'examinant avec un œil objectif ces objections, on remarque spontanément comment le Pape, qui dans un premier temps s'était montré assez sceptique sur la façon dont l'Evêque de Trente conduisait le procès, au point de lui envoyer un de ses délégués, le commissaire de'Giudici o.p. pour examiner le travail, avait ensuite nommé une commission de cardinaux pour voir de quel côté se trouvait la vérité, et comment cette commission cardinalice avait éloigné le légat romain et donné raison à l'Evêque de Trente.

Mais voyons maintenant comment donner des réponses plus détaillées aux différentes objections à la thèse de l'homicide rituel.

Une objection sous-jacente au livre en question est que LA PASSION RELIGIEUSE, le fanatisme catholique médiéval, est LE FLÉAU DE L'HISTOIRE : en effet, ou bien elle aveugle, ou bien elle corrompt l'historien qui l'écrit. La réponse est facile : les témoignages de tous les historiens du monde ne constituent plus si on accepte le principe de cette objection une référence valable et il faut alors douter de tout ce que les historiens écrivent. Mais alors la certitude historique n'existe plus, il n'y a plus un seul fait de toute l'histoire humaine qui puisse échapper au naufrage. En effet « si la passion religieuse ruine l'histoire, les autres passions la ruinent aussi... Or, il n'existe pas un homme au monde... qui ne soit pris par l'une ou l'autre de ces trois grandes passions, c'est-à-dire la passion politique, celle de l'école et celle de la religion... Mais politique, école, religion, c'est tout le domaine de l'histoire...

« Etes-vous bien sûrs, par exemple, que la bataille de Pharsale a été gagnée par Jules César ou même qu'il y ait réellement eu une bataille à Pharsale ?... Qui pourra nous dire si des hommes passionnés n'ont pas fabriqué une bataille de Pharsale selon leur propre convenance...

« La mort de Jules César, diront nos sceptiques, est une pure invention d'Antoine et d'Octave. Ils avaient tant d'avantages à la raconter de cette manière ! César par contre est tombé frappé d'apoplexie au pied de la statue de Pompée...

« La passion en réalité peut tromper un individu... mais la passion ne peut pas tromper tous les hommes, ni faire en sorte que tous les hommes se trompent sur un fait d'ordre public ; car dans un domaine aussi vaste, la passion des uns rencontre toujours la passion contradictoire des autres, et c'est cela qui permet qu'il y ait une vérité historique en ce monde » (P. CONSTANT, *Les juifs devant l'Église et l'histoire*, op. cit., pp. 230-232).

L'homicide rituel se présente de plus sous la couverture et la garantie des pouvoirs politiques de chaque pays : Philippe Auguste et Saint Louis IX en France, St Henri et Maximilien en Allemagne, St Ferdinand en Espagne, Henri III en Angleterre, Grégoire XIII à Rome. Est-il permis alors de mettre en doute la crédibilité de ces hommes ? Voilà une seconde objection qu'on trouve dans le livre d'ESPOSITO-QUAGLIONI, dont nous sommes en train de parler.

Je réponds tout d'abord qu'il y a trois Saints parmi ces hommes ; or, nous, catholiques, nous sommes tenus à croire à la probité de ceux que l'Église infailliblement met sur les autels comme modèles de vertu à imiter pour aller au ciel. Si ceux-ci avaient menti, ils ne seraient pas des Saints mais des calomniateurs, donc des pécheurs et des modèles de vice, et des chemins qui conduisent à l'enfer (absit !).

Mais si notre lecteur n'avait pas la Foi, cette argumentation ne vaudrait pas et, pour cela, je descends au niveau de la raison naturelle. Le problème de l'existence de l'homicide rituel se fonde sur l'AUTORITÉ (je crois que Jules César ou Napoléon ont existé même si je ne les ai jamais vus car il y a une autorité qui me le dit, et si cette autorité a la science et l'honnêteté, je puis croire à l'existence de ces personnages en vertu d'une évidence extrinsèque qui est l'autorité de celui qui me l'enseigne).

Or, il y a autorité juridique et autorité scientifique. Mais d'abord, au-dessus d'elles, il y a pour nous catholiques, une autorité divinement assistée qui est l'Autorité de l'Église de Rome et du Pape (pour ceux qui n'auraient pas la Foi, je donnerai ensuite des arguments d'ordre de raison naturelle).

L'AUTORITÉ DE L'ÉGLISE

Aucun catholique ne peut douter que chaque fois que l'Église intervient il doit adhérer à ses sentences sans hésiter.

Or dans le cas de l'homicide rituel, on se posera facilement l'objection suivante : c'est le stupide obscurantisme du Moyen-Age qui a créé ces fables, les lumières de l'époque moderne ont définitivement liquidé ces légendes de l'ignorance et du fanatisme médiéval.

Mais nous répondons que l'Église s'est déjà exprimée sur ce problème (qu'on voie, par exemple, la commission des cardinaux créée par Sixte IV) ;en outre elle a béatifié les victimes des homicides rituels des juifs, en les proposant ainsi au culte des catholiques avec les actes de leur martyre. "A personne, même profane dans les études théologiques, ne peut échapper la souveraine prudence qui transpire de chaque norme des procès de béatification. L'Église procède vraiment, comme on dit, avec une grande prudence" (PARENTE, PIOLANTI, GAROFALO, *Dizionario di Teologia dommatica*, éd. Studium, Roma 1957, 4ème éd., p. 49).

Il y a un office et un culte public de Saint Simon de Trente, martyrisé par les juifs[245]. L'Église dans ce cas est allée plus loin que dans tous les autres cas de béatification ordinaire ;

---

[245] Bulle de Sixte V. « Sixte V, Pape. Àperpétuelle mémoire. Nous détenons, même si Nous ne le méritons pas, les clefs du Royaume des Cieux, que le Christ Seigneur a dit appartenir aux enfants, lesquelles clefs Nous ont été confiées en la personne du bienheureux Apôtre Pierre ; Nous appliquons librement notre autorité apostolique à concéder tout ce qui contribue à promouvoir le culte de Dieu, la dévotion des fidèles et la vénération des martyrs du Christ, ainsi, soit comme ceux qui pour Lui ont donné le sang et la vie, soit comme

pour Saint Simonin, elle a fait ce qu'elle fait seulement pour les canonisés (bien que Saint Simonin soit seulement Bienheureux) : elle l'a mis en effet dans le Martyrologe Romain, au 24 mars : "Nono Kalendas Aprilis Tridenti passio SANCTI SIMONIS pueri, À JUDEIS SAEVISSIME TRUCIDATI, qui multis postea miraculis coruscavit".

---

d'autres qui, dans un âge tendre et tout à fait enfantin, ont supporté par ressemblance de Jésus-Christ Notre-Seigneur, des tourments très cruels. Or, nos fils bien-aimés du clergé de la ville et du diocèse de Trente, se sont souvenus de la douloureuse mort du bienheureux martyr Simon, enfant de Trente, qui bien qu'au vingt-neuvième mois seulement de son âge, a été d'abord pris par des juifs infidèles, avides d'imiter la cruauté exaltée de leurs aînés sur le Corps du Christ notre Sauveur, et donc emporté secrètement, à la faveur des ténèbres, dans leur synagogue. Les juifs ensuite, en mépris de la Passion du Seigneur, tandis qu'ils le tenaient en forme de crucifix, lui ont lacéré les chairs avec des tenailles, l'ont transpercé avec des aiguilles acérées, jusqu'à ce qu'il ait répandu son sang et rendu son âme immaculée. De là est venu qu'ensuite il a resplendi par de nombreux miracles. Or, nos fils de Trente désirant célébrer sa fête avec plus de dévotion et une plus grande solennité, ont rédigé et nous ont présenté humblement ainsi qu'au Siège apostolique son office propre, pour la messe comme pour les heures, et les hymnes et les antiennes et les répons et les leçons correspondant à sa fête, et ils nous ont demandé avec soumission que, en accueillant leur pieux désir, Nous approuvions ledit office et que nous daignions en outre faire les prescriptions qui paraîtraient opportunes au Siège apostolique. Cependant, en accueillant avec bienveillance à la gloire de Dieu leurs pieux désirs et paternellement enclin à exaucer de telles demandes, après avoir fait examiner par nos vénérables frères, Alphonse évêque de Tivoli, Jésualde du titre de St Nicolas et de Ste Cécile évêque de Crémone, Augustin de St Marc évêque de Vérone, Vincent de Ste Marie Borromée, cardinal de la sainte Église, préposés aux sacrés rites et aux cérémonies ecclésiastiques, ledit office, celui-ci étant reconnu et examiné et amendé selon les règles du bréviaire et du missel romain par des personnes doctes et expertes mandatées pour cela, Nous avec notre autorité, en vigueur des présentes lettres, nous autorisons ledit office et permettons sa récitation. Nous, voulons, nous établissons et ordonnons que la fête du bienheureux Simon soit célébrée solennellement chaque année a perpétuité le 24 mars et qu'en ce jour soit récité ledit office dans toutes les églises de la ville et du diocèse de Trente par tous les séculiers et réguliers qui sont tenus à la récitation de l'office divin selon le rite de la sainte Église romaine.
« Nous concédons en outre que ledit office ainsi rectifié puisse être imprimé séparément, soit diffusé et introduit sans scrupule pour l'usage dans les églises et les lieux susnommés, de sorte que toutes les personnes ecclésiastiques des deux sexes tant séculières que régulières, qui réciteront l'office du bienheureux Simon le jour de sa fête, aient ainsi satisfait à leur obligation, comme s'ils avaient récité les heures canoniques et les autres offices divins prescrits au bréviaire romain. Et ainsi en vérité que personne ne puisse être tourmenté, accusé ou inquiété. Nonobstant etc. etc.
« Afin qu'ensuite les fidèles chrétiens qui professent la dévotion au bienheureux martyr Simon, puissent avec l'exercice des bonnes œuvres obtenir sa protection auprès du trône de la divine Majesté et mériter ainsi d'acquérir plus facilement avec l'aide de Dieu la vie éternelle, confiant en la miséricorde de Dieu tout-puissant, en vertu de l'autorité des saints Apôtres Pierre et Paul, Nous concédons une indulgence plénière à tous les fidèles des deux sexes qui vraiment repentis, confessés, et ayant communié, visiteront au jour de la fête du bienheureux Simon martyr la chapelle où se trouve son corps, et y prieront pour l'exaltation de la sainte Église romaine, pour l'extirpation des hérésies, pour la conversion des infidèles et pour la paix des états chrétiens, ou réciteront d'autres prières selon la dévotion de chacun. Ensuite aux prêtres et à toutes les personnes des deux sexes de la ville et du diocèse de Trente, qui en la fête réciteront l'office du bienheureux Simon martyr, Nous concédons l'indulgence de cent jours.
« Nous voulons ensuite que les copies des présentes lettres, ainsi imprimées munies du sceau de quelque personne constituée en dignité ecclésiastique et signées par un notaire public, aient la même valeur que notre bulle montrée ou invoquée en original. Donné à Rome près de St Pierre, sous l'anneau du pêcheur, le 8 juin 1588, quatrième de notre pontificat ».

Benoît XIV a fait un résumé de l'histoire du martyre du Bienheureux de Trente (appelé communément Saint, bien qu'il n'ait pas encore été canonisé mais seulement béatifié) dans la Bulle'Beatus Andreas'du 22 Février 1755, dans laquelle nous lisons : « l'année 1483, ...SIMON de Trente, FUT MIS CRUELLEMENT À MORT PAR DES JUIFS, EN HAINE DE LA FOI ; dans ce crime atroce... les juifs ont mis en œuvre toutes les machinations possibles pour échapper au châtiment mérité... Sixte IV ne put refuser d'intervenir pour faire suspendre le culte public que les fidèles avaient déjà commencé de rendre au Bienheureux Simon. (Cette suspension temporaire du culte public ne diminue en rien la thèse de l'homicide rituel ; en effet, ce culte public était né spontanément chez les fidèles de Trente. La procédure régulière n'était pas encore entamée et le Saint-Siège n'était pas encore intervenu officiellement. Il intervint ensuite sous Sixte V, et c'est seulement à partir de ce moment-là que la béatification du petit Simon compte comme jugement officiel du Saint-Siège, et dès lors tout est resté hors de discussion, jusqu'au Concile Vatican II comme nous le verrons ensuite, ndr). JUSQU'À CE QU'ON AIT BIEN MIS EN PLEINE LUMIÈRE QU'IL AVAIT ÉTÉ TUÉ PAR DES JUIFS, EN HAINE DE LA FOI CHRÉTIENNE... Lorsqu'ensuite l'évidence sur ce fait et les preuves qui l'établissaient furent produites, et que furent bien démontrés et la mort et le motif par lequel elle fut infligée, et que fut constaté aussi que les assassins étaient juifs, comme il résulte du procès conservé actuellement aux archives secrètes du Château Saint Ange. ...Le pape Sixte V promulga en 1588 un bref de concession pour la célébration de la Messe et la récitation d'un office propre en l'honneur du Bienheureux Simon, pour la ville et tout le diocèse de Trente... Entre ce que Nous (Benoît XIV, ndr) avons concédé pour le culte du Bienheureux André (martyrisé lui aussi par les juifs, ndr) et ce que nos prédécesseurs ont décrété pour le culte du Bienheureux Simon, il y a toutefois cette différence, que LE NOM DU BIENHEUREUX SIMON À ÉTÉ INSCRIT PAR ORDRE DU PAPE GRÉGOIRE XIII, AU MARTYROLOGE ROMAIN... ».

Il y a donc un jugement de l'Église concernant l'homicide rituel du petit Simon et des quatre autres martyrs[246], qui s'appelle BÉATIFICATION.

---

[246] Outre le Bienheureux **Simon de Trente**, il y a d'autres enfants tués par les juifs en haine de la foi catholique et béatifiés par la sainte Église : Le Bienheureux **Lorenzino Sossio** de Marostica, bienheureux, martyr, en avril 1485. L'approbation du culte a été concédée par le Saint Siège.
Déjà Benoît XIV dans la Bulle "Beatus Andreas" du 22 février 1755, destinée à confirmer le culte du Bienheureux André de Rinn, avait rappelé que le Bienheureux Lorenzino Sossio de Marostica jouissait d'un culte immémorial. Le 31 août 1867 la Congrégation des Rites procédait à la confirmation du culte à lui rendu 'ab immemorabili', en concédant Messe et Office propres pour les diocèses de Venise et Padoue, et en fixant la fête liturgique au 15 avril et la solennité au deuxième dimanche après Pâques. "Le culte liturgique officiel, maintenant, a été abandonné au terme des dispositions postconciliaires,... On célèbre encore, malheureusement, et avec grande solennité, la fête publique le deuxième dimanche après Pâques" (BENEDETTO CIGNITTI, Bibliotheca Sanctorum, XI, 1319-20, éd. Città Nuova).
André de Rinn "bienheureux, martyr,...massacré avec barbarie par des juifs le 12 juillet 1462. Né... le 16 novembre 1459, le petit André Oxner fut confié par sa mère... à un oncle du nom de Meyer... Quelques mois plus tard, l'homme indigne a vendu le petit bienheureux pour une jolie somme d'argent à des juifs de passage dans son auberge... peu après dans un bosquet non loin du pays ils ont immolé l'innocente créature sur une pierre... Sur le lieu même où a été consommé le crime horrible on a bâti en 1620 (...) une chapelle dans laquelle

"Ce jugement est d'ordre inférieur à la Canonisation dans laquelle l'infaillibilité du Pape intervient et rend cet acte irréformable. Ce n'est pas le cas de la Béatification. Mais elle reste, au-dessous de la Canonisation, le décret le plus fort et le plus important que puisse donner l'Église... Depuis que Rome s'est réservée les causes de Béatification, ces décrets restent IMMUABLES DE FACTO, comme la Canonisation l'est de droit... C'est... pour rendre impossible tout mépris de la pensée de l'Église que Grégoire XIII a procédé, concernant le martyr de Trente, à un acte aussi exceptionnel qui n'apparaît que dans ce seul cas dans l'histoire de l'Église... Grégoire XIII a inscrit l'enfant de Trente au Martyrologe et non sous la rubrique de'Bienheureux'mais sous celle de'Saint'(*"passio SANCTI Simonis pueri"*)... De là à conclure à l'équivalence d'un décret de Canonisation serait excessif... À partir du moment où les Papes indiquent qu'on peut procéder à la Canonisation, la Canonisation implicite ne suit pas nécessairement... Mais il reste fermement établi que, en-dessous du décret infaillible (de Canonisation) le témoignage des décrets de Béatification est... le plus important qui puisse répondre, en ce monde, de la vérité historique d'un fait ; et que l'acte que ce témoignage exprime est l'acte de l'autorité spirituelle suprême de l'Église. Donc nier la réalité du fait affirmé (le petit Simon tué par les juifs en haine de la Foi, ndr) ne sera pas une hérésie, mais une affirmation TÉMÉRAIRE" (P. CONSTANT, op. cit., pp. 241-246).

Enfin, pour conclure, une dernière objection, émanant, rien moins, que du commissaire pontifical Battista de'Giudici o.p. (qui montre ou bien son ignorance coupable, étant un évêque dominicain, ou bien sa mauvaise foi, comme il apparaîtra clairement dans notre réponse). Pour de'Giudici le martyre devait être un acte conscient ou volontaire de la part de la victime ; "en particulier il niait que les enfants puissent être martyrs et saints, car par

---

successivement, entre 1677 et 1685, furent déposées les reliques du petit martyr du Tyrol. En 1750 ou 1751 l'évêque de Bressanone et l'Abbé des Prémontrés de Wilten ont envoyé une supplique au Pape Benoît XIV pour obtenir un office propre du bienheureux André, que le Pape a accordé le 25 décembre 1753. Avec la Bulle "Beatus Andreas" du 22 février 1755, Benoît XIV confirmait le culte rendu au bienheureux André. La fête du bienheureux se célèbre le 12 juillet, anniversaire de son martyre » (NICCOLO DEL RE, B. S., I, 1148-9).
Le troisième enfant béatifié martyrisé par les juifs est **Cristòbal de la Guardia**, « Saint, martyr, vénéré à Tolède. (...) Né à Tolède le 17 décembre 1487... Àquatre ans il a été volé par des juifs... Avant d'être tué, Cristòbal fut soumis à des tourments semblables à ceux supportés par Notre-Seigneur Jésus-Christ et finalement l'infâme sacrilège a été exécuté pendant la Semaine Sainte de 1491. ...Le culte de Cristòbal s'est diffusé rapidement en Espagne et au dehors, spécialement grâce au bienheureux Simon de Rojas de l'Ordre des Trinitaires ; Pie VII l'a approuvé en 1805. Sa fête se célèbre le 26 septembre » (TEODORO DELLA SANTA FAMIGLIA, B. S., IV, 348)
Le quatrième Bienheureux est **Domingo del Val**.
Le « Pape Pie VIII, Le 24 novembre 1805, confirma un décret de la Sacrée Congrégation des Rites qui concédait à l'Église de Saragosse l'Office et la Messe de l'enfant martyrisé par les juifs, Dominguito del Val. Le 12 mai 1807 il confirma le culte en approuvant les "leçons" propres à l'Office du Bienheureux, dans lesquelles on raconte que le petit Dominguito, âgé de 7 ans, en 1250, fut tué par les juifs en haine de la Foi, en le crucifiant à un mur avec des clous et en le transperçant avec un javelot. Le 7 août 1807, il y eut une nouvelle Bulle pour élever le degré liturgique de la fête du Bienheureux Domingo » (cfr. MGR. U. BENIGNI, *Storia sociale della Chiesa*, vol. IV, tome I, Milan 1907-1933, pp. 369-387).

définition, ils ne peuvent faire aucun acte de volonté, donc ils n'ont aucun mérite propre s'ils sont tués" (A. ESPOSITO-D. QUAGLIONI, op. cit., p. 75).

Même le lecteur qui n'est pas prêtre et dominicain sait très bien que l'Église a canonisé les Saints Martyrs Innocents, qu'Hérode avait fait tuer en très bas-âge. St Bernard écrit : « Auront été martyrs à vos yeux, mon Dieu, même ceux parmi lesquels ni l'homme ni l'Ange n'ont pu découvrir un mérite mais que la valeur singulière de votre grâce a voulu enrichir. ..."Paix aux hommes, même à ceux qui n'ont pas encore l'usage de la volonté propre" : voilà le mystère de ma miséricorde (dit le Seigneur) ». Nous, baptisés avec l'eau, nous devons rendre gloire à ces nouveaux-nés baptisés dans leur propre sang.

"Les enfants qui furent tués en haine de la Foi (les Saints Innocents) SONT CONSIDÉRÉS COMME DE VRAIS MARTYRS, parce que dans ce cas l'acceptation de la volonté fut remplacée par une grâce particulière" (ROBERTI-PALAZZINI, *Dizionario di Teologia morale*, éd. Studium, Roma 1968, 3° éd., rubrique'martirio', p. 962, vol. II).

L'AUTORITÉ DE LA SAINTE ÉCRITURE ET DE L'ARCHÉOLOGIE : LES SACRIFICES HUMAINS DANS L'ANCIEN TESTAMENT

"La religion légitime en Israël condamne tout sacrifice humain (Lev. XVIII, 21 ; XX, 25 ; Deut. XII, 31 ; XVIII, 9ss ; et souvent dans les prophètes) ; ils sont une impiété des Chananéens et sont sévèrement interdits. ILS FURENT PRATIQUÉS (cf. I Rois XVI, 34 ; II Rois XVI, 3 ; XXI, 6) DANS LA RELIGION POPULAIRE contaminée justement par l'influence chananéenne. ...Les condamnations répétées fréquemment par les prophètes furent sévères (Mi, VI, 7 ; Jér. VII, 31 ; XIX, 5 ; XXXII, 35 ; Ez. XVI, 20ss). Celles-ci informent qu'ELLE ÉTAIT INFILTRÉE PAR DES RITES ABOMINABLES PARMI LES ADORATEURS DE YAHVÉ, et combien ils étaient étrangers au vrai esprit de la religion juive" (F. SPADAFORA, *Dizionario biblico* éd. Studium, Roma 1963, 3° éd.. rubrique'sacrificio', p. 536). Or la religion actuelle des juifs n'étant plus la Mosaïque, mais la rabbinico-talmudique, donc contaminée par la cabale apocryphe égypto-babylonienne (comme je le démontrerai dans l'article sur la cabale), on ne doit pas s'étonner que les sacrifices humains "qui étaient pratiqués dans la religion populaire" (F. SPADAFORA, op. cit.) s'étaient infiltrés de nouveau parmi les fils charnels de ceux qui adoraient Yahvé, dont ils ne conservaient plus l'esprit qui vivifie, mais considéraient la lettre qui tue.

Le Pape Sixte IV

Ces vérités sont confirmées, comme l'écrit Mgr. Spadafora, par les prophètes inspirés ; ELLES SONT donc DIVINEMENT RÉVÉLÉES. Ecoutons Jérémie : "LES ENFANTS DE JUDA... ONT BATI LES HAUTS LIEUX DE TOPHETH, POUR Y CONSUMER DANS LE FEU LEURS FILS ET LEURS FILLES" (VII, 30,31).

Moloch "est la divinité chananéenne Milk... à laquelle était offerts des sacrifices humains, comme le démontrent les récentes découvertes archéologiques... L'Ancien Testament unit et rapporte toujours à la divinité Moloch les SACRIFICES HUMAINS EN PARTICULIER DES ENFANTS (Lev. XVIII, 21 ; XX, 2-5 ; I Rois XI, 7 ; Jér XXXII, 35, etc.) ILS ÉTAIENT IMMOLÉS (Ez, XVI,

21) ET DEVORÉS PAR LE FEU" (F. SPA-DAFORA, op. cit., rubrique 'Moloch', p. 419).

La science archéologique confirme donc aujourd'hui aussi ce que Dieu a révélé et ce que nos yeux n'oseraient pas croire, s'il n'y avait pas de si nombreuses preuves que l'on peut qualifier d'accablantes sans crainte d'exagérer.

AUTORITÉ JUIVE : LE TALMUD

« Déjà dans la partie la plus ancienne du Talmud, appelée Mischna, est exprimée l'opinion selon laquelle *"passer par le feu"* (IV Rois XVI, 3 ; XVII, 17) ne faisait pas allusion à un sacrifice humain, mais seulement à une cérémonie symbolique de purification... C'est seulement dans le Talmud postérieur qu'on trouve la description d'UN SIMULACRE DU DIEU MOLOCH QUI ÉTAIT ROUGI AU FEU ET DANS LES BRAS DUQUEL AURAIENT ÉTÉ JETÉS DES ENFANTS VIVANTS. Cf. d'après Kortleitner,'*De polytheismo*', 216ss., la documentation rassemblée à cet égard » (I. SCHUSTER-G.B. HOLZAMMER, *Manuale di storia biblica, il Vecchio Testamento*, SEI, Torino 1951, p. 794).

"Moloch...(est) le nom d'une idole à qui les Juifs du temps des Rois sacrifiaient des victimes humaines dans la Vallée du fils d'Ennom (Géhenne) près de Jérusalem (II-IV Rois, XXIII, 10 ; Jér. XXXII, 35). ...IL EST CERTAIN que DANS LES PÉRIODES DE SYNCRÉTISME religieux, LES JUIFS ONT UTILISÉ DANS LE CULTE DE MOLOCH DES

VICTIMES HUMAINES... OFFRANT EN LES BRULANT EN HOLOCAUSTE LEURS PROPRES FILS" (G. RICCIOTTI, *Enciclopedia Italiana Treccani*, Roma 1951, vol. XXIII, rubrique'Moloch'p. 587).

LES AUTORITÉS JURIDIQUES

Après avoir parlé de l'autorité divine de l'Église et de l'Ecriture Sainte, nous descendons maintenant à l'ordre naturel, qui est le domaine de tous, croyants ou non. Dans cet ordre, il y a des autorités juridiques et scientifiques. Voyons les premières.

Les rois qui à cause de l'homicide rituel ont chassé les juifs de leurs royaumes, ont procédé de manière juridique, autrement ils auraient agi comme des tyrans ne s'occupant pas de leurs sujets, et ils auraient vraiment maltraité de manière injuste les juifs. Si on objecte que font défaut aujourd'hui les comptes rendus des procès d'expulsion intentés contre eux, je réponds qu'il n'est pas possible de leur redonner vie après avoir été détruits par le feu. ou par les tremblements de terre qui ont dévasté au cours de l'histoire beaucoup d'archives dans lesquelles ils se trouvaient. (Dans le cas de Saint Simon de Trente, par contre, le compte rendu existe encore dans les archives secrètes du Vatican).

Il faut dire en outre qu'il n'y aurait presque jamais eu de criminels condamnés juridiquement s'il n'y avait que ceux dont les archives publiques conservent les interrogatoires.

Où se trouvent aujourd'hui, par exemple, les comptes rendus des interrogatoires de Verrès, le préteur sicilien défendu par Cicéron ? Il est vrai que nous possédons les plaidoiries de son avocat, mais ce ne sont pas les comptes rendus formels d'un procès ; alors Verrès serait le plus innocent et le plus persécuté de tous les hommes puisque nous ne possédons pas aujourd'hui les actes de son procès ? NON ! C'est pourquoi on peut dire que les juifs ont été condamnés juridiquement (comme, et même plus que Verrès, dans le cas de Trente, par exemple), tout d'abord parce que l'histoire nous le témoigne ; en effet les rois chrétiens dont j'ai cité les noms furent parmi les plus justes que l'histoire ait connus et furent canonisés par l'Église. S'ils avaient été injustes, en procédant de manière non juridique contre les juifs, l'Église offrirait à l'imitation des fidèles, des modèles qui ne conduiraient pas au ciel mais à l'enfer, puisque injustes et faux ; mais nous, catholiques, nous savons que lorsque l'Église canonise quelqu'un, elle est infaillible, c'est-à-dire qu'il est infailliblement vrai que l'imitation des exemples de ces Saints conduit sûrement au ciel !

En outre, les actes du procès de Trente étaient encore conservés sous le pontificat de Benoît XIV dans les archives du Château Saint-Ange ; et avant que les troupes piémontaises n'entrassent à Rome, ils furent transférés à la bibliothèque vaticane (*"La Civiltà Cattolica* les a publiés in extenso dans les années 1881 et 1882), par ordre de Pie IX et, avec la permission de Léon XIII, ils peuvent être examinés par les étudiants.

Les instruments du martyre de St Siméon de Trente

LES AUTORITÉS SCIENTIFIQUES

L'histoire est une science, c'est-à-dire une *"cognitio certa"*, qui offre la certitude de l'existence du fait historique, certitude extrinsèque ou de crédibilité, fondée sur la crédibilité intrinsèque du témoin. Nous avons donc une certitude morale de l'existence du fait historique (ici de l'homicide rituel). Dans l'Histoire, les autorités sont les hommes qui possèdent la science historique, la probité historique et le discernement historique. Et pour ce qui est de l'homicide rituel, ces autorités sont les Papes et les Bollandistes.

LES PAPES ET LEUR SCIENCE HISTORIQUE

J'estime qu'il n'est pas nécessaire d'enseigner à personne (sauf aux témoins de Jéhovah et à certains "traditionalistes") que les Papes ont toujours été considérés parmi les hommes les plus savants de leur époque ; ici je présente aux fidèles et aux autres, l'autorité de leur SCIENCE HUMAINE et je ne parle pas de l'assistance du Saint-Esprit qui les rend infaillibles. Or ce que les Papes connaissent le mieux, après la théologie et le droit canon, c'est l'histoire de l'humanité, qui coïncide en grande partie avec l'histoire sacrée et avec celle de l'Église.

LEUR PROBITÉ HISTORIQUE

Normalement (sauf quelque rare exception, qui confirme la règle) l'image du Pape se présente dans l'histoire avec un reflet d'honnêteté qui devrait caractériser tout ministre de Dieu.

LEUR DISCERNEMENT HISTORIQUE

Je parle de discernement, en effet la prudence des Papes est proverbiale ; nous imaginons alors avec quelle maturité et quelle pondération les Pontifes romains durent traiter une matière aussi délicate que celle que nous sommes en train d'examiner.

LES BOLLANDISTES ET LEUR SCIENCE HISTORIQUE

Après les Papes, les Bollandistes sont les plus experts connaisseurs de cette matière historique. Leur nom vient de Jean Bolland, qui "... avait mérité une réputation de brillant professeur et ses connaissances de l'antiquité justifiaient le choix de ses supérieurs" (Enciclopedia Italiana Treccani, vol. VII, rubrique'Bollandisti').

LEUR PROBITÉ HISTORIQUE

Le caractère de Bolland est au-dessus de toute attaque, le premier qui le critiqua fut Voltaire, le moins sérieux de tous les hommes, dont la devise était "calomniez, calomniez,il en restera toujours quelque chose".

LEUR DISCERNEMENT HISTORIQUE

S'il y avait un reproche à faire aux Bollandistes, ce serait plutôt d'avoir défendu à outrance les droits de l'histoire. Sans avoir rien de commun avec l'école sceptique, les Bollandistes ont poussé dans l'examen des témoignages la sévérité au maximum ; s'il y a eu péché (surtout en ce qui concerne les néoBollandistes) c'est par excès de sévérité et de critique historique et non par défaut ou par crédulité ; en bref, les Bollandistes ne racontent pas des fables mais sont des historiens sérieux. Or cette extrême sévérité ne les a pas empêchés d'écrire plusieurs fois sur l'homicide rituel. (Pour ce qui a trait au martyre du petit Simon cf. BOLLANDISTES, vol. X des'*Actes des Saints*', Tome 3°, 24 mars).

LE RECIT DU MARTYRE

« Dans leurs aveux... tous les neuf principaux accusés fournirent une version plus ou moins concordante des buts et du rituel de l'homicide '*in vilipendium christianae fidei*': l'enfant encore vivant est conduit dans la pièce qui précède la synagogue..., Samuel aurait noué un mouchoir autour du cou de l'enfant, que le vieux Moïse, assis sur un siège, tenait sur ses genoux, pour qu'on n'entendît pas les pleurs. Donc Moïse, avec une tenaille de fer, aurait incisé la mâchoire droite de Simon, suivi par Samuel et Tobie, qui entre-temps, en se relayant avec Mohar, aurait recueilli le sang dans un récipient. Tous les présents auraient ensuite piqué l'enfant sur tout le corps avec des aiguilles à pommeau, en récitant des malédictions à l'encontre des chrétiens. Toujours avec la même tenaille, le tibia aurait après été incisé, pendant que le vieux Moïse avec un couteau aurait pratiqué sur l'enfant une sorte de circoncision. Simon était donc tenu, '*iam quasi semi mortuum*', debout sur le siège avec les bras étendus '*in forma crucifixi*', pendant que tous ceux qui intervenaient auraient recommencé à le piquer avec des aiguilles sur tout le corps, en répétant les malédictions à l'adresse des chrétiens. L'enfant serait justement mort à ce moment, après avoir été torturé pendant environ une demi-heure.

Toutes les personnes interrogées révèlent être bien informées des finalités pratiques du rite homicide... Samuel répond que dans le passé très lointain, avant que la Foi chrétienne ne devînt si puissante, les plus sages parmi les juifs de la région de Babylone, établirent que le sang d'un enfant chrétien '*ita interfectus*' aurait été d'un grand profit au salut des âmes des juifs, mais à la condition que.., '*interficentur ea forma qua fuit interfectus Jésus*' » (A. ESPOSITO-D. QUAGLIONI, Processi contro gli ebrei di Trento, Cedam, Padova 1990, pp. 71-72).

Pour plus de détails, on peut consulter le même ouvrage de la page 109 à 454, qui rapporte les actes du procès. Ou bien "*La Civiltà Cattolica*" [Série XI, vol. VIII, fasc. 752 (8 oct. 1881) fasc. 753 (29 oct. 1881) - fasc. 754 (12 nov. 1881) fasc. 755 (26 nov. 1881) fasc. 756 (10 déc. 1881) ; Vol. IX, fasc. 757 (31 déc. 1881) fasc. 758 (14 jan. 1882) - fasc. 759 (28 jan. 1882) fasc. 760 (11 fevr. 1882) fasc. 761 (25 févr. 1882) ; Vol. X, fasc. 761 (8 avr. 1882) fasc. 763 (24 mars 1882) - fasc. 766 (13 mai. 1882) fasc. 767 (27 mai. 1882) fasc. 768 (10 juin. 1882)].

LES FRANCISCAINS OBSERVANTS ET "LA CAMPAGNE DE HAINE ANTIJUIVE"

« À Trente... il n'y avait pas besoin des prédications de Bernardin de Feltre pour donner vie au soupçon d'homicide rituel, comme le veut une certaine tradition, aujourd'hui d'ailleurs discutée. Que Bernardin ait prophétisé ou non le triste événement de la Pâque 1475 (le meurtre de petit St Simon, ndr)... il est certain que LE CAS DE TRENTE DOIT ÊTRE MIS EN RELATION AVEC LA CAMPAGNE DE HAINE ANTI-JUIVE ORGANISÉE DANS LA SECONDE MOITIÉ DU QUINZIÈME SIÈCLE SURTOUT PAR LES FRANCISCAINS OBSERVANTS, simultanément à la polémique contre le prêt usuraire[247] et en faveur des Monts-de-Piété. La lutte contre les usures devient au contraire une seule chose avec la polémique contre les juifs, et le Mont-de-Piété l'expédient pour subvenir aux pauvres... et ainsi "éviter le gouffre rageur des usures et la rageuse perfidie et

---

[247] St Thomas d'Aquin répond à la Duchesse de Brabant dans son opuscule intitulé "De Regimine Judeorum", au sujet de l'usure : « Les juifs de votre duché semblent ne pas avoir d'autres ressources en dehors de ce qu'ils se procurent par l'usure infâme (per usurariam pravitatem) ; pour cette raison vous avez demandé s'il est licite de leur imposer des impôts du moment que l'argent qu'ils ont gagné de cette façon doit être restitué après. (...) Comme les juifs ne peuvent pas en conscience tenir les biens qu'ils ont pris aux autres, ainsi même vous, si vous receviez par eux le même argent, vous ne pourriez pas licitement le tenir pour vous,... » (De Reg. Jud., Editio Leonina, vol. XLII, 1979, ad lum).

la nuque raide des juifs, usurpateurs des subsides et SUCEURS DU SANG des chrétiens". C'est ce qu'on lit, par exemple, dans la préface des Statuts de Mont-dePiété de Rieti, dictés par Bernardin de Feltre lui-même en 1489, où la référence à l'usage du SANG CHRÉTIEN et donc à l'homicide rituel n'est pas seulement une allusion rhétorique, mais l'affirmation d'une pratique habituelle associée à l'exercice de l'usure. Le rapport entre l'usure et l'homicide rituel était du reste déjà présent... dans l'Histoire de Simon de Jean Matthias Tiberino, un des médecins qui avait procédé à l'expertise du cadavre de l'enfant. Brescia aussi, ville dont venait Tiberino... avait vu la violente intervention des prédicateurs franciscains, dans les années 1440 d'abord, avec la présence de Berdardin de Sienne, et ensuite, dans les années 1460, de Jacques de la Marche et de Michel Carcano ; prédication qui, après les faits de Trente, conduira à L'EXPULSION DES JUIFS DE CETTE VILLE... » (A. ESPOSITO-D. QUAGLIONI, op. cit., pp. 61-63).

Mais voyons un peu qui étaient ces terribles prédicateurs franciscains fomentateurs d'une "campagne de haine antijuive" et opérateurs "d'interventions violentes".

Le premier est le BIENHEUREUX BERNARDIN DE FELTRE né à Feltre en 1439, baptisé avec le nom de Martin et qui prit celui de Bernardin en l'honneur de St Bernardin de Sienne, dont il renouvela la prodigieuse activité de prédicateur et de Saint, en entrant le 14 mai 1456 à Padoue, chez les Frères Mineurs Observants de la province de Venise.

« Enfant d'une intelligence précoce, avide de lecture, il fit de rapides progrès dans les études humanistes, à tel point qu'à onze ans il lisait et parlait le latin avec facilité... Etudiant en droit à Padoue, il faisait l'admiration de tous par le sérieux de sa conduite et par son intelligence... Lorsque le franciscain St Jacques de la Marche, disciple de St Bernardin de Sienne, prêcha dans la ville, sa parole finit par le convaincre et Bernardin prit l'habit des frères mineurs... En 1469 (année où il fut nommé prédicateur, ndr) jusqu'à sa mort, il ne cessa de prêcher et il parcourut toute l'Italie centrale et septentrionale... Plusieurs fois pieds nus, en se trouvant souvent dans des situations difficiles du fait des conditions atmosphériques contraires... l'expulsion de la part des princes, LA HAINE DES USURIERS ET DES JUIFS... Ses prédications attiraient des auditeurs innombrables et les villes les plus illustres se le disputaient... Promoteur des Monts-de-Piété... nonobstant la forte opposition de la part de ses confrères, il soutint, comme expert juriste, qu'il était licite d'exiger le paiement d'un modeste intérêt sur un prêt, nécessaire au fonctionnement de l'organisation bancaire. Il fut inflexible contre l'usure. Une grave querelle avait lieu à Trente quand en 1476 IL ACCUSA LES JUIFS D'USURE et au fond de sa dramatique expulsion à Florence... il y eut le ressentiment de la Seigneurie contre ses frères... qui avaient dénoncé les vexations faites aux pauvres gens par des prêteurs sans conscience... Bernardin rencontra serein la mort à Pavie le 28 septembre 1494... Vénéré tout de suite par le peuple, son culte fut confirmé en 1654 pour l'ordre franciscain et les diocèses de Feltre et de Pavie. Les Mineurs en célèbrent la fête le 28 septembre » (G. SABBATELLI, *Bibliotheca Sanctorum*, Città Nuova éd., Roma 1962, vol. II, pp. 1289-1293).

« L'implacable lutte commencée à Trente en 1476 contre les usuriers, juifs surtout... lui valut la colère de certains de ceux-ci, et même DES ATTENTATS À SA VIE... » (F. Casolini, *Enciclopedia Cattolica*, Città del Vaticano 1949, vol. II, p. 1406).

Cherchons à voir en détail la prophétie que le Bienheureux fit du martyre du petit St Simon.

« Dans l'année 1475, Bernardin prêcha le Carême à Trente ; ce fut alors qu'il commença à prêcher contre les juifs, dont il ne cessa jamais jusqu'à la mort de dénoncer les perfidies et les crimes... Il reproche aux habitants de Trente d'être trop familiers avec eux... IL S'ATTIRA AINSI LA MALVEILLANCE DE CERTAINS CHRETIENS, qui PRETENDAIENT que BERNARDIN AVAIT TORT D'ATTAQUER DES PERSONNES QUI, À PART LA FOI, ÉTAIENT HONNÊTES. "Vous ne savez pas" répondit l'homme de Dieu, "quels crimes sont en train de préparer contre vous ces prétendus hommes honnêtes. Mais Pâques ne passera pas sans que les juifs vous aient donné un signe de leur bonté". C'est ainsi qu'arriva le martyre de la Semaine Sainte, et pendant que les chrétiens se préparaient à célébrer les mystères de la Passion du Sauveur, les juifs complotaient d'immoler un enfant chrétien et de boire son sang pendant leurs infâmes cérémonies des azymes... un certain Thomas vola un enfant de deux ans et cinq mois, appelé Simon,... Et pendant la nuit, cette victime innocente fut immolée par la fureur des juifs... » (Mgr. Paul Guerin, *Le palmier séraphique*, Bar-le-Duc éd., s. I. 1873, IX vol., pp. 515-516).

À Crema Bernardin prêchait ainsi : « IL NE FAUT LEUR NUIRE en rien, ni quant à leur personne, ni quant à leurs biens. LA JUSTICE ET LA CHARITÉ CHRÉTIENNES DOIVENT S'EXERCER MÊME VIS-A-VIS DES JUIFS, car ils ont la même nature que nous... MAIS il n'est pas moins vrai que LES LOIS CANONIQUES INTERDISENT EXPLICITEMENT DE LES FRÉQUENTER AVEC TROP D'ASSIDUITÉ et de familiarité... (je rappelle comment St Bernardin raconta souvent qu'un médecin juif d'Avignon se vantait sur son lit de mort d'avoir tué, au lieu de les guérir, plus de deux mille malades chrétiens...).

« D'assister à leurs fêtes... Les usuriers juifs dépassent toute mesure ; ils égorgent les pauvres et s'engraissent de leur substance » (Mgr. Paul Guerin, op. cit., pp. 518, 522-524).

Or comment un Bienheureux qui a opéré tant de miracles et qui a mené une vie si sainte peut-il être fomentateur de "HAINE antijuive" ? J'ai rapporté ses paroles elles-mêmes dans lesquelles il affirme qu'il faut faire usage même envers les juifs de la CHARITÉ chrétienne et qu'il n'est pas permis de leur faire du mal ; mais le Bienheureux recommande la prudence dans les relations avec les juifs en tant qu'ils sont les persécuteurs du Christ et des chrétiens : *"Sinagogae Judeorum fontes persecutionum"*, disait déjà Tertullien. Par conséquent, ni haine, comme disent les auteurs du livre sur'les Procès de Trente' ; ni encore moins de philojudaïsme ou fausse charité ou mieux encore de sentimentalisme philantropique à l'égard du peuple déicide. *"Soyez prudents comme les serpents, et simples comme les colombes"* nous a dit Notre-Seigneur Jésus-Christ, la Sagesse Incarnée.

Pour ce qui regarde les autres "fomentateurs de HAINE antijuive", eh bien, ce sont SAINT JACQUES DE LA MARCHE et SAINT BERNARDIN DE SIENNE ; point n'est besoin ici que je parle de leurs hauts faits ; la sentence infaillible et irréformable de l'Église qui les a canonisés suffit. Or il est impossible qu'un canonisé soit un fomentateur de haine, qui est l'un des péchés les plus graves qui répugnent et contredisent la vraie Sainteté !

LE PETIT SAINT SIMON N'EST PLUS BIENHEUREUX, VATICAN II EST ARRIVÉ !

'SHALOM', mensuel juif d'informations, dans son numéro 5 de mai 1991, page 35, à la rubrique "PREJUDICE", intitule : "**Ce Bienheureux doit être effacé**". Il se réfère justement à St Simonin et il dit : « Il s'agissait de l'homicide rituel et précisément de celui qui aurait été perpétré en 1475 par les juifs de Trente sur un enfant qui fut béatifié en 1589 par le Pape Sixte V avec le nom de Simonin. Le culte du Bienheureux... a persisté jusqu'à il y a peu d'années. C'est le mérite de Gemma Volli (juive, ndr) d'avoir obtenu de l'archevêque de Trente, Alessandro M. Gottardi, en novembre 1963 d'ordonner de brûler toutes les copies d'un livret antijuif qui était vendu dans l'église... et en 1964 de faire fermer la chapelle dédiée au Bienheureux Simonin... Ensuite, l'archevêque interdit la procession décennale et enfin le 4 mai 1965 la Sacrée Congrégation des Rites abolit le culte du Bienheureux Simonin ».

« La décision commente la BIBLIOTHECA SANCTORUM a été accueillie avec satisfaction même par le monde israëlite, qui voit ainsi tomber une accusation séculière INJUSTE à sa charge et une argumentation qui avait tant de poids pour accréditer la LEGENDE de l'homicide rituel » (IGINIO ROGGER, *Bibliotheca Sanctorum*, éd. Città Nuova, Roma 1968 p. 1187).

SOLUTIONS

"ROMA DELENDA EST", "CE BIENHEUREUX DOIT ÊTRE EFFACÉ".

Dans l'article sur le Déicide nous avons vu comment Jules Isaac, au temps du Concile, avait demandé ou mieux, commandé et obtenu, la modification des prières liturgiques concernant les juifs... L'affirmation que les Juifs ne sont pas du tout responsables de la mort du Christ... (comment) l'origine du schéma conciliaire (Nostra Aetate) eut pour point de départ une demande de Jules Isaac au Vatican » (Le *Déicide*, in *"Sodalitium"*, n° 28 [1992] pp. 37-38).

Nous voyons maintenant comment une autre juive, Gemma Volli, a ordonné et obtenu l'effacement d'un procès de Béatification, pendant le Concile Vatican II. Mais si seulement « la Canonisation est un acte définitif, solennel par lequel le Pape avec la plénitude de ses pouvoirs et avec l'infaillibilité dont il est investi, déclare que le Bienheureux est au Paradis et impose aux chrétiens de le vénérer comme un Saint » par contre « La Béatification est (seulement) un acte préparatoire, qui permet le culte public... de quelque serviteur de Dieu sous le titre de Bienheureux...

Les sentences de Béatification ne sont pas définitives, infaillibles, irrévocables... IL EST CEPENDANT TOUJOURS TÉMÉRAIRE DE SOUTENIR DANS UN CAS DONNÉ QUE L'ÉGLISE SE SOIT RÉELLEMENT TROMPÉE, DANS UN TEL JUGEMENT » (ROBERTI-PALAZZINI, *Dizionario di Teologia morale*, éd. Studium, Roma 1968, I vol., p. 188).

Or, il me semble permis de pouvoir conclure que la nouvelle religion de Vatican II a affirmé DE MANIÈRE TÉMÉRAIRE que l'Église de Rome a erré réellement dans le jugement de Béatification de St Simonin de Trente et des quatre autres Bienheureux, martyrisés par les juifs. Et bien, cet effacement constitue une autre étape dans la voie de l'effondrement, de l'abandon et de la capitulation de la partie chrétienne et un avancement du processus d'infiltration et de pénétration jusqu'au sommet de l'Église de la cabale juive. Mais Notre-Seigneur nous a promis : "PORTÆ INFERI NON PRAEVALEBUNT ADVERSUS EAM" ; humainement parlant, nous assistons à l'échec et à la défaite (comme le Vendredi Saint nous contemplons la mort et l'humiliation de l'humanité de Notre-Seigneur Jésus-Christ), mais avec l'œil de la Foi, nous croyons en la victoire glorieuse (comme le Dimanche de Pâques nous contemplons la Résurrection de Notre-Seigneur Jésus-Christ) : "Regnavit a ligno Deus" "Surrexit vere, Alléluia !".

Le Bienheureux Bernardin de Feltre

ENCORE SUR L'HOMICIDE RITUEL

Par M. l'abbé Curzio Nitoglia

Des représentants du Judaïsme anglais, par l'intermédiaire de l'archevêque de Westminster, s'adressèrent à Léon XIII, vers la fin de 1899, pour obtenir une déclaration du Saint-Siège qui condamnerait comme fausse l'accusation d'homicide rituel juif[248]. Pie IX en 1867 avait autorisé le culte du Bienheureux Lorenzino de Marostica, dont l'homicide rituel remontait au Vendredi Saint de 1485[249].

En 1894, au Congrès Eucharistique de Turin, Rocca D'Adria, en présence des seize évêques du Piémont, avait illustré la nature de l'homicide rituel dans une relation intitulée : *L'Eucharistie et le rite pascal juif moderne*, qui se trouve dans les À *tti del Congresso Eucaristico tenutosi in Torino nei giorni 2-6 settembre 1894*, Torino 1895, vol. II, pp. 79-95[250].

D'après Rocca D'Adria, écrit le professeur Miccoli, "L'idée... selon laquelle le meurtre des enfants chrétiens aurait lieu en haine du Christ, pour profaner de cette manière la fête de Pâques... ne correspondrait pas au vrai motif. Le crime en réalité était étroitement imposé par la religion talmudique, était un acte de dévotion religieuse, un "crime national et légal". Les rabbins... savent et reconnaissent que le Messie est déjà venu dans la personne du Christ. Par son sang il a sauvé et sauve les chrétiens. S'emparer du sang chrétien innocent : voilà le moyen imaginé par les rabbins pour rendre leur peuple participant de cette voie de salut. Une goutte de ce sang devait être mélangée aux azymes prescrits pour la Pâque juive... Les rabbins et les chefs de famille, qui à leur tour le transmettaient à leur fils aîné ou à leur fils de confiance étaient les dépositaires du terrible secret. Le caractère superstitieux et... formaliste, extérieur, de la religion talmudique était ainsi confirmé. Mais pas seulement : puisqu'une religion fondée sur un tel rite ne pouvait pas ne pas être une religion complètement dépravée, tout le peuple, ou au moins tous les juifs observants étaient impliqués. Le même refus persistant du Christ et de l'Église de la part des juifs changeait complètement le caractère : en effet ce refus ne venait pas de l'ignorance et de la cécité, mais de la volonté positive de rester dans l'erreur. Le geste de Satan trouvait dans la religion juive sa parfaite analogie : c'était donc une religion satanique qui avait rompu tout pont avec l'antique mosaïsme"[251].

---

[248] La documentation de cette intervention est conservée in ASV (Archivio Segreto Vaticano), SS (Segreteria di Stato), 1900, rubr. 66, fasc. unique; et in ASU (Archivio Sant'Uffizio), Rerum variarum 1901, n° 7 bis (*Sul sacrifizio di sangue attribuito agli ebrei*). Le professeur Giovanni Miccoli, de l'Université de Trieste, a été admis à la consultation de ces documents, et a écrit à ce propos in *Storia d'Italia, Ànnali 11a, Santa Sede, questione ebraica e antisemitismo*, Einaudi, Torino 1997, pp. 1525-1544. Dans cet article je m'appuie sur les recherches du professeur Miccoli. (Je précise que mon point de vue est essentiellement différent de celui de Miccoli).

[249] Pour ce qui concerne le problème de l'homicide rituel juif voir *Sodalitium* n° 29, pp. 20-38.

[250] Cf. *Sodalitium* n° 43, pp. 4-19.

[251] G. MICCOLI, *op. cit.*, pp. 1527-1528.

Le P. Giuseppe Oreglia concluait sur *La Civiltà Cattolica* : "Reste pour seule défense des peuples spécialement chrétiens que l'on fasse avec ces juifs comme précisément l'on fait avec la peste : si l'on ne peut les détruire, on peut les circonscrire"[252].

Henri Desportes, en 1899, en envoyant à Léon XIII une copie de son livre *Le mystère du sang chez les juifs de tous les temps*, avait écrit : "N'est-ce pas une honte que ceux qui martyrisent ainsi nos enfants en haine de la foi chrétienne, soient honorés partout, et que les peuples chrétiens baisent ces mains rouges du sang de leurs frères ? J'ai voulu faire cesser cette infamie"[253].

LE CATHOLICISME ANGLAIS ET L'HOMICIDE RITUEL

Certains catholiques, et de très nombreux juifs, étaient opposés à la thèse de l'homicide rituel juif, spécialement "Un catholicisme minoritaire comme le catholicisme anglais... manifesta à travers sa propre presse toute sa perplexité en voyant des théologiens et des prêtres... impliquer l'Église (...).

Les accusations d'intolérance et d'antisémitisme formulées aux catholiques et à l'Église par des organes de la presse conservatrice et libérale anglaise faisant autoritéconstituèrent pour la minorité catholique un autre stimulant à prendre ouvertement position. C'était un halte-là à l'antisémitisme... Mais seul le Pape pouvait le prononcer avec une pleine autorité"[254].

Lord Russel dans une longue lettre du 28 novembre 1899 à Léon XIII l'invitait à déclarer le caractère infondé de la thèse de l'homicide rituel juif. Mais *L'Osservatore Romano* publiait précisément au même moment un article qui semblait soutenir le bien-fondé de la thèse de l'homicide rituel, dans lequel on lit : "Croyez-vous que dans ce cas il y ait un homicide rituel ? Sans le moindre doute... Mais alors pourquoi avezvous libéré l'assassin ? (...) Parce qu'au lendemain de la condamnation, le peuple aurait probablement tué vingt mille juifs, et alors qui voulez-vous qui nous donne l'argent, si nous n'avons plus les juifs ?"[255].

Même dès 1892 *L'Osservatore* avait publié deux articles sur l'homicide rituel : dans le premier : *Bushoff e gli omicidi rituali*, il écrivait "autour de la possibilité des sacrifices humains, ou des assassinats rituels d'enfants commis par les juifs. (...) Nonobstant cela on continue à recueillir de l'argent pour l'envoyer à Bushoff, [accusé d'homicide rituel, n.d.a.] comme s'il fut exempt de tout soupçon dans l'atroce affaire (...) Il faut prendre garde qu'à force de nier justice pour de semblables crimes, ne s'élève pas par la suite la terrible et désordonnée vengeance populaire"[256].

---

[252] *Uso fatto dagli ebrei nei riti del sangue cristiano*, in "CC", 32 (1881), II, p. 602.
[253] In ASV, SS, 1895, rubr. 66, fasc. unique, f. 20r, lettre du 26 juillet 1889.
[254] G. MICCOLI, *op. cit.*, p. 1529.
[255] "OR", 23 novembre 1899. L'omicidio rituale giudaico.
[256] "OR" 26 juillet 1892. Bushoff e gli omicidi rituali.

Le Pape Innocent IV

Dans le second article : *"A proposito di Bushoff"*, *L'Osservatore* écrivait "l'absolution du boucher *christianicide* [Bushoff], à qui l'Allemagne oppose le fait de trois meurtres rituels d'enfants faits par des juifs"[257].

Et comme *L'Osservatore Romano* n'est pas l'organe officiel du Vatican, mais seulement un journal sur lequel les communiqués du Vatican sont officiellement publiés... il devenait intolérable à Lord Russel que le nom du Pape et du Saint-Siège puisse être mêlé à de telles affaires ! À travers la condamnation de la thèse de la véridicité de l'homicide rituel juif, on tendait à frapper la polémique antijuive. Le duc de Norfolk et le cardinal Vaughan, archevêque de Westminster intervinrent aussi.

« En réalité de nombreux signes laissent clairement entendre que le Saint-Siège non seulement n'était pas du tout enclin à intervenir sur la question, mais que *son jugement sur ces accusations était très différent de celui de ses interlocuteurs anglais*. En recevant les volumes de Desportes Léon XIII avait invariablement répondu en lui manifestant sa "reconnaissance" pour "le filial hommage" et en lui donnant "du fond du cœur la bénédiction apostolique" »[258].

Les articles de *L'Osservatore Romano* avaient indigné Lord Russel, mais la pensée du Saint-Siège et de la Secrétairie d'État était très loin de celle du Lord anglais. Il suffit de penser aux 26 articles que, entre les années 80 et 90, *La Civiltà Cattolica* avait dédiés à l'homicide rituel juif, en soutenant et en démontrant le bien-fondé de la thèse "exterminationniste" du Judaïsme talmudique envers les Chrétiens.

LE DOSSIER EST CONFIÉ AU SAINT-OFFICE

"Cependant l'autorité des personnes qui s'étaient adressés à Léon XIII pour solliciter son intervention ne permettait certainement pas rester sans réponse... Tout le dossier fut

---

[257] "OR" 5 août 1892. Àproposito di Bushoff.
[258] Cit. in G. Miccoli, p. 1531.

donc adressé au Saint-Office, depuis longtemps député à traiter les questions concernant les juifs qui auraient une relation avec la foi"[259].

Il faut savoir que déjà dans la seconde moitié du XVIIIème le Saint-Office s'était occupé de la question et que le Père franciscain Lorenzo Ganganelli (qui ensuite devint Pape) exprima une opinion personnelle *apparemment* opposée à la thèse de l'homicide rituel[260].

Beaucoup d'adversaires de la thèse se basaient sur ce fait, en omettant de dire que l'opinion exprimée par Ganganelli est celle d'un simple docteur privé et non celle du Pape et en attribuant un sens différent au document susdit comme il est démontré en note, pour affirmer que le Saint-Siège était opposé à la véridicité historique de l'homicide rituel.

Le dossier, commencé sous le Pontificat de Léon XIII, fut envoyé au Saint-Office le 4 décembre 1900 et confié à Monseigneur Merry del Val.

"La note interne, qui signale l'arrivée du dossier et illustre le choix de Merry del Val, est hautement expressive de l'esprit avec lequel les responsables du Saint-Office se préparaient à affronter la question :

Le Cardinal Archevêque de Westminster a cru dénoncer au Saint-Siège l'antisémitisme d'aujourd'hui, spécialement sur la question de l'assassinat rituel.

Il est aisé de comprendre combien est grave la chose, si l'on considère la hardiesse des juifs puissants de Londres, qui dans leur domination incontestée en Europe poussent l'orgueilleuse démence jusqu'à prétendre être défendus par le Saint-Siège. Réfléchissant à tout cela, le Commissaire a pensé proposer à Mgr l'Assesseur de confier le dossier du Cardinal Vaughan... à Mgr Merry del Val...

---

[259] G. MICCOLI, *op. cit.*, p. 1532.

[260] À Jampol, en Pologne, dans le fleuve Oregna, qui se jette dans le Dniestr, en 1756, fut trouvé un cadavre. Les juifs furent accusés d'homicide rituel et recoururent à Rome; le Pape Benoît XIV chargea le P. Lorenzo Ganganelli, qui devint par la suite cardinal et Pape, d'examiner la question, en qualité de consulteur du Saint-Office. "... Ganganelli émet l'avis que ladite accusation est tout à fait semblable à celles qui, au temps du Pape Innocent IV (1243-1254), s'étaient élevées contre les juifs en Allemagne" (V. MANZINI, *Sacrifici umani e omicidi rituali*, ristampa, Genova, Melita, 1988, p. 133). Le Pape Innocent IV niait seulement que les juifs "*se corde pueri communicant interfecti*" et non la véridicité de l'homicide rituel.

Ganganelli présenta la relation à la Congrégation des Grâces le 2 mars 1758. Après un sérieux examen, bien qu'elle "considérât comme vrais les faits de Trente et de Rinn" (V. MANZINI, *op. cit.*, p. 230), elle conclut que l'accusation contre les juifs de Jampol, qui auraient mangé en guise de communion le cœur du chrétien trouvé mort dans le fleuve, était fausse et que dans ce cas spécifique des preuves sérieuses manquaient quant à leur culpabilité.

Dans sa relation le P. Ganganelli écrivait : "J'admets donc pour vrai le fait du Bienheureux Simon, enfant de trois ans, tué par les juifs, en haine de la Foi de Jésus-Christ, à Trente, en l'an 1475... J'admets aussi pour vrai un autre fait arrivé en l'an 1462 dans le village de Rinn [dans le Tyrol, n.d.a.], diocèse de Bressanone, sur la personne du Bienheureux Andrea, enfant trucidé de manière barbare par les juifs en haine de la Foi de Jésus-Christ" (V. MANZINI, op. cit., p. 244).

L'opinion de Ganganelli, donc, indépendamment d'être celle d'un simple docteur privé, ne niait pas la vérité de l'accusation du sang, (il admettait même explicitement le Martyre du Bienheureux Simonino de Trente et du Bienheureux Andrea de Rinn, par les juifs); mais il niait seulement, comme Innocent IV au XIIIè siècle, que les juifs auraient "communié" avec le cœur d'un chrétien à l'occasion de leur festivité pascale.

Merry del Val, qui parmi ses aïeux a un enfant crucifié par les Juifs maintenant vénéré sur les autels, [il s'agit du Bienheureux Domenichino del Val, crucifié à Saragosse à Pâques 1250] est l'homme de la situation.

L'ennui relativement à l'initiative de l'archevêque de Westminster continue Miccoli, considéré implicitement presque comme un pion entre les mains juives, se révèle évident... la suggestion de choisir Merry del Val... montre clairement en quels termes on espère et on veut que cette proposition soit rédigée"[261].

L'affaire ne fut pas résolue rapidement par Rome et les anglais revinrent à la charge. Le 26 mars 1900 le cardinal Vaughan transmit une pétition demandant une intervention de Rome, au cardinal Rampolla qui, après avoir informé le Pape, la transmit, sur son ordre, au Saint-Office. Pour les auteurs de la pétition "l'accusation du sang" est "une légende antique, cruelle, et tout à fait discréditée".

Le professeur Miccoli commente : « Je n'ai pas trouvé de commentaires directs de la Secrétairie d'État ou du Saint-Office sur les remarques et les arguments exposés dans la pétition. Il n'y a pas de doute que la prémisse dont elle partait, c'est-à-dire d'être l'accusation d'"homicide rituel" "une antique... légende", n'était en aucun cas partagée ni par les milieux romains, ni par la grande majorité de la presse d'actualité et de la presse catholique européenne (...).

En réalité... il était évident que le SaintOffice avait accueilli leur initiative avec embarras. Mais c'était tout le catholicisme anglais... qui ne bénéficiait pas d'une bonne presse à Rome (...) de Rome on regardait avec méfiance et ironie les campagnes "philosémites" de ces catholiques. En octobre 1899 *La Civiltà Cattolica*, réagissant aux accusations adressées à l'Église d'être coresponsable de la campagne antisémite... ne cacha pas sa réprobation pour les catholiques anglais... en les jugeant "un peu ombrageux et timides par rapport à chaque accusation que l'on répand, même sans fondement, contre l'Église romaine et le catholicisme" »[262].

"Petitam declarationem dari non posse"

La Congrégation du Saint-Office se réunit enfin le 25 juillet 1900. "Le procès-verbal manque... La demande cependant était claire : déclarer infondée l'accusation d'homicide rituel formulée contre les juifs. La résolution dit : "*Respondeatur per Secretarium Status, petitam declarationem dari non posse*". Le 27 juillet elle fut approuvée par le Pape et le 31 juillet l'assesseur du SaintOffice en communiqua la teneur au cardinal Rampolla. Celui-ci... par l'intermédiaire du cardinal Vaughan, la fit parvenir au duc de Norfolk et à Lord Russel : leur tentative avait donc complètement échoué"[263].

---

[261] G. MICCOLI, *op. cit.*, pp. 1534-1535.
[262] G. MICCOLI, *op. cit.*, pp. 1536-1537.
[263] *Ibid.*, p. 1539.

Dans un court texte manuscrit par le Saint-Siège en date du 25 juillet 1900 on lit : "Le meurtre rituel est historiquement certain, et Benoît XIV en parle ; et le Saint-Siège l'a canonisé en mettant sur les autels un enfant [Andrea de Rinn] tué par eux [les juifs] en haine de la foi (...). Ceci étant le Saint-Siège ne peut donner la déclaration demandée"[264].

En résumé le Saint-Siège répond : "La déclaration demandée ne peut être donnée, (...) parce que les homicides rituels que l'on voudrait nier ont au contraire réellement eu lieu"[265].

Le cardinal Merry del Val, secrétaire d'État de St Pie X

OBJECTIONS ET RÉPONSES

La Civiltà Cattolica, déjà en 1881, avait mis en évidence que la Lettre du Pape Innocent IV en défense des juifs, non seulement ne démontre rien à l'égard de l'homicide rituel, mais n'en parle absolument pas de manière spécifique ; en effet l'influente revue des Jésuites écrit : "Certains pensent... que... l'argument inéluctable contre les preuves légales et historiques de la loi et de la pratique talmudico-hébraïque d'assassiner les chrétiens par esprit de piété et de dévotion juive, spécialement à l'occasion des fêtes pascales, peut être tiré de la lettre que... Innocent IV... écrivit de Lyon le 3 juillet 1274, pour défendre, selon l'usage de tant d'autres de ses prédécesseurs et successeurs, les juifs de ces pays des calomnies et des persécutions dont ils étaient accablés avec véhémence (...).

Mais aucun argument ne peut être tiré de la susmentionnée lettre d'Innocent IV contre la, non seulement fondée, mais très certaine loi talmudique, souvent mise en pratique... par la race juive, en assassinant... les chrétiens enfants et non enfants par esprit de piété, de dévotion et d'observance légale (...). Personne... n'a jamais accusé... les juifs de communier,

---

[264] ASU, SS, D 2-i, pp. 76-87.
[265] cit. in G. MICCOLI, p. 1543.

lors de la fête de Pâques, avec le cœur d'un enfant tué... qui est la calomnie dont Innocent IV les innocente. Mais ils furent toujours accusés et souvent convaincus de toute autre chose : c'est-à-dire... *d'utiliser le sang des chrétiens enfants ou non enfants pour faire lever leur pain azyme* ; ce dont Innocent IV ne dit mot"[266].

Le Père P. Silva, environ quinze ans après, dans *La Civiltà Cattolica* répondit aux objections contre le bien-fondé historique de l'accusation du sang (de la part de Lord Rothschild) dans deux articles intitulés *Raggiri ebraici e documenti papali* ("CC", 65 [1914], II, pp. 196-215 et 330-344).

"Parmi les autorités interpellées... pour attester l'inexistence du crime rituel, il y en a une au témoignage de laquelle la synagogue attribuait plus de valeur... et qui mérite aussi de notre part une attention particulière : c'est l'autorité du Saint-Siège"[267].

La revue des Jésuites cite une lettre de Lord Rothschild au cardinal Merry del Val (7 octobre 1913), dans laquelle le Lord juif se réfère à l'opinion exprimée par le P. Ganganelli consulteur du Saint-Office (qui deviendra par la suite le Pape Clément XIV) apparemment opposée à la thèse de l'homicide rituel juif. Et il cite ensuite une lettre du Pape Innocent IV, dans laquelle le Pontife déclarerait infondée l'accusation d'homicide rituel.

Mais, poursuit le Lord juif, Justinus Elisejevitch Pranaitis, maître en Théologie et prêtre catholique romain de la province du Turkestan, soutient que ces textes auraient été manipulés, et demande au Cardinal Merry del Val d'authentifier le texte publié de la lettre d'Innocent IV et de la relation de Ganganelli.

La Civiltà Cattolica répond : "Que demande le Lord juif ? Il veut savoir... si une lettre d'Innocent IV et une dissertation d'un consulteur du Saint-Office sont authentiques ou non. Or il fut justement observé que pour cette vérification il n'était absolument pas nécessaire de recourir au cardinal secrétaire d'État ni de le charger d'une mission qui ne lui appartienne pas... et même pour le document d'Innocent IV il suffisait que le Lord banquier consultât dans une bibliothèque publique les éditions critiques des regestes de ce Pontife... dans lesquels sans faire perdre de temps aux autres, il aurait pu s'informer de la vérité (...).

Quant à la lettre d'Innocent IV... en étant le refrain obligé que la synagogue rechante chaque fois qu'on lui reproche la honte du crime rituel... le docteur Pranaitis n'aura jamais douté que le texte d'Innocent IV soit authentique, mais aura nié que soit authentique *le sens* que lui donnent les défenseurs de la synagogue et que suppose le même Lord : et en cela Pranaitis avait mille fois raison, puisque *la lettre de ce Pontife dit bien autre chose que ce que ceux-ci lui font dire*"[268].

La revue des Jésuites cite la lettre d'Innocent IV et en donne la vraie signification, dissipant "les machinations juives".

---

[266] "CC", Série 11, vol. VII, 7 juillet 1881, pp. 230-235.
[267] "CC", 32 (1881), II, p. 330.
[268] "CC", *op. cit.*, p. 333.

La première partie de la lettre écrit *La Civiltà Cattolica* est seulement *l'exposition* des raisons présentées par les appelants (les juifs) ; la seconde partie contient le *dispositif*, c'est-à-dire la volonté du Pape et ce qu'il ordonne.

"Or en tout cela il est manifeste qu'il n'y a rien de ce que Rothschild et ses coreligionnaires prétendent trouver.

Le Pontife..., alors que d'un côté il recevait ces... plaintes, de l'autre il connaissait très bien ces gens et déjà quelques années avant, en 1244, il avait pressé le saint roi Louis IX de leur enlever des mains l'impie Talmud pour en jeter toutes les copies au feu... ce sage Pontife n'aurait pas pu juger avec prudence de loin, et sans entendre les adversaires, jusqu'à quel point on pouvait croire ou ne pas croire aux plaintes présentées dans le recours : c'est pourquoi il ne discute pas les faits, et se contente de donner des ordres dont l'application ne pouvait pas être soumise à erreur, puisqu'ils étaient les simples règles de justice qui constituent un devoir fondamental pour l'homme. Que les évêques fassent réparer les torts commis par les despotes... *le Pontife... n'affirme ou ne définit rien, mais, étant donné l'hypothèse qu'existent les torts déplorés, en commande la réparation*. C'est tout. Cette lettre n'est donc pas une sentence judiciaire, et ne contient pas le moins du monde "la déclaration spécifique que la faute de l'assassinat rituel attribuée au judaïsme est une invention perfide et infondée".

Comment le Lord banquier osa-t-il donc l'affirmer aussi solennellement ?"[269].

Le Cardinal Merry del Val répondit à Rothschild le 18 octobre 1913, par une simple et froide authentification de la lettre d'Innocent IV et de la relation de Ganganelli aux consulteurs du Saint-Office.

Cela ne signifiait absolument pas (comme il était déjà arrivé environ quinze ans auparavant) que le Saint-Siège affirmait le manque de fondement de l'accusation du sang. Au contraire, des textes cités on en déduit exactement le contraire !

Le Pape Ganganelli, Clément XIV

MONSEIGNEUR UMBERTO BENIGNI ET L'HOMICIDE RITUEL

En 1922, Mgr Umberto Benigni, dans sa *Storia Sociale della Chiesa*, était arrivé aux mêmes conclusions, bien que sans avoir pu consulter la documentation *Sul sacrificio di sangue attribuito agli ebrei*, conservée aux Archives Secrètes du Vatican, à la lecture de

---

[269] "CC", *op. cit.*, p. 334.

laquelle a été admis Miccoli, il y a quelques années bien que Benigni aurait pu étudier les articles de *La Civiltà Cattolica*'.

Il me plaît de rapporter les conclusions du très célèbre historien catholique, pour pouvoir pénétrer encore mieux dans ce "Mystère du Sang", sans tomber dans deux erreurs opposées, par défaut : le scepticisme négateur et par excès : la crédulité superstitieuse et fanatique, qui pour vouloir affirmer trop, risque de compromettre ce qu'il y a de sérieux et historiquement fondé dans la thèse de l'homicide rituel juif.

Benigni observe, préliminairement, que pour pouvoir affirmer qu'un crime soit *rituel*, il doit être produit par une intention religieuse (la haine contre les fidèles d'une autre religion) et en outre doit avoir la forme d'un rite. Par exemple, un crime sera *implicitement rituel* si un chrétien est tué par des juifs, durant la Semaine Sainte, pour commémorer, avec haine, la Passion de Jésus, au moyen d'actes qui reproduisent la flagellation, le couronnement d'épines, la crucifixion.

Le crime, sera au contraire *explicitement ou pleinement rituel* si un chrétien est martyrisé comme il est dit ci-dessus (en haine de la foi catholique) et qu'en plus on utilise le sang de la victime pour l'usage des cérémonies juives officielles ou superstitieuses, c'est-à-dire dans un but de propitiation religieuse ou mieux encore superstitieuse.

Ne serait pas un crime *parfaitement ou pleinement rituel* celui dans lequel on extrairait le sang chrétien pour en faire un remède ou une espèce de sacramental, sans le mobile de la haine religieuse[270].

Benigni, sagement, admet que parmi tous les crimes dénoncés comme rituels, au cours de l'histoire, plusieurs n'ont pas été prouvés historiquement comme tels, mais ceci n'autorise pas à affirmer que tous les crimes considérés comme rituels et dénoncés comme tels, soient tous faux (*abusus non tollit usum*) !

A l'objection juive selon laquelle des Papes auraient nié l'historicité du crime rituel, Benigni répond que :

1°) Innocent IV, dans la bulle du 28 mai 1287 à l'Archevêque de Vienne, Giovanni di Bernin, expose d'abord le recours des juifs qui déploraient avoir été opprimés injustement, à cause de l'accusation d'avoir crucifié une petite fille. Puis le Pape ordonne à l'A rchevêque que si les accusations sont fausses, il empêche la persécution des innocents, mais que si au contraire le crime est vrai, il doit être puni.

Le Pape, dans la bulle du 5 juillet 1247, à l'Episcopat de France et d'Allemagne, soutient que les juifs d'Allemagne disent qu'ils sont accusés faussement de *manger un cœur d'enfant chrétien* pour leur pâque, et que désormais il ne veut pas que l'on commette des injustices contre eux, et qu'au cas où il y en aurait eu, on arrête de les tourmenter injustement.

Dans la bulle du 25 septembre 1253, il affirme ne pas croire que les juifs mangent de la chair chrétienne, c'est-à-dire qu'il ne croit pas à une spécifique fin du crime rituel : l'*anthropophagie* . Il considère même que certains nobles chrétiens abusent de ces

---

[270] Cf. U. BENIGNI, *Storia Sociale della Chiesa*, Vallardi, Milano, 1922, vol. IV, tome I, p. 370.

accusations, pour s'emparer des biens des juifs, et l'interdit, mais ne nie pas l'existence du crime rituel en soi.

2°) Martin V, dans la bulle du 13 février 1429, interdit aux prédicateurs d'*abuser* de la prédication contre les juifs.

Dans la bulle du 2 novembre 1447, il nie que les juifs célébreraient leurs fêtes *en mangeant le foie ou le cœur d'un chrétien*.

Mgr Benigni écrit que "des notables juifs, en 1913, à l'occasion du procès Beylis, demandèrent... par de grandes formalités au Saint-Siège si la bulle d'Innocent IV et la relation du cardinal Ganganelli étaient authentiques...

Le Saint-Siège répondit pour la bulle d'Innocent IV, en s'en remettant au jugement des historiens compétents, et pour le rapport Ganganelli, qu'ayant consulté les archives, on avait pu vérifier l'authenticité de celui-ci (...).

Quant au rapport Ganganelli, il est l'exposition du jugement personnel d'un pourpré (et non déjà d'un Pape) qui niant qu'étaient prouvés de nombreux crimes rituels, convenait de la réalité historique de ceux des deux bienheureux Andrea de Rinn et Simonino de Trente"[271].

En bref, l'Église sage, prudente et maternelle, essaye de rasséréner les esprits, en empêchant qu'ils tombent dans les deux erreurs opposées, et par conséquent dément l'accusation spécifique selon laquelle les juifs mangent le cœur d'un enfant chrétien, pour éviter l'erreur par excès ou le fanatisme crédule et exalté ; alors qu'elle affirme l'existence historique de l'homicide rituel, pour éviter l'erreur par défaut, c'est-à-dire le scepticisme.

Aujourd'hui aussi, par exemple, il y a des exaltés qui affirment que les jeunes qui meurent le samedi soir, d'accident de voiture, en sortant des discothèques, sont victimes d'homicides rituels juifs ! Naturellement ceci est faux et même insensé, mais n'autorise pas à nier la réalité historique de l'homicide rituel, "l'abus disaient les latins n'enlève pas l'usage".

C'est ainsi que dans le passé il y a eu des exaltés, malheureusement poussés par des personnes intéressées, qui en cas de famine ou d'épidémie accusaient les juifs d'avoir infesté l'air, les champs ou l'eau, pour ensuite hélas s'emparer de leurs biens.

Le martyr Rodolphe de Berne

L'Église procède lentement et, comme on a coutume de le dire, avec la plus grande prudence, puisque "la hâte est mauvaise conseillère" : dans le cas de Simonino de Trente pour donner un exemple elle intervint à plusieurs reprises. Sixte IV le 10 octobre 1475 suspendit le culte populaire déjà prêté à Simonino, comme martyr des juifs, puisque selon le Pape rien n'avait encore été

---

[271] *Op. cit.*, p. 381.

définitivement constaté à ce propos. L'évêque de Trente, Giovanni Hinterbach, institua un procès, et se prononça en faveur de l'homicide rituel de Simonino, de la main des juifs, mais le commissaire pontifical inst itua un second procès, affirmant que l'évêque de Trente avait commis des irrégularités juridiques. Alors le Pape institua un troisième procès à Rome, après lequel il affirma que le premier procès, de l'évêque de Trente, avait été fait *"rite et recte"*, mais n'approuva pas encore le culte public de Simonino. En 1584 Grégoire XIII, dans le *Martyrologium Romanum*, promulgua que le 24 mars 1475, à Trente avait eu lieu la *"passio sancti Simeonis pueri a judeis sævissime trucidati, qui multis postea miraculis coruscavit"*. Le 8 juin 1588, plus de cent ans après le martyre du Bienheureux Simonino, Sixte V, ratifia pour le diocèse de Trente, le culte public rendu au Bienheureux Simonino (Cf. *L'homicide rituel* in *Sodalitium* n° 29, pp. 20-38). L'Église a accordé le culte public et a également béatifié Andrea de Rinn sous le pontificat de Benoît XIV, 15 décembre 1753 et 22 février 1755 ; et puis encore Dominguito del Val (sous Pie VII, 24 novembre 1805, 12 mai 1807 et 7 août de la même année), Cristoforo de La Guardia, près de Tolède (toujours sous Pie VII) et Lorenzino de Marostica (sous Pie IX, en 1867).

Rappelons encore que d'après l'opinion du cardinal Ganganelli, relateur du St Office, homme étranger à tout fanatisme ou extrémisme, de *tant de crimes rituels* attribués aux juifs au cours de l'histoire, sont à retenir pour certains et vrais ceux de Simonino de Trente et Andrea de Rinn, tués "en haine de la Foi chrétienne".

C'est pourquoi, conclut Mgr Benigni, "même Benoît XIV et le cardinal Ganganelli [que les juifs essayent de citer en leur faveur et contre la thèse du'Mystère du Sang'], ont cru historique le martyre des Bienheureux de Rinn et de Trente"[272].

Il me semble donc, que l'on puisse affirmer, sans peur de se tromper, la véridicité historique de la thèse de l'homicide rituel juif, sans tomber dans des excès de fanatisme, qui le voient où il n'est pas, mais sans non plus tomber dans l'erreur de scepticisme qui s'obstine à le nier, après des preuves historiques et magistérielles aussi probantes.

Le Pape Martin V

---

[272] *Op. cit.*, p. 383.

Lettre ouverte aux Juifs pour leur conversion

Par M. l'abbé Curzio Nitoglia

Introduction

Nicodème, Joseph d'Arimathie, Paul de Tarse et de nombreux autres rabbins et éminents membres de la Synagogue ont embrassé au cours des siècles la foi chrétienne et, en reconnaissant en Jésus le Messie attendu par les saints Patriarches et les prophètes, ont abandonné le culte pharisaïque.

Avec le présent article, modelé sur les trois *Lettres d'un rabbin converti* de Paul-Louis-Bertrand Drach, j'entends vous offrir, ô Juifs, une occasion de réflexion : que, avec la grâce de Dieu, celle-ci puisse se transformer en conversion à la vraie Foi, la Foi catholique, qui n'est rien d'autre que la foi israélite de vos pères, celle-même professée par Abraham, Isaac, Jacob, et accomplie en Jésus-Christ.

« La Religion catholique... est celle de nos ancêtres, laquelle a reçu son dernier développement à la venue de Notre-Seigneur Jésus-Christ, ce Messie promis tant de fois à notre nation »[273]. Jésus Lui-même l'a déclaré : « *Ne pensez pas que Je sois venu abolir la Loi et les Prophètes ; Je ne suis pas venu les abolir, mais les accomplir* »[274]. En effet l'Ancien Testament dont Dieu vous a constitués les conservateurs dans l'intérêt de l'Évangile renferme toutes les vérités du Christianisme.

Que Dieu veuille vous faire la grâce de le lire, dégagés de l'actuel aveuglement prophétisé par les prophètes en punition de votre désobéissance[275]. Et puisque vous reconnaissez l'authenticité de ce texte, ouvrez-le et lisez-le sans préjugés. Vous pourrez ainsi voir une longue série de prophéties qui décrivent, longtemps avant et avec une précision impressionnante, les moindres détails de l'œuvre de la Rédemption ; de plus, certains chapitres des Psaumes et d'Isaïe, sont de véritables proto-Évangiles. Votre obstination vous soumet depuis environ deux mille ans à la punition dont vous avait menacée Moïse lui-même, de *tâtonner en plein midi*[276], c'est-à-dire quand brille la lumière de l'Évangile.

Mais sachez que le juste de l'ancienne Loi, seul *vrai israélite*, n'attribuait pas au Messie qu'il attendait la mission de donner au Juif le royaume terrestre sur le monde entier, comme l'enseigne au contraire la Synagogue actuelle.

---

[273] P.-L. B. DRACH, *Première lettre d'un rabbin converti, aux Israélites ses frères, sur les motifs de sa conversion*, éd. de Beaucé-Rusand, Paris 1825, p. 2.
[274] Matth. V, 17.
[275] Is. VI, 9-10.
[276] Deut. XXVIII, 29.

L'Israélite vraiment converti retrouve dans l'Église du Christ les cérémonies de l'antique Synagogue, qui était, dans l'ancienne économie, la vraie Église de Dieu. Quand il écoute les lectures divines, il se souvient de ses ancêtres, dont il est question ici. L'Église comme l'ancienne Synagogue mosaïque (qui n'a rien de commun avec l'actuelle Synagogue rabbinique et antichrétienne), récite des prières, matin et soir, avec le Symbole de la Foi[277]. L'une et l'autre ont l'habitude de réciter une bénédiction avant les repas, et une action de grâces après. L'une et l'autre solennisent la Pâque (figurée dans la Synagogue et réalisée dans l'Église). Le cinquantième jour après Pâques, la Pentecôte, rappelle la promulgation de la Loi de Dieu aux Juifs et l'effusion de l'Esprit Saint sur les Apôtres. Le prêtre catholique, comme le sacrificateur juif, endosse, durant les Offices sacrés, des ornements particuliers ; l'un et l'autre se lavent les mains avant de commencer le Sacrifice ; l'un et l'autre ont l'obligation d'étudier la Loi divine et de l'enseigner ; l'un et l'autre ont le droit de bénir le peuple. L'Église prie au nom et par les mérites de Jésus, qui s'est sacrifié sur la Croix ; la Synagogue mosaïque priait au nom et par les mérites d'Isaac, figure de Jésus. Le Sacrifice de la Messe offert le matin, et la visite au très Saint Sacrement le soir, rappellent le *Sacrifice perpétuel* offert en holocauste, matin et soir, au Temple de Jérusalem, qui n'était autre qu'une figure de l'*"Oblatio munda"*[278]. À l'Église, les jours de fête on explique aux fidèles en langue vulgaire l'E vangile du jour ; la Synagogue, après le retour de la captivité babylonienne, avait des interprètes qui traduisaient en chaldéo-syriaque, (alors langue vulgaire de votre nation), la section du Pentateuque et du prophète du jour. À l'église, durant la lecture de l'Évangile du jour, on se tient debout, comme à la synagogue durant la lecture du Pentateuque ; tant à l'église qu'à la synagogue on récite publiquement les Psaumes ; cependant il faut rappeler qu'il existe une analogie entre les deux et non une identité : l'Église en effet possède la réalité,

alors que la Synagogue n'a que les figures. « Je ne parle pas des pratiques superstitieuses de la Synagogue rabbinique, fruit des rêveries du Talmud... »[279].

À droite, le Père Marie-Alphonse Ratisbonne, à qui apparut Marie telle qu'elle est représentée sur la Médaille Miraculeuse, dans l'église St André delle Fratte à Rome, le 20 janvier 1842, et qui le convertit.

LE DOGME DE LA TRÈS SAINTE TRINITÉ

Il faut aussi rappeler que l'Église n'adore que le Dieu d'Abraham, d'Isaac et de Jacob, dont la Synagogue actuelle a perdu la notion, comme Jésus

---

[277] Deut. VI, 4.
[278] Mal. I, 11.
[279] P.-L. B. DRACH, *op. cit.*, p. 12.

Lui-même l'avait déjà enseigné : « *Vous* [pharisiens et rabbins, n.d.r.] *ne connaissez ni Moi, ni mon Père : si vous Me connaissiez, vous connaîtriez aussi mon Père* »[280].

La Trinité des Personnes dans l'Unité de la Nature, est déjà annoncée IMPLICITEMENT par Moïse, par écrit, dans le Deutéronome : « *Ecoute, ô Israël ! Jahweh, notre Dieu, Jahweh un* »[281]. Il y a ici une triple répétition du nom du Seigneur (*Jahweh, Dieu, Jahweh*), « le commentaire Behhaï dit expressément que Moïse énonce ainsi l'Unité de Dieu, ...et la très Sainte Trinité »[282]. En outre le dogme Trinitaire est exprimé aussi dans la Genèse : « *Faisons l'homme à notre image et à notre ressemblance* »[283]. Le chapitre XVIII de la Genèse est encore plus formel. « *Or le Seigneur lui apparut (à Abraham) dans les plaines de Mambré, quand il était assis à l'entrée de la tente, par une grande chaleur du jour. Levant les yeux, il s'aperçut que trois hommes se tenaient près de lui. Dès qu'il s'en aperçut il courut au-devant d'eux ..., et il se prosterna en terre ; et il dit : "Mon Seigneur, je te prie, si j'ai trouvé grâce à tes yeux, n'outrepasse pas ton serviteur. Permettez que l'on apporte un peu d'eau, et lavez vos pieds, ensuite vous continuerez votre marche, puisque vous êtes venus à passer auprès de votre serviteur"...Abraham alla en toute hâte à sa tente vers Sara, et lui dit : "Pétris vite trois mesures de fleur de farine, et fais des pains..."*. *Quand ils eurent mangé ; ils lui demandèrent : "Où est Sara ta femme ? (...) L'un d'eux* [Dieu, n.d.r.] *dit : "Je reviendrai ...à toi dans un an, et Sara,... aura un fils...". Et Sara s'en moqua intérieurement ... Et Jahweh dit à Abraham : "Pourquoi Sara s'est-elle moquée ?.... Y a-t-il une chose trop difficile pour Y ahwé ?"... Cependant Sara nia, disant.... Mais le Seigneur dit : "Non tu t'es moquée"* »[284].

Un Père de l'Église, commente : « Voici soudain que la Majesté incorporelle descend en terre, sous la personne de trois hommes. Abraham se hâte d'aller à leur rencontre ; il tend vers eux des mains suppliantes, il baise leurs genoux, et il dit : *"Seigneur, si j'ai trouvé grâce devant toi, ne passe pas devant ton serviteur sans t'arrêter"*. Vous voyez qu'ABRAHAM COURT À LA RENCONTRE DE TROIS, ET QU'IL EN ADORE UN »[285].

---

[280] Jn VIII, 19.

[281] Deut. VI, 4.

[282] P.-L. B. DRACH, *op. cit.*, pp. 12-13.

St Thomas d'Aquin enseigne que quand Dieu parla à Adam de son futur mariage avec Eve, Il lui expliqua que c'était une figure de l'union du Christ et de l'Église et c'est pourquoi Il dut aussi lui expliquer le Mystère de la Trinité et de l'Unité de Dieu ainsi que celui de l'Incarnation du Verbe : « Après le péché originel, le Mystère du Christ a été cru D'UNE FACON EXPLICITE, non plus seulement quant à l'Incarnation, mais quant à la Passion et à la Résurrection, ...par les grands » (S. T. 2, 2, q. 2, a. 7, *in corpore*). Ensuite, quant au Mystère de la Trinité, le Docteur angélique enseigne : « À la mesure dont on a cru avant le Christ le Mystère de l'Incarnation, les grands D'UNE FACON EXPLICITE, les petits IMPLICITEMENT ... on a cru aussi le Mystère de la Trinité » (S. T. 2a, 2ae q. 2, a. 8, *in corpore*).

[283] Gen. I, 26.

[284] Gen. XVIII, 1-15.

[285] SAINT AUGUSTIN, *De Tempore*, Sermon 68.

Le Saint Docteur continue : « ABRAHAM CONNUT, PAR LA VUE DE CES TROIS HOMMES LE MYSTÈRE DE LA SAINTE TRINITÉ ; et s'il les adora comme un seul, c'est qu'il n'ignorait pas que dans ces trois personnes il n'y a qu'un seul Dieu »[286].

« Ces nombreux témoignages, mes chers frères, ne vous permettent plus de douter que le dogme de la Sainte Trinité ne fût toujours admis dans notre nation ; mais avant la venue de Notre-Seigneur Jésus-Christ ce "secret de Jahweh" n'était connu que d'UN PETIT NOMBRE... Le sublime Mystère de la Trinité du Dieu unique, ne devait être enseigné PUBLIQUEMENT qu'à l'époque de l'Avènement du Messie... »[287].

Les extravagances que les rabbins emploient pour expliquer l'alternance du singulier et du pluriel, à l'égard de *Jahweh*, qui apparut en trois Personnes, prouvent leur grand embarras. « Ils ont l'air de ces enfants qui témoignent leur répugnance par les grimaces les plus risibles, à la vue de la coupe salutaire qui doit leur rendre la santé »[288].

COMMENTAIRES RABBINIQUES ET COMMENTAIRES PATRISTIQUES

« Dans cet examen attentif du texte [de la Sainte Ecriture, n.d.r.], écrivait Drach, où pour la première fois de ma vie, je m'étais mis hors de page des commentaires rabbiniques, je vis clairement que toutes les prophéties ne forment... qu'un grand cercle de la circonférence de quatre mille ans, dont tous les rayons aboutissent au centre commun qui n'est, et ne peut être, que Notre-Seigneur Jésus-Christ. ...Tel est l'objet et l'unique but de toutes les prophéties »[289]. Mais avec la venue du Messie une portion de vos pères, les Pharisiens, quittèrent la Synagogue mosaïque, le *"Verus Israel"*. Abusant de leur autorité, ils se déclarèrent dès le début contre Jésus-Christ, ils abandonnèrent ainsi la vraie Religion, devenue universelle et non plus l'apanage d'un seul peuple, se détachant également ainsi de tous les autres peuples. Ceux qui croyaient au Messie à venir et ceux qui croient au Messie venu, appartiennent à la même Religion : l'Ancienne et la Nouvelle et Eternelle Alliance, c'est-à-dire à la Religion catholique. « Bien loin d'abjurer la Religion de ses pères, l'Israélite qui devient catholique, est un de ces enfants égarés que le repentir ramène dans la maison paternelle »[290].

LES PROPHÉTIES MESSIANIQUES À LA LUMIÈRE DE LA TRADITION DE L'ANCIENNE SYNAGOGUE MOSAÏQUE

---

[286] *Ibid.*, Sermon 70.
[287] P.-L. B. DRACH, *Deuxième lettre d'un rabbin converti, aux Israélites ses frères, sur les motifs de sa conversion*, éd. de Béthune, Paris 1827, p. 95.
[288] *Ibid.*, p. 19.
[289] *Ibid.*, p. 41.
[290] *Ibid.*, p. 45.

Israélites qui avez abandonné l'Ancienne Alliance, vous refusant d'accepter son perfectionnement : la Nouvelle et Eternelle ; vous cheminez dans les ténèbres, alors que vous offrez aux autres nations le spectacle lumineux des deux colonnes qui vous précèdent : vos prophéties et vos Traditions[291]. Ouvrez enfin les yeux à la Vérité, pour pouvoir avoir la joie de vous exclamer avec l'un de vos frères par le sang et non par la Foi : « *Nous avons trouvé Celui de qui Moïse a écrit dans la Loi et ensuite les Prophètes, "Jésus, fils de Joseph de Nazareth"* »[292]. Les mots que vos pères ont prononcé : « *Sanguis ejus super nos et super filios nostros* », répétez-les vous aussi, cependant non sur un ton audacieux comme il y a deux mille ans, mais avec un respect religieux ; avec toute la confiance que l'on doit à la miséricorde divine.

« Oui, s'exclame Drach, notre Dieu, notre Sauveur, que votre Sang..., soit à jamais sur nous et sur nos enfants pour effacer nos iniquités, ...Prosternez-vous donc, mes chers frères, devant cet homme-Dieu... C'est par Lui seul que vous pouvez être *enfants d'Abraham* [aussi dans la Foi, n.d.r.][293]. Et alors quelles bénédictions n'attirerez-vous pas sur tous les hommes ! car, si notre chute, comme dit St Paul fut un si grand profit spirituel pour les Gentils, que ne leur vaudra pas la conversion de notre nation entière ?[294]. Examinez sans préventions notre sainte Religion. Bien loin de s'envelopper de ténèbres, comme le Rabbinisme talmudique, Elle aime le grand jour. Vous vous convaincrez que la Religion a toujours été la même, en connaissant deux étapes de la même route : l'une encore imparfaite et préparatoire ; l'autre parfaite et définitive. Cette Religion a toujours été présidée, (dans l'Ancienne comme dans la Nouvelle Alliance, n.d.r.) par un Chef visible sur la terre, tenant son autorité de Dieu même ; que nos ancêtres jusqu'aux âges les plus reculés, ont distingué trois Personnes dans l'Unité de l'Essence divine ; la Personne *seconde dans le nombre*, comme disaient nos anciens Docteurs, devait venir au monde pour nous réconcilier avec le Ciel, en nous délivrant de la *puissance des ténèbres*[295], et en nous soumettant le démon : telle est la *domination de la terre* qui nous était promise [et aucune autre de type terrestre et temporel, n.d.r.] ; que ce Rédempteur... devait être... un *homme-Jahweh, Fils de l'homme* dans le temps ; Fils de Dieu dans l'éternité, né de la plus pure et la plus sainte des Vierges, sans la participation d'aucun homme, par la toutepuissance divine ; que Jésus-Christ est venu à l'époque fixée pour l'Avènement du Messie ; enfin que toute la vie et la mort de

---

[291] St Augustin appelle les Juifs "les serviteurs chargés de porter les Livres Saints pour les chrétiens... Ils fournissent les preuves pour convaincre les païens. De cette manière l'Église appelle en témoignage un ennemi pour combattre un autre ennemi" (*Contra Faustum*, liv. 12, ch. 23).

[292] Jn I, 45.

[293] Gal. III, 29 : « *Si autem vos Christi ergo semen Abraham estis* ».

[294] Rom. XI, 12 : « *Si leur péché est la richesse du monde, ...combien plus encore leur plénitude ?* ».

[295] Col. I, 13.

Notre-Seigneur Jésus-Christ ne furent que l'accomplissement de ce que la Tradition avait enseigné d'avance au sujet du Messie d'Israël »[296].

SEULE LA RELIGION CHRÉTIENNE EST AUSSI ANCIENNE QUE LE MONDE

En quoi croyaient vos ancêtres ? En un seul Dieu. Qu'attendaient-ils ? Le Rédempteur d'Israël. Et qui devait être ce Rédempteur ? *Jahweh*. Interrogez vos pères et ils vous instruiront : le juif pour être justifié devait croire au Messie qui devait venir, comme le chrétien doit croire au Messie qui est venu[297]. St Augustin a écrit : « Bien que les temps aient changé, bien qu'ait été annoncé, dans les temps passés, comme futur le Mystère de la Rédemption, qui maintenant est annoncé comme accompli, la Foi n'est pas changée pour ce motif : ainsi, bien que avant la Venue du Rédempteur Jésus, la vraie Religion avait été pratiquée sous d'autres noms et au moyen d'autres symboles qu'après Sa Venue, bien que dans le passé elle avait été proposée de manière plus voilée, et que maintenant elle soit prêchée plus clairement ; cependant IL N'Y À JAMAIS EU QU'UNE SEULE RELIGION QUI À TOUJOURS ÉTÉ LA MÊME. Celle qui s'appelle aujourd'hui Religion chrétienne existait déjà chez les anciens, et n'a jamais cessé de subsister dans le monde, depuis le premier homme jusqu'à l'Incarnation de Jésus-Christ, qui est le temps dans lequel la vraie Religion, qui dans le passé était l'Ancienne Alliance, a commencé à porter le nom de chrétienne »[298]. En effet, tout ce que l'Église catholique enseigne se retrouve dans vos plus anciennes Traditions.

Le Talmud veut étouffer la Tradition vraie de l'Ancienne Synagogue mosaïque dans un déluge de contresens et de mensonges ; la Tradition vraie est souvent défigurée par les additions rabbinico-pharisaïques.

Dans les pages suivantes il faudra discerner la vraie Tradition des ajouts rabbiniques.

CABALE AUTHENTIQUE ET CABALE IMPURE

Cabale signifie tradition, enseignement oral. Il faut cependant distinguer la Cabale ou Tradition authentique, de la Cabale pervertie au sens ésotérique et démoniaque ; la première est la Tradition catholique, révélée par Dieu à Adam, conservée et transmise par l'Ancienne Synagogue mosaïque (vraie Église de Dieu dans l'Ancien Testament). La seconde est la

---

[296] P.-L. B. DRACH, *Deuxième lettre d'un rabbin converti, aux Israélites ses frères, sur les motifs de sa conversion*, éd. de Béthune, Paris 1827, pp. 4-5-6-14-15.
[297] Deut. XXXII, 7.
[298] SAINT AUGUSTIN, *Les Révisions*, liv. 1, ch. 13.

gnose[299] ou ésotérisme. Comme l'enseigne don Julio Mienvielle : « De la Tradition orale adamique ou primordiale (...) sous l'instigation de l'Esprit du Mal, naquit une tradition impure, la tradition gnostico-cabalistique »[300]. La vraie Tradition fut communiquée à l'homme en trois économies successives : 1ª) Tradition primordiale (Adam). Elle n'a rien à voir avec la tradition ésotérique de Guénon, Evola, Schuon, À nanda Coomaraswamy, Mordini... (*Quorum nomen Legio est*)[301]. 2ª) Loi mosaïque. 3ª) Loi évangélique.

La Tradition de la Synagogue Antique se divisait en deux branches : la Tradition talmudique, (non encore corrompue dans le sens antichrétien par les Pharisiens). Comme une espèce de Théologie morale, elle fixait le sens de la Loi écrite (*Thora*) ; c'est une seconde Loi, donnée oralement à Moïse sur le Sinaï. Et la Tradition dogmatique et mystique, ou vraie Cabale, qui traitait de la Nature de Dieu, de ses attributs.

On peut lire à ce propos ce qu'écrit Drach, véritable autorité en la matière : « (Il existe) une Cabale vraie et sans mélange, qui s'enseignait oralement [et en privé, entre Docteurs seulement, n.d.r.] dans l'ancienne Synagogue et dont le caractère est franchement chrétien [c'est-à-dire qu'elle annonçait Jésus-Christ comme seconde Personne de la Sainte Trinité, n.d.r.]. Il existe une seconde Cabale, fausse, pleine de superstitions ridicules et en outre

---

[299] **Les origines de la gnose.** Certains auteurs, comme l'Arnach, ont fait remonter l'origine de la gnose à l'hellénisme. Un Père de l'Église, comme Hippolyte, a au contraire comparé la doctrine des gnostiques avec les doctrines des philosophes grecs.

« Il n'y a pas de doute écrit Erik Peterson que certains gnostiques se sont servis des idées et des termes de la philosophie grecque pour rendre compréhensibles leurs spéculations à un public cueilli, éduqué dans les traditions hellénistiques. ...Mais reste le fait que la vision du monde de la mentalité gnostique contraste complètement avec celle des Grecs. Le langage philosophique grec n'est qu'une manière pour se faire comprendre par les personnes de culture grecque. En outre la théorie selon laquelle la gnose vient de la religion babylonienne persane (Anz-Bousset) ne se rend pas compte que le caractère anticosmique de la gnose ne trouve pas d'analogie dans le chaldéisme astrologique et que le pessimisme de la gnose ne trouve pas de correspondance dans la religion persane, tout comme le dualisme gnostique n'est pas identique au dualisme persan. ...C'est pourquoi il serait imprudent de chercher l'origine de la gnose à l'extérieur de l'espace géographique où le mouvement gnostique avait son centre, c'est-à-dire dans la Syrie occidentale... et en Egypte. Là où était parlée la langue araméenne... la gnose s'est développée. Mais CECI VEUT DIRE QUE PRATIQUEMENT AU DEBUT LA GNOSE EST L'ŒUVRE DES JUIFS... On dit souvent que la gnose du "*corpus hermeticum*" serait la preuve de l'existence d'une gnose païenne, mais en vérité LA GNOSE HERMETIQUE MONTRE BEAU COUP DE TRACES EVIDENTES DE LA GNOSE JUDAIQUE. ...En étudiant les textes gnostiques on découvre facilement comment ils s'inspirent spécialement du Pentateuque, et en particulier de la Genèse. ...Si la gnose interprète les textes de la cosmogonie biblique elle porte évidemment à la lumière des DOCTRINES SECRETES JUDAIQUES. ...L'origine de la gnose ne doit donc pas être expliquée par un mouvement anonyme de syncrétisme de différentes religions... La gnose est antérieure au Christianisme » (E. PETERSON, *Gnosi*, in Enciclopedia Cattolica, Città del Vaticano 1951, vol. VI, col. 876-882).

Cependant le respect pour l'Ancien Testament, justement de l'Église, porta à l'INFILTRATION DES IDEES GNOSTIQUES et millénaristes DANS LE MILIEU CHRETIEN. Mais l'Église, en restant fidèle à la lettre et à l'esprit de l'Ancien Testament, et en réfutant les chimères construites dessus par les gnostiques, réussit à se libérer de ces infiltrations gnostico-judaïques.

[300] J. MIENVIELLE, *Influsso ebraico in ambiente cristiano*, Roma 1988, p. 14.

[301] Mc V, 9.

s'occupant de magie et de médecine... Telle qu'elle est devenue entre les mains des rabbins de la Synagogue infidèle »[302].

Toujours selon Drach, au retour de la captivité de Babylone (538 avant J.-C.), le prophète Esdras mit par écrit la Cabale orale dans soixante-dix volumes, qui n'étaient pas rendus publics ; une grande partie des restes qui en étaient conservés a été perdue. Ils fournirent d'abondantes preuves en faveur de tous les principaux articles de la Foi catholique, de telle manière que l'on peut essayer de convaincre les juifs avec les mêmes livres dans ce qu'ils conservaient d'encore non altéré, et c'est justement ce que j'essayerai de faire dans les pages suivantes. « Mais ici se présente une question. Comment peuton reconnaître les restes de l'ancienne et vraie Cabale au milieu du fatras rabbinique où ils sont comme perdus ? (...) La règle est que... toutes les fois qu'un passage exprime un article de la croyance catholique, ...en termes dont on a pas besoin de forcer le sens, vous pouvez être certain que ce passage n'a pas été fabriqué par les rabbins. (...) À moins de faire violence au texte des précieux morceaux qui nous restent de la Cabale ancienne, il faut convenir que le dogme chrétien y est professé aussi nettement que dans les livres des Pères de l'Église »[303].

En ce qui concerne la Tradition talmudique, donnée oralement à Moïse sur le Sinaï avant d'être corrompue par les rabbins, son texte ou explication s'appelle *Mishna* et fut mise par écrit en 190 après J.-C. alors que le commentaire du texte ou Mishna, s'appelle *Ghemara*, et se subdivise à son tour en *Ghemara de Jérusalem* (écrite en 300 après J.-C.) et en *Ghemara de Babylone* (écrite en 500 après J. C.)[304].

LA TRÈS SAINTE TRINITÉ DANS LES PROPHÉTIES DE L'ANTIQUE SYNAGOGUE MOSAÏQUE

« La doctrine de la Sainte Trinité... était de tout temps reçue dans notre nation. Quand Notre-Seigneur Jésus-Christ donne à Ses Apôtres qu'Il avait choisis parmi nos frères, la mission de prêcher Son saint Évangile aux nations, Il leur dit : "*Baptisez-les au nom du Père, et du Fils, et du Saint-Esprit*". Il semble qu'Il ne leur révèle pas la doctrine de la sainte Trinité ; Il leur en parle comme d'un article de Foi connu et admis parmi les enfants d'Israël [explicitement par les *majores* et implicitement par les simples, n.d.r.] »[305]. Le premier verset de la Genèse : « *In principio fecit Deus cœlum et terram* »[306] peut se traduire, d'après les Docteurs de l'Antique Synagogue : « Par le Principe (*berêschit*) Dieu créa le ciel et la terre ». Et comme l'Évangile est le vrai commentaire de l'Ancien Testament, il doit nous expliquer ce qu'est le Principe (*rêschit*), par lequel le monde fut créé. L'Évangile nous répondra que

---

[302] P.-L. B. DRACH, *De l'harmonie entre l'Église et la Synagogue*, Paul Mellier éd., Paris 1844, vol.2, p. XVIII.
[303] *Id.* pp. XXIX-XXXII.
[304] Cf. *Sodalitium* n° 32, pp. 34-50, *La Cabale*.
[305] P.-L. B. DRACH, *Deuxième lettre d'un rabbin converti, aux Israélites ses frères, sur les motifs de sa conversion*, p. 25.
[306] Gen. I, 1.

c'est le Verbe Eternel « *Le Verbe était dans le Principe* »[307]. St Jérôme aussi commente à ce propos : « Plusieurs croient... que le texte hébreu porte : *"Par le Fils, Dieu créa le ciel et la terre"*. Ce n'est pas que le Christ soit ici EXPRESSEMENT nommé ; mais le sens du premier mot de l'Ecriture sainte, aussi bien que le commencement de l'Évangile de St Jean l'annonce suffisamment et IMPLICITEMENT »[308]. Mais le fait le plus singulier est que le principal livre cabalistique dans lequel se trouvent des restes de la première Cabale vraie au milieu des ajouts rabbiniques, qui ont essayé de les étouffer le *Zohar*, dit formellement que le mot *rêschit* est un des noms de la divinité, et qu'il désigne le *Verbe*, la *Sagesse éternelle*[309]. Ce mot (*rêschit*) a pour préfixe la lettre servile (*beth*), qui dans la grammaire hébraïque, s'ajoute au commencement des mots et qui tient la place des propositions. Cette lettre, dont la valeur numérique est : deux ou deuxième ; parce que le Principe a deux natures, et qu'il est le deuxième dans l'ordre du nombre, après le Père. Enfin que *berêschit* est au singulier parce qu'il dénote une seule Personne.

Drach cite de nombreux autres passages du *Zohar* sur la première partie de la Genèse, qui répètent le même concept[310].

Si le premier verset de la Genèse annonce la Trinité, le second nous fait connaître IMPLICITEMENT l'Esprit-Saint. « *Et l'Esprit de Dieu*, ou plutôt : *L'Esprit-Dieu planait sur la superficie des eaux* »[311]. Et voici ce que dit au sujet de ce verset le Talmud, au traité *Hhaguiga* : « *Sous la forme d'une COLOMBE qui plane sur ses petits sans les toucher* »[312]. Rabbi Salomon Yarhhi, dans son commentaire sur la Bible, donne un grand développement à ce que dit le Talmud sur le second verset de la Genèse :

« Le trône de la divinité, se tenait en l'air et reposait légèrement sur la superficie des eaux, par la vertu de l'Esprit de la bouche de Dieu..., par son Verbe, SOUS LA FORME D'UNE COLOMBE... »[313].

LE NOM DE JAHWEH

JHWH est le Tétragramme sacré qui indique le nom de Dieu ; le *Zohar*, cité par Drach enseigne que *Iod, He, Vave, He*, sont les quatre lettres du nom de *Jahweh*, et selon Drach, il cite les quatre lettres à la place du nom de Dieu pour indiquer la Très Sainte Trinité, en effet :

1°) *Iod*, est le symbole du Premier Principe, Dieu le Père.

---

[307] Jn I, 1.
[308] SAINT JÉRÔME, *Quæstiones hebraicæ in Genesin*.
[309] *Zohar* sur la Genèse, fol. 1, col. 11, éd. de Cremona.
[310] P.-L. B. DRACH, *Deuxième lettre d'un rabbin converti, aux Israélites ses frères, sur les motifs de sa conversion*, p. 32, fol. 1, col. 10, ligne 12-Fol. 4, col. 14, liv. 37- Fol. 8, col. 30, liv. 14.
[311] Gen. I, 2.
[312] Fol. 15, recto.
[313] Cit. in P.-L. B. DRACH, *Deuxième lettre d'un rabbin converti, aux Israélites ses frères, sur les motifs de sa conversion*, p. 36.

2°) *He*, dénote par sa configuration la descente aux Enfers suivie de l'Ascension au Ciel : symbole de Dieu le Fils, "*Qui descendit ad inferos, ascendit ad cœlos*".

3°) *Vave*, correspond à la copule "*et*", elle est le symbole de Dieu le Saint-Esprit « Qui procède du Père "et" du Fils ».

4°) La seconde *He*, répétée après *Vave*, désigne la seconde nature, la nature humaine de Notre-Seigneur Jésus-Christ, "*Qui incarnatus est de Spiritu Sancto*"[314].

Cette explication du Tétragramme est confirmée par une myriade de témoignages de rabbins de l'Ancienne et vraie Synagogue[315].

ENCORE SUR LA TRÈS SAINTE TRINITÉ

Le Deutéronome annonce aussi implicitement le Mystère Trinitaire, en effet il proclame : « *Ecoute, ô Israël, Jahweh, élohênou, Jahweh, est un* »[316]. Drach commente que la triple répétition du nom du Seigneur est contraire à l'usage de la langue hébraïque[317]. Le commentaire plus précis de ce verset, qui embarrasse beaucoup les rabbins de la Nouvelle Synagogue antichrétienne, est celui fourni par St Jean : « *Il y a trois qui rendent témoignage dans le ciel, le Père, le Verbe et l'Esprit-Saint. Et ces trois sont la même chose* »[318].

LA QUESTION MESSIANIQUE

On a ainsi démontré que vos pères croyaient à la Trinité des Personnes dans l'Unité de la Nature. Maintenant il faut démontrer qu'ils croyaient aussi que le Messie devait être l'une de ces trois Personnes, unie indivisiblement à un corps, formé dans le sein d'une Vierge, par la seule ToutePuissance de Dieu, sans aucun concours humain ; et que les caractères qu'ils attribuaient au Messie se retrouvaient dans la Personne de Jésus-Christ[319]. Le Messie dont vous parlent vos rabbins actuels est un Messie défiguré par les superstitions talmudiques et rabbiniques antichrétiennes : « Il sera... un homme du sang de David, ...il n'atteindra pas à la perfection de Moïse..., l'objet de sa mission ne sera pas d'effacer le Péché Originel... mais de délivrer Israël dispersé, de la captivité où le retiennent les nations ; de le ramener dans la

---

[314] P.-L. B. DRACH, *Première lettre d'un rabbin converti, aux israélites ses frères, sur les motifs de sa conversion*, pp. 15-16.

[315] *Midrash-Ruth*, inséré dans le *Zohar* sur la Genèse, fol. 16, col. 61. Le *Thikkoune-Zohar*, fol. 12, recto, éd. de Thessalonique. Le *Zohar* sur la Genèse, fol. 30, col. 118, liv. 12. Le *Thikkoune Zohar*, fol.4 verso. Id. fol. 15, verso. *Thikkoun* 56, fol. 92 verso.

[316] Deut. VI, 4.

[317] P.-L. B. DRACH, *Deuxième lettre d'un rabbin converti, aux Israélites ses frères, sur les motifs de sa conversion*, p. 67.

[318] Ep. St Jn, V, 7.

[319] St Thomas d'Aquin enseigne ces mêmes choses in: S. T. 3ª, q. 47, a. 5.- In 1am ad Cor., ch. 2, lect 2, n° 93- In Symb. Ap., a. 4, n° 912- S. T. 3ª, q. 47, a. 6 ad 1um- S. T. 2a, 2ae, q. 2, aa. 7-8- In 3° Sent., dist. 25, q. 2, a.2, qcq. 2- De Ver., q. 14, a. 11.- Ad Hæbr., ch. 11, lect. 2, n° 576.

Terre-Sainte,...de réédifier Jérusalem et son Temple, et enfin d'établir un règne temporel qui durera autant que le monde, et pendant lequel toutes les nations seront assujetties aux Juifs... Le Messie ne subira point de mort violente. Il épousera plusieurs femmes, et il aura des enfants qui lui succéderont après un règne très long »[320]. Il faudrait faire attention à la vraie Tradition de vos Pères, pour vous convaincre que le vrai Messie est très différent du Messie mythique inventé par les Pharisiens en haine de Jésus-Christ.

DIVINITÉ DU MESSIE ET SON INCARNATION

« La Tradition dans l'Ancienne Synagogue mosaïque a constamment enseigné la Divinité du Rédempteur promis. Les Juifs étaient tellement pénétrés de cette Vérité qu'ils ne pouvaient pas séparer l'idée de Fils de Dieu, de celle du Messie. Tous attendaient un Oint, Fils de Dieu. C'est ce qui explique cette interpellation que le Prince des Prêtres adresse à Jésus-Christ : *"Je vous adjure par le Dieu vivant, dites-moi si vous êtes le Messie Fils de Dieu"*[321]. Ces dernières paroles méritent une attention particulière. Jésus-Christ ne s'était nulle part qualifié de Dieu ou de Fils de Dieu ; mais nous voyons dans St Luc que votre nation regardait la proposition *être Fils de Dieu* comme le conséquent nécessaire de celle-ci *être le Messie*, et vice-versa. Quand Jésus donne à entendre qu'il est le *Christ*, le *Messie*, les prêtres disent aussitôt : *"Vous êtes donc le Fils de Dieu ?"*[322]. Le centurion et ses gardes, témoins des prodiges qui signalèrent le sacrifice de la Croix, s'écrient : *"Celui-ci était vraiment le Fils de Dieu"*[323]. Lorsque les écailles furent tombées des yeux du pharisien Saul, il parcourt les synagogues annonçant que *"Jésus est le Messie, car il est le Fils de Dieu"*[324] »[325]. Cependant en adressant cette lettre à des Juifs il faut chercher les autorités surtout dans les textes de l'Ancien Testament, et dans les écrits des rabbins. Là aussi les preuves sont innombrables.

LES PROPHÈTES ET LE MESSIE-DIEU

Q ue le Messie soit Jahweh lui-même, c'est un point attesté par tous les Prophètes. Ecoutons Isaïe : « *Voici que la Vierge se trouvera enceinte. Elle enfantera un Fils, et elle lui donnera le nom d'Emmanuel* »[326]. Les commentaires rabbiniques sont unanimes :

---

[320] P.-L. B. DRACH, *Deuxième lettre d'un rabbin converti, aux Israélites ses frères, sur les motifs de sa conversion*, p. 99.
[321] Matth. XXVI, 63.
[322] Matth. XXII, 70.
[323] Matth. XXVII, 54.
[324] Actes IX, 20.
[325] P.-L. B. DRACH, *Deuxième lettre d'un rabbin converti, aux Israélites ses frères, sur les motifs de sa conversion*, pp. 101-102.
[326] Is. VII, 14.

Rabbi Salomon Yarhhi : « Elle l'appellera Emmanuel, pour signifier qu'alors notre Créateur sera avec nous »[327].

Rabbi David Kimhhi : « Car du jour où il sera né, Dieu sera avec nous ; c'est pour cette raison qu'elle l'appellera Emmanuel »[328]. Si on lit encore Isaïe : « *Un enfant nous est né ; un fils nous a été accordé. La principauté est posée sur son épaule. On l'appellera l'admirable, le conseiller, Dieu puissant, le Père de l'éternité, le Prince de la paix* »[329]. La paraphrase chaldaïque de Jonathan-benHuziel dit : « Dieu puissant, existant éternellement, Messie dans les jours duquel la paix sera très grande sur nous »[330]. En résumé ce verset d'Isaïe, interprété par les Docteurs de la Synagogue Antique est la preuve que vos pères croyaient dans la Divinité du Messie, à la différence des Pharisiens et des rabbins de l'actuelle Synagogue postbiblique. Quel aveuglement, que nous sommes misérables quand Dieu ne nous illumine pas ! Même Rabbi David Kimhhi, hostile au Christianisme, rejette l'opinion selon laquelle l'Emmanuel serait un homme comme tous les autres. Les Juifs des premiers siècles admettaient communément que cette prophétie concernait le Messie, ils étaient encore trop près de la Tradition véritable pour pouvoir la nier impudemment devant les fidèles. Alors que dans les siècles suivants les rabbins ont montré moins de pudeur ; ils n'ont eu aucune crainte de déformer les mots si clairs de la prophétie que j'ai citée.

Le philosophe argentin don Julio Meinvieille, auteur du livre
"De la cabale au progressisme"

Drach cite bien d'autres autorités de la Tradition des anciens, où l'on trouve les témoignages les plus clairs de la Divinité du Messie[331]. En outre les rabbins eux-mêmes

---

[327] Cit. in P.-L. B. DRACH, *Deuxième lettre d'un rabbin converti, aux Israélites ses frères, sur les motifs de sa conversion*, p. 104.
[328] *Ibid.* p. 104.
[329] Is. IX, 6-7.
[330] Cit. in P.-L. B. DRACH, *Deuxième lettre d'un rabbin converti, aux Israélites ses frères, sur les motifs de sa conversion*, p. 105.
[331] *Ibid.*, p. 115.

appellent le Messie *Lumière*, comme le fait St Jean[332]. Or Rabbi Biba dit dans le Médrasch sur les Lamentations, que le nom du Messie est *Luce*. « L'Ancienne Synagogue enseignait que cette *Lumière* est *Incréée* ; qu'elle a éclairé l'œuvre de la Création... »[333]. Le Nom de *Jahweh* n'appartient qu'à Dieu, et Il s'en montre jaloux : « *Je suis Jahweh, c'est là mon nom, et je ne donnerai pas ma gloire à un autre* »[334]. Rabbi Abraham AbenEzra enseigne : « Le nom glorieux *Jahweh* n'est associé à aucun nom d'homme »[335]. Et Rabbi Kimhhi, enseigne que : « Nul, hors Dieu, ne participe au nom Tétragrammaton *Jahweh* »[336]. C'est pourquoi l'Ecriture sainte et la Tradition, en donnant au Messie le nom *Jahweh*, proclament par là-même sa nature divine ! De plus le prophète Jérémie annonce : « *Il arrivera des jours où je susciterai à David un germe juste, et il régnera en roi, et prospérera. Il opérera la justice et la justification sur la terre... et voici comment on l'appellera : Jahweh notre juste* »[337]. Et Jérémie annonce toujours par ailleurs « Je ferai germer à David le germe de la justification, et il opérera la justice et la justification sur la terre... et voici comment on l'appellera : "Jahweh notre juste" »[338]. Les rabbins de la Synagogue pharisaïque, vaincus par l'évidence de ces deux passages de Jérémie sont obligés de reconnaître qu'au Messie appartient le nom de Jahweh notre juste.

Rabbi David Kimhhi dit que le germe de justification, dont parle Jérémie, est le RoiMessie[339]. Le Talmud lui aussi soutient : « Le Messie porte le nom de Dieu même, car il est écrit : "*Et voici comment on l'appellera Jahweh notre juste*" »[340]. Le *Zohar* affirme : « Le Roi-Messie porte le nom de Dieu même »[341]. Alors vous voyez d'un côté le Talmud des rabbins avec ses erreurs grossières et la perversité de ses maximes ; de l'autre l'Évangile du Seigneur avec sa doctrine si sainte, sa morale si pure, si sublime : et choisissez le chemin. Le sang de Jésus-Christ, répandu par vos pères, ne cessera jamais de couler sur vous ; mais s'il vous trouve loin de la Croix, ce sera la pluie de soufre et de feu qui *descend de Jahweh*[342] ; au contraire si vous allez à Lui, si vous vous mettez au pied de la Croix, ce sera un bain vivifiant, un baume céleste qui vous guérira de tous vos maux !

INCARNATION DU MESSIE FILS DE DIEU

---

[332] Jn I, 4, 9; III, 19.

[333] Cit. in P.-L. B. DRACH, *Deuxième lettre d'un rabbin converti, aux Israélites ses frères, sur les motifs de sa conversion*, p. 121.

[334] Is. XLII, 8.

[335] Comm. sur Joël, 4, 2.

[336] Comm. sur Osée, 12, 6.

[337] Jér. XXIII, 5-6.

[338] Jér. XXXIII, 15-16.

[339] Cit. in P.-L. B. DRACH, *Deuxième lettre d'un rabbin converti, aux Israélites ses frères, sur les motifs de sa conversion*, p. 128.

[340] Talmud, Traité *Baba-batra*, fol. 79, verso.

[341] *Zohar*, sur la Genèse, fol. 63, col. 251.

[342] Gen. XVIII, 24.

Nous avons vu que le Messie attendu par vos ancêtres, devait être à la fois un homme et Jahweh. Le Messie devait naître *germe de Jahweh* et *fruit de la terre*, ainsi que s'exprime le prophète Isaïe : « *En ce temps-là le germe de Jahweh sera à ornement et à dignité, et le fruit de la terre sera à magnificence et à gloire* »[343]. Le commentaire de Rabbi David Kimhhi nous explique que : « En ce jour signifie au jour du Salut, à l'Avènement du Rédempteur »[344]. Le germe de *Jahweh* c'est le Messie fils de David, ainsi qu'il est écrit dans Jérémie[345].

LE MESSIE FILS DE DIEU

Le Psaume dit : « *Jahweh m'a dit : Tu es mon Fils, je t'ai engendré aujourd'hui* »[346]. Que ce Psaume traite du Messie, c'est un point sur lequel nous voyons d'accord le Talmud[347], le *Zohar* sur les Nombres[348], le Médraschrabba sur la Genèse[349], le Médrasch-thehillim et le Médrasch-yalkout sur le Psaume II : c'est-à-dire, tous les monuments qui nous restent de l'antique Synagogue. Parmi les rabbins de la nouvelle Synagogue pharisaïque, plusieurs ont adopté le subterfuge qui, pour réfuter le Christianisme, explique ce verset du Psaume comme s'il s'agissait de David et non du MessieDieu ; toutefois il ne manque pas d'autres rabbins qui appliquent notre Psaume au Messie Dieu, par exemple : Aben-Ezra, Rabbi Kimhhi, Rabbi Moïse Alschehh et Rabbi Obadie Sephorno. Du reste c'est l'histoire elle-même qui démontre irréfutablement que le Psaume II ne parle pas de David ; en effet le Psaume continue :

« *À ta demande, je t'accorderai les nations en héritage, et les extrémités de la terre seront en ta possession* »[350]. Or, c'est un fait historiquement certain, le peuple hébreu sous le règne de David n'a pas obtenu une puissance aussi étendue ! Mais qui pourrait nier cet autre fait historiquement certain que le Règne, surtout mais pas seulement spirituel, du MessieJésus se soit autant étendu, comme avait prophétisé David lui-même :

« *Et il dominera depuis une mer jusqu'à l'autre, et depuis le fleuve jusqu'aux extrémités de la terre* »[351]. Le commentaire *Minhha Ketanna*[352], dit expressément que le Psaume concerne le Messie. *Le fleuve*, dont parle le psalmiste, c'est le Jourdain où le Sauveur a reçu le Baptême. De ce moment a commencé sa domination. Reconnu par St Jean, il lui vient aussitôt des disciples qui l'appellent, non seulement *Maître*, mais aussi *Seigneur*. Ces

---

[343] Is. IV, 2.
[344] Cit. in P.-L. B. DRACH, *Deuxième lettre d'un rabbin converti, aux Israélites ses frères, sur les motifs de sa conversion*, p. 213.
[345] Jér. XXIII, 5.
[346] Ps. II, 6.
[347] Traité *Soucca*, fol. 52, recto.
[348] Fol. 94, col. 376.
[349] Gen. XV, 2.
[350] Ps. II, 8.
[351] Ps. LXXII, 8.
[352] Sur le Psaume II, ch. 7.

passages de l'interprétation de l'Ecriture de la part des rabbins, confirment l'affirmation de Drach : « Comment se fait-il que ceux qui désignent si bien notre divin Messie ne le reconnaissent pas ? Ils lui rendent témoignage, et ils le couvrent de blasphèmes ! O mon Dieu, ...hâtez le moment qui doit déchirer le funeste voile qui couvre leurs yeux »[353].

Enfin c'est encore comme *Fils de Dieu* que le Messie est assis à la droite du Père, c'est-à-dire : participe à la Nature de Dieu, comme l'explique St Augustin : « *Dextera Domini gloriam Patris significat, id est, æternam beatitudinem* »[354]. David, le prophèteroi, aïeul du Messie, le représente comme son propre Seigneur Dieu, et comme Pontife selon l'ordre de Melchisédech, *assis à la droite de Jahweh* : « *Jahweh dit à mon SeigneurDieu (lâdoni), assieds-toi à ma droite tandis que je ferai de tes ennemis ton marchepied* »[355]. Jésus demanda aux Pharisiens réunis autour de Lui : Que vous semble-t-il du Messie ? De qui est-il Fils ? Ils lui répondirent : de David. Et comment donc, leur dit-il, David inspiré de l'Esprit divin l'appelle-t-il *Son Seigneur*, disant : "*Jahweh a dit à mon Seigneur...*".

Si donc David l'appelle *Son Seigneur*, comment est-il son fils ? Et personne ne put lui répondre. Leur langue resta muette, et leurs genoux ne fléchirent point devant leur divin interlocuteur, devant le *Seigneur de David* que leurs yeux voyaient, mais que leurs cœurs, par ENVIE et JALOUSIE, ne voulaient pas adorer[356]. Vos Docteurs modernes, pour ne pas rester muets comme les Pharisiens, prétendent que celui que *Jahweh* invite à s'asseoir à sa droite, c'est Abraham que David reconnaît pour son Seigneur[357]. Mais les monuments de l'Ancienne Synagogue, affirment le contraire, en effet le *Zohar*, dit : « *Jahweh* dit à mon Seigneur Dieu : Le *Degré Suprême* dit au *Degré qui est audessous*, assieds-toi à ma droite... Si *Jahweh* est le *Degré Suprême*, quel est le *Second Degré* de la même Nature que le premier ; car les deux degrés d'une même échelle sont toujours supposés de la même nature ? Certes, ce ne peut pas être un simple mortel comme Abraham, quelque parfait qu'il fût. Mais c'est mon Dieu et le vôtre, c'est mon Sauveur et le vôtre. Il est le second des trois degrés, inséparables quoique distincts, de l'unité de l'échelle divine »[358]. Le Médrasch-thehillim,

---

[353] P.-L. B. DRACH, *Deuxième lettre d'un rabbin converti, aux Israélites ses frères, sur les motifs de sa conversion*, p. 228.
[354] St Augustin, *De Essentia divina*.
[355] Ps. 109, 1.
[356] Les Pères soutiennent communément que les chefs des Juifs savaient, par révélation divine, que Jésus était le Messie-Dieu, mais que par ENVIE ET JALOUSIE, ils ne voulurent pas Le reconnaître; en effet l'envie est une tendance à s'attrister du bien d'autrui (en l'occurrence de celui de Jésus), comme une atteinte contre Sa supériorité. Elle est accompagnée du désir de voir le prochain privé du bien qui nous chagrine. C'est un vice qui naît de l'orgueil, lequel ne peut supporter ni supérieurs ni rivaux. La jalousie est distincte de l'envie, en tant qu'elle est un amour excessif du bien propre accompagné de la crainte que d'autres nous l'enlèvent; en bref on est envieux du bien d'autrui, tandis qu'on est jaloux de son propre bien. Or les Scribes et les Pharisiens en voyant l'infinie sainteté de Jésus, s'en attristèrent comme s'il s'était agi d'une atteinte à leur prétendue supériorité, en étant attachés d'une manière désordonnée à leur bien propre et en craignant en conséquence qu'il leur fût enlevé par d'autres. Etant de plus profondément orgueilleux et ne pouvant supporter ni supérieurs ni rivaux, ils décidèrent de supprimer Jésus qui leur faisait de l'"ombre".
[357] Cf. Rabbi Salomon Yarhhi, *Glossa sul Talmùd*, tratt. Nedarim, fol. 32, verso.
[358] *Zohar*, sur la Genèse, fol. 30, col. 141.

écrit : « *Jahweh dit à mon Seigneur-Dieu, assieds-toi à ma droite, et Abraham sera à sa gauche* »[359].

LE MESSIE FILS DE L'HOMME

Le Messie chimérique que vos rabbins vous font encore attendre, devrait être un simple homme, selon l'enseignement du Pharisaïsme, mais ce n'est pas dans ce sens que le vrai Messie est homme. Sa divinité que vous ne pouvez plus contester après toutes les preuves mises sous vos yeux, ne permet pas de qualifier le Messie comme simple homme ; il est bien plus exact de le nommer *Fils de l'homme* . Cette dénomination indique qu'il y a dans sa Personne *une nature humaine*. Dans l'Évangile nous lisons que Notre-Seigneur Jésus-Christ s'est constamment annoncé comme *Fils de l'homme* . Jamais il ne se dit *homme*. St Pierre une fois l'appelle *homme*, mais c'est quand il le renie en disant : « *Je ne le connais pas, cet homme* »[360]. Il faut aussi ajouter que la dénomination de *Fils de l'homme* donnée au Messie, n'appartient pas exclusivement au Nouveau Testament. Dans l'Ancien, le prophète Daniel annonce : « *Je considérais les visions de la nuit, et voici venir, comme le FILS DE L'HOMME, avec les nuages des cieux, et il parvint jusqu'à l'ancien des jours. Et ils le présentèrent devant lui. Et il lui donna la domination, la gloire et la royauté ; toutes les nations, tous les peuples et toutes les langues l'adorent. Sa domination est une domination éternelle qui ne passera point, et sa royauté ne sera jamais abolie* »[361]. Quel est ce Fils de l'homme dont le prophète trace un tableau si magnifique ? Pour ce qui concerne cette vision prophétique, les rabbins sont d'accord avec l'Église notre mère : le Talmud[362], le Médrasch Yalkout[363], Rabbi Salomon Yarhhi[364], Rabbi Ibn-Yihhaï[365], Rabbi Sàadia le Gàon[366], Aben-Ezra[367], Rabbi Yeschoua, cité par ce dernier, Rabbi Abraham Séba[368], répondent tous que le Fils de l'homme est le Roi-Messie. Par ailleurs si le Roi-Messie n'était qu'un simple mortel, comment pourrait-il être l'objet de l'adoration de toutes les races ?

J'espère que ces pages, avec l'aide de Dieu qui ne manque à personne, vous aideront à admettre que les dogmes catholiques constituent la Foi constante et unanime de votre nation, jusqu'à la naissance d'une secte schismatique et antichrétienne, le *Pharisaïsme*, qui a

---

[359] Sur le Psaume XVIII.
[360] Matth. XXVI, 72.
[361] Dan. VII, 13-14.
[362] Traité *Sanhédrin*, fol. 98, recto.
[363] 2ᵃ pars, fol. 85.
[364] Sur Daniel.
[365] *Ibid.*
[366] *Ibid.*
[367] *Ibid.*
[368] *Tséror-hammor*, section berēschit.

formé l'actuelle Synagogue talmudique ou *Synagogue de Satan*[369], opposée à la vraie Synagogue de Jésus : l'Église Catholique, apostolique et romaine.

« Nos ancêtres adoraient Jahweh subsistant en trois Personnes quoique Unique d'Essence. Ils espéraient avec une ferme confiance que Jésus (*Haggoêl*), son Fils dans l'éternité, assis à sa droite, sera notre Messie fils de David, quand l'heure sera venue de le revêtir d'une chair à la ressemblance de laquelle il a formé le corps d'Adam »[370].

Cependant il y a un moyen encore plus efficace pour découvrir la Vérité. « *Jahweh, est proche de tous ceux qui l'invoquent avec un cœur droit* »[371]. Priez-le, avec insistance de vous éclairer (comme fit votre ex-coreligionnaire Alphonse Ratisbonne) et Lui, en vertu de Sa promesse : « *Demandez et vous recevrez, cherchez et vous trouverez, frappez et il vous sera ouvert* »[372], vous éclairera.

LES PROPHÉTIES ACCOMPLIES PAR LA VIE, LA PASSION ET LA MORT DE NOTRE-SEIGNEUR JÉSUS-CHRIST

Le roi de Juda Achaz[373], célèbre par son impiété, et plus encore par la célèbre prophétie à laquelle a donné lieu son incrédulité, successeur au trône de son père, sans hériter de ses vertus, eut beaucoup à souffrir des armées de Rasin, roi de Syrie et de Phacée, roi d'Israël qui avançaient victorieuses dans ses provinces pour exterminer la dynastie de David. C'était le plan des deux princes, mais Celui qui habite dans les cieux « *se rit des projets des rois, se raille des pensées de leur ambition* »[374], lorsque leurs desseins sont opposés aux décrets de son immuable Sagesse. Le Seigneur avait dit à David : « *Votre trône s'affermira pour toujours* »[375]. Mais Achaz qui n'espérait que dans l'homme, n'avait confiance que dans l'aide du roi d'Assyrie. Alors le Seigneur essaya de toucher une dernière fois son cœur endurci et ordonna donc à son prophète Isaïe d'aller à la rencontre d'Achaz, hors des murs de Jérusalem, avec son fils Yaschub et de dire à Achaz : « *Tranquillisez-vous, et ne conservez aucune inquiétude. Ne craignez point, ne vous découragez pas. Tout ceci* [la destruction de la maison de David, n.d.r.] *ne se produira pas* »[376]. Mais cette annonce consolante est accueillie par le roi impie avec une froide insensibilité. Alors le prophète, pour le convaincre, lui dit encore : « *Demande pour toi un miracle au Seigneur ton Dieu, au fond de l'enfer, ou au plus haut des cieux* »[377]. Mais Achaz répondit : « *Je ne demanderai point de signe, je ne veux pas*

---

[369] Apoc. II, 9; III, 9.
[370] P.-L. B. DRACH, *Deuxième lettre d'un rabbin converti, aux Israélites ses frères, sur les motifs de sa conversion*, p. 255.
[371] Ps. 145, 18.
[372] Matth. VII, 7.
[373] IV Rois, 16.
[374] Ps. XI, 4.
[375] I Paralip., XVII, 14.
[376] Is. VII, 4-7.
[377] Is. VII, 11.

tenter le Seigneur »[378]. Face à ces paroles le prophète indigné, abandonne le roi obstiné et prophétise : « *Puisqu'il en est ainsi, le Seigneur vous donnera de Lui-même un signe. Voici qu'une Vierge se trouvera enceinte, et enfantera un fils, et elle lui donnera le nom de Dieu-avec-nous, Emmanuel*[379]. C'est la Vierge que la tradition constante de votre peuple (tant que le Pharisaïsme n'eut pas envahi la Synagogue mosaïque en la poussant au déicide et à devenir ainsi la Synagogue talmudique, réprouvée par Dieu, vraie contre-Église) nous annonce comme la Femme qui écrasera la tête du serpent infernal[380], inspirateur des différentes "traditions" ésotériques.

Voici la signification de cette célèbre prophétie sur laquelle j'appelle votre attention dans ces pages, essayant de vous présenter le vrai sens où l'entendaient vos pères. Isaïe, pour rassurer la maison de David, menacée dans son existence, devait naturellement parler du Messie, qui était attendu comme *fils de David*. En effet de quoi s'agissait-il ? Phacée, roi des tribus schismatiques d'Israël, et Rasin roi de Syrie, voulaient établir sur le trône de Juda une nouvelle dynastie. Pour parvenir à ce but il fallait, selon les mœurs du temps, exterminer toute la race royale existante. Le prophète fait donc observer aux princes que la destruction de leur famille est impossible, puisque c'est d'elle que doit venir miraculeusement le Rédempteur, le Fils de la Femme (prédite dans la Genèse)[381], qui sera sans père parmi les hommes, qui n'a qu'une mère : la Femme qui vaincra le démon. Une prophétie place le Messie dans la tribu de Juda : « *Le sceptre ne sera pas ôté à Juda, ni le prince de sa postérité, jusqu'à ce que vienne Celui qui doit être envoyé, et Lui-même sera l'Attente des nations* »[382]. Plus tard dans cette tribu, la famille de Jessé sera préférée à toutes les autres[383]. Dans cette famille enfin, la maison de David est désignée pour donner au monde le Rédempteur d'Israël. La naissance future de cet enfant était donc une garantie certaine que les deux rois qui marchaient sur Jérusalem ne réussiraient jamais dans leur dessein d'exterminer la maison de David. Dieu avait ordonné à Isaïe de conduire avec lui son fils Yaschub, pour donner une preuve ultérieure à la maison de David ; quand le fils d'Isaïe aura atteint l'âge de sept ans, les deux rois qui voulaient exterminer la maison de David seraient morts. Après cette prédiction, en voici une autre, qui lui est étroitement liée : le prophète aura un autre fils qu'il appellera, par ordre de Dieu, "Maher-SchalalHhasch-Baz", ce qui signifie : "Vite il pille, vite il saccage". La prophétie continue en effet : « Avant que ce garçon puisse appeler mon père ! ma mère ! on emportera la puissance de Damas et les dépouilles de Samarie à la vue du roi d'Assyrie »[384], annonçant de cette manière qu'avant que son second enfant fût à même de dire : mon père ! ma mère !, c'est-à-dire âgé seulement de deux ou trois ans, Damas

---

[378] Is. VII, 12.
[379] Is. VII, 14.
[380] Gen. III, 15. « *Ipsa conteret caput tuum* ».
[381] Gen. XLVIII, 10.
[382] Gen. XLIX, 10.
[383] Is. XI, 1-10.
[384] Is. VIII, 4.

et Samarie auraient été dévastées. En effet deux ans après, Rasin fut tué comme Phacée[385], précisément quand le premier fils d'Isaïe avait sept ans et le second deux !

LA NAISSANCE DU SAUVEUR D'ISRAËL

Isaïe nous fournit d'autres détails, comme nous l'avons vu, sur la naissance du Sauveur : « Un petit-enfant nous est né, un fils nous a été donné. Sur son épaule est la principauté, et on l'appellera, l'A dmirable, le conseiller, le Dieu fort, le père de l'éternité, le prince de la paix. L'accroissement de son empire et de sa paix n'aura point de bornes et il s'assiéra sur le trône de David »[386]. Puis le prophète termine en confirmant les menaces qu'il a déjà faites contre les deux rois ; car il lie sans cesse la délivrance matérielle et prochaine de Jérusalem à la délivrance spirituelle et future d'Israël, gage l'une et l'autre de la conservation de la maison de David.

Dans le chapitre XI Isaïe revient à la partie la plus importante de sa prophétie : LA NAISSANCE DU MESSIE : « *Un rejeton sortira de la tige de Jessé, et une fleur s'élèvera de ses racines. Et l'Esprit du Seigneur reposera sur lui, l'Esprit de sagesse et d'intelligence ; l'Esprit de science et de crainte du Seigneur. Il ne respirera que la crainte de Dieu* »[387]. Isaïe conclut par un poème prophétique qui est l'un des plus beaux cantiques de la Sainte Ecriture : « *Je vous rends des actions de grâces, ô Seigneur, puisque j'ai excité votre colère, et vous m'avez consolé. Voici le Dieu mon Sauveur : je prends confiance, et ne crains point : car le Seigneur est ma force et ma joie, et Il est devenu mon salut* »[388].

« *Si j'ai appliqué ces chapitres au Messie, n'allez pas croire, mes chers frères, que je vous en présente une explication arbitraire, écrit Drach, ...pour vous ramener dans la Synagogue de nos ancêtres, celle des vrais Israélites qui ont accepté l'accomplissement des prophéties* [de la part de N.-S. Jésus-Christ, et sont ainsi entrés dans l'Église catholique, n.d.r.]. *Les rabbins vous diront eux-mêmes, dans les passages que je vais rapporter, que ces chapitres ont pour unique objet le Rédempteur... Toujours les mêmes qu'aux jours d'Hérode, vos Docteurs indiquent exactement le Messie aux cœurs droits qui le cherchent, et ils restent euxmêmes dans la criminelle Jérusalem où ils couvrent d'outrages et de blasphèmes Celui à qui ils envoient des adorateurs* »[389].

SELON LES RABBINS LA NAISSANCE DU MESSIE DEVAIT ÊTRE MIRACULEUSE

---

[385] IV Rois XV, 29-30; XVI, 9.
[386] Is. IX, 6-7.
[387] Is. XI, 1-3.
[388] Is. XII, 1-2.
[389] P.-L. B. DRACH, *Troisième lettre d'un rabbin converti, aux Israélites ses frères, sur les motifs de sa conversion*, Propaganda Fide, Roma 1833, p. 44.

Le Médrasch Beréschit-rabba[390], parle d'une descendance qui ne viendra pas d'un homme et qui est celle du Roi-Messie. Cette tradition était fort connue parmi les Juifs au temps de N.-S. Jésus-Christ. En effet quelques-uns de Jérusalem, en voyant Jésus-Christ disaient : « *N'est-ce pas celui qu'ils cherchent à faire mourir ? Et voilà qu'il parle publiquement, et ils ne lui disent rien. N'est-ce point que les princes ont effectivement reconnu qu'il est le Christ ? MAIS NOUS SAVONS D'OÙ EST SORTI CELUI-CI, TANDIS QUE LE CHRIST, LORSQU'IL VIENDRA, PERSONNE NE SAURA D'OÙ IL EST* »[391]. Le Médrasch Thehillim dit : « Lorsque le temps du Messie sera venu, Dieu dira : *Il faut que je le crée une créature nouvelle. Et c'est en ce sens qu'il est écrit : aujourd'hui je t'ai engendré* »[392], l'expression *une créature nouvelle* a visiblement trait à ces paroles du prophète Jérémie : « *Car voici que le Seigneur créera une CHOSE NOUVELLE sur la terre : une Femme enveloppera un homme* »[393]. Que cette prophétie traite du Messie, est une chose admise communément par les rabbins : qu'on lise Rabbi David Kimhhi et Rabbi Aben-Hezra ; le Médrasch-Yalkut[394], le Zohar dans la section *Beréschit*, affirment la même chose en donnant au verset la signification suivante : « Le Seigneur créera une créature nouvelle, un homme tel qu'il n'en a jamais existé sur la terre. Dieu du ciel, il s'unira hypostatiquement à la nature humaine, et sera, non un enfant dont l'intelligence n'est pas développée, mais un homme-Dieu sur qui repose l'Esprit de sagesse et d'intelligence, et une Femme l'enfermera dans son sein ; car l'Esprit de Dieu développera en elle une fécondité qui lui sera propre, et qui n'aura besoin d'aucune coopération humaine »[395]. Cependant les rabbins modernes, prétendent que cette prophétie de Jérémie annonce que du temps du Messie la femme recherchera l'homme, au lieu qu'avant c'était l'homme qui recherchait la femme ; et que ceci sera une figure du retour de la nation juive vers le Seigneur qui est son époux. « Mais, commente Drach, pour embrasser cette opinion il faut ou être de mauvaise foi, ou avoir perdu le bon sens »[396]. Les anciens rabbins interprétaient "chrétiennement" les Prophéties, alors que les rabbins modernes, ou postbibliques combattent l'interprétation traditionnelle (c'est-à-dire Trinitaire et chrétienne) des Ecritures ; cependant l'un d'eux a laissé échapper des confessions précieuses sur le Messie, Sa Divinité, la Trinité des Personnes dans l'Unité de la Nature, la perpétuelle Virginité de la Mère du Messie[397].

---

[390] Parascha 51, fol. 52, col. 4, ed. di Venezia 1603.
[391] Jn VII, 25-27.
[392] Sur le Psaume II, 17.
[393] Jér. XXXI, 22.
[394] Sur Jér., art. 315. Rabbi Mosé Haddarschan dans son Midrash, est aussi du même avis.
[395] P.-L. B. DRACH, *Troisième lettre d'un rabbin converti, aux Israélites ses frères, sur les motifs de sa conversion*, p. 52.
[396] *Ibid.* p. 56.
[397] Cf. P.-L. B. DRACH, *Deuxième lettre d'un rabbin converti, aux israélites ses frères, sur les motifs de sa conversion*, pp. 80-125.

Le grand rabbin de Rome Eugenio Zolli, converti au catholicisme

CONCLUSION : LA VÉRITABLE CHARITÉ ENVERS LES JUIFS

Vos pères ont convenablement interprété la prophétie d'Isaïe, relativement à la maison de David, pour la rassurer quant à sa survivance menacée par deux rois ennemis. Le Seigneur s'est appliqué à donner un signe, *en venant personnellement sur la terre pour le réaliser devant les hommes.* Deux éléments, le ciel et la terre, collaborèrent à ce signe miraculeux : le ciel *en faisant pleuvoir le Juste d'en haut*, et la terre, *en produisant de son sein le Sauveur et la sainteté* : une jeune Vierge (*Halma*) très pure et immaculée, sera enceinte sans concours humain, mais seulement par l'œuvre divine. Cette *Halma*, toujours Vierge, enfantera un Fils auquel, selon l'ordre de Dieu, elle donnera le nom d'Emmanuel qui signifie : *Dieu avec nous*. Et voici l'accomplissement de la prophétie : Jésus, qui signifie le Sauveur, Dieu venu parmi nous pour nous sauver est l'Emmanuel prophétisé ; puisque Emmanuel signifie Dieu avec nous. D'après la tradition authentique de l'ancienne Synagogue mosaïque, vos pères, qui vivaient avant l'Incarnation du Verbe, attendaient un Messie qui, *créature nouvelle*, devait être engendré d'une manière différente par d'autres hommes. Eh bien retournez à la Foi de vos pères, qui sont aussi les nôtres quant à la Foi, répudiez les fables pharisaïques qui ont altéré l'unique vraie Tradition, commencée avec Adam, perfectionnée avec Jésus, et jetezvous avec foi et confiance aux pieds de *Celui que vous avez transpercé*, pour obtenir que Son Sang qui est aussi le vôtre, vous mouille et vous purifie du terrible péché de déicide, que vous avez commis par l'envie et la jalousie inspirées par l'orgueil.

Répétons avec la Sainte Église l'oraison qu'elle met dans la bouche de ses ministres dans l'un des jours les plus solennels de l'année liturgique, le Vendredi Saint : « Prions aussi pour les Juifs parjures, afin que Dieu notre Seigneur OTE LE VOILE DE LEURS CŒURS et leur donne de connaître, eux aussi, Jésus-Christ Notre-Seigneur. Dieu tout-puissant et éternel, qui n'écartez point de votre Miséricorde même les Juifs parjures, écoutez les prières que nous vous adressons pour ce peuple aveuglé : donnez-leur de connaître la lumière de votre vérité, qui est le Christ, afin QU'ILS SOIENT ARRACHÉS À LEURS TÉNÈBRES. Par le même Jésus-Christ Notre-Seigneur. Ainsi soit-il »[398].

Signature du rabbin converti Paul-Louis Drach

La vraie charité envers les Juifs consiste « à ne pas leur cacher la... tragique situation objective dans laquelle ils se sont trouvés après la condamnation de Jésus. La vraie charité envers les Juifs est de les éclairer loyalement sur cette situation... Rien de plus nocif pour les Juifs que de leur cacher ou de leur faire oublier ces vérités révélées fondamentales, en les laissant dans l'illusion d'être les préférés de Dieu comme avant le Calvaire »[399].

---

[398] *Missel Romain.*
[399] P. C. LANDUCCI, *La vera carità verso il popolo ebraico*, in Renovatio n° 3, 1982, pp. 349-263.

LA VIE DU R. P. PIO EDGARDO MORTARA, JUIF CONVERTI

Par M. l'abbé Curzio Nitoglia

INTRODUCTION

Vers la fin du XIXème siècle éclatait le *"cas Mortara"*. Dans le présent article je ne m'étendrai pas tant sur le *"cas"*[400], que sur la conversion miraculeuse de l'enfant juif telle qu'elle nous a été racontée par lui-même[401].

"LE CAS" :

L'enfant fut baptisé *en danger de mort* par sa nourrice chrétienne, puis survécut de manière inespérée ; l'Église ne le rendit pas à ses parents ; le jeune homme devint ensuite prêtre et mourut en odeur de sainteté.

La puissance paternelle de son père juif ne fut pas violée, puisqu'en cas de conflit entre les droits de l'Église (d'ordre surnaturel) et ceux prétendus des parents (d'ordre naturel), ce sont les droits supérieurs qui prévalent.

Or le baptême conféré validement a rendu le nouveau-né sujet de l'Église (ceci est une vérité de Foi) ; si l'Église renonçait à cet article de Foi elle renoncerait à toute la Foi puisqu'elle est indivisible, et si elle était violée sur un seul article, elle serait complètement perdue.

L'Église interdit de baptiser les enfants des non catholiques contre la volonté de leurs parents, mais une fois que le baptême a été conféré, bien qu'en punissant le transgresseur des ordres (excepté le cas où le nouveauné serait *en danger de mort*, comme cela arriva pour Mortara), elle ne peut nier la réalité et la vérité de Foi : l'enfant baptisé est un chrétien ! Le Code de droit canonique de 1917 à l'alinéa 750 paragraphe 1° enseigne que : « On peut baptiser *licitement* les enfants des infidèles, même contre le gré de leurs parents, lorsque, en

---

[400] DEUTCH, *Mortara case*, in *"The Jewish Encyclopedia*, vol. IX, New York London, Funk and Wagnalls Comp., 1905, pp. 35-36.
SHMIDT, *Mortara*, in *Lexicon fur Theologie und Kirche*, VII, Freiburg in Breisgau 1935, p. 33. A. NAVAROTTO, *L'affare Mortara nell'incubazione della guerra austro-franco-italiana*, Vita e Pensiero, n. s. XXVI (1940), p. 269-273.
S. FURLANI, *Mortara*, in *Enciclopedia Cattolica*, vol. VIII, p. 1427.
[401] P. M. MORTARA C. R. L., *Une page de ma vie dédiée aux personnes pieuses*, Strasbourg 1893.
G. L. MASETTI ZANNINI, *Nuovi documenti sul "caso Mortara"*, in Rivista di storia della Chiesa in Italia, 1959 pp. 239-259.
Don P. E. MORTARA, *El nino Mortara y Pio nono. Narraciòn autografa*, sine loco et data.
V. MESSORI, *Le cose della vita*, S. Paolo, Milano 1995, pp. 322-326.

raison de l'état de santé où ces enfants se trouvent déjà, on prévoit prudemment qu'ils mourront avant d'avoir eu l'âge de la raison. Si la mort est certaine, on *doit* le baptiser, pourvu qu'on puisse le faire sans grave dommage à la religion. Si la mort est seulement probable il est permis de le baptiser ».

C'est pourquoi l'interdiction de baptiser vaut seulement pour les nouveau-nés de parents acatholiques qui ne veulent pas le baptême, qui ne sont pas en danger certain ou même seulement probable de mort. Le baptême du petit Mortara fut non seulement valide mais aussi licite, même dû, étant donné la gravité de sa maladie qui ne laissait plus d'espoir.

LA VIE

D'après ce que déclara le Chanoine Régulier du Latran, le R. P. Pio Edgardo Mortara au procès de la béatification de Pie IX[402], vers 1912 : « Né de parents israélites (à Bologne le 21 août 1851, n.d.r.), à l'âge d'environ 17 mois je fus frappé d'un grave maladie, névrite, qui me réduisit à la dernière extrémité... Consciente du danger, la servante, Anna Morisi, chrétienne et très jeune fille de 16-18 ans (habitant à Persiceto, n.d.r.) *que mes parents, malgré les lois alors en vigueur dans l'État Pontifical retenaient à leur service*[403], prit la décision de m'administrer le Saint Baptême. Saisissant le moment où ma mère m'avait laissé seul dans mon berceau, elle s'approcha ...et me baptisa... Le fait fut gardé dans le secret le plus absolu par A. Morisi, surprise de ma rapide guérison. Six ans après, mon petit frère Aristide, tomba gravement malade. A. Morisi, sollicitée... par une de ses amies, de baptiser le bambin *in extremis*, refusa de le faire (l'enfant mourra ensuite, n. d. r.) alléguant comme raison ma survivance au Baptême, et c'est ainsi que le secret fut révélé. La nouvelle de mon Baptême étant parvenue de cette manière à la connaissance de l'autorité ecclésiastique ordinaire, celle-ci jugeant que le cas était trop grave pour être de sa compétence, en référa directement à la Curie Romaine. ...Le Saint-Père par l'intermédiaire d'une Congrégation Romaine, chargea Feletti (Père dominicain et inquisiteur à Bologne, n.d.r.) de ma séparation d'avec ma famille, laquelle eut lieu, *cum auxilio brachii secularis*, c'est-à-dire avec l'intervention des gendarmes de l'Inquisition (les gendarmes évidemment n'étaient pas de la Sainte Inquisition, mais de la Légion des Gendarmes Pontificaux de Bologne, n.d.r.) ...le 24 juin 1858. Je fus conduit par les gendarmes à Rome (à Fossombrone l'enfant désira, miraculeusement, suivre les gendarmes à la Messe, n.d.r.) et je fus présenté à Sa Sainteté Pie IX, qui m'accueillit avec la plus grande bonté, et se déclara mon père adoptif, comme de fait il le fut tant qu'il vécut, se chargeant de ma carrière et assurant mon avenir. ...Quelques jours après mon arrivée à Rome, ayant reçu l'instruction religieuse, les cérémonies du Baptême me furent suppléées par le cardinal Ferretti...

---

[402] S. R. C. *Summarium super introdutionem Causæ Beatificationis et Canonizationis Servus Dei Pii IX Summi Pontificis*, Roma 1954, pp. 511-523.

[403] N. L. FERRARIS, *Bibliotheca canonica juridica moralis theologica*, n° 69, tome IV, Venetiis 1772, p. 294: « *Inquisitores libere procedere possunt contra judæos si nutrices christianas retinuerint* » (Nicolas IV).

Huit jours après mes parents se présentèrent à l'Institut des Néophytes pour commencer les démarches afin de me récupérer chez eux. L'entière faculté de me voir et de s'entretenir avec moi leur ayant été donnée, ils prolongèrent leur séjour à Rome pendant un mois venant tous les jours me rendre visite. ...Ils employèrent tous les moyens pour me récupérer... En dépit de tout cela je ne montrai jamais le moindre désir de retourner en famille, à tel point que moi-même je ne peux l'expliquer, sinon en admirant la *force surnaturelle de la Grâce*. À ce propos je citerai une anecdote, dans laquelle se révèle cette puissance de la Grâce. Ayant servi la Messe à Alatri... alors que je rentrai à la sacristie avec le Prêtre, mes parents se présentèrent soudain à la porte. Au lieu de me jeter dans leurs bras, comme cela eût été bien naturel, surpris, je me sauvais et me réfugiais sous la chasuble du Prêtre. (...) Le Souverain Pontife... avait l'intention de me confier aux Pères Jésuites... mais en y réfléchissant mieux, pour ne pas offrir de prétextes aux polémiques... il me plaça au Collège de Saint-Pierre-aux-Liens... dirigé par les Chanoines Réguliers du Latran.

(Le Pape, n.d.r.) me prodiguait toujours les plus paternelles démonstrations d'affection, et... répétait souvent que je lui avais coûté beaucoup de peines et de larmes. Me rencontrant en promenade il m'appelait et comme un bon papa se divertissait avec moi en me cachant sous son manteau rouge.... Pendant ce temps dans la presse ...du monde entier on faisait grand bruit sur le rapt du petit Mortara »[404].

POLÉMIQUES DIVERSES

En effet, après l'éloignement de l'enfant de Bologne, la première réaction eut lieu dans le milieu libéral, puis la presse s'empara du cas. Le point de vue catholique fut défendu par *La Civiltà Cattolica*, dans une série d'articles dus à la plume du Père Curci[405]. Veuillot et dom Guéranger se lancèrent aussi dans la bataille pour défendre Pie IX. Pendant six mois cette polémique éclata dans le monde entier. Les Communautés Israélites piémontaises avaient intéressé entre-temps les Consistoires de France et d'Angleterre. Ce dernier, à qui Rome ne pardonnait pas l'éducation forcée dans des refuges anglicans des orphelins des catholiques Irlandais tombés en Crimée, avait demandé la fermeture du collège où avait été placé Mortara. Pie IX comprit qu'il fallait donner une réponse catégorique et autorisée, basée sur le principe selon lequel le spirituel doit être préféré au temporel et que l'Église doit prendre soin du salut de l'âme d'un enfant devenu chrétien même sans son intervention directe, et les parents Mortara doivent imputer ce fait ennuyeux et déchirant à eux-mêmes, dans la mesure où ils avaient pris à leur service une servante chrétienne, violant ainsi les lois de l'État Pontifical dans lequel ils habitaient quand se produisit le "cas". Le Pape demandait seulement que dans son État on observât exactement ce que lui-même aurait observé dans tous les autres et disait : "Je suis prêt à tout perdre plutôt que d'enlever au

---

[404] Déposition du R. P. Pio Edgardo Mortara C.R.L. au procès pour la béatification et la canonisation du Serviteur de Dieu Pie IX, Roma 1954, pp. 511-516.

[405] *Il piccolo neofito Edgardo Mortara*, "La Civiltà Cattolica", IX, série III, vol. 12, 1858, p. 387.

Christ une âme qu'Il a rachetée au prix de Son Sang". Le Pape s'étant persuadé après d'opportunes recherches qu'il avait fait faire de la validité du Baptême, ne pouvait pas permettre qu'un chrétien fût éduqué dans la religion juive, nonobstant le cas où il serait humainement déchirant !

Le R. P. Pio Edgardo Mortara

La question se rouvrit à Bologne en 1859, avec la constitution du Gouvernement Provisoire qui devait préparer les plébiscites et l'annexion de mars 1860. Pie IX était inébranlable sur la décision de ne pas restituer l'enfant à qui que ce soit. Le 14 novembre 1859 le Tribunal de la Sainte Inquisition fut aboli en Romagne, les ministres du culte furent assujettis à la loi sarde et le For ecclésiastique fut aboli. Le Père Feletti fut la première victime de ces dispositions, il n'avait pas bougé de Bologne, de son Couvent de Saint Dominique, bien qu'il prévoyait ce qui était en train de lui arriver. Son attitude *semper idem* fut empreinte d'une grande dignité, jamais il n'en arriva à un compromis, répétant toujours avoir agi de manière conforme à ce que la charge qu'il remplissait exigeait de lui. Dans la nuit du 2 au 3 janvier 1860 le Directeur Général de la Police Piémontaise, le chevalier Curletti arrêta le P. Feletti, dominicain inquisiteur du Saint-Office. Le dominicain fut conduit dans les prisons du *Torrone* et le procès commença après deux mois de détention. Dès son premier interrogatoire il répondit que : "Les juges de l'Église ne sont assujettis à aucune autre autorité qui lui est inférieure... n'étant pas permis à qui que ce soit de se faire juge des décisions émanant du Siège Apostolique en matière de foi et de mœurs... La conscience m'interdit absolument de donner aucune réponse"[406]. L'archevêque de Bologne, le cardinal Michele Viale Prelà fut aussi visé.

Le Père Feletti fut entendu le 16 avril 1860 ; le religieux dominicain avait déclaré concernant le jeune Mortara : « Je ne peux pas moins faire que de manifester ce qui concerne la miséricorde de Dieu envers cet enfant, et les prodiges de Sa Grâce pour le maintenir bon chrétien. Dès les premiers moments où... fut annoncé au père ... et par Edgardo lui-même que celui-ci ayant été baptisé devait être confié à l'Église catholique et donc se séparer de sa famille, ledit enfant resta comme impassible et tandis que ses autres frères et sœurs pleuraient... il restait serein et tranquille. ....Le Souverain Pontife eut la bénignité de faire appeler à Rome le père et la mère de l'enfant... afin qu'ils s'assurent de la volonté de leur fils Edgardo de rester dans la religion chrétienne. ...Les parents... eurent la permission de parler avec leur enfant en présence du rabbin de Rome, lesquels s'employèrent... à persuader le garçon de retourner chez eux. Mais lui seul, créature d'environ neuf ans, sut se défendre des

---

[406] Actes du Procès... f. 22, in F. JUSSI, *Studi e ricordi del foro criminale*, Bologna 1884, pp. 282.

tentations de son père, de sa mère et du rabbin en leur répondant qu'il était chrétien, et voulait vivre et mourir en chrétien, et que même il prierait Dieu pour leur conversion »[407].

Mais la polémique ne se calma pas. Cavour, en octobre 1860 assurait *L'Alliance Israélite Universelle* que le gouvernement de la Maison de Savoie ferait son possible pour que l'enfant soit rendu à sa famille.

FIN DE L'AUTOBIOGRAPHIE

« La Communauté Israélite d'Alexandrie en Piémont, fit appel à toutes les synagogues du monde et organisa une véritable campagne contre le Pape et contre l'Église... en interpellant les pouvoirs et en les suppliant d'intervenir et de protester diplomatiquement. Des protestations furent effectivement envoyées ; cette violente polémique... dans laquelle se donnaient rendez-vous tous les ennemis de la Papauté et de l'Église romaine dura en somme pendant presque six mois. ...Pie IX, comme il disait lui-même au milieu de cette furieuse tempête, dormait tranquillement à l'exemple du Divin Rédempteur : *"ipse vero dormiebat"*.

Le 11 mars 1868... me trouvant à St Grégoire au Mont Cælius... on annonça la visite de Sa Sainteté. Je me prosternai... sur le seuil de la basilique, et au passage du Saint-Père, voulant lui baiser les pieds, avec une précipitation toute juvénile, mon front heurta son genou avec une telle force, que le Saint-Père perdit l'équilibre, et fut sur le point de tomber... Sur le moment le Pape se contenta de fixer l'œil sur moi. Arrivé ensuite dans ce qu'on appelle le *triclinio*, ...il m'interpella suavement : "Mais qu'as-tu fait aujourd'hui ? Ce serait drôle que les gens disent que Mortara a voulu tuer le Pape..."

La paternelle sollicitude du Saint-Père se manifesta surtout à l'occasion des bouleversements politiques de 1870. Après l'entrée des troupes piémontaises dans Rome, en ces jours d'anarchie... la canaille que la police était incapable de réfréner, après avoir arraché de force du Collège des Scolopes le néophyte Coen (Coen voulut ensuite rentrer au Couvent des Pères Carmes, où en 1833 il se fit Prêtre et mourut en 1939, un an avant Mortara, n.d.r.)[408], se dirigeait à Saint-Pierre-aux-Liens pour m'enlever aussi... Pie IX informé de mon évasion, dit exactement ces paroles : "Remercions le Seigneur que Mortara soit parti".

La bénédiction de Pie IX m'accompagna partout. Elle m'obtint surtout la force... pour ne pas céder aux injonctions et menaces des autorités libérales qui voulaient m'obliger... à retourner en famille. (Après avoir quitté Rome, n.d.r.) elle me poursuivit jusqu'à Bressanone (Tyrol Autrichien), où je trouvai la plus chaleureuse hospitalité auprès des confrères de la Cure de Novacella.

On voudra savoir quels furent mes rapports avec mes parents après leur départ d'Alatri. Je n'en n'eus plus de nouvelles. J'écrivis plusieurs fois des lettres parénétiques, traitant de religion et dans lesquelles je m'employais à les convaincre de la vérité de la Foi Catholique... Ces lettres restaient sans réponse.

---

[407] Archives de l'État de Bologne, *Atti del processo*... feuilles 36-41.
[408] F. CECCARELLI, *1870 - La riconsegna del giovinetto Coen alla famiglia*, L'Urbe, XII, 1949, n°5.

La paternelle affection de Pie IX à mon égard fut inaltérable jusqu'à sa mort. Après la suppression des Maisons Religieuses, il me recommanda au saint évêque de Poitiers, Mgr Pie. ...Souffrant de faiblesse des nerfs due à un excès de travail, je fus contraint de cesser tout ce qui demandait de l'application et de m'adonner aux travaux manuels. Au jour béni de ma première Messe j'eus l'honneur de recevoir une lettre signée de lui... Je ne revis plus Pie IX. Depuis 1870, plusieurs fois en retournant dans la Ville Eternelle je me suis rendu au cimetière du *Verano* et, profondément ému, je me suis prosterné sur sa tombe. ...Dans son épitaphe, il invitait les fidèles à prier pour lui : *Orate pro eo*. Je confesse que, autant de fois je lus ces mots, autant de fois je dis dans mon cœur : *Sancte Pie, ora pro me* »[409].

Ensuite Mortara resta pendant deux ans à Novacella près de Bressanone, chez les Chanoines Réguliers du Latran, sous le faux nom de Pie Pillon ; le 2 août 1872 il passa en France à la nouvelle fondation de Beauchesne où il reçut les ordres religieux : sousdiaconat le 1er septembre, diaconat le 28 octobre 1873, sacerdoce le 20 décembre.

La déposition de Mortara se termine en 1878 (année de la mort de Pie IX) ; mais à partir de plusieurs autres de ses écrits il est possible de reconstruire la suite de sa vie : « Comme prêtre il se distingua non seulement par le zèle, la piété et la cohérence de sa vie, mais aussi par des dons exceptionnels de prédicateur polyglotte et par sa culture biblique. Capable de prêcher en neuf langues, le R. P. Pio Mortara tint son premier discours, le 25 novembre 1874 dans la Cathédrale de Poitiers pour le jubilé épiscopal de Mgr Pie. Entretemps... son père étant mort, le Père Pio revit sa mère à Perpignan puis à Paris, la priant de se convertir et de se retirer dans un couvent... (mais en vain, n.d.r.). D'autres douleurs l'avaient frappé ces années-là : la mort de Pie IX et du cardinal Pie... enfin une nouvelle maladie qui le mit à deux pas de la mort, dont il sortit, affirma-t-il, miraculeusement guéri, après la visite de don Bosco et une invocation à Pie IX. Le 19 août 1878, il partait pour l'Italie, d'où il rejoignit l'Espagne jusqu'en 1888... en 1894 il embarqua pour l'Amérique... En 1899 il est à Cracovie... Le 13 novembre 1906 il avait fixé sa résidence à l'Abbaye de Bouhay (d'où il se rendit deux fois en Italie en 1908 et 1912), où il célébra le 50ème et le 60ème anniversaire de son ordination sacerdotale. À cette occasion il reçut la bénédiction de Pie XI. Son ultime désir, mourir en Italie, ne put être exaucé. ...La guerre empêcha la réalisation du projet et c'est presque nonagénaire que le R. P. Pio Mortara expira chrétiennement le 11 mars 1940 à l'Abbaye de Bouhay en Belgique (l'Abbaye a été vendue récemment et le corps de Mortara repose au cimetière de Bressaux Liège, dans la sépulture des Chanoines Réguliers du Latran, n.d.r.) »[410].

---

[409] Déposition du R. P. Pio Edgardo Mortara C.R.L. au procès..., pp. 516-523.
[410] G. L. MASETTI ZANNINI, *op. cit.*, pp. 258-259.

LE PROBLÈME DES MARRANES

Par M. l'abbé Curzio Nitoglia

LE CRYPTO-JUDAÏSME

« LE PHÉNOMÈNE DU CRYPTO-JUDAÏSME, [c'est-à-dire du Judaïsme occulte, caché, secret]… EST AUSSI ANCIEN QUE LES JUIFS EUX-MÊMES.

Aux temps helléniques, durant les exercices athlétiques, il y en avait qui, plus faibles que les autres, essayaient de cacher leurs origines pour échapper au ridicule. Sous la domination romaine le recours à des subterfuges fut fréquent pour éviter le paiement de la taxe spéciale juive… instituée après la chute de Jérusalem… »[411].

Celui qui s'exprime ainsi n'est pas un antisémite, un maniaque du "complot judéo-maçonnique", mais le juif Cecil Roth, pendant de nombreuses années enseignant d'études hébraïques à Oxford, président de la *"Jewish Historical Society of England"*, directeur de l'*Enciclopedia Giudaica*, mort en 1970.

Selon les normes rabbiniques il était licite, pour sauver sa vie ou pour pouvoir rester dans les pays de ses ancêtres, de cacher son Judaïsme, et même de le renier extérieurement.

D'où le problème du crypto-judaïsme, c'est-à-dire de ces juifs qui apparemment devenaient chrétiens, mais qui, au fond de leur cœur, restaient fidèles à la religion talmudique.

L'Église Romaine a toujours condamné les conversions forcées, même si, sans l'usage de la force, elle a cherché à convertir tout le monde au Christianisme. Quant aux conversions des juifs on a dû, malheureusement, enregistrer un certain nombre de fausses conversions, dans la mesure où les convertis continuaient à pratiquer en secret le Judaïsme et dans la mesure où, à la première occasion favorable, ils retournaient même extérieurement à la "foi" talmudique.

L'un se faisait baptiser pour s'infiltrer dans l'Église et la détruire de l'intérieur[412], un autre, face à une sérieuse difficulté (par ex. la menace d'expulsion), même sans y être contraint, acceptait le baptême mais sans une adhésion intime et sincère, donnant ainsi lieu au phénomène du Marranisme.

"Pour la vérité, l'Église… condamnait la conversion forcée… les baptêmes accomplis [de force] généralement n'étaient pas considérés comme valides. Le Pape Grégoire le Grand (590-604) en donne l'exemple… en condamnant à plusieurs reprises la conversion forcée, alors que, d'autre part, il accueillait avec enthousiasme les prosélytes obtenus par quelque

---

[411] C. ROTH, *Storia dei marrani*, Serra e Riva éd., Milan 1991, p. 21.
[412] Cf. *"Sodalitium"*, n° 37, pp. 28-40.

autre moyen... Souvent cependant les injonctions papales étaient négligées... La théorie selon laquelle la conversion forcée n'était pas canonique n'était en réalité pas mise en discussion, mais les juifs pouvaient être menacés d'expulsion, étant donné que le baptême les aurait sauvés. Parfois il arrivait qu'ils se pliassent à la nécessité et leur acceptation de la foi chrétienne... était considérée comme spontanée"[413]. "En Espagne admet le même Roth seuls les plus faibles avaient cédé... souvent même en l'absence d'un danger immédiat"[414].

Les rabbins appelaient *"anusin"* (contraints) ces apostats "réticents", et leur réservaient un traitement très différent de celui prévu pour les "renégats" volontaires, c'est-à-dire pour ceux qui se convertissaient sincèrement au Christianisme.

"L'une des premières délibérations énoncées par le rabbinat européen, est une disposition du célèbre Gershom de Mayence... (1000 environ), visant à interdire un traitement dur dans les rapports des convertis'forcés'qui retournaient à la foi hébraïque[415]... Le Marranisme, cependant, est un phénomène plus important que ne l'est le commun événement de la conversion'forcée', souvent suivie par la pratique secrète du Judaïsme. SA CARACTERISTIQUE ESSENTIELLE EST QUE CETTE RELIGION CLANDESTINE S'EST TRANSMISE D'UNE GÉNÉRATION À L'AUTRE... Un chroniqueur rapporte que ce fait peut expliquer la rapidité avec laquelle les Anglais acceptèrent la Réforme"[416].

LE PROBLEME DES FAUSSES CONVERSIONS

Félix Vernet également, dans le *Dictionnaire Apologétique de la Foi catholique*, reconnaît que « de 313 à 1100 il y eut des conversions de juifs au Christianisme qui n'étaient pas sincères et que les juifs s'efforcèrent de détacher les fidèles du Christianisme. Et comme ils poussaient les chrétiens à renier l'Évangile, l'Église leur interdisait d'avoir des serviteurs chrétiens, de vivre familièrement avec des chrétiens et d'exercer les fonctions publiques... de 1100 à 1500 certains juifs firent semblant de se convertir... MAÏMONIDE JUSTIFIA CES JUIFS QUI SIMULAIENT LA CONVERSION... En Espagne, durant la'tourmente'de 1391, des milliers de juifs demandèrent le baptême. La majeure partie maintint seulement l'apparence du Christianisme, mais accomplissait EN CACHETTE les rites judaïques. Le peuple, qui ne se trompait pas sur leurs sentiments intimes, appelait ces nouveaux chrétiens "marranes"... et les détestait encore plus que les juifs manifestes.

L'Inquisition fut fondée en Espagne contre les pseudo-convertis du Judaïsme et de l'Islamisme (1480)... Un juif, LE CABALISTE ABRAHAM ABOULAFIA PROJETA DE CONVERTIR AU JUDAÏSME LE PAPE MARTIN IV ET, POUR RÉALISER CE DESSEIN, ALLA À ROME (1281). Il se peut que les succès du prosélytisme juif aient influé sur la FORMATION DE LA LEGENDE D'UN PAPE D'ORIGINE JUIVE, QUI SERAIT VENU

---

[413] C. ROTH, *op. cit*, p. 22.
[414] Ibidem, p. 67.
[415] Ibidem, p. 23.
[416] Ibidem, p. 24.

D'ALLEMAGNE... Et l'antipape Anaclet II (1113), de la puissante famille des Pierleoni, neveu d'un juif "converti", fut appelé "*nec judeus quidem sed judeo etiam deterior*" »[417].

De 1500 à 1789 les juifs plus que jamais feignirent d'adhérer au Christianisme, surtout en Espagne et au Portugal... Ils furent expulsés d'Espagne en 1492 et du Portugal en 1496... Mais la plus grande partie, POUR ÉVITER L'EXIL, simula d'être chrétienne... Ainsi Leroy-Beaulieu qui n'a certes pas la réputation d'un antisémite constate-t-il cette DUPLICITÉ RELIGIEUSE, ADMISE ET, dans certaines circonstances, ÉRIGÉE EN SYSTÈME : "Des milliers de juifs,... ont abandonné extérieurement le Judaïsme, en se déclarant disciples de Jésus... pour obtenir le droit de continuer à vivre... dans le pays où habitaient leurs ancêtres. DES CHRÉTIENS AUSSI ONT CÉDÉ DURANT LES PERSÉCUTIONS... LA DIFFERENCE EST QUE LES RABBINS ONT... APPROUVÉ ET MÊME CONSEILLÉ CES APOSTASIES... De 1789 à nos jours les marranes d'Espagne et du Portugal ont continué à VIVRE DOUBLEMENT : CHRÉTIENS AU DEHORS, juifs dans l'intimité de leur famille"[418].

LES DÉBUTS DU MARRANISME

Depuis la période romaine les juifs présents dans la péninsule ibérique furent nombreux et influents. Après les invasions barbares (Vè s) leur situation dans un premier temps s'améliora : en effet les Wisigoths étaient ariens et tendaient à favoriser les juifs. Mais, quand les Wisigoths se convertirent au Catholicisme la situation des juifs empira ; en 589, avec le roi Reccarade, on commença d'appliquer la loi ecclésiastique à l'égard des juifs. En 616 le roi Sisebut promulgua un édit qui ordonnait le baptême de tous les juifs de son royaume, SOUS PEINE D'EXPULSION. Quatre-vingt-dix mille juifs environ se "convertirent", mais évidemment leur conversion ne fut pour beaucoup pas du tout sincère.

L'infidélité des "*conversos*" resta ainsi l'un des problèmes majeurs du gouvernement wisigoth jusqu'à l'invasion arabe. "Le nombre des juifs que les Arabes trouvèrent dans le pays démontre l'échec total des tentatives de conversion : déjà s'était formée dans la péninsule ibérique la tradition du Marranisme. L'arrivée des Arabes marqua pour les juifs d'Espagne le commencement d'un âge d'or... la force du Judaïsme dans la péninsule s'accrut immensément, avec des communautés qui dépassaient en nombre, en culture et en richesse celles de tout autre pays du monde occidental"[419].

La tradition de tolérance des musulmans dans leurs rapports avec les juifs fut interrompue par l'invasion des almoravides (XIIème siècle). La profession du Judaïsme et

---

[417] Cf. "*Sodalitium*", n° 37, pp. 35-36.
[418] F. VERNET, *Juifs et Chrétiens*, in *Dictionnaire de la Foi Catholique*, Beauchesne, Paris 1911, tome II, col. 1676-1681.
[419] C. ROTH, *op. cit*, p. 27.

du Christianisme fut interdite dans toutes les provinces encore assujetties au gouvernement musulman.

La "Reconquista"

Avec le début de la *Reconquista* de l'Espagne, les juifs eurent beaucoup de problèmes ; toutefois à partir du Xè s les choses commencèrent à changer et, nonobstant certaines manifestations législatives d'ordre religieux, s'affirma une politique favorable à leur égard. On pensait que les juifs auraient pu être d'une grande utilité à la cour, soit comme médecins soit comme financiers. La conquête graduelle des territoires musulmans fit cependant diminuer cet esprit de tolérance dans les relations avec les juifs. Aux XIIIè et XIVè siècles, leur situation empira de nouveau et on eut un retour du Marranisme : FACE À LA DIFFICULTÉ LE JUIF PRÉFÉRAIT FAIRE SEMBLANT DE SE CONVERTIR, tout en restant intérieurement fidèle au Talmud. « Ils étaient juifs en tout, excepté dans le nom, et chrétiens seulement dans la forme.

De plus ILS TRANSMETTAIENT LEUR MÉCRÉANCE À LEURS ENFANTS qui, bien que nés dans la foi dominante et baptisés à la naissance, étaient aussi INSINCÈRES que leurs pères dans les pratiques religieuses... LA JUSTICE, L'ADMINISTRATION, L'ARMÉE, LES UNIVERSITÉS, L'ÉGLISE MÊME SE REMPLIRENT DE "CONVERTIS" DE FRAICHE DATE, À LA FOI PLUS OU MOINS DOUTEUSE, ou de leurs immédiats descendants... En l'espace d'une paire de générations il n'y avait plus une famille aristocratique aragonaise, de la famille royale au bas de l'échelle, qu'on put dire immune de la'tache'du sang juif »[420].

"Plus débiles, les autres restaient en Espagne écrit l'historien juif Poliakov... et judaïsaient de père en fils, tout en se faisant baptiser de père en fils : telles furent donc les origines de la lignée des marranes... Avant l'avènement des rois catholiques ils ne couraient pas, de ce fait, des risques mortels"[421].

Les Marranes[422]

---

[420] Ibidem, pp. 36-37.
[421] L. POLIAKOV, *Histoire de l'antisémitisme De Mahomet aux Marranes*, Calmann-Lévy, Paris 1961, vol. II, p. 173.
[422] On a remarqué que le cryptojudaïsme est un phénomène très étendu au niveau européen avec également des racines en Russie, comme en témoigne l'intéressant livre de De Michelis *La Valdesia di Novgorod*, dans lequel il est dit que "la question des judaïsants est parmi les problèmes les plus obscurs du sectarisme russe" (p. 5). L'historiographie traditionnelle parlait en effet, à propos des hérétiques de Novgorod (XVème s) de "mouvement hérétique chrétien, mais substantiellement cryptojuif; qui niait la Trinité, la divinité du Christ... En principe on ne peut exclure qu'à Novgorod se soit manifesté un pareil syncrétisme de base *catharo-judaïque*" (p. 9). "La conviction que le mouvement hérétique de Novgorod avait quelque rapport avec le Judaïsme se fonde sur des témoignages contemporains, y compris celui de l'archevêque Genndis qui en découvrit et dénonça l'existence en 1487, même si l'historiographie d'aujourd'hui essaye d'en faire plutôt un

Parmi les juifs, ces faux "convertis" au Christianisme étaient appelés "*A musin*", les "contraints", pour les distinguer des vrais convertis, appelés renégats ou apostats. Les espagnols appelaient les "*Amusin*" "*conversos*", ou plus exactement "*Nuevos Cristianos*" pour les distinguer des "Vieux chrétiens". Parfois ils étaient appelés "*Alboraycos*", de al-Burak, le destrier de Mahomet, qui n'était ni cheval ni mule, ni mâle ni femelle, ainsi comme pour lui leur appliquait-on le surnom puisqu'ils n'étaient ni juifs ni chrétiens. Le nom le plus commun était toutefois celui de "*marranos*". L'étymologie de ce mot est discutée ; certains la font remonter à l'hébreu "*Mar'sat'Ayim*" : apparition de l'œil, pour signifier que ce n'est qu'en apparence qu'ils étaient chrétiens. Toutefois le fait que le terme fut inconnu des juifs signifie qu'il ne fut pas inventé par eux, mais qu'il faut en rechercher une origine non juive. "Le terme marrane est un vieux vocable espagnol, qui remonte au haut Moyen Age et signifie porc... Le mot exprime... toute la profondeur... du mépris que l'espagnol normal nourrit pour les NÉOPHYTES INSINCÈRES, dont il se trouvait alors entouré"[423].

Les marranes étaient caractérisés, comme affirme Poliakov, par la "hantise du secret" et par la "duplicité imposée". Ils étaient nombreux, même, "à se faire moines... d'autres allaient à la cour pontificale"[424].

"Les marranes portugais, autrement endurcis que les '*conversos*' espagnols dans la pratique du crypto-judaïsme, se répandirent en grand nombre dans toute la Péninsule. Supérieurement entraînés à la lutte contre l'Inquisition, ils ENTRETENAIENT À ROME UNE SORTE DE LOBBY PERMANENT, QUI... OBTENAIT DES PARDONS COLLECTIFS..."[425] Chassés du Portugal poursuit Poliakov "une notable vague d'émigrés marranes alla vers la colonie portugaise du Brésil. (...) C'est pourquoi le Brésil se remplit de nouveaux chrétiens 'à l'orthodoxie douteuse'"[426].

"Etre marrane continue Poliakov c'était aussi être AFFILIÉ À UNE VASTE SOCIÉTÉ SECRÈTE DE PROTECTION ET D'ENTRAIDE"[427], presque une sorte de *Rotary ante litteram*.

Le marrane était et est encore aujourd'hui, plus "INQUIÉTANT ET EXASPÉRANT", pour employer les mots de Poliakov, que le juif manifeste ; puisqu'il semble être un chrétien, alors que, en réalité, c'est un ennemi du Christ. Pour combattre d'une manière adéquate cette SOCIÉTÉ SECRÈTE des cryptojuifs, qui s'infiltrait progressivement au sein de la Chrétienté, l'Église dut se servir d'INFORMATEURS, comme le met aussi en évidence Poliakov, en taxant d'"espionnite chronique à forme religieuse" la légitime défense de l'Église contre le Judaïsme occulte qui cherchait de pénétrer en elle : "Elle invitait les bons

---

problème de rapport avec le bogomilisme ou de toute façon avec des hérésies d'inspiration de dualisme cosmologique" (p. 95), que nous savons être de dérivation gnostico-cabalistique. C. DE MICHELIS, *La Valdesia di Novgorod*, Claudiana éd., Turin 1993.

[423] C. ROTH, *op. cit*, p. 42.
[424] L. POLIAKOV, *op. cit*, vol. II, pp. 174-175.
[425] Ibidem, p. 217.
[426] C. ROTH, *op. cit*, pp. 226-227.
[427] L. POLIAKOV, *op. cit*, vol. II, p. 239.

catholiques à dénoncer les suspects de leur entourage… les noms des témoins… étaient tenus rigoureusement secrets"[428].

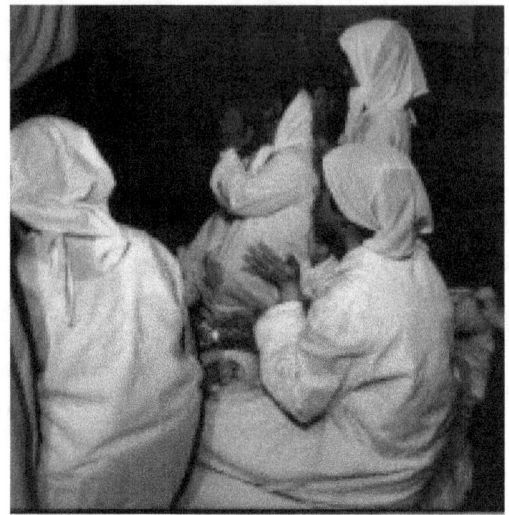

Marranes, photographiés en 1984 au Portugal, priant avec les mains jointes à la manière chrétienne…

L'INSTITUTION DE L'INQUISITION

Au cours du XVè s il apparut clairement que la récente conversion en masse des juifs au Christianisme avait rendu beaucoup plus embrouillée la situation religieuse en Espagne. En effet, là où d'abord il y avait un nombre déterminé de juifs, il y avait maintenant un grand nombre de CHRÉTIENS APPARENTS qui constituaient véritablement une "CINQUIÈME COLONNE" À L'INTÉRIEUR DE L'ÉTAT ET DE L'ÉGLISE.

"Pour ce qui regardait l'Église, la situation était bien plus difficile qu'elle ne l'était avant la fatale année 1391 [année où un mouvement populaire chrétien conduisit à un véritable massacre des juifs, n.d.r.]. Avant cette date, il y avait en effet un important noyau de NON CROYANTS EN DEHORS DE L'ÉGLISE, FACILEMENT RECONNAISSABLES et rendus inoffensifs du point de vue théologique, grâce à un système de lois laïques et ecclésiastiques. DÉSORMAIS IL Y AVAIT UNE SORTE DE NOYAU TOUT AUSSI VASTE AU SEIN DES FIDÈLES, QUI SE FAISAIT INSIDIEUSEMENT JOUR DANS TOUS LES SECTEURS DU CORPS POLITIQUE ET ÉCCLÉSIASTIQUE, en méprisant ouvertement, dans de nombreux cas, les doctrines de l'Église et EN CONTAMINANT, PAR SON INFLUENCE, LA MASSE ENTIÈRE DES FIDÈLES. Le baptême n'avait juste servi qu'à transformer une notable portion de juifs D'INFIDÈLES EXTERNES À L'ÉGLISE, EN HÉRÉTIQUES À

---

[428] Ibidem, p. 187.

L'INTERIEUR... Inévitablement, le problème des nouveaux chrétiens exigeait donc une attention toujours plus grande, de la part de l'Église espagnole"[429].

"Les marranes étaient des juifs hypocrites, qui restaient occultement liés à la Synagogue et extérieurement, en se montrant chrétiens, s'ouvraient le passage jusqu'aux plus hautes charges de l'État et de l'Église"[430].

Avant d'affronter le discours sur l'Inquisition il faut dire qu'à l'intérieur de l'INQUISITION ESPAGNOLE a été créée une vraie LÉGENDE NOIRE, qui a parmi ses auteurs les plus importants ANTONIO LLORENTE, ex-secrétaire général de l'Inquisition, prêtre passé au service de Napoléon quand celui-ci envahit l'Espagne, et auteur, par ordre de Joseph Bonaparte, d'une *Storia critica dell'Inquisizione in Spagna* en deux volumes, œuvre fondamentale pour tous les dénigreurs successifs. Llorente, pour ne pas être démenti dans son œuvre de démolition, "brûla tous les actes des cas criminels qui lui passèrent par les mains", selon l'historien Tuberville, loin d'être tendre avec l'Inquisition[431].

Concernant le NOMBRE DES VICTIMES de l'Inquisition, Llorente parle de trente-deux mille personnes livrées au bras séculier, mais "la vérité est que même le chiffre de trente-deux mille exécutions fourni par Llorente a été obtenu par eux en utilisant un système de calcul que Turberville n'hésite pas à définir fantastique et ridicule"[432]. À supposer que, en tout état de cause, les victimes aient été celles indiquées, il s'agit toujours d'une moyenne de 90 exécutions par an, en considérant l'activité de l'Inquisition espagnole, de 1478 à 1821, d'environ 342 années. Ce chiffre, vu sur une longue période, met en évidence les exterminations de masse auxquelles nous a habitués notre époque, à partir de la Révolution française.

Kamen, historien hostile à l'Inquisition, écrit au sujet de la CONDAMNATION AU BUCHER : "L'Inquisition avait soin d'éviter, chaque fois que c'était possible, le passage extrême du bûcher. On faisait régulièrement de nombreux et énergiques efforts pour essayer de convertir les hérétiques obstinés..."[433].

Concernant la TORTURE Kamen admet également que : "L'Inquisition adoptait une politique de douceur et de circonspection... La norme était que la personne faisant l'objet de l'inquisition ne devait pas subir de dommages dans ses biens et encore moins dans sa vie même"[434].

Et l'historien Lea, lui aussi adversaire de l'Inquisition, dut cependant convenir que les inquisiteurs, en tant que religieux et donc munis de science solide et de pieuses vertus, étaient, dans le jugement du coupable, plus miséricordieux que tout autre autorité civile : "A l'honneur des inquisiteurs nous devons dire qu'ils furent bien plus cléments que l'opinion

---

[429] C. ROTH, *op. cit*, p. 44.
[430] Cf. Anaclet II, in "*Sodalitium*", n° 37, pp. 35-36.
[431] A. S. TUBERVILLE, *L'Inquisizione Spagnola*, Feltrinelli, Milan 1965, p. 177.
[432] C. A. AGNOLI-P. TAUFER, *La Santa Inquisizione*, éd. Civiltà, Brescia 1988, p. 13.
[433] M. KAMEN, *L'Inquisizione spagnola*, Feltrinelli, Milan 1966, p. 207.
[434] Ibidem, p. 193.

publique alors en vigueur"[435]. Cela dit, pour parler de la naissance de l'Inquisition[436] il faut confirmer que l'idée de la punition de l'hérésie était aussi ancienne que l'Église elle-même. À ce propos on peut lire les ouvrages fondamentaux du Père Eliseo Masini, "*Il Sacro Arsenale ovvero pratica dell'Officio della Santa Inquisizione*", Bologne 1665 ; et du Père Nicolau Eymerich, "*Directorium inquisitorum*", Avignon 1376, avec un commentaire du Père Francisco Peña, Rome 1578 : trad. française éd. Mouton, Paris 1973. Déjà du temps des emPÈREurs romains Théodose et Justinien existaient des tribunaux spéciaux destinés à la répression des erreurs même si, au sens strict, l'Inquisition remonte à la période de l'hérésie des Albigeois (XIIIè s).

Quand le problème albigeois fut résolu, l'attention de l'Inquisition se porta vers les chrétiens judaïsants, les "*conversos*" qui retournaient au Judaïsme ; alors que LES JUIFS QUI NE S'ÉTAIENT PAS FAIT BAPTISER RESTAIENT HORS DES LIENS JURIDIQUES DE L'ÉGLISE, et n'étaient pas l'objet d'inquisition de sa part, sauf quand ils se rendaient coupables d'interférences religieuses avec les chrétiens qu'ils essayaient de corrompre, ou quand ils essayaient d'attaquer la Chrétienté.

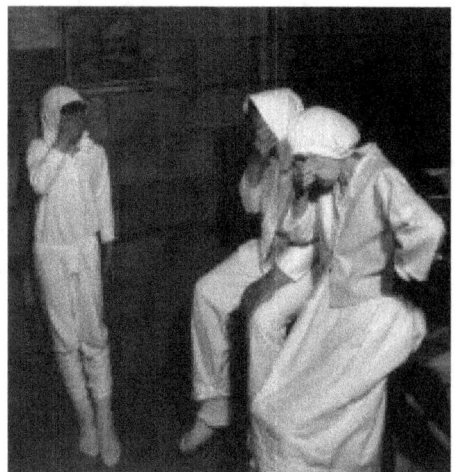

... Les mêmes marranes priant avec les mains sur les yeux selon le rituel juif
(*Photos extraites de F. Brenner, Marranes, éd. de la Différence 1992*).

---

[435] LEA, *Storia dell'Inquisizione*, Feltrinelli-Bocca, Milan, p. 56.
436 En plus des ouvrages déjà cités on peut consulter avec intérêt :
J. P. VILLANUEVA -B. E. BONET, Historia de la Inquisicion en España y America, Bac, Madrid 1984.
ABBÉ J. MOREL, Somme contre le Catholicisme libéral, éd. Palmé, Paris 1876, tome II, pp. 35-188.
R. CANOSA, Storia dell'Inquisizione spagnola in Italia, éd. SaPÈRE 2000, Rome 1992.
R. CANOSA, Storia dell'Inquisizione in Italia, 5 vol., éd. SaPÈRE 2000, Rome 1986-1990. *Bulario Pontificio de la Inquisicion Española*, par le Père Bernardino Llorca s.j., Pontificia Università Gregoriana, Rome 1949.
J. GUIRAUD, *Elogio dell'Inquisizione*, Leonardo éd., Milan 1994.
M. LUZZATI, *L'Inquisizione e gli ebrei in Italia*, Laterza, Bari 1994.

Avec l'accès au trône d'Isabelle la Catholique et grâce aux efforts du Père Tomàs de Torquemada o.p. et du Père Alfonso de Hozeda o.p., le Pape Sixte IV, le 1er novembre 1478, promulgua une bulle par laquelle il instituait l'Inquisition espagnole. Mais les juifs CONSPIRAIENT contre l'Inquisition. À Séville, en effet, grâce aux confidences de la fille d'un des chefs de la conjuration, les inquisiteurs réussirent à déjouer les trames et à faire arrêter bon nombre "des plus riches et des plus estimés citoyens de Séville, y compris plusieurs magistrats et autres dignitaires civils..."[437].

En 1485 le siège du tribunal de l'Inquisition fut transféré à Tolède. "Les *conversos* de cette ville, riches et nombreux, suivirent l'exemple des frères de Séville et OURDIRENT UN COMPLOT pour empêcher que l'Inquisition n'entre en vigueur. Leur intention était de SUSCITER UNE ÉMEUTE durant la procession du *Corpus Domini*... avec l'espoir de LIQUIDER les inquisiteurs durant les désordres"[438].

Le 17 octobre 1483, le Pape promulgua un "bref" par lequel il étendait l'autorité de l'Inquisition au royaume d'Aragon, Catalogne et Valence.

Sous la direction du Père Torquemada l'activité de l'Inquisition devint toujours plus importante Torquemada "arriva à mettre sous accusation deux évêques d'origine juive, accusés de protéger leurs coreligionnaires"[439]. À Saragosse le complot juif fit deux illustres victimes : la première fut l'inquisiteur Gaspar Juglar, trouvé mort par empoisonnement le 10 mai 1484, l'autre fut St Pierre d'Arbués[440], contre qui "s'organisa... un COMPLOT qui impliquait bon nombre de personnes les plus éminentes de l'Aragon.... Le 15 décembre 1485 Arbués fut attaqué alors qu'il était agenouillé en prière dans la cathédrale... il mourut deux jours après. En 1867 il fut officiellement canonisé"[441].

L'un des conspirateurs, Sancho de Paternoy, fut condamné aux travaux forcés ; "mais plus tard, GRACE À SES RICHESSES ET À SA GRANDE INFLUENCE, IL RÉUSSIT À SE FAIRE LIBÉRER ET À SE RÉINSÉRER DANS LE MONDE POLITIQUE"[442]. Les juifs qui ne s'étaient pas fait baptiser ne furent pas même effleurés par l'Inquisition, en tant qu'ils étaient des infidèles hors de l'Église et non des hérétiques infiltrés en son sein[443].

LA PROCÉDURE DE L'INQUISITION

Lorsque se constituait un tribunal de l'Inquisition, était publié un "ÉDIT DE GRACE" dans lequel on invitait les personnes coupables d'avoir commis dans le passé des actions hérétiques à se présenter spontanément pour confesser leurs fautes et obtenir ainsi un

---

[437] C. ROTH, *op. cit*, p. 53.
[438] Ibidem, p. 56.
[439] Ibidem, p. 57.
[440] Cf. Abbé U. GIUGNI *St Pierre d'Arbués*, in "Sodalitium", n° 26, p. 19.
[441] C. ROTH, *op. cit*, p. 58.
[442] Ibidem, p. 59.
[443] Sur ce sujet lire : J. GUIRAUD, rubrique "*SaintOffice*", in *Dictionnaire de la Foi Catholique*, vol. IV, col. 109-1125, Beauchesne, Paris 1922.

traitement miséricordieux. Il était fixé une limite de temps (trente-quarante jours) appelé "TERME DE LA GRACE", passé lequel on pouvait procéder avec sévérité contre les coupables.

Ceux qui se présentaient durant le temps de l'"Edit de grâce", devaient dénoncer tous ceux avec lesquels ils s'étaient associés ou qui s'étaient souillés de fautes semblables ; ainsi le Saint-Office entrait-il en possession d'une grande quantité d'éléments sur lesquels il pouvait travailler.

Dans les temps suivants fut aussi publié périodiquement un "ÉDIT DE FOI", dans lequel on intimait aux fidèles, sous peine d'excommunication, de dénoncer toute personne coupable d'hérésie.

L'Inquisition avait en outre DES INFORMATEURS MÊME PARMI LES CONVERTIS ; comme l'affirme Roth "en 1524 un informateur'nouveau chrétien'... qui agissait comme agent provocateur... et avait fourni au roi des listes de personnes dont il avait gagné la confiance, coupables de pratiquer le Judaïsme, fut assassiné par des marranes travestis en frères"[444].

En outre "... le tribunal de l'Inquisition était... impartial. Pour cela la charge officielle de l'accusation était assumée par un fonctionnaire spécial, connu comme *"promotor fiscal"*. Avant que le cas soit pris en considération, les accusations étaient examinées par des *"calificatores"*, qui devaient établir si elles portaient *"calidad de oficio"*, c'est-à-dire justification à procéder. Si c'était le cas... le *"promotor fiscal"* avait libre cours pour présenter la *"clamosa"* ou requête formelle pour l'ouverture du procès.... L'étape suivante consistait dans l'arrestation de la personne accusée"[445].

Mais SI L'INFORMATEUR SE RÉVÉLAIT ÊTRE UN FAUX TÉMOIN, IL ÉTAIT PUNI SÉVÈREMENT ; et Roth témoigne qu'un faux informateur fut exécuté à Lisbonne durant l'autodafé du 10 octobre 1723.

Une fois formulée l'accusation formelle, tout le procès qui s'ensuivait se fondait sur le "désir de faire confesser à l'accusé son délit et de l'admettre ainsi à la pénitence : de cette manière aussi son corps ne souffrirait pas, l'âme immortelle aurait été sauvée (et au cas où la confession ne fut pas spontanée, on pouvait appliquer la torture...).... En réalité, sous cet aspect,... l'Inquisition espagnole... se comportait d'une manière MOINS INHUMAINE QUE L'INQUISITION ROMAINE, où la torture pouvait se prolonger même après la confession pour obtenir les noms des présumés complices ou associés"[446].

LA TORTURE

Dans la première période les méthodes les plus communes de torture étaient le *"strappado"* (le torturé était laissé tomber d'une poutre, à laquelle il avait été suspendu au

---

[444] C. ROTH, *op. cit*, p. 72.
[445] Ibidem, p. 100.
[446] Ibidem, p. 102.

moyen d'une courte corde, et ensuite remonté en haut avec une "secousse" avant qu'il rejoigne le sol) et le supplice de l'eau, par lequel on faisait ingurgiter au prisonnier une grande quantité d'eau ; normalement il y avait un médecin qui assistait à l'opération, afin que le prisonnier ne coure pas de risques trop graves pour sa santé. Le même Roth admet que "… IL EST… juste d'ajouter que l'Inquisition AGISSAIT DE MANIERE JUSTE. Généralement ELLE PROCÉDAIT SEULEMENT APRÈS AVOIR RECUEILLI D'AMPLES PREUVES DE CULPABILITÉ ; et quiconque étudie un procès inquisitorial est frappé par la SCRUPULEUSE PRÉCISION AVEC LAQUELLE IL EST CONDUIT"[447].

Si l'accusé se déclarait repenti, spontanément ou sous la torture, s'ensuivait la "réconciliation" avec l'Église. L'accusé devait jurer devant un crucifix d'accepter la Religion catholique dans tout son ensemble. Normalement une réconciliation de ce genre pouvait avoir lieu une seule fois, puisque une seconde condamnation était la preuve que la première abjuration n'avait pas été sincère et l'accusé était livré au bras séculier. Il y avait cependant des EXCEPTIONS : "Dans les cas dans lesquels le SaintOffice se sentait porté à exercer la clémence à l'occasion d'une seconde condamnation, l'accusé était condamné aux peines physiques de la prison"[448].

La peine capitale était réservée à ceux qui ne voulaient pas se repentir, c'est-à-dire :
– les OBSTINÉS qui se glorifiaient de leur crime ;
– les RÉCIDIVISTES, dont la rechute démontrait l'insincérité ;
– les "DIMINUTOS", c'est-à-dire ceux qui se confessaient mais pas complètement et protégeaient leurs complices ;
– les "NEGATIVOS", c'est-à-dire ceux qui refusaient de se confesser.

L'Inquisition, grâce au contrôle de l'Église, n'est JAMAIS TOMBÉE DANS LE FANATISME ou dans la persécution généralisée même des innocents, comme reconnaît Roth : "Le tribunal [de l'Inquisition] s'occupait aussi d'autres fautes. Aussi de la sorcellerie, mais GRÂCE À SON INFLUENCE MODERATRICE, l'Espagne resta l'unique pays en Europe où aux XVIIè et XVIIIè siècles LA PERSÉCUTION DES SOI-DISANT SORCIÈRES N'EUT PAS DE SUITE ; à ce propos l'Espagne [catholique] se comporta bien mieux que l'Angleterre ou que l'Amérique du Nord [protestante], et l'influence du SaintOffice dans ce sens ne fut pas sous-évaluée"[449]. Et en outre, même en n'étant évidemment pas un admirateur de l'Inquisition, l'historien juif en reconnaît les mérites : "L'Inquisition,… même STIMULÉE PAR DES MOUVEMENTS SINCÈREMENT RELIGIEUX, même s'ils étaient complètement erronés, même EN POSSEDANT UN BON CÔTÉ S'IL N'EST PAS FRANCHEMENT BÉNÉFIQUE, pour de nombreuses générations fut systématiquement occupée à étouffer la liberté de pensée"[450].

Même Poliakov doit reconnaître la pureté d'intention avec laquelle opérait l'Inquisition : "Comme toute POLICE DES ÂMES, l'Inquisition et toute sa procédure étaient conçue en

---

[447] Ibidem, p. 109.
[448] Ibidem, p. 305, note 8.
[449] Ibidem, p. 86.
[450] Ibidem, p. 255.

fonction de ce moment suprême qu'est l'AVEU (procédure inquisitoire, par opposition à la procédure accusatoire). L'hérésie étant un péché de l'âme, la seule preuve possible [bien qu'elle ne soit pas publique, n.d.r.] en est la confession.... CELUI QUI AVOUAIT AVAIT LA VIE SAUVE ; celui qui niait jusqu'au bout allait au bûcher"[451]. Même sur le nombre des hérétiques condamnés à mort (et sur le traitement réservé aux marranes) Poliakov est obligé d'admettre que : "Pour l'Inquisition de Torquemada, les chiffres sont de l'ordre de un à deux milliers. On a pu dire que LE SAINT-OFFICE FUT BIEN MOINS SANGUINAIRE QUE LES POLICES... DU XXè SIECLE. Et, en effet, SEULS FINISSAIENT SUR LE BUCHER LES PRISONNIERS QUI EURENT LA FORCE... nécessaire POUR DIRE 'NON' JUSQU'AU BOUT,... pour refuser l'aveu ; ou les récidivistes impénitents de l'hérésie.... SES [de l'Inquisition] GEOLES ÉTAIENT LOIN D'ÊTRE DES OUBLIETTES.... DES PRISONNIERS RICHES S'Y FAISAIENT ACCOMPAGNER PAR LEURS SERVITEURS ; DES PRISONNIERS PAUVRES Y FAISAIENT EUX-MÊMES LEUR CUISINE, ET PARFOIS POUVAIENT MÊME TRAVAILLER DE JOUR AUX CHAMPS. Riches et pauvres pouvaient recevoir des visites, et lire et écrire s'ils étaient lettrés. LORSQUE LES DÉTENUS SE TROUVAIENT TROP À L'ÉTROIT DANS LEUR PRISON, IL ARRIVAIT QUE LES INQUISITEURS LOUAIENT UNE MAISON EN VILLE pour les y héberger. Les condamnés à la détention perpétuelle, s'ils appartenaient au clergé, étaient le plus souvent confinés dans des monastères ; laïcs il leur arrivait quelquefois de purger leur peine à domicile"[452].

"Il faut croire ajoute l'auteur que la popularité de l'Inquisition en Espagne demeurait fortement assise, car les'juntes patriotiques'qui en 1811 boutèrent les Français hors d'Espagne, s'empressaient, province après province, à la rétablir"[453]. Ce fut seulement en 1834 que l'Inquisition y fut supprimée[454].

---

[451] L. POLIAKOV, *op. cit*, vol. II, p. 188.

[452] Ibidem, pp. 190-206, passim.

[453] Ibidem, p. 298.

[454] Sur la dignité avec laquelle l'inquisiteur doit accomplir son mandat qu'on lise ces belles paroles du Père Masini : "L'Inquisiteur étant immédiatement délégué par le Saint Siège Apostolique à connaître et mener à terme les causes concernant la Foi et la Religion, et tenant la place du Souverain Pontife, ...grande est son autorité, souveraine sa dignité, éminente sa fonction. ...Inquisiteur merveilleux fut déjà **Dieu** béni, qui ...châtia Adam et Eve, le Peuple d'Israël..., et tant d'autres pour leurs infidélités, hérésies, idolâtries. ... Inquisiteur fut **Elie**, qui fit couper en morceaux huit cent cinquante prophètes du diable. ...Inquisiteur fut **Judas Maccabée**, qui avec tant de valeur extermina les impies, et les ennemis profanes de son Dieu. ...Inquisiteur premier et suprême de la loi évangélique fut le **Christ** Rédempteur, qui dans toute sa vie n'a tendu à rien d'autre qu'à introduire le culte de la vraie Foi et de la vraie Religion. ...Inquisiteur fut **Pierre** Apôtre, qui en vertu de l'Esprit-Saint donna la mort à Ananie et à sa femme". (E LISEO MASINI, O.P., *Sacro Arsenale, ovvero Pratica dell'Officio della Santa Inquisizione*, Bologne 1665, ristampa éd. Xenia, Milan 1990, pp. 11-12).

Le lecteur pourra également consulter :

G. DA PERPIGNAN, *Summa de hæresibus*, éd. Ascensiana, Paris 1528.

C. CARENA, Tractatus de Officio Sanctissimæ Inquisitionis et modo procedendi in causis fidei, Crémone 1655.

LES TECHNIQUES D'ESPIONNAGE ET D'INFORMATION

L'Inquisition établit dans ce but UN RESEAU D'INFORMATEURS, qui n'étaient pas rémunérés et portaient comme signe de reconnaissance une plaque[455]. Elle était évidemment munie d'ARCHIVES où ELLE FICHAIT LES SUSPECTS. Dans ces archives se trouvaient les listes généalogiques des familles des *"conversos"* ; si l'un d'eux était reconnu comme un FAUX CONVERTI, SES DESCENDANTS DIRECTS ÉTAIENT CONSIDÉRÉS COMME SUSPECTS, ils n'avaient donc pas le certificat de sang pur [*"limpieza de sangre"*], qui n'était pas une disposition raciale génétique (nombreux en effet étaient les juifs sincèrement convertis, et qui n'avaient pas de problème avec l'Inquisition), mais seulement une MESURE DE PRUDENCE DE L'ÉGLISE, POUR ÉVITER QUE DES FAUX CONVERTIS NE S'INFILTRENT COMME UNE "CINQUIÈME COLONNE" EN SON SEIN, pour la détruire de l'intérieur.

"En démasquant... les juifs feignant d'être convertis, on diminua l'aversion des'vieux chrétiens'à l'égard des juifs en général et on donna la tranquillité à ceux sincèrement christianisés, qui n'étaient plus exposés à des réactions populaires sans discernement. L'Inquisition fut donc contre le racisme puisqu'elle ramena sur le plan de la foi une opinion publique qui, en généralisant l'équation : sang juif = faux converti,... tendait à frapper... le juif en tant que tel... L'AVERSION POUR LES JUIFS NAIT DU PEUPLE, DES COMMUNAUTÉS LOCALES, ET CE SONT ELLES QUI ÉTABLISSENT, DE LA SUSPICION DÉSORMAIS GÉNÉRALE POUR TOUT CE QUI EST JUIF, LES STATUTS DE '*LIMPIEZA*'. DANS CE DÉFERLEMENT DE STATUTS DISCRIMINATOIRES DES ORIGINES LOCALES,... L'ÉGLISE INTERVIENT POUR REPORTER LE CONFLIT DU DOMAINE RACIAL AU DOMAINE RELIGIEUX. Le converti en tant que tel est un chrétien comme tous les autres... Tandis que le faux converti doit être démasqué et exclu... Que l'Inquisition ne frappât pas la race juive en tant que telle est clair : AUX FINS DE L'ACCESSION AUX CHARGES PUBLIQUES, ELLE PASSAIT EN REVUE NON PAS LES ORIGINES ET LE SANG, MAIS LES CONDAMNATIONS DES ASCENDANTS JUSQU'AUX AÏEUX, comme la loi canonique prévoyait pour toute personne indépendamment de sa race[456].... L'Inquisition, en somme, veut que la société et l'Église soient gouvernées par des chrétiens et non par des ennemis du Christ"[457].

L'ennemi principal de l'Inquisition resta toujours le judaïsme, même quand elle dut affronter le problème des protestants. En effet "les réformés ne sont pas loin [pour l'Inquisition] de représenter une sorte de juifs revêtus d'un masque nouveau.... Il ne faut pas oublier les attaches de la Réforme avec le mouvement humaniste, le retour aux sources antiques, le premier essor de la philologie, et les traductions de la Bible. L'illustre théologien Santotis défendit au Concile de Trente, à la même époque, la thèse suivant laquelle le

---

[455] Cf. POLIAKOV, *op. cit.*, p. 209.
[456] Cf. KAMEN, *op. cit.*, p. 141.
[457] A. AGNOLI - P. TAUFER, *op. cit.*, pp. 93-94.

Protestantisme n'était qu'un retour au Judaïsme ; d'autres théologiens... affirmaient que le Judaïsme se trouvait à la base de toutes les hérésies, y compris l'Islam"[458].

Même l'auteur juif Albert Sicroff[459] reconnaît que le but des statuts de "pureté de sang" était d'empêcher aux chrétiens d'origine juive (qui étaient SUSPECTS de ne pas être vraiment chrétiens mais plutôt des CRYPTOJUIFS) d'avoir un rôle de PREMIER PLAN dans la société chrétienne d'Espagne.

Puisque la pénétration des *"morisques"* dans la haute société civile et ecclésiastique était peu étendue, les *"statutos de limpieza de sangre"* s'occupèrent peu, et seulement en théorie, de ce problème. C'était surtout le judéo-chrétien ou marrane le sujet principal des statuts.

L'expulsion des *"morisques"* d'Espagne en 1609 mit fin au problème.

"Cette mesure écrit Sicroff n'aurait jamais pu être prise contre les Judéo-Chrétiens. Les alliances avaient tellement mêlé leurs lignages avec ceux des'vieux chrétiens', qu'on n'aurait jamais pu isoler les Judéo-Chrétiens pour les expulser. La diffusion du sang juif parmi les Chrétiens espagnols par l'intermédiaire du Judéo-Chrétien... gagna soudain du terrain en 1391 comme conséquence des assauts contre les communautés juives d'Espagne"[460].

Le baptême était vu par les juifs comme un moyen très efficace pour freiner les violences populaires contre le Judaïsme en 1391, qui confirment, au dire de Sicroff, qu'"à cette époque les Juifs N'étaient PAS l'objet d'un SENTIMENT RACISTE. CE N'était PAS LEUR RACE, mais LEUR RELIGION qui les distinguait"[461].

Pour cela les néo-convertis, qui avaient fait partie des classes supérieures de la société israélite, cherchaient à occuper des postes équivalents dans la société espagnole. En cela au début on ne s'aperçut de rien d'anormal ou dangereux, mais, quand au fil du temps, on s'aperçut que beaucoup de néo-convertis étaient en réalité des cryptojuifs, et qui avaient occupé presque tous les postes-clés de la société espagnole, alors la réaction ne tarda pas à se faire sentir, mais uniquement par rapport à ceux qui étaient suspects de crypto-judaïsme.

C'est pourquoi dans les premières années qui suivirent 1391, l'Église et la société espagnole n'avaient rien contre le fait que les juifs qui avaient accepté le baptême pouvaient assumer de hautes charges au sein même de l'Église et de l'État ; l'unique objection du côté catholique contre le Judaïsme était en effet celle de l'"aveuglement religieux" et non racial.

"Sans aucun obstacle religieux... la noblesse des'vieux chrétiens'n'hésitait aucunement à s'allier aux*conversos*': un mariage ayant le double avantage d'être une expression de la charité évangélique et d'offrir en même temps la possibilité de remonter l'état de leurs fortunes"[462].

Le peuple au contraire montrait moins d'enthousiasme à l'endroit des *"conversos"*, puisqu'il se voyait dépassé par les judéo-chrétiens. Et quand éclatèrent les premiers tumultes,

---

[458] POLIAKOV, *op. cit.*, pp. 214-215.
[459] A. A. SICROFF, Les controverses des statuts de 'pureté de sang' en Espagne du XVe au XVIIe siècle, Didier, Paris 1960.
[460] Ibidem, p. 26.
[461] Ibidem, p. 28.
[462] Ibidem, p. 29.

l'Église devra insister beaucoup pour faire comprendre au peuple la différence entre la foi et le sang, lequel peut être dangereux uniquement s'il véhicule une "foi pervertie". En vérité il faut admettre que le premier "chien" à aboyer face au danger du crypto-judaïsme fut justement le peuple, qui mit ainsi en alerte l'autorité ecclésiastique et civile. Elle put légiférer en conséquence et vaincre le mal du Marranisme, et en même temps diriger et canaliser la réaction des masses, afin qu'elle n'outrepassât pas la juste mesure, mais restât sur le plan de la foi et de la légitime défense, sans tomber dans la haine gratuite et personnelle.

Un rôle capital dans la découverte du 'marranisme', du *converso* fut joué aussi précisément par les SINCERES convertis au Christianisme[463].

Ce fut ainsi que Pablo de Santa Maria, Jerònimo de Santa Fe et Micer Pedro de la Caballeria attaquèrent dans leurs écrits leurs anciens coreligionnaires. "Il n'y a pas d'attaque plus violente contre une croyance que celle qui vient du 'renégat', vu sa CONNAISSANCE APPROFONDIE des dogmes qu'il attaque"[464]. L'Église s'est toujours servie des juifs vraiment convertis dans la lutte contre le crypto-judaïsme, et il est stupide de rejeter les écrits de ceux qui peuvent nous éclairer mieux que tout autre sur la perversité de la fausse religion cabalistico-talmudique.

Le *Scrutinium Scripturarum* de don Pablo de Santa Maria (1432), ex-premier rabbin de Burgos, porta un coup décisif aux intrigues des marranes infiltrés dans l'Église et dans la société espagnole. Tout aussi utiles furent les ouvrages de Jeronimo de Santa Fe, *L'Azote de los Judios* (Hebraeomastix), et de Micer Pedro de la Caballeria *Zelus Christi contra Judeos et sarracenos*.

LE PREMIER STATUT DE "PURETÉ DU SANG" EN ESPAGNE : TOLÈDE 1449

L'insurrection chrétienne anti-'*conversos*' de Tolède, en 1449, fut le prélude d'une série de révoltes populaires contre les cryptojuifs. Ce premier exemple de fureur populaire contre les marranes présente un grand intérêt puisqu'il fut à l'origine du premier statut de "*limpieza de sangre*"[465] en Espagne. Il faut aussi dire que les '*conversos*' ne restèrent pas passifs : ils se défendirent avec la plume et parfois avec l'épée...

L'un des premiers à écrire sur les "Statuts de pureté du sang" fut Alonzo Diaz de Montalvo (1449) : toutefois, il ne faut pas voir dans l'œuvre de Montalvo, comme certains l'ont fait, une défense à outrance de tous les *conversos*. Il y a en elle la distinction nette entre convertis sincères et faux convertis (ou marranes).

"Il savait qu'il existait des Juifs convertis coupables de revenir à leur ancienne religion. Son but était simplement de rejeter TOUTE condamnation en masse des 'nouveaux chrétiens'. Ainsi St Jérôme et St Jean Chrysostome sont appelés pour témoigner que tous les

---

[463] Cf. SICROFF, *op. cit.*, p. 31.
[464] Ibidem, p. 31.
[465] Cf. H. MECHOULAN, Le sang de l'autre ou l'honneur de Dieu, Fayard, Paris 1979.

hommes sont sauvés, quelle que soit leur origine, pourvu qu'ils ne suivent pas les vices de leurs parents"[466]. Pour régler le sort des judaïsants, Montalvo proposait une enquête légale (en pratique d'établir l'Inquisition), afin que les coupables de crypto-judaïsme fussent avertis et punis, et que les incorrigibles soient condamnés comme hérétiques récidivistes.

Fernàn Diaz de Tolède reprit bon nombre des arguments de Montalvo dans son *Instrucciòn del Relator para el obispo de Cuenca, a favor de la nacion Hebrea* (1449).

La même année don Alonso de Cartagena, évêque de Burgos, un juif converti, baptisé dans son enfance en 1390, composa le *Defensorium Unitatis Cristianæ*. Pourtant, comme l'admet Sicroff[467], les positions tenues par don Alonso sur l'autorité supérieure du Concile œcuménique par rapport au Pape, font douter de l'intégrité de sa conversion. En outre son *Defensorium* ne fait pas la distinction entre vrais et faux convertis, et se réfère à la doctrine selon laquelle le baptême rend tout le monde vrais chrétiens et fils de Dieu, mais en ignorant que celui qui retourne au Judaïsme perd l'amitié avec Dieu.

Le Pape Nicolas V promulgua un "bref" le 24 septembre 1449, dans lequel il affirmait que les "*conversos*" cryptojuifs devaient être jugés par l'autorité ecclésiastique, c'est-à-dire par les évêques. Cependant les violences populaires continuèrent et en 1467 à Tolède se répétèrent les scènes de 1449 ; mais cette fois ce furent les "*conversos*" qui engagèrent le combat, en faisant irruption dans la cathédrale "pour donner libre cours à leur haine des chanoines'vieux chrétiens'…. Puis, ils envahirent la ville et prirent possession des ponts et des portes. Leur succès momentané s'arrêta quand ils retournèrent à la cathédrale…. Bien fortifiés à l'intérieur de la cathédrale, les vieux catholiques, assiégés parvinrent à donner l'alerte, en sonnant le tocsin. Bientôt des renforts arrivèrent… et les'vieux chrétiens'passèrent à l'attaque. Les'*conversos*'furent mis en déroute et vaincus"[468].

INFILTRATIONS CRYPTO-JUIVES DANS LE CLERGÉ

Les Franciscains furent les premiers à donner l'alerte (au XVème siècle) à propos des faux convertis présents dans les Ordres religieux ou dans le clergé séculier.

En 1461 ils demandèrent au Général de l'Ordre de Saint Jérôme, Frère Alonso de Oropesa, de les aider à extirper les maux qui naissaient des relations sociales trop étroites entre les chrétiens, les infidèles et les hérétiques. L'ordre de St Jérôme comptait de nombreux néo-chrétiens et le Général se trouva pris ainsi entre deux feux. Il proposa cependant de confirmer aux évêques la tâche de juger les marranes et d'instituer une Inquisition qui jugerait ces causes. Il écrivit aussi sur ce sujet le traité *Lumen ad revelationem gentium et gloriam Israel* (1465), dans lequel il dénonçait la culpabilité des juifs.

Le Franciscain Alonso de Espina en 1459 écrivit aussi un ouvrage sur la question des cryptojuifs, *Fortalium Fidei*, dans lequel il traitait du déicide, des homicides rituels, de la

---

[466] Ibidem, p. 38.
[467] Ibidem, p. 42.
[468] Ibidem, p. 64.

profanation des hosties, de l'habileté des médecins à nuire aux patients chrétiens et à les tuer.

Si, comme l'enseigne St Paul, dans le Christ il n'y a aucune distinction entre juifs et païens, il faut cependant se souvenir que le même Apôtre (juif sincèrement converti) a écrit, inspiré par l'Esprit-Saint, que "il y a beaucoup de REBELLES, beaucoup de semeurs de vaines paroles, et de SÉDUCTEURS ; SURTOUT PARMI LES CIRCONCIS [convertis à l'Évangile]. Il faut leur fermer la bouche, parce qu'ils causent la subversion de toutes les familles, enseignant ce qu'il ne faut pas, pour un gain honteux"[469].

Ce conseil de St Paul était appliqué surtout aux Ordres religieux, dans lesquels s'étaient infiltrés les cryptojuifs "rebelles et séducteurs", afin qu'ils ne bouleversent pas l'Ordre entier et ne puissent pas enseigner "ce qu'il ne faut pas" ! Ce fut ainsi que les "Statuts de pureté du sang" furent appliqués aux familles religieuses, et le Pape Alexandre VI, en 1495 donna sa ratification pontificale dans un "bref" du 22 décembre.

"Ironie du sort comment Sicroff l'Inquisition qui aurait dû libérer les *conversos* des mesures d'exclusion globales [selon les desseins des cryptojuifs] mit à jour assez de preuves accablantes de leur infidélité religieuse"[470].

Paul III en 1548 et Paul IV en 1555 ratifièrent les "Statuts".

Le Manuel des Inquisiteurs du Père Eliseo Masini

En 1578 le théologien franciscain Antonio de Cordova publia le traité *Questionarium theologicum* dans lequel il précisait de manière formelle que le sang par lui seul ne peut pas justifier l'exclusion des hautes charges religieuses et civiles des néo-chrétiens. En effet l'Évangile est destiné à tous, sans distinction de race. On peut refuser l'intégration dans la société chrétienne aux '*conversos*' seulement si on les suspecte (avec fondement) de crypto-judaïsme. C'est pourquoi les "Statuts" n'excluent pas "*ex ratione generis*" (à cause de la race), mais seulement là où il existe des preuves de crypto-judaïsme. Ces "Statuts" sont le fruit de l'attachement à l'intégrité de la foi chrétienne et n'ont rien à voir avec le moderne antisémitisme biologico-racial[471], condamné par Pie XI en 1928.

---

[469] Tite, I, 10-12.
[470] SICROFF, *op. cit.*, p. 85.
[471] Pour la question des marranes on peut consulter aussi:
A. CASTRO, *España en su historia. Cristianos, moros y judios*, Buenos Aires 1948.
J. AMADOR DE LOS RIOS, *Historia social, politica y religiosa de los judios de España y Portugal*, V éd., Buenos Aires 1943.
M.C. LEA, À*History of the Inquisition of Spain*, New York 1906, Paris 1937.
M. BATAILLON, *Erasme et l'Espagne*, Paris 1937.

EXISTE-T-IL ENCORE AUJOURD'HUI DES MARRANES ?

"En 1925 les chercheurs sur les questions juives lurent avec émerveillement dans la presse anglo-juive une communication du secrétaire de la communauté de Lisbonne, qui révélait le fait extraordinaire que les marranes, disséminés dans le monde d'une manière aussi étrange et totale un siècle et demi avant, existaient encore et demandaient de l'aide pour pouvoir retourner au sein du troupeau juif.... "Ce martyr [de l'Inquisition] se prolongea dans le temps... il s'est démontré impuissant à vaincre l'indomptable esprit juif.... Les marranes ont réussi à conserver leur identité et les éléments essentiels de leur foi, JUSQU'À AUJOURD'HUI". C'est ce qu'écrivait en 1932 Cecil Roth[472].

Le sujet a été traité de manière spécifique dans une intéressante et récente étude (1992) de Brenner et Yerushalami, qui parle d'une communauté de 120 marranes, résidant actuellement au Portugal, à Belmonte dans la province de Beira à quelques kilomètres de la frontière espagnole, qui en 1984 se sont laissés exceptionnellement interviewer.

"On est marrane pour soi, au sein de la famille. Le concept même de communauté est étranger à la réalité marrane. Le CLOISONNEMENT est la règle de survie.... Officiellement, on est chrétien : baptisé, marié devant le curé, recevant les derniers sacrements de l'Église. En secret, dans l'intimité de la cellule familiale, on est juif. On célèbre sabbat, *Kippour*, le Jeûne d'Esther, *Pessah* . Concrètement... on ne peut déceler aucun signe apparent du judaïsme : pas de circoncision, pas de livre, pas de trace écrite, mais une tradition orale

---

V. NICOLAS LOPEZ MARTINEZ. *Los judaizantes castellanos y la Inquisiciòn en tempio de Isabel la Catolica*, Burgos 1954.

A. DOMINGUEZ ORTIZ, *Los Conversos de origen judio después de la expulsion*, Madrid 1955.

L. SUAREZ FERNANDEZ, *La expulsión de los judios de España*, Madrid 1991.

A. DOMINGUEZ ORTIZ, *Los judeoconversos en España y America*, Madrid 1988.

SODALITIUM : La question juive 135

Y. H. JERUSHALAMI, *Dalla corte al ghetto*, Garzanti, Milan 1991.

J. L. DE AZEVEDO, *Historia dos Cristãos Novos Portugueses*, Lisbonne 1921.

A. J. SARAIVA, *Inquisição e cristiãos novos*, Lisbonne 1985.

R. CALIMANI, *Storia di marrani a Venezia*, Rusconi, Milan 1991.

R. CALIMANI, *Storia del Ghetto a Venezia*, Rusconi, Milan 1985.

R. CALIMANI, *Storia dell'ebreo errante*, Rusconi, Milan 1987.

R. CALIMANI, *Gesù ebreo*, Rusconi, Milan 1990.

R. CALIMANI, *Stella gialla*, Rusconi, Milan 1993.

A. FARINELLI, *Marrano. Storia di un vituperio*, Olschki, Genève 1925.

S. FOA, *Vicende del Ghetto di Torino*, Comunità Israelitica, Milan 1963.

M. GHIRARDELLI, *I Marrani*, L'Arciere, Cuneo 1976.

M. MALVOLTI, *Medici marrani in Italia nel XVI e XVII sec.*, éd. Considere, Rome 1968, p. 81.

L. RANDELLINI, *La chiesa dei giudeo-cristiani*, Paideia, Brescia 1968.

F. DE TORREJONCILLO, *Centinela contra Judios*, Plasencia 1673.

A. FOA, *Ebrei in Europa*, éd. Laterza, Bari 1992.

E. LEZMI, *De par ton sang tu vivras*, Biblieurope, Paris 1993.

[472] *Op. cit.*, p. 297.

transmise aux générations.... Pas de synagogue, mais, comme le montrent les photos [reproduites dans le livre et très significatives], des greniers, parfois des caves,... à l'abri des regards. Pas de rabbin. Ce sont les femmes ["*las sacirdotissas*"] qui transmettent la tradition de génération en génération, ce sont les femmes qui se réunissent pour prier"[473].

En confirmation des déclarations des historiens les paroles d'Elisa : « Dans la maison d'Elisa... on prépare le pain azyme. "Elisa, quand vous faites le pain azyme, vous fermez toutes les portes et fenêtres. Pourquoi ?"

..."Nos anciens nous l'ont appris. C'EST UNE CHOSE TROP GRAVE POUR AVOIR UNE PORTE OUVERTE OU VOIR S'OUVRIR UNE PORTE" »[474].

Les auteurs nous disent aussi qu'une seule femme, du nom d'Emilie, malgré les pressions et les menaces du groupe, a eu le courage de leur confier son secret, en accordant pour la première fois une interview et en se faisant filmer par une caméra de télévision, chose tout à fait extraordinaire pour un marrane.

Ce MONDE SECRET qui s'est perpétué jusqu'à nos jours, ne peut pas ne pas nous surprendre et nous remplir d'une crainte fondée ; il constitue la confirmation de tant d'informations qu'on lit dans les livres et qu'on serait tenté de sous-estimer, comme si elles étaient des légendes ou des exagérations, comme le mystère du sang ou l'homicide rituel, transmis oralement de père en fils, et perpétré dans le secret des caves, en mêlant le sang d'une victime chrétienne aux azymes confectionnés pour la Pâque juive[475].

« Presque cinq siècles après le baptême "forcé" de leurs ancêtres juifs écrivent les auteurs il y a encore au Portugal... des marranes. Hommes et femmes, des individus ou des familles qui vivent extérieurement en chrétiens et pratiquent en cachette les rites juifs.... En 1984 Frédéric Brenner... s'est rendu à Belmonte et, à force de séjours renouvelés, a réussi à établir des contacts personnels avec les marranes, naturellement méfiants. Deux familles l'ont même autorisé à filmer leurs RITES CLANDESTINS... Les marranes avaient pris l'habitude de dissimuler leur origine juive à leurs enfants jusqu'à l'âge de la puberté, où on les initiait alors, avec une grande solennité, à leur "foi" (véritable). La pratique de certains rites juifs, TROP PÉRILLEUSE, fut complètement abandonnée »[476]. Quand ils doivent entrer dans une église, ils récitent d'abord cette courte prière : "J'entre dans cette maison/ mais je n'adore pas ce dieu[477] de pierre et de bois./ J'adore seulement les 73 noms/ du Seigneur qui nous gouverne"[478].

Au Portugal l'Inquisition fut abolie en 1821, pourtant pendant encore 150 ans, des juifs ont vécu EN SECRET leur Judaïsme, se faisant passer apparemment pour des chrétiens ! Pourquoi ? Nous savons qu'un ingénieur polonais, SAMUEL SCHWARZ, vint s'installer à

---

[473] F. BRENNER -Y. M. YERUSHALAMI, *Marranes*, éd. de la Différence, Paris 1992, pp. 12-14, passim.
[474] Ibidem, pp. 130-131.
[475] Cf. "*Sodalitium*", n° 29, pp. 20-38.
[476] BRENNER -YERUSHALAMI, *op.cit.*, pp. 19-27, passim.
[477] Avec le d minuscule, [n.d.r.]
[478] BRENNER -YERUSHALAMI, *op. cit.*, p. 31, où on lit aussi que dans la religion marrane il y a "la tendance à un certain syncrétisme".

Lisbonne en 1915[479]. Chercheur passionné de l'histoire juive il commença à étudier surtout le passé des juifs au Portugal. En 1917, durant un voyage à Belmonte, il rencontra un juif qui le présenta à un groupe de marranes comme un des leurs. "Schwarz fut adopté par le groupe comme un coreligionnaire et INITIÉ À LEURS SECRETS. Il fut stupéfait de découvrir que le crypto-judaïsme était un phénomène bien vivant et que Belmonte n'était pas le seul village où il y avait encore des marranes". C'est ainsi qu'en 1925 il publia le livre *Les Nouveaux chrétiens du Portugal au XXème siècle*, dans lequel il racontait ses expériences. Cette découverte, à laquelle se réfère également Roth dans son livre, provoqua dans le monde juif l'enthousiasme et le désir de ramener les marranes à la liberté de culte au sein de la communauté israélite.

Dans ces mêmes années se leva à la tête des marranes la forte personnalité de BARROS BASTO, né en 1887 près de Porto. Il établit son quartier général à Porto, et organisa une congrégation qui en 1929 posa la première pierre d'une belle synagogue avec attenant un "séminaire", de manière à permettre aux jeunes marranes d'étudier le judaïsme. En 1927 il lança un périodique en portugais au titre juif *Ha-Lapid* (*La Torche*), qui s'adressait spécifiquement aux marranes. Barros Basto traduisit la majeure partie de la liturgie juive traditionnelle, qu'il publia en portugais. Il voulait que tous les marranes se convertissent au Judaïsme officiel. Beaucoup de jeunes marranes vinrent étudier au "séminaire" de Porto. Cependant l'œuvre d'officialisation du crypto-judaïsme échoua.

« Dans les années 30, le bruit courut que le 'séminaire' servait à attirer les jeunes garçons dans des intentions immorales, et en 1935 la police ferma le 'séminaire'. Traduit devant un tribunal militaire, Basto fut destitué [il était en effet militaire, n.d.r.] le 20 juillet 1937, après un long procès pour "inaptitude morale".... Dès que les marranes furent informés... de la condamnation de Basto, ils furent pris de panique... et revinrent à leurs anciennes pratiques clandestines »[480]. Basto mourut en 1961. Les marranes étaient retournés à leurs secrets.

Le prêtre résidant actuellement à Belmonte, interviewé sur le sujet, répond que les marranes vont à l'église seulement pour les baptêmes et les mariages et refusent d'être évangélisés, et que, même en ignorant les rites pratiqués chez eux, il sait qu'ils cuisent le pain sans levain ; LE SECRET EST LE PLUS ABSOLU.

Malheureusement on doit aussi enregistrer une "victime" de la judaïsation des milieux chrétiens en acte à partir du Concile Vatican II : l'ex-curé de Belmonte (1954-1975), qui vint pour convertir les marranes au Catholicisme, mais après Vatican II fut converti par eux. "J'ai changé raconte-t-il parce que tout a changé autour de moi.... J'étais allé à Belmonte pour convertir les juifs, ET CE SONT EUX QUI M'ONT CONVERTI. APRÈS VATICAN II, j'ai compris que ce n'était plus le moment de faire du prosélytisme"[481]. Maintenant le Père

---

[479] Ibidem, p. 34.
[480] Ibidem, p. 36.
[481] Ibidem, p. 136.

Manuel Marques, ex-curé de Belmonte, a défroqué, s'est marié et enseigne l'histoire à Covilhã. Voilà les fruits du Concile : la judaïsation des chrétiens !

UN CARDINAL *PAPABILE* CRYPTOJUIF ?

Le cardinal Jean-Marie Lustiger, juif de naissance et "converti" au Catholicisme en 1940, a accordé une inquiétante interview à l'*Agence Télégraphique Juive*[482] dans laquelle il exprime des positions théologiques qui ne peuvent pas ne pas nous faire douter de la sincérité de sa conversion.

Il affirme tout d'abord : "La décision de devenir chrétien ne m'est pas apparue comme un reniement, mais comme l'affirmation de l'identité juive". Il faudrait ici distinguer entre le Judaïsme mosaïque rendu authentique par le Christianisme et le Judaïsme post et par conséquent anti-chrétien, qui renie le Christ et qui, en tant que tel, doit être nié par les chrétiens sincères. ("*Nul ne peut servir deux maîtres*", a dit Jésus).

En second lieu Lustiger déclare : "Prosélytisme [de l'Église en milieu juif] non ! Cela n'a pas de sens... Aussi bien la foi juive que la foi chrétienne est un appel de Dieu". Cette affirmation est contraire à la Foi catholique, qui professe la divinité de Notre-Seigneur Jésus-Christ, niée par le Judaïsme actuel, pour qui des deux "fois" une seule peut être vraie, (étant entre elles en opposition de contradiction précisément sur la divinité de Jésus-Christ), et non toutes les deux en même temps.

Le cardinal poursuit : "La vocation d'Israël est que la lumière soit apportée aux '*goyim*' (non juifs).... Je crois que le Christianisme est une manière d'y parvenir". Non ! La Lumière est Notre-Seigneur Jésus-Christ ("*Je suis la Lumière du monde, qui me suit ne marche pas dans les ténèbres*") et non le Judaïsme antichrétien qui a refusé le Messie et la Lumière qu'Il est venu nous apporter (l'Évangile et l'Église).

Mgr Lustiger persévère en allant *crescendo* dans ses affirmations : "Je pense qu'en étant disciple du Christ À MA FAÇON..." ; lui, cardinal de l'Église catholique, fait une déclaration explicite d'hérésie, c'est-à-dire de *choisir* dans le Christianisme ce qui lui plaît et de rejeter ce qui ne lui plaît pas ou ne cadre pas avec sa pensée, en somme d'être chrétien "à sa façon" et non comme Dieu le commande.

Cette foi "*sui generis*" consiste, comme Lustiger avait dit peu de temps avant, dans le fait de penser que le Christianisme est une voie pour revenir au Judaïsme. Or le propre du marrane est de professer ouvertement une religion pour garder l'autre en secret !

---

[482] *Bulletin* n° 2649, 4 février 1981.

Un autre groupe de marranes photographié en 1984 au Portugal, priant dans les champs, selon le rituel juif, la main sur les yeux.

VIE DU CARDINAL LUSTIGER

Il naquit à Paris le 17 septembre 1926 d'émigrés juifs polonais et fut appelé Aaron. En 1937 il alla étudier en Allemagne, d'où il partit en 39 pour se réfugier à Orléans. Là, l'abbé Feuillade, aumônier de la *Jeunesse Etudiante Chrétienne* (la *J.E.C.*) d'inspiration progressiste, le présenta non encore chrétien à l'évêque Courcoux, comme un sujet d'élite. Le 15 août 1940, n'ayant pas encore quatorze ans, il fut baptisé dans la cathédrale Sainte-Croix d'Orléans, prenant pour prénom Jean-Marie. Puis il vint à Paris pour étudier la philosophie à la Sorbonne et la théologie à l'Institut Catholique. Il entra alors au Séminaire des Carmes où il fut ordonné prêtre en 1954, à 28 ans. L'archevêque de Paris, Mgr Feltin, le nomma aumônier des étudiants parisiens, poste qu'il occupa jusqu'en mai 1968. Il fut ensuite nommé curé de la paroisse Sainte-Jeanne-de-Chantal, sans avoir jamais été vicaire ; il reçut la mitre épiscopale en 1979, à 53 ans, succédant à Mgr Riobé, évêque d'Orléans. Enfin le 2 février 1981, à 55 ans il devint archevêque de Paris et en janvier 1983 il reçut la pourpre cardinalice.

Le jour même où il devenait archevêque de Paris il déclarait à *France-Soir*[483] : "Je suis juif. Pour moi les deux religions n'en font qu'une et je n'ai pas trahi celle de mes ancêtres". Déclaration gravissime pour un "successeur des Apôtres" ; en effet la religion de ses ancêtres est le Judaïsme-antichrétien qui renie la divinité de Notre-Seigneur Jésus-Christ, et comme telle doit être reniée par un converti sincère. Si au contraire quelqu'un se "convertit" au Christianisme, mais dans son cœur ne renie pas le Judaïsme talmudique, c'est un marrane (ces mots ne doivent scandaliser personne, mais seulement ouvrir les yeux à beaucoup, dans la perspective du prochain Conclave où Lustiger est présenté comme l'un des *papabili* les plus favoris).

Et il n'est pas vrai que les deux religions en fassent, en réalité, une seule. C'est absolument impossible du fait du principe de non-contradiction, car entre les deux existe

---

[483] 3 février 1981.

une opposition de contradiction, dans la mesure où le Judaïsme affirme que le Christ N'EST PAS Dieu, alors que le Christianisme affirme que le Christ EST Dieu[484].

"Qui est le menteur nous révèle le Saint-Esprit sinon celui qui nie que Jésus soit le Christ ? Celui-là est l'ANTÉCHRIST, qui nie le Père et le Fils" (1 Jn. II, 22.)

Et St Jean nous exhorte encore : "Tout esprit qui confesse Jésus-Christ incarné est de Dieu ; et tout esprit qui NE confesse pas Jésus N'EST PAS de Dieu, mais est celui de l'Antéchrist" (1 Jn. IV, 1 sq). Il est donc divinement révélé que le Judaïsme actuel qui "ne confesse pas Jésus-Christ N'EST PAS de Dieu" !

Dans une autre interview publiée par le *Nouvel Observateur*[485] Mgr Lustiger réitère avec plus de force encore les mêmes arguments. Selon lui en effet, Israël est toujours, encore aujourd'hui, après la mort de Jésus-Christ, le peuple élu, le peuple de Dieu : "Israël doit demeurer le témoin de la promesse de Dieu, avec sa vocation propre de FILS AINE". Le peuple juif "n'a pas besoin d'être converti... il est demeuré toujours fidèle à Dieu [même quand il L'a fait mettre en croix ? N.d.r.]".

Dans une autre interview accordée au quotidien israélite *Yediot Haharonot* et traduite par le journal français *Le Débat*[486], Lustiger raconte avoir lu en cachette, étant enfant, une Bible protestante qui le convainquit que "Jésus était un Messie juif", et c'est pourquoi il se fit baptiser à l'âge de quatorze ans. "Dans son esprit, IL NE S'AGISSAIT PAS D'UNE CONVERSION, mais d'une'cristallisation'qui ne devait provoquer aucune rupture véritable avec le... Judaïsme"[487].

Et c'est pourquoi nous ne devons pas nous étonner, même en éprouvant une grande douleur, que le même Mgr Lustiger ait déclaré : "Ma nomination de cardinal fut pour moi, comme si tout à coup, les crucifix s'étaient mis à porter l'étoile jaune" ![488]

CONCLUSION

Comme nous avons malheureusement dû le constater, le problème des marranes est plus actuel que jamais. Nous avons vu qu'au Portugal existent encore aujourd'hui des colonies de marranes ; qu'un prêtre portugais, au contact de cette réalité et déformé par l'esprit du Concile Vatican II, a défroqué ; qu'un cardinal *papabile* profère des déclarations cryptojuives sans rien cacher et sans susciter de la part de qui que ce soit des réactions de désapprobation... L'historien juif Léon Poliakov nous informe en outre, concernant Jean-Paul II, que "**ses origines** ne pouvaient pas ne pas le familiariser avec le Judaïsme vécu, voire

---

[484] Le OUI est le OUI, le NON est le NON, le OUI n'est pas le NON : c'est-à-dire le Christianisme est le Christianisme, le Judaïsme est le Judaïsme. Le Christianisme n'est pas le Judaïsme. On peut être ou juif ou chrétien, mais non judéo-chrétien en même temps, à moins que l'on ne soit cryptojuif, c'est-à-dire marrane.
[485] N°1, avril 1983.
[486] N°20, mai 1982.
[487] H. LE CARON, *Dieu est-il antisémite ?*, Ed. Fideliter, Escurolles 1987, p. 106.
[488] Ibidem, p. 113.

le Sionisme, et qu'il citait volontiers les philosophes [juifs, n.d.r.] Martin Buber ou Emmanuel Levinas"[489] ; arrivé à ce point il se demande spontanément quelles sont les véritables origines de Karol Wojtyla. On sait aussi que la famille Montini (dont descendait Paul VI) s'appelait à l'origine De Benedictis...[490] Selon Roberto Fabiani, le célèbre spécialiste de la Maçonnerie le Père Esposito affirmait que Jean-Baptiste Montini, quand il était encore un simple prêtre « avait confié au recteur de l'Université *"Pro Deo"*, Félix Morlion : "Quand les temps seront mûrs la paix se fera entre l'Église et la Maçonnerie. Je suis sûr que nous y arriverons : l'Église lèvera l'excommunication et les francs-maçons le feront de leur côté en déposant les armes. Mais cela demande du temps. Du temps et de la prudence" »[491]. En outre, poursuit Fabiani, le même Père Esposito savait de sources directes que "les déclarations *Dignitatis Humanæ* et *Nostra Ætate*, approuvées par le Concile (...), avaient été élaborées par des prélats ayant des fréquentations dans des loges maçonniques (ibidem) (...). Les déclarations du Concile œcuménique avaient sanctionné le principe, (...) maçonnique, de la fraternité universelle entre tous ceux qui croient en un Dieu quelconque, pourvu qu'ils croient" (ibidem). Nous ne devons donc pas nous étonner si à la mort de Montini la *"Rivista Massonica"* « dans l'éditorial de septembre 1978 écrivait : "Pour les autres, c'est la mort d'un Pape, (...). Pour nous c'est la mort de Celui qui a fait tomber la condamnation de Clément XII et de ses successeurs. C'est-à-dire, c'est la première fois, dans l'histoire de la Maçonnerie moderne, que meurt le chef de la plus grande religion occidentale, *en n'étant pas en état d'hostilité avec les francs-maçons*. Et pour la première fois dans son histoire, les francs-maçons peuvent rendre hommage à la sépulture d'un Pape, sans ambiguïté ni contradiction [de leur part, n.d.r.]" »[492]. Il serait donc très intéressant de pouvoir vérifier, par des recherches historiques opportunes et bien documentées, quelles sont "LES ORIGINES" de Karol Wojtyla et de Jean-Baptiste Montini, et d'établir dans quelle mesure elles ont influé sur leur "foi pervertie" en tout ce qui concerne les rapports entre Église et Synagogue talmudique.

Voilà jusqu'où a pénétré la "cinquième colonne"[493] au sein de l'Église : jusqu'à son sommet !

---

[489] L. POLIAKOV, *Histoire de l'antisémitisme 1945-1993*, éd. Seuil, Paris 1994, tome III, p. 329. Les caractères gras sont ajoutés par l'auteur.

[490] Cf. *Libro d'oro della Nobiltà italiana*, Istituto Araldico Romano, éd. XV, vol. XVI, 1969-72, p. 1049.

[491] Cf. R. ESPOSITO, *La riconciliazione tra la Chiesa e la Massoneria*, Longo éd., Ravenne 1979, pp. 130-131.

[492] R. FABIANI, *I massoni in Italia*, éd. I libri dell'Espresso, Milan 1978, p. 78.

[493] Cf. *"Sodalitium"*, n° 37, pp. 28-40.

Les mêmes marranes priant, les mains jointes, à la manière chrétienne.

Le complot contre le Corps Mystique du Christ, les infiltrations judéo-maçonniques en son sein sont un fait et *"contra factum non valet argumentum"* ; c'est surtout grâce aux phénomènes du marranisme que ce sont réalisées ces très dangereuses infiltrations dans le troupeau du Christ, mais Il nous avertit et nous rassure : *"Nolite timere pusillus grex… Ego vici mundum"*. *"Portæ inferi NON PRÆVALEBUNT"*.

Quant à nous, nous devons veiller et prier. Il ne faut ni exagérer ni baisser la garde : voir des marranes partout est un excès, et tout excès est un défaut ; ne jamais vouloir les voir et en aucun lieu est un défaut. Cependant n'oublions pas que St Pie X disait, au sujet de la lutte contre les modernistes, qu'il était moins grave de pécher par excès que par défaut. Le défaut en effet nous a amenés à la reconnaissance de l'État d'Israël… Quoi qu'il en soit essayons de nous maintenir sereinement dans le juste équilibre (*"in medio stat virtus"*), et de lutter de toutes nos forces afin que la très Sainte Vierge puisse écraser, aujourd'hui comme toujours, la tête du serpent infernal (*"IPSA CONTERET"*) qui au cours des siècles ne cesse d'attenter à son talon.

"Gaude Virgo Maria, quia omnes hæreses interemisti in universo mundo."

INFILTRATIONS JUDÉOMAÇONNIQUES DANS L'ÉGLISE ROMAINE

par M. l'abbé Curzio Nitoglia

INTRODUCTION

Nous avons déjà vu dans le numéro précédent[494], comment le Judaïsme-religion avait conjuré contre Jésus-Christ, ses Apôtres et l'Église, en cherchant à infiltrer une "cinquième colonne" dans l'Église même pour pouvoir la détruire de l'intérieur.

Dans le présent article j'essayerai d'attirer l'attention du lecteur sur une série de faits objectifs et sans équivoque qui montrent les infiltrations de la contre-Église réalisées dans le Corps Mystique du Christ.

Le COMMENT tout cela a été possible est un mystère qui nous dépasse, c'est le mystère de la Volonté permissive de Dieu par rapport au mal moral, qui n'est pas voulu mais seulement permis pour en tirer un plus grand bien.

Le pourquoi de l'infiltration judéo-maçonnique dans l'Église dépasse notre pauvre intelligence, mais ce ne serait pas raisonnable de fermer les yeux sur les événements qui l'ont établie et malheureusement, avec le Concile Vatican II, en témoignent jusqu'à son sommet. Paul VI d'ailleurs, avait déjà parlé d'"autodémolition de l'Église" et de "fumées de Satan, pénétrées à l'intérieur de l'Église de Dieu", admettant implicitement la réalité du fait.

Dans de nombreux cas nous devons nous arrêter au *quia*, à la constatation du fait, sans prétendre connaître le *propter quid*, le pourquoi du fait. La Judéo-Maçonnerie a formé le dessein de corrompre les membres de l'Église, et spécialement le clergé et la hiérarchie, en leur inoculant de faux principes qui n'ont de chrétien que le nom mais n'en ont plus la substance[495].

Un autre fait sans équivoque (en plus du complot contre l'Église) est qu'aujourd'hui presque tous, même les catholiques, appartiennent d'une manière ou d'une autre à l'esprit de la Franc-Maçonnerie, même en n'étant pas membres de son corps, c'est-à-dire pensent et raisonnent en maçons : ils sont pour la tolérance, le pluralisme, le respect de l'errant, la démocratie moderne et libérale, le non-exclusivisme. Aujourd'hui Benedetto Croce aurait plus justement écrit *Pourquoi nous ne devons pas nous dire maçons*, et la théorie de Rahner serait reproposée comme *Le maçon anonyme*[496].

---

[494] Cf. *Sodalitium*, n° 37, pp. 28-40.
[495] Cf. *Sodalitium*, n° 37, pp. 28-40.
[496] Le mot d'ordre du Grand Orient de France était : "Il faut SENTIR la Maçonnerie PARTOUT, et NE LA DÉCOUVRIR NULLE PART".

Voilà la triste réalité : d'un côté le complot de la Synagogue contre l'Église, de l'autre l'esprit cabalistico-maçonnique qui a envahi toute chose et que nous respirons désormais comme l'air qui nous entoure. Il est beaucoup plus difficile de pouvoir définir le pourquoi, le comment de tout cela, qui en beaucoup d'aspects nous échappe, nous dépasse et sur lequel nous pouvons seulement faire des conjectures sans pouvoir arriver à la certitude ; pourtant nous ne devons pas fermer les yeux sur la terrible réalité dans laquelle nous sommes appelés à vivre, sous peine de nous tromper de "camp" ou d'étendard, convaincus peut-être de militer sous celui du Christ, mais combattant en réalité, sous celui de Lucifer[497].

Dans l'article précédent nous avons vu les plans maçonniques (dévoilés par Barruel et par Crétineau-Joly, et reproduits dans ses ouvrages par Mgr Delassus), qui parlent d'UN "PAPE" SELON LES BESOINS DE LA SECTE, c'est-à-dire imbu de sa philosophie, un "Pape" qui, même en y étant pas inscrit, fait cependant partie de son esprit, afin d'achever le TRIOMPHE DE LA RÉVOLUTION. Pour arriver à ce but la Maçonnerie a formé une génération digne de cet événement, au moyen de la corruption intellectuelle et morale de la jeunesse, depuis l'âge le plus tendre, pour pouvoir ensuite l'attirer, sans qu'elle s'en aperçoive, à la mentalité du "maçonnisme". C'est surtout dans les séminaires qu'elle a développé son rôle d'infiltrée, de corruptrice des idées, puisqu'un jour les jeunes séminaristes deviendront prêtres, évêques, cardinaux, gouverneront et administreront l'Église et, comme cardinaux, seront appelés à choisir un "Pape" ; mais ce "Pape", comme la majeure partie de ses contemporains, sera imbu des principes philantropiques et naturalistes et sera donc conforme aux intérêts de la secte.

LE CLERGÉ ET LES FIDÈLES MARCHERONT AINSI SOUS L'ÉTENDARD MAÇONNIQUE, EN CROYANT ENCORE ÊTRE SOUS LA BANNIÈRE PONTIFICALE.

Les faits que je vais rapporter sont la preuve sans équivoque que ce dessein a réussi, au moins pour le moment. Notre-Seigneur en effet nous a promis que *"les portes de l'enfer ne prévaudront pas"* et il en sera ainsi. Nous chrétiens, comme notre Chef, Jésus-Christ, sommes habitués à vaincre au moyen des défaites. C'est justement quand Jésus fut crucifié et abandonné de tous, que par sa mort Il nous a sauvé ; il en sera de même de son Corps Mystique, l'Église : c'est quand elle semblera être morte, qu'alors resurgira toute sa splendeur : *"Regnavit a ligno Deus"* !

Ces faits ne doivent pas nous scandaliser, mais, au contraire, doivent nous faire prendre les moyens adaptés (avec l'aide de Dieu qui ne manque jamais) pour faire quelque chose pour le bien de l'Église, flagellée et couronnée d'épines comme le cher et bon Jésus.

Une belle prière de Saint Thomas More dit ceci : "O Seigneur faites que je ne me scandalise pas devant le mal et le péché, mais donnez-moi la force d'y remédier".

---

[497] Cf. *Sodalitium*, n° 37, pp. 28-40.

LES PAPES DÉNONCENT LES INFILTRATIONS JUDÉO-MAÇONNIQUES À L'INTÉRIEUR DE L'ÉGLISE

Pie VI dans le Bref *"Quid aliquantum"*(10 mars 1791) critique la Constitution civile du clergé et dans un autre Bref au clergé et au peuple du royaume de France (19 mars 1792) condamne les ecclésiastiques qui jurent fidélité à la Révolution en ces termes : "Le caractère... des hérétiques et des schismatiques fut... de recourir à l'ARTIFICE et à la DISSIMULATION : aussi les nouveaux INTRUS de l'Église de France n'ont-ils rien mieux imité que cet art... d'égarer... par la FEINTE et par le MENSONGE..."[498].

Pie VII dans l'Encyclique *Diu Satis* (15 mai 1800) mit en garde le haut clergé : "N'admettez personne dans les rangs du clergé... avant d'avoir soigneusement examiné, contrôlé et mûrement éprouvé... [il y a] une multitude de *faux apôtres... artisans de ruse, transfigurés en apôtres du Christ"*.

Dans l'Encyclique *Ecclesiam* (13 septembre 1821) il stigmatise la nouvelle secte des Carbonari, véritable pépinière de *faux-frères* "Ils viennent à vous, semblables à des brebis, mais ils ne sont que des loups dévorants".

Le **Cardinal Bernetti** dans une lettre du 4 août 1845 écrivait : "Notre jeune clergé est imbu des doctrines libérales... La partie du clergé qui, après nous, arrive aux affaires, ...est mille fois plus entachée du vice libéral"[499].

Pie IX dans l'Encyclique *Nostis et Nobiscum* (8 décembre 1849) déplore le complot contre l'Église : "Il y a en Italie des ecclésiastiques, ...qui sont passés dans les rangs des ennemis de l'Église".

Plusieurs années après dans la lettre *Exortæ in ista* (29 avril 1876) il décrivit le cas classique d'une infiltration maçonnique au Brésil. "Les troubles qui au Brésil, en ces dernières années, ont surgi par le fait de ceux qui, AFFILIÉS À LA SECTE MACONNIQUE, se sont GLISSÉS dans les confréries des pieux chrétiens"[500].

Le CATHOLICISIME LIBÉRAL est pour le Pape Mastai encore plus dangereux que le Communisme ; il est en effet la "cinquième colonne" de la Judéo-Maçonnerie au sein même de l'Église. Pour Pie IX il est beaucoup plus facile de découvrir un ennemi déclaré qu'un faux frère, comme l'est, en réalité, le catholique libéral. Dans le *Bref* qu'il adressa au cercle de Saint-Ambroise de Milan (6 mars 1873) il explique pourquoi il faut tant se méfier des catholiques démocrates, imbus des idées modernes : "Ces hommes sont plus dangereux et plus funestes que les ennemis déclarés, car ILS SECONDENT LEURS EFFORTS SANS SE FAIRE REMARQUER. En effet, se tenant pour ainsi dire sur les limites des opinions condamnées, ils prennent les dehors d'une doctrine sans tache, captivent ainsi les amis

---

[498] GUILLON, Collection générale des brefs et institutions de notre très saint Père le Pape Pie VI, Paris, tome II, p. 233.

[499] CRETINEAU -JOLY, *L'Église romaine en face de la Révolution*, "Cercle de la Renaissance française", Paris 1859, tome II, pp. 373-375.

[500] Cf. *Verbe*, n° 123, juillet-août 1961, p. 44.

imprudents de la conciliation et trompent les personnes honnêtes qui, sans cela, s'opposaient avec fermeté à une erreur manifeste"[501].

Léon XIII dans l'Encyclique *Inimica vis* (8 décembre 1892), met en garde les évêques et les archevêques d'Italie contre la Franc-Maçonnerie qui cherche à conquérir à sa philosophie le clergé : "...les sectaires maçons cherchent par des promesses à séduire le clergé inférieur. Dans le but de gagner doucement à leur cause les ministres des choses sacrées, et puis... d'en faire des révoltés contre l'autorité légitime".

Saint Pie X condamne les catholiques-libéraux, les démocrates-chrétiens, les modernistes comme "la race la plus dangereuse... prétendant amener l'Église à leur manière de penser. Par l'ASTUCE et le MENSONGE de ce perfide catholicisme-libéral qui, s'arrêtant à peine au bord de l'erreur condamnée, s'efforce d'apparaître comme suivant une doctrine très pure... Les catholiques libéraux sont des loups couverts de la peau des agneaux. Le prêtre... doit dévoiler leurs TRAMES PERFIDES. Vous serez appelés papistes, cléricaux, rétrogrades, intransigeants ; honorez-vous-en..."[502].

Dans l'Encyclique *Pieni l'animo* (28 juillet 1906) Saint Pie X met aussi en garde contre les infiltrations ennemies dans l'Église et parle explicitement de l'"esprit d'insubordination et d'indépendance" qui se manifeste parmi le clergé. Un tel esprit poursuit le Pape "...pénètre jusque dans les sanctuaires. ...C'est surtout parmi les jeunes prêtres qu'un esprit si funeste porte la corruption... On fait pour de telles doctrines une propagande plus ou moins OCCULTE, parmi les jeunes gens qui, à l'ombre des séminaires, se préparent au sacerdoce".

Dans *Pascendi* (8 septembre 1907), ensuite, le Pontife dénonce le fait que "...les ennemis sont parvenus AU CŒUR DE L'ÉGLISE, ennemis d'autant plus redoutables qu'ils le sont moins ouvertement. ...Nous parlons d'un grand nombre... de prêtres... C'est du dedans qu'ils trament la ruine de l'Église ; le danger est aujourd'hui presque AUX ENTRAILLES ET AUX VEINES MÊMES DE L'ÉGLISE... ce n'est point aux rameaux qu'ils [les modernistes] ont mis la cognée... mais à la racine même, c'est-à-dire à la Foi".

En outre toujours St Pie X, dans l'allocution lors de la cérémonie d'imposition de la barrette cardinalice aux nouveaux pourprés (27 mai 1914) prononça ces paroles : "Oh combien de marins, combien de pilotes et, à Dieu ne plaise, combien de CAPITAINES, en faisant confiance à ces nouveautés profanes et à la fausse science du temps présent, au lieu de rejoindre le port, ont fait naufrage !" (St Pie X, A.A.S. 1914, pp. 260-262).

---

[501] cité par Mgr M. DELASSUS dans *Vérités sociales et erreurs démocratiques*, éd. Sainte Jeanne d'Arc, Villegenon 1986, pp. 398-399.
[502] f. *La ContreRéforme catholique*, n° 237, novembre 1987, p. 5.

Allégorie de la tolérance religieuse selon la Franc-Maçonnerie

On remarque que le saint Pape mourra seulement trois mois après, le 20 août 1914, et que le mot "capitaines" se réfère aux Evêques !

Pie XI dénonce les progrès faits par la "cinquième colonne" infiltrée désormais dans le haut clergé.

"Au consistoire du 23 mai 1923 Pie XI interrogea une trentaine de cardinaux de la Curie sur l'opportunité de convoquer un Concile œcuménique. Le cardinal Billot parla explicitement de *divergences profondes au sein de l'Episcopat* lui-même. Le cardinal Boggiani, dominicain, estima qu'une partie considérable du clergé et des évêques était imbue des idées modernistes. ...Le cardinal Billot concluait en disant que le Concile serait MANŒUVRE par les pires ennemis de l'Église"[503].

Dans l'Encyclique *Divini Redemptoris* (29 septembre 1937) Pie XI dénonce encore les tentatives d'infiltration communiste qui, sans mentionner la doctrine propre du Communisme, voudrait "implanter leurs erreurs dans des milieux où sans cela ils ne pourraient absolument pas pénétrer. Et ils travaillent [les communistes] de toutes leurs forces à S'INFILTRER perfidement dans des associations catholiques".

Le **Père Cordovani**, enfin, maître des Sacrés Palais Apostoliques sous le pontificat de PIE XII, et donc théologien du Pape Pacelli, écrit sur l'*Osservatore Romano* du 19 mars 1950 : "Rien n'est changé dans la législation de l'Église en ce qui concerne la Franc-Maçonnerie. ...Les canons 694 et spécialement le canon 2335, qui inflige l'excommunication

---

[503] R. DULAC, La collégialité épiscopale au deuxième Concile du Vatican, éd. du Cèdre, Paris 1979, p. 9.

à la Franc-Maçonnerie SANS DISTINCTION DE RITES, sont toujours en vigueur. ...Tous les catholiques doivent... s'en souvenir pour ne pas tomber dans le PIEGE".

Jacques Ploncard d'Assac commente qu'on était en présence d'une INFILTRATION des idées maçonniques dans l'Église et que le Père Cordovani, profond connaisseur du problème, insistait : "L'excommunication, je le répète, VAUT POUR TOUS LES RITES MAÇONNIQUES, ...même si certains déclarent qu'ils ne sont pas hostiles à l'Église. ...Cette tendance moderne, ...qui mettrait volontiers le Catholicisime en harmonie avec toutes les idéologies... n'est-elle pas peut-être la marque hérétique ?"[504].

C'est pourquoi les Papes, jusqu'à Pie XII, n'ont cessé de nous mettre en garde contre les infiltrations ennemies dans l'Église : malheureusement avec Jean XXIII, Paul VI et JeanPaul II la position change radicalement ; on dialogue avec la Franc-Maçonnerie, on admet carrément la double appartenance, comme nous verrons dans les chapitres suivants[505].

LES FAITS : LE DIALOGUE CATHOLICO-MAÇONNIQUE

A la mort de Pie XII le Concile n'avait pas encore été réuni, mais "*l'aggiornamento*" roncallien commençait déjà à donner corps aux anciennes aspirations d'ouverture envers les suppôts de la Judéo-Maçonnerie, pour pouvoir ainsi introduire le cheval de Troie dans l'Église du Christ.

Naturellement on nous propose de dialoguer, non seulement avec les autres religions, mais aussi avec la Maçonnerie, pour pouvoir dépasser les condamnations portées par l'Église contre la secte (plus de 590 documents), à partir de Clément XII (*In Eminenti*, 1738) jusqu'à Pie XII inclus et jamais mises en discussion.

"Les premières manifestations de cette tendance nouvelle remontent aux années 1920. Un jésuite allemand, le R.P. Gruber... prit contact avec de hauts dignitaires maçonniques... La campagne de rapprochement amorcée secrètement du côté catholique par le R.P. Gruber fut reprise... en France par le R.P. Berteloot, également jésuite. Ce dernier publia de 1945 à 1949 une série d'articles et de livres rédigés avec une grande prudence en vue de préparer ce rapprochement.

La campagne de rapprochement entre la Franc-Maçonnerie et l'Église catholique resta cependant à l'état latent sous le pontificat de Pie XII ; manifestement le feu couvait sous la cendre, mais les progressistes qui avaient pris dans l'Église une influence considérable se rendaient compte que leurs efforts n'avaient aucune chance d'aboutir tant que vivrait Pie XII... Avec l'avènement de Jean XXIII il y eut brusquement comme une explosion... On

---

[504] J. PLONCARD D'ASSAC, *Le secret des Francs-Maçons*, éd. de Chiré, Chiré-en-Montreuil, 1979, p. 26.

[505] Cf. U. FIDELE, *Le décalogue de Satan*, sine loco et data, pp. 341-388. La vénérable Anne-Catherine Emmerich (1774-1824) et la bienheureuse Anna-Maria Taïgi (1769-1837) ont également dénoncé ces infiltrations maçonniques dans l'Église, qu'elles pouvaient connaître grâce aux phénomènes mystiques dont elles étaient favorisées. Cf. Mgr M. DELASSUS, *La conjuration antichrétienne*, Desclées de Brouwer, Lille 1940, tome III, pp. 853-891.

avait nettement l'impression d'une campagne internationale, méthodiquement orchestrée"[506].

"L'esprit de Jean XXIII écrit le Père Esposito[507] puis la grande aventure œcuménique de Paul VI, amorcèrent une réaction en chaîne dont sur le moment on ne se rendit pas compte, mais qui devint évidente quand les différents groupes d'*explorateurs* entre les années 1965 et 1968 furent découverts par la presse. ...Se découvrirent des échanges épistolaires, des coups de téléphone plus ou moins longs, ...des symposiums conviviaux. Le tout finissait par accroître la réciproque connaissance des hommes des deux blocs : les catholiques touchaient du doigt que les francs-maçons n'ont pas le visage de Lucifer [les apparences sont trompeuses, n.d.r.], les francs-maçons que les catholiques ne sont pas tous Grands Inquisiteurs... On peut dire que la rencontre entre les deux communautés, la communauté ecclésiale et la communauté maçonnique, FUT EFFECTUÉE À TOUS LES NIVEAUX".

"Le Grand-Maître de la Maçonnerie Dupuy estimait que'L'événement Vatican II constitue une ouverture considérable de l'Église sur le monde'. Il révélait avoir entretenu avec Jean XXIII des relations 'plus que cordiales', que 'Jean XXIII et Vatican II ont donné une impulsion formidable au travail d'éclaircissement et de désarmement réciproque dans les rapports entre l'Église et la Franc-Maçonnerie'. À la limite, dans la mesure où l'Église contemporaine glisse vers le pluralisme et la liberté religieuse, elle tend à devenir une simple obédience maçonnique"[508]. Par ailleurs l'ex-grand maître du Grand Orient d'Italie, Armando Corona, affirme aussi : "La Franc-Maçonnerie a, la première, dans l'histoire soutenu et défendu la tolérance religieuse et le droit pour tout homme de professer sa propre croyance. Après tant de siècles, comme Maçons, nous sommes heureux que le concile Vatican II ait déclaré textuellement : *La conscience des hommes est sacrée...*"[509]

Même Mgr Lefebvre fut obligé d'admettre que l'Église avait été infiltrée par la Franc-Maçonnerie dans le but de la détruire. C'est justement parce qu'il avait vécu directement l'expérience du Concile qu'il écrivit : "Le plus grave a été la réforme liturgique. Elle a été opérée... par le Père Bugnini, qui l'avait préparée bien longtemps à l'avance. Déjà en 1955 le Père Bugnini faisait traduire les textes [liturgiques] protestants par Mgr Pintonello... qui avait passé beaucoup de temps en Allemagne... C'est Mgr Pintonello qui m'a dit à moi-même qu'il avait traduit les livres liturgiques protestants pour le Père Bugnini, qui, à ce moment-là, n'était qu'un petit membre d'une commission liturgique. Il n'était rien... DES GENS COMME BUGNINI SE SONT INFILTRÉS DANS L'ÉGLISE POUR LA DÉTRUIRE... Certains disent que c'est la Franc-Maçonnerie. C'est possible... Nous nous trouvons devant une VÉRITABLE CONJURATION à l'intérieur de l'Église de la part des

---

[506] LEON DE PONCINS, *Infiltrations ennemies dans l'Église*, Documents et témoignages, Paris 1970, pp. 85-88.

[507] R. ESPOSITO, Le grandi concordanze tra la Chiesa cattolica e la Massoneria, Nardini éd., Florence 1987, pp. 25-26.

[508] J. PLONCARD D'ASSAC, *op. cit.*, p. 169.

[509] A. CORONA, Non c'è Massoneria senza trascendenza, dans HIRAM, mai 1988.

cardinaux actuels. Une classe d'intellectuels se sont en quelque sorte insurgés contre Notre-Seigneur, dans un VÉRITABLE COMPLOT DIABOLIQUE contre son Règne"[510].

Le premier cardinal qui approcha un Grand Maître fut Innitzer, archevêque de Vienne, qui en 1948 établit à l'insu de Pie XII le dialogue avec le Grand Maître Schechebaner. Dans les années 60-70 la troupe des'dialogants'grossit et fit tout au grand jour : les cardinaux Cushing de Boston, Cooke de New-York, Etchegaray de Marseille, Alfrink d'Utrecht, Feltin et ensuite Marty de Paris, Krol de Philadelphie, Vilela de Bahia (Brésil), Lorscheider de Fortaleza. Parmi les évêques on compte : Mendez Arceo de Cuernavaca (Mexique), qui au Concile demanda que la législation antimaçonnique soit modifiée, Mgr Dante Benigni d'Albano Laziale, Mgr Ablondi de Livourne qui, selon les affirmations du Père Esposito[511], participa aux rencontres avec les dirigeants maçons alliés au groupe italien. À Paris Mgr Pézeril parla carrément en Loge "comme dans le passé avaient fait Joyce de Boston, Pursley de South Bend, certains prélats dans les Iles Philippines, au Canada et ailleurs"[512].

En Europe ce dialogue catholico-maçonnique était béni "même AUPRÈS DES INSTANCES les plus HAUTES DE L'ÉGLISE.

Les intermédiaires les plus constants... qui obtinrent un ACCUEIL ATTENTIF AUPRÈS DE PAUL VI, furent don Miano, qui rejoindra le cardinal Seper et le cardinal Koning... Le Père Riquet qui eut également plusieurs occasions d'APPROCHER PAUL VI[513].

Récemment le Grand Maître du Grand Orient d'Italie, l'avocat Gaito, a déclaré : "Quand j'ai entendu de hauts prélats parler dans leurs homélies de l'homme comme centre de l'univers, j'ai été ému jusqu'aux larmes"[514].

VERS LA REVISION DE L'EXCOMMUNICATION DE LA MAÇONNERIE

L'intention immédiate de toutes ces unions impures était de parvenir à la révision et si possible à l'abolition de l'excommunication de 1738, de la secte maçonnique. Pour la fête de Pâques de 1971 sembla très proche la publication d'un *Dubium* de la Sacrée Congrégation pour la doctrine de la Foi "qui aurait en quelque sorte effacé les graves préjudices antimaçonniques contenus dans le Code de droit canon de 1917, canon 2335 et autres canons ; la publication fut renvoyée à la fête des Saints Pierre et Paul, le 29 juin de la même année, mais encore une fois on n'estima pas opportun de se presser, parce qu'on craignait

---

[510] Mgr LEFEBVRE, *L'Église infiltrée par le modernisme*, éd. Fideliter, Eguelshardt 1993, pp. 31-55.
[511] R. ESPOSITO, *op. cit.*, p. 26.
[512] Ib. p. 27.
[513] Ib. p. 27.
[514] *30 Jours*, février 1994, p. 25. Le même Gaito a aussi affirmé qu' il ne pouvait affirmer si Jean XXIII avait été initié dans une loge maçonnique, mais que ce dont il était certain c' est que dans son enseignement se retrouvait la philosophie de la Franc-Maçonnerie (Ce sujet sera traité *ex professo* par Monsieur l' abbé Ricossa dans un prochain article sur le "Pape du Concile").

et non sans raison que l'opinion publique catholique... n'aurait pas accueilli la décision sans scandale"[515].

LA CONFERENCE EPISCOPALE SCANDINAVO-BALTIQUE (21-23 OCTOBRE 1966)

Depuis 1964 les évêques de Norvège avaient consenti à un maçon "converti" au catholicisme de pouvoir conserver l'inscription à la Franc-Maçonnerie.

Les évêques du Danemark, de Suède, d'Islande, de Norvège, et de Finlande appliquèrent le décret conciliaire *Christus Dominus*, qui à l'article 8 affirme : "Aux seuls évêques diocésains est donnée la faculté de dispenser d'une loi générale de l'Église, toutes les fois qu'ils estiment que cela contribue au bien spirituel des fidèles, à condition que par la suprême Autorité de l'Église n'ait pas été émise quelque réserve spéciale à ce sujet".

Dans la réunion plénière des 21-23 octobre 1966, enfin, les évêques de ces cinq pays décidaient de ne pas exiger des francs-maçons qui demandaient à entrer dans l'Église, l'abjuration, c'est-à-dire l'abandon de la Franc-Maçonnerie. LES ÉVÊQUES NE CONSIDÉRAIENT DONC PAS INCOMPATIBLES LES DEUX APPARTENANCES.

"Au mois de novembre LA DÉCISION FUT COMMUNIQUÉE AU SAINT-SIÈGE. IL N'Y EUT PAS ICI DE RÉACTIONS, et cela signifie qu'IL N'Y AVAIT PAS DE RAISONS NÉGATIVES, pour cela le 24 janvier 1968 la décision fut rendue publique"[516].

Le *Radiogiornale vaticano* intervint, en communiquant que le Saint-Siège n'avait pas changé la discipline en vigueur. "On confirmait de cette manière que la décision scandinavo-baltique restait circonscrite à la situation locale, mais on ne l'entravait pas"[517].

LA LETTRE DU CARDINAL SEPER AU CARDINAL KROL (19 JUILLET 1974)

Le vent du Concile continuait à souffler, la Judéo-Maçonnerie à comploter : le résultat le plus éclatant de l'infiltration de la "cinquième colonne" à l'intérieur de l'Église eut lieu le 16 juillet 1974. Il s'agit d'un modeste document destiné à rester privé et qui au contraire fut rendu public par le destinataire, le cardinal Krol, archevêque de Philadelphie et président de la Conférence Épiscopale nord-américaine. Ce document, très court et très important, s'encadre dans le sillage des deux consultations au niveau universel ordonnées par la Sacrée Congrégation pour la doctrine de la foi dans les années 1960-1970, pour connaître l'opinion des évêques sur la consistance et les caractéristiques de toutes les obédiences maçonniques.

---

[515] R. ESPOSITO, *op. cit.*, pp. 29-30.
[516] Ib. p. 32.
[517] Ib. p. 33.

Sur ce document le Père Esposito écrit : "A la demande du cardinal Krol, le préfet du dicastère romain (de la doctrine de la Foi) le cardinal Franjo Seper répondit… par cette lettre ainsi structurée :

1) la demande de nouvelles instructions relatives au problème maçonnique est vive dans l'Episcopat, et le Saint-Siège a posé le problème dans une observation sérieuse ;

2)… tout éventuel changement est demandé à la rédaction du nouveau Code de Droit Canon ;

3) en attendant, a) les situations locales doivent être jugées dans le cadre local ; b) ce jugement doit être inspiré du principe de l'AMPLIFICATION DES GRÂCES et des RESTRICTIONS DES HAINES ;

4) L'INTERDICTION D'INSCRIPTION À LA FRANC-MAÇONNERIE EST RESTREINTE AUX SEULS MEMBRES DU CLERGÉ et des instituts séculiers ;

5) IMPLICITEMENT L'EXCOMMUNICATION N'EST PLUS PRESCRITE.… Cette lettre reçut une approbation partout. Aux États-Unis elle inaugura, de la part de l'Église, une attitude extrêmement ouverte… La compréhension entre catholiques et francs-maçons aux États-Unis venait de loin… COMMENÇA UN RALENTISSEMENT POLÉMIQUE, alors que les francs-maçons, rassurés par Kennedy quant à ses propos non-intégralistes, appuyèrent validement sa candidature, qui se poursuivit avec la participation du cardinal Cushing à des réunions conviviales, d'un commun accord avec d'autres prélats,… parmi les gestes les plus incisifs rappelons la participation du cardinal archevêque de New York, Cooke, à un symposium maçonnique au cours duquel il prononça un discours de cordial encouragement à la réciproque compréhension et collaboration"[518].

"*Au franc-maçon le Candélabre rappelle les sept arts libéraux dont la connaissance est indispensable pour le travail du vrai initié*". (L. Troisi, Dizionario massonico, Bastogi)

---

[518] Ib. pp. 34-37.

La Conférence épiscopale d'Angleterre et du Pays de Galles (11-14 novembre 1976)

L'écho de la lettre Seper-Krol fut évident à cette conférence. Le document épiscopal affirmait : "Un catholique doit se considérer avant tout membre de l'Église catholique... Mais s'il croit sincèrement que son appartenance à la Franc-Maçonnerie n'entre pas en conflit avec cette foi, il peut entrer en contact avec son évêque... pour discuter des implications de cette appartenance".

La Conférence épiscopale de Saint-Domingue (29 janvier 1976)

Dans une notification au clergé diffusée le 29 janvier 1976 la Conférence épiscopale dominicaine appliquait la lettre du cardinal Seper affirmant : "Entre nous (catholiques et République dominicaine) N'EXISTE PAS D'INCOMPATIBILITÉ ENTRE LE FAIT D'ÊTRE CATHOLIQUE pratiquant... ET CELUI D'ÊTRE AFFILIÉ À UNE ASSOCIATION MAÇONNIQUE ou similaire...".

Mgr Etchegaray, archevêque de Marseille (1975-1977)

Sur demande il accordait l'autorisation de funérailles religieuses à un franc-maçon.

La Conférence épiscopale du Brésil (4 janvier-12 mars 1975)

Lors de la session du 5 janvier 1975 la Conférence Episcopale brésilienne, présidée par Mgr Lorsheider, ensuite cardinal, demanda au Saint-Siège des instructions concernant l'application de la lettre Seper ; la réponse du 12 mars, signée par le Nonce Apostolique au Brésil Mgr Rocco, affirmait : "...Il semble pourtant qu'on puisse porter crédit à ceux qui, inscrits déjà depuis longtemps à la Franc-Maçonnerie, sollicitent spontanément d'être admis aux sacrements...".

Ne nous étonnons donc pas que : "pour Noël de cette année LE CARDINAL BRANDAO VILELA ACCEPTAIT L'INVITATION À CÉLÉBRER LA MESSE À LA LOGE *LIBERDADE* DE SAN SALVADOR DE BAHIA... dans ce même mois il acceptait une haute distinction maçonnique, comme l'acceptait en 1976 le cardinal Paulo Evaristo Arns, archevêque de Rio de Janeiro"[519].

LA FAUSSE RESTAURATION DES ANNÉES 80

Saint Pie X affirmait des modernistes : "À les entendre, à les lire on serait tenté de croire qu'ils tombent en contradiction avec euxmêmes, qu'ils sont oscillants et incertains. Loin de là : tout est mesuré, tout est voulu chez eux.

...Telle page de leur ouvrage pourrait être signée par un catholique ; mais tournez la page et vous croyez lire un rationaliste"[520].

La tactique de Satan et de ses suppôts a toujours été celle de mêler le vrai au faux, l'ivraie au bon grain ; c'est ce que fait la Judéo-Maçonnerie qui, désormais s'est infiltrée jusqu'au sommet de l'Église, mêle vrai et faux pour pouvoir tromper même les bons qui, autrement, réagiraient.

Nous avons déjà vu quelle fut la tactique du maçon : rester dans l'Église comme "cinquième colonne" pour la détruire de l'intérieur, si cela était possible, et donc, après avoir fait deux pas en avant, en faire un en arrière (Lénine *docet*), pour ne pas susciter une vraie réaction qui anéantisse les machinations de la contre-Église. Nous savons aussi que la "cinquième colonne", une fois découverte, suscitera une "troisième force", qui travaillera assidument, sous apparence de modération, équilibre, amour de la paix et de la charité, pour empêcher la destruction de la "cinquième colonne".

Eh bien les différents documents des années 80 qui revoient les positions ouvertes au dialogue, propres aux années 60-70, ne sont rien d'autre que le classique pas en arrière après les deux accomplis en avant, et la production d'une "troisième force" pour sauver le travail de la "cinquième colonne" !

Les documents de la fausse restauration sont : la Déclaration de l'Episcopat allemand (28 avril 1980), la Déclaration de la Sacrée Congrégation pour la doctrine de la Foi (17 février 1981), la Déclaration de la Sacrée Congrégation pour les causes des Saints (20 septembre 1981), le Nouveau Code de Droit Canon (25 janvier 1983) qui dans le canon 1374 affirme :

"Qui donne son nom à une association qui conspire contre l'Église DOIT ÊTRE PUNI D'UNE JUSTE PEINE". Il faut relever que ce texte est très différent du canon 2335 du Code de 1917, puisque la rigueur de la peine est nettement allégée, dans la mesure où EST EXCLUE L'EXCOMMUNICATION, qui était au contraire prescrite *IPSO FACTO*, pour quiconque avait donné son nom à une secte maçonnique. En outre, pour la joie du Père jésuite Michel Riquet la Franc-Maçonnerie ne fut même plus mentionnée ![521].

---

[519] Ib. p. 41.
[520] *Pascendi*, 8 septembre 1907.
[521] Cf. U. FIDELE, *op. cit.*, p. 193.

Ainsi se justifie la récente déclaration du Grand Maître du Grand Orient d'Italie Virgilio Gaito : "Il faut considérer que l'excommunication contre les maçons est désormais affaiblie, réservée seulement à ceux qui *conspirent contre l'Église Catholique*"[522].

Tout cela prouve que les *condamnations* des années 80 étaient PUREMENT VERBALES et qu'aucune *de facto* ne s'en est suivie, et qu'on ne voulait qu'elle ne s'ensuive. En effet les différents "monseigneurs" qui dans les années 60-70 étaient engagés dans le dialogue avec la Maçonnerie se retrouvaient presque tous promus cardinaux dans les années 80, et ceux qui déjà étaient cardinaux ont continué tranquillement à l'être sans qu'aucune mesure fût prise à leur charge !

Il faut enfin enregistrer la *Déclaration de la Sacrée Congrégation pour la doctrine de la Foi* (26 novembre 1983), qui, en affirmant que "les fidèles qui appartiennent aux associations maçonniques sont EN ÉTAT DE PÉCHÉ GRAVE et ne peuvent accéder à la sainte Communion". Mais ON NE CONFIRME PAS L'EXCOMMUNICATION !

Dans une interview accordée dernièrement par le cardinal Ratzinger à l'*Avvenire*, on lit qu'il faut distinguer entre Maçonnerie et Maçonnerie, qu'il ne faut pas tout mettre dans le même sac, qu'il y a une Maçonnerie anticléricale avec laquelle on ne peut dialoguer, mais que, si la Maçonnerie ne fait pas profession de foi antichrétienne, le dialogue est faisable : on assiste, en pratique, à un retour, même en sourdine, aux positions des années 60-70.

Est-ce le travail de la "troisième force" qui essaye de consolider, sous apparence d'une plus grande fermeté et de restauration, les conquêtes de la "cinquième colonne" ? La doctrine dont il est question plus haut fut déjà condamnée par le Père Cordovani en 1950. Mais elle revient à la mode aussi dans le camp maçonnique, alors que le professeur Di Bernardo, dans son livre *Filosofia della Massoneria* affirme que la Franc-Maçonnerie est par principe non-exclusiviste et tolérante et souhaite un dialogue avec l'Église, chacun restant ce qu'il est. L'important est que l'Église, sans perdre son identité, renonce aux excommunications pour s'ouvrir au dialogue, en acceptant le pluralisme, la tolérance et le non-exclusivisme, et devienne ensuite ainsi, dans la réalité, une espèce de Maçonnerie universelle. Tout ceci est arrivé et nous l'avons constamment sous les yeux[523].

Cette position est reprise même dans le camp catholico-conservateur ; par exemple Mgr Casale archevêque de Foggia, le 11 décembre 1993, dans un colloque organisé par le CESNUR, a déclaré que la double appartenance n'est pas licite, mais que le dialogue avec les Maçonneries... n'est pas exclu par l'Église catholique [conciliaire, n.d.r.][524].

L'ÉGLISE CONCILIAIRE ET LE ROTARY CLUB (1905)

---

[522] Cf. *30 Jours*, février 1994, p. 25.
[523] Cf. *Sodalitium*, n° 25, pp. 3-8.
[524] Cf. *Cristianità*, Plaisance, janvier-février 1994, p. 23.

A) Franc-Maçonnerie et Rotary

Le rapport entre Rotary et Franc-Maçonnerie est "structurel", comme dit le Père Esposito, "non seulement à cause de la fondation du Rotary le 23 février 1905 par l'avocat Paul Harris de Chicago et de trois de ses collègues francs-maçons comme lui ; mais aussi à cause de la position idéologique et juridique du *club*, qui DU MESSAGE INITIATIQUE ASSUME LE MEILLEUR, POUR L'INSÉRER DANS LA SOCIÉTÉ EN LA LAÏCISANT, C'EST-À-DIRE EN EXCLUANT LES ASPECTS GÊNANTS ET INITIATIQUES"[525].

Au Chili et en Espagne beaucoup d'évêques, dans les années vingt, émirent de vives condamnations du Rotary, en dénonçant la racine maçonnique. Le Saint-Siège face à ces dénonciations dut prendre position. Le premier pas fut de prendre les distances avec le Rotary pour ensuite le condamner. La charge de préparer la voie à la condamnation fut confiée à la *Civiltà Cattolica* qui publia trois articles du Père Pirri s.j., pour qui le ROTARY NE DIFFÈRE ABSOLUMENT PAS DE LA FRANC-MAÇONNERIE, sous la domination de laquelle il entend porter le monde entier. Toutefois le jésuite ne veut pas affirmer que tous les rotariens sont francs-maçons, il admet l'ignorance, la bonne foi, l'ingénuité pour certains d'entre eux.

La tolérance religieuse du Rotary, conclut Pirri, est *de facto* du syncrétisme religieux[526].

Sur l'*Enciclopedia Cattolica* Mgr Buzzetti écrit : "La mentalité qu'il [le Rotary] proclame peut facilement devenir indépendance de l'enseignement de l'Église, même dans le domaine de la foi et des mœurs et FAVORISER L'INFILTRATION D'ÉLÉMENTS MAÇONNIQUES et anticléricaux"[527].

B) La première condamnation pontificale (4 février 1929)

Le texte pontifical de condamnation du Rotary sortit presque en même temps que le troisième article du Père Pirri du 2 février 1929 ; il n'est en effet que de deux jours postérieur au *Dubium* de la Sacrée Congrégation consistoriale. Le décret pontifical était la réponse à la question de savoir s'il était licite aux ecclésiastiques de s'inscrire au Rotary et de participer aux réunions de cette organisation, et était très nette : *NON EXPEDIRE*, c'est-à-dire "cela ne convient pas". L'interdiction n'est pas étendue aux laïcs. Le texte fut publié dans les A.A.S. (1929, année 25, 15 janvier 1929, 42).

Le cardinal de Milan Schuster intervint aussi, vingt ans après, le 12 octobre 1949, rallumant les feux de la polémique : "Au temps de notre jeunesse à Rome... il y avait des

---

[525] *Op. cit.*, p. 335.
[526] Cf. *Civiltà Cattolica*, II, 1928, 481-489/ 1928, III, 97-109/ 1929, I, 337-346.
[527] G. B. BUZZETTI, article Rotary, dans *Enciclopedia Cattolica*, vol. X, col. 1398.

associations qu'on disait affiliées [à la Maçonnerie] comme le Rotary... Toutes formes ésotériques d'une Maçonnerie unique".[528]

C) LA SECONDE CONDAMNATION (JANVIER 1951)

Elle fut beaucoup plus sévère que la première, plus solennelle, avec LE RAPPEL EXPLICITE DE L'APPROBATION DIRECTE DE PIE XII[529].

D) LE VIRAGE DE JEAN XXIII

Le *deus ex machina* du Rotary italien, Omero Ranelletti, qui fonda le Club de Rome en 1924 raconta que "à l'avènement du Pape Jean il pensa que le problème aurait pu s'acheminer vers une solution meilleure que par le passé"[530] ; le 22 décembre 1958 il demanda pourtant à Jean XXIII une audience, qui lui fut accordée le 20 avril 1959. "À l'audience il présenta ses collègues avec leurs titres rotariens, et le Pape Jean... agréa la visite en affirmant qu'à Venise il avait eu l'occasion d'approcher plusieurs fois les rotariens de la ville, et était donc bien au courant de notre institution.... Il eut pour tous des paroles de bonté, nous encourageant enfin par sa bénédiction apostolique"[531].

Le 20 mars 1963 Roncalli accorda au Rotary une seconde audience.

E) PAUL VI

La troisième audience pontificale eut lieu avec Paul VI le 28 septembre 1963. Mais la plus importante fut la quatrième, du 20 mars 1965, dans laquelle Ranelletti rappela que le 13 novembre 1957 (un an avant la mort de Pie XII) le cardinal Montini à l'époque, rencontra des rotariens et entre autres leur dit : "Je vous remercie Messieurs les membres du Rotary pour cette manifestation d'hommage que vous m'adressez, mais je dois avec loyauté déclarer que par le passé j'ai émis beaucoup de réserves sur le Rotary, fruit d'ignorance et d'erreurs"[532].

À l'audience du 20 mars 1965 Paul VI reprit cette pensée ; une autre rencontre avec le Rotary eut lieu le 14 novembre 1970.

F) JEAN-PAUL II

---

[528] *Rivista diocesana milanese*, novembre 1949, pp. 240-241.
[529] Le texte se trouve dans les A.A.S., année 33, janvier 1951, 91.
[530] R. ESPOSITO, *op. cit.*, p. 345.
[531] Ib. p. 345.
[532] Ib. p. 347.

"AVEC JEAN-PAUL II L'ACCEPTATION DU ROTARY ATTEINT DES NIVEAUX ENCORE PLUS ÉLEVÉS, dans la mesure où non seulement est affirmée la COMPATIBILITÉ,... mais même carrément la COMPLEMENTARITÉ entre l'œuvre catholique et l'œuvre rotarienne"[533].

Jean-Paul II a reçu les rotariens le 14 juin 1979 et le 4 février 1984.

LE MOUVEMENT PAX ET LE GROUPE I.DOC (BRAS ARMÉ DE LA SUBVERSION À L'INTÉRIEUR DE L'ÉGLISE CONCILIAIRE)

"Après le Concile Vatican II écrit Orio Nardi[534] la gnose influence toute la fermentation moderniste ou progressiste à l'intérieur de l'Église, non sans la complicité de théologiens... qui souvent opèrent sous l'influence de centres du pouvoir mondialiste, comme il apparaît dans l'histoire du Mouvement Pax et du groupe I.DOC".

LE MOUVEMENT PAX

Le 6 juin 1963 le cardinal Wyszynski écrivit une lettre aux évêques français, qu'il fit parvenir au Secrétariat de l'Episcopat français par l'intermédiaire du nonce apostolique : l'objet de la lettre était le *Mouvement PAX*.

Le cardinal dévoilait dans son écrit la vraie nature du Mouvement : "PAX n'est pas une organisation à but culturel, mais uniquement un moyen de propagande déguisé pour dénigrer l'activité de l'Église en Pologne, au moyen de la diffusion d'informations fausses... Ce mouvement reçoit les directives du Parti Communiste, de la Police secrète et du Bureau pour les Affaires du Culte. En compensation de sa soumission PAX bénéficie de certaines facilités et appuis".

Au début du Concile le Mouvement PAX intensifia sa propagande dans les Pays de l'Europe occidentale et spécialement en France, en diffusant des nouvelles fausses ou équivoques et offensantes pour l'Église et surtout pour la Curie romaine.

Le fondateur de PAX (vrai et propre organe de la police communiste polonaise, sous la dépendance directe du Ministère de l'Intérieur) était M. PIASECKI, qui avait été condamné à mort par les soviets russes et avait été grâcié au prix d'un engagement formel de se mettre au service du Parti Communiste pour infiltrer l'Église Catholique.

Depuis ses origines, donc, PAX est une agence du Parti Communiste Polonais qui envoie directement les ordres à ses membres par l'intermédiaire du Bureau Central. Piasecki dépendait directement du Bureau Sécurité (U. B.) et du Bureau des Cultes, qui, en Pologne, disposait d'un pouvoir absolu pour ce qui concernait l'Église Catholique.

---

[533] Ib. p. 348.
[534] O. NARDI, *Gnosi e rivoluzione*, Grafiche Pavoniane, Milan 1991, p. 77.

En 1956 avec le *dégel* Piasecki tombe en disgrâce (à nouveau), mais, grâce aux services rendus surtout à la France, il peut remonter la chaîne ; son pouvoir atteint l'apogée durant les longues années d'emprisonnement de Wyszynski. Ce fut l'époque où PAX absorbait toutes les publications catholiques encore indépendantes du Parti Communiste. La déstalinisation renversa de nouveau Piasecki, qui put cependant resurgir grâce... au Concile Vatican II ! En effet lui fut assignée la charge de former des foyers de désaccord dans les milieux ecclésiastiques qui travaillaient au Concile, de diviser les Evêques en deux blocs (progressistes et conservateurs), pour pouvoir mettre l'Église au pas avec le monde moderne (*Solve et coagula*).

En France, des journaux comme *la Croix* et des périodiques comme *Les Informations catholiques Internationales* étaient arrivés à diffamer le cardinal Wyszynski et à défendre PAX, aplanissant ainsi la voie au triomphe du Communisme en France et dans le monde.

Jean Madiran écrivit un courageux et intéressant article sur *La Nation Française* (1er juillet 1964) intitulé *L'espionnage soviétique dans l'Église*, en ajoutant que Piasecki était une créature du général Ivanov Sierow de la N.K.V.D. (la police politique russe). Madiran écrivait aussi que PAX attaquait la Curie romaine, puisqu'en 1956 une de ses délégations s'était rendue au Vatican pour défendre Piasecki condamné par le Saint-Office, sans toutefois obtenir ce qu'il désirait.

LE GROUPE I.DOC (INFORMATION-DOCUMENTATION SUR L'ÉGLISE CONCILIAIRE)

Avec le début du Concile naquit à Rome un Centre d'information pour les évêques et les théologiens hollandais, le *DOCumentation* . Ce centre diffusait des bulletins d'information dans toutes les langues et organisait des conférences de presse tenues par des Pères conciliaires ou des théologiens progressistes pour pouvoir s'emparer de l'opinion publique ; les responsables d'agences internationales et les informateurs des grands quotidiens y étaient en effet régulièrement présents.

Au terme du Concile cette *Agence de presse* voulut maintenir les relations qu'elle avait établies pendant le Concile : ainsi le DOC est-il devenu I.DOC (*Information-Documentation sur l'Église Conciliaire*).

Louis Salleron écrivait : "Nous sommes en présence d'un véritable pouvoir parallèle [I. DOC] au sein du Catholicisme, car qui tient l'information tient l'opinion publique... qui est en mesure de tenir le Magistère en échec ou de lui imposer ses propres vues"[535].

D elamare, à son tour, soutenait que "l'I.DOC donne ses consignes... Quand un évêque ose s'élever contre un de ses objectifs,... il est victime d'un véritable assassinat moral dans la presse du monde entier"[536].

---

[535] *Carrefour*, 9 octobre 1968.
[536] *Rivarol*, 26 septembre 1968.

La revue anglaise *Approaches*[537] affirme : "La section britannique de l'I.DOC est entièrement composée de progressistes, et le groupe est contrôlé de l'intérieur par un noyau marxiste, lui-même mené par l'un des chefs communistes les plus expérimentés de Grande-Bretagne".

Jack Dunman, en effet, qui occupe un poste de premier plan dans la section anglaise de l'I.DOC, est "une personnalité en vue du Parti Communiste À nglais, dont l'influence ne fait que croître depuis qu'il a été élu député. C'est en Angleterre le spécialiste communiste du dialogue avec les chrétiens"[538]. Dunman bénéficiait de l'appui du groupe *Slant*, lié au Mouvement PAX.

Les paroles de Nardi : "Il est bien que la considération de la trahison affleure dans les consciences de beaucoup, et ramène surtout les responsables au sens de dignité et de liberté d'esprit qui distingue les vrais chercheurs de la vérité"[539] sont donc profondément vraies.

LETTRE OUVERTE À L'ÉGLISE DE FRANCE : CE QUE LE JUIF ROBERT ARON PENSE DE L'EVOLUTION DE L'ÉGLISE CONCILIAIRE

Dans l'intéressant livre *Lettre ouverte à l'Église de France*[540] Robert Aron examine *Les orientations pastorales sur l'attitude des chrétiens à l'égard du Judaïsme*, c'est-à-dire le document de l'Episcopat français sur le Judaïsme, et affirme que justement ce document, qui devrait être l'enseignement épiscopal, est "une réfutation du déicide, une réhabilitation des Pharisiens, une affirmation de la permanence de la mission d'Israël, que n'abolit pas la Nouvelle Alliance du Christ. [Ce sont] autant d'indices [qui permettent d'affirmer] que QUELQUE CHOSE DE PROFOND EST CHANGÉ NON SEULEMENT DANS LES RAPPORTS ENTRE ISRAËL ET L'ÉGLISE, MAIS AUSSI DANS LES RAPPORTS DE L'ÉGLISE AVEC LE DIEU D'ABRAHAM ET DE MOÏSE"[541].

Le document épiscopal ne mentionne même pas une fois le problème de la divinité de Jésus-Christ, qui est pourtant essentiel dans l'établissement des rapports qui doivent exister entre Judaïsme et Christianisme. Aron apprécie, naturellement, ce nouveau langage de l'Episcopat français. En effet l'Église préconciliaire, qui dans l'argumentation se basait sur des dogmes immuables et précis, ne pouvait aller "bras dessus, bras dessous" avec la Synagogue antichrétienne. Mais si l'Église conciliaire cesse d'être dogmatique, met au contraire *en veilleuse* le dogme, pour parler un langage familier à l'homme moderne, le langage maçonnique de la philosophie illuministe et idéaliste, alors l'embrassement devient possible (comme *de facto* il s'est vérifié le 13 avril 1986 à la Synagogue de Rome)... et mortel pour Notre-Seigneur Jésus-Christ et Son Corps Mystique.

---

[537] *Approaches*, janvier 1968.
[538] O. NARDI, *op. cit.*, p. 83.
[539] Ib. p. 86.
[540] ROBERT ARON, *Lettre ouverte à l'Église de France*, Albin Michel, Paris 1975.
[541] Ib. p. 38.

Et c'est pour cela qu'Aron se réjouit de l'évolution (hétérogène) qu'a subie l'Église conciliaire, grâce à "Teilhard de Chardin... qui est devenu *post mortem*... l'un des inspirateurs du Concile Vatican II".

Et c'est ainsi qu'Aron va jusqu'à faire des propositions à l'Église, à condition qu'elle retourne à la foi judéo-talmudique, en renonçant, par conséquent, à être chrétienne. Le nœud gordien, en effet, ou "la pierre d'achoppement" (combien est vrai l'Évangile...) c'est justement Jésus-Christ, puisqu'Aron reconnaît que "la difficulté d'être chrétien est... métaphysique... [pour les chrétiens] il y a un intercesseur sublime, réputé Fils de Dieu, le Christ. Il est l'Agneau de Dieu qui assume, qui enlève les péchés du monde, TANDIS QUE pour le juif, CHAQUE HOMME ASSUME LE POIDS DE SES PROPRES DÉFAILLANCES"[542]. C'est-à-dire que tout homme est Messie et Rédempteur, en tant (selon la Cabale et pour Teilhard) qu'il est l'évolution et le complément de Dieu Lui-même.

Mais "qu'arrive-t-il si la majorité des catholiques se met à contester la base même de la religion qu'ils professent ? Nous touchons au plus profond de la crise actuelle de l'Église..."[543].

Eh bien oui, le chercheur juif a vu juste. La majorité des chrétiens... n'est pas chrétienne ; c'est cela la crise provoquée par la "cinquième colonne" judéo-maçonnique à l'intérieur de l'Église conciliaire. En effet dans les sondages effectués par des journaux catholiques il résultait que déjà en 1972 seulement 36% des Catholiques croyaient à la divinité du Christ. (Et aujourd'hui ?). Les 64% restants, donc, n'étaient plus chrétiens : le Christianisme est en effet la religion qui professe la divinité du Christ.

Selon Aron nous nous trouvons face à l'échec de l'Église : en effet dans les rapports entre Christianisme et Judaïsme il faut choisir l'une des deux alternatives : ou le Christ est Dieu, et par conséquent le Judaïsme antichrétien est une fausse religion ; ou bien Il n'est pas Dieu et par conséquent le Christianisme est une hérésie, une secte qui se détache du Peuple de Dieu.

Malheureusement trente ans de catéchèse conciliaire, qui a dénaturé les rapports entre Ancienne et Nouvelle Alliance, entre Christianisme et Judaïsme, ont amené à la conclusion logique et inévitable que, pour la majeure partie des chrétiens, (64% en 1972, il y a vingt-deux ans !) le Christ n'est pas Dieu, donc qu'Il *a blasphémé et qu'Il est coupable de mort*.

Voilà pourquoi Aron fait des propositions à l'Église au nom de la Synagogue : "Si l'Église est entrée en crise, ce n'est pas simplement parce qu'on y parlait latin... Non ! C'est qu'une sorte de prolifération semble se produire en elle à partir d'un germe dangereux qu'elle doit à son origine... C'est le problème des origines qui se pose à nouveau pour elle"[544]. Si déjà en 1972, 64 % des catholiques ne croit plus à la divinité du Christ, n'est-ce peut-être pas parce qu'il faut remonter aux origines mêmes de l'Église et à la bifurcation initiale entre le fleuve (l'Église) et sa source (la Synagogue), se demande Aron. Il faut donc reposer la même

---

[542] Ib. p. 133.
[543] Ib. p. 138.
[544] Ib. p. 141.

question que celle que Caïphe pose à Jésus : *"Je t'adjure au nom du Dieu vivant, es-tu le Messie le Fils de Dieu ?"*. À laquelle, toutefois, il faut donner une réponse différente de celle que donne Jésus (*"Tu le dis, Je le suis"*), pour pouvoir finalement reporter le fleuve (l'Église) à la source (la Synagogue).

Pour Robert Aron la voie qui réunit le fleuve à la source est justement celle entreprise par le Concile Vatican II, en effet...

L'OPINION D'ARON SUR VATICAN II

"Vatican II... constitue un effort splendide de l'Église pour SE RÉADAPTER AU MONDE [*more judaico-talmudico*]... Dans cet événement considérable, il y a au meilleur sens du mot un GERME RÉVOLUTIONNAIRE, mais si ce germe est conçu, il est encore loin d'éclore. S'il est permis de comparer le Concile à une autre révolution de nature bien différente, cette révolution religieuse n'en est encore qu'à son début ;... elle n'en est encore qu'à sa nuit du 4 août 1789"[545].

De ore tuo te judico !

Qui apprécie le Concile, qui l'a fait ? Nous le savons : Jules Isaac, un B'naï B'rith, a été le rédacteur matériel de *Nostra Ætate*. C'est pourquoi Aron affirme que l'Église, qui s'est détachée de sa source, la Synagogue, y sera reconduite par la révolution conciliaire, et les signes se voient déjà : la majorité des catholiques... n'est plus chrétienne !

Mais déjà Notre-Seigneur Jésus-Christ avait affirmé : "Quand le Fils de l'Homme reviendra sur la terre, y trouvera-t-Il encore la Foi ?". Tout était prédit.

Ce qui doit nous ouvrir les yeux c'est la prétention qu'a le Judaïsme antichrétien d'imposer à tous l'acceptation de Vatican II. En effet *Ha Keillah*, le bulletin de la Communauté israélite de Turin[546] il y a quelques temps invitait l'Institut Mater Boni Consilii à accepter Vatican II, à ne pas vouloir continuer à parler comme l'Église préconciliaire ! Il ne nous accusait pas on pense bien d'antisémitisme, non ! Mais d'être encore fidèles à la théologie préconciliaire. Mais si le Concile, comme affirme Robert Aron, est la voie maîtresse qui fait perdre la Foi en la divinité de Notre-Seigneur Jésus-Christ, nous demander d'accepter le Concile signifie nous demander de vendre Jésus-Christ pour trente deniers !

Or tout catholique qui veut rester fidèle au Christ et à Son Église, devrait réfléchir sur ces faits évidents et incontestables. Vatican II est fils de la Synagogue, et est la voie qui conduit à la judaïsation des chrétiens.

Henry Le Caron commente ainsi : "Un juif vous fait des offres de service au nom de la Synagogue... Si vous voulez sauver l'Église... votre 'nouvelle Église', il vous faudra plutôt

---

[545] Ib. p. 139.
[546] *Ha Keillah* n° 1 année 1994, p. 1.

renoncer à la Révélation, à l'Incarnation et à la Rédemption. À ce prix-là, vous obtiendrez la sympathie de la Synagogue et vous pourrez compter sur son soutien"[547].

Emblème des chevaliers Kadosch, 30° de la Maçonnerie, qui promettent de se venger contre le Pape et le Roi, symbolisés par la Tiare et par la Couronne

INFLUENCE JUIVE AU CONCILE

Dans le livre de Ratier sur le B'naï B'rith[548] nous apprenons que Jules Isaac appartenait à cette puissante organisation maçonnique composée uniquement de juifs, qui actuellement compte au niveau mondial environ un demi-million de membres[549].

Nous connaissons déjà le rôle qu'a eu Jules Isaac dans la rédaction de *Nostra Ætate*[550], mais peut-être que ne sont pas connues les propositions encore plus favorables au Judaïsme qui ont précédé le document conciliaire, ni les manœuvres du B'naï B'rith autour de lui.

Ralph Wiltgen[551] raconte que le 31 août 1964, deux semaines avant l'ouverture de la troisième session du Concile, il reçut la visite de Monsieur Lichten, directeur du département des affaires interculturelles de l'A. D. L. (*Anti-Defamation League of B'naï B'rith*) : "Il était fort inquiet de ce que la phrase qui disculpait les Juifs de la crucifixion du Christ venait d'être supprimée du document conciliaire, et soutenait que *cette phrase était*

---

[547] H. LE CARON, *Dieu est-il antisémite ?* Ed. Fideliter, Escurolles 1987, p. 80.
[548] E. RATIER, *Mystères et secrets du B'naï B'rith*, Facta, Paris 1993
[549] Le 3 juin 1971 Paul VI reçut en audience publique la loge du B'naï B'rith (*Osservatore Romano, 3 juin 1971*) ; Jean-Paul II fit de même en 1984 (*Documentation Catholique*, n° 1874, p. 509).
[550] Cf. *Sodalitium*, n° 28 pp. 37-38.
[551] R. WILTGEN, *Le Rhin se jette dans le Tibre*, éd. du Cèdre, Paris 1976, p. 169.

pour les Juifs l'élément le plus important du document... Il dit encore qu'il avait rendu visite à plusieurs cardinaux européens et être en contact avec les milieux romains ; il ajouta que le cardinal Bea préparait un amendement relatif à cette regrettable décision, et qu'il le présenterait dans l'*aula* conciliaire".

CONCLUSION

Qui pourrait encore douter, après les faits exposés et les dénonciations du Magistère de l'Église, que l'Epouse du Christ ait été l'objet d'un obscur complot et que malheureusement elle ait été infiltrée par l'ennemi jusque dans ses plus hauts degrés ?

Face à cette triste réalité trois attitudes sont possibles :

a) LA POLITIQUE DE L'AUTRUCHE, qui consiste à fermer les yeux en face de la réalité et à s'illusionner que tout va bien…

b) LE DÉCOURAGEMENT de celui qui, face à cette APPARENTE victoire ennemie d'une importante bataille, pense que la guerre est perdue, ne se souvenant pas que l'Église est divine et que Notre-Seigneur nous a promis que "*les portes de l'Enfer ne prévaudront pas*".

c) L'ATTITUDE RÉALISTE ET SURNATURELLE, qui tient compte en même temps non seulement des faits les plus tristes, qui ne peuvent être ignorés, mais aussi de la Foi et de l'Espérance chrétienne, qui nous donnent l'ABSOLUE CERTITUDE que la très Sainte Vierge, comme toujours, écrasera la tête du serpent infernal : "*IPSA CONTERET*" !

Demandons à la très Sainte Vierge Marie et en particulier à *Notre-Dame du Bon Conseil* de nous donner lumière et force, pour voir les pièges de la "cinquième colonne" et pour savoir les combattre de toutes nos forces !

Il me semble bon de conclure par cette belle prière de St Jean Bosco : "Très doux Jésus, notre divin Maître ! Qui avez toujours déjoué les INFÂMES MACHINATIONS avec lesquelles les PHARISIENS fréquemment vous tendaient des pièges, dissipez les conseils des impies".

LE COMPLOT JUDÉOMAÇONNIQUE CONTRE L'ÉGLISE ROMAINE

par M. l'abbé Curzio Nitoglia

INTRODUCTION

Nous avons déjà vu comment la théorie du complot du Judaïsme-religion contre l'Église du Christ n'est pas une invention de l'antisémitisme moderne, mais est déjà divinement révélée dans l'Évangile de Jean (IX, 22) : *"Déjà les Juifs AVAIENT CONSPIRÉ que si quelqu'un reconnaissait Jésus pour le Messie, il serait exclu de la synagogue"*.

Conspirer, comme on l'a déjà dit[552], est synonyme de conjurer, comploter ; et dans de nombreux autres endroits de la Sainte Ecriture nous retrouvons aussi la théorie de la conjuration du Judaïsme contre le Christianisme. Comme dans les Actes des Apôtres (XXIII, 12-15) : *"...Les Juifs ourdirent un complot, s'engageant sous peine d'anathème à ne manger ni boire AVANT D'AVOIR TUÉ PAUL. Ils étaient plus de quarante à avoir fait ce SERMENT ENSEMBLE,* [qui hanc *conjurationem* fecerant]...".

Dans les quatre Évangiles presque partout on lit au sujet du complot ordonné par le Judaïsme contre Jésus : "Les pharisiens... tinrent conseil contre Lui sur le moyen de Le faire disparaître" (Matth. XII, 14) ; "Alors les grands prêtres et les Anciens du peuple se réunirent dans le palais de ...Caïphe, et ils délibérèrent sur le moyen de se saisir de Jésus par ruse et de Le mettre à mort" (XXVI, 3-5) ; "Les pharisiens... se concertaient... contre Jésus sur le moyen de Le faire disparaître" (Mc III, 6) ; "Les grands prêtres et les scribes cherchaient le moyen de se saisir de Lui par ruse afin de Le faire mourir" (XIV, 1) ; "Les grands prêtres et les scribes cherchaient le moyen de Le supprimer" (Lc XXII, 2) ; "...Les juifs attaquaient Jésus... ils cherchaient toujours plus à Le faire mourir (Jn V, 16-18) ; " Dès ce jour-là, il fut décidé par eux qu'ils Le feraient mourir" (XI, 53).

Dans les Actes on lit également souvent sur le complot ordonné pour tuer St Paul : *"Les juifs se concertèrent pour le tuer"* (IX, 23) ; "Les juifs travaillèrent les notables de la ville et ils déchaînèrent une persécution contre Paul" (XIII, 50) ; "Les juifs montèrent un mauvais coup contre lui alors qu'il allait s'embarquer" (XX, 3) ; "Ils organisèrent un guet-apens pour le tuer en cours de route (XXV, 3). Cette haine contre le Christ se répand au cours des siècles spécialement contre son Vicaire sur la terre, le Pape.

---

[552] Cf. DEVOTO-OLI, ZINGARELLI, CORTELLAZZOZOLLI, BATTAGLIA, etc.

Le 10 janvier 1937 le journal juif de New York, *Freiheit* écrivait : "Selon la religion juive le Pape est l'ennemi du peuple juif par le seul fait qu'il est le chef de l'Église Catholique. Le Judaïsme s'oppose au Christianisme en général et à l'Église Catholique en particulier"[553].

Aussi l'Episcopat espagnol rappelait-il cette vérité dans une lettre du 1 er juin 1939 : "Le présent conflit [la guerre civile, n.d.r.] est l'un des plus terribles combats de l'antéchrist, c'est-à-dire du Judaïsme, contre l'Église Catholique... LE JUDAÏSME UTILISE SURTOUT DEUX ARMES, L'UNE SECRÈTE, LA MAÇONNERIE, L'AUTRE MANIFESTE ET DECLARÉE, LE COMMUNISME...".

Loyer écrivait enfin : "Il ne peut y avoir de doute sur l'existence de trois groupes qui tendent à la conquête... du monde entier... Ce sont : le groupe juif, le groupe occultiste et le groupe maçonnique.

...LE GROUPE MAÇONNIQUE est dans certains pays véhicule de haine sectaire, dans d'autres est agence pour la diffusion ...de l'indifférentisme religieux et du libéralisme défaitiste.

...LE GROUPE OCCULTISTE, sous le masque d'un discutable mysticisme, contribue à la corruption morale.

...LE GROUPE JUIF est le plus secret de tous, il agit derrière les coulisses de la politique internationale... et se sert des deux autres groupes pour son ...établissement définitif.

Tous ces groupes sont unis entre eux et travaillent en plein accord sur un point : L'ÉGLISE CATHOLIQUE DU CHRIST DOIT ÊTRE DÉTRUITE... LA HAINE CONTRE L'ÉGLISE LES UNIT TOUS ENSEMBLE".

L'Episcopat espagnol, en pleine guerre civile, considérait "le Communisme comme étant l'arme manifeste du Judaïsme et la Maçonnerie son arme secrète", mettant en évidence les étroits rapports entre Judaïsme et Maçonnerie qui ont déjà été l'objet d'un précédent article[554]. Tous les historiens, à quelque tendance idéologique qu'ils appartiennent, soulignent d'ailleurs l'origine juive de Marx[555] ; sans suivre ceux qui dans ce seul fait voient la racine de la persécution anticatholique du marxisme, confirmant leur thèse par l'origine

---

[553] P. LOYER, dans *Revue Internationale des sociétés secrètes*. Paris 13 avril 1930, p. 352. (tr. it.).
[554] Cf. *"Sodalitium"*. no 34, pp. 21-46.
[555] Cf. par ex. C. L. OTTINO, rubrique *Marx*, dans *Grande Dizionario Enciclopedico*, UTET, vol. XII, pp. 139-142, Torino 1970. Sur le renversement des valeurs chrétiennes opérées par le communisme :
JEAN DAUJAT, *Conoscere il comunismo*, éd. Il Falco, Milano 1979, et:
P. CALLIARI, *Trattato di demologia*, C.E.C.C., Vigodarzere 1992, p. 249.
J. BORDIOT, *Le pouvoir occulte fourrier du communisme*, éd. Chiré, Chiré-en-Montreuil 1976.
ELIE MALÉNY, *Histoire du socialisme européen - "Miroir de l'histoire"*, no 16. Mai 1951.
J. OUSSET, *Le marxisme léninisme*, La Cité catholique, Québec 1960.
LÉON DE PONCINS, *Histoire du communisme*, Chiréen-Montrcuil 1973.
D. Mc LELLAN, *Guida a Marx*, BUR, Milano 1978.
SALLUSTE, *Les origines secrètes du bolchevisme : H. Heine et C. Marx*, éd. J. Tallandier, Paris.
J. MEINVIELLE, *Le judaïsme dans le mystère de l'histoire*, éd. Sainte Jeanne d'Arc, Les Guillots 1983.
A. BESANÇON, *Le origini intellettuali del leninismo, Filosofia religione scienza gnosi o ideologia ?*, Sansoni, Firenze 1978.

juive des plus importants représentants communistes avant et après la Révolution russe[556], ou par leur appartenance à des loges maçonniques[557], nous devons cependant reconnaître dans la doctrine marxiste le fondement talmudique, comme l'a bien mis en évidence l'historien juif Bernard Lazare : "Marx, descendant d'une lignée de rabbins... hérita de toute la force logique de ses ancêtres, il fut un talmudiste lucide et clair... il appliqua ses qualités natives d'exégète à la critique de l'économie politique. Il fut animé de ce vieux matérialisme hébraïque qui rêva perpétuellement d'un paradis réalisé sur la terre. ...Il fut aussi un âpre polémiste et il prit son don du sarcasme et de l'invective... aux sources juives"[558].

LE COMPLOT CONTRE L'ÉGLISE

Maurice Pinay écrivait en 1962 : "[avec le Concile Vatican II] À ÉTÉ ACCOMPLIE LA PLUS PERVERSE CONSPIRATION CONTRE LA SAINTE ÉGLISE. ...Il semblera ...incroyable à ceux qui ignorent cette conspiration que ces forces antichrétiennes continuent d'avoir, à l'intérieur des hiérarchies de l'Église, une vraie *"cinquième colonne"* d'agents contrôlés par la Maçonnerie, par le communisme et par le pouvoir occulte qui les gouverne. Ces agents se trouveraient parmi les Cardinaux, Archevêques et Evêques qui forment une espèce d'aile progressiste au sein du Concile"[559].

La tactique que la *"cinquième colonne"* aurait dû suivre, aurait été celle de pousser le Concile à contredire ce que l'Église romaine a toujours enseigné, pour lui faire perdre ainsi l'autorité sur les fidèles et pour "prouver" que l'Église de Rome n'est pas divine ; en effet une institution qui se contredit ne peut être divine. Dans ce but " ...parmi les manœuvres qui se préparent, on distingue... le changement d'attitude concernant les juifs réprouvés"[560]. Or c'est le propre de la Synagogue talmudique d'avoir le plus grand intérêt à démontrer que l'Église romaine n'est pas divine et que, par conséquent, la vraie Église de Dieu est encore la Synagogue juive, non supplantée par l'Église du Christ.

LA "CINQUIÈME COLONNE"

Mgr Antonio De Castro Mayer publia une intéressante Lettre pastorale sur la *"cinquième colonne"* reproduite dans le n°10 de *"Sodalitium"*[561], dans laquelle il soutenait que la contre-Église ne veut pas placer tous ses adeptes dans les rangs ouvertement hétérodoxes, mais que,

---

[556] Pour constater la présence juive dans le mouvement marxiste voir aussi : F. PIERINI, *Gramsci e la storiologia della Rivoluzione*, éd. Paoline, Roma 1978.

[557] La revue du Grand Orient d'Italie affirme que Marx fut initié à la Maçonnerie dans la loge "Apollo" de Cologne (cf. *Hiram*, n° 5, 1990, p. 114).

[558] B. LAZARE, *L'antisémitisme*. "Documents et Témoignages", Vienne 1969, pp. 162-170.

[559] M. PINAY, Complotto contro la Chiesa. Roma 1962, p. 1.

[560] Ib. p. 3.

[561] *"Sodalitium"*, éd. ital. n° 10. pp. 22-29.

au contraire, elle a toujours cherché le moyen de disposer ses éléments en grand nombre à l'intérieur de l'Église catholique, dans le but de la ruiner de l'intérieur. Ces agents de la *"cinquième colonne"*, en effet, tendaient à faire à l'intérieur de l'Église le jeu de ses adversaires : ils avaient ainsi la charge de s'introduire aux postes-clés, surtout sur les Sièges épiscopaux. De cette manière l'hérésie tentait de s'infiltrer le plus profondément possible dans les viscères mêmes de l'Église, pour pouvoir un jour enseigner avec l'autorité apparente (matérielle, non formelle) de l'Église les erreurs condamnées par elle.

La *"cinquième colonne"*, cependant, une fois démasquée essaye de produire une "TROISIÈME FORCE" qui ne se déclare pas ouvertement amie de la *"cinquième colonne"* désormais démasquée, mais qui lui fournit les conditions indispensables pour pouvoir survivre et ne pas être expulsée de l'Église.

Les suppôts de la *"troisième force"* ne devront jamais se déclarer ouvertement amis de la *"cinquième colonne"* ennemie de l'Église, et ne devront même jamais la combattre ; tout au plus, ils devront faire semblant de combattre l'erreur, sans attaquer l'errant. Ils sont, en substance, sous apparence de modération et de prudence, dévoués à la cause des ennemis de l'Église, c'est-à-dire de la *"cinquième colonne"*.

Leur principe doctrinal est le maintien de la paix à tout prix ; la paix, au contraire, est pour eux la valeur suprême à laquelle on peut sacrifier toute chose, même la pureté de la Foi.

"La paix conclut le document n'est réelle que quand elle est alimentée par la sève de la vérité. Dans le cas contraire c'est une apparence recouverte d'un mince vernis sous laquelle la division des intelligences alimente et ravive des convulsions quelquefois volcaniques"[562]. Cette infiltration d'une *"cinquième colonne"* masquée dans les rangs catholiques a connu son plus grand développement avec la crise moderniste. St Pie X dans l'encyclique *Pascendi* expliquait comment le moderniste, à la différence de tous les autres hérétiques, ne voulait pas sortir de l'Église mais y rester pour la changer de l'intérieur.

C'est dans le roman *Il Santo*[563] de Fogazzaro (mis à l'index sous l'accusation de Modernisme) que se retrouvait décrite en détail l'intention des modernistes de CONSTITUER UNE SOCIÉTÉ SECRÈTE AU SEIN DE L'ÉGLISE pour s'emparer des principaux postes de la hiérarchie et transformer l'Église en une sorte de société philanthropique. À bien y regarder on peut retrouver toutes les tactiques de pénétration à

---

[562] MONS. A. DE CASTRO MAYER, *La terza forza*, dans *"Sodalitium"*, éd. ital. n° 10. p. 29.
[563] À ce sujet voir aussi J. OUSSET, *Pour qu'il règne*, Paris 1970, pp. 197-257.

l'intérieur de l'Église dans les descriptions précises des réunions[564], dans l'énonciation des grandes espérances de rénovation, d'ouverture aux principes libéraux[565].

Le rêve de Fogazzaro s'est malheureusement réalisé dans le Concile Vatican II, véritable *"cinquième colonne"* à l'intérieur de l'Église romaine, et avec la fausse restauration de Jean-Paul II et Ratzinger, vraie *"troisième force"*, pour couvrir et faire accepter le Concile *à la lumière de la tradition.*

Peu de temps avant le début du Concile un groupe de prélats et de laïcs "contre-révolutionnaires" firent imprimer, sous le pseudonyme de M. Pinay[566] un livre vraiment

---

[564] A. FOGAZZARO, *Il Santo* éd. Oscar Mondadori, Milano 1989. Pietro Maironi, se retira du monde après une vision et devint moine bénédictin convers, malgré les efforts, il ne réussit pas à oublier Jeanne. Il se fit ermite à Subiaco et prit pour nom Benoît, Pietro, le "saint laïc", arriva jusqu'au Pape pour lui exposer un programme de renouveau de l'Église, inspiré par les doctrines du modernisme, mais il se heurta à l'esprit conservateur de la Curie romaine qui le considéra comme un agitateur dangereux. Il mourut assisté par Jeanne.
Sur Fogazzaro cf. :
S. JACOMUZZI, *A. Fogazzaro,* dans *Grande Dizionario Enciclopedico,* UTET, vol. VIII, pp. 117-121, Torino 1968.
G. CATTANEO, *A. Fogazzaro* in *"Storia della letteratura italiana",* vol. VIII, pp. 414-427, Garzanti, Milano 1968.
GALLARATI SCOTTI, *Vita di A. Fogazzaro.*
Sur *Il Santo* cf. Les articles introductifs au roman. *op. cit.*
Sur l'action occulte du modernisme voir :
P. AMBROSINI S.J., *Occultismo e modernismo,* Tipografia arcivescovile, Bologna 1907.
A. RONCUZZI, *L'impossibile secolarismo.* chap. III. Ed. Marzorati, Milano 1970.
F. PETROCCHI, *Il "Leonardo" e il modernismo, in "Critica letteraria",* n° 54, pp. 9-61, n° 53 pp. 705-745, Napoli 1986-87, éd. Loffredo.

[565] ÀRome *Fogazzaro* fréquentait souvent les réunions qui se tenaient chez Pio Molajoni, place Rondanini, où il rencontrait don Romolo Murri, Minocchi, Fracassini, Valdambrini, Ghignini, Buonaiuti, Clementi, Genocchi. don Brizio, padre Semeria, etc.. c'est-à-dire ce qu'il y avait de mieux en matière de modernisme en Italie. Nardi affirme que justement dans ces réunions Fogazzaro trouvait une réserve de personnages pour le roman : si dans *Il Santo* on substitue la place Rondanini par la Via della Vite, on y retrouve la maison Molajoni. Il est superflu de rappeler ses rapports avec Loisy, Tyrrell, Mgr Bonomelli et avec les modernistes les plus notoires de l'époque.
Croce écrivait de ce roman : "Fogazzaro laissa voir, en premier lieu, dans ses velléités de conseiller des réformes à l'Église, des assouplissements et des modernisations à introduire dans les croyances, des hybrides inventions doctrinales et pratiques ; ... F., sans s'en rendre compte - et cela prouve la faiblesse confuse de sa logique - énonce des propositions qui, admises, détruiraient les prétentions, non seulement du catholicisme, mais de toute religion révélée ; car il pense qu' 'un homme peut nier Dieu ? Sans être vraiment athée, et sans mériter la mort éternelle, quand il nie ce Dieu qui lui est proposé sous une forme qui répugne à son intelligence, mais ensuite aime la Vérité, aime le Bien, aime les hommes, pratique ces amours'. Qu'en effet, aucun homme, aucun philosophe, nie Dieu, mais nie seulement telle ou telle forme inadéquate, mythologique et contradictoire dans laquelle l'idée de Dieu est présentée" (de *La letteratura della nuova Italia,* VI, Laterza, Bari 1950).

[566] Op. cit.

prophétique, qui fit alors beaucoup de bruit et qui fut aussi cité par Renzo de Felice dans la préface du livre de Piperno *L'antisemitismo moderno*[567].

L'INQUISITION OU LA LÉGITIME DÉFENSE DE L'ÉGLISE CONTRE LA CONJURATION JUDÉO-MAÇONNIQUE

La politique inquisitoriale de l'Église catholique fut non seulement théologiquement fondée[568] mais aussi d'un grand bienfait pour les peuples. Si grâce à la Sainte Inquisition on a réussi dans le passé à déjouer le complot pluriséculaire du Judaïsme contre l'Église du Christ, maintenant, avec son abolition opérée par la *"cinquième colonne"*, la menace est plus grave.

Même les historiens juifs les plus sérieux admettent le rôle positif de nombreux aspects du système de l'Inquisition. Cecil Roth, par exemple, écrit : "Il faut reconnaître que, de ce point de vue, l'Inquisition était juste. Rarement elle procédait sans une base sérieuse ; et quand une cause était amorcée, le but ultime était d'obtenir une confession complète qui, unie à l'expression du repentir, aurait sauvé les victimes des tourments éternels. Les châtiments imposés étaient considérés plus comme une expiation que comme une punition"[569].

L'Église ne veut pas imposer la Foi par les armes, mais veut défendre la Foi et les fruits spirituels et sociaux qu'elle a apportés au monde, de la menace du complot de la contre-Église ; au contraire, elle fut seule à sauvegarder la Chrétienté de ce danger, qui dut recourir à des moyens extraordinaires.

Une des armes privilégiées du Judaïsme ne fut rien d'autre que celle de l'infiltration de faux convertis, appelés "marranes", à l'intérieur de l'Église pour pouvoir l'asservir si jamais cela était possible à la Synagogue. La Chrétienté entière était menacée de mort si elle n'avait alors réagi énergiquement à cette infiltration secrète et funeste. De cette exigence d'autodéfense naquit la Sainte Inquisition : elle se servait d'informations caractérisées par une extrême réserve et discrétion, ne pouvant pas combattre une organisation secrète par des activités manifestes.

Déjà en 1184 "Le Pape Lucien III... obligea les Evêques à visiter une ou deux fois par an... les paroisses contaminées par l'hérésie, pour entendre, sous la foi du serment, les témoignages de personnes dignes de foi. ...Dénonciations, accusations... suffisaient à l'inquisiteur pour citer à comparaître devant lui les personnes compromises... Les dépositions des témoins étaient communiquées aux accusés, *mais leurs noms étaient tenus*

---

[567] R. PIPERNO, *L'antisemitismo moderno*, avec une introduction de Renzo de Felice, éd. Cappelli, Rocca San Casciano, 1964, p. 75.
[568] Cf. *"Sodalitium"*, n° 5, éd. ital. pp. 14-23.
K. BIHLMEYER-H. TUCHLE, *Storia della Chiesa. II, Il Medioevo*, Morcelliana, Brescia 1982.
MARIANO DI ALATRI, *Eretici ed Inquisitori in Italia, I, Il Duecento*. Istituto storico dei Cappuccini, Roma.
[569] C. ROTH, *Storia del Popolo ebraico*, éd. Silva, Milano 1962, p. 447.

cachés par crainte des représailles. Les calomniateurs et les faux témoins étaient durement punis"[570].

Du fait que l'Inquisition *protégeait l'informateur en maintenant secret son nom*, on en déduisit que l'Église se servit d'informateurs secrets[571].

Le lecteur saura certainement que le "*Sodalitium Pianum*", fondé par Mgr Umberto Benigni en l'honneur de St Pie V, recueillait les preuves sur les infiltrés et sur les modernistes, ce qui revient à dire qu'il enquêtait secrètement sur les évêques et les prêtres suspects de Modernisme et en informait le Pape en personne, sans recourir à des interrogatoires, mais seulement en recueillant des preuves au moyen d'informations, comparables à celles de la police, exécutées par des prélats ou des fidèles intégralement catholiques.

"On crie beaucoup contre le Saint-Père, comme s'il s'agissait d'une association maléfique. La chose ne peut pas ne pas émouvoir :

...on arrivera jamais à comprendre comment... on peut arriver à croire que le limier qui suit inaperçu les manœuvres malhonnêtes du voleur... devait être considéré comme un individu fautif... et non comme un défenseur de l'ordre... et pour quelle raison encore plus cachée le malfaiteur démasqué devrait être considéré comme une pauvre victime. Il est par ailleurs tout à fait normal que le contrôle implique parfois aussi des personnes innocentes, tel le cas des gendarmes, après le cambriolage d'une banque, qui contrôlent toutes les voitures du même type que celle utilisée par les voleurs en fuite. Qui... considérera comme fautif une telle manière de procéder sinon justement le voleur ?"[572].

---

[570] G. Mollat, Inquisizione, dans *"Enciclopedia Cattolica"*. Città del Vaticano, 1951, vol. VII, coll. 43/45.

[571] *"Vim vi repellere licet"* ? C'est-à-dire est-il permis de repousser la force par la force ? Àla sournoise objection que le chrétien ne peut pas se défendre mais doit toujours tendre l'autre joue, selon la parole évangélique, la vraie morale catholique enseigne que face à un agresseur injuste on peut et on doit résister, et que la phrase de Jésus est une hyperbole, dans le sens qu'elle enseigne à pardonner les offenses reçues, mais n'interdit pas la légitime défense, qui fait partie du droit naturel. Jésus Lui-même réagit contre les vendeurs du temple et contre le serviteur d'Anne, à nous enseigner que, si nous devons pardonner les offenses personnelles, nous ne pouvons pas ne pas réagir face à l'offense faite à Dieu. C'est pourquoi nous devons lutter contre les machinations des ennemis de l'Église, sans nous laisser lier par un faux concept de charité.
Cf. SAINT THOMAS D'AQUIN, *Somme théologique*, II II, q. II, a. 3.

[572] C. A. AGNOLI-TAUFER, La Santa Inquisizione, éd. Civiltà, Brescia 1989, p. 75.

Le "pentacle", ou pentagramme ou Étoile à cinq branches, ou pieds d'elfes est, avec l'équerre et le compas croisés (qui sont représentés sur la pointe supérieure de l'étoile), le principal symbole de la Maçonnerie, celui avec lequel elle aime le plus souvent marquer ses conquêtes et symboliser sa domination. C'est la même étoile qui recouvre le drapeau des U.S.A., et qui, peinte en rouge, indique la révolution bolchevique ; c'est elle qui trône sur le sceau de la république italienne et orne la devise des soldats italiens.

LA "CINQUIÈME COLONNE" JUIVE DANS LE CLERGÉ

Un des motifs de la victoire momentanée de la Révolution sur les forces du bien est que celles-ci combattent contre LES TENTACULES DE LA PIEUVRE et non contre SON CHEF. Par tentacules je veux dire le Communisme et la Maçonnerie, avec pour chef le Judaïsme.

Il est surprenant comment la *"cinquième colonne"* a réussi à s'infiltrer dans l'Église sous Jean XXIII [on pense aux de Lubac, Congar, Küng[573] condamnés par Pie XII et appelés par Roncalli comme "experts" au Concile], et à prendre solidement en main les rênes du Concile pour le diriger à leur gré, lui faisant proclamer le panthéisme, l'unité transcendante de toutes les religions et le droit, par l'erreur, à la liberté[574].

Mais de qui est formée cette fameuse *"cinquième colonne"* ? Pinay répond : "Elle est aussi formée des descendants des juifs qui se sont convertis au cours des siècles au Christianisme, mais qui ont pratiqué la Religion du Christ d'une manière seulement apparente"[575] ; c'est-à-

---

[573] Cf. *"Sodalitium"*, n° 25, pp. 3-20 ; n° 28, pp. 14-20.
[574] Cf. *"Sodalitium"*, n° 20, pp. 11-17 ; n°22, pp. 21-25 ; n° 23 pp. 20-26.
[575] M. PINAY, *op. cit.*, p. 264.

dire que dans l'intime de leur cœur ces faux convertis ont gardé leur foi talmudique et ont célébré leurs rites "en s'organisant en synagogues très secrètes, qui ont fonctionné clandestinement au cours des siècles"[576].

À ce propos, les directives que le Conseil suprême de la diaspora, établi à Jérusalem, donnait aux juifs d'Arles en 1489 sont intéressantes : '"Très chers frères en Moïse... vous nous dites que le roi de France veut que vous deveniez chrétiens ; faites-le... mais conservez toujours la loi mosaïque dans votre coeur (par mosaïque on entend talmudique. n.d.r.)

... FAITES EN SORTE QUE VOS ENFANTS DEVIENNENT CLERCS ET CHANOINES, ET QU'ILS PUISSENT AINSI RUINER L'ÉGLISE".

Il est évident, donc, que l'une des forces principales du Judaïsme a été celle d'introduire des "marranes" dans les séminaires, afin que, devenus prêtres, ils puissent gravir tous les degrés de la hiérarchie ecclésiastique[577], jusqu'à accéder au Saint-Siège comme le prédisait Nubius et faire faire ainsi la révolution aux catholiques stupéfaits, désorientés, angoissés, impuissants, comme de fait, hélas, il est arrivé avec Vatican II.

LE SUPREME ATTENTAT. UN "PAPE" SELON LES BESOINS DE LA JUDÉOMAÇONNERIE

« Déjà en 1824 le chef de la '*Haute Vente*' Nubius écrivait ceci à Volpe : '...NOUS DEVONS ARRIVER PAR DE PETITS MOYENS GRADUÉS... AU TRIOMPHE DE L'IDÉE RÉVOLUTIONNAIRE AU MOYEN D'UN PAPE'... Ce que la secte désirait n'était pas un Pape franc-maçon. ...Que voulait-elle ? Les *Instructions* le disent :'...un Pape selon nos besoins' »[578].

Que signifie exactement l'expression "un Pape selon nos besoins" ? C'est simple : un "Pape" qui n'est pas inscrit à la Maçonnerie mais qui appartienne à la secte par les idées qu'il a recueillies dans son intelligence, c'est-à-dire le naturalisme, le rationalisme, le libéralisme, le pluralisme, la tolérance pour principe, le non exclusivisme : en bref l'ensemble des idées émanant de la Maçonnerie. Ce "Pape" n'appartiendrait pas au CORPS DE LA MAÇONNERIE, mais à son ÂME. En effet, de même que dans l'Église du Christ on distingue le corps de l'âme, et l'on sait que l'un peut appartenir au corps sans appartenir à l'âme et vice versa, il en est de même pour la Maçonnerie : les loges sont le corps, et y appartiennent ceux qui y sont inscrits, les idées sont l'âme, le libéralisme et la tolérance. Tous ceux qui les professent appartiennent à l'âme de la secte.

---

[576] Ib. p. 264. Cf. CECIL ROTH, *Storia dei marrani*, Serra e Riva éd., Milano 1991.

[577] Un exemple terrifiant d'infiltrations juives dans le haut clergé est celui de Mgr Clemente Riva, évêque auxiliaire de Rome, qui déclare à la revue de la Communauté Israélite de Rome : "Je voudrais rappeler les paroles d'un grand rabbin, qui disait que '**La foi du Christ**' (c'est-à-dire le judaïsme, qui aurait été la foi de Jésus, n.d.r.) nous unit, la foi **dans** le Christ nous divise". Cf. *Shalom*, janvier 1994, p. 3.

[578] H. DELASSUS, *il problema dell'ora presente*. Desclée, Roma 1907, vol. I, p. 291. (*tr. it.*).

Un tel "Pape" fera en sorte que le clergé marche sous la bannière maçonnique, croyant marcher sous celle du Vicaire du Christ et la secte verra ainsi réalisé son rêve de faire la Révolution "en chape et en tiare"[579].

ORIGINES DE LA "CINQUIÈME COLONNE" ET SON ACTION

Le Judaïsme, qui après la dispersion, a dû se transformer en secte secrète[580] est donc presque aussi ancien que le Christianisme.

"Le juif, quand il a réussi à s'infiltrer dans la citadelle de son ennemi, travaille sans relâche, obéissant aux ordres... des organisations juives qui visent à obtenir de l'intérieur la domination sur le peuple dont ils prédisent la conquête"[581].

Le Judaïsme tentera donc, par tous les moyens d'exercer le contrôle sur les organisations religieuses ennemies (catholiques) pour ensuite les désintégrer ; une fois obtenues les charges ecclésiastiques, il les utilise pour développer ses propres plans de domination universelle, comme il arrive aujourd'hui, sous nos yeux, avec le nom de Nouvel Ordre Mondial (N.O.M.).

En plus de s'introduire dans les rangs du clergé dans le but d'escalader la hiérarchie ecclésiastique jusqu'au sommet de l'Église (et là on voit combien est fausse la thèse anticléricale, qui fait remonter seulement au clergé la responsabilité de l'actuelle crise dans l'Église et non pas aux agents judéo-maçons de la *"cinquième colonne"* qui ont imposé au clergé fidèle la révolution conciliaire), les infiltrés de la *"cinquième colonne"* cherchent aussi à créer des GOUROUS LAÏCS. AU MOYEN des *mass media* la tâche du JUDAÏSME tend à créer un halo d'approbation et de popularité pour certains "maîtres à penser".

C'est un devoir chrétien de prouver la sincérité de ceux qui se proclament apôtres et de les dénoncer s'ils ne le sont pas. "Jésus-Christ Notre-Seigneur et les Apôtres avaient considéré que c'est un moindre mal de démasquer à temps les traîtres et d'éviter ainsi qu'ils continuent de trahir en causant des dommages mortels à l'Église, plutôt que de cacher les choses par crainte du scandale... ceux qui même ayant la possibilité de parler se taisent par indolence ou... par lâcheté, sont coupables de trahison et partagent avec les ecclésiastiques de la *"cinquième colonne"* la responsabilité de la catastrophe"[582].

Saint Paul, d'ailleurs, estime nécessaire d'avertir les évêques qu'entre eux il y aurait des loups féroces, qui n'épargneraient pas le troupeau du Christ, et que parmi les évêques se lèveraient des hommes qui diraient des choses perverses pour faire des prosélytes (*Periculis in falsis fratribus*).

---

[579] H. DELASSUS, *La conjuration antichrétienne*, Desclée, Lille 1940, pp. 490-501.
[580] Idem.
[581] Cf. *Sodalitium*", n° 34, pp. 21-46.
[582] M. PINAY, *op. cit.*. p. 279.

Notre-Seigneur Jésus-Christ dans l'Évangile nous met en garde contre les *"loups rapaces revêtus de peau de brebis"*, nous instruisant d'être vigilants et toujours en garde contre le "danger intérieur", et nous avertissant qu'*"il est nécessaire que des scandales arrivent"*.

Il est significatif que moins la Sainte Inquisition a pu travailler librement, plus ont triomphé les différentes hérésies inspirées du Judaïsme ; malheureusement avec le Concile Vatican II il a été permis aux loups revêtus de peau de brebis de s'introduire dans le haut clergé et d'utiliser l'autorité (matérielle, non formelle) pour écraser les défenseurs de l'Église, tant clercs que laïcs.

Nous ne devons pas nous étonner de cette infiltration que le Christ permet dans l'Église. L'Évangile, au fond, nous en donne un exemple classique, celui de Judas, l'un des douze Apôtres, qui trahit le Christ pour trente deniers. Peut-être Jésus se trompa-t-Il en choisissant Judas ? NON ! Jésus veut nous donner un exemple et un avertissement. Il veut nous faire constater que LE PLUS GRAND DANGER QUE COURT L'ÉGLISE EST CELUI D'ÊTRE VENDUE AU JUDAÏSME POUR TRENTE DENIERS PAR DES HAUTS PRÉLATS DE L'ÉGLISE : en effet d'autres Judas ont vu le jour au cours des deux mille ans d'histoire de l'Église et d'autres encore surgiront.

Les fidèles ne doivent donc pas se scandaliser si nous parlons du complot contre l'Église qui a pu se réaliser au Concile Vatican II par la trahison des plus hauts prélats, surtout de Jean XXIII et de Paul VI.

L'Église, dans le passé, a toujours réussi à vaincre le plus grave danger, celui de la *"cinquième colonne"*, grâce à un clergé vertueux et combattif et à un laïcat qui lui était fidèlement soumis. Malheureusement avec le Concile Vatican II, les agents judéo-maçonniques ont occupé les postes de commande et ont mis en acte cette révolution qui a déjà jeté le trouble dans le clergé et le laïcat catholique. C'est notre devoir de combattre avec l'aide de Dieu l'action dissolvante de la *"cinquième colonne"* qui désormais a envahi l'Église du Christ, et ce par un mystérieux dessein du Rédempteur qui, comme Il a voulu que durant la Passion son Humanité souffrît terriblement et que sa Divinité fût complètement cachée et éclipsée, a permis de même après deux mille ans que son Corps mystique souffrît une semblable et terrible Passion, que son élément divin soit éclipsé et qu'apparaisse seulement l'élément humain, totalement martyrisé, presque méconnaissable. Notre espérance a reposé uniquement dans la Très Sainte Vierge Marie, qui seule, le Samedi saint, conserva la foi dans la divinité du Christ, qui ranima les Apôtres et les prédisposa à recevoir la force du Saint-Esprit, qui, remplis de courage, purent prêcher dans le monde entier le Christ crucifié, *"scandale pour les juifs et folie pour les païens"*. Que la Très Sainte Vierge intercède pour nous et qu'elle nous donne la possibilité de chanter un jour comme firent nos ancêtres à Lépante *"Non virtus, non arma, non duces, sed Maria sacratissimi Rosarii, victores nos fecit"*.

DE QUELLE MANIÈRE LES CRYPTOJUIFS (OU FAUX CHRÉTIENS) ESSAYENT DE PÉNÉTRER DANS L'ÉGLISE

Nous avons vu que pour conquérir la Chrétienté le Judaïsme estima indispensable DE S'EMPARER DE MANIÈRE CACHÉE, ET PEU À PEU, DE L'ÉGLISE DU CHRIST, et pour arriver à ce but il s'est servi de diverses tactiques, des persécutions manifestes aux infiltrations cachées. L'Église a répondu avec l'Inquisition qui se servait d'INFORMATEURS PROBES ET SECRETS, ce qui explique la haine implacable des Juifs et des francs-maçons contre l'Inquisition et spécialement contre l'Inquisition espagnole.

« Les Juifs, très nombreux en Espagne, y avaient atteint une position prépondérante grâce à leur habileté commerciale. Leur arrogance, leur luxe et leurs richesses, outre la pratique de l'usure, excitèrent contre eux l'exaspération publique. ...Bon nombre [d'entre eux] passèrent au Christianisme. Mais trop souvent ces conversions étaient provoquées par l'intérêt ou par la peur, sans conduire à un changement de mœurs ; nombre de ces "convertis" ou "marranes"... pratiquaient en cachette les rites juifs... de sorte qu'ils furent considérés par les Espagnols PIRE QUE CEUX QUI NE S'ÉTAIENT PAS CONVERTIS »[583].

Il faut préciser et redire que la légitime défense de l'Église dans ses rapports avec le Judaïsme ne doit jamais être confondue avec l'antisémitisme raciste, qu'elle a toujours condamné. L'Inquisition n'a jamais persécuté personne de sang juif en tant que tel, mais a veillé sur les juifs qui s'étaient convertis faussement et apparemment au Christianisme, tout en restant, au plus profond d'eux-mêmes, liés à la religion juive. L'Église a toujours accueilli avec une grande joie les juifs devenus SINCEREMENT chrétiens et leur a donné des charges très importantes dans la recherche des faux convertis. Par cette recherche ceux-ci prouvaient que leur conversion était sincère, et si elle ne l'était pas, l'Église s'empressait de défendre ses fils de leur influence néfaste.

Les deux premiers inquisiteurs généraux, Torquemada et Deza, étaient d'origine juive, tout comme (du côté maternel) le roi Ferdinand d'Aragon, qui confia justement à des juifs sincèrement convertis les enquêtes sur les marranes. L'Inquisition n'avait donc rien de raciste : elle démasqua les faux convertis et en même temps infusa une grande confiance aux vrais convertis, diminuant ainsi l'aversion des "vieux chrétiens" envers les juifs en général et en donnant la tranquillité qui leur était due à ceux qui étaient devenus sincèrement chrétiens, non plus exposés à des réactions populaires manquant de discernement.

L'Inquisition corrigea de cette manière ces exagérations du peuple chrétien, qui considérait à tort que le sang juif signifiait, toujours et de toute façon, une fausse conversion. Beaucoup ignorent que deux grands saints espagnols, Sainte Thérèse d'Avila et Saint Jean de la Croix, sont de sang juif ; or, personne ne peut douter de la sincérité de leur foi, puisque canonisés infailliblement par l'Église. Cela signifie que, pour l'Église, le vrai converti est un chrétien comme tous les autres, tandis que le faux converti doit être démasqué du fait du dommage qu'il cause à la foi.

---

[583] G. MOLLAT, *Inquisizione spagnola*, dans *"Enciclopedia Cattolica"*, Città del Vaticano 1951, vol. VII, col 48.
Cf. également : M. KAMEN, *L'Inquisizione spagnola*, Feltrinelli, Milano 1966.
A. S. TURBERVILLE, *L'inquisizione spagnola*, Feltrinelli, Milano 1957.
B. BENNASSAR, *Storia dell'Inquisizione spagnola*, Rizzoli, Milano 1980.

"Que l'Inquisition ne frappât pas la race juive en tant que telle est clair : ...elle passait en revue non pas les origines et le sang, mais plutôt les condamnations des ancêtres jusqu'aux grands-pères. ...De la même manière notre administration, jusqu'à il y a quelques années, étudiait la conduite des ascendants proches et, en général, des proches parents des candidats à des charges publiques délicates, comme la magistrature et la gendarmerie"[584].

En effet dans l'Église du Christ comme l'enseigne St Paul *"il n'y a plus ni juif, ni grec, ni esclave, ni homme libre, mais tous sont un dans le Christ-Jésus"* (Gal. III, 28). mais, en même temps, elle veille à ce qu'en son sein ne s'infiltrent pas de faux convertis. Toute interdiction aux charges a toujours été dictée par l'Église à la base par des motivations spécifiquement religieuses, jamais raciales ou génétiques, comme l'admet également l'historien Paul Johnson : "Dans l'Espagne du XVème siècle un juif ne pouvait être persécuté... parce qu'il était né juif ou parce que ses parents étaient nés juifs ; il fallait démontrer qu'il pratiquait encore le Judaïsme d'une manière secrète"[585].

Le juif errant

LES DIFFÉRENTS SAINTS QUI ONT LIBERÉ L'ÉGLISE DU DANGER DU JUDAÏSME

---

[584] C. A. AGNOLI-P. TAUFER, *La Santa Inquisizione*, éd. Civiltà, Brescia 1989, p. 94.
[585] P. JOHNSON, *Storia degli Ebrei*, Longanesi, Milano 1991, p. 250.

La Providence de Dieu est toujours venue en aide à son Église, en lui envoyant et en lui suscitant des hommes capables de sacrifier tout pour son salut, des hommes qui, inspirés et soutenus par Dieu, savent évaluer la gravité du complot qui menace manifestement et occultement l'Église, et qui, poussés par le Saint-Esprit, sont prompts à se lancer, de manière désintéressée, dans la lutte contre la Synagogue juive et ses suppôts. Ces hommes sont les Saints qui intercèdent pour nous, et à qui nous devons demander la force pour combattre jusqu'à la fin le bon combat contre les ennemis de l'Église.

Au cours des siècles se sont distingués, entre autres, Saint Irénée, Saint Athanase, Saint Jean Chrysostome, Saint Ambroise, Saint Cyrille d'Alexandrie, Saint Isidore de Séville, Saint Félix, Saint Agobard et beaucoup d'autres.

Essayons d'étudier certaines de ces figures plus significatives de cette lutte entre l'Église et la Synagogue :

— SAINT GREGOIRE VII : dans une lettre au roi Alphonse de Castille il affirmait clairement : "Nous enjoignons à Votre Altesse qu'elle cesse de tolérer que les juifs gouvernent les chrétiens. ...puisque le fait de permettre que les chrétiens soient subordonnés ...revient à opprimer l'Église de Dieu et exalter la Synagogue de Satan"[586].

— SAINT AMBROISE : quand les foules chrétiennes, indignées par les mauvaises actions des juifs, mirent le feu à la synagogue de Milan, il proclama : "C'est moi qui ai mis le feu à la synagogue, ou du moins j'ai ordonné aux chrétiens de le faire... je l'ai fait brûler par le jugement de Dieu"[587].

— SAINT THOMAS D'AQUIN : écrivait à la Duchesse de Brabant que *"de jure* il était permis d'obliger les juifs, en tant que déicides, à vivre en perpétuel esclavage"[588].

— LE BIENHEUREUX DUNS SCOT : "suggéra que les juifs fussent transférés sur une île où ils puissent pratiquer leur religion jusqu'à leur conversion"[589].

— SAINT LOUIS DE FRANCE : disait qu'au cas où les juifs outrageraient la Religion catholique, la meilleure chose à faire serait de leur enfoncer une épée dans le corps[590].

— SAINT ATHANASE : soutenait que "les juifs ne sont plus le peuple de Dieu, mais les chefs de Sodome et Gomorrhe"[591].

— SAINT JEAN CHRYSOSTOME les définissait : "Assassins, luxurieux, rapaces, voraces, perfides, voleurs"[592], et affirmait que "Dieu hait les juifs parce qu'il hait le mal et que les juifs après avoir crucifié Notre-Seigneur Jésus-Christ s'employèrent à commettre les plus grands maux"[593].

---

[586] Regesta IX.
[587] Lettre à l'emPÈREur Théodose.
[588] ST THOMAS D'AQUIN, De regimine Judeorum.
[589] JACOB SALMON RAISIN, *Gentile Reactions Jewish ideals*. Philosophical library, New-York 1953, chap. XXI, p. 525.
[590] J. S. RAISIN, *op. cit.*, chap. XVII, pp. 482-483.
[591] ST ATHANASE, Traité *De Incarnazione*, 40, 7.
[592] ST JEAN CHRYSOSTOME, *Contra Judeos*, passim.
[593] M. PINAY, *op. cit.*. p. 586

— BOSSUET disait des juifs : "Oh race maudite... Le sang que tu as versé te poursuivra jusqu'à tes descendants les plus éloignés"[594].

— SAINT PIE V : dans la première année de son pontificat, alarmé par l'action subversive des juifs, il les obligea à porter un signe distinctif visible qui les distinguât des chrétiens. Et Pinay, observe à ce propos que "...s'il avait vécu de notre temps... les dignitaires qui sont au service de la Synagogue... l'auraient condamné comme raciste et antisémite"[595].

— SAINT GRÉGOIRE DE NYSSE : accuse les juifs d'être "assassins du Seigneur, des Prophètes, ennemis de Dieu... ennemis de la Foi de leurs Pères... assemblée démoniaque"[596].

— LÉON XIII : *"l'Enciclopedia Giudaica"* écrit de lui : "Léon XIII fut l'un des pontifes les plus illustres, mais il ne pardonna jamais aux juifs le soutien qu'ils ont apporté au libéralisme... et a identifié les juifs avec la Maçonnerie"[597].

UN CARDINAL CRYPTO-JUIF USURPE LA PAPAUTÉ

LE BUT DE LA "CINQUIEME COLONNE" crypto-juive infiltrée dans le clergé À TOUJOURS ÉTÉ CELUI DE POUVOIR ARRIVER À OCCUPER MATÉRIELLEMENT LE SIÈGE DE PIERRE, en y plaçant un crypto-juif ou faux converti, qui asservirait les hommes d'Église aux intérêts et aux plans les plus secrets du Judaïsme.

Ce but fut sur le point d'être atteint en 1130. Le rabbin Louis Israël Necuman écrit que "...le facteur principal qui prépara l'explosion de l'hérésie judaïsante au XIIème siècle fut l'élection au Trône pontifical d'Anaclet II, membre de la maison juive des Pierleoni, qui eut lieu en 1130"[598].

"Le cardinal Pierleoni et ses partisans, avaient employé tous les moyens pour accéder au trône pontifical à la mort du Pape (Honorius II) ; les cardinaux et les autres ecclésiastiques les mieux orientés et les plus fidèles à la Sainte Église étaient justement inquiets, persuadés qu'ils étaient que Pierleoni pratiquait secrètement le Judaïsme et que, par son élévation au Trône pontifical, l'Église serait tombée entre les griffes de son ennemi séculaire"[599].

Le professeur Brezzi, à son tour écrit : "Appartenant à l'une des plus célèbres familles de Rome, Pietro Pierleoni, neveu d'un juif converti au temps de Léon IX... devint cardinal sous Pascal II : ...A la mort du Pape (Honorius II), le schisme depuis longtemps en préparation éclata violemment. Le 14 février 1130, fut enseveli...

Honorius II, un groupe de cardinaux élit... Grégoire de Saint Ange. (...) Intronisé au Latran, où il prit le nom d'Innocent II, le Pape s'enferma dans la forteresse des Frangipane. Mais Pietro Pierleoni et ses amis ...procédèrent... à un nouveau choix... Pietro fut élu et prit

---

[594] BOSSUET, Sermone del Venerdi santo, dans Œuvres II. 628, (tr. it.).
[595] M. PINAY, *op. cit.*, p. 590.
[596] SAINT GRÉGOIRE DE NYSSE, Oratio in Christi Resurrectionem.
[597] *Enciclopedia Judaica Castellana*, rubrique "Papas", tome VIII, p. 351.
[598] L. I. NECUMAN, Jewish inflence on Christian moments Reform, II lib, IV-1, p. 248.
[599] M. PINAY, *op. cit.*, p. 541.

le nom d'Anaclet II. Des troubles s'ensuivirent, les riches Pierleoni distribuèrent beaucoup d'or... Les discussions durèrent pendant plusieurs années ainsi que les Conciles et les luttes dans Rome : Saint Bernard, partisan ouvert d'Innocent, eut une grande influence... La mort d'Anaclet II (25 janvier 1138) résolut le litige. En effet une tentative de renouveler le schisme avec l'élection de Victor IV échoua : LA QUESTION DE LA LÉGITIMITÉ, DEMEURÉE EN PRINCIPE OBSCURE AUX CONTEMPORAINS, fut clarifiée par la reconnaissance universelle de l'Église en faveur d'Innocent"[600].

LES AMITIÉS JUDÉO-CHRÉTIENNES

Aujourd'hui, parmi les moyens les plus efficaces adoptés par le Judaïsme pour empêcher l'autodéfense chrétienne, se détache particulièrement la création de confréries ou "amitiés judéo-chrétiennes" qui ont connu une grande impulsion et un développement particulier pendant et après le Concile, dans les travaux préparatoires de *"Nostra Ætate"*, pour aboutir à l'embrassade, dans la synagogue de Rome, entre Jean-Paul II et le grand rabbin Elio Toaff en 1986, à la reconnaissance des juifs comme "frères aînés" (de l'Église conciliaire) et de l'État d'Israël de la part du Vatican en 1993 ; reconnaissance qui, comme l'admet *L'Osservatore Romano*[601], "est imprégnée de l'esprit de Vatican II".

Or, pour parler comme Pinay[602], "DOIVENT TOUJOURS ÊTRE CONSIDÉRÉS COMME SUSPECTS DE CRYPTO-JUDAÏSME CES PRÊTRES OU PRÉLATS QUI AVEC INSISTANCE FONT LE JEU DE LA SYNAGOGUE... Quiconque en effet aide les pires ennemis du Christ... ne peut être que l'un de ces juifs cachés".

Tous ceux qui, plus ou moins consciemment, se prêtent à ce jeu, sont en substance les "marionnettes" du Judaïsme. Le Saint-Office s'en rendit si bien compte qu'il promulgua le 25 mai 1928 un document de condamnation de l'Association *"Amici di Israele"*[603].

« Commencée sous les meilleurs auspices et avec de sincères intentions d'apostolat... la société *"Amici di Israele"* passa malheureusement, presque insensiblement... de l'intention primitive, à de nombreuses exagérations et déviations (...). L'idée d'une institution spéciale pour la difficile conversion des juifs, avec le titre partial d'*"Amici di Israele"*, donnait lieu à certaines appréhensions ou incertitudes, et pour cela aussi à une juste réserve de notre part ; d'autre part, cependant, l'adhésion explicite et publique... aussi de plusieurs évêques et cardinaux... devait être... suffisante à nous débarrasser de toute crainte (!)...

---

[600] P. BREZZI, *Anacleto II*, dans *"Enciclopedia Cattolica"*, vol. I, coll. 1126-1128, Città del Vaticano 1948. Un cas analogue s'est vérifié avec le card. Morone († 1580) ; cf. M. l'abbé F. RICOSSA, *L'hérésie aux sommets de l'Église* dans *"Sodalitium"*, n° 36. p. 44-58. Si l'on veut approfondir le cas Pierleoni on peut consulter l'étude particulièrement fouillée et dotée d'une riche bibliographie de P. F. PALUMBO, *Lo Scisma del MCXXX*, Roma 1942.

[601] 1er janvier 1994, p. 1.

[602] M. PINAY, *op. cit.*. p. 599.

[603] Cf. *La Civiltà Cattolica*, 1928, vol. II, p. 171.

Mais, revenant au point auquel nous rappelle le document poursuit *La Civiltà Cattolica* le danger juif, il menace le monde entier par ses infiltrations pernicieuses et ses ingérences néfastes, particulièrement dans les peuples chrétiens, et plus spécialement chez les catholiques et chez les latins, où la cécité du vieux libéralisme a plus favorisé les juifs, alors qu'il persécutait les religieux et surtout les catholiques...

Ce sont eux (les francs-maçons) qui ont préparé... avec la génération des fils de Juda, contre les catholiques et le clergé, la persécution religieuse et la lutte antichrétienne qui fut le triste fondement de tout le mouvement libéral et maçonnique »[604].

CONCLUSION

"Si la Sainte Église écrivait de manière prophétique Pinay peu de temps avant le commencement des travaux du Concile Vatican II aboutit à la stipulation d'un pacte avec le Judaïsme, elle se contredira elle-même et perdra son autorité sur les fidèles (...). Il ne peut être exclu que des agents juifs s'introduisent dans la hiérarchie de l'Église, soumettent à l'examen du Concile Vatican II ...un projet de convention par lequel ils espèrent arriver à se créer un halo de sympathie et de compréhension"[605].

Or nous savons que, justement parce qu'elle est divine, l'Église ne peut se contredire, alors que ses membres, même les principaux (les évêques), en tant qu'hommes, peuvent contredire l'enseignement du Christ (comme le fit Judas), et nous avons assisté effarés à la réalisation du plan tramé par les crypto-juifs pendant Vatican II et le pontificat de Jean-Paul II. Mais c'est avec Jean XXIII et avec Paul VI qu'a commencé, d'une manière parfois sournoise et occulte, la Révolution à l'intérieur de l'Église.

« On se demande comment Paul VI a réussi là où tous les ennemis de l'Église ont échoué. L'explication est facile : ils ont attaqué l'Église DU DEHORS, alors qu'avec Montini ELLE A ÉTÉ, PEU À PEU, GRIGNOTÉE, DU DEDANS... Mais comment, devant un tel résultat ("l'autodémolition de l'Église" comme Paul VI lui-même l'a définie), les yeux ne se sont-ils pas dessillés ? Là aussi l'explication est facile : c'est le génial DOUBLE JEU de Paul VI qui a aveuglé tout le monde (et plus encore celui de Jean-Paul II, n.d.r.). Aller, par exemple, à l'O.N.U. pour confesser sa foi dans la Charte des Droits de l'homme... et ensuite confesser sa foi en Dieu selon le Credo catholique.

Certains prétendent que Paul VI ne gouverne pas l'Église (mais qu'elle est gouvernée par une mafia de mauvais conseillers qui l'entourent). C'est faux ! Il la gouverne d'une main ferme lorsqu'il s'agit de rompre avec la Tradition, tout en la défendant en paroles. (...) Aucun Pape n'a eu l'audace de supprimer le SaintOffice ...Aucun Pape n'a imposé, avec une telle autorité, une réforme du Conclave en excluant tous les cardinaux de plus de quatre-vingts ans ! Aucun Pape n'a eu l'audace extraordinaire d'imposer une "messe" révolutionnaire...

---

[604] *La Civiltà Cattolica*, 1928, vol. II, col. 1870, 12 mai, pp. 339-340.
[605] M. PINAY, *op. cit.*, p. 603.

Mais pour le moment, demandons-nous pourquoi le même Pape des *"motu proprio"* énergiques quand il s'agit de détruire la Tradition, perd son autorité quand il s'agit de s'opposer aux hérésies ? Jamais une mesure pour défendre l'Église contre ceux qui l'attaquent... Le plan progressiste ou moderniste a été soigneusement préparé longtemps avant...

Bref, nous nous trouvons en présence d'un plan littéralement démoniaque de subversion mondiale au sens profond du terme...

Ce plan, Paul VI est en train de l'appliquer à la lettre, dans ses moindres détails, en se conformant strictement au plan des modernistes exposé par St Pie X dans l'encyclique *"Pascendi"* et il l'applique à vitesse accélérée pour nous mettre irréversiblement devant le fait accompli, avant que la résistance ait pu s'organiser...

Le Concile Vatican II marque le point de rupture entre Tradition et modernisme... Lors de Vatican II, on est passé d'une religion chrétienne traditionnelle à une pseudoreligion humanitaire... toute pénétrée de conceptions maçonniques. En résumé :

1. Il y a un antagonisme foncier entre Paul VI et les Papes qui l'ont précédé (Jean XXIII excepté, n.d.r.).
2. Vatican II a signifié la rupture avec la Tradition de l'Église.
3. Ce Concile a joué dans le domaine religieux le rôle que 1789 a joué dans le domaine politique.
4. A la suite de Vatican II une nouvelle religion est en train de se substituer à l'ancienne.

... Saint Pie X avait prédit cette situation quand il écrivait dans *Pascendi* : "Les artisans d'erreurs il n'y a pas à les chercher aujourd'hui parmi les ennemis déclarés. Ils se cachent... dans le sein même et au cœur de l'Église : Nous parlons d'un grand nombre... de prêtres qui, sous couleur d'amour de l'Église, ...imprégnés jusqu'aux moelles d'un venin d'erreur puisé chez les adversaires de la Foi catholique, se posent... comme rénovateurs de l'Église »[606].

On peut également connaître certains aspects de la personnalité de Karol Wojtyla à travers le livre de G. F. Svidercoschi *Lettera ad un amico ebreo*[607], dans lequel, entre autres on lit que "Lolek (Karol Wojtyla) était l'acteur principal... et sa première 'maîtresse' était Ginka Beer, une fille juive aux splendides yeux noirs et... une très bonne actrice"[608], et encore que quand en 1965, évêque à Rome pour suivre les travaux du Concile, il rencontra son vieil

---

[606] LÉON DE PONCINS, *Christianisme et Franc-Maçonnerie*, D.P.F., Chiré-en-Montreuil, 1975, pp. 283-292. Sur le pontificat de Jean XXIII cf. les articles de M. l'abbé F. RICOSSA, *Le Pape du Concile*, dans *"Sodalitium"*, à partir du n° 22.
La pensée de Jean-Paul II a été analysée dans *Vie et pensée de Karol Wojtyla*, par M. l'abbé F. RICOSSA, dans *"Sodalitium"*, n° 19, pp. 15-29.
Les livres suivants présentent également un intérêt notable :
D. LEROUX, *Pietro, mi ami tu ?*, éd. Gotica, Ferrara 1989.
J. DORMANN, *L'étrange théologie de Jean-Paul II*, éd. Fideliter, Eguelshardt 1992.
[607] G. F. Svidercoschi. *Lettera ad un amico ebreo*, éd. Mondadori, Milano 1993.
[608] *Op. cit.*, p. 26.

ami juif Jurek, il l'embrassa, le regarda fixement dans les yeux et le surprit par ces mots "UN JOUR JUIFS ET CHRÉTIENS POURRONT SE RETROUVER AINSI"[609].

Et c'est ce qui arriva en 1986, quand « l'ami catholique est LE PREMIER PAPE QUI APRÈS DEUX MILLE ANS ENTRA DANS UNE SYNAGOGUE, la synagogue de Rome. Là, face à l'ami juif présent dans le temple, il répéta la condamnation du Concile contre toute forme d'antisémitisme et déclara les juifs 'frères aînés dans la foi d'Abraham' »[610], lui qui étant jeune prêtre n'avait pas voulu baptiser un enfant juif.

Mais il faut se demander si à un tel changement d'attitude du côté catholique dans les rapports avec les juifs, correspond en sens contraire un changement analogue des positions du côté juif. La réponse est tout à fait négative : on ne note aucun changement d'attitudes dans les rapports avec Notre-Seigneur Jésus-Christ et le Christianisme. À cet égard, un article paru récemment dans la revue de la Communauté Israélite de Rome *Shalom*, qui est pourtant considérée parmi les'libérales'est très significatif : "Que l'origine de l'antisémitisme réside dans l'enseignement de l'Église apparaît hors de doute... Jean XXIII et Jean-Paul II ont dû vaincre de nombreuses résistances avant de réussir à IMPOSER UNE REVISION DES POSITIONS TRADITIONNELLES CHRÉTIENNES SUR LE JUDAÏSME...

Le martyre de St Simon de Trente

Jésus, sur qui les informations historiques sont extrêmement pauvres (!) et les plus dignes de foi tirées du Talmud (! !), naquit, vécut et prêcha en juif... rien de ce qu'il dit ou fit ne se détacha jamais de l'orthodoxie juive...

LES ÉVANGILES... SONT ...du point de vue historique PEU DIGNES DE FOI... Aujourd'hui il semble assez acquis que le Christianisme ait été pour ainsi dire préparé,

---

[609] Ib. p. 97.
[610] Ib. p. 101.

quelques décennies après la mort de Jésus, par quatre évangélistes, et fondé, encore plus tard par Paul, le propagateur d'un Christianisme qui n'avait rien affaire avec Jésus...

Jésus ne fut ni roi, ni prétendant Messie, mais un juif rebelle à la domination romaine. Mais pourquoi... les évangélistes... et ensuite Paul enveloppèrent-ils le Christianisme dans un emballage antisémite ? La raison... est politique... Pour se soustraire aux conséquences de l'animosité romaine, d'abord les évangélistes, puis, de manière plus organisée, Paul... voulurent prendre leurs distances avec les juifs. Pour plaire aux romains ils dirent donc que Jésus avait été crucifié... sur instigation juive... C'est à l'occasion de la Pâque juive, que, selon la mythologie chrétienne (!) eut lieu le déicide"[611].

Voilà que la Religion Catholique Apostolique et Romaine est ravalée au rang de mythologie, sans qu'aucune "autorité" ecclésiastique n'ait rien à dire, avec la permission de nombreux œcuménistes modernes "amis d'Israël" et sans qu'aucune autorité gouvernementale, justement d'après le décret Mancino, ne démontre quelque zèle à relever les éléments de discrimination religieuse qui est ainsi prête à frapper du côté catholique.

Tout ce long discours ramène au problème de l'autorité, c'est-à-dire au fait que les papes du Concile aient seulement matériellement l'autorité, mais non formellement, autrement nous serions contraints d'admettre *Absit* ! que les portes de l'enfer auraient prévalu, (si l'Église s'est contredite elle n'est donc pas divine), ou bien que l'enseignement du Concile Vatican II est conforme à la doctrine traditionnelle de l'Église, ce qui est contraire à l'évidence.

Pie XII dans *Mystici Corporis* (1943) écrit : "Le Christ, bien que non visible préside et conduit les Conciles de son Église". La théorie du Concile seulement pastoral et non divinement assisté est une bien faible trouvaille pour éluder le problème bien plus grave de la vacance formelle de l'autorité ; si Roncalli et Montini, qui l'ont présidé, sont Papes, si Jean-Paul II, qui l'a appliqué est Pape, alors c'est le Christ qui "a présidé et conduit le Concile" et son enseignement ne peut être erroné. Mais si on constate que l'enseignement conciliaire est erroné, alors ses Pontifes ne le sont pas formellement, ne sont pas vicaires de Jésus mais de Caïphe.

À la lumière de tout cela il résulte qu'il est pratiquement impossible de comprendre complètement les problèmes de l'"Église conciliaire" sans comprendre à fond le complot contre l'Église romaine. Malheureusement l'ennemi, par une mystérieuse permission de Dieu, a réussi à opérer la révolution ; tout cela a provoqué une grande confusion chez les catholiques fidèles, qui ont essayé de s'opposer à l'"autodémolition de l'Église", au prix d'une grande division parmi eux.

Si, par certains côtés, il est naturel que, sans autorité, les fidèles se divisent ("*je frapperai le pasteur et le troupeau sera dispersé*", disent les Ecritures), il serait au contraire souhaitable que, contre un ennemi redoutable et traître, qui cherche par tous les moyens à diviser les fidèles pour mieux les assujettir, on puisse trouver cette indispensable unité dans la Vérité qui seule peut garantir la victoire finale.

---

[611] L. F. *Quei sudditi troppo leali di Roma*, dans "*Shalom*", n° 9, oct. 1993, pp. 18-19.

La chose est difficile, surtout parce que manque cette autorité unique et vraie qu'est le Pape : cela n'empêche pas que c'est un devoir de s'unir pour combattre l'"ennemi" du Christ et de son Église.

Pour nous, il ne nous reste qu'à prier dans l'espérance de pouvoir un jour chanter à nouveau tous ensemble : "ROME IMMORTELLE DES MARTYRS ET DES SAINTS".

JEAN XXIII ET LES JUIFS : JULES ISAAC

Par M. l'abbé Francesco Ricossa

« L'héritage que je désirerais recueillir maintenant, c'est celui de Jean XXIII. » Telles sont les paroles que Jean-Paul II adressait au rabbin Elio Toaff lors de sa visite mémorable à la Synagogue de Rome[612]. Et c'est l'histoire de cet héritage unissant Roncalli à Wojtyla et les unissant tous deux à la Synagogue, que je vais raconter dans cet article.

CHRISTIANISME ET JUDAÏSME

"Sur le plan (...) politique et diplomatique, on enregistra aucun progrès dans les rapports entre Israël et le Saint-Siège jusqu'à la mort de Pie XII"[613]. Ce qu'affirme Silvio Ferrari, enseignant de droit ecclésiastique à l'Université de Turin, des relations entre l'état du Vatican et celui d'Israël vieux seulement de dix ans mais héritier du plus antique mouvement sioniste, on peut aussi le dire des religions qui animent les deux entités chrétienne et judaïque, l'Église et la Synagogue. Dans la préface d'un livre bien connu de Jules Isaac sur lequel nous reviendrons, Saul Israël expose ainsi le point de vue des juifs : "Isaac a depuis le début affronté le problème des origines des persécutions antijuives en mettant directement en cause l'antisémitisme chrétien qu'il a toujours considéré comme le lit dans lequel ont convergé **durant presque deux mille ans** toutes les formes de ressentiment et d'antipathie contre les Juifs. (...) Que l'antisémitisme que nous connaissons **depuis environ vingt siècles** soit religieux et en particulier chrétien est un fait d'une évidence indiscutable et si l'on voulait appuyer cette affirmation d'une documentation historique précise, on aurait que l'embarras du choix"[614]. Vingt siècles (ou deux mille ans) d'hostilité chrétienne contre le judaïsme nous reportent, si je compte bien, à l'origine même du christianisme ; cela revient à dire que Christianisme et Judaïsme ont toujours été ennemis et le sont encore. Pour s'en convaincre, il suffit de se reporter aux sources.

---

[612] ROSARIO ESPOSITO S.S.P., *Le grandi concordanze tra Chiesa e Massoneria*, Nardi ed., Firenze, 1987, p. 397, qui cite *La Civiltà Cattolica*, 3-V-86, 371.
[613] SILVIO FERRARI, *Vaticano e Israele*, Sansoni ed., Firenze, 1991, p. 97.
[614] *Cf.* JULES ISAAC, *Verità e mito*, (titre de l'édition italienne de *L'enseignement du mépris*) Carraba ed., Roma, 1965, p. 12. Saul Israël précise : "Cet antisémitisme n'est cependant pas raciste car le juif qui se convertit est considéré absolument comme les autres chrétiens. Le racisme est la négation la plus flagrante de l'apostolat chrétien. Le Christianisme s'est appliqué seulement à éliminer le Judaïsme et non les Juifs de race sémite ; les persécutions furent toutes dirigées contre ceux qui persévéraient dans des positions religieuses considérées non seulement comme dépassées mais comme un véritable défi au Christianisme" (*ibidem*, p. 13).

Dans les années 52-53 Saint Paul, pharisien converti, parlant de ses anciens coreligionnaires, écrivait : ils sont "ceux qui ont mis à mort le Seigneur Jésus et les prophètes, nous ont persécutés, ne plaisent point à Dieu et sont ennemis du genre humain, nous empêchant de prêcher aux nations pour leur salut : de sorte qu'ils comblent sans cesse la mesure de leurs péchés. Mais la colère de Dieu est tombée sur eux pour y demeurer jusqu'à la fin" (1 Thess. II, 15-16). À la fin de l'âge apostolique la situation n'avait pas changé et l'apôtre et évangéliste Jean écrivait ; ils "se disent juifs et ne le sont pas ; ils sont la synagogue de Satan" (Ap. II, 9). Cependant dans l'autre camp Jésus était "désigné comme un certain individu, ou sous l'épithète de Balaam (l'antique devin des Nombres, 22) et sous les appellations de fou, de bâtard, et d'un terme bien plus ignominieux encore"[615]. Deux mille ans d'histoire ne pouvaient changer cette situation originelle synthétiquement décrite ici[616], par le simple fait que la divergence ne se fonde pas sur des questions personnelles, mais sur des questions doctrinales et dogmatiques. Le Christianisme ne pourra jamais accepter le refus de la divinité de Jésus-Christ. Le Judaïsme ne pourra jamais accepter (sans disparaître par le fait même) que l'Église soit le nouvel Israël qui surpasse le précédent. Josué Jéhouda, parlant de l'expression "judéo-chrétienne" se référant à une civilisation ou à une religion, écrivait en 1958 : "Elle réunit en une seule expression deux notions inconciliables ; elle veut démontrer qu'il n'y a pas de différence entre le jour et la nuit, ou entre le chaud et le froid, entre le noir et le blanc"[617]. Au dire des juifs euxmême, entre Christianisme et Judaïsme l'inconciliabilité est totale. Le rabbin Benamozegh écrivait en 1914 : "La religion chrétienne est une fausse religion soit-disant divine. Pour elle et pour le monde il n'y a pas d'autre voie de salut que retourner à Israël". Le juif Memmi ajoute : "Votre religion est pour les juifs un blasphème et une subversion. Pour nous votre Dieu est le diable, autrement dit la concentration du mal sur la terre". Et Rabi en précise la raison : "elle est trahison et idolâtrie parce qu'elle implique le grand blasphème, la croyance en la divinité d'un homme"[618]. Deux religions en guerre l'une contre l'autre : telle était précisément la conviction générale à la mort de Pie XII.

---

[615] GIUSEPPE RICCIOTTI, *Vità di Gesù Cristo*, Mondadori ed., [194] 1974, p. 88.

[616] Àcelui qui désire en savoir davantage, je conseillerais la lecture des articles de *Sodalitium* que l'abbé Nitoglia a consacrés à la question juive à partir du numéro 27.

[617] JOSUE JEHOUDA . *L'Antisémitisme, miroir du monde*, éd. Synthésis, Genève, 1958. Cité par : LEON DE PONCINS, *Il problema dei Giudei in Concilio* . Casa ed. The Britons, Londres (mais imprimé à Rome), *sine data* (mais de 1965), p. 22. L'opuscule de de Poncins a été inséré ensuite avec quelques mises au points et quelques ajouts comme chapitre VI (*Le problème juif devant le Concile*) dans AA.VV. (par les soins d'Henri Coston), *Infiltrations ennemies dans l'Église*, Documents et Témoignages, La Librairie française, Paris, 1977 ; il a aussi été réimprimé en italien : *Il problema degli Ebrei al Concilio*, par les soins du Comitato per la difesa della Civiltà Cristiana Carlo Magno. C.P.62-44043 Mirabello (FE).

[618] ELIA BENAMOZEGH, *Israël et l'humanité.*, Albin Michel, Paris, 1961 (1914?) ; A. MEMMI, *Portrait d'un juif*, Gallimard, Paris, 1962 ; RABI, *Anatomie du judaïsme français*, Editions de Minuit, Paris 1962. Les citations se trouvent dans DE PONCINS, *op. cit.*, p. 24.

UNE ÈRE NOUVELLE

A l'occasion d'une visite au *cardinal* Pappalardo, l'*archevêque* de Palerme, le rabbin-chef Toaff a déclaré aux journalistes qui l'interviewaient "il existe actuellement avec l'Église une entente qui n'a jamais été auparavant" et dont "**le mérite revient à Jean XXIII**"[619]. L'historien (juif) de l'antisémitisme, Léon Poliakov, après avoir dépeint tout en noir l'attitude de Pie XII envers les Juifs, n'hésite donc pas à écrire qu'"**en 1958, une ère nouvelle s'inaugure sous le pontificat de son successeur, Jean XXIII**"[620]. Dans un livre violemment antichrétien, Paul Giniewski écrit : "… un changement plus radical s'opéra en avril (*sic*) 1958 : le cardinal Angello Roncalli fut élu pape. Les idées et les actes du nouveau Souverain Pontife, Jean XXIII, rendirent possible l'espoir d'**une révolution des rapports entre l'Église et les Juifs**"[621]. Dans sa rancœur contre l'Église, Hans Küng n'épargne aucun membre de la hiérarchie, à l'exception justement de Jean XXIII : "que la situation pour la papauté romaine ne soit pas du tout déplorable écrit le théologien suisse jamais excommunié en dépit de ses hérésies l'Église le doit précisément à Jean XXIII, le premier pape romain à se comporter de manière différente jusques et y compris dans les rapports avec les juifs"[622]. En substance, le jugement du père Schmidt, secrétaire et biographe du cardinal Béa, personnage plus "rassurant" n'est pas lui non plus si éloigné des précédents : "au début de cette entreprise si importante, de **portée millénaire**, il n'y a ni grandes organisations ni mouvements de masse ; seulement trois vieillards : Jules Isaac, le pape Jean XXIII et le card. Béa"[623]. Le lecteur connaît déjà, du moins en partie, le rôle de Béa ; mais Jules Isaac, qui est-il ? Avant de m'occuper de lui, permettez-moi de raconter la façon dont il entra dans la vie de Jean XXIII.

DÈS SON ÉLECTION

C'est dès l'élection de Roncalli à la papauté que débute l'ouverture aux juifs. Ferrari écrit : "L'élection de Jean XXIII au pontificat en 1958 fut accueillie positivement en Israël où les premières tentatives pour l'ouverture d'un dialogue religieux juif-chrétien prirent forme (…) ; plusieurs fois dans la presse israélienne, des jugements favorables sur le personnage et l'œuvre de Jean XXIII firent leur apparition"[624]. Nous avons déjà vu (n° 34, p.

---

[619] Cf. *La Repubblica*, 4 novembre 1994, p. 14.
[620] AA.VV. sous la direction de LEON POLIAKOV, *Histoire de l'Antisémitisme*, 1945-1993. Seuil, Paris, 1994, p. 327.
[621] PAUL GINIEWSKI, *La Croix des Juifs*, MJR éd., Genève, 1994, p. 329. Préface de Léon Poliakov et du père Jean Dujardin, secrétaire du Comité épiscopal français pour les Relations avec le Judaïsme. Le livre est dédié "à la mémoire de Jules Isaac et de Jean XXIII".
[622] HANS KUNG, *Ebraïsmo*. Rizzoli, Milano, 1993, p. 294.
[623] STJEPAN SCHMIDT S.J., *Agostino Bea. Il Cardinale dell'unità*. Città Nuova ed., Roma, 1987, p. 351. L'affirmation est absolument inacceptable. Derrière ces trois hommes il n'y avait pas de mouvements de masse, mais une puissante organisation, le B'naï B'rith… comme nous allons le voir.
[624] SILVIO FERRARI, *op. cit.*, pp. 96 et 265, note 238.

55) comment le rabbin-chef d'Israël, Isaac Herzog, envoya ses félicitations au nouvel élu ; le rabbin écrivait : "Je nourris l'espoir confiant que les sentiments sincères et nobles envers les valeurs humaines les plus élevées que vous avez manifestés au cours des dures années d'atrocités nazies vous guideront dans votre nouvelle et importante position..."[625]. De son côté Jean XXIII ne manqua pas de répondre aux félicitations du rabbin et du chef d'état israélien, "et l'ambassadeur d'Israël [en Italie, n.d.a.] fut invité à assister au couronnement du nouveau pontife". Ces "ouvertures timides" comme l'écrit Ferrari, mais "premier vrai moment de détente dans les relations avec Israël"[626], ne sont rien encore comparées à la véritable révolution qui débutera quatre mois plus tard seulement avec le changement de la prière pour les juifs de la liturgie du Vendredi Saint...

CONFRONTATION DES DEUX PRIÈRES

Avant de rappeler le fameux épisode, il me semble opportun de donner quelques précisions car le lecteur, influencé par trente ans de post-concile, peut ne pas se rendre compte de la gravité du sujet en question, ou même, par manque d'information, approuver le geste accompli alors par Jean XXIII...

La foi s'exprime dans la prière (*lex credendi, lex orandi*), aussi trouverons-nous dans la prière juive et dans la prière chrétienne l'âme de chacune de ces religions, même pour ce qui regarde leurs rapports mutuels.

"Dès l'an 80 après Jésus-Christ, tant pour les juifs convertis que pour les chrétiens, cette 19ème bénédiction fut carrément ajoutée après la 11ème aux 18 qui composaient la prière juive quotidienne :

> *Que les apostats n'aient aucune espérance et que l'empire de l'orgueil soit déraciné promptement de nos jours ; que les Nazaréens et les Minim périssent en un instant ; qu'ils soient effacés du livre de vie et ne soient pas comptés parmi les justes*"[627]

---

[625] PAOLO TANZELLA S.C.J., *Papa Giovanni*, éd. Dehoniane, Napoli-Roma-Andria, 1973, p. 245. Roncalli et Herzog avaient fait connaissance personnellement en 1944 (cf. *Sodalitium* n° 26, p. 30). Giniewski affirme que Roncalli avait tenté d'obtenir pour le grand rabbin de Jérusalem, Isaac Halevi Herzog, une entrevue avec Pie XII, mais sans succès (*op. cit.*, p. 329).

[626] S. FERRAR I, *op. cit.*, p. 99. L'auteur ajoute : "quatre ans plus tard, un fonctionnaire du ministère des Affaires religieuses d'Israël participera aux cérémonies inaugurales de Vatican II".

[627] PADRE LAGRANGE O.P., *Le messianisme chez les juifs*, 1909, p. 294 ; cité par don Nitoglia, *Monseigneur Pranaïtis. Le Christ et les chrétiens dans le Talmud*, dans *Sodalitium*, n° 36, pp. 5 et 6. Sur l'évolution de la prière contre les chrétiens, cfr. l'article du Dr ISRAEL SHAHAK, *Lois talmudiques et rabbiniques contre les Nations*, traduit de l'anglais par Jacques Monod et repris dans le livre du général MOUSTAFA TLASS, *L'Azyme de Sion*, Dar Tlass éd., Damasco, 1990, pp. 353-354.

La prière que, chaque Vendredi Saint, l'Église catholique élève vers Dieu pour la conversion des juifs est bien différente :

> *Prions aussi pour les juifs perfides, afin que Dieu notre Seigneur ôte le voile de leurs cœurs et leur donne de connaître, eux aussi, Jésus-Christ notre Seigneur.*
>
> *Dieu tout-puissant et éternel, qui n'écartez point de votre miséricorde même les juifs perfides, écoutez les prières que nous vous adressons pour ce peuple aveuglé : donnez-leur de connaître la lumière de votre vérité, qui est le Christ, afin qu'ils soient arrachés à leurs ténèbres.*

Le lecteur intelligent saisira immédiatement la différence essentielle entre les deux prières. Les juifs ne prient pas pour les chrétiens ; ils demandent à Dieu de détruire les chrétiens, non seulement sur cette terre mais pour l'éternité. Les chrétiens au contraire, malgré l'hostilité théologique qui les sépare de la synagogue, prient pour la conversion des juifs, demandent à Dieu de leur manifester non sa justice mais sa miséricorde, afin qu'ils ne soient pas effacés "du Livre de la vie" mais, au contraire, qu'ils trouvent eux aussi la vraie vie, la vie éternelle qui est Jésus-Christ.

Du reste, cette prière de l'Église exprime la foi de l'Église elle-même : elle en est l'écho fidèle et la meilleure illustration. Mais, comme je l'ai déjà dit, je crains que les 35 années écoulées depuis sa suppression n'aient aussi brouillé les idées des fidèles ; il me semble donc nécessaire d'expliquer la valeur de cette prière solennelle modifiée par Jean XXIII, puis supprimée, et même inversée par Paul VI[628]. Elle exprime simplement la foi de l'Église

---

[628] En 1966, après Vatican II, une nouvelle formule fut adoptée : "Prions aussi pour les juifs. Que le Seigneur, Notre Dieu, fasse resplendir sur eux son visage afin qu'ils reconnaissent eux aussi le Rédempteur de tous les hommes, Jésus-Christ, notre Seigneur". "Dieu éternel et tout-puissant, toi qui fis alliance avec Abraham et sa descendance, écoute avec bonté les prières de ton Église. Que le peuple racheté en premier puisse parvenir à la plénitude de la rédemption".

Avec l'introduction du nouveau missel en 1969, la prière fut de nouveau modifiée :

"Prions pour les juifs à qui Dieu a parlé en premier : qu'ils progressent dans l'amour de son Nom et dans la fidélité de son Alliance". "Dieu éternel et tout-puissant, toi qui a choisi Abraham et sa descendance pour en faire les fils de ta promesse, conduis à la plénitude de la rédemption le premier peuple de l'Alliance, comme ton Église t'en supplie".

Cf. *Les Églises devant le judaïsme. Documents officiels* 1918-1978. par les soins de MARIE-THERESE HOCH et BERNARD DUPUIS . Ed. du Cerf. Paris, 1980, pp. 350-352.

Voici ce qu'écrit a ce propos Mgr Ugnini, l'auteur de toute la réforme liturgique : "Dans le climat œcuménique du Concile certaines expressions des *Orationes Solemnes* du vendredi saint sonnaient plutôt mal désormais. Aussi, pour certaines phrases, la possibilité d'une atténuation futelle demandée avec insistance. Il est toujours ennuyeux de devoir toucher à des textes vénérables qui ont, durant des siècles et avec tant d'efficacité, alimenté la piété chrétienne, des textes qui ont le parfum spirituel des âges héroïques de l'Église à ses débuts ; il est malvenu surtout de retoucher des chef-d'œuvres littéraires d'une forme et d'une conception inégalables. Ceci étant, il fut considéré comme un devoir d'affronter cette tâche de façon à ce que dans la prière de l'Église personne ne trouve motif de malaise spirituel. (...) L'oraison 8, *pour les juifs* (autrefois *pour la conversion des juifs*) fut entièrement remaniée". [Cf. ANNIBALE BUGNINI, *La Riforma Liturgica* (1948-1975). CLV Edizioni

catholique, telle qu'elle Lui a été confiée par le Christ lui-même. L'**aveuglement** des juifs qui ont refusé le Messie est explicitement enseigné par Jésus (Mc III, 5 ; Mt. XV, 14) et par Saint Paul (Rom. XI, 7-10 et 25) qui cite Isaïe et se rappelle certainement la mystérieuse cécité qui le frappa lorsque, encore pharisien, il fut converti par le Christ sur le chemin de Damas, cécité qui ne disparut qu'avec le baptême. Que cette cécité soit due à un **voile** qui obscurcit la vue des juifs, c'est encore Saint Paul qui l'affirme (2 Cor. III, 15). Et c'est en cette cécité que consiste précisément la **"perfidie"** de qui a refusé le Christ, préférant avoir *"le diable pour père"* (Jn VIII, 44) plutôt que Dieu : le terme "perfidie" se retrouve tel quel dans les Pères de l'Église, Saint Grégoire le Grand par exemple ou Saint Ambroise[629]. Une fois rappelée la terrible responsabilité du peuple qui a renié le Christ (cfr. Daniel IX, 26), l'Église montre toute sa miséricorde en priant pour lui, demandant à Dieu le vrai bien des juifs qui consiste, comme pour nous tous, à croire en Jésus-Christ, l'unique Sauveur. Ces observations étaient à mon avis indispensables pour mieux comprendre l'importance du geste accompli par Jean XXIII ce Vendredi Saint 1959.

LE VENDREDI SAINT 1959

« Tout commença le Vendredi Saint 1959. L'épisode est raconté par le card. Béa comme suit : "Ce jour-là, durant la liturgie solennelle, le pape Jean donna l'ordre çà et là d'omettre, dans la prière bien connue pour les juifs, l'adjectif déplaisant de "perfides" qui sonne si mal aujourd'hui, mais qui, dans le latin médiéval auquel il remonte signifiait simplement "non croyants". Ce geste émut l'opinion publique juive et suscita de nombreux espoirs »[630].

Ceux qui exaltent Jean XXIII, Zizola par exemple, ne se contentent pas toujours des termes un peu compassés de Béa, et se laissent aller aux invectives contre la prière de l'Église : "Au moment d'entonner la prière rituelle *Oremus pro perfidis judœis* [Jean XXIII] ne se sentit pas le courage de traiter les Juifs de cette façon et il omit l'adjectif outrageant. Les paroles *juifs perfides* revenant encore dans le texte, le pape les sauta de nouveau (...) Ce fut la dernière fois que Dieu dût entendre une insulte de ce genre, fourguée comme prière, en admettant que Dieu ait le temps de suivre les rites du Vatican. Il y en eut peu qui le comprirent sur le champ, mais ce qui commençait, ce 27 mars 1959, était une histoire d'amour, absolument nouvelle et inespérée entre l'Église et ses ancêtres les Juifs, après

---

liturgiche, Roma, 1983, p. 127]. Si l'adage selon lequel on prie comme on croit est vrai, il faut en conclure que la prière radicalement changée par Vatican II est l'expression d'une "foi" elle aussi radicalement altérée.

[629] "Quia autem gentilitas colligenda erat, et Judæa pro culpa perfidiæ dispergenda, ipsa quoque descriptio terreni principatus ostendit : quoniam et in romana republica unus præfuisse describitur, et in judææ regno per quartam partem plurimi principabantur" (Saint Grégoire, Homilia 20 in Evang.), cfr. Breviarum Romanum, Pars Hiémalis, Sabbato Quattuor Temporum, lectio prima. "Judæi (...) perfidiam suam prodeunt" (Saint Ambroise, Liber 5 in Cap. 5), cfr. Breviarum Romanum, Pars Verna, Feria VI, Quattuor Temporum Pentecostes, lectio prima ; cfr. également l'Hymne de Pentecôte à Matines : "Falsum profari perfidos".

[630] STJEPAN SCHMIDT, *op. cit.*, pp. 351-352.

quelques millénaires de haine"[631]. (J'aimerais le dire à Zizola, plus de deux millénaires, voilà qui est impossible ! En effet la séparation avait été consacrée précisément à l'occasion du premier Vendredi Saint de l'histoire, celui où fut crucifié le Seigneur...)

Or s'agit-il vraiment de "haine" ? Et dans quel sens ? Et de la part de qui ? Comment se fait-il que Zizola ne fasse aucune allusion à la prière juive contre les chrétiens ? Est-il possible que la liturgie de l'Église du Christ guidée par l'Esprit-Saint incite à la haine ? Pour un catholique la réponse devrait être évidente : l'Église, infaillible, indéfectible, sainte Epouse du Christ, ne peut s'être trompée (et ce pendant deux mille ans !) dans sa doctrine et dans sa praxis concernant ce peuple qui ne reconnut (et ne reconnaît) pas le Messie. En fait son amour envers tous, même les juifs, se manifeste justement dans sa recherche de la conversion et du salut final de tous, conversion qui présuppose toujours la reconnaissance de notre propre péché, de notre propre "perfidie" envers Dieu.

Jean XXIII ne l'entendait pas ainsi. Loin de là. Nous l'avons vu, "le premier vendredi saint qui suivit son élection au pontificat, le 27 mars 1959, il supprimait d'un trait de plume les termes incriminés, et il le faisait savoir aux paroisses par une circulaire du Vicariat de Rome, en date du 21 mars. (...) Cette mesure fut étendue à l'Église universelle par un décret de la Sacrée Congrégation des Rites du 5 juillet 1959[632]. Jean XXIII soulignait l'importance de cette décision à l'occasion d'un autre vendredi saint, celui de 1963. Au cours de la célébration, l'officiant prit par erreur[633] l'ancien texte. Le pape interrompit la cérémonie et donna l'ordre de reprendre les oraisons solennelles depuis le début en suivant le nouveau texte"[634]. Giniewski commente : "Le pape adressait de cette façon à toute la chrétienté un message pascal rempli d'estime pour les Juifs et lourd de signification en un moment de l'année [Vendredi Saint !] qui avait vu le déchaînement de tant de violence antisémite au cours de l'histoire"[635]. Cette décision de Jean XXIII touchant le "**verset interdit**" (ainsi que Giniewski nomme, très à propos, la locution supprimée de *perfidis judæis*) et marquant le

---

[631] GIANCARLO ZIZOLA, *Jean XXIII. La fede e la politica*. Laterza ed., Roma-Bari, 1988, p. 212. En réalité Jean XXIII ne célébrait pas le rite, il y assistait seulement, dans la Basilique de Sainte Croix de Jérusalem à Rome (cf. *Documentation catholique*, n° 1307, 5 juillet 1959, col. 843).

[632] En réalité la date du 5 juillet proposée par Hoch et Dupuy (*op. cit.*) est fausse. En effet le 5 juillet n'est que la date à laquelle fut publié le n° 1307 de la *Documentation Catholique* rapportant aux colonnes 842 à 844 le texte du décret de la Sainte Congrégation des Rites. Le décret est du mois de juin. De même, la date du 21 mars proposée pour la circulaire du Vicariat de Rome est probablement inexacte, étant donné que le geste de Jean XXIII, accompli le 27 mars, était inattendu.

[633] Giniewski émet l'hypothèse que l'erreur du célébrant, corrigée par Jean XXIII n'était pas involontaire. Quelques jours plus tard l'*Osservatore Romano* aurait démenti l'événement, "malgré le témoignage concordant de milliers de fidèles et de journalistes" (*op. cit.*, pp. 330 331). Le caractère incongru du geste de Jean XXIII n'avait probablement pas échappé à la Curie qui avait cherché, comme en d'autres occasions, à minimiser...

[634] *Les Églises devant le Judaïsme, op. cit.*, pp. 351 352 et note 31. Cf. également S. FERRARI, p. 98 qui cite (mais je n'ai pas pu le consulter) ENZO BIANCHI, *Israele e la chiesa*, dans *Cristianesimo nella storia*, fév. 1989, pp. 82-83. Enzo Bianchi est président du SIDIC (*Service International de Documentation judéo-chrétienne*) association fondée en 1965 par des Pères conciliaires pour l'actualisation de la déclaration *Nostra Ætate* ; et il est aussi collaborateur du quotidien Avvenire.

[635] GINIEWSKI, *op. cit.*, p. 330.

début mais aussi la clôture de son pontificat, fut pour les puissantes associations juives qui n'attendaient que celà un signal clair de "voie libre". Comme si ça n'était pas suffisant, quelques mois plus tard, le signal se répétait...

L'ACTE DE CONSÉCRATION AU SACRÉ-CŒUR

Le 25 mai 1889, dans l'encyclique *Annum Sacrum*, le Pape Léon XIII désignait le SacréCœur comme nouveau labarum par le signe duquel serait obtenue la victoire, et il consacrait le genre humain à ce même Cœur de Jésus par une prière spécialement composée par lui en cette occasion[636]. En 1925, avec l'encyclique *Quas Primas*, Pie XI instituait, "contre la peste du laïcisme", la fête liturgique du Christ-Roi et ordonnait que l'acte de consécration au Sacré-Cœur de Jésus composé par son prédécesseur soit publiquement récité, chaque année, le jour de la fête du Christ-Roi, le dernier dimanche d'octobre. À cette occasion, le Pape Ratti modifia légèrement l'oraison de Léon XIII. Là où ce dernier faisait prier seulement pour la conversion des païens, Pie XI ajouta pour les musulmans et les juifs l'invocation que voici :

> *Soyez le Roi de tous ceux qui sont encore égarés dans les ténèbres de l'idolâtrie ou de l'islamisme, et ne refusez pas de les attirer tous à la lumière de votre royaume. Regardez enfin avec miséricorde les enfants de ce peuple qui fut jadis votre préféré ; que sur eux aussi descende, mais aujourd'hui en baptême de vie et de rédemption, le Sang qu'autrefois ils appelaient sur leurs têtes.*

Dans son livre contre "l'antisémitisme chrétien", *Jésus et Israël*, Jules Isaac luimême présente cette prière de Pie XI comme un exemple de miséricorde envers les juifs. Mais Jean XXIII dépassera tous les espoirs de ces derniers et toutes leurs exigences explicites... Au mois de juillet[637] il supprimera purement et simplement les paroles que je viens de rapporter. "On se souvient qu'au mois de juin dernier écrivait en cette occasion la *Documentation catholique* – S.S. Jean XXIII a fait supprimer de la prière liturgique du Vendredi saint pour la conversion des juifs les mots *perfides* et *perfidie*. **Dans le même esprit le passage suivant** [déjà reporté ci-dessus, n.d.a.] **a été supprimé dans l'acte de consécration du genre humain au Sacré-Cœur de Jésus**"[638].

Ces gestes de Jean XXIII montrent que l'heure était venue de viser au "sommet", pour employer les mots même de Jules Isaac. « Lors d'une entrevue de 1962, il [Isaac] expliquait à quel point le geste de Jean XXIII avait suscité en lui l'espérance : "pour la première fois,

---

[636] *Cf*. par ex. P. LUDOVIC MARIE BARRIELLE, C.P.C.R., *Le Sacré-Cœur ; notre nouveau labarum*, [éd. Saint-Gabriel, Martigny], dans lequel est également reproduite l'encyclique de Pie XI *Miserentissimus Redemptor* qui se réfère explicitement à *Annum Sacrum*.

[637] 18 juillet 1959, A.A.S. 22 août 1959, p. 543.

[638] *Documentation catholique*, n° 1314, 18 octobre 1959, colonne 1293.

contrairement à ce que j'avais pensé auparavant, je pris en considération l'idée d'une démarche au "sommet" »[639]. Mais le moment est venu (enfin !) de présenter au lecteur le fameux Jules Isaac...

LE "FRÈRE" JULES MARX ISAAC

Ci-dessous, une nouvelle que n'importe quel lecteur des quotidiens nationaux aurait pu lire le 17 janvier 1994 : "Le 16 janvier 1994, la veille de la **cinquième journée de dialogue avec les juifs, instituée par la Conférence épiscopale italienne**[640] et fixée le jour précédant la semaine de prière pour l'unité des chrétiens, un olivier a été planté à Rome en souvenir **du Pape Jean XXIII et de l'historien Jules Isaac.** C'est sous une pluie battante que le nouveau maire de Rome, Rutelli, a planté ce petit arbre dans un espace vert entre le Château Saint-Ange et l'extrémité de la via della Conciliazione, en présence du Président du Sénat Spadolini[641], du Cardinal Cassidy et de Mgr Riva (responsables du dialogue avec les juifs au niveau du Saint-Siège et du diocèse de Rome), du grand rabbin de Rome Elio Toaff, de la Présidente de l'Union des communautés juives d'Italie Tullia Zevi, et de bien d'autre personnes engagées dans le dialogue. Le petit olivier, apporté de Jérusalem, est comme la première annonce des 10 000 arbres qui seront plantés en Israël, au Néguef, en l'honneur de ces deux hommes dont la rencontre, le 13 juin 1960, **a eu des conséquences plus importantes qu'on n'osait l'espérer**"[642]. Ce Jules Isaac doit être un grand personnage si tant de personnes se sont déplacées pour lui ; et pourtant qui le connaît ? Certainement pas le grand public qui chercherait d'ailleurs en vain à s'informer en consultant ce qu'il y a de plus connu comme encyclopédies, histoires de l'Église, et même biographies de Jean XXIII[643]. Et pourtant, nous l'avons vu, l'influence de cet homme sur les trente dernières années de l'Église, les années du Concile et du postconcile, est énorme. Pour celui qui ne me croirait pas, voici reproduit un texte officiel qui ne laisse place à aucun doute. Il s'agit d'une lettre

---

[639] SCHMIDT, op. cit., p. 352, qui cite l'article Le Vatican et nous publié par L'Arche, n° 69 octobre 1962, pp. 26-31.

[640] Vous ne le saviez pas ? Voilà cinq ans que la C.E.I. dédie officiellement une journée à la judaïsation des catholiques italiens ; en effet, en cette occasion et là où c'est possible, un rabbin prêche le judaïsme aux fidèles réunis à la paroisse pour assister à la "messe" dominicale...

[641] L'année 1994 n'a pourtant pas porté chance au sénateur Spadolini : il perd d'abord, à son grand regret, cette charge prestigieuse, puis il meurt peu de temps après. Paix à son âme. De tous les politiciens italiens, Spadolini, le "pape du laïcisme", était le plus proche d'Israël, peut-être pour se faire pardonner ses erreurs racistes du temps où il était collaborateur de la revue fasciste La difesa della razza. Quel scandale que les funérailles religieuses de ce vieil anticlérical impénitent, dont un "cardinal" ! a fait l'éloge, nous le présentant comme un homme ayant réalisé les paroles de Jésus : "Quiconque est de la vérité, écoute mes paroles" ! Enfin on peut se demander comment un tel homme, plus proche de la maçonnerie que de l'Église, a pu savoir à l'avance qu'au conclave de 1963 c'est G.B. Montini qui serait élu, et qu'il prendrait le nom de Paul VI (Cf. SI SI NO NO, 31 octobre 1994, n° 18, p. 4).

[642] SIDIC, via del Plebiscito 112, Roma, mai 1994, vol. XXVII, n° 1, Edition française p. 22.

[643] Nulle part on ne parle de Jules Isaac. Pas même dans la biographie de Jean XXIII...

du *Cardinal* Villot, *secrétaire d'État* de Paul VI, *envoyée au cardinal* Marty, *archevêque de Paris*, le 22 décembre 1977 :

> *Monsieur le Cardinal,*
>
> *Sa Sainteté le pape Paul VI, informé de l'intention qu'a l'Amitié judéo-chrétienne de France de commémorer, le 6 décembre prochain, en une séance solennelle le centenaire de la naissance de Jules Isaac, voudrait par votre intermédiaire exprimer aux organisateurs et aux participants de cette assemblée ses vœux et l'intérêt qu'il porte à cette commémoration.*
>
> *Le Saint-Père a en effet bien présents à la mémoire les rapports sincères et fructueux que son vénéré prédécesseur le pape Jean XXIII a entretenus avec Jules Isaac. Il apprécie également les heureuses conséquences que ces rapports ont entraînés pour l'orientation ultérieure des relations de l'Église catholique avec le judaïsme, relations qui ont trouvé une expression ecclésiale dans le n° 4 de la déclaration Nostra Aetate du deuxième Concile du Vatican, ainsi qu'en d'autres manifestations qui l'ont précédée ou suivie. Jules Isaac et son œuvre peuvent dès lors apparaître co mme une source d'inspiration pour tous ceux qui veulent à bon droit s'employer à promouvoir le respect, l'estime et l'amitié réciproque entre juifs et chrétiens, et même la collaboration au profit des valeurs spirituelles et humaines, à la lumière de leur commun héritage religieux et au-delà de toute discrimination ou conflit, comme fils d'Abraham et croyants en la parole de Dieu. Aussi le Saint-Père vous confiet-il le soin de transmettre aux participants ses salutations et ses encouragements*[644].

C'est de façon encore plus explicite que s'exprime, dans sa présentation de l'édition italienne du livre de Jules Isaac, *Gesù e Israele*, le Père Pierre-Marie de Contenson o.p., Secrétaire de la Commission pour les relations religieuses avec le judaïsme[645]. "Il a pu écrit d'Isaac le père Contenson tant par ses livres, par ses lettres, que par ses rencontres personnelles avec des hommes d'Église **jusques et y compris le Souverain Pontife lui-même**, jouer un rôle initiateur de premier ordre.(...) En ce qui concerne l'efficacité et la véridicité de la cause défendue avec fougue et mesure par l'auteur, **il suffit de comparer ses conclusions avec les enseignements de *Nostra Ætate* et des *Orientamenti* pour constater à quel point Jules Isaac avait vu juste et quelle influence il a de fait exercée : ce qu'il proposait [à Jean XXIII] en 1959 a été repris dans ses parties essentielles, proclamé et proposé comme norme en 1965 [par Vatican II] et en 1974 [par la Commission pour les relations religieuses avec le judaïsme] de la part des autorités centrales de l'Église catholique à l'attention de tous les fidèles**".

---

[644] Les Églises devant le Judaïsme, op. cit., pp. 181-182.
[645] JULES ISAAC, *Gesù e Israele*, Nardini ed., Firenze, 1976, pp. 7 à 10. Le volume a été traduit et publié par les soins de l'Amitié judéo-chrétienne de Florence et édité par Nardini, maison d'édition qui, tout en arborant comme symbole un Saint George tuant le dragon, n'en est pas moins notoirement proche de la Franc-maçonnerie.

Jules Marx Isaac

Mais qui était donc ce Jules Isaac ?

Jules Isaac, en fait **Jules Marx Isaac** comme nous l'apprend l'*Encyclopédie Juive*[646], nait à Rennes, en France, en 1877. Son deuxième nom, Marx, en dit long sur les sympathies politiques de papa Isaac, officier dans l'armée de Napoléon III malgré ses idées républicaines[647]. Le fils suit les ornières paternelles, non pas dans la carrière militaire, mais pour ce qui regarde les convictions politiques et religieuses. D'origine juive, Jules Isaac n'a cependant aucune religion. Dans la préface à la première édition de son livre *Jésus et Israël* il écrit de lui-même : "Sans doute se demandera-t-on à quelle confession appartient l'auteur. La réponse est facile : il n'appartient à aucune". Son interprétation de la Bible est totalement rationaliste, comme celle de Wellhausen et de Loisy[648]. Cette incroyance ne l'empêche pas cependant d'appartenir à plein titre à la grande famille juive, comme l'explique le rabbin Toaff[649] et comme le démontre la façon dont il s'emploie, quasi religieusement, à modifier la théologie catholique sur les juifs. À partir de 1902, Isaac est enseignant d'histoire,

---

[646] L. LAZARE, article *Isaac Jules Marx*, dans l'*Encyclopædia Judaica*, IX, col. 10, Jérusalem, 1971.

[647] Cf. EMMANUEL RATIER, *Mystères et secrets du B'naï B'rith*, éd. Facta, Paris, 1993, p. 114. Traduction italienne en préparation par les soins de la Coop. ed. *Sodalitium*.

[648] Cf. JULES ISAAC, *Gesù e Israel, op. cit.*, p. 22. Julius Wellhausen (1844-1918), historien et philosophe protestant, soutint en exégèse la "théorie des sources", théorie de caractère rationaliste. Alfred Loisy (1857-1940), prêtre et exégète modernistε, appliqua à l'exégèse biblique les méthodes de ladite "critique historique". C'est pour cela qu'il fut excommunié par saint Pie X en 1908.

[649] « Les actes, les œuvres, ont plus de valeur que la foi ; si la foi les accompagne, tant mieux (...). Nous, nous disons : "L'homme se sauve par les œuvres ; s'il y a la foi cela vaut mieux, mais s'il n'y a pas la foi et si l'individu se comporte bien, il se sauve également ». Cfr. TOAFF-A. ELKANN, *Essere ebreo*, Bompiani ed., Milano, 1994, p. 87.

spécialisé dans "le problème des origines des superstitions et des préjudices populaires". Il est l'"ami intime et le collaborateur de Charles Péguy depuis le procès Dreyfus"[650], affaire qui, de 1894 à 1906, divise la société française en deux partis et qui provoquera la naissance du sionisme. Les écoliers français des années 30 se le rappellent surtout en tant que co-auteur, avec Malet, d'un manuel d'histoire très diffusé, le "Malet et Isaac" précisemment. Mais c'est en 1936 qu'Isaac, nommé par Jean Zay[651] parvient au sommet de sa carrière comme inspecteur général de l'Instruction publique "et haut fonctionnaire d'État dans le gouvernement de Blum"[652]. Le secrétaire du cardinal Béa écrit : "En 1943 il avait perdu sa femme et sa fille dans les camps de concentration. Dès lors il s'était consacré au combat contre l'antisémitisme et, comme professeur d'histoire, il s'était rendu compte du fait que l'enseignement de la doctrine chrétienne donnait souvent lieu à une certaine hostilité vis à vis du peuple juif. D'où son livre intitulé *L'enseignement du mépris*. Ayant l'intention de jouer un rôle positif, il était devenu l'un des présidents honoraires de l'Association *Amitiés judéo-chrétiennes*"[653]. La tragédie familiale qui frappa le professeur Isaac est certainement émouvante, mais la version que présentent Isaac et, à son tour le père Schmidt paraît contestable. Isaac était engagé sur le front de la lutte politique et religieuse en faveur de son peuple et contre l'"antisémitisme" depuis sa prime jeunesse, comprenonsle bien[654]. Quoiqu'il en soit, en 1941, il commençait ses études spécifiques sur l'"antisémitisme" chrétien qui, à ses dires, "a été beaucoup plus nocif et de plus longue durée" que l'antisémitisme païen, sous le régime duquel "les persécutions n'ont été qu'épisodiques" et même alors "bien souvent les juifs ont bénéficié de la bienveillance des puissants"[655]. Cette année là, Isaac écrivait sa

---

[650] G. ZIZOLA, *op. cit.*, p. 215. Péguy est l'un des *maîtres à penser* de notre *Communion et Libération*, mais aussi, ce que je n'arrive pas à comprendre, des "traditionalistes" comme on les appelle communément. Même après sa conversion au catholicisme (qui cependant ne déboucha pas sur la pratique des sacrements), Peguy soutenait des thèses inconciliables avec la foi, (entre autres lui aussi ! celle du salut de tous les hommes). Un "maître" à éviter soigneusement...

[651] Jean-Elie Zay, d'origine juive, "avocat et homme politique. Né à Orléans en 1904. Assassiné par ses adversaires durant l'occupation (1944). Fut député radical-socialiste du Loiret (élu en 1932, réélu en 1936), ministre de l'éducation nationale, rédacteur de la *France du Centre*", Cf. GYGES, *Les Juifs dans la France d'aujourd'hui*, Documents et témoignages, Paris, 1985, pp. 243-244 (voir aussi p. 64).

[652] Cf. E. RATIER, *op. cit.* p. 114 et le Père S. SCHMIDT s.j., *op. cit.*, p. 352. Léon Blum (1878-1950), homme politique socialiste d'origine juive. En 1934 il accepta le pacte d'unité d'action avec le Parti communiste et se trouva à la tête du gouvernement de front populaire (1936-37). Il soutint le gouvernement républicain communiste dans la guerre d'Espagne, et fut responsable du massacre de milliers de prêtres, de religieuses et de simples fidèles, tués uniquement parce qu'ils étaient chrétiens. Jules Isaac ne semble avoir versé aucune larme sur leur sort.

[653] S. SCHMIDT, *op. cit.*, p. 352. Notez bien que le père Schmidt, quoique parfaitement documenté, cache au lecteur la vérité sur Jules Isaac, édulcorant au maximum les accusations de ce dernier contre le christianisme.

[654] Ratier (l.c.) nous rapporte cependant un fait curieux : le Maréchal Pétain choisit Isaac, en 1939, "pour être son biographe".

[655] JULES ISAAC, *Verità e mito*, ed. Carabba, Roma, 1965, pp. 36 et 34. L'*Encyclopædia Judaica* (l.c.) résume ainsi l'enseignement de Jules Isaac à ce propos : "Dans le même temps il arriva à la conclusion qu'il n'y avait aucune raison de penser que l'antisémitisme est aussi vieux que le judaïsme lui-même. Au contraire, il démontra que l'Église promut un système de dégradation écrasant graduellement les juifs sous une longue

première étude, *Quelques considérations basées sur la lecture des Évangiles*, rédigée en collaboration avec des rabbins et des membres du B'naï B'rith"[656]. **Oui, car, ce que personne ne dit, c'est qu'il était membre de la maçonnerie juive connue précisemment sous le nom de B'naï B'rith**[657]. C'est ce que nous a révélé publiquement Marc Aron, à l'époque président du B'naï B'rith français, dans le discours du 16 novembre 1991 prononcé à l'occasion de la remise de prix ("pour l'action humanitaire") du *cardinal* Decourtray : **"Vient ensuite Jules Isaac déclara en cette occasion Marc Aron, un B'naï B'rith"**[658]. Isaac n'était donc pas le chevalier romantique qui, seul contre tous, combat pour une noble cause et la fait triompher. Toute son action est au contraire à interpréter à la lumière d'un fait : son affiliation à la loge des B'naï B'rith. Pour la réalisation de sa mission, il se présentait avec une carte de visite fascinante : "Je fais connaître Israël aux chrétiens disait-il et Jésus à Israël"[659]. La réalité était bien différente ; sa tâche consistait à "démontrer" que les Évangiles sont historiquement des faux, les Pères de l'Église des calomniateurs, et à obtenir que cette "doctrine" soit sanctionnée par l'Église.

LA TRILOGIE DU "FRÈRE" ISAAC

Isaac a écrit à cette fin plusieurs œuvres fondamentales. La plus connue est *Jésus et Israël*[660], commencée en 1943, et achevée en 1946, puis publiée en première édition en 1948 et en seconde édition en 1959[661]. C'est de ce livre que l'écrivain juif affirme : il est **"l'arme de guerre la plus réussie contre un enseignement chrétien particulièrement nocif"**[662]. À cette arme de guerre d'importance fondamentale firent suite de nombreux articles, conférences, opuscules et surtout deux autres textes essentiels : *Genèse de l'antisémitisme* en

---

série de restrictions, exclusions et humiliations qui furent décrétées par le pouvoir civil soumis à l'influence ecclésiastique. Ce système était basé sur l'*enseignement du mépris* qui fut l'œuvre essentiellement des Pères de l'Église du IVème siècle de l'ère chrétienne..."

[656] E. RATIER, *op. cit.*, p. 115.

[657] Sur cette association, outre le livre de Ratier cité ci-dessus, voir : *Sodalitium*, n° 9 [n° 2, mai-juillet 1985] éd it. (il n'existe pas encore d'édition française), pp. 5 à 21 ; n° 33, pp. 20 à 22 ; n° 35, pp. 46 à 51. Voir également *The Ugly Truth About the Anti-Difamation League* par les soins des éditeurs de l'EIR (*Executive Intelligence Review*), Ben Franklin Booksellers, Leesburg, Virginia, USA, 1992.

[658] Les discours du *cardinal*, du grand rabbin Sirat et de Marc Aron sont rapportés par Ratier, *op. cit.*, pp. 371 à 381 (cf. aussi p. 114). Le *cardinal* Decourtray, *archevêque* de Lyon est décédé en 1994. Ses funérailles ont été célébrées avec le concours de nombreux évêques, d'un rabbin et d'un religieux musulman, dans le rite des trois religions !

[659] G. ZIZOLA, *op. cit.*, p. 215.

[660] Fasquelle éditeurs, Paris, nouvelle édition 1970.

[661] L'édition italienne, sous le titre *Gesù e Israele*, est seulement de 1976 (Nardini editore, Firenze). Toutes les citations extraites de cette œuvre le sont de l'édition italienne.

[662] RABI, *Anatomie du judaïsme français*, Edition de Minuit, Paris, 1962, cité par L. DE PONCINS, *op. cit.*, p. 25.

1956[663] et *L'enseignement du mépris* en 1962[664]. Le lecteur notera que de ces trois œuvres, deux ont été imprimées sous le pontificat de Jean XXIII et une, la première, réimprimée précisément lorsque Roncalli modifia à l'improviste (?) l'oraison solennelle du Vendredi Saint.

Quelle est la thèse de ses livres ? *Jésus et Israël* attaque directement l'historicité des quatre évangélistes. Le livre est composé de 21 arguments, ou thèses, que l'auteur s'efforce de démontrer. Or le dix-neuvième dit explicitement : "Pour établir la responsabilité du peuple juif (...) **il faut attribuer à certains textes évangéliques une valeur historique qui est dans ce cas particulièrement contestable ; il faut survoler leurs divergences, leurs invraisemblances** ; il faut donner à ces textes une interprétation qui, tout en étant traditionnelle, n'en est pas moins pour cela moins tendancieuse et arbitraire" (p. 309). Notamment : "**le Pilate de la tradition évangélique**, si curieusement différent du Pilate de l'histoire, **est un personnage légendaire, tout aussi légendaire que le cri du peuple juif : que son sang retombe sur nous et sur nos enfants**" (p. 397). Quant aux Actes des Àpôtres, écrit-il, citant Puech : "À l'heure actuelle on est presque d'accord que ces discours ont été librement compilés par Luc". Et dans quel but Luc aurait-il inventé des faits qui ne se sont jamais produits ? Avec "le souci manifeste de décharger l'autorité romaine et d'attribuer aux Juifs les épreuves les plus importantes subies par le christianisme. De ce point de vue, il n'y a aucune distinction à faire entre les Actes et les Évangiles" (p. 359). Selon Isaac, Jésus n'aurait été qu'un simple homme, de religion juive, tué par les romains pour cause de subversion. Les Evangélistes, les Apôtres et, après eux, les Pères de l'Église auraient porté contre les juifs des "témoignages factieux" par dépit, à cause de la non conversion des juifs au christianisme, et pour gagner les bonnes grâces des romains. La négation de l'historicité des Évangiles (ou, pour parler plus crûment, l'affirmation que les Évangiles mentent) est en effet un élément essentiel à la position actuelle du judaïsme. (Le rabbin Henry Siegman nous en donne le pourquoi lorsqu'à propos des relations judéo-chrétiennes, et s'adressant entre autres à des chrétiens, il dit (tenez-vous bien !) : "il n'en demeure pas moins évident que l'Église a encore devant elle une tâche redoutable, car les mythes qu'elle draine sont jusqu'à ce jour inextricablement liés à la connaissance d'un peuple qui a refusé Jésus et continue à le refuser. Et on a beau tourner et retourner la question, les évangiles demeurent une source importante d'antisémitisme")[665].

Dans *Genèse de l'antisémitisme*, Jules Isaac soutient la thèse suivante : l'antisémitisme nazi est le fruit de l'antisémitisme chrétien, des Pères de l'Église, en particulier de saint Jean Chrysostome, de saint Agobard, de saint Grégoire le Grand, et de saint Augustin[666]. Enfin, dans *L'enseignement du mépris* (dans l'édition italienne : *Verità e Mito*) synthèse des deux

---

[663] Edition Calmann-Lévy, Paris.
[664] Fasquelle Editeur, Paris. L'édition italienne, sous le titre de *Verità e Mito*, est de 1965 (Carabba ed., Roma), à la veille de l'approbation du document conciliaire sur les juifs *Nosta Ætate*.
[665] Rabbin Henry Siegman, *Dix années de relations judéo-chrétiennes*, rapport présenté à la Vème rencontre annuelle, (Jérusalem 1-3 mars 1976) dans *Les Églises devant le judaïsme, op. cit.* p. 408.
[666] Nombreuses citations dans DE PONCINS, *op. cit.*, pp. 12 à 19.

œuvres précédentes, il identifie l'antijudaïsme chrétien exprimé dans un *enseignement du mépris séculaire*[667], avec l'ennemi à abattre. Toutes thèses concevables dans un écrivain juif, et de surcroît athée, comme l'était Isaac. L'inconcevable est que Jean XXIII et ses successeurs aient prêté foi à cet homme et à ses thèses ! Comment est-ce arrivé ? Les écrits d'Isaac n'étaient pas des fins en soi, ils étaient bien plutôt orientés vers l'action. Examinons donc cette action d'Isaac pour faire accepter ses thèses, acceptation qui obtint la promesse de Jean XXIII lors de la rencontre de 1960.

LA MANŒUVRE CONJUGUÉE D'ISAAC ET DES B'NAÏ B'RITH

Le travail commencé par Jules Isaac en 1941 se concrétisa, nous l'avons vu, sous la forme du livre *Jésus et Israël* déjà achevé en 1946, sinon publié. Les 21 arguments, ou thèses, de l'œuvre sont à la base de tous les développements qui se succéderont jusqu'à nos jours[668]. "En 1947, bénéficiant de l'appui de personnalités philosémites telles que le père Daniélou[669], Henri Marrou, l'*abbé* Viellard, secrétaire de l'épiscopat etc., Jules Isaac rédigea un mémorial en 18 points sur la "**réforme nécessaire de l'enseignement chrétien**"[670] car "seul l'enseignement est en mesure de défaire ce qu'il a fait et continue de faire". C'est ainsi qu'une *Conférence internationale extraordinaire pour combattre l'antisémitisme* fut réunie du 30 juillet au 5 août 1947 à Seelisberg, en Suisse, par l'*International Council of Christians and Jews*[671]. "Les 18 points préparés par Isaac furent présentés à la Conférence" qui "réunit une centaines de délégués catholiques, protestants et juifs provenant de 19 pays. La troisième commission (il y en eut cinq), composée exclusivement de chrétiens examina ces points et les discuta ensuite l'un après l'autre avec la délégation juive. Le résultat fut la déclaration dénommée *Les dix points de Seelisberg*. Cette Conférence marque aussi le début de l'*Association internationale des Amitiés judéo-chrétiennes* qui prit comme base les *Dix points*"[672] et qui eut pour fondateurs, avec Jules Isaac qui en devint président honoraire, le

---

[667] Les trois piliers de l'"enseignement du mépris" seraient les thèses chrétiennes traditionnelles "sur la dispersion d'Israël" en tant que "châtiment de la Providence", "sur le judaïsme dégénéré au temps de Jésus" et sur les juifs comme "peuple déicide".

[668] Les 21 arguments se trouvent dans *Jésus et Israël, op. cit.*, pp. 457 à 461, et dans *Vérité et mythe, op. cit.*, pp. 167 à 172.

[669] Jésuite né en 1905 et décédé dans les circonstances scabreuses bien connues en 1974. Son frère Alain est un ésotériste notoire (cf. MAURICE BLONDET, Gli "*Adelphi della Dissoluzione*. Ares, Milano, 1994, p. 81). Jean Daniélou, lui, fut impliqué dans les vicissitudes de la "nouvelle théologie" condamnée par Pie XII. Après Vatican II, Paul VI en 1969 le créa cardinal. Il devint par la suite, avec Maritain et d'autres, l'un des représentants du courant modéré" qui se plaignaient des excès post-conciliaires. L'habituel pompier-pyromane...

[670] Les 18 points se trouvent dans *Gesù e Israele, op. cit.*, pp. 401 à 404.

[671] *Les Églises devant le Judaïsme, op. cit.*, p. 19. Les 10 points de Seelisberg sont publiés de la page 19 à la page 22. En italien, ils ont été publiés dans *Gesù e Israele, op. cit.* pp. 407-408.

[672] Cfr. *Gesù e Israele, op. cit.*, p. 407.

Grand Rabbin de France (également affilié aux B'naï B'rith) Jacob Kaplan[673], les israélites Fleg[674] et Algazi, les catholiques Madaule, Marrou et Nantet, les protestants Martin et Lovsky[675]. Le cardinal Liénart devint le protecteur officiel de l'*Amitié*, en mémoire sans doute de la condamnation de l'association analogue *Amis d'Israël* décrétée par le Saint-Office le 25 mars 1928[676]. En pratique, le travail d'infiltration interrompu par le décret de 1928, recommence avec l'espoir de trouver meilleur accueil. Dès 1949 un gros coup est tenté : obtenir l'appui de Pie XII. "**Grâce à l'aide du B'naï B'rith**, de Vincent Auriol et de Cletta Mayer", Jules Isaac aurait été reçu en audience privée par le Pape le 1er octobre, à

---

[673] Voici, à titre d'exemple, une déclaration du rabbin Kaplan datant de juin 1953, déclaration qui manifeste amplement son "amitié" judéo-chrétienne : "J'attire l'attention des parents israélites sur le danger auquel sont exposés leurs enfants ; aucun enfant juif n'est à l'abri d'un baptême administré en secret ; aucun enfant juif, même baptisé indûment, n'est plus protégé contre le zèle fanatique des prêtres qui l'enlèvent à sa famille pour le conserver dans la foi catholique" (Cf. P. GINIEWSKI, *op. cit.*, p. 186).

[674] Edmond Flegenheimer changea son nom en Fleg. Né en 1874, naturalisé français en 1922, il fut membre du C.C. de l'Alliance Israélite Universelle, Président des Scouts israélites de France et Président du Congrès Mondial Juif (Cf. GYGES, *op. cit.*, p. 187). Il est intéressant de noter que le 4 mars 1940 un livre de cet Edmond Fleg fut mis à l'index des livres interdits ; il s'agit de *L'Enfant prophète* ; *Jésus raconté par le juif errant*. Les thèses de Fleg et celles d'Isaac sont substantiellement les mêmes. Mais en 1940 Pie XII le condamna ; tandis qu'en 1960 Jean XXIII l'encouragea.

[675] Cf. RATIER, *op. cit.*, p. 120. Le professeur Lovsky, cité par Ratier, est sans doute le spécialiste bien connu de l'antisémitisme, Fadiey (François) Lovsky qui, à en croire ses écrits, semble plus juif que protestant...

[676] Cf. DON C. NITOGLIA, *Le complot judaïco-maçonnique contre l'Église Romaine*, dans *Sodalitium* n° 37, p. 36. Voici le texte de la condamnation : « La nature et la fin de l'Association appelée "Amis d'Israël" ayant été soumises au jugement de la Suprême Congrégation du Saint-Office, ainsi qu'un opuscule ayant pour titre *Pax super Israël* édité il y a peu de temps par les dirigeants de l'Association et répandu abondamment pour mieux en faire comprendre les caractères et la méthode, les Eminentissimes Pères préposés à la garde de la foi et des mœurs ont d'abord reconnu le côté louable de cette Association, qui est d'exhorter les fidèles à prier Dieu et à travailler pour la conversion des Israélites au règne du Christ. Il n'est pas étonnant qu'à ses débuts, cette Association n'ayant en vue que cette fin unique, non seulement beaucoup de fidèles et de prêtres, mais encore bon nombre d'évêques et de cardinaux y aient adhéré. L'Église catholique, en effet, a toujours eu coutume de prier pour le peuple juif, qui fut le dépositaire des promesses divines jusqu'à Jésus-Christ, malgré l'aveuglement continuel de ce peuple, bien plus à cause même de cet aveuglement. Avec quelle charité le Siège Apostolique n'a-t-il pas protégé le même peuple contre les vexations injustes ! Parce qu'il réprouve toutes les haines et les animosités entre les peuples, il condamne au plus haut point la haine contre le peuple autrefois choisi par Dieu, cette haine qu'aujourd'hui l'on a coutume de désigner communément par le mot d'"antisémitisme". Toutefois, remarquant et considérant que cette Association des "Amis d'Israël" a adopté ensuite une manière d'agir et de penser contraire au sens et à l'esprit de l'Église, à la pensée des Saints Pères et à la Liturgie, les Eminentissimes Pères, après avoir recueilli le vote des consulteurs de l'assemblée plénière du 21 mars 1928, ont décrété que l'Association des "Amis d'Israël" devait être supprimée. Ils l'ont déclarée abolie de fait et ont prescrit que nul, à l'avenir, ne se permette d'écrire ou d'éditer des livres ou des opuscules de nature à favoriser de quelque façon que ce soit pareilles initiatives erronées. Le jeudi suivant, 22 du même mois et de la même année, en l'audience accordée à l'assesseur du Saint-Office, le Très Saint-Père Pie XI, Pape par la Divine Providence, a approuvé la décision des Très Eminents Pères et en a ordonné la publication. Donné à Rome, au Palais du Saint-Office, le 25 mars 1928. »

Castelgandolfo[677], il lui aurait remis les *Dix points* de Seelisberg et aurait "attiré l'attention du pape" sur la question de la prière du Vendredi Saint. En fait déjà « le 10 juin 1948, la Sacrée Congrégation des Rites, interrogée sur le sens à attribuer aux mots latins *perfidis* et *perfidia* avait déclaré que dans les versions en langue vulgaire la traduction de ces deux termes par *infidèles* et *infidélité en matière de foi* "n'était pas à rejeter" »[678]. "Infidélité sonnait mieux en effet que "perfidie". Mais ça ne leur suffit pas. Isaac fit remarquer à Pie XII "que l'omission de la génuflexion était peut-être plus grave que la traduction erronée (*sic*) du mot "*perfidis*". Il se référait à la rubrique liturgique selon laquelle on doit omettre la génuflexion et la prière silencieuse prescrite pour les autres oraisons, lorsque vient le tour de l'oraison pour les juifs. Voici comment Dom Guéranger explique le motif de cette omission : "Aujourd'hui la Saint Église prie même pour les fils des bourreaux de son divin Epoux, mais étant donné que la génuflexion fut utilisée par eux comme signe de dérision envers Lui, à l'heure même d'aujourd'hui elle craint, en renouvelant le geste de l'adoration à propos des juifs, de rappeler le souvenir de cette indignité"[679]. Mais Pie XII n'était pas Jean XXIII ; sur le moment Isaac s'en revint les mains vides. Mais sa demande concernant le *flectamus genua* à l'oraison du Vendredi Saint sera acceptée en 1955 avec le décret de réforme de toute la Semaine Sainte, *Maxima Redemptionis*. Le rôle joué à ce propos, souvent à l'insu de la Congrégation des Rites, par la Commission pour la réforme liturgique mettant à profit la maladie du Pape, Mgr. Bugnini lui-même l'a admis[680]. Enfin nous voici en 1958 ; c'est l'élection de Roncalli, suivie, en janvier 1959, de l'annonce du Concile et, en mars, de la

---

[677] Le fait de l'audience paraît vérifié (cf. RATIER, op. cit., p. 120 ; Les Églises devant le judaïsme, op. cit., p. 351 ; ZIZOLA, op. cit., p. 216 ; BERNARD DUPUY, Augustin Béa, cardinal de l'Église catholique et ami du peuple juif dans Rencontres, n° 10, 1969, p. 33, cité par GINIOWSKI, op. cit., p. 329) ; même si, comme nous l'avons vu, Isaac a déclaré en 1962 que c'est lorsque Jean XXIII changea l'oraison du Vendredi Saint que la pensée lui vint "pour la première fois" de s'adresser au "sommet". Les circonstances (intervention des B'naï B'rith, d'Auriol et de Mayer) sont signalées par LAZARE LANDAU dans Tribune juive (17-23 janvier 1986), cité par JEAN MADIRAN, L'accord secret de Rome avec les dirigeants juifs, dans Itinéraires, n° III, septembre 1990, p. 3, note 2. Cependant il est possible que sur ce point Landau confonde avec la visite d'Isaac à Jean XXIII.

[678] *Les Églises devant le judaïsme, op. cit.*, p. 351, et note 30. Cfr. *Documentation Catholique*, n° 1047 du 17 juillet, col. 937 et n° 1037 du 5 juillet 1959, col. 842. Giniewski (op. cit. p. 329) affirme que la décision de la Congrégation des Rites fut obtenue par Jules Isaac après son entrevue avec Pie XII en 1949. C'est faux de toute évidence puisque le décret date de 1948 ! Cependant on ne peut exclure que la Sacrée Congrégation des Rites ait effectivement cédé à des requêtes provenant de personnages de l'entourage de Jules Isaac ; des ecclésiastiques qui leur étaient favorables auraient servi d'intermédiaire posant à Rome la question de la signification du terme "perfides".

[679] DOM PROSPER GUÉRANGER, *L'année liturgique, La Passion et la semaine sainte*, Oudin éd., Paris-Poitiers, 1876, p. 553.

[680] "Durant ses douze ans d'existence (28 juin 1948/8 juillet 1960), la Commission (...) travailla dans le secret le plus absolu. À tel point que la publication, au début de mars 1951, de l'*Ordo Sabbati Sancti instaurati* prit au dépourvu les officiels de la Congrégation des Rites eux-mêmes. La commission jouissait de la pleine confiance du Pape, qui était tenu au courant par Mgr Montini et, plus encore et de façon hebdomadaire par le P. Béa, confesseur de Pie XII. Grâce à cet intermédiaire on put parvenir à des résultats notables dans les périodes mêmes où la maladie du Pape empêchait quiconque de l'approcher" (A. BUGNINI, *op. cit.*, p. 22).

suppression, spontanée, de l'expression "juifs perfides". Isaac comprend que le moment propice est venu. "En 1959, Isaac est en relations suivies avec divers prélats de la Curie romaine, notamment le cardinal Tisserand, le cardinal Ottaviani et surtout le cardinal Béa". À la Sorbonne, le 15 décembre, il dévoile publiquement son objectif : "L'enseignement du mépris a trop duré et il a fait trop de mal ; **il n'a donc plus droit à l'existence. Que Dieu veuille qu'il fasse l'objet d'une condamnation solennelle et qu'il soit non seulement condamné mais totalement éliminé, aboli, proscrit, et qu'il disparaisse pour toujours des livres qui se disent chrétiens, des lèvres qui se disent chrétiennes**"[681]. L'appel est adressé "aux plus hautes autorités chrétiennes". Restait à se faire écouter...

QUI A PRÉPARÉ L'AUDIENCE À JULES ISAAC ?

L'entrevue historique de Jules Isaac et de Jean XXIII demeura secrète à la plupart pendant plusieurs années. En effet, si je ne me trompe, il n'y a trace de l'audience privée concédée à Jules Isaac ni dans l'*Osservatore Romano* ni dans la *Documentation catholique* de cette période. L'événement devint du domaine publique en 1962, lors d'une interview de Jules Isaac en personne avec la revue israélite l'*Arche* et l'écrivain Jean Toulat[682]. Puis en 1968 la revue "judéo-chrétienne" SIDIC publia un rapport inédit préparé par Jules Isaac luimême après l'audience que lui avait concédée, Jean XXIII[683]. Sait-on tout désormais sur cette audience ? Pas à proprement parler. C'est à Emmanuel Ratier, par exemple, que nous devons la reconstitution du rôle joué par les B'naï B'rith en cette circonstance.

Voici, par exemple, comment, se fondant sur les déclarations mêmes d'Isaac, le secrétaire du cardinal Béa reconstitue les événements qui amenèrent à l'entrevue :

« Lors d'une entrevue de 1962, il [Jules Isaac] expliquait comment le geste du pape Jean XXIII [le Vendredi Saint 1959, *n.d.a.*] avait suscité en lui l'espérance : "Pour la première fois, contrairement à ce que j'avais pensé auparavant, j'envisageai une démarche au sommet". Le professeur, qui vivait à Aix-en-Provence, reçut à ce propos un encouragement de l'évêque du lieu, Mgr de Provenchères. En haut fonctionnaire d'État expert, il se prépara de façon très méthodique à cette démarche : "Dès 1959, lors d'une conférence tenue à la Sorbonne, j'adressai un appel au Pape [il s'agit du terrible *diktat* reporté ci-dessus, *n.d.a.*]. Les amis me demandèrent de me rendre à Rome en qualité de président honoraire de l'"Amitié judéo-chrétienne". Je répondis : "Oui, mais je veux avoir la certitude d'être reçu en audience". La certitude une fois acquise, on m'assura le financement nécessaire. Je préparai textes et documents. Je préparai une documentation et un pro-mémoire. Le tout

---

[681] J. ISAAC, Verità e mito, op. cit., p. 38.

[682] JEAN TOULAT, *Juifs mes frères*, éd. Guy Victor, 1962 ; nouvelle édition : Fayard, Paris, 1972. Traduction italienne : Una visita a Jules Isaac, dans Rassegna mensile di Israele, nov.-dic. 1972, pp. 3 à 13.

[683] *SIDIC*, (Service International de documentation Judéo-chrétienne), n° 3, 1968, pp. 10 à 12 ; cf. aussi n° 1, 1994, p. 23.

fut imprimé en français et en italien. Le voyage fut organisé méthodiquement. **L'objectif précis était "la révision de l'enseignement chrétien concernant les juifs"** ».

Attention, Isaac ne ment pas. Il omet seulement de dire toute la vérité. Qui étaient les "amis" qui lui donnèrent l'assurance d'une audience, qui lui en procurèrent le "financement" et l'envoyèrent en reconnaissance comme président honoraire des judéo-chrétiens ? **Ses frères de la Loge franc-maçonne juive des B'naï B'rith" avec l'appui des politiciens socialo-communistes amis de Roncalli.** Qu'on lise Ratier, il documente toutes ses affirmations : « "Lorsque nous conçûmes, avec Cletta Mayer (épouse de Daniel Mayer)[684], l'idée d'une rencontre Jules Isaac-Jean XXIII écrit Jean-Pierre Bloch, ex-président de la L.I.C.R.A. et du B'naï B'rith[685] nous fîmes part de notre projet à Vincent Auriol[686]. Lui seul était capable de préparer cet entretien historique. Au cours d'une visite, après lui avoir montré l'intérêt de la visite de Jules Isaac, Vincent Auriol, qui avait gardé des relations suivies avec le nonce du pape, Roncalli devenu Jean XXIII, n'hésita pas, et dans une longue lettre au Saint-Père lui expliqua les raisons de cette demande d'audience. Nous connaissons la suite : Jules Isaac fut longuement reçu par Jean XXIII. Et, après les décisions du Concile qui ont lavé le peuple juif de l'accusation absurde de déicide, si l'on doit souligner l'action de Jules Isaac, il faut rappeler aussi que c'est Vincent Auriol qui prépara le voyage historique de Rome". "La collecte des fonds nécessaires au voyage d'Isaac et à l'établissement du dossier à donner au pape fut organisée par Marcel Bleustein-Blanchet[687], président de *Publicis* et membre de la L.I.C.R.A. [Ligue contre le racisme et l'antisémitisme, n.d.a.] et du B'naï B'rith". Isaac fut accompagné par Gaston Kahn, président honoraire de la Loge France" et par "Georges Jacob (...), les responsables français du B'naï B'rith", "afin de mieux préparer l'entretien historique. La réussite à l'issue du voyage fut telle que ce voyage représente pour PierreBloch *la plus grande fierté de sa vie.* Isaac était clairement mandaté par le B'naï B'rith, comme l'a reconnu le Dr Ernst Ludwig Ehrlich, directeur du district 19 du B'naï B'rith, insistant sur le fait que son organisation souhaitait peser et a pesé de tout son poids sur le déroulement du Concile... »[688]. Ernst Ehrlich pouvait crier victoire lorsqu'il faisait ces aveux en 1966, à concile conclu ; mais les choses n'étaient pas encore aussi évidentes en 1960, juste avant que Jules Isaac soit reçu au Vatican. Lisons le père Schmidt : « Le professeur [Isaac]

---

[684] Daniel Mayer, journaliste, député au Parlement français, secrétaire général du Parti Socialiste clandestin (1943-1944), ministre du Travail et de la Santé, membre du Comité d'honneur du Centre de documentation juive contemporaine, président de la Ligue des Droits de l'Homme, cf. GYGES, *op. cit.*, pp. 79 à 214.

[685] Jean Bloch, dit Pierre Bloch, député, maire de Lyon, vice-président du Comité d'Action de la Résistance, membre de la Commission pour la Médaille de la Résistance et de l'Alliance Israélite Universelle, haut magistrat. Cfr. GYGES, *op. cit.*, p. 223.

[686] Auriol, athée et socialiste, ministre dans le Gouvernement Bloch, puis président de la République Française, devint ami personnel de Jean XXIII alors Nonce à Paris (Cf. *Sodalitium* n° 27, p. 16 et n°28, p. 27).

[687] Marcel Bleustein (qui par la suite ajouta à son nom celui de Blanchet), directeur général de *Publicis* et de *Régie-Presse* (qui regroupe 40 journaux), administrateur de la *Telma*, conseiller pour le Commerce Extérieur, directeur général pour la publicité du *Figaro*, fondateur de *Radio-Cité*, membre du Comité du Fond Social Juif Unifié, membre du Haut Comité d'Etudes et d'Information sur l'alcoolisme. Cf. GYGES, *op. cit.*, p. 169.

[688] E. RATIER, *op. cit.*, pp. 120-121.

était cependant parfaitement conscient de la difficulté de l'entreprise. Il écrit : "Il faut comprendre à quel point l'entreprise était difficile et audacieuse. Le problème de l'enseignement catholique était infiniment plus complexe que celui de la liturgie. Considéré sous cet aspect particulier (Israël), **il touchait sinon les données mêmes de la foi et du dogme au moins une tradition séculaire, millénaire même, remontant aux Pères de l'Église, à saint Jean Chrysostome et à saint Augustin**[689]. D'où la nécessité, dans ces conversations romaines, d'unir le maximum de prudence avec le maximum de franchise. Mais je ne me cachais pas qu'il s'agissait là d'une véritable épreuve de force et que j'aurais, à certains moments, à sauter un abîme" »[690].

ISAAC REÇU PAR JEAN XXIII (13 JUIN 1960)

Et nous voici arrivés enfin à la célèbre audience. Je rapporte, pour le lecteur de *Sodalitium*, le récit qu'en a fait Isaac lui-même :

« Enfin vers 13h15 mon tour arrive. Le pape nous reçoit debout devant la porte qui s'ouvre. M. de Warren[691] fléchit le genou, je m'incline et Jean XXIII me donne tout bonnement la main. Je me présente comme non chrétien, promoteur des *Amitiés judéo-chrétiennes* en France, et comme un vieil homme très sourd. Nous nous installons à côté du bureau de travail sur trois fauteuils tout proches l'un de l'autre. Je suis à côté du pape qui est vraiment la simplicité même, et cette simplicité fait un contraste saisissant avec le faste du décor et du cérémonial qui précède. Il ne paraît pas si fatigué. C'est un bonhomme tout

---

[689] Isaac n'exclue donc pas que sa proposition touche à la foi et au dogme chrétien. En fait, les thèses de Jules Isaac, substantiellement acceptées par Vatican II et par les documents post-conciliaires, sont contraires à la foi catholique. Avant tout parce qu'elles nient l'historicité des Évangiles, ce qui a été implicitement accepté : « Les Évangiles sont le fruit d'un travail rédactionnel long et compliqué (...). Il n'est donc pas exclu que certaines références hostiles ou peu favorables aux juifs aient comme contexte historique les conflits entre l'Église naissante et la communauté juive. Certaines polémiques sont le reflet des conditions de rapports entre juifs et chrétiens bien postérieures à Jésus. Cette constatation reste capitale si l'on veut dégager le sens de certains textes des Évangiles pour les chrétiens d'aujourd'hui » (Extrait de : *Catholiques et juifs : un nouveau regard. Notes de la Commission du Saint-Siège pour les relations avec le judaïsme*. Sous le titre original : *Notes pour une correcte présentation des juifs et du judaïsme dans la prédication et la catéchèse de l'Église catholique*. par les soins de la Commission du Saint-Siège, n° 21 A, du 24 juin 1985. Cf. *Documentation Catholique* n° 1900 [14], 21 juillet 1985, p. 736). Ensuite, et Jules Isaac l'admet explicitement, parce que ses thèses nient l'interprétation qu'ont donnée de la Sainte Ecriture les Pères de l'Église (entre autres et surtout, les deux principaux : saint Augustin, pour l'Église latine, et saint Jean Chrysostome pour l'Église grecque). Or, selon les paroles mêmes de Pie XII (enc. *Haurietis aquas*), les Pères de l'Église sont "les textes véridiques de la doctrine divinement révélée". Dans l'interprétation de l'Ecriture, le consensus des Pères est, pour l'Église catholique, une garantie de doctrine infaillible, divinement révélée. Donc, même si Isaac s'était limité à (faire) condamner la doctrine des Pères de l'Église (et il ne s'est pas borné à cela, bien au contraire) il aurait déjà condamné (et fait condamner) le dogme catholique.

[690] S. SCHMIDT S.J., *op. cit.*, p. 353.

[691] Le comte Lionel de Warren était Premier Secrétaire de l'ambassade de France auprès du Saint-Siège (cf. Annuario Pontificio, année 1961, p. 1000).

rond, assez gros, visage aux traits forts et rustiques. Un gros nez, très souriant, volontiers riant, avec un regard clair, un peu malicieux, mais où il y a une évidente bonté qui inspire confiance. Comme prévu, c'est lui qui engage la conversation, vivement, parlant de son culte pour l'Ancien Testament, les Psaumes, les Prophètes, le livre de la Sagesse. Il parle de son nom qu'il a choisi en pensant à la France ; me demande où je suis né, dans quelle région de la France. Et moi je cherche la transition pour l'amener sur le terrain voulu : **je lui dis le grand espoir que les mesures prises par lui, si spontanément, ont éveillé dans le cœur du peuple de l'Ancien Testament ; si nous attendons de lui davantage encore, n'est-ce pas lui-même qui en est responsable par sa grande bonté ? Ce qui le fait rire.** Alors j'expose ma requête concernant l'enseignement, et d'abord sa base historique. **Mais comment, en quelques minutes, faire comprendre ce qu'a été ce ghetto spirituel dans lequel l'Église progressivement a fini par enfermer le vieil Israël en même temps que dans un ghetto matériel ? Je dois me borner à un raccourci, aussi bref et frappant que possible.** Je montre aux deux extrémités de l'ère chrétienne d'une part un antisémitisme païen, inconsistant et absurde dans ses accusations, d'autre part l'antisémitisme raciste hitlérien le plus virulent, de nos jours non moins inconsistant et absurde. Mais entre les deux, le seul qui ait de la consistance et sur lequel on ait prise, c'est celui qu'a engendré une certaine théologie chrétienne, sous la pression des circonstances, parce que la négation juive était le principal obstacle à la propagande chrétienne dans le monde païen ». J'interromps un instant le récit. À ce moment déjà, Jean XXIII aurait dû mettre l'émissaire des Loges à la porte. D'abord parce que les "Amitiés judéochrétiennes" auraient dû être condamnées au même titre que leur sœur jumelle, la société des "Amis d'Israël". Ensuite, parce que les juifs actuels ne sont plus le peuple de l'Ancien Testament, ne serait-ce que parce que l'Ancien Testament a été abrogé par le Nouveau. Ensuite un Pape ne peut pas écouter sans frémir les accusations injustes qu'Isaac portait contre ses prédécesseurs et contre l'Église toute entière. Mais surtout, les dernières paroles du vieux socialiste étaient inacceptables pour un vrai Vicaire du Christ. Elles se réfèrent, nous l'avons démontré précédemment, aux Évangiles, aux Actes des Apôtres, aux Pères de l'Église dont la "propagande" (!) auprès des païens devait (aux dires d'Isaac) se servir de la calomnie contre les juifs pour gagner les bonnes grâces de ces peuples et pour leur expliquer dans le même temps comment il se faisait que les juifs n'aient pas écouté le Messie. Devant cette insulte au Saint-Esprit, véritable auteur des Saintes Ecritures et guide infaillible de l'Église à travers les siècles, Angelo Roncalli aurait dû réagir...
Au contraire il laisse Isaac poursuivre : « Ainsi s'est formé ce que j'ai appelé "l'enseignement du mépris" et, comme il s'est exercé pendant des siècles et des siècles, la mentalité chrétienne en a été profondément imprégnée. Il existe aujourd'hui heureusement un contre-courant, purificateur, qui se renforce de jour en jour. Cependant des enquêtes récentes ont montré que "l'enseignement du mépris subsiste toujours. **Entre ces deux tendances contraires, l'opinion catholique est divisée, reste flottante. Voilà pourquoi il est nécessaire qu'une voix s'élève d'en haut, du plus haut, du "sommet" la voix du chef de l'Église pour indiquer à tous le bon chemin et condamner solennellement cet "enseignement du mépris", en son essence antichrétien.** Pratiquement, comment s'y prendre ? Je présente alors ma note

conclusive et **la suggestion de créer une Sous-Commission annexe chargée d'étudier la question** ». L'audace de notre maçon est à son comble ! C'est lui, un athée de surcroît, qui établit que ce qu'a dit et fait l'Église pendant des siècles et des siècles, formant ainsi la mentalité chrétienne... est essentiellement anti-chrétien ! Et le Chef des chrétiens doit donc "condamner solennellement" non pas les ennemis de l'Église mais... ce que l'Église a fait durant "des siècles et des siècles", ainsi que ces catholiques qui de nos jours n'ont pas encore suivi les modernistes dans l'abjuration de "siècles et de siècles" de christianisme. C'est Isaac qui enjoint à Jean XXIII de prendre position : de quel côté êtes-vous ? Avec les siècles de christianisme, ou bien avec mes nouveaux chrétiens des "amitiés judéochrétiennes" ? Formez une commission et chargez-la de condamner les récalcitrants ! **Que lui répond Jean XXIII ?** Isaac nous le raconte lui-même : « **Le pape réagit aussitôt en disant : "J'y ai pensé dès le début de l'entretien". À plusieurs reprises au cours de mon bref exposé, il avait manifesté sa compréhension et sa sympathie.** (...) Mais l'entretien touche à sa fin, plus de vingt minutes sont passées. Heureusement il y a le Mémoire, le *dossier*, la Note conclusive [mise au point la nuit précédente, n.d.a.], que je remets et que le pape promet de lire. En disant toute ma gratitude pour l'accueil reçu, **je demande si je puis emporter quelque parcelle d'espoir. Il se récrie : "Vous avez droit à plus que de l'espoir"**. Il ajoute en souriant : "Je suis le Chef, mais il me faut aussi consulter, faire étudier par les bureaux les questions soulevées, ce n'est pas ici la monarchie absolue". Et nous nous quittons sur une nouvelle et bonne poignée de mains »[692]. Lorsque Théodore Herzl, reçu en audience par saint Pie X, lui avait demandé l'appui du Pape pour la constitution d'un état juif (pas nécessairement en Palestine), il s'était heurté à un refus net du Pape avec ces mots : "Il n'est pas possible d'aider un État juif. Les juifs n'ont pas reconnu le Christ, nous ne pouvons pas reconnaître Israël"[693]. Le vieil Herzl demandait beaucoup, beaucoup moins cependant que Jules Isaac à Jean XXIII. Pourtant la réponse de Roncalli que je viens de rapporter fut à l'opposé de celle de saint Pie X. "Compréhension, sympathie" ; pour Isaac c'était "plus qu'un espoir" : en vingt minutes, Roncalli reniait deux mille ans de tradition catholique... Qu'on ne s'y trompe pas : sa répartie sur l'Église qui ne serait pas une monarchie absolue n'était pas une façon de s'esquiver pour refuser ensuite gentiment ce que lui demandait le maçon français. Car les "autres" à consulter, les "bureaux chargés d'étudier les questions" ne pouvaient qu'être agréables à Jules Isaac et aux B'naï B'rith...

---

[692] Cf. *SIDIC*, vol. 27, n° 1, 1994, p. 23.
[693] Cf. *Sodalitium*, n° 25, p. 13, qui rapporte une citation d'André Chouraki.

*Ce Vendredi-Saint ne fut pas un Vendredi-Saint comme les autres :
ces bandes dessinées en sont elles aussi un témoignage.*

ITE AD BEA

En effet en cette tragique circonstance, on touche du doigt toute la gravité de l'institution, par Jean XXIII, du *Secrétariat pour l'Union des Chrétiens*[694]. Je rappelle que le 14 mars 1960 Roncalli avait pris la décision de créer cet organisme pour l'œcuménisme, dirigé par le card. Béa, et que le *Secrétariat* ne fut officiellement constitué que le 5 juin suivant, avec le Motu Proprio *Superno Dei Nutu*. Une semaine était à peine passée qu'arrivait au Vatican le délégué des B'naï B'rith, Jules Isaac. En temps normal, il aurait été adressé au Saint-Office qui avait la compétence de toutes les questions concernant la foi. Mais depuis une semaine il n'en était plus ainsi : il fallait compter avec le *Secrétariat* de Béa qui, selon une expression de Mgr Capovilla, avait "la confiance et la confidence de Jean XXIII". Isaac à peine parti, Béa se rendit chez son secrétaire, le Père Schmidt, et lui dit, partagé entre la joie et l'émerveillement : "Figure-toi que le SaintPère a dit à Jules Isaac de s'adresser à moi" ». Isaac ne perdit pas de temps : le 15 juin, il avait un entretien de plus d'une heure avec Béa. Isaac raconta ensuite à Toulat : « … il s'est montré parfaitement au courant des problèmes affrontés. Il est en relation avec les catholiques allemands qui font le même travail que nos groupes de l'"Amitié judéochrétienne". J'ai trouvé en lui une aide providentielle »[695]. Après les vacances d'été, le 14 septembre, le cardinal Béa écrivait à Jean XXIII pour lui exprimer son « désir de traiter "de vive voix" de certaines questions regardant le Secrétariat pour l'unité des chrétiens, dont Votre Sainteté a daigné me confier la présidence. Je désirerais, en particulier, soumettre aussi à Votre Sainteté la question de la compétence en ce qui regarde les relations entre juifs et catholiques, relations au sujet desquelles je suis fréquemment interpellé". Et il fut effectivement reçu en audience le 18 septembre ; en cette occasion, le Pape lui confia formellement la charge concernant les relations avec le peuple élu de l'Ancien Testament »[696]. "Le cardinal fit alors un second pas en avant. Vu que les membres et les

---

[694] Cf. *Sodalitium*, n° 39, pp. 19 à 32.
[695] Cf. S. SCHMIDT, *op. cit.*, p. 354.
[696] S. SCHMIDT, *op. cit.*, p. 355.

consulteurs du Secrétariat avaient été nommés avant la création de la charge regardant les juifs, on procéda à des nominations supplémentaires de spécialistes pour ce secteur"[697]. Je ne sais pas quelles furent les nouvelles nominations. Ce qui est certain c'est que dans l'organe de 1961 il y avait deux experts, d'autant plus experts qu'ils étaient juifs d'origine : le père Tommaso Strasky C.S.P. et le père Gregory Baum, augustinien, auxquels fut adjoint Mgr John Oesterreicher[698]. Giniewsky rapporte par exemple, tout à l'honneur de Jean XXIII, qu'» il fit publier par Mgr Oesterreicher, directeur de l'Institut d'Etudes Judéo-chrétiennes (un des rares prélats allemands à avoir défendu les juifs dans l'Allemagne nazi, et réfugié aux EtatsUnis en 1938) un texte dans lequel était approuvé "le changement d'attitude, le changement dans la façon d'aborder le problème, le changement d'esprit" de l'Église envers les fils d'Israël, et dans lequel on mettait en garde contre une lecture des Évangiles qui conduit au mépris des juifs »[699]. Giniewsky oublie de dire à ses lecteurs que l'*Institut pour les Etudes Judéo-chrétiennes* situé à Seton-Hall, South Orange (U.S.A.) et dirigé par Oesterreicher, est une émanation de l'A.D.L., Ligue Anti-diffamation... de nos B'naï B'rith bien connus ![700] Autre "découverte" du cardinal Béa : le père Gregory Baum ; Hebblethwaite écrit à son sujet : "Béa découvre, par exemple, l'augustinien canadien Gregory Baum dont la thèse à Fribourg, Suisse, en 1956, *Que tous soient un* [Ut unum sint], avait été suivie d'un travail sur l'antisémitisme des Évangiles"[701]. Selon certains auteurs, Oesterreicher et Baum (allemand émigré au Canada) étaient tous deux non seulement d'origine juive, mais juifs de naissance, convertis par la suite, conversion dont il serait licite de douter étant donnés les faits qui ont suivi[702]. Voilà quels sont les hommes qui prépareront *Nostræ Ætate*, le document conciliaire sur les juifs.

POINT D'ABOUTISSEMENT, POINT DE DÉPART

L'entrevue Jules Isaac Jean XXIII fut un point d'aboutissement, mais aussi un point de départ. Un aboutissement, disais-je. Sans remonter très loin dans les siècles (et à ce propos je renvoie le lecteur aux articles de l'abbé Nitoglia publiés dans notre revue) il suffit de rappeler encore une fois l'histoire de l'Association *Amis d'Israël*. « Fondée en 1926, **l'association se proposait la modification de la prière *Pro Perfidis Judæis* du Vendredi**

---

[697] S. SCHMIDT, *op. cit.*, p. 356.
[698] Cf. *Annuario Pontificio*, ed 1961, p. 1126, ed. 963, p. 1074.
[699] P. GINIEWSKY, *op. cit.*, p. 330.
[700] Cf. E. RATIER, *op. cit.*, p. 125.
[701] PETER HEBBLETHWAITE, *Jean XXIII. Le pape du Concile*. Ed. Le Centurion, 1988, p. 415. Le livre s'intitule *Les juifs et l'Évangile*.
[702] Cf. E. RATIER, *op. cit.*, pp. 125-126 ; LÉON DE PONCINS, dans AA.VV., *Infiltrations ennemies dans l'Église, op. cit.*, pp. 79-80 ; AA.VV., *L'azione giudaico-massonica nel Concilio*. Texte réservé exclusivement aux Très Révérends Pères Conciliaires, sine loco et data, pp. 2-3 et 11 à 13 ; P. MARCEL MAUCLAIR, *Le déicide est le peuple juif*, sine loco et data, p. 3. Sur le problème des Marranes" ou crypto-juifs, cf. DON CURZIO NITOGLIA, *Le problème des Marranes*, dans *Sodalitium*, n° 39, pp. 4 à 19.

saint, le rejet de l'accusation de "déicide" et la suppression des cérémonies liturgiques relatives aux accusations d'homicides rituels perpétrés par les juifs. Nonobstant le développement rapide de l'association, à laquelle adhérèrent des personnalités de l'Église et de la culture, elle fut supprimée par un décret du Saint-Office le 25 mars 1928, parce qu'elle n'était pas en accord avec la tradition de l'Église, avec la pensée des Pères et la praxis liturgique »[703]. Qui ne voit que les *Associations judéo-chrétiennes* fondées en 1948 n'étaient rien d'autre que la réédition, avec les mêmes fins, de l'*Association Amis d'Israël* fondée en 1926 ? Une seule différence : en 1928, **Pie XI condamne comme contraire à la tradition de l'Église et à la pensée des Pères ce qu'à l'inverse, en 1960, Jean XXIII approuve et bénit**. La manœuvre avait pleinement abouti, avec la satisfaction accordée à la demande. Mais ça n'était pas suffisant. La "bonté" de Jean XXIII encourageait les associations juives à demander toujours davantage... Jules Isaac lui-même ne l'a-t-il pas déclaré ? L'audience du 13 juin 1960 fut donc aussi le point de départ d'un continuel crescendo de concessions et de mea culpa de la part de ceux qui occupent de fait les hautes charges de l'Église, concessions et même reniements qui ne suffisent jamais à ceux qui les réclament ou les exigent. Depuis ce 13 juin, la situation n'a fait qu'empirer. Dans le prochain numéro, nous suivrons le déroulement des événements relatifs aux rapports entre christianisme et judaïsme jusqu'à la mort de Jean XXIII ; certains de ces événements sont connus, d'autres par contre sont encore secrets et enveloppés d'épaisses ténèbres. Prions Dieu que se fasse la lumière dans toutes les intelligences, que tous comprennent par qui Vatican II nous a été imposé ; prions Dieu pour obtenir la force de volonté qui nous permette de demeurer fidèles à l'enseignement millénaire de l'Église catholique.

---

[703] MGR PIETRO ROSSANO, *I Papi, la Chiesa e il mondo delle religioni*, dans AA.VV., *Chiesa e papato nel mondo contemporaneo*, par les soins de G. ALBERIGO et de A. RICCARDI, ed. Laterza, Rome-Bari, 1990, p. 500.

Jean XXIII et les Juifs suite : de Jules Isaac a Nostra Ætate

Par M. l'abbé Francesco Ricossa

En sortant du Vatican, le "frère" Jules Marx Isaac était donc retourné à la loge avec "plus qu'un espoir" : Jean XXIII lui avait promis une révision de la doctrine chrétienne sur les rapports entre Église et judaïsme. Il s'agissait maintenant de concrétiser cet engagement solennel. Cet article s'efforcera de suivre pas à pas les développements de cette manœuvre en suivant trois pistes : l'action directe et publique de Jean XXIII, celle du cardinal Béa délégué par lui aux relations judéo-chrétiennes le 18 septembre 1960, et enfin "l'accord secret" conclu en 1962-1963, accord qui trouvera son aboutissement dans la déclaration conciliaire Nostra ætate.

Deux allocutions et une bénédiction

Si l'on cherche dans les discours officiels de Jean XXIII la preuve du changement d'attitude décisif du Vatican vis-à-vis du judaïsme, on est en partie déçu. En cinq ans de pontificat, Jean XXIII n'a adressé que deux allocutions à des associations juives, le 18 janvier 1960 au *Congrès Mondial Juif* et le 17 octobre de la même année à l'association *United Jewish Appeal* des EtatsUnis[704]. Habitués au rythme actuel des rencontres judéo-chrétiennes, nous sommes étonnés de tant de discrétion ! Cependant le discours adressé aux 130 juifs de l'*United Jewish Appeal* sous la conduite du rabbin Herbert Friedman révèle déjà des erreurs doctrinales importantes ; mais ayant déjà commenté cette allocution, je ne m'y arrêterai pas davantage[705]. Plus que les élaborations théologiques, Jean XXIII aimait les gestes symboliques qui font meilleure impression sur les gens, qui s'impriment plus facilement dans la mémoire et qui ne nécessitent pas une rigoureuse justification doctrinale... C'est ainsi que "le 17 mars 1962, Jean XXIII passait en voiture sur le Lungotevere. À la hauteur de la synagogue il donna l'ordre au chauffeur de s'arrêter et de se garer le long du trottoir : c'était un samedi matin et des groupes de juifs sortaient du temple après la prière. Le pape fit décapoter la voiture et les bénit, ce qu'aucun pape avant lui n'avait jamais fait"[706]. Le geste

---

[704] Cf. *La Documentation Catholique*, 1960, colonnes 382, 1419-1420. Voir également : *Osservatore Romano* du 19/10/1960, éd. it.

[705] Dans *Sodalitium* n° 26, p. 29-30. Un petit détail cependant : dans son discours, Jean XXIII se vantait d'avoir sauvé durant la guerre des milliers d'enfants juifs qui voyageaient sur un paquebot roumain. En réalité sa mémoire lui joue encore une fois un vilain tour ; les réfugiés juifs (de tous âges) étaient au nombre de 769, et le paquebot sur lequel ils voyageaient ne "finit" pas en lieu sûr mais sauta sur une mine (*ibidem* p. 5).

[706] GIANCARLO ZIZOLA. *Giovanni XXIII*. Laterza, Roma-Bari 1988, p. 221.

vaut plus que mille discours ; la bénédiction accordée aux juifs devant la synagogue (de façon peu orthodoxe, car on bénit seulement les fidèles) a été considérée, à raison, par Jean-Paul II luimême comme une anticipation symbolique de sa propre visite à l'intérieur du Temple israélite : "l'héritage que je désirerais recueillir maintenant, c'est celui du Pape Jean lequel, un jour où il passait par ici comme l'a rappelé le Grand Rabbin fit arrêter sa voiture pour bénir la foule des juifs qui sortaient de ce même Temple. Et c'est en cet instant que je voudrais recueillir cet héritage, alors que je me trouve non plus à l'extérieur, mais, grâce à votre générosité, à l'intérieur de la Synagogue de Rome. Après le pontificat de Jean XXIII et le Concile Vatican II, cette rencontre conclut, d'une certaine façon, une longue période sur laquelle il ne faut pas se lasser de réfléchir pour tirer les enseignements opportuns…"[707]

LA RÉFORME DU RITE DU BAPTÊME DES ADULTES

Avec la réforme du rite du baptême pour les adultes, un autre geste d'ouverture au judaïsme fut réalisé par Jean XXIII. Je n'en avais jamais entendu parler et je dois cette information à un auteur déjà cité dans les parties précédentes de cet article, Paul Giniewsky, auteur juif radicalement antichrétien dont le livre est cependant préfacé par le Père Jean Dujardin, le secrétaire, un peu embarrassé tout de même, du Comité épiscopal français pour les relations avec le judaïsme[708]. À la page 330 de son livre, après avoir énuméré les mérites de Jean XXIII en ce qui concerne les juifs, Giniewsky parle de cette réforme liturgique : "(Jean XXIII) expurgea le cérémonial du baptême en supprimant les formules qui concernaient l'incroyance juive et l'erreur hébraïque". Voici de quoi il s'agit. Le 16 avril 1962, la Sacrée Congrégation des Rites promulgait un décret sur le nouveau rituel du baptême des adultes [AAS, 54, 1962, 315 à 338] dans lequel était pratiquement restauré l'ancien catéchuménat prévoyant un baptême par étapes. Il y a toutefois dans cette réforme une déclaration qui sent l'œcuménisme. Le nouveau rituel supprimait en effet la recommandation de l'ancien (titre II, Chapitre III, numéro 12) où l'on avertissait le ministre du sacrement de "faire connaître et détester la perversité de ses erreurs" à l'hérétique qui se

---

[707] Il s'agit évidemment du discours de Jean-Paul II à la synagogue de Rome (1986) cité par le Père Rosario Esposito dans *Le grandi concordanze tra Chiesa e Massoneria*, ed. Nardini, Firenze 1987, p. 397. Cf. également l'interview du Rabbin Toaff à Francesco Viviano de la *Repubblica* (4 novembre 1994, p. 14) : "il existe actuellement une entente qui n'a jamais été auparavant (…) le mérite en revient à Jean XXIII qui a été le premier pape à bénir les juifs à la sortie de la synagogue. Je me rappellerai cette scène toute ma vie, dit Toaff… Parmi les plus beaux souvenirs du Rabbin Toaff en Italie il y a l'entrée historique de Jean-Paul II dans la synagogue. Jusqu'à ce que nous soyions à l'intérieur dit Toaff cela me paraissait un songe, puis lorsque j'ai vu le pape qui entrait à mes côtés je me suis détendu…". Selon Mgr Loris Capovilla (*Giovanni XXIII nel ricordo del segretario Loris F. Capovilla*. Entrevue de MARCO RONCALLI, et documents inédits. Ed. San Paolo, Cinisello Balsamo 1994, pp. 34-35) Jean XXIII "se mit debout dans la voiture, retira son chapeau en signe de respect et de solidarité". Il ne précise pas si, oui ou non, il fit le geste de bénédiction attesté par tous les autres commentateurs.

[708] PAUL GINIEWSKY, *La croix des Juifs*, éd. MJR Genève 1994.

convertissait au catholicisme[709]. Dans le rite même du baptême, le converti devait abjurer et détester les idoles s'il venait du paganisme, la "perfidie mahométane" s'il était musulman, "la perversité hérétique" et les "sectes néfastes" s'il était protestant. Enfin si le néophyte venait du judaïsme, il devait déclarer avoir en horreur la perfidie judaïque et déclarer rejeter la superstition juive[710]. Ces paroles dites par le prêtre qui baptise furent supprimées en vertu du principe précédemment énoncé selon lequel le catéchumène doit être instruit de la religion catholique, mais ne doit pas rejeter ses erreurs précédentes ; principe qui oublie que la profession de la vérité et la détestation de l'erreur sont corrélatives : l'une exigeant l'autre. Comment concilier cette décision avec la doctrine catholique selon laquelle, dans la liturgie, il ne peut y avoir rien de contraire à la foi ou à la morale, rien de nocif pour les âmes ?

SUPPRESSION DU CULTE DU BIENHEUREUX ANDRÉ

Giniewsky signale une autre initiative de Jean XXIII, peu connue jusqu'à présent. Les lecteurs de *Sodalitium* connaissent déjà le thème de l'"homicide rituel"[711]. Dans trois cas l'Église s'est prononcée par une Bulle de béatification. L'un des trois est celui du bienheureux André de Rinn, martyrisé en 1462, dans le Tyrol. Le Pape Benoît XIV en approuva le culte en 1755 avec la Bulle *Beatus Andreas* . « En 1961 nous informe Giniewsky qui cite les études d'une religieuse, sœur Maria Despina, publiées en 1971 par la revue *Rencontre* Jules Isaac avait transmis au cardinal Bea (...) un dossier complet sur l'église de Rinn, où figuraient toujours les statues au type caricatural représentant les colporteurs juifs accusés de l'assassinat d'Andreas (...), où l'on distribuait toujours les tracts revêtus de l'*imprimatur*, relatant le crime. Simon Weisenthal et diverses organisations juives et chrétiennes étaient également intervenues. Ces démarches aboutirent à une lettre secrète du 5 mai 1961 de Jean XXIII au supérieur du couvent de Wilten, et à des mesures : la suppression des statuettes, de la procession annuelle et de la messe à la mémoire d'André, et l'apposition d'une plaque, à l'entrée de l'église, précisant que "le peuple juif n'a rien à voir avec le cas du bienheureux André de Rinn où il ne s'agit que d'une légende" ». Pourtant dans un premier temps, l'épiscopat aurait éludé la demande de Jean XXIII. Quant à la population : « Les fidèles n'avaient pas accepté l'ordre papal en leur cœur, ils se sentaient l'objet d'une brimade obtenue sous la pression des Juifs »[712]. Pouvons-nous donner tort au peuple fidèle ? *Vox populi, vox Dei* !

Citant encore ladite sœur Despina, Giniewsky nous révèle également une autre intervention de Jean XXIII relative à un cas semblable à celui de l'"homicide rituel", la profanation des hosties consacrées ; "L'une de ces légendes faisait la prospérité de la petite ville de Deggendorf en Bavière, dont l'église s'ornait de fresques détaillant un crime juif

---

[709] *Hæretici* (...) *rite baptizandi sunt ; sed prius errorum suorum pravitatem agnoscant et detestentur...*

[710] *... Sacerdos dicat : (...) Horresce Judaicam perfidiam, respue Hebraicam superstitionem.*

[711] ABBÉ CURZIO NITOGLIA, *L'homicide rituel*, dans *Sodalitium* n° 29, pp. 20 à 38.

[712] P. GINIEWSKY, *op. cit.*, p. 270.

imaginaire remontant à 1337. Le pape ordonna en 1960 l'enlèvement des fresques et la suspension du pélerinage..."[713]

LE CARDINAL BEA ET NAHUM GOLDMAN (26 OCTOBRE 1960)

Ce que nous avons rapporté jusqu'ici n'est rien cependant en regard du travail infatigable qu'effectua le cardinal Bea, expressément délégué par Jean XXIII, pour lier d'étroits contacts avec le monde juif. Penser seulement que, dans la période s'étendant de 1960 à 1964, le vieux cardinal à la santé branlante eut bien une trentaine de "contacts personnels, avec des particuliers ou avec des groupes représentant diverses organisations juives"[714] donne une idée du phénomène. Le premier de la liste eut lieu vraisemblablement un mois seulement après que Jean XXIII eut confié cette charge au cardinal. "Sans attendre que les Commissions préparatoires [au Concile] et le Secrétariat commencent leur travail[715], le cardinal Bea eut la première entrevue au sommet avec **Nahum Goldman**, président du *Congrès Mondial Juif*. L'entrevue se déroula à Rome, à la demande de Bea, le 26 octobre 1960. Je tire de la relation qu'en fait Goldman lui-même les passages les plus significatifs : "**Il me dit [Bea] qu'il avait demandé à me voir parce que le Pape avait l'intention de proposer à l'ordre du jour du Concile le problème des relations judéo-chrétiennes et qu'il l'avait chargé de lui préparer la chose.** (...) Dès le premier colloque, il montra qu'il comprenait bien l'importance historique et politique des relations chrétiennes-juives ; il me fit part également de sa conviction que, dans ces relations, **un changement radical était nécessaire de la part de l'Église**, même si le processus devait être long et difficile. Pour sa part, **bien que prévoyant une violente opposition de la part de ses collègues de la Curie**, il ferait tout pour inciter le Concile à une attitude **nouvelle** et positive. Selon lui, le premier pas devait être le suivant : les organisations juives devaient lui envoyer par l'intermédiaire du Pape un *memorandum* demandant que le problème soit proposé à l'ordre du jour du Concile. Il me pria de m'employer à constituer un front juif unique (...). Il me pria aussi et plus particulièrement d'inciter les organisations juives n'appartenant pas au *Congrès Mondial Juif* à donner leur appui au *memorandum*. Je lui répondis que ce serait difficile, et en particulier, lui dis ma crainte que l'orthodoxie juive ne s'oppose à une telle démarche auprès du Vatican, ce qui rendrait la chose plus difficile encore. De plus, si une violente polémique devait en résulter à l'intérieur du judaïsme, la tentative de rapprochement se résoudrait au détriment des relations réciproques. Quoiqu'il en soit je lui promis de faire

---

[713] P. GINIEWSKY, *op. cit.*, p. 330. Des cas semblables à celui de Deggendorf ne manquent pas en Italie non plus : à Alatri, à Trani, etc... Un jour ou l'autre ils n'échapperont plus aux épurateurs...
[714] STJEPAN SCHMIDT s.j., *Agostino Bea, il cardinale dell'unità*. Città Nuova, Roma 1987, p. 568. "La liste a été préparée à partir des agendas du Cardinal et de son secrétaire particulier" (*ibidem*), le Père Schmidt en personne.
[715] STJEPAN SCHMIDT s.j., *op. cit.*, p. 355.

l'impossible et de rester en contact avec lui"[716]. Le texte est révélateur. Avant tout, il s'agit d'une nouveauté, d'"un changement radical de la part de l'Église". De ce "changement" Jean XXIII est le responsable ; il l'a voulu, orientant le Concile vers cette route de rupture déclarée avec la tradition ecclésiastique, malgré la "violente opposition", bien prévisible, des cardinaux. C'est Bea qui fut l'instrument de cette volonté de Jean XXIII, Bea qui n'était pas si ignorant sur la question juive que nous le veut faire croire le *Sidic* (Service international de documentation judéo-chrétienne)[717]. Quant à la tactique proposée, c'est toujours la même, celle qui a fait ses preuves lors de la création du Secrétariat : un *memorandum* est envoyé à Jean XXIII ; apparemment spontané il est en fait piloté et sollicité par Roncalli et Bea eux-mêmes. Restent enfin les obstacles de la part des intransigeants des deux camps : les juifs "orthodoxes", et les catholiques... orthodoxes ! Pour ces derniers, ils partaient battus d'avance puisqu'ils avaient contre eux le pouvoir absolu de Jean XXIII en personne. Quant à l'orthodoxie juive elle serait plus difficile à convaincre !

Nahum Goldman

---

[716] NAHUM GOLDMAN, *Staatmann ohne Staat. Autobiographie.* Köln-Berlin 1970, p. 378 ss. Cité par S. SCHMIDT, *op. cit.*, p. 356. Pour d'autres renseignements sur Goldman (ou, selon certains, Goldmann), cf. ENCYCLOPEDIA JUDAICA, vol. 7, colonne 723-724 et vol. 17, col. 266. Né en 1895 en Lithuanie, il sera successivement allemand, hongrois, citoyen des USA, israélien et suisse. Il fondera l'*Encyclopedia Judaica* et le *Congrès Mondial Juif*. Il mourra en 1982.

[717] Cf. *Sodalitium* n° 39, p. 21. Rappelons-le, ce même Goldman avait envoyé un télégramme au général des Jésuites à l'occasion de l'élévation de Bea au cardinalat (cf. *Sodalitium* n° 39, p. 21)) et le grand rabbin de Rome, Toaff, témoigne qu'il connaissait Bea de longue date : "Lorsque de Venise je me transférai à Rome [en 1951] je me mis à fréquenter pour mes études la bibliothèque de l'Institut biblique pontifical dirigée par monseigneur Augustin Bea, personne d'une exquise gentillesse qui me combla d'attentions. Nos relations se transformèrent bien vite en amitié..." (dans ELIO TOAFF, *Perfidi giudei. Fratelli maggiori* . Mondadori ed., Milano 1987, p. 215). Toaff poursuit en affirmant que, pour réparer le mal fait aux juifs par les allemands, Bea eut "l'idée de convoquer un Concile œcuménique". Vraiment, une telle ignorance de l'Église est stupéfiante chez une personne aussi cultivée que Toaff (seul le Pape peut convoquer un Concile !).

HOSTILITÉ AU "DIALOGUE" DE LA PART DES JUIFS ORTHODOXES

La preuve en est qu'une année après la rencontre Goldman-Bea, le 18 novembre 1961, le quotidien israélien *Jerusalem Post* écrivait encore : "Du côté juif, on ne fera pas facilement un pas dans le sens d'un rapprochement. La méfiance à l'égard des catholiques est grande surtout chez les juifs orthodoxes, mais sous peu le *Comité permanent de la Conférence des rabbins européens* consacrera son attention au problème qui a été soulevé [l'envoi au Concile d'observateurs juifs]. Le plus désireux de promouvoir la coopération est le grand rabbin de Rome, le rabbin Toaff, tandis que le grand rabbin du Commonwealth britannique, le rabbin Brodie, a exprimé son opposition à tout contact avec le Concile œcuménique dont le but est de statuer sur des questions doctrinales qui ne concernent que l'Église catholique"[718]. La IIIème Conférence des rabbins européens tenue à Paris du 14 au 16 novembre 1961 sous la présidence du rabbin Brodie ne fut certes pas un chef-d'œuvre d'œcuménisme ! Les rabbins rappelèrent "les conséquences désastreuses des mariages contractés en dehors de la loi judaïque et qui ont pour effet de désagréger la famille juive et de dissoudre nos communautés. La conférence a considéré avec une attention particulière le grave problème des demandes de conversion (...). En tant que gardiens et défenseurs de la Tradition, les rabbins réunis en conférence déclarèrent solennellement que, pour prévenir d'irréparables drames familiaux et préserver l'unité de la communauté, les mariages, divorces ou conversions n'auront de validité et ne pourront être reconnus que s'ils sont conformes, dans tous les détails, aux dispositions de notre code religieux. La Conférence conjure les fidèles de ne pas recourir pour les mariages, les divorces ou les conversions à des ministres du culte réformé, libéral ou de toute autre tendance, qui ne se sentent pas tenus à suivre la tradition authentique du judaïsme tel qu'il est défini par l'*Halakha*". Tandis qu'avec le Concile les catholiques ouvraient les portes aux mariages mixtes et au courant libéral, les rabbins les fermaient toutes aux innovations contraires à la plus stricte tradition ! Quant à la réponse aux *avances* des conciliaires, elle était tout aussi claire : "En raison de la publication par la presse de déclarations préconisant une participation juive au Concile œcuménique, la Conférence estime devoir rappeler que le judaïsme ne saurait en aucune manière intervenir dans le problème de l'unité chrétienne qui fait l'objet de ce Concile, et qui, par définition, ne peut concerner que les chrétiens. En accord avec l'ensemble du judaïsme, la Conférence a pris acte, avec satisfaction, des modifications récemment introduites par le Pape Jean XXIII dans la liturgie, tendant à supprimer le caractère offensant pour les juifs et la religion juive de certains textes de la liturgie catholique. Ces modifications manifestent à ses yeux la volonté sincère et bien déterminée du Vatican d'éliminer les préjugés et les malentendus"[719]. Le message des rabbins est clair : nous sommes les gardiens de la Tradition judaïque, et nous

---

[718] Cf. *La Documentation Catholique*, 1961, colonnes 1187-1188.
[719] Cf. La Documentation Catholique, 1962, colonnes 150 à 152.

ne bougeons pas de là ; si les catholiques veulent changer et faire amende honorable, qu'ils le fassent : cela nous va bien ainsi[720].

JEAN XXIII DEMANDE À BEA UN SCHÉMA CONCILIAIRE SUR LES JUIFS... (1ER FÉVRIER 1962)

Après cette digression sur l'attitude de l'orthodoxie juive, revenons au travail de Bea. Un grand nombre des trente entrevues enregistrées entre 1960 et 1964 se situent probablement dans le courant de l'année 1961, mais de celles-ci il n'est resté aucune trace (du moins je n'en ai trouvé aucune, si l'on exclue l'intervention d'Isaac pour l'affaire Rinn). Mais le 25 décembre 1961, avec la lettre apostolique *Humanæ Salutis* (sur laquelle nous reviendrons), Jean XXIII convoque le Concile Vatican II qui devra commencer le 11 octobre de l'année suivante. Le temps presse... et Bea intensifie ses contacts. Encore une fois, l'ordre vient de Jean XXIII en personne. "Dès avril 1961, le Secrétariat avait terminé les schémas sur quatre thèmes importants : l'appartenance des baptisés non catholiques à l'Église, la structure hiérarchique de l'Église, le sacerdoce de tous les fidèles et la place des laïcs dans l'Église, et enfin les aspects œcuméniques de quelques formules liturgiques". Les schémas furent transmis aux Commissions conciliaires compétentes qui devaient les examiner. Cependant, "à l'audience accordée au cardinal **le 1er février 1962** [Jean XXIII] décide que le Secrétariat propose **ra** les schémas sur la liberté religieuse et celui concernant les juifs directement à la Commission centrale préparatoire, sans l'intervention d'aucune autre commission"[721]. Jean XXIII a donc voulu les textes conciliaires sur la liberté religieuse (*Dignitatis humanæ*) et sur les juifs (*Nostra Ætate*). Il les a voulus dans leur forme la plus extrême (les schémas du Secrétariat furent plusieurs fois amendés et modérés avant d'être approuvés définitivement), de même qu'en attribuant l'exclusivité de cette matière au Secrétariat de

---

[720] Les rédacteurs anonymes du dossier "réservé exclusivement aux Révérends Pères Conciliaires", et intitulé *L'azione giudaico-massonica nel Concilio* (*sine loco et data*), souligne cette attitude des rabbins. Le cardinal Bea, lit-on dans le dossier, prétend que son schéma conciliaire n'a pas une finalité politique mais religieuse. Pourtant "il est vraiment étrange que le Secrétaire pour l'union des chrétiens n'ait pas pris de contacts avec les autorités religieuses du peuple juif telles que par exemple les Grands Rabbins de New York, de Londres ou de Rome, ou bien ceux de Jérusalem et de Tel Aviv qui sont les seules personnalités juridico-religieuses habilitées à établir des contacts de ce genre à un haut niveau. Alors que, par contre, dès le début le cardinal Bea établit des relations avec de hauts dirigeants politiques maçonniques comme Label A. Katz, Président mondial des B'naï B'rith, ordre maçonnique réservé exclusivement aux juifs, avec Nahum Goldman, Président du Conseil National Juif (*sic*) et avec d'autres hauts fonctionnaires de l'*American Jewish Committee*" (pp. 16-17). Le texte poursuit en citant les déclarations opposées "au rapprochement spirituel entre juifs et catholiques" du "Conseil Permanent des rabbins d'Europe", du "Conseil rabbinique d'Amérique", des rabbins des USA Feuer et Lelyveld, du Grand Rabbin de Jérusalem, etc.. Il ne faut cependant pas croire à une opposition trop marquée entre rabbins et organisations juives comme le B'naï B'rith ; les tâches étaient seulement différentes : maintenir dans sa pureté la tradition religieuse juive en s'opposant au "dialogue" pour les rabbins, changer la tradition catholique au moyen du "dialogue" pour les B'naï B'rith...

[721] S. SCHMIDT, *op. cit.*, p. 374.

Bea, et en court-circuitant la Commission doctrinale du Cardinal Ottaviani, il a voulu pour eux un traitement de faveur.

...ET LE B'NAÏ B'RITH EN LAISSE UNE TRACE ÉCRITE ! (27 FÉVRIER 1962)

Peu après, "le 27 février 1962, le *Memorandum* que le Cardinal avait demandé [le 26 octobre 1960] à Nahum Goldman fut consigné et présenté par le Dr. Goldman, du *Congrès Mondial Juif*, et par Label A. Katz, de la *Benai Berîth*, au nom de la *Conférence Mondiale des Organisations Juives*"[722]. Evidemment, dans la préparation de *Nostra ætate*, les "suggestions" élaborées dans les Loges des *B'naï B'rith* seront prises en compte par Bea et Roncalli qui les avaient sollicitées ! Les prêtres auteurs du texte réservé aux Pères Conciliaires et intitulé *L'Azione giudaico-massonica nel Concilio*, soutiennent que le mémorial "contient intégralement les thèses du *décret sur les juifs* présenté par le Secrétariat pour l'Union des Chrétiens à l'assemblée plénière du Concile"[723]. En attendant de lire (ou de publier) le *Memorandum* présenté par le B'naï B'rith à Bea, contentons-nous de l'affirmation du fameux quotidien parisien *Le Monde* : "L'organisation juive internationale *B'naï B'rith* a manifesté le désir d'établir des relations plus étroites avec l'Église Catholique. Cet Ordre a soumis maintenant à l'Église une déclaration dans laquelle est affirmée la responsabilité de l'humanité entière dans la mort du Christ. Label Katz, président du *Conseil International des B'naï B'rith*, a déclaré que si cette déclaration est acceptée par le Concile, les communautés juives chercheront les moyens de collaboration avec les autorités de l'Église"[724]. Après l'audience à Jules Isaac et la présentation du *Memorandum* Goldman-Katz, il n'est donc pas téméraire d'écrire que le document *Nostra Ætate* a été inspiré et commissionné par les loges maçonniques du *B'naï B'rith*.

L'AFFAIRE CHAIM WARDI (JUIN À AOÛT 1962) ENTERRE LE DÉCRET SUR LES JUIFS

L'affaire du quartette Roncalli-BeaGoldman-Katz avait donc le vent en poupe. Pour concrétiser leurs desseins, ces trois derniers se rencontraient à Rome, le lundi de Pentecôte qui cette année-là tombait le 11 juin. Le 12 juin, l'agence de Presse *Kipa* rapportait : "le

---

[722] S. SCHMIDT, *op. cit.*, p. 374, note 68. Le texte du *Memorandum* est rapporté dans le "Simposio card. Agostino Bea (16-19 décembre 1981)", Rome 1983, pp. 96 ss, avec une étudeenquête de la *Ligue Anti-Diffamation des B'naï B'rith*. Malheureusement je n'ai pas encore pu consulter les actes de cet intéressant Symposium, et prendre ainsi directement connaissance du *Memorandum*. Sur Label Katz (1918-1975), cf. ENCYCLOPEDIA JUDAICA, vol. 10, col. 825-826 et vol. 17, col. 644.

[723] *Op. cit.*, p. 10.

[724] *Le Monde*, le 19 novembre 1963 ; cité par AA.VV., *L'azione giudaico-massonica nel Concilio*, op. cit., p. 11.

professeur Nahum Goldman, président du *Congrès Mondial Juif* a rendu visite, lundi de Pentecôte, au cardinal Agostino Bea, président du *Secrétariat préparatoire du Concile* (sic) pour l'union des chrétiens. L'entrevue s'est déroulée à la résidence romaine du cardinal et a duré une heure. On ne possède jusqu'ici aucun détail sur l'entretien"[725]. La même agence poursuit avec une autre nouvelle très importante qui dévoile partiellement l'objet des débats entre Bea, Goldman et Katz : "On apprend d'autre part que le Dr Chaim Wardi, jusqu'ici directeur du département des Affaires chrétiennes au ministère israélien des affaires religieuses, s'établira à Rome au mois de juillet. Il aura pour tâche de suivre de près le déroulement du IIème Concile du Vatican et plus particulièrement de s'informer de toutes les questions concernant les juifs qui pourraient être traitées par le Concile. Comme on le sait, le cardinal Bea a récemment déclaré à la presse étrangère, à Rome, que le secrétariat qu'il dirige s'était occupé, au cours de cinq séances, de quelques problèmes touchant le judaïsme". En effet, depuis décembre 1960 déjà, le cardinal Bea se mettait en quatre pour réaliser, selon ses propres expressions, "le fait qui s'avéra tout simplement déterminant pour l'aspect œcuménique qui prévalut au Concile et qui contribua grandement à ses résultats œcuméniques", autrement dit "la présence d'observateurs venant d'Églises et de Communautés ecclésiales non catholiques"[726]. Avec la bulle de convocation du Concile, *Humanæ salutis* (25 décembre 1961), Jean XXIII annonçait publiquement la décision de faire participer au Concile ces "observateurs" non catholiques. Y aurait-il également des juifs ? Un article du *Jérusalem Post* du 14 janvier 1962 laissait entendre que oui : "certains milieux juifs écrivait le quotidien israélien dans un article de Geoffrey Wigoder (**plus politiques que religieux**) ont envoyé quelques émissaires discrets pour savoir si le Concile ne pourrait pas être le signal d'un certain rapprochement. Le Pape Jean a déjà montré du courage et de l'indépendance d'esprit en faisant supprimer diverses traces d'antisémitisme qui subsistaient dans la liturgie catholique et il est connu pour son attitude ouverte à l'égard des non-catholiques. Bien qu'on ne s'attende pas à ce que les juifs soient invités à prendre part au Concile, la presse a parlé de la possibilité de voir des observateurs juifs y assister ; d'après le Vatican, ces observateurs ne seraient pas des porte-paroles d'organisations déterminées, mais'des experts de la loi et de la religion juive'(...). Il est à noter que plusieurs membres du Secrétariat (pour l'union des chrétiens) sont des experts des relations judéo-chrétiennes. Notamment Mgr John Oesterreicher, directeur d'un institut d'études judéo-chrétiennes aux USA ; l'abbé Leo Rudolph, de l'église de la Dormition du mont Sion, et le P. Demann, Français, qui a commencé une enquête sur 2000 manuels scolaires en français pour y relever leur enseignement en ce qui concerne les juifs"[727]. Tandis que le Secrétariat travaillait sans interruption à l'"opération invitation observateurs", et recueillait l'adhésion d'hérétiques et de schismatiques du monde entier, le gouvernement israélien voulut lui aussi envoyer le sien, toujours avec l'accord de Bea. Pourquoi s'inquiéter ? Le plan semblait avoir

---

[725] Cité par *La documentation Catholique*, année 1962, col. 1130. La présence de Katz est attestée par *L'azione giudaico-massonica*, p. 10, qui se base sur *La Civilta Cattolica* du 18 juillet 1964.
[726] S. SCHMIDT, *op. cit.*, p. 377.
[727] Cf. *La Documentation Catholique*, année 1962, col. 1130-1131.

pleinement réussi ! En mars, Jean XXIII avait béni les fidèles sortant de la synagogue. Dans les milieux juifs italiens on exultait. Du 29 avril au 1er mai, à Castiglioncello, en Toscane, la *Federazione Giovanile Ebraica d'Italia* se réunit pour débattre la question de "Vatican et Judaïsme". "L'importante initiative d'inviter les protestants à participer au prochain Concile œcuménique revêt, à mon avis, une profonde signification : la volonté du catholicisme de rouvrir le dialogue avec les non-catholiques en général... Cette ligne de conduite de l'Église romaine peut transformer son attitude à l'égard des juifs en reconsidérant les rapports entre l'Église et le judaïsme. Nous pourrions ainsi assister à l'ouverture d'un dialogue qui **ne viserait pas à la conversion des interlocuteurs,** mais à clarifier les positions des uns et des autres. Pour instaurer un semblable dialogue, et pour que l'opinion publique le comprenne, **il faut que l'Église,** naturellement sans changer sa théologie, **débarrasse son enseignement** de tout ce qu'il contient d'aversion envers les juifs, aversion qui a souvent donné naissance à des formes d'antisémitisme et qui est contingente, extrinsèque, et, qu'il me soit permis de le dire, antichrétienne. En d'autres temps, ç'aurait été une folie de demander à l'Église un tel comportement. Aujourd'hui, non. Dès les premières années de son pontificat, Jean XXIII a manifesté une généreuse sensibilité à l'égard du problème juif. On connaît, entre autres, la correction qu'il a fait apporter à la liturgie du Vendredi saint. **Cela n'est naturellement qu'un commencement, mais permet d'espérer qu'on continuera sur cette voie...**"[728]. Bea, Goldman et Katz avaient pensé que, dans ce climat, l'envoi d'un observateur juif au Concile passerait... inaperçu ! Mais le choix qui fut fait ne pouvait être pire. C'est en vain que Bea voulait faire passer la question juive pour exclusivement religieuse ; nous avons vu le *Jérusalem Post* l'affirmer, l'intérêt porté par les juifs au Concile provenait des milieux politiques et non des milieux religieux. Et en effet l'observateur choisi par eux n'était pas seulement membre du *Conseil Mondial Juif,* mais aussi fonctionnaire du gouvernement israélien appartenant au Ministère des Cultes. Bien sûr, pour la circonstance, Wardi avait donné les démissions opportunes du ministère, mais la manœuvre ne trompait personne... Aussi l'annonce de l'arrivée de Wardi souleva-t-elle "une tempête de protestations de la part des Etats Arabes" qui craignaient une ingérence du gouvernement sioniste dans les travaux conciliaires. Le résultat fut désastreux pour les intérêts juifs. La première conséquence toucha le schéma sur les juifs dont la préparation avait demandé à Bea deux années de labeur : "il tombait à l'eau du jour au lendemain"[729]. En effet le 20 juin la Commission centrale préparatoire au Concile devait se réunir. Le cardinal Bea craignait de rencontrer quelques difficultés et il chercha à les prévenir. Il prépara donc un bref rapport sur le schéma *De Judæis.* Le Père Schmidt rapporte : "Dans ce rapport, le Cardinal mentionne **la charge explicitement conférée par le Pape au secrétariat et consistant à s'occuper des nombreux préjugés sur les juifs, répandus même parmi les catholiques, surtout le fait de les considérer comme'déicides'et'maudits de Dieu'.** (...) Ensuite, faisant manifestement

---

[728] Texte italien complet (que je n'ai pas consulté) dans *La Civiltà Cattolica* du 16 juin 1962. Traduction française partielle dans *La Documentation Catholique*, année 1962, col. 1131-1132. Texte italien partiel et modifié (sans en avertir le lecteur) dans ZIZOLA, *op. cit.*, p. 221.

[729] S. SCHMIDT, *op. cit.*, p. 400.

allusion à la tempête qui se prépare, le Cardinal ajoute :'C'est une tout autre question d'établir si dans les circonstances concrètes il est opportun et prudent de proposer ce décret'et il rappelle les susdites inimitiés entre juifs et arabes, une situation'sur laquelle l'Eminentissime Cardinal Secrétaire pourra fournir de plus amples détails'. Il est clair qu'en préparant son rapport, le Président du Secrétariat, prévoyait déjà ce qui allait arriver...[730] et qu'il prenait ses précautions en se couvrant de l'autorité de Jean XXIII. "L'E minentissime Cardinal Secrétaire" d'État ne se laissa pas cependant impressionner. « Le procès-verbal de la Commission centrale du 20 juin rapporte sur un ton presque glacial une proposition du Cardinal Secrétaire d'État Amleto Cicognani : "Il a été examiné avec l'Eminentissime Cardinal Bea s'il convenait de présenter à cette Commission centrale et de compter au nombre des Actes du Concile œcuménique le'décret sur les juifs'préparé avec tant de charité par ce même Cardinal. Il nous a paru inopportun... Aussi est-il proposé que le Concile ne tienne pas compte de ce décret et qu'il n'apparaisse pas dans les Actes Conciliaires". Cicognani donnait deux motivations de cette inopportunité : que le décret ne se conformait pas au but du Concile (l'unité des chrétiens ne concernait pas les juifs) ; qu'il pouvait être interprété comme un appui politique à Israël, et provoquer ainsi la réaction des états arabes : "on en entend déjà les rumeurs", ajoutait-il, faisant allusion aux protestations contre l'envoi de Chaim Wardi à Rome en qualité d'observateur. C'est ainsi que "le schéma concernant les relations avec le peuple juif se trouvait absolument radié du programme du Concile"[731]. La défaite fut rendue publique au mois d'août lorsque l'agence de presse Kipa, celle même qui avait annoncé triomphalement le parachutage à Rome de Chaim Wardi, dut annoncer que l'israélien resterait à la maison : « Contrairement à ce qui a été annoncé précédemment, Israël n'enverra pas d'observateurs au Concile. En effet le Dr Chaim Wardi (...) aurait dû suivre les travaux du Concile, et surtout se tenir au courant de toutes les questions qui pourraient avoir trait au judaïsme. Cette décision avait été prise par le gouvernement israélien. À la suite de certaines réactions de pays arabes, le gouvernement israélien est revenu sur sa décision et a déclaré ne pas être en mesure d'envoyer un observateur au Concile. Ainsi déclare-t-on dans les milieux généralement bien informés une "situation pénible" sera évitée au Vatican »[732]. Comment soutenir, avec le cardinal Bea, que l'intérêt du schéma sur les juifs était seulement religieux si le Jérusalem *Post* et le gouvernement israélien lui-même laissaient entendre exactement le contraire ?

---

[730] S. SCHMIDT, *op. cit.*, p. 401.
[731] S. SCHMIDT, *op. cit.*, p. 566.
[732] Agence Kipa, 5 août 1962. Cité par *La Documentation Catholique*, 1962, col. 1130.

Label Katz, président du Conseil International du B'naï B'rith

PREMIÈRES OPPOSITIONS À L'OUVERTURE AUX JUIFS : POLITIQUES OU RELIGIEUSES ?

La première opposition manifestée contre le schéma conciliaire sur les juifs fut le fait du Cardinal Cicognani. Bea tint à nous préciser que « le schéma avait été supprimé du programme du Concile "non pour les idées et la doctrine qui y étaient exposées, mais seulement à cause de certaines circonstances politiques malheureuses du moment" ». Son secrétaire et biographe, le père Schmidt, est du même avis : "L'affirmation de R. Kaiser selon laquelle c'est le Saint-Office qui fut l'instigateur de la réaction des Pays arabes est sans fondement", écrit-il[733]. Certes les pays arabes n'avaient pas besoin du Saint-Office pour être incités à une réaction contre Israël ! Le cardinal Bea et le père Schmidt ont-ils cependant raison de soutenir que l'opposition manifestée au schéma sur les juifs n'eut pas de motivations doctrinales, mais seulement des motivations d'opportunité politique ? C'est ce que semble dire le Cardinal Cicognani lui-même... Pourtant il est permis d'en douter. Voici ce que dit le père Schmidt à propos tant de l'importance religieuse du schéma que des oppositions "démesurées" à ce schéma : "tous les documents préparés et soutenus par le Secrétariat ne sont pas sans avoir coûté bien de la peine et procuré bien des angoisses ceci vaut particulièrement pour le document sur la liberté religieuse. Or le Cardinal ne s'était occupé d'aucun comme de la susdite déclaration [*Nostra ætate*], et plus spécialement de la partie concernant le peuple juif. (...) Aussi, la **bataille** pour ce document et les vicissitudes **dramatiques** à travers lesquelles il dut passer se répercutèrent beaucoup plus profondément au plus intime de son être" au point que lui-même déclarait : "si j'avais pu prévoir toutes les difficultés que nous devions rencontrer, je ne sais pas si j'aurais eu le courage de me lancer sur cette voie". Comme le déclara encore Bea, il s'agissait du "problème bimillénaire, aussi vieux que le christianisme lui-même, des relations de l'Église avec le peuple juif" : question

---

[733] S. SCHMIDT, *op. cit.*, p. 400, note 178, avec référence au livre de ROBERT KAISER, *Inside the Council. The story of Vatican II*. Londres 1963, p. 215.

dogmatique et religieuse par excellence, même si la nécessité impérieuse d'en parler venait d'un motif d'ordre politique, "l'extermination épouvantable de millions de juifs par le régime nazi en Allemagne". Bea rappellera que le Concile ne s'est pas limité "à un décret purement pratique ou à une simple condamnation de l'antisémitisme" ; il a posé le problème et fait reposer sa solution "sur de profondes bases bibliques"[734]. Etant donnée l'importance, vitale pour le christianisme, d'une telle matière, comment s'étonner des "**difficultés et des obstacles incommensurables** qui ont tenté d'empêcher que le Concile se prononce sur cette matière délicate ?"[735]. Rien que des difficultés politiques ? Schmidt lui-même se contredit lorsqu'il rapporte les paroles (déjà citées) que Bea adressait à Goldmann à propos des violentes oppositions qu'il prévoyait de la part de ses collègues de la Curie. Aussi me semble-t-il que, pour une fois, Zizola n'a pas tort lorsque, se référant aux motivations de Cicognani pour supprimer le schéma sur les juifs, il dit : "La rapidité avec laquelle cette motivation politique fut saisie pour écarter le schéma, la disproportion entre la prémisse politique et la conclusion non le renvoi mais la suppression pure et simple du texte de l'horizon conciliaire sembleraient plutôt signaler l'existence de difficultés internes autres et aussi d'une toute autre taille". À l'appui de ses dires, le Père Schmidt cite deux textes, un de 1948 et l'autre de 1950, préparés par le Cardinal Ottaviani pour le Concile que Pie XII avait pensé convoquer ; dans ces textes les infidèles sont appelés à retourner "à la bergerie de Pierre" et les juifs "à reconnaître dans le Christ leur Messie universel et leur Rédempteur". Il s'agissait là évidemment d'"une vision nettement repensée par le schéma de Bea"[736]. Mis à part Ottaviani (pas particulièrement sensible à la question juive, il manifesta même une certaine sympathie pour Israël d'un point de vue anticommuniste)[737], et mis à part les patriarches de rite oriental (vivant en pays arabes, ils pouvaient être plus sensibles aux motivations politiques), l'opposition vint surtout des laïcs et des prêtres catholiques (en particulier mexicains et français) et, parmi les Pères conciliaires, de Mgr Luigi Carli, alors Evêque de Segni (transféré ensuite à l'archidiocèse de Gaëte) ainsi que de Mgr Marcel Lefebvre et de Mgr Geraldo de Proença Sigaud. Sur ceux-ci la motivation politique n'avait donc pas de prise, et leur opposition concernait le schéma lui-même, plutôt que son opportunité politique (mais ceci n'entre pas véritablement dans notre sujet puisque c'est après la mort de Jean XXIII que le schéma sur les juifs fut discuté au Concile).

L'ASTUCE DE BEA

---

[734] S. SCHMIDT, *op. cit.*, pp. 564-565. Il n'est donc pas vrai que le Concile a traité seulement de "pastorale", et pas de questions dogmatiques qui touchent les données révélées !

[735] S. SCHMIDT, *op. cit.*, p. 566.

[736] G. ZIZOLA, *op. cit.*, pp. 222-223.

[737] Cf. EMILIO CAVATERRA *Il prefetto del Sant'Ufficio* . Mursia, Milano 1990, pp. 109-110 et 143, où il compare les israéliens au héros biblique Judas Macchabée ! Selon de Poncins (*Le problème des juifs au Concile*. Sine loco et data, p. 9) Ottaviani eut lui aussi une entrevue avec Jules Isaac avant l'audience de Jean XXIII même si cette entrevue n'eut aucune suite.

Il existe une autre preuve à l'appui du fait que l'intervention du Cardinal Cicognani ne fut pas dictée uniquement par la crainte d'irriter la diplomatie arabe : c'est la seconde intervention de ce même prélat. "Juste au moment où se produisaient ces faits [la radiation du schéma conciliaire sur les juifs] il [Bea] préparait une étude dont le but était d'introduire plus spécialement les milieux catholiques au cœur du problème. Cette étude intitulée : *Les juifs sont-ils un peuple'déicide'et'maudit'de Dieu* ? devait être publiée dans *La Civiltà Cattolica*, la fameuse revue des jésuites italiens qui à l'époque tirait à plus ou moins 16.000 exemplaires. On était arrivé à la deuxième épreuve lorsque le cardinal Secrétaire d'État pria Bea de surseoir à la publication pour ne pas irriter ultérieurement les Etats arabes"[738]. Ici le problème arabe semble encore davantage une excuse : un article publié sur une revue n'a certes pas la valeur d'un document conciliaire ! Mgr Willebrands a récemment révélé que Bea décida de se soumettre "seulement pour le moment", par crainte de compromettre les autres schémas auxquels son Secrétaire était en train de travailler, schémas sur l'œcuménisme et sur la liberté religieuse. Puis il trouva une solution astucieuse... « Voici comment le cardinal Willebrands décrit les faits : "L'étude de Bea ne devait pas sortir seulement dans *La Civiltà Cattolica*, mais aussi dans la revue allemande *Stimmen der Zeit* ainsi que dans la revue belge *Nouvelle Revue Théologique* de Louvain. Lorsque la publication dans *La Civiltà Cattolica* fut suspendue, la rédaction de *Stimmen der Zeit* insista pour avoir le texte. Il lui fut répondu qu'il serait mis volontiers à disposition à condition que quelqu'un d'autre signât l'article". C'est ainsi qu'en octobre 1962 (le 11 octobre avait eu lieu l'ouverture du Concile), bien qu'interdit, l'article de Bea parut à la barbe du Cardinal Cicognani sous le nom du Père Ludwig von Hertling (jésuite lui aussi). "Les choses ne s'en tinrent pas là", poursuit Willebrands. Comme par hasard, "l'article fut découvert par un juif de Gênes, Monsieur Raphaël Nahum et celui-ci obtint l'autorisation de le faire traduire en diverses langues et de le répandre. Il le fit traduire en anglais, en français et en italien. À l'automne 1963 il le fit diffuser parmi les Pères Conciliaires dont l'orientation fut ainsi en réalité notablement influencée par la substance du travail du Cardinal". Pourtant Bea ne se contenta pas d'avoir tourné l'interdiction du Cardinal Cicognani en se servant de Hertling et de Nahum ; il voulait agir directement en usant de son nom prestigieux. Aussi "ne se donna-t-il pas pour battu" et, un mois après l'interdiction il se rendait à Londres. Et c'est ainsi qu'au mois d'août, lorsque fut rendue publique la nouvelle que le Dr Wardi avait été renvoyé à la maison, Joël Cang, rédacteur du *Jewish Chronicle* demanda une entrevue au vieux mais pétillant cardinal. Bea, fidèle à son devoir, déclara qu'"il n'entendait pas accorder une entrevue proprement dite"... mais... qu'"il était prêt à expliquer pourquoi et de quelle façon l'Église Catholique était décidée (...) à traiter la question concernant le peuple juif".

---

[738] S. SCHMIDT, *op. cit.*, pp. 566-567. L'article du cardinal Bea a été intégralement publié par *La Civiltà Cattolica*, n° 3161 du 6 mars 1981. Mgr PIER CARLO LANDUCCI, membre de l'Académie Romaine de Théologie, réfuta l'article de Bea par un écrit intitulé *La vera carità verso il popolo ebreo* qui fut publié par la revue génoise de théologie fondée par le cardinal Siri, *Renovatio*, n° 3 [1982] pp. 369 à 373. Le texte de Landucci fut également publié par la revue française *La Pensée Catholique* n°207 [1983]. La pensée du Cardinal Bea sur les relations "Église-peuple juif" est longuement exposée par S. SCHMIDT, *op. cit.*, pp. 589 à 613.

Naturellement Bea ne dit pas la vérité. Il ne dit pas que le schéma avait été mis au panier. Il affirma même le contraire, soutenant que "l'incident concernant le renvoi du Dr Wardi" (...) "ne changerait pas le moins du monde l'attitude fondamentale et la politique de l'Église Catholique" ». Quant à "la raison pour laquelle l'Église s'était décidée à parler du problème juif" il raconta que l'Église Catholique ne voulait pas être en reste avec le *Conseil Œcuménique des Églises* qui venait de condamner l'antisémitisme, cachant par contre que cette décision était intervenue à l'initiative des maçons du *B'naï B'rith*. Enfin, au cours de l'entrevue-qui-n'enétait-pas-une, il exposa sa thèse sur le "déicide", autrement dit celle d'Isaac, ni plus ni moins, que le Cardinal Cicognani lui avait interdit de divulguer[739].

JEAN XXIII RELANCE LE SCHÉMA SUR LES JUIFS (13 DÉCEMBRE 1962)

C'est ainsi que du mois d'aôut au mois de septembre 1962, supporters et adversaires du décret sur les juifs jouèrent leurs cartes pour faire passer ou au contraire annuler définitivement le schéma et par la même occasion le plan que le *B'naï B'rith* avait conçu et commencé à mettre en œuvre avec la visite de Jules Isaac à Jean XXIII. Le temps pressait car le 11 octobre Jean XXIII inaugurait (avec un discours célèbre que je commenterai par la suite) la première session du Concile, la seule qu'il devait diriger. Lorsque le 8 octobre de la même année la première période conciliaire prit fin, rien n'était changé pour ce qui concerne le schéma sur les juifs depuis que Cicognani l'avait fait supprimer ; la question juive, celle que Bea avait le plus à cœur, n'avait même pas été traitée au Concile, si l'on exclue l'intervention de l'évêque mexicain de Cuernavaca, Mendez Arceo, pour demander à l'Église un document de réconciliation avec les juifs et la maçonnerie[740] ! Mais c'est le *Secrétariat* de Bea dans son ensemble qui se trouvait alors dans une situation extrêmement délicate, et, comme il a été dit déjà, le cardinal devait agir avec "prudence et souplesse"[741]. Puisqu'on ne pouvait plus présenter un schéma séparé, Bea pensa insérer celui qui avait été repoussé dans d'autres schémas comme celui sur l'Église ou celui sur l'œcuménisme ; "pour ce qui regarde le schéma sur les juifs dit le procès-verbal de la réunion du *Secrétariat pour l'unité des chrétiens* du 26 octobre, peu après l'ouverture du Concile Son Eminence [Bea] pense qu'on pourra insérer en un endroit approprié ce qui était dit dans notre schéma"[742]. Quelques jours auparavant, le 19 octobre, Jean XXIII avait donné encore une fois raison au Secrétariat de

---

[739] *La Documentation Catholique* (1962, col. 1132) reprend le résumé de l'entrevue du 10 aôut 1962 que fit l'agence de presse K.N.A. le 16 août suivant.

[740] L'intervention de Mendez Arceo eut lieu le 6 décembre, deux jours avant la clôture de la session (cf. P. RALPH WILTGEN S.V.D., *Le Rhin se jette dans le Tibre*. Ed. fr. du Cèdre, Paris, 1976, p. 164). Selon *L'azione giudaico-massonica nel Concilio* (p. 2) que nous avons citée plus haut, l'évêque de Cuernavaca était lui aussi d'origine juive, "descendant des sefardi qui tentèrent de judaïser la population de Cotija au Mexique" (p. 9). Sur le phénomène des Marranes cf. ABBÉ CURZIO NITOGLIA dans "*Sodalitium*" n° 39, p. 4 ss.

[741] Cf. S. SCHMIDT, *op. cit.*, pp. 611-612.

[742] S. SCHMIDT, *op. cit.*, p. 567.

Bea, en confirmant que la compétence de celui-ci pour présenter des schémas ne se bornait pas à la phase préparatoire désormais conclue mais s'étendait au Concile même[743]. Le moment était venu de reprendre les positions perdues avec la malheureuse "affaire Wardi" ; aussi en décembre Bea pensa-t-il faire appel à Jean XXIII pour pouvoir proposer à nouveau le schéma sur les juifs rejeté en juin. Entre-temps, "le 13 décembre 1962 écrit Zizola de retour à leur propres résidences, les Pères conciliaires avaient trouvé un gros volume de 617 pages envoyé par des inconnus. Sur la bande extérieure de la couverture,'on recommandait respectueusement aux illustres Pères la lecture immédiate de la Préface et de Table des matières'. Le volume lançait une attaque contre de prétendus'pouvoirs occultes'cherchant à manœuvrer le Concile, pouvoirs eux-mêmes manœuvrés par des forces juives[744]. Le titre du livre était *Complot contre l'Église* et l'auteur un certain Maurice Pinay, pseudonyme évidemment"[745]. Contemporainement "une campagne antichrétienne explosait dans l'État d'Israël sous la forme d'un complexe'antimissionnaire'. La presse toute entière, celle de la gauche comme celle de la droite politique et des milieux juifs les plus orthodoxes, dénonçait les moyens'scandaleux'employés par les missionnaires pour convertir les Juifs (...). Un projet de loi était présenté dans le but de réduire aux seuls chrétiens les activités des diverses Églises" ; il était soutenu par ce même ministre des Cultes qui avait décidé l'envoi à Rome de Chaim Wardi[746]. En ce mois de décembre 1962, Jean XXIII avait donc en mains tous les éléments pour décider en toute connaissance de cause. C'est alors, comme nous l'avons dit, que Bea "revint à la charge après la conclusion de la première session du Concile" (qui eut lieu le 8 décembre).

« Dans la relation officielle avec laquelle en 1963 il présentait en assemblée conciliaire le schéma sur le *Comportement des catholiques envers les non-chrétiens et principalement les juifs*, [Bea] rapporte à ce sujet : "Au mois de décembre dernier j'ai exposé par écrit toute cette question sur les juifs au Souverain Pontife Jean XXIII d'heureuse mémoire. Et peu de temps après le Pape me signifiait sa pleine approbation". **Comme on le voit, le Pape avait**

---

[743] S. SCHMIDT, *op. cit.*, pp. 452 à 454. Le *Secrétariat pour l'union des chrétiens* apparaissait comme "un organe préconciliaire, et non comme un organe élu par le Concile. D'où la question : qu'adviendra-t-il des schémas préparés par le *Secrétariat* ? (...) Il est significatif que, nonobstant l'activité convulsive du moment, le Pape ait fait communiquer par l'intermédiaire du Secrétariat d'État la réponse affirmative : quant à la compétence pour ce qui est des schémas, le Secrétariat était mis sur un pied d'égalité avec les Commissions conciliaires".

[744] Evidemment Zizola cherche à susciter chez le lecteur l'indignation envers les *calomnies délirantes* du livre en question. Cependant nous avons vu que les interventions au Concile de la loge maçonnique *B'naï B'rith* ne sont pas une légende mais une réalité, inconnue à la plupart à cette époque, mais admise aujourd'hui tranquillement par les *B'naï B'rith* eux-mêmes.

[745] G. ZIZOLA, *op. cit.*, p. 225. Cf. également S. SCHMIDT, *op. cit.* p. 612. Le livre de Maurice Pinay fut imprimé à Rome par le typographe Dario Detti avec une préface datée du 31 août 1962. Dans la préface même il est dit que la préparation du livre a duré 14 mois. De nombreuses traductions en ont été faites, en allemand, en espagnol, en portugais, etc. La traduction espagnole (même si la langue originale de l'écrit est justement l'espagnol) fut publiée avec l'*Imprimatur* de Mgr Juan de Navarrete, Archevêque d'Hermosillo (Mexique), en date du 18 avril 1968. À propos du livre de Maurice Pinay, voir également ABBÉ CURZIO NITOGLIA, *Le complot judaïco-maçonnique contre l'Église de Rome*, dans *Sodalitium*, n° 37, pp. 28 à 40.

[746] G. ZIZOLA, *op. cit.*, p. 226.

mis la même promptitude à répondre qu'à procéder à l'institution du Secrétariat. Sur une feuille sans en-tête datée du 13 décembre, écrite entièrement de sa main, le Pape disait : "**Lu avec attention ce rapport du cardinal Bea, tout à fait d'accord sur la gravité et la responsabilité d'une prise de position de Notre part.** Le *Sanguis ejus super nos et super filios nostros* n'attribue à aucun croyant en Jésus-Christ la dispense de s'intéresser au problème et à l'apostolat pour le salut de tous les fils d'Abraham comme de tout être vivant sur la terre. *Te ergo quæsumus Tuis famulis subveni, quos prætioso sanguinæ redemisti. Ioannes XXIII PP.*" ». Ce texte de Jean XXIII est ambivalent. La seconde partie semble orthodoxe et, comme l'écrit le Père Schmidt, "contient certes de quoi troubler le lecteur juif". Mais, explique ce même Schmidt à la suite d'Oesterreicher, "quiconque connaît le pape Jean XXIII comprendra sans équivoque qu'il s'agit d'une expression de sa charité, formulée avec sa simplicité habituelle bien éloignée de toute visée prosélytique". Pour un catholique au contraire, la première partie est absolument déconcertante, puisque Jean XXIII y reconnaît être "tout à fait d'accord" avec un texte de Bea "lu avec attention", un texte qui est inconciliable avec la doctrine catholique ! Aussi Schmidt conclue-t-il à juste titre : "**L'important est qu'avec ce simple texte le pape Jean XXIII remettait le problème à l'ordre du jour du Concile, se faisant pour la seconde fois le père spirituel du futur document conciliaire**" *Nostra ætate*[747].

DÉVELOPPEMENT DES RELATIONS JUDÉO-CHRÉTIENNES JUSQU'À LA MORT DE JEAN XXIII (JUIN 1963)

Nous l'avons vu, c'est après la clôture de la première session conciliaire que fut prise cette importante décision de Jean XXIII. Il ne devait plus en présider aucune ; la seconde session, où fut pour la première fois examiné en assemblée le schéma sur les juifs, se déroula sous le pontificat de son successeur Paul VI. Jean XXIII était mort entre-temps, en juin 1963. Il nous reste donc à examiner les derniers six mois de gouvernement de Jean XXIII du point de vue des relations avec le judaïsme. Ce furent des mois d'activité intense pour le cardinal Bea entièrement soutenu et encouragé par Roncalli. Le 16 février 1963 par exemple, Bea avait une nouvelle entrevue à Rome avec le Président des *B'naï B'rith*, Label Katz, pour modifier à la lumière des nouveaux événements "le plan initial établi en 1962"[748]. Selon plusieurs auteurs, en cette occasion, ou en une autre, Jean XXIII reçut Katz en audience[749]. De toutes les rencontres intervenues ces mois-là, "la plus importante et la plus significative"[750] eut lieu à New York le 31 mars 1963 dans le cadre d'une visite de Bea aux

---

[747] S. SCHMIDT, *op. cit.*, p. 568.

[748] *L'azione giudaico-massonica nel Concilio*, op. cit., p. 10.

[749] E. RATIER, *Mystères et secrets du B'naï B'rith*, Facta, Paris 1993 ; *L'azione giudaicomassonica nel Concilio*, *op. cit* ., p. 4 : "Ce fut justement son actuel Président [du B'naï B'rith] Label Katz qui se mit en contact avec le Cardinal Bea, et celui-ci l'introduisit ensuite auprès de Sa Sainteté Jean XXIII".

[750] S. SCHMIDT, *op. cit.*, p. 569.

USA, "point culminant de l'activité personnelle du Cardinal" en cette période. Point culminant de son activité parce que "dans cette visite poursuit Schmidt sont représentés tous les champs les plus variés de l'activité du Président du *Secrétariat pour l'union des chrétiens* commentés jusqu'ici : qu'il s'agisse de l'œcuménisme, des relations de l'Église avec le peuple juif", du "nouveau thème" du "problème de la rencontre des hommes en tant qu'hommes sous la souveraineté d'un Dieu personnel et, comme conséquence, du problème de l'unité de l'humanité aussi du point de vue simplement humain"[751] ; en clair, ce voyage inclue l'ouverture aux hérétiques, aux juifs et aux maçons. Etant donnée son importance nous allons nous y attarder. Remarquons d'abord avec Schmidt qu'"il existe de tout le voyage un **compte rendu confidentiel** et qui pour le moment le demeure" ; des faits demeurent donc, qui en 1987 encore, date de la parution du livre de Schmidt, ne pouvaient être révélés ! Contentons-nous de ce qui est du domaine publique (ce qui ne veut pas dire connu de tout le monde, loin de là !). L'origine de la visite serait à rechercher dans les activités de l'"**Entrevue** *Agape*". De quoi s'agit-il ? « Bea nous en explique lui-même le concept : "Il s'agit d'une initiative qui entend promouvoir le dépassement d'idées préconçues, de suspicions et de ressentiments de quelque origine qu'ils soient, au moyen de rencontres fraternelles inspirées de respect mutuel fondé à son tour sur la reconnaissance de la dignité de la personne humaine, de ses droits et de ses devoirs, sous la souveraineté d'un Etre Suprême Personnel, Dieu, Père prévoyant et bienveillant de tous les hommes" ». On ne pourrait pas mieux décrire l'activité d'une vénérable Loge anglo-saxonne ! Si ce n'est, poursuit Bea, que l'*Agape* « s'inspire aussi, entre autres, de l'idée exprimée par le pape Jean XXIII dans la radio-message de la vigile du Concile (11/09/1962), c'est-à-dire de l'idée "de la fraternité et de l'amour qui sont des exigences naturelles de l'homme imposées au chrétien comme règle de rapport d'homme à homme et de peuple à peuple" ». C'est à la VIIème *Agape* tenue à Rome le 14 janvier 1962 que Bea fut invité pour la première fois ; elle était organisée par l'Université d'Etudes Sociales *Pro Deo* dont le président était le père dominicain belge Felix Morlion, figure énigmatique et très intéressante sur laquelle nous reviendrons[752]. À la VIIème *Agape* participaient des représentants de 17 religions ou confessions religieuses diverses ; thème de la rencontre : "le dépassement des préjugés, de l'incompréhension, des antagonismes nationaux, raciaux, religieux et politiques". "Pour ce qui est des juifs italiens écrit Toaff la délégation était composée de moi-même, du président et du vice-président de l'*Union des communautés israélites italiennes*, tandis que les organismes juifs internationaux étaient représentés par l'American Jewish Committee.

Dans le discours d'ouverture, le cardinal déclara que la raison d'être de cette rencontre était de rechercher la collaboration de tous les croyants en Dieu (...) citant le pape Jean XXIII

---

[751] Pour tout le voyage de Bea aux USA, cf. S SCHMIDT, *op. cit.*, pp. 464 à 470 et note 60 p. 464.

[752] Anticipons pour le lecteur curieux : Morlion, probablement espion de la C.I.A., fut chassé de Rome par le Cardinal Pizzardo en 1960. Sa notoriété est due au rôle qu'il joua pour favoriser l'intervention de Jean XXIII dans l'affrontement opposant USA et URSS lors de la crise de Cuba, intervention qui constitua une étape importante de l'ouverture à gauche de Roncalli ; cf. PETER HEBBLETHWAITE, *Jean XXIII, le pape du Concile*, éd. Le Centurion, 1988, pp. 490, 519.

(...). C'était là un langage nouveau qui sonnait agréablement à l'oreille des juifs..."[753] "Lorsque, le 13 janvier de l'année suivante, il participe à la VIIIème *Agape*", Bea, pour la première fois, "parle explicitement de rencontres et de collaboration entre ressortissants de diverses religions sur la base de la foi commune en Dieu **et dans le respect réciproque de la liberté religieuse de chacun**". Le nombre des religions représentées était monté à 21, de sorte que Bea franchit une étape en parlant pour la première fois en public "du problème de la liberté religieuse". Cette conférence souleva jusque dans la presse romaine une furieuse polémique, car tout le monde s'était rendu compte de la contradiction entre la position de Bea et celle de l'Église catholique[754]. Comment réagit Jean XXIII ? Le Père Schmidt rapporte qu'après la VIIème *Agape*, il avait envoyé une lettre d'approbation signée du Secrétaire d'Etat. Après la VIIIème il fit pire, en adoptant quelques mois plus tard la position hétérodoxe de Bea sur la liberté religieuse dans la fameuse encyclique *Pacem in terris*. Que Jean XXIII ait approuvé les *Agapes* de Morlion, l'appui qu'il donna au voyage de Bea aux USA le confirme. Et oui, car (finalement nous y arrivons) c'est l'organisation d'une nouvelle *Agape* non plus à Rome mais à New York et dont Bea devait être le Président qui fournit l'occasion du voyage. Pour éviter de nouvelles critiques Bea déclara que ça n'était pas en sa qualité de président du *Secrétariat pour l'unité des chrétiens* qu'il présidait la rencontre, "mais seulement à titre personnel, en tant qu'individu aimant l'homme et l'humanité et désirant promouvoir la fraternité entre tous les hommes"[755]. « La veille du départ pour les États-Unis, Bea est reçu en audience par le pape Jean XXIII. À la fin de l'audience il lui demande sa bénédiction. Surpris dans sa modestie bien connue, le Pape répond embarrassé : "Bénédiction... bénédiction, ça peut se faire : que le Dieu tout-puissant Nous bénisse...". Mais il accompagna le Cardinal de ses prières. En effet, après la mort du Pape, nous reçûmes de son fidèle secrétaire, Mgr Loris F. Capovilla, la photocopie d'une feuille de calendrier de bureau, datée du 23 mars, sur laquelle était noté : "**Bon travail toujours du très digne Président du secrétariat pour l'unité des chrétiens, le très méritant Card. Bea** qui part maintenant pour l'Amérique où l'attendent des occasions de faire beaucoup de bien. Mon cœur sent le besoin de l'accompagner en union particulière d'esprit et de prière" »[756]. Le voyage dura dix jours, du 27 mars au 5 avril 1963, avec escales à Harvard, Boston, New York, Baltimore et Washington.[757] Pour ce qui concerne notre sujet, deux rencontres sont significatives ; elles eurent lieu toutes deux à New York. Dans la soirée du 31 mars, au siège

---

[753] ELIO TOAFF, *op. cit.*, p. 215.

[754] Cf. HEBBLETHWAITE, *op. cit.*, p. 519 ; SCHMIDT, *op. cit.*, p. 468 ; ZIZOLA, *op. cit.*, p. 223. Je reviendrai par la suite sur la question de la liberté religieuse.

[755] En cette occasion Bea ajouta : "Je le fis d'autant plus qu'à l'époque n'existaient pas encore les deux Secrétariats institués plus tard par le Souverain Pontife [Paul VI] pour les contacts avec les religions non chrétiennes et avec les non croyants" ; SCHMIDT, *op. cit.*, p. 468.

[756] S. SCHMIDT, *op. cit.*, p. 469.

[757] Quelques précisions pour le lecteur américain. Bea fut accueilli et soutenu surtout par l'archevêque de Boston, le cardinal Richard Cushing, puis par celui de Baltimore (membre du *Secrétariat*), Mgr Shehan et enfin par celui de Washington, O'Boyle. À Harvard, Bea rencontra des congrégationalistes et des méthodistes (27-29 mars) et à New York, au *Lutheran Center*, les représentants du *Conseil œcuménique des Églises* (31 mars).

du *Comité Juif Américain*, Bea rencontra les représentants des organisations juives, une douzaine de personnalités "(...) un peu de tous les divers courants"[758]. "En cette occasion également l'atmosphère était vraiment excellente et fraternelle"[759], étant donné que Bea ne faisait que répéter les thèses de Jules Isaac : aucune responsabilité dans la mort de Jésus, aucun châtiment divin dans l'exil du peuple élu, aucune réprobation de son peuple par Dieu. Comment n'auraientils pas été contents d'entendre un cardinal démentir l'Église, se faisant l'écho des thèses préalablement mises au point par le "frère" Isaac ? Le lendemain 1er avril eut lieu l'*Agape* qui réunit un millier de personnes parmi lesquelles, outre Bea, le maire de New York, Wagner, le gouverneur Rockfeller, le pasteur H. P. Dusen (protestant), Rabbi Abraham J. Heschel, professeur au Séminaire Théologique Juif, le musulman Zafrulla Khan et le bouddhiste U Thant, tous deux des Nations Unies, et enfin le Père Morlion. Thème (maçonnique) de la rencontre : *Civic Unity and Freedom under God*, c'est-à-dire *Unité Civique et Liberté sous l'autorité de Dieu*. La présence de Rabbi Heschel[760] est significative. Heschel admirait Bea au point de dire de lui, le canonisant presque : "l'exceptionnelle combinaison de sagesse, de savoir et de sainteté de cet homme vraiment supérieur en ont fait l'une des plus riches sources de consolation à une époque remplie de ténèbres. (...) Son nom demeurera cher au cœur du peuple juif et de tous les hommes de bonne volonté en tant qu'artisan inspiré de la compréhension religieuse ; il restera pour toujours une bénédiction"[761]. Tant d'admiration suppose une profonde connaissance ! Et Schmidt écrit en effet : "A partir de novembre 1961, A.J. Heschel fut reçu à plusieurs reprises par le Cardinal à Rome" et "en tant que collègue scientifique de Bea et d'éxégète comme lui, **il exerça une influence considérable sur l'élaboration de *Nostra ætate*"**[762]. Pour la seconde fois nous avons un aveu d'importance capitale : ce document conciliaire que tous les catholiques devraient considérer comme l'œuvre du Saint-Esprit, ce sont les juifs qui l'ont écrit ! Par ailleurs la collaboration d'Heschel et de Bea son "collègue" a été confirmée récemment de source juive. Rabbi Rosenberg écrit : "Dans son expérience de vie, Heschel appliqua les idéaux de ses écrits. Il fut en première ligne aux États-Unis dans la lutte pour les droits civils et comme adversaire publique de la guerre du Vietnam. **Il prit aussi une part importante au Vatican comme consultant dans les années soixante, lorsque l'Église catholique développait ses opinions actuelles sur le Judaïsme et les autres religions et sur**

---

[758] S. SCHMIDT, *op. cit.*, p. 569.
[759] S. SCHMIDT, *op. cit.*, p. 466.
[760] Abraham Joshua Heschel (1907-1972), juif polonais *hassidim*. Théologien et écrivain émigré aux États-Unis où il enseigna au *Jewish Theological Seminary*. Sur Heschel cf. HANS KÜNG, *Ebraismo*, Rizzoli, Milano 1993, pp. 451 à 459 ; ENCYCLOPEDIA JUDAICA, vol. 8, col. 426-427 ; ROY ROSENBERG, *L'Ebraismo, storia, pratica, fede*. Oscar Mondadori, Milano 1995, pp. 138 à 141.
[761] S. SCHMIDT, *op. cit.*, pp. 839 et 841.
[762] S. SCHMIDT, *op. cit.*, p. 612, note 179.

la façon de les traiter dans l'enseignement de l'Église"[763]. Il n'y a donc aucun doute à avoir sur la véritable origine de l'important document du Concile Vatican II...

DANS LES SOUS-SOLS DE LA SYNAGOGUE DE STRASBOURG

À son retour des États-Unis, le cardinal Bea trouva Jean XXIII en bien mauvaise santé : il ne lui restait même plus deux mois à vivre. L'étude des rapports entre Angelo Roncalli et les communautés juives devrait donc se conclure avec le voyage du cardinal Bea aux USA. En réalité il reste encore beaucoup de choses à dire. Jusqu'ici nous avons seulement parlé des faits et des événements publics, ou de ceux qui le sont devenus par la suite comme la visite de Jules Isaac racontée dans le numéro précédent. Toutefois beaucoup de choses demeurent encore cachées et ce n'est que peu à peu et de manière fragmentée qu'elles viennent à la connaissance d'un nombre restreint de lecteurs attentifs. C'est seulement dans les années 1986-1987, par exemple, que l'on a pris connaissance de ce que, faisant référence à l'accord plus connu "Rome-Moscou" réalisé lui aussi sous Jean XXIII, Madiran a appelé "l'accord secret de Rome avec les dirigeants juifs"[764]. Madiran se réfère à deux articles de Lazare Landau publiés sur *Tribune Juive*, hebdomadaire publié à Strasbourg et à Paris et dirigé par le rabbin Jacquot Grunewald, Le premier article se trouve dans le n° 903 (17-23 janvier 1986), le second, plus détaillé, dans le n° 1001 (25-31 décembre 1987). Ils seraient à citer en entier... Limitons-nous à une partie du second article : "Par une soirée brumeuse et glaciale de l'hiver 1962-1963 écrit Landau je me suis rendu à une invitation extraordinaire du *Centre communautaire de la Paix* à Strasbourg. Les dirigeants juifs recevaient **en secret**, au sous-sol, un envoyé du pape. À l'issue du shabbath, nous nous comptions une dizaine pour accueillir un dominicain de blanc vêtu, le R.P. Yves Congar[765], chargé par le cardinal Bea, au nom de Jean XXIII, de nous demander, au seuil du Concile[766], ce que nous attendions de l'Église catholique (...). Les juifs tenus depuis près de vingt siècles en marge de la société chrétienne, souvent traités en subalternes, ennemis et déicides, demandaient leur complète réhabilitation. (...) Le blanc messager (...) s'en revint à Rome porteur d'innombrables (autres) requêtes qui confortaient les nôtres. Après de difficiles débats (...) le concile fit droit à nos

---

[763] ROY A. ROSENBERG, *L'ebraismo, storia, pratica, fede*. Oscar Mondadori, Milano 1995, p. 139 (éd. anglaise : *Judaism, History, Practice and Faith* . 1990). Il ne faut pas confondre Rabbi Rosenberg avec l'idéologue du nazisme Alfred Rosenberg, condamné à mort à Nuremberg (1946) et auteur du livre violemment antichrétien intitulé *Le mythe du XXème siècle*, pas plus qu'avec les époux Rosenberg condamnés à mort aux États-Unis (1953) comme espions soviétiques.

[764] Cf. *Itinéraires*, automne 1990, n° III, pp. 1 à 20. L'analyse de Madiran mérite d'être lue dans son entier.

[765] Œcuméniste, représentant de la *Nouvelle Théologie*, il fut frappé par les mesures disciplinaires consécutives à l'encyclique de Pie XII, *Humani generis*. Jean XXIII par contre le nomma "expert" à Vatican II. Jean-Paul II l'a défini comme son maître à *Franchir le seuil de l'espérance*, et l'a nommé "Cardinal" en 1994. Il est mort le 22 juin 1995.

[766] L'épisode se situe donc probablement avant le 11 octobre 1962, date du début du Concile, ou, en tous cas, peu après, lorsque le schéma sur les juifs était encore dans les limbes... pour tout le monde, excepté pour Bea et pour Jean XXIII.

vœux. La déclaration *Nostra ætate* n°4 constitua le Père Congar et les trois rédacteurs du texte me le confirmèrent une véritable révolution dans la doctrine de l'Église sur les juifs (...)". Depuis l'époque de la visite secrète du Père Congar en un endroit caché de la synagogue, une nuit d'hiver glaciale, la doctrine de l'Église a connu effectivement une mutation totale"[767]. Combien d'autres rencontres dans les sous-sols des synagogues, combien d'autres accords secrets pour "changer totalement la doctrine de l'Église" y eut-il ces années-là sous la responsabilité de Jean XXIII ?

New York, 31 mars 1963 : le cardinal Bea avec le rabbin Abraham J. Heschel

RESPONSABILITÉ DE JEAN XXIII

Quelle fut donc la responsabilité de Jean XXIII ? Se rendait-il compte de ce qu'il faisait en soutenant et en approuvant le cardinal Bea ? Ou bien était-ce de sa part charité mal comprise ? Ou bien désir de plaire et de faire plaisir ? Les intentions de Jean XXIII nous échappent ; elles ne sont connues que de Dieu qui a déjà rendu son jugement. Les faits, eux, demeurent. Quelles que soient les intentions, on peut se demander comment un authentique successeur de Pierre a pu :

    1) Changer la liturgie catholique dans un sens œcuménique, supprimant systématiquement toute référence liturgique (et dévotionnelle) à une doctrine soutenue par l'unanimité des Pères ?

    2) Collaborer avec des associations objectivement antichrétiennes et liées à la maçonnerie, et les favoriser ?

---

[767] Cf. *Itinéraires*, automne 1990, n° III, pp. 1 à 20. L'analyse de Madiran mérite d'être lue dans son entier.

3) Approuver la doctrine contenue dans le schéma du cardinal Bea, doctrine plus explicite encore que celle effectivement "promulguée" par Vatican II ensuite dans la Déclaration conciliaire *Nostra ætate*[768].

Quelque temps après l'approbation définitive de la Déclaration *Nostra ætate*, des catholiques "traditionalistes" firent circuler parmi les Pères conciliaires un document de quatre pages portant la signature de 31 associations ; il était intitulé : "Aucun concile ni aucun pape ne peuvent condamner Jésus, l'Église catholique, apostolique et romaine, ses pontifes et les conciles les plus illustres. Or la déclaration sur les juifs comporte implicitement une telle condamnation et, pour cette éminente raison, doit être rejetée". Dans le texte on pouvait lire entre autres : "Les juifs désirent maintenant pousser l'Église à se condamner tacitement et à se déjuger devant le monde entier. Il est évident que seul un antipape ou un conciliabule pourrait approuver une déclaration de ce genre"[769].

Si ça n'est pas Jean XXIII qui la promulgua officiellement, comme nous l'avons démontré, il l'approuva totalement. Ce qui pose un problème digne pour le moins d'approfondissements ultérieurs.

SAINT JEAN XXIII ET SAINT JULES ISAAC

Nous comprenons alors l'enthousiasme d'un Giniewsky. À une nouvelle doctrine correspond une nouvelle Église, avec ses nouveaux Saints. Le Concile n'était qu'un début ; comme le dit Jean-Paul II, il est en quelque sorte l'Avent au regard des événements du Troisième Millénaire. Pour cet avenir, on ne peut plus proche désormais, voici ce que propose Giniewsky : "Une Église abolissant la sainteté de saint Jean Chrysostome, à la langue de vipère ; de saint Louis qui préconisait de dialoguer avec les juifs en leur passant l'épée

---

[768] La première version du § 4 de *Nostra ætate*, incluse dans le décret sur l'œcuménisme et présentée dans la seconde session du Concile (19 novembre 1963), la seconde version incluse au n° 32 de la déclaration sur les religions non chrétiennes présentée au début de la troisième session (28-29 septembre 1964), la troisième version approuvée comme n° 4 *de Judæis* de *Nostra ætate* le 20 novembre 1964, sont présentées avec la version définitive votée le 28 octobre 1965 dans le livre de MARIE THÉRÈSE HOCH et BERNARD DUPUY, *Les Églises devant le Judaïsme. Documents officiels 19181978*, éd. du Cerf, Paris 1980, pp. 321 à 334. Malgré les atténuations et les changements (entre autres la disparition du mot "déicide" du texte conciliaire) le cardinal Bea a pu dire, à juste titre, que son texte a été **fidèlement conservé quant à la substance**" (cf. SCHMIDT, *op. cit.*, p. 585).

[769] Texte cité par HENRI FESQUET dans : *Le journal du Concile*, Robert Morel éd., Forcalquier 1966, p. 988, qui reprend l'un de ses articles paru dans *Le Monde* le 16 octobre 1965. Dans cet article Fesquet affirme que parmi les signataires figuraient les revues *Itinéraires*, *Nouvelles de chrétienté*, et *Verbe* de la *Cité Catholique*. Les responsables de ces revues démentirent avec dédain (cf. *Itinéraires*, n° 98, décembre 1965, pp. 1 à 32 ; n° 99, janvier 1966, pp. 4 à 14) déclarant que le texte était un "faux" et une "provocation" d'origine progressiste. Dans le n° 95 de juillet-août 1965, pp. 2 à 41, Madiran avait déjà dénoncé les déclarations des progressistes annonçant pour décembre le futur schisme des intégristes qui n'accepteraient pas le Concile. Cependant, je ne pense pas que le texte cité ci-dessus soit un "faux" fabriqué par les progressistes ; tout porte à croire par contre à une action des "traditionalistes" mexicains, à l'origine aussi du livre de "Maurice Pinay". Il n'en demeure pas moins que dès 1965 des voix s'élèvent pour déclarer le Siège vacant.

dans le corps ; et remplaçant les saints sataniques, pourfendeurs et homicides, par de nouveaux saints : saint Jules Isaac et saint Jean XXIII. (...) Rien n'interdit d'espérer son avènement, de rêver un autre Jean XXIII qui prendrait pour nom-défi, nom-programme, nom-emblème Jean XXIV, convoquerait Vatican III et demanderait à l'État d'Israël, pour l'héberger, l'hospitalité de sa capitale unifiée et éternelle. Les chrétiens aimant les Juifs se réuniraient en concile de Jérusalem. Jean XXIV y proclamerait l'encyclique *Pro Judæis* affirmant haut et clair le lien du peuple juif avec sa terre retrouvée (...). Dans ce *Nouvel Évangile Juif* le pharisien Jeshua [Jésus] se dresserait contre la puissance romaine et mourrait pour la libération de son pays, Israël, et de son peuple, les Juifs. Leur injuste crucifixion, leurs deux millénaires de Passion y seraient déplorés. Serait avoué et désavoué ce qu'on a perpétré à Sainte-Gudule de Bruxelles, à Rinn, à Oberammergau, à Pulkau, à Ségovie, ce qu'on a prêché dans les catéchismes et les livres d'histoire... Tout serait mis en œuvre pour réhabiliter les Juifs calomniés et vilipendés. On dirait clairement qui sont les successeurs des crucificateurs romains et de Pilate. Les Juifs, depuis l'époque romaine, sont le plus ancien des peuples colonisés. Avec Jean XXIV, avec le Concile de Jérusalem, le temps de leur décolonisation serait venu. (...) Est-il utopique, sacrilège de vouloir ce temps nouveau ? Il est nécessaire aux Juifs crucifiés comme aux descendants de leurs crucificateurs. L'espérer

est une joie. L'attendre, une grâce. Il est juste, il est pertinent, il est actuel de croire à une telle transformation des rapports d'Israël avec la chrétienté. Jean XXIV ferait peut-être scandale, pour les seules âmes habituées. **Quand son œuvre sera accomplie, on s'étonnera qu'il ait fallu tant de siècles pour parvenir de la Passion selon saint Jean à la Passion selon saint Jules Isaac et saint Jean XXIII"**[770].

Vatican II: Liquidation.
"*Les Pères conciliaires ont absout les juifs de l'accusation de déicide; en vertu du nouveau principe de la liberté religieuse, ceci ne sert plus à rien*".
Dessin de Guareschi (septembre 1968)

---

[770] PAUL GINIEWSKY, *op. cit.*, pp. 385-386. Certains lecteurs penseront que Giniewsky délire. Qu'ils se rappellent les paroles prononcées par Modigliani en 1962 : "En d'autres temps ç'eut été folie de demander à l'Église un tel comportement. Aujourd'hui non. Jean XXIII a fait preuve d'une généreuse sensibilité...". Impossible "d'enlever la sainteté" à des hommes canonisés par l'Église ? Et pourtant le culte de Saint Simonin, du Bx Andrea de Rinn, du Bx Lorenzino de Marostica ont été supprimés. Sainte Catherine de Sienne et d'autres saints ont été critiqués ; des excuses ont été demandées pour leurs "péchés"... Impossible de canoniser Jules Isaac ? Et pourtant Jean-Paul II a préconisé l'insertion des non catholiques au Martyrologe... Que les romains furent seuls responsables de la crucifixion est déjà doctrine officielle de l'"Église". C'est nous qui sommes les déicides, comme le rappelle le *Nouveau Catéchisme*.

CHRISTIANISME ET JUDAÏSME.
"L'ANCIENNE ALLIANCE JAMAIS RÉVOQUÉE"

Par M. l'abbé Curzio Nitoglia

L'ENSEIGNEMENT DE JEAN-PAUL II

1ᴱᴿᴱ OBJECTION

Depuis sa première rencontre avec une délégation juive, le 12 mars 1979, J.-P. II cite la Déclaration *Nostra Ætate*, « dont l'enseignement exprime *la foi de l'Église* » (comme il le précisera plus tard à Caracas, au Vénézuela, le 27 janvier 1985).

Selon *Nostra Ætate* [désormais N.A.] un lien relie *spirituellement* le peuple du Nouveau Testament avec la lignée d'Abraham, qui sont non seulement les *juifs* de l'Ancienne Alliance mais aussi ceux *d'aujourd'hui*.

En effet, citant Rm. XI, 28-29 « le Concile déclare écrit le P. Jean Stern de l'Université Pontificale Urbanienne à propos des juifs [post-bibliques] qu'ils forment un "peuple très aimé du point de vue de l'élection, à cause de leurs pères, car Dieu ne regrette rien de ses dons". Par conséquent, si la communauté religieuse juive, marquée par l'enseignement des rabbins, appartient à la lignée [spirituelle] d'Abraham... le judaïsme [d'après l'exil] constitue une religion, les juifs d'aujourd'hui, eux, forment essentiellement un peuple »[771].

---

[771] J. STERN, *Jean-Paul II face à l'antijudaïsme*, in *Radici dell'antigiudaismo in ambiente cristiano. Colloquio intraecclesiale*. Atti del Simposio teologico-storico, Cité du Vatican, 30 ottobre-1 novembre 1997, LEV, Cité du Vatican 2000, pp. 64-65.

Cf. aussi: PONTIFICIA COMMISSIONE BIBLICA, *Il popolo ebraico e le sue Sacre Scritture nella Bibbia cristiana*, LEV, Cité du Vatican, 2001.

F. GALEONE, *Da "perfidi giudei" a "fratelli maggiori". Ci separa da Israele il suo "no" a Gesù; ci unisce la fede nel Dio di Abramo. Le nostre radici ebraiche fanno parte del nostro essere cristiani*, ELLE DI CI, Leumann (TO) 1994.

COMMISSION PONTIFICALE « JUSTICE ET PAIX », *La Chiesa di fronte al razzismo. Per una società più fraterna*, EDB, Bologne 1989.

PAGINE DOCUMENTI/3, *In dialogo con i « fratelli maggiori »*, AVE, Rome 1988.

CONSEIL PONTIFICAL POUR LE DIALOGUE INTERRELIGIEUX, *Camminare Insieme. La Chiesa cattolica in dialogo con le altre tradizioni religiose del mondo*, LEV, Cité du Vatican 1999.

M. TH. HOCH - B. DUPUY (textes rassemblés, traduits et annotés par), *Les Églises devant le Judaïsme. Documents officiels (1948-1978)*, Cerf, Paris 1980.

1ᴱᴿᴱ RÉPONSE EN TROIS POINTS

Je réponds :
A) "N.A." représente la foi de l'Église :
La Déclaration "N.A.", du 28 octobre 1965, sur « l'Église et les religions non chrétiennes », au n° 2 parle de l'Hindouisme et du Bouddhisme, au n° 3 des Musulmans, au n° 4, du "lien de l'*Église* avec la *lignée* d'Abraham". Or lignée = race ou descendance charnelle d'Abraham ; alors que l'Église est ultranationale et supraraciale ; elle est universelle, catholique, concerne la foi, les âmes de tous les hommes, de toutes les époques, de tout le monde. L'Église n'a de lien spirituel avec aucune lignée particulière. On ne peut donc pas mettre en relation la lignée charnelle ou le sang, avec la foi, l'âme ou l'esprit. Ceci est la première grande anomalie ou contradiction dans les termes de "N.A.".

Le judaïsme post-biblique n'est pas seulement une pure religion mais une idéologie ou "religion" raciale ; Elio Toaff, ancien grand rabbin de Rome, a écrit : « Est juif le *peuple qui a une religion. Les deux concepts sont indissociables. L'identité juive est constituée surtout par l'appartenance au peuple juif.* Même celui qui n'est pas religieux est juif puisqu'il appartient au peuple juif. La religion juive *est seulement pour le peuple juif* »[772].

Il faut ensuite préciser que lignée d'Abraham ce ne sont pas seulement les juifs, mais ce sont aussi les arabes : en effet, Ismaël (leur souche) était fils d'Abraham et Agar (alors qu'Isaac, l'ancêtre des juifs, était fils d'Abraham et Sara). Par conséquent, quand "N.A." parle des "points de contact avec les Musulmans" au n°3 et au n°4, où il est question de la "lignée d'Abraham", en traitant seulement "des juifs", elle commet une discrimination raciale à l'égard des arabes (qui sont présentés seulement comme "musulmans qui cherchent à se soumettre... à Dieu comme... Abraham, auquel la foi islamique se réfère volontiers"), sans dire que si du côté de la mère ils sont fils de l'esclave Agar, du côté du père ils sont fils charnels ou descendants d'Abraham comme les juifs. Ils ne sont pas "*Nescio Nomen*", ont mère et père, même si leur mère était une esclave, et la mère d'Isaac et des juifs était la maîtresse de maison.

La théologie catholique a distingué d'une manière adéquate (avant et mieux que le Concile Vatican II) la descendance d'Abraham :

a) selon la chair : juifs et arabes.

b) selon la foi : c'est-à-dire ceux qui ont la foi d'Abraham, qui, croyant dans le Christ à venir, était chrétien *in voto* . Jésus dans l'Évangile de Jean (VIII, 56) dit "*Abraham, votre père* (selon la chair), *désira voir mon jour* (l'Incarnation du Verbe), *il l'a vu* (en esprit) *et s'en est réjoui* (il m'accueillit dans son âme, dans sa foi, tandis que vous non)".

Donc, seul celui qui a la foi d'Abraham dans le Christ à venir (A.T.) et venu (N.T.), est lié à l'Église du Christ, indépendamment du peuple auquel il appartient ; "dans le Christ il n'y a plus ni juif, ni grec", on est chrétiens, fils dans la foi d'Abraham, que l'on soit juif ou non selon le sang. Les apôtres, la Sainte Vierge, le Christ comme homme, étaient juifs de

---

[772] E. TOAFF, *Essere ebreo*, Bompiani, Milan 1994, p. 13.

sang et chrétiens de foi, vrais fils d'Abraham selon l'un et surtout l'autre. Eugenio Zolli[773] était juif de race, mais devint chrétien de foi, et c'est alors seulement qu'il fut vrai fils d'Abraham. Or la descendance charnelle, lignée, race ou peuple d'Abraham qui n'a pas accepté le Christ comme Dieu et Messie, n'a pas de lien spirituel avec l'Église chrétienne, elle n'en partage pas la foi dans la divinité du Christ. Ce n'est donc pas la lignée qui compte (ce serait du racisme, et l'Église le rejette), mais la foi dans la divinité de Jésus.

En effet, il est révélé que "en Jésus-Christ la bénédiction donnée à Abraham est passée aux Gentils" (Gal. III, 14) ; Jésus dans l'Évangile dit aux pharisiens : "ne dites pas : Nous avons Abraham pour père" (Matth. III, 9 ; Lc III, 8), "la postérité... procède de la foi d'Abraham" (Rm. IV, 16), "ceux qui ont la foi sont bénis avec Abraham le croyant" (Gal. III, 9).

L'ambiguïté de "N.A." est de faire passer tous ceux qui descendent d'Abraham (sauf les arabes) comme ayant des liens *spirituels* ou de foi avec l'Église chrétienne. Mais les choses ne se passent pas ainsi, la plupart des fils d'Abraham selon la chair ne croient pas à la divinité du Christ, seul *"un petit reste"* (Rm. IX, 27 XI, 15) l'a accepté comme Dieu et Messie. Jésus le révèle *"vous n'avez pas pour père* [selon l'esprit ou la foi] *Abraham, mais le diable"* (Jn VIII, 44).

La descendance ou race d'Abraham est composée :

a) des arabes, qui spirituellement sont en très grande partie musulmans, et qui n'ont donc pas la foi d'Abraham en la divinité du Christ, même s'ils Le reconnaissent comme prophète.

b) des juifs, qui depuis le VendrediSaint se trouvent scindés en deux :

a) La "petite partie" fidèle au Christ :

"le petit reste", c'est-à-dire les Apôtres et les disciples, qui ayant accepté le Christ, a donné origine à l'Église (lignée+foi d'Abraham).

b) la plus grande partie infidèle ou incrédule envers la divinité du Christ :

a renié la foi d'Abraham, le mosaïsme vetero-testamentaire, et a donné lieu au judaïsme post-biblique, post-chrétien, talmudico-cabalistique et rabbinico-pharisaïque, qui plus qu'une religion est une lignée ou une "religion raciale" et raciste.

Les exégètes distinguent nettement le judaïsme Antique, du Temple, c'est-à-dire biblique, du Nouveau, rabbinico-"posttemplier" (après la destruction du Temple en 70 après J.-C.), talmudique et cabalistique, c'est-à-dire antibiblique[774].

---

[773] C. NITOGLIA, De la Synagogue à l'Église. Les conversions d'Edgardo Mortara, Giuseppe Stanislao Coen et Eugenio Zolli, CLS, Verrua Savoia (TO) 1997.

[774] Cf. DAVID M. NEUHAUS s.j. (de l'Institut Pontifical Biblique de Jérusalem), *L'idéologie judéo-chrétienne et le dialogue juifs-chrétiens*, RSR 85/2 (1997), pp. 249-276, in *Etnia e cultura in Israele* par E. BIANCHI, Guerini e Associati, Milan 1997.
Cf. A. RAVENNA, *L'ebraismo postbiblico*, Morcelliana, Brescia 1958.

De Wojtyla à Ratzinger : la continuité dans la tradition...

Les occupants du siège apostolique changent mais le Rabbin est toujours le même... Jean-Paul II et Benoît XVI avec le grand rabbin de Rome Riccardo Di Segni le 14/02/2003 et le 16/01/2006

L'Église est "la société des baptisés, qui ont la même foi (au Christ), la même morale, participent aux mêmes sacrements et sont soumis aux légitimes pasteurs, les évêques ou successeurs des Apôtres et spécialement au Pontife romain, successeur de Pierre" (st Robert Bellarmin). Comme on le voit, il n'est pas question de descendance ou de peuple dans cette définition classique, et communément acceptée, de l'Église. Il n'y a donc aucun "si grand patrimoine *spirituel* commun aux chrétiens et aux juifs" ("N.A.", n° 4f).

Au n° 4 e, "N. À ." enseigne : "selon l'Apôtre, les juifs restent encore, à cause de leurs pères, très chers à Dieu, dont les dons et l'appel sont sans repentance". J'ai déjà réfuté le sophisme : st Paul dit seulement que l'appel de Dieu ne change pas ("*Ego sum Dominus et non mutor*"). Au contraire, la réponse humaine à l'appel de Dieu peut changer, comme cela a été pour la plus grande partie du peuple d'Israël, qui durant la vie de Jésus, a mal correspondu à l'appel et au don de Dieu, en tuant les Prophètes et le Christ ; c'est pourquoi est cher à Dieu, c'est-à-dire demeure en grâce de Dieu, seul "le petit reste" de ceux qui ont accepté le Messie Christ venu (N.T.), comme leurs pères dans l'A.T. acceptèrent jadis le Christ à venir.

Au n° 4g, la Déclaration conciliaire écrit : "Le Christ s'est soumis à la mort à cause des péchés de tous les hommes. Encore que des autorités juives, avec leurs partisans, aient poussé à la mort du Christ, ce qui a été commis durant sa passion ne peut être imputé ni indistinctement à tous les juifs vivant alors, ni aux juifs de notre temps".

Il faut distinguer :

Le Christ est mort pour racheter les péchés de tous les hommes, autrement dit, la finalité de la mort du Christ est la rédemption du genre humain.

Mais la cause efficiente qui a produit la mort du Christ, ce ne furent pas les péchés des hommes, mais le judaïsme post-biblique, qui en niant la divinité du Christ, le condamna à mort et fit exécuter la sentence par les Romains. Pour tous les Pères de l'Église, unanimement[775], la cause efficiente et responsable de la mort de Jésus est le judaïsme

---

[775] V. ZUBIZARRETA, *Theologia dogmatico-scholastica*, ed. El Carmen, Vitoria 1948, n° 699, tesi IV.

pharisaïque, talmudique et antichrétien par le truchement de ses "fidèles". Dans la mort du Christ, c'est la communauté religeuse d'Israël post-biblique qui est impliquée et non toute la lignée (un "petit reste" qui fut fidèle au Christ : les Apôtres, les Disciples), même si la majeure partie du peuple prit une part active à la condamnation de Jésus. L'accord unanime des Pères est signe de tradition divine : ils sont l'organe qui transmet la tradition divino-apostolique, leur commun accord est règle de foi, c'est-à-dire qu'il est révélé par Dieu et confié aux Apôtres, ce que les Pères ecclésiastiques enseignent avec consensus moralement unanime en matière de foi et de morale (le consensus absolu ou mathématique n'est pas nécessaire). Ils ont en effet été placés par Dieu dans l'Église pour conserver la tradition divine reçue par les Apôtres. Dans notre cas les Pères (de st Ignace d'Antioche † 107 à st Augustin † 430, en passant par st Justin † 163, st Irénée † 200, Tertullien † 240, st Hyppolite de Rome † 237, st Cyprien 258, Lactance † 300, st Athanase † 373, st Hilaire de Poitiers † 387, st Grégoire de Nazianze † 389, st Ambroise de Milan † 397, st Cyrille d'Alexandrie † 444) sont non seulement moralement, mais aussi mathématiquement d'accord pour enseigner que la grande partie (infidèle au Christ) du peuple juif, c'est-à-dire le judaïsme talmudique est responsable, comme cause efficiente, de la mort du Christ et a donné lieu à une nouvelle religion schismatique et hérétique, le talmudisme, qui se détache du mosaïsme et qui aujourd'hui encore refuse la divinité du Christ et le condamne comme idôlatre, puisque d'homme il prétend se faire Dieu[776].

a) les chefs :

ils savaient clairement, comme enseigne st Thomas d'Aquin, (S.T. III, q. 47, aa. 5, 6/ II-II, q. 2, aa. 7, 8) que Jésus était le Messie et ils voulaient ignorer ou ne pas admettre qu'il était Dieu (ignorance affectée, aggrave la culpabilité).

b) le peuple :

qui pour la majorité a suivi les chefs, alors qu'un "petit reste" a suivi le Christ, a eu une ignorance non affectée ou voulue, mais vincible, donc une faute moins grave que les chefs, mais objectivement ou grave en soi (subjectivement, c'est-à-dire dans le cœur de chaque homme où seul Dieu entre). Le peuple, qui avait vu les miracles du Christ, a la circonstance atténuante d'avoir suivi le grand prêtre, le sanhédrin, les chefs ; son péché est grave en soi, même s'il est en partie diminué, pas totalement effacé, par ignorance vincible mais non affectée (S.T. *supra*).

Le judaïsme d'aujourd'hui, dans la mesure où il est la libre continuation du judaïsme rabbinique du temps de Jésus et s'obstine à ne pas l'accepter, participe objectivement à la responsabilité du déicide.

"N.A." n° 4h écrit : « les juifs ne doivent pas être présentés comme *réprouvés* par Dieu ni *maudits*, comme si cela découlait de la Sainte Écriture ».

---

[776] D. JUDANT, Judaïsme et Christianisme, éd. Du Cèdre, Paris 1969, pp. 88-91. ID., Jalons pour une théologie chrétienne d'Israël, éd. du Cèdre, Paris 1975, pp. 7-15.

Tout d'abord, il faut spécifier que nous parlons de l'hébraïsme, religion post-biblique, et de ses fidèles, les juifs qui suivent la Cabale et le Talmud ("N.A." est équivoque, quand elle emploie le simple mot "juifs", alors qu'elle parle des "rapports entre lignée d'Abraham qui a des liens spirituels très étroits avec l'Église du Christ").

Il faut préciser ensuite les termes théologiques et bibliques de *réprovation* et *malédiction*.

a) Réprouver :

signifie rejeter, considérer inutile, désapprouver, rompre une amitié. Or la synagogue talmudique (que l'Apocalypse de st Jean appelle à deux reprises *Synagogue de Satan*), après le meurtre du Christ, a été désapprouvée, rejetée par Dieu qui a constaté son infidélité au pacte conclu par Lui avec Abraham et l'a répudiée pour conclure une Nouvelle Alliance avec le "petit reste" d'Israël fidèle au Christ et à Moïse, et avec tous les Gentils prêts à accueillir l'Évangile (lesquels, en très grande partie, ont correspondu au don de Dieu, alors que seule une "relique" L'a refusé, pour s'adorer narcissiquement elle-même au moyen d'idoles qu'elle s'était construites en guise de miroir). Dieu a désavoué ceux qui ont renié son Fils unique et consubstantiel "vrai Dieu de vrai Dieu". Par conséquent, la saine théologie a interprété l'Écriture et a enseigné que le judaïsme post-biblique est réprouvé ou désapprouvé par Dieu, autrement dit tant qu'il demeure dans le refus obstiné du Christ, il n'est pas uni spirituellement à Dieu, il ne Lui est pas cher, il n'est pas en grâce de Dieu.

b) Maudire :

signifie condamner, ce n'est pas une "malédiction formelle" lancée par Dieu comme une imprécation pour nuire, mais "objective", c'est-à-dire une situation qui est condamnée par Dieu, dont Il dit du mal ou "maudit" : en effet, Dieu ne peut approuver, dire du bien ou "bénir" le refus du Christ. Le Père, ayant constaté la stérilité du judaïsme pharisaïque et rabbinique, qui a tué les Prophètes et son Fils, la condamne, désapprouve, en "dit du mal" ou "maudit". Comme Jésus qui constatant la stérilité d'un figuier le maudit, c'est-à-dire ne l'apprécia pas, mais le condamna car infructueux[777].

Je rapporte ce qu'a écrit une juive convertie : « Il faut distinguer le judaïsme de l'A.T. du judaïsme post-christique. Le premier (A.T.), est une préparation du christianisme ; le second au contraire (le judaïsme post-christique), a nié la messianité de Jésus et continue de refuser le Messie, Jésus-Christ. En ce sens, Il y a une opposition entre le christianisme et le judaïsme actuel. L'Ancienne Alliance est basée aussi sur la coopération des hommes. Moïse reçut la déclaration de Dieu, contenant les conditions du pacte. L'Alliance n'est pas inconditionnelle (Dt. XI, 1-28), mais est soumise à l'obéissance du peuple d'Israël : *"Je mets devant vous une bénédiction et une malédiction : la bénédiction, si vous obéissez aux commandements de Dieu... la malédiction, si vous n'obéissez pas"* (Dt. XI, 28)... L'alliance dépend aussi du comportement d'Israël et Dieu menace plusieurs fois de la rompre à cause

---

[777] Cf. Mgr L. M. CARLI, *La questione giudaica davanti al Concilio Vaticano II*, in *Palestra del Clero*, n° 4, 15 febbraio 1965, pp. 192-203.

des infidélités du peuple juif qu'il voudrait détruire (Dt. XXVIII ; Lev. XXVI, 14 ss. ; Jer. XXVI, 4-6 ; Os. VII, 8 et IX, 6).

Après la mort du Christ le pardon de Dieu n'est pas accordé à tout Israël, mais seulement à "un petit reste" fidèle au Christ et à Moïse. À la suite de l'infidélité de l'ensemble du peuple d'Israël envers le Christ et l'A.T. qui L'annonçait, le pardon de Dieu se restreint à "un petit reste". Ce n'est pas une rupture du plan de Dieu, mais une modification de l'Alliance primitive prévue dès l'origine, dans l'Alliance nouvelle et définitive, qui donnera au "petit reste" des juifs fidèles au Messie un "cœur nouveau" et s'ouvrira à l'humanité entière... Jésus n'a pas instauré une nouvelle religion, il a enseigné que Dieu voulait le salut de toute l'humanité et que la venue du Christ était la condition de ce salut... La communauté chrétienne est restée fidèle à la tradition vetero-testamentaire, en reconnaissant en Jésus le Christ annoncé par les Prophètes. Pour les chrétiens, c'est le judaïsme postbiblique qui est infidèle à l'A.T., mais il y a un "petit reste" fidèle, qui en entrant dans l'Église chrétienne garantit la continuité de l'Alliance (ancienne-nouvelle), en vue du Christ à venir et venu. Il est la pierre d'angle qui "a fait des deux (peuples : juifs et gentils) un seul" (les chrétiens) »[778].

Je réponds :

B) Il y a un lien qui unit spirituellement le N.T. au judaïsme post-biblique :

Le N.T. croit à la divinité du Christ, le judaïsme actuel ou post-biblique la nie : entre eux il y a opposition de contradiction (le Christ *est* Dieu ; le Christ *n'est pas* Dieu), c'est-à-dire qu'il s'agit de la plus grande opposition qui ne permet pas la vérité des deux propositions, donc ou le Christ est Dieu (et alors c'est le N.T. qui est en vigueur), ou le Christ n'est pas Dieu (et c'est donc le judaïsme post-biblique qui est vrai), *tertium non datur*. La position iréniste du Concile Vatican II et de *Nostra Ætate* particulièrement, constitue la troisième voie qui est impossible puisque contradictoire.

En outre, le lien qui unit *spirituellement* christianisme et judaïsme actuel, est contraire à l'enseignement de l'Évangile et de la Tradition patristique ; en effet, Jésus dit aux pharisiens qui niaient sa divinité (c'est-à-dire au judaïsme rabbinique et postbiblique ou antichrétien) que leur père selon la génération charnelle est Abraham, mais selon l'esprit est le diable (Jn VIII, 31-47 ; St Jean Chrysostome, *Commentaire sur l'Évangile selon St Jean*, Homélie LIV, 1 ; St Augustin, *Commentaire sur Jean*, Discours XLII, 1 ; St Thomas d'Aquin, *Commentaire sur St Jean*, VIII, Lectio IV, 1201).

Je réponds :

C) le peuple juif [ou religion talmudique] est aujourd'hui encore aimé par Dieu :

Deus non deserit nisi prius deseratur, l'Alliance conclue avec Abraham est un pacte bipolaire et conditionnel : de la part de Dieu (*ex parte electionis*), le Seigneur s'engage à protéger son peuple, s'il Lui est fidèle ; autrement il y a rupture. De la part du peuple, il peut compter sur l'amour en acte de la part de Dieu, s'il Lui est fidèle, autrement il sera répudié comme idolâtre, comme une prostituée qui a abandonné son époux pour se vendre à des inconnus. Tout l'A.T. se fonde sur ce rapport bipolaire et conditionnel. Or le peuple juif a

---

[778] D. Judant, *Jalons pour une théologie chrétienne d'Israël*, éd. du Cèdre, Paris 1975, pp. 33-83, passim.

été infidèle à Dieu (il a tué les Prophètes et le Messie) ; Dieu a donc rompu l'alliance avec lui et a conclu une alliance nouvelle et définitive avec le "petit reste" fidèle et avec les Gentils.

Certes les dons de Dieu sont irrévocables ou sans repentance, *ex parte electionis*. Dieu appelle, choisit un peuple, une personne à une vocation particulière (Israël à accueillir le Messie Jésus ; Judas à être *Apostolus Jesu Christi* ; mais les deux ont trahi leur vocation *ex parte cooperationis*) ; Dieu ne change pas d'avis, la vocation demeure, mais nous voyons qu'il n'y a pas de correspondance de la part de l'appelé, qui, en ne correspondant pas, n'est pas aimé par Dieu. D'où, si Dieu aime les pères de l'hébraïsme actuel, selon la génération charnelle (Abraham, Isaac, Jacob...), il n'aime pas le talmudisme en soi puisqu'il a refusé le Christ, unique Sauveur et Rédempteur de l'humanité.

2ᵉᵐᵉ OBJECTION

« La nouvelle *Commission Pontificale pour les relations religieuses avec le Judaïsme* observe le Père Michel Dubois o.p. était rattachée au *Secrétariat pour l'Unité des Chrétiens*, alors que la *Commission pour l'Islam* devait dépendre du *Secrétariat pour les non-chrétiens*. Une telle décision était lourde d'une signification théologique... [certains redoutaient] qu'une telle décision estompât exagérément la différence fondamentale entre judaïsme et christianisme »[779].

2ᵉᵐᵉ RÉPONSE :

Le judaïsme qui nie la divinité du Christ (essence de la religion chrétienne) et Le considère comme une idole méritant la mort, a été incorporé à la Commission pour les rapports avec les chrétiens (comme si le christianisme était un rameau du judaïsme actuel ou post-biblique, ou si le judaïsme talmudique rendait vrai le christianisme, *quod repugnat*) ; alors que l'Islam qui nie la divinité du Christ mais Le respecte comme prophète est considéré, avec raison, a-chrétien, en conséquence, sa distance avec le christianisme est moindre que celle du judaïsme.

3ᵉᵐᵉ OBJECTION

En 1980, Jean-Paul II, à Mayence en Allemagne, a appelé les juifs « *le peuple de l'Ancienne Alliance jamais révoquée* » ; cette expression explique le P. Paul Beauchamp s.j. était déjà présupposée « dans la liturgie nouvelle (version française officielle) du Vendredi-Saint, avec l'oraison implorant Dieu que *les juifs "progressent* dans l'amour de son Nom et

---

[779] M. DUBOIS, *Status quæstionis della problematica dell'antigiudaismo*, in *Radici dell'antigiudaismo in ambiente cristiano. Colloquio intraecclesiale. Atti del Simposio teologico-storico*, Cité du Vatican, 30 ottobre-1 novembre 1997, LEV, Cité du Vatican 2000, pp. 41-42.

la fidélité à son alliance". Qui est exclu d'une alliance ne peut y progresser [le judaïsme actuel maintiendrait donc l'Alliance avec Dieu] »[780].

Le père jésuite Norbert Lohfink[781] a approfondi le sens de la phrase prononcée à Mayence par J.-P. II, et a expliqué que *derrière le concept de Nouvelle et Éternelle Alliance se cache un certain antijudaïsme chrétien*, il s'agirait d'un concept d'antagonisme envers le judaïsme, hérité de l'Église primitive ; l'auteur soutient qu'il faut parler d'une *unique Alliance* et d'une *double voie de salut*, **évitant de dire que ce n'est que dans le Christ qu'est le salut pour tout homme** [contredisant explicitement le donné révélé, n.d.a.] ; *les juifs peuvent se sauver en parcourant la voie du judaïsme talmudique, les chrétiens celle de l'Évangile, il y a une seule Alliance à laquelle participent juifs et non-juifs, chacun suivant sa propre route.*

Selon l'auteur, J.-P. II se réfère sans doute au peuple juif *d'aujourd'hui* ; il parle en effet de « la rencontre entre le peuple de Dieu de l'Ancienne Alliance jamais révoquée (Rm. I, 19) et celui de la Nouvelle Alliance, c'est... un dialogue... entre la première et la seconde partie de sa Bible ».

3ᵉᴹᴱ RÉPONSE :

La péricope est équivoque, en effet, le peuple de l'Ancienne alliance et celui de la Nouvelle et éternelle est spirituellement le même ; il est composé de ceux qui croyaient au Christ Messie à venir (Mosaïsme) et de ceux qui croient au Christ Messie venu (Christianisme) ; pour la théologie catholique il y a un perfectionnement de l'Ancienne Alliance au moyen de la Nouvelle ; alors que J.-P. II parle de deux peuples, le peuple chrétien et le peuple du judaïsme actuel, avec lequel pour la saine théologie catholique Dieu a rompu l'Alliance puisqu'il a été trahi par lui qui a refusé les Prophètes et le Christ.

Le rabbinisme pharisaïco-talmudique, au contraire, est présenté par J.-P. II comme le peuple avec qui Dieu est encore en alliance.

Le peuple de l'Alliance établie avec Moïse est spirituellement le christianisme ; en effet, matériellement Moïse, Il y a environ trois mille ans, était le chef du peuple d'Israël selon la chair ; mais ce peuple, dans sa majeure partie, quand vint le Messie, pour lequel Dieu avait conclu une alliance avec Israël, Le refusa et à partir de ce moment il ne peut plus être considéré comme fils spirituel d'Abraham, de Moïse et de Dieu, mais seulement comme descendant matériellement d'Abraham, de Moïse, répudié par Dieu spirituellement et par conséquent fils spirituel du diable (Jn VIII, 44).

---

[780] P. BEAUCHAMP, *Remarques additives sur l'antijudaïsme, in Radici dell'antigiudaismo*, cit. p. 118.

[781] N. LOHFINK, *l'Alleanza mai revocata. Riflessioni esegetiche per il dialogo tra cristiani ed ebrei*, Queriniana, Brescia 1991. N. LOHFINK, *l'Alleanza mai revocata. Riflessioni esegetiche per il dialogo tra cristiani ed ebrei*, Queriniana, Brescia 1991.

La visite historique de Jean-Paul II à la synagogue de Rome (13 avril 1986)

Lohfink écrit que J.-P. II « enfreint avec audace la tradition, en rapportant Rm. XI, 29 à cette *"ancienne alliance"*, tandis que Luc XXII, 20 parle de « *la Nouvelle Alliance en mon* [du Christ] *sang, versé pour vous* ». Lohfink estime au contraire que « en se référant à l'interprétation du rapport hébraïsme-christianisme, existent les soi-disant "théories de l'unique alliance [qui a deux étapes, la vieille et la nouvelle, n.d.a.], et qu'existent aussi par contre les "théories des deux alliances" »[782].

Pour le jésuite, « l'hébraïsme actuel peut rapporter à lui-même le mot "alliance", même d'un point de vue parfaitement chrétien puisque son "ancienne alliance" n'a jamais été révoquée par Dieu »[783].

Il est au contraire évident que si Dieu a conclu une Nouvelle et Éternelle Alliance dans le Sang répandu par Jésus, l'Ancienne qui a été perfectionnée et remplacée par la Nouvelle ne subsiste plus[784].

D'après le jésuite, « le *concept populaire chrétien* de "nouvelle alliance" favorise l'antisémitisme. Le *chrétien normal* face au discours de l'"ancienne et nouvelle alliance" imagine qu'il y a deux alliances, une "ancienne" et une "nouvelle" qui se succèdent l'une l'autre... ; un "testament" ancien s'éteint quand quelqu'un va chez le notaire et fait rédiger un testament "nouveau".

Quand nous autres chrétiens parlons de la "nouvelle alliance", nous considérons les juifs d'aujourd'hui comme les descendants des juifs d'alors qui n'avaient pas trouvé accès à la "nouvelle alliance", et puisque maintenant l'"ancienne alliance" n'existe plus, ils n'ont plus aucune "alliance" [ce me semble pur bon sens, n.d.a.].

Ceci est le point dans lequel s'insère la formulation de J.-P. II à Mayence »[785].

Or St Paul, divinement inspiré, a écrit :

---

[782] Ibidem, p. 13.
[783] Ibidem, p. 13.
[784] Cf. C. NITOGLIA, *Per padre il diavolo*, SEB, Milan 2002, chap. VI et VII, pp. 95-132.
[785] N. LOHFINK, *op. cit.*, p. 17.

« En parlant d'une Alliance Nouvelle, Il rend vieille la première ; or *ce qui est vieilli et vétuste touche à sa fin* »[786].

Le remède à cette distorsion du "chrétien normal, du peuple chrétien", serait d'après le jésuite un *"christianisme a-normal et élitaire"*, *c'est-à-dire ésotérique, gnostique et cabalistique*, cripto-judaïque qui estime contredisant st Paul – qu'il faut parler de « deux alliances : d'une antique qui continue, bien qu'elle soit vétuste et touche à sa fin (il y a déjà environ 2000 ans), et dans laquelle se trouve aussi l'actuel hébraïsme et de la nouvelle, donnée aux chrétiens ; avec la prudence d'ajouter immédiatement qu'il *n'existe aucun motif pour les juifs de renoncer à la leur*... Le jésuite se demande si J.-P. II, dans son discours de Mayence, n'a pas été dans ce sens »[787].

Le jésuite poursuit en disant que le terme Nouvelle alliance est « une *arme conceptuelle de l'église primitive*, pour marginaliser les juifs, en outre cette affirmation [Nouvelle Alliance] n'est pas historiquement certaine... »[788], pour prouver ceci l'auteur doit nier, de manière compliquée et confuse, la divine inspiration des Évangiles qui seraient le produit des premières communautés chrétiennes, du Christ de la foi et non du Christ de l'histoire[789].

Il est intéressant de remarquer comment l'affirmation de J.-P. II de 1980 qui fit du bruit, était déjà contenue dans le N.O.M. de 1968 (Vendredi-Saint) où l'on demande à Dieu de faire progresser dans l'alliance avec Lui le peuple et la religion judaïque post-biblique.

En effet, J.-P. II n'a rien fait d'autre que d'expliciter ce qui était déjà contenu dans le Concile Vatican II, nous livrant ainsi son exacte interprétation, qui n'est pas celle de la Tradition divino-apostolique, qui nous est transmise à travers les Pères, les Papes, les Docteurs et les Saints ; mais qui la contredit formellement, comme le *oui* contredit le *non*.

Il me semble que cette affirmation de J.-P. II, est contraire au donné révélé ("*Celui qui croira* [à l'Évangile, n.d.a.] *et sera baptisé se sauvera. Celui qui ne croira pas sera condamné*", Mc XVI, 16), rend vaine la rédemption de l'unique médiateur Jésus-Christ, "en créant" artificieusement une subsistance de l'Ancienne Alliance qui n'a plus raison d'être, à cause de l'Incarnation, de la Passion et de la Mort de Notre-Seigneur Jésus-Christ. En effet, dans quel but instituer une nouvelle alliance si la première est encore valide ? Ce serait incorrect, inutile et malhonnête de la part de Dieu à l'égard de l'ancien et du nouvel allié (*absit*), ce serait comme si un mari se remariait sa première femme étant toujours vivante, causant ainsi du tort tant à la première qu'à la seconde ; ou comme si un père abrogeait son premier testament, rédigé par le notaire en faveur de son fils aîné, et le remplaçait par un deuxième et définitif en faveur de tous ses enfants, et que l'autorité judiciaire considérerait comme encore valide le premier testament (remplacé, par volonté explicite du père, par un second et dernier), et de manière contradictoire le second, de telle sorte qu'il y aurait deux testaments valides, dont l'un rend héritier seulement l'aîné et l'autre tous les autres, ce qui est impossible, eu égard au principe de non contradiction.

---

[786] Hébr. VIII, 13.
[787] Ibidem, p. 18.
[788] Ibidem, pp. 21-22.
[789] Ibidem, p. 22.

En résumé, J.-P. II "judaïse", c'est-à-dire remonte avant le Concile de Jérusalem où fut définie, par les Apôtres "avec Pierre et sous Pierre", l'unicité de la rédemption et le salut du genre humain opéré par le Christ, au moyen de la foi surnaturelle au ChristDieu et des bonnes œuvres. Le Concile de Florence (1438-1445) a défini (*Décret pour les Jacobites*) que les observances légales de l'Ancien Testament ont cessé avec la venue du Christ et qu'ont alors commencé les sept Sacrements du Nouveau Testament (D. 712)[790] ; il essaye de réintroduire le culte et les pratiques de l'Ancienne Alliance, qui sont "*mortuæ et mortiferæ*", puisqu'elles signifiaient la réalité du Christ à venir. Or si on les respecte encore aujourd'hui, cela signifie implicitement que seul le Christ est Sauveur de l'humanité ("*Il n'y a de salut en aucun autre ; car nul autre nom n'a été donné sous le ciel aux hommes par lequel nous devions être sauvés*", Actes IV, 12), qu'Il ne serait pas encore venu et que par conséquent l'Ancienne Alliance doit rester encore en vigueur, le Messie, médiateur universel entre Dieu et l'homme, n'étant pas présent.

Ces erreurs conduisent à l'apostasie, au changement d'une religion (le Christianisme qui fonde ses racines dans l'Ancien Testament) par une autre (le judaïsme postbiblique, antimosaïque et talmudique, lequel nie le concept de Sauveur universel que la foi catholique applique seulement et exclusivement au Christ).

4ᵉᴹᴱ OBJECTION

Le 13 avril 1986, au cours de sa visite à la synagogue de Rome, J.-P. II « ayant cité le passage de *Nostra Ætate* sur les haines et les manifestations d'antisémitisme dont les juifs ont été victimes, "quelle qu'en soit l'époque et quels qu'en soient les auteurs", ajouta "je le répète, quels qu'en soient les auteurs". *Il pensait sans doute à l'un ou l'autre de ses prédécesseurs*, à Paul IV par exemple »[791].

Le Frère Jean-Miguel Garrigues conclut en écrivant qu' » il a fallu plus de dix-neuf siècles pour que l'Église *comme telle* se penche *ex professo* sur "le lien qui relie *spirituellement* le peuple du Nouveau Testament avec la lignée d'Abraham*" (N.A., n. 4). En se prononçant *pour la première fois avec autorité*, l'Église a exposé au Concile Vatican II *les fondements révélés de sa foi* en la vocation surnaturelle du peuple juif. Le Concile Vatican II a ainsi donné... un *regard de foi* sur le peuple d'Israël..., qui engage *l'Église proprement dite* par son Magistère doctrinal, à la différence de diverses *dispositions disciplinaires de tant de conciles et de papes aux époques de chrétienté*, si dépendantes de conditionnements historiques contingents, qui ne relèvent, elles, que d'une assistance divine de type prudentiel et *faillible dans l'ordre du gouvernement* [de l'Église].

On ne peut pas manquer de remarquer que la partie de la Déclaration "N.A." qui concerne le peuple juif est le seul texte du Concile Vatican II où les références sont exclusivement scripturaires, aucun texte postérieur n'étant allégué. Cela signifie que « le

---

[790] Cf. C. NITOGLIA, *Per padre il diavolo*, SEB, Milan 2002, pp. 104-108.

[791] J. STERN, Jean-Paul II face à l'antijudaïsme, in *Radici dell'antigiudaismo in am biente cristiano*, cit. p. 59.

Concile n'a pas trouvé d'expression adéquate, pour enseigner la doctrine de la foi, dans les nombreux passages des Pères, des Docteurs et des Saints qui traitaient des juifs, en effet ces textes sont grevés par des conditionnements très humains venant de la polémique entre juifs et chrétiens. [...] Il serait souhaitable que cette relecture, en esprit de repentir, de siècles chrétiens de polémique, de mépris et de violence antijuive..., se fasse par une mise en lumière plus explicite de l'authentique doctrine de la foi catholique sur le peuple juif, telle que le Magistère suprême de l'Église a commencé à l'enseigner ex professo depuis le Concile Vatican II . [...] le Magistère achève de redresser, par l'autorité de la doctrine de la foi, les opinions théologiques qui sont à la base de cet enseignement [patristique] du "mépris", ces opinions théologiques, pour "communes" qu'elles aient pu être dans la mentalité des siècles de chrétienté, ne sont que des opinions humaines qui n'expriment pas adéquatement la foi catholique et n'engagent donc pas l'Église comme telle [...]. Les juifs qui ne croient pas en Jésus sont toujours dans le plan du salut "une partie d'Israël". Celui-ci, même en ceux de ses enfants qui refusent d'entrer dans la Nouvelle À lliance messianique, reste l'U nique Peuple de Dieu. [...] La formule "nos frères aînés", utilisée par J.-P. II en 1986 dans la synagogue de Rome provient de la formule

liturgique du Vendredi-Saint "le peuple que Dieu s'est acquis en premier" »[792].

4ᵉᴹᴱ RÉPONSE EN SEPT POINTS :

1°) Il est grave d'affirmer que les papes antérieurs à J.-P. II ont favorisé la haine antisémite, et que ce n'est qu'avec le Concile Vatican II (1962-1965) que l'Église a apporté une réponse adéquate au rapport christianisme-judaïsme post-chrétien.

Les rapports entre Ancien et Nouveau Testament sont à la base de la foi de l'Église : or si les papes antérieurs à J.-P. II n'ont pas enseigné correctement la doctrine de la foi de l'Église sur ce problème, les portes de l'enfer auraient prévalu contre Elle et la promesse du Christ aurait été fausse (*portæ inferi non prævalebunt*).

2°) Autrement grave est l'affirmation selon laquelle se sont écoulés dix-neuf siècles, pour que l'Église enseignante étudiât scientifiquement le rapport entre christianisme et judaïsme post-biblique, c'est-àdire le lien spirituel entre les descendants d'Abraham selon la chair et le sang, et les chrétiens. St Jean dans son Évangile a résolu admirablement le problème, les Pères l'ont commenté de manière unanime ; or, quand Il y a le consentement moralement, et non mathématiquement, unanime, en matière de foi et de morale, des Pères sur la signification de la Ste Écriture, il est infaillible, puisqu'il nous fait connaître la tradition divino-apostolique dans sa véritable signification (V. ZUBIZARRETA, *Theologia dogmatico-scholastica*, éd. El Carmen, Victoria 1948, vol. I, n° 699, thèse IV).

3°) L'Église se serait prononcée pour la première fois avec autorité, en exposant sa foi, sur les rapports christianisme judaïsme rabbinique, avec le Concile Vatican II, qui a engagé l'Église enseignante et hiérarchique, par l'intermédiaire du magistère doctrinal et non

---

[792] J-M. GARRIGUES, *Antijudaïsme et théologie d'Israël*, in *Radici dell'antigiudaismo*..., cit. pp. 321-327.

disciplinaire (au contraire de ceux qui affirment que le Concile Vatican II est pastoral, non doctrinal, et n'a donc jamais engagé l'infaillibilité). Avant, spécialement au cours de la chrétienté, il existait beaucoup de dispositions disciplinaires des papes qui étaient faillibles puisqu'elles dépendaient des contingences historiques de l'époque médiévale.

Ce n'est pas exact et ce ne peut l'être ; déjà à partir du Concile de Jérusalem l'Église avec st Pierre, premier pape, s'est exprimée doctrinalement (et en a tiré des conséquences pratiques), et clairement jusqu'à Pie XII, sur les judaïsants, qui se sont manifestés à nouveau durant le Concile Vatican II (cf. C. NITOGLIA, *L'antica e la Nuova Legge, il TalmùDe il Concilio Vaticano II*, in « *Per padre il diavolo. Un'introduzione al problema ebraico secondo la Tradizione cattolica* », SEB, Milan 2002, pp. 117-124).

Toutes les décisions disciplinaires des Papes de la Chrétienté sur les juifs provenaient d'un jugement doctrinal sur les erreurs du Talmud ; ces jugements doctrinaux engageaient l'autorité de l'Église qui, donc, était assistée infailliblement.

4°) Demander une interprétation plus explicite de la foi catholique sur le judaïsme post-biblique est ambigu ; il en est de même quant à Vatican II qui n'aurait pas été aussi explicite qu'on voulait. En effet, l'auteur ajoute que le Magistère suprême *a commencé* à donner l'interprétation avec le Concile Vatican II et donc laisse entendre qu'elle doit encore être accomplie. Mais étant donné la mentalité (les Papes et les Pères étaient conditionnés par les polémiques humaines de leur temps) de l'auteur qui en historicisant relativise tout (ils n'ont donc pas résolu le problème avec autorité doctrinale, mais seulement avec des opinions personnelles et faillibles), il pourrait arriver que Vatican II aussi ait ressenti les influences de son temps et se soit laissé influencer par lui, c'est pourquoi son interprétation n'est pas adéquate et doit être revue et corrigée, et ainsi à l'infini.

5°) Les Pères ont exprimé seulement des opinions (non des certitudes) théologiques, qui bien qu'étant communément enseignées, doivent être corrigées par le Magistère infaillible, dans la mesure où elles étaient humaines et seulement probables.

Nous avons déjà vu que « en matière de foi et de morale, le consensus unanime moralement des Pères est un témoignage irréfutable de Tradition divine » (V. ZUBIZARRETA, *op. cit.* n° 699).

6°) La vérité est que l'Écriture a révélé et le Magistère a défini que Jésus est l'unique Sauveur de tous les hommes (y compris les juifs), lequel a fondé une seule Église, hors de laquelle nul ne peut se sauver (y compris les juifs).

Soutenir que les juifs qui ne croient pas en Jésus sont inclus également dans le plan du salut, signifie renier le christianisme et judaïser : en effet, il est révélé que Jésus est *"l'unique médiateur entre Dieu et les hommes"* (I Tim. II, 5), qu'*"il n'y a de salut en aucun autre"* (Actes IV, 12), que *"nous sommes justifiés au Nom du Seigneur Jésus-Christ"* (I Cor. I, 30), que *"le Christ est mort pour tous"* (II Cor. V, 14-15), que *"par son Nom, nous avons la rémission des péchés"* (Act. X, 43), que *"nous sommes réconciliés avec Dieu par la mort de son Fils"* (Rm. V, 9-10). En outre, Il affirme : *"si c'est par Moi que quelqu'un entre, il sera sauvé"* (Jn X, 9), *"celui qui croira [à l'Évangile] sera sauvé, celui qui ne croira pas sera condamné"* (Mc XVI, 15), *"Qui n'est pas avec Moi est contre Moi, et qui n'amasse pas avec Moi dissipe"*

(Lc XI, 23), *"celui qui ne croit pas (en Moi) est déjà condamné"* (Jn III, 18), que *"Dieu a amené pour Israël un Sauveur, Jésus"* (Act. XIII, 23), que "le Père a envoyé son Fils comme Sauveur du monde" (I Jn IV, 14), que "Dieu veut se réconcilier par Lui avec toutes choses" (Col. I, 19-20), "Médiateur de la Nouvelle Alliance" (Héb. XII, 24).

L'Église a défini infailliblement et immuablement que "le Christ est législateur et juge de tous les hommes" (*De fide*, DS. 1571, Concile de Trente), que "par sa Mort sur la Croix, le Christ nous a rachetés et réconciliés avec Dieu" (*De fide*, DS. 1740 et 1531, Concile de Trente), que "le Christ est mort pour tous les hommes, sans exception" (*Sententia fidei proxima*, DS. 1522, Concile de Trente), et que "par sa passion il nous a mérité notre justification" (*De fide*, DS. 1529, Concile de Trente), que "personne fut libéré du pouvoir du démon, sinon au moyen du mérite du médiateur Jésus-Christ" (*Sententia certa*, DS. 1347, Décret pour les Jacobites), que "l'Église du Christ est nécesaire pour le salut de tous, *extra quam (Ecclesiam) nulla salus, nec remissio peccatorum*, d'où ils doivent être membres de l'Église, au moins *in voto*, tous ceux qui veulent se sauver" (D B, 388, 626, 1646, Concile du Latran IV ; Concile de Florence) : ceci est un dogme de foi, fondé sur la Volonté positive de Dieu ; par conséquent, ne peut se sauver celui qui, connaissant l'institution divine de l'Église, refuse d'y entrer.

Le cardinal Pietro Parente récapitule : « C'est une *vérité de foi* que le Christ est Médiateur parfait entre Dieu et les hommes. Saint Paul I Tim. II, 5 : "*Car il n'y a qu'un seul Dieu, qu'un seul médiateur aussi entre Dieu et les hommes : un homme, le Christ Jésus*". De la même façon les Pères et le Magistère de l'Église (Conc. Trid., sess. 5, DB. 790) »[793].

7°) L'expression utilisée par J.-P. II à la synagogue de Rome (1986), par laquelle il appelle les juifs "frères aînés dans la foi", se trouve déjà dans la nouvelle liturgie (1968) du Vendredi-Saint, où l'on dit « le peuple juif que Dieu s'est acquis en premier ».

Mais l'auteur ne distingue pas le peuple de l'A.T., fidèle au mosaïsme (lequel fut choisi en premier *chronologiquement*, par pure et gratuite bonté de Dieu, et non *ontologiquement* par un mérite intrinsèque au peuple juif), et le peuple juif post-biblique qui a abandonné Moïse pour le Talmud et la Cabale rabbinico-pharisaïque.

On peut tranquillement **conclure** que le magistère de "N.A." et des enseignements qui l'ont suivie, sur les rapports spirituels de l'Église avec le judaïsme post-chrétien, est très différent de celui de l'Écriture, des Pères ecclésiastiques et des Docteurs de l'Église. L'ambiguïté de "N.A." et l'erreur manifeste des enseignements *à la lumière de* "*N.A.*", fait supposer que le judaïsme religion post-biblique est pur de toute erreur. Il faudrait alors penser que la Tradition divino-apostolique et le Magistère de l'Église préconciliaire est faux. Mais ceci est impossible, étant donné l'indéfectibilité de l'Église et l'assistance divine à Elle

---

[793] F. SPADAFORA, *Fuori* della *Chiesa non c'è salvezza*, Krinon, Caltanissetta 1988.

E. HUGON, Hors de l'Église point de salut, Paris 1907.

G. SIRI, *Fuori della Chiesa non c'è salvezza*, in *Renovatio*, n° 20, gennaio-marzo 1985, pp. 5-7.

R. GARRIGOU-LAGRANGE, De Revelatione per Ecclesiam Catholicam proposita, vol. II, 5ª ed., Desclée, Rome-Paris 1950, Chap. XV.

T. ZAPPELENA, De Ecclesia Christi, II vol., 2ª ed., Rome 1954, pp. 341-398.

promise. En outre, quand on lit les textes du Concile Vatican II et le magistère qui s'en est suivi, on déduit l'affirmation, de la part de celui qui les élabore et interprète, d'un magistère authentique (sur les rapports avec le judaïsme) qui commence avec "l'Église du Concile" (cardinal Walter Kasper), qui est en contradiction avec celui de la patristique et de l'Église préconciliaire. Il me semble que les choses soient ainsi, l'église conciliaire est la "synagogue de Satan" dont nous parle l'Apocalypse, c'est le marranisme, "la fumée de Satan qui a pénétré jusqu'au sommet de l'Église" (Paul VI) laquelle "s'autodémolirait" (Paul VI), *si fieri potest* ; *sed portæ inferi non prævalebunt*.

C'est une sorte d'**apostasie** plus que d'hérésie, en effet l'hérétique choisit d'accepter certains dogmes et d'en refuser au moins un (par ex. on nie l'Immaculée Conception de Marie), tandis que l'apostasie est le passage d'une religion (par ex. chrétienne) à une autre (par ex. judéo-talmudique), en reniant totalement la première. Pour la théologie catholique, plus exactement, c'est l'abandon de la foi de la part d'un baptisé. C'est un péché mortel et il n'admet pas de légèreté de matière, étant une offense dirigée contre Dieu ; le Droit canon la range dans les crimes contre la foi. L'élément matériel de l'apostasie est l'abandon total de la foi catholique, manifestée extérieurement par des paroles ou des actes non équivoques ; il ne faut pas que l'apostat adhère à une confession spécifique (ce serait une circonstance aggravante), il suffit de devenir panthéiste, matérialiste, libre penseur. Il faut la parfaite conscience et pleine liberté d'abandonner la foi chrétienne. L'apostat encourt *ipso facto* l'excommunication *latæ sententiæ*.

Quiconque a donné son nom ou a adhéré publiquement à une secte a-catholique devient *ipso facto* infâme[794].

LE CARDINAL WALTER KASPER

A) Dans une conférence tenue à la Villa Piccolòmini, à Rome le 28 octobre 2002 (publiée par la *Commission pour les Relations avec les Juifs. Conseil Pontifical pour la Promotion de l'Unité Chrétienne*, Cité du Vatican, qui la présente comme "importante et autorisée opinion privée du cardinal Kasper, et non comme une déclaration officielle du Magistère", 6 fév. 2003), le prélat allemand, président de la "Commission Pontificale pour les relations religieuses avec les juifs" a dit que « il y a quelques générations des montagnes de préjugés et des siècles d'injustice créaient une séparation fatale entre chrétiens et juifs. Le tournant de cette tension... a été le Concile Vatican II [...] pas à pas *l'église de Vatican II* [sic !] arriva au "blâme" conciliaire de l'antisémitisme et à la reconnaissance solennelle de la validité perpétuelle de la promesse de Dieu [...] après *Nostra Ætate*, le 28 octobre 1965, il n'y a pas de place, sous aucun point de vue, pour l'antisémitisme dans l'Église catholique. *Au contraire, l'Église catholique... est capable d'attendre ceux qui par culture ou habitude sont gênés face à la réforme liturgique ou à d'autres réformes de Vatican II. Mais l'Église catholique ne peut accepter en aucune manière et pour aucune raison de s'attarder dans le préjugé et*

---

[794] Cf. F. ROBERTI, *Nuovo Digesto Italiano*, Marietti, Turin 1937, pp. 524-525.

dans le mépris envers les juifs et envers le judaïsme [...] Il faut penser à ce que l'accusation de "déicide"... a créé et en quel lieu elle continue à créer les condition d'une inimitié qui blasphème tant le judaïsme que l'évangile de l'humanité. En rompant avec la perversion "religieuse" du déicide nous avons donné comme chrétiens une contribution aux croyants et non croyants... ».

Le cardinal Walter Kasper

Je réponds :
Affirmer qu'avant Vatican II, "des montagnes de *préjugés* créaient une séparation entre juifs et chrétiens", est erroné ; en effet, l'Église ne peut avoir enseigné pendant dixneuf siècles au moyen de "préjugés", mais seulement au moyen de jugements théologiquement sûrs, sur une matière de foi, quel est le rapport entre hébraïsme et christianisme, en se basant sur les Évangiles interprétés unanimement, et donc infailliblement, par les Pères ecclésiastiques.

En outre, il me semble que le fait de ne pas pouvoir attendre ceux qui s'attardent dans le préjugé en admettant, ce qui reste à prouver, qu'il en soit ainsi vers le judaïsme postbiblique, ne respecte pas la volonté de Dieu, lequel "ne veut pas la mort du pécheur et qu'il périsse dans ses péchés". Si le cardinal Kasper a moins de patience que Dieu, c'est son problème et celui de ceux qu'il a appris à fréquenter, ("dis-moi qui tu hantes, je te dirai qui tu es" dit le proverbe), lesquels "épiaient chaque mouvement de Jésus pour le mettre à mort", alors que celui qui s'attarde dans le jugement pluriséculaire de l'Église, reste fidèle à l'épouse du Christ et à son Chef que la "synagogue de Satan" a mis à mort, après un procès bâclé et plein de réels préjugés.

B) Lors d'une conférence à Boston le 6 novembre 2002, (publiée et diffusée par la "*Commission pour les Relations Religieuses avec les Juifs*", Cité du Vatican) le prélat allemand a dit que Jean XXIII a été l'architecte du "commencement d'un nouveau commencement", c'est-à-dire a projeté la transition de l'"Église en construction constante", qui depuis son pontificat, vit en une continuelle mutation et devenir (p. 2). Le changement le plus important de l'"église en construction" a été la nouvelle conception des rapports entre Église et judaïsme, après tant de siècles d'incompréhension, de "théologie du mépris" (comme l'appelait Jules Isaac). Jean XXIII convoque le Concile (p. 3) par surprise, et confie au cardinal Agostino Bea la rédaction de la Déclaration sur les juifs, qui connut de nombreuses réactions (de la Curie romaine et des Pays arabes) et dut être intégrée, comme chapitre d'une Déclaration plus générique sur les relations entre Église et religions non chrétiennes, Hindouisme, Bouddhisme, Islam et Judaïsme ("N.A."). Mais le christianisme a une relation spéciale et préférentielle avec le judaïsme que J.-P. II a défini intrisèque à l'Évangile, c'est-à-dire que le christianisme est enraciné dans le judaïsme et non dans les autres religions, avec lesquelles il veut cependant toujours dialoguer même si cela est de façon subordonnée au judaïsme (p. 4).

Le défi actuel se fonde pour Kasper sur le problème des Missions ; après le Concile (et *Dignitatis Humanæ*), l'Église refuse les conversions forcées et toute coercition en matière de foi, toutefois le seul mot "mission" évoque parmi les juifs les phantasmes et les blessures du passé qui ne sont pas encore cicatrisées. Mais, en même temps, la mission évangélisatrice est le cœur du christianisme. Dialogue ne signifie pas demander aux chrétiens de ne plus être chrétiens (p. 10). Ce qui peut se faire, pour éviter l'impasse, est de remplacer le terme mission (mot théologiquement incriminé ou incorrect) par "témoignage ou évangélisation" (p. 11) ; en effet, mission peut s'appliquer au paganisme appelé de l'idolâtrie au Monothéisme, mais non au judaïsme ; c'est pourquoi il n'y a plus de missionnaires pour les juifs. Ils peuvent se sauver, s'ils suivent leur foi, en dehors du Christ (p. 12).

N.T. et A.T. sont la *mémoire* du passage de l'Égypte en Terre sainte et de la mort à la résurrection de Jésus. Le judaïsme actuel est la mémoire de la Shoah, d'Auschwitz ; même le christianisme doit en conserver la mémoire ("*Nous nous souvenons*", document Vatican de 1998, concerne la mémoire de la Shoah).

En outre, nous avons en commun la conscience messianique, ou promesse du futur (p. 13).

Je réponds :

Kasper confirme la notion d'une nouvelle église, qui a été fondée après la mort de Pie XII. Elle est une église en perpétuel devenir (évolution hétérogène du dogme) et la grande nouveauté de cette église *in fieri* est le rapport qu'elle a avec le judaïsme actuel ou post-biblique, qui est coessentiel à l'église du Concile, laquelle a ses racines précisément dans le judaïsme actuel et non mosaïque, comme on le croyait avant le Concile Vatican II. En effet, on ne doit plus parler de *Missio* envers Israël qui est resté toujours dans l'alliance avec Dieu et est encore aujourd'hui aimé par Lui, et n'a pas donc pas besoin de se convertir à l'Évangile du Christ, à la différence des païens qui sont appelés à se convertir du polythéisme au monothéisme.

Au contraire, Jésus a envoyé ses Apôtres prêcher l'Évangile et la conversion à la foi en sa divinité *en premier lieu aux juifs* et seulement après aux païens ; en effet, le judaïsme actuel nie la divinité du Christ, unique Sauveur et Médiateur entre Dieu et les hommes et la

Trinité des Personnes divines dans l'unité de la nature de Dieu. L'Église catholique n'a jamais approuvé les conversions forcées, puisque la foi est un acte libre et méritoire ; je ne vois donc pas comment Kasper peut affirmer et prouver le contraire.

Les juifs nient le Christ, pour nous chrétiens, il est Dieu : comment peut-on éviter de s'arrêter sur cet article de foi qui nous sépare, pour considérer seulement ce que nous aurions en commun avec les juifs post-bibliques (la foi d'Abraham ? Non, il croyait au Christ à venir ; la Loi et les Prophètes ? Non, le judaïsme rabbinique se fonde sur la Cabale et le Talmud et non sur le mosaïsme ; la commune alliance avec Dieu ? Non, maintenant nous vivons dans la Nouvelle Alliance, dans le sang du Christ, qui a perfectionné et englobé l'Ancienne, qui était seulement préparatoire de la nouvelle et définitive). Il s'ensuit que la relation entre christianisme et judaïsme actuel est de contradiction et non d'amitié, de communauté. *"Qui n'est pas avec Moi est contre Moi"* a dit Jésus : comment le judaïsme actuel antichrétien peut-il être en communion avec le christianisme quand il refuse Jésus fondateur de l'Église ? Et si le neochristianisme du concile est en communion avec le judaïsme rabbinique, il ne l'est pas avec le Christ, pour le principe évident en lui-même d'identité et de non contradiction, qui ne peut être nié de bonne foi. Donc les judaïsants de l'"église du Concile", ne veulent pas voir la vérité ; leur ignorance est affectée, volontaire et inexcusable, comme celle de celui qui n'a pas voulu remonter de l'effet à la Cause et s'est dégradé dans l'idolâtrie polythéiste, ou comme celle des chefs des juifs qui ne voulurent pas admettre la divinité du Christ que pourtant ils connaissaient.

*La visite de Benoît XVI à la Synagogue de Cologne,
au cours de son voyage en Allemagne*

Il me semble exagéré de dire que christianisme = judaïsme puisqu'ils sont tous deux des religions d'une mémoire historique, qui pour les chrétiens est la mort et la résurrection du Christ Dieu, et pour les juifs actuels est la mémoire d'Auschwitz. Je ne veux offenser personne, mais on ne peut mettre sur le même plan *Jésus et Auschwitz*, le Créateur et la créature, fondant la nouvelle religion holocaustique sur un passé qui ne passe pas.

Pour ce qui regarde la conscience messianique *future*, il me semble que le Christ Messie est venu il y a environ 2000 ans, seul le judaïsme talmudique s'évertue à attendre un autre

Messie futur qui pour la tradition catholique est l'Antéchrist. Or Kasper et le magistère qui a fait suite à "N.A.", parlent souvent de l'attente commune aux chrétiens et aux juifs du Messie, sans spécifier que les chrétiens attendent seulement la parousie, ou le second retour de Jésus à la fin du monde pour le Jugement universel, alors que les juifs, en ayant refusé Jésus, attendent encore la première manifestation du Messie. Donc vouloir réunir christianisme et judaïsme dans l'attente du Messie est ambigu, mal sonnant et non conforme à la foi catholique, fondamentalement antichristique.

Il me semble pouvoir conclure que l'"église du Concile", comme l'appelle Kasper, est presque la "Synagogue de Satan" dont parle saint Jean, dans l'Apocalypse, qui dans un premier temps suivra l'Antéchrist et seulement après ses persécutions se convertira à "*Celui qu'ils ont transpercé*". Elle a fait sienne la "tentation" du grand rabbin de Rome Riccardo Di Segni (17 janvier 2002, au Grand Séminaire Romain) :

« Ce qui ennuye les juifs, c'est de dire que le but du dialogue est de convertir l'interlocuteur à sa propre foi. [...]

La Bible nous présente deux personnages : *Noé* de qui descend toute l'humanité, raison pour laquelle les Gentils sont appelés Noachides...

Mais dans la famille humaine il existe un groupe **particulier**, celui des fils d'*Abraham*, JacobIsraël... "un royaume de prêtres, un peuple **distinct** [différent des autres ; on appartient aux deux groupes par naissance, non par foi, n.d.a.].

Universalisme juif signifie *deux voies parallèles vers le salut* [celle d'Israël et celle des non-israélites, n.d.a.]. On discute si la divinité de Jésus peut être compatible pour un non juif avec l'idée monothéiste [c'est-àdire si les Noachides peuvent croire à la divinité de Jésus ; la réponse du judaïsme orthodoxe est non ; cette croyance est idolâtrie et est passible de mort][795].

La conséquence poursuit Di Segni est que le chrétien pourrait, selon l'opinion rigoureuse, ne pas être dans la voie du salut [...]. Les chrétiens devraient arriver à admettre que les juifs... possèdent une vie autonome pleine et spéciale vers le salut et qu'ils **n'ont pas besoin de Jésus** »[796].

Donc : les juifs sont prêts à fermer un œil sur l'idolâtre religion chrétienne, pas strictement Noachide, si les chrétiens admettent que *Jésus n'est pas nécessaire au salut comme unique Médiateur entre Dieu et l'homme*. Il y a donc deux voies de salut : celle principale des juifs, et une "voie secondaire" [cf. J.-P. II, *Redemptor hominis n° 1314*, 4 mars 1979 "la voie et la route", n.d.a.] des non juifs ou Noachides.

Il me semble évident que "N.A" et le magistère qui s'en est suivi sur les rapports judéochrétiens a, je ne dis pas accepté, mais carrément devancé, la proposition ou "tentation" de Riccardo Di Segni, qui en conséquence porte à renier le christianisme. En effet, il n'est pas possible de demeurer chrétiens si l'on nie que le Christ est l'unique Sauveur de l'humanité, juifs compris ; c'est pourquoi, quand les pan-œcuménistes disent : nous sommes disposés

---

[795] Cf. A. UNTERMANN, *Dizionario di usi e leggende ebraiche*, Laterza, Bari 1994, p. 211.

[796] R. DI SEGNI, *I Noachidi*, in *Shalom*, n° 2, 2002, p. 1.

au dialogue avec le judaïsme (selon la ligne Di Segni), mais vous ne pouvez pas nous demander [explicitement] de renoncer à être chrétiens, en réalité ils ont déjà renoncé [implicitement, pour ne pas jeter le masque] à l'être, en concédant que Jésus n'est pas nécessaire au salut de tous (*Absit*).

L'ÉPISCOPAT AMÉRICAIN

Le 13 août 2002 à Washington le "Comité Épiscopal Américain des affaires œcuméniques et interreligieuses" et le "Conseil National américain des Synagogues" soutenaient que la conversion des juifs au catholicisme était un but inacceptable ; ils citaient J.-P. II « qui a enseigné explicitement que les juifs "sont le peuple de Dieu de l'Ancienne Àlliance, jamais révoquée par Dieu"..., en outre rappelons les notes du Vatican de 1985 [qui] firent l'éloge du *judaïsme postbiblique... sa fécondité spirituelle est toujours pratiquée... le judaïsme rabbinique, qui s'est développé après la destruction du Temple, doit être considéré divin*... Du point de vue catholique, le judaïsme est une religion qui est issue de la révélation divine. Comme l'a noté le cardinal Kasper "la grâce de Dieu..., est accessible à tous. Ainsi l'Église croit que le judaïsme, c'est-à-dire la réponse fidèle du peuple juif à l'Alliance irrévocable de Dieu, est salvifique pour eux, puisque Dieu est fidèle à ses promesses". [...] *La mission évangélisatrice de l'Église n'inclut plus la volonté d'absorber la foi juive dans le christianisme*, mettant ainsi fin au témoignage spécifique que les juifs rendent à Dieu dans l'histoire humaine. [...] Les juifs restent dans l'Alliance salvifique de Dieu... en outre ils sont appelés par Dieu à préparer le monde au Royaume des Cieux [...].

Le judaïsme à son tour considère que tous les peuples sont obligés d'observer une loi universelle, c'est-à-dire les sept Commandements noachides... avec l'interdiction de l'idolâtrie ».

Je réponds :

Il me semble opportun de préciser que le judaïsme postbiblique, ayant refusé le Messie a rompu le pacte avec Dieu, *qui non deserit nisi prius deseratur* ; Dieu ne rompt pas en premier un pacte, mais s'il constate l'infidélité de l'autre partie, il se considère libéré de toute alliance qui devient ainsi vieille et est remplacée par une nouvelle.

En outre, le Christ a envoyé ses Apôtres prêcher l'Évangile à *tous* les hommes, *juifs en premier*, en disant à tous que celui qui ne croira pas à l'Évangile ne sera pas sauvé, même les juifs. L'Église du Christ ne peut renoncer à la mission que le Christ lui a donnée.

Enfin, la loi noachide pour les *goïm*, en condamnant l'idolâtrie, entend réprouver la foi en la divinité du Christ, impiété qui est passible de mort, comme cela fut déjà pour le Messie qui se proclama Dieu ; Il n'est, pour le judaïsme post-biblique, à l'époque comme aujourd'hui, qu'un homme. Le chrétien, s'il veut le rester, ne peut accepter cette loi qui nie et condamne la divinité du Christ et condamne la foi en elle comme idolâtrique.

UN LIVRE RÉCENT DU CARDINAL LUSTIGER

Récemment est paru un livre du cardinal Jean-Marie Lustiger (*La promesse*, éd. Parole et Silence, Paris 2002), qui rassemble une série de conférences qu'il a tenues pendant près de vingt ans, dans lequel il revient, à plusieurs reprises, sur les rapports entre judaïsme et christianisme.

Le prélat français écrit que "le massacre et la persécution d'Israël [furent accomplis] par les pagano-chrétiens" (p. 74), Hérode serait la figure ou le type des pagano-chrétiens (ivi), la société chrétienne plus qu'une figure du Royaume des Cieux en est "la caricature souvent infernale" (p. 112), le péché des chrétiens est celui de déicide "à propos du sort qu'ils ont réservé au peuple juif... La victime absolue dont Jésus n'est qu'un symbole est Israël" (pp. 51 et 75) ; la théologie de la substitution chrétienne "est une appropriation abusive ou blasphématoire de l'Élection [d'Israël]" (p. 162).

De telles phrases prononcées et répétées depuis vingt ans au moins, jettent une lumière inquiétante sur la judaïsation des membres de l'Église, et surtout des plus haut placés.

Lire aussi :
– FIDELITER, n° 151, janvier-février 2003, pp. 10-11.
– L'EXPRESS, 5 décembre 2002, pp. 88100, *Débat : Juifs-Chrétiens. Pourquoi Lustiger dérange*, par CHRISTIAN MAKARIAN.

LA GENÈSE DE NOSTRA ÆTATE

Ainsi que nous l'avons vu, tant les juifs que les chrétiens considèrent que "N.A." est la "Déclaration" la plus importante du Concile, ayant donné lieu à une ère nouvelle, celle de l'"église conciliaire" (comme l'ont appelée les cardinaux Benelli et Kasper), fondée sur les rapports entre judaïsme et christianisme. Jésus n'y est plus nécessaire au salut des juifs, lesquels sont toujours chers à Dieu, ils sont toujours son peuple choisi et restent dans son Alliance qui n'a jamais été révoquée.

Mais comment en est-on arrivé là ?

Marx Jules Isaac, a été l'un des principaux protagonistes de la rédaction de "N.A." ; c'était un juif, non croyant, de tendance communiste et inscrit au *B'naï B'rith* (la maçonnerie juive), comme l'a révélé le président du "B.B." français, Marc Aron, le 16 novembre 1991, dans un discours à l'occasion de la remise du Prix international du "B.B." au cardinal Decourtray[797].

La rencontre entre Roncalli et Isaac (13 juin 1960) fut organisée par le "B.B." et par des hommes politiques socio-communistes[798].

---

[797] Cf. E. RATIER, *Mystères et secrets du B'naï Brith*, Facta, Paris 1993, pp. 114-115 et 371-381.
[798] J. MADIRAN, *L'accord secret de Rome avec les dirigeants juifs*, in *Itinéraires* n° III, septembre 1990, p. 3, note 2.

L'autre artisan de "N.A." fut le cardinal **Agostino Bea**[799]. Le prélat allemand, voulut rencontrer aussitôt après avoir reçu de Roncalli la charge d'arriver à un document "révisionniste" sur les rapports judéo-chrét iens **Nahum Goldman**, président du *Congrès Juif Mondial*, à Rome le 26 octobre 1960. Bea demanda à Goldman, de la part de Roncalli, une épreuve du futur document du Concile sur les rapports avec les juifs et sur la liberté religieuse ("N.A." et *Dignitatis Humanæ*). Le 27 février 1962 le *memorandum* fut présenté à Bea par Goldman et Label Katz (membre du "B.B."), au nom de la *Conférence Mondiale des Organisations Juives*. Eh bien, c'est cette ébauche inspirée par la maçonnerie juive ("*B.B.*") et par le *Congrès Juif Mondial*, qui a produit *Nostra Ætate*[800].

Le même Bea, depuis 1961, rencontrait fréquemment, à Rome, le rabbin Abraham Heschel, professeur au séminaire théologique juif, qui « comme collègue scientifique de Bea... exerça une influence notable sur l'élaboration de "N.A." »[801].

En 1986, Jean Madiran a révélé l'accord secret de Bea-Roncalli avec les dirigeants juifs (Isaac-Goldman), en citant deux articles de Lazare Landau, sur "Tribune Juive" (n° 903, janvier 1986 et n° 1001, décembre 1987). Landau écrit : « Par une soirée glaciale de l'hiver 1962-1963, les dirigeants juifs recevaient en secret, au sous-sol [de la synagogue de Strasbourg], un envoyé du pape... le père dominicain Yves Congar chargé par le cardinal Bea, au nom de Jean XXIII, de nous demander, au seuil du Concile, ce que nous attendions de l'Église catholique... Les Juifs... demandaient leur complète réhabilitation... **En un lieu caché de la synagogue... la doctrine de l'Église avait bien connu une totale mutation** »[802].

STANISLAS FUMET, JACQUES MARITAIN DANS LA GENÈSE DE NOSTRA ÆTATE

Une revue française[803] a traité, récemment, du problème de certains « juifs [mal]convertis au christianisme, "chrétiens judaïsant" et "juifs christianisant" »[804], qui donnèrent lieu à la formation du document conciliaire *Nostra Ætate*.

---

[799] Cf. L. ISRAEL. NEWMAN, *Jewisch Influence on Christian Reform Movements*, Columbia University Press, New York 1925.
P. GINIEWISKI, *La Croix des Juifs*, MJR, Genève 1994.
A. SCHMIDT, Agostino Bea. Il cardinale dell'unità. Città Nuova, Rome 1987.
F. RICOSSA, *Sodalitium* n° 40, janvier 1996, pp. 20-36.
[800] N. GOLDMAN, *Staatmann ohne Staat. Autobiographie*, Cologne-Berlin 1970, pp. 378 ss.
[801] C. SCHMIDT, *Il cardinal Agostino Bea*..., cit. p. 612, note 179.
[802] J. MADIRAN, in *Itinéraires*, automne 1990, n°III, pp. 1-20.
Cf. F. RICOSSA, in *Sodalitium* n° 41, avril-mai 1996, pp. 12-28.
[803] *Histoire du Christianisme Magazine*, 2003, n° 16, pp. 48-71, par MICHEL FOURCADE (de l'Université de Montpellier III).
[804] Ibidem, p. 48.

LES MARITAIN

Selon l'auteur (très bien informé), **Raïssa Maritain**, née juive et « pénétrée de hassidisme [la mystique ou cabale juive de Luria, n.d.a.] »[805], eut une influence notable sur son époux Jacques. Autour des Maritain se forma un cénacle d'intellectuels, esthètes, mysticoïdes qui eurent un rôle fondamental dans la révision de la théologie du remplacement de la Synagogue par l'Église. L'un d'eux fut **Léon Bloy** « dont l'influence sera importante sur le couple Maritain »[806], un autre est « **Charles Péguy**, qui après Léon Bloy, a été un des grands inspirateurs du philosémitisme chrétien »[807], et enfin le futur cardinal **Charles Journet**.

Raïssa naquit en Russie d'où elle émigra dix ans après sa naissance (1883), et rencontra Jacques en 1901 ; dans les toutes premières années du vingtième siècle ils connurent Léon Bloy. « Sans doute doit-on se replacer dans le climat d'inquiétude et d'exaltation où les a plongés [la connaissance de Bloy, n.d.a.], pour mieux comprendre les raisons qui ont incité en 1906 les Maritain à exhumer à leurs propres frais un livre de Bloy aussi étrange et complexe que *Le Salut par les Juifs* »[808]. Bloy révèle à Raïssa qu'entre christianisme et judaïsme post-biblique « il n'y a qu'unité, continuité, harmonie parfaite »[809].

Suivant le conseil de Bloy, « Jacques et Raïssa ont beaucoup prié N.-D. de La Salette... [ils] croyaient fermement à son redoutable Secret... tenue en grande suspicion par l'Église, l'Apparition constitue pour Bloy un événement d'une signification et d'une beauté exceptionnelles »[810]. Le 21 décembre 1915, « un décret du SaintOffice... interdit de traiter du Secret de La Salette [non de l'apparition, n.d.a.] sous quelque prétexte ou sous quelque forme que ce soit »[811], étant donné son contenu millénariste et joachimite, qui pouvait faire entrevoir la fin du Nouveau Testament et l'aurore de la troisième alliance ou ère du Saint-Esprit, sans Église hiérarchique ni sacerdoce. En 1926, Jacques lut *La vie admirable et les révélations de Marie des Vallées*, d'Émile Dermenghem, celui qui a découvert le premier les

---

[805] Ibid., p. 50. Cf. J.-L. BARRÉ, Jacques et Raïssa Maritain. *Les mendiants du Ciel*, Stock, Paris 1995.
R. MARITAIN, *Les Grandes Amitiés*, Desclée de Brouwer, Paris 1949.
Le Hassidisme a un « caractère ésotérique... il a traduit dans des formes populaires la cabale qui se transforma en mouvement populaire » (J. MAIER P. SCHAEFFER, *Piccola enciclopedia dell'ebraismo*, Marietti, Casale Monferrato 1985, p. 128). Il a un fondement "magique", croit dans l'immanence de Dieu et « son influence s'est fait sentir jusqu'à l'époque moderne [Levinas et Buber, n.d.a.] » (A. UNTERMANN, *Dizionario di usi e leggende ebraiche*, Laterza, Bari 1994, p. 63). L'ancêtre du Hassidisme est Isaac Lurìa (XVIème s.) qui enseignait l'émanation du monde de Dieu, l'avènement du Messie et la « supériorité de l'âme des juifs sur celle des gentils » (A. UNTERMANN, *op. cit.*, p. 171). Les Loubavitch sont un « groupe interne au Hassidisme... en des temps récents les Loubavitch sont arrivés à croire que leur rabbin Menachem Mendel Scheerson († 1994) est le Messie » (A. UNTERMANN, *op. cit.*, p. 169).
[806] Ibid., p. 50.
[807] Ibid., p. 52.
[808] J.-L. BARRÉ, Jacques et Raïssa Maritain. *Les mendiants du Ciel*, Stock, Paris 1995, p. 99.
[809] Ibidem, p. 99.
[810] Ibid., p. 110.
[811] Ibid., p. 186.

écrits inédits de J. de Maistre. Il a fait connaître au public la pensée ésotérique et cachée du Savoyard, liant la vision millénariste du comte aux révélations de Marie des Vallées (qui en soi ne contiennent rien d'hétérodoxe, mais peuvent être mal interprétées, comme cela est effectivement arrivé au vingtième siècle, par une secte brésilienne : la TFP).

Autour des époux Maritain, mais sous la direction de fer de Raïssa, se forme un cénacle d'artistes, puisque Raïssa pensait que la culture et l'art associés à la mystique hassidique lurienne, pourraient rénover le thomisme, le christianisme et la chrétienté (en les démolissant). Une grande partie de ces personnages esthètes et bizarres étaient des dévoyés (Jean Desbordes, François Mauriac, Julien Green et Jean Cocteau étaient homosexuels déclarés, certains étaient toxicomanes et écrivaient des romans incitant à la perversion morale). Ils ont créé un état d'âme et une attitude mentale décadente, *dandy*, remplie de décadence intellectuelle et morale, puisque l'on pense comme l'on vit. C'est malheureusement de ce cénacle qu'est sorti *Humanisme intégral* (1936), et le néo catholicisme-libéral ou démocratiechrétienne sillonniste, avec le "christianisme"-judaïsant ou judaïsme-talmudique (défini par Jacques Maritain, dès 1906, "la Race aînée")[812] qui, petit à petit, dans les années vingt s'est développé jusqu'à croître et à prévaloir en 1965 avec *Nostra Ætate*, et surtout avec le long règne de Karol Wojtyla ; il représente la vraie peste et la grande apostasie de notre temps.

Jacques et Raïssa Maritain

LES FUMET

Il me semble, cependant, que la figure qui se détache, même si elle est peu connue, est celle de **Stanislas Fumet**[813] (1896-1983), qui vécut jusqu'au pontificat de J.-P. II, « ami ardent

---

[812] Ibid., p. 449.

[813] S. FUMET, *Histoire de Dieu dans ma vie*, Cerf, Paris 2002.

M. O. GERMAIN, *Stanislas Fumet ou la Présence au temps*, Cerf, Paris 1999.

d'Israël, il voulait concilier avant-garde artistique, vie mystique ["hassidique ou cabalistique et le Zohar"][814] et renouveau thomiste [sous un angle "humanistico-intégral", n. d. a.] ; converti vers le début du vingtième siècle, venu de l'anarchisme et de l'occultisme juif, « transfuge de l'anarchie et du spiritisme vers un catholicisme quelque peu ésotérique... se sent proche du *Sillon* »[815].

Il introduisit dans le milieu catholique à partir de 1920, une note de non-conformisme et un style fortement bohémien à la Oscar Wilde ; son itinéraire est lui aussi passé à travers Péguy et Léon Bloy. « Un autre livre que l'on doit à l'influence de Fumet : celui d'un jeune juif d'origine égyptienne, Jean de Menasce, *Quand Israël aime Dieu* (1931) »[816]. En 1976 le futur cardinal JeanMarie Lustiger, juif "converti" mais judaïsant, écrivit à Fumet pour avoir plus d'informations sur le père dominicain Jean de Menasce, « dont le livre l'avait fasciné »[817].

« Comme son ami Maritain, Stanislas a épousé (1919) une juive convertie d'origine russe, du nom de Aniouta Rosenblum, qui avec Raïssa ont transmis à leurs époux respectifs le souci de l'Orient russe et de l'Orient juif..., par un philosémitisme ardent qui se prolonge vite en philo-sionisme »[818].

Les origines de ce philo-sionisme doivent être recherchées dans Bloy, pour qui le salut venant encore après le Calvaire du judaïsme post-biblique il faut « accorder au "Foyer national juif" toute la sympathie et... [qui] rêve d'une Église juive catholique, comme il y a une Église grecque catholique »[819]. Les époux Fumet sont à l'origine de l'union des Amis d'Israël (née en 1925 et condamnée par le Saint-Office en 1928), associés à la véritable fondatrice, **Franceska Van Leer**, juive hollandaise malconvertie, laquelle après la condamnation retourna au marxisme révolutionnaire de Rosa Luxembourg, d'où elle venait[820].

Stanislas Fumet, en 1925, parle de "frères aînés" à propos des juifs, expression déjà employée par **Adam Mickiewicz** (1798-1885) en 1842, ami de **Andrea Towianski** (1799-1878) "disciple" de **Joseph de Maistre**[821]. Cette expression sera reprise par J.-P. II en 1986,

---

[814] M. O. GERMAIN, Stanislas Fumet ou la Présence au temps, op. cit. p. 25.
Selon Savinien de Savigny, le Hassidisme « se sert de la cabale pratique ou théurgique et donna naissance à des générations de "faiseurs de prodiges", bons pour impressionner le petit peuple » (SAVINIEN DE SAVIGNY, *Frankisme*, in *Lectures Françaises*, n° 561, janvier 2004, p. II).
Cf. aussi : G. SCHOLEM, *Les grands courants de la mystique juive*, Paris 1960.
ID., *Du Frankisme au Jacobinisme*, Paris 1979.
Les épouses de Jacques et de Stanislas étaient toutes deux juives d'origine *russe* et la cabale hassidique *russe* est plus spéculative que la cabale praticoémotionnelle polonaise, cf. A. UNTERMANN, cit. p. 169.
[815] S. FUMET, *Histoire de Dieu dans ma vie*, cit. p. VI (introduction).
[816] M. O. GERMAIN, *op. cit.* pp. 41-42.
[817] Ibidem, p. 43.
[818] *Histoire du Christianisme Magazine*, 2003, n° 16, p. 58.
[819] Ibid., p. 59.
[820] S. FUMET, *Histoire de Dieu dans ma vie*, cit. p. 300.
[821] C. NITOGLIA, *L'Esoterismo*, CLS, Verrua Savoia (TO) 2002, chap. IV Joseph de Maistre, pp. 118-163.

lorsqu'il avait exalté comme son maître, en 1978, précisément Adam Mickiewicz. Un autre grand admirateur de Maritain a été **Jerzy Turowicz** (1912-1999), ami personnel de Karol Wojtyla, qui en 1968 fut poussé précisément par Turowicz à exprimer le premier d'une longue série de *mea culpa* à l'égard du judaïsme, de la part de l'Église romaine, dans une synagogue de Cracovie, où Wojtyla était archevêque. Les Turowicz étaient des juifs frankistes (comme Mickiewicz) qui se convertirent extérieurement au christianisme, tout en restant intérieurement juifs, en 1760, sur ordre du marrane **Jacob Frank**[822].

Selon Stanislas Fumet, il faut « faire connaître aux catholiques la philosophie mystique des Hassidim [la cabale impure, n.d.a.], il faut que les chrétiens sachent qu'il existe chez leurs frères aînés une élévation spirituelle et mystique »[823].

Fumet soutenait que « lorsqu'un chrétien communie, il devient de la race d'Israël, puisqu'il reçoit le sang [minuscule, n.d.a.] très pur d'Israël dans ses veines »[824]. Les chrétiens doivent donc communier fréquemment pour devenir de la même "race" (mot utilisé par Fumet) que les juifs, au moyen d'une sorte de "transfusion de sang" (on note la ressemblance avec la thèse de l'homicide rituel). C'est pourquoi les deux Testaments et les deux peuples sont un seul, l'Israël post-biblique. « Le Saint-Office ne pouvait pas laisser passer [cette théorie] et met fin à l'Association en 1928 »[825].

Fumet a été un des premiers gaullistes de la France occupée, « avant 1939, **De Gaulle** était "un Ami de *Temps Présents*", hebdomadaire dirigé par Fumet »[826] ; il était aussi l'ami de **Jacques Chirac**.

---

[822] Cf. F. RICOSSA, *Karol, Adam, Jacob*, in *Sodalitium* n° 48, avril 1999, pp. 61-73.
R. BUTTIGLIONE, *Il pensiero di Karol Wojtila*, Jaca Book, Milan 1984.
A. MANDEL, Il Messia militante, Arché, Milan 1984.
L. QUERCIOLI-MINCER, La contesa sulle origini ebraiche di Mickiewicz, in La Rassegna Mensile d'I*sraele*, 1999, n° 1, pp. 29-49.
M. BLONDET, *Cronache dell'anticristo*, Effedieffe, Milan 2001, pp. 104, 121-129.
C. NITOGLIA, *L'Esoterismo*, CLS, Verrua Savoia (TO) 2002, pp. 111-116.
H. DE LUBAC, *La posterità spirituale di Gioacchino da Fiore. Da Saint Simon ai nostri giorni*, vol. II, Jaca Book, Milan 1984, chap. XV : *Adam Mickiewicz*, pp. 261-315. Cf. aussi Appendice D, pp. 507-520.
A. MICKIEWICZ, *Scritti politici*, publié par M. Bersano Begey, Utet, Turin, 2ème éd. 1965, introduction pp. 11-26, IV leçon pp. 153-169 et V leçon, pp. 169-179 (*Gli Slavi*), dans lequel on fait référence explicitement à l'enseignement ésotérique de Joseph de Maistre.
SAVINIEN DE SAVIGNY, *Frankisme*, in *Lectures Françaises*, n° 561, janvier 2004, pp. I-VII.
[823] *Histoire du Christianisme Magazine*, 2003, n° 16, p. 59.
[824] Ibid., p. 60. « Lorsqu'un chrétien communie, il devient de la **race** d'Israël, puisqu'il reçoit le **sang** très pur **d'Israël** dans ses veines... Toutes les nations doivent être bénies dans cette race... Chrétiens et Juifs sont de la même race » S. FUMET, Histoire de Dieu dans ma vie, cit. pp. 297-298. On remarque comment Fumet met sur le même plan et remplace Jésus par Israël, selon la cabale de Luria et parle explicitement de sang et de race.
[825] Ibidem.
[826] Ibidem.

Après le Concile Vatican II, en 1968, son esthétisme le fait « s'engager personnellement [comme tant d'autres personnes qui aimaient le chant grégorien et le latin, mais pas la Messe romaine, n.d.a.] au sein du mouvement Una voce »[827], tout comme son ami Maritain.

Stanislas Fumet

JULES ISAAC

Après la fin de la seconde guerre mondiale, **Jules Isaac**, disciple de Péguy, lance l'offensive destinée à judaïser le christianisme, en partant de la shoah. Il réussira à préparer (avec l'aide du *Bené Bérith*) le document conciliaire *Nostra Ætate*, voulu par **Jean XXIII** et "ébauché" par le cardinal jésuite **Agostino Bea**, par le père dominicain **Jean de Menasce** (juif "converti") et par le père **Paul Démann** (idem) de la congrégation des Pères de Sion[828]. Leur but était surtout d'éviter de « rabaisser le judaïsme biblique ou postbiblique, dans le but d'exalter le christianisme »[829], d'ensevelir la théologie de la substitution et de mélanger judaïsme veterotestamentaire et talmudique ou antichrétien. Malheureusement le document fut accueilli par les pères conciliaires en 1965, et est devenu le cheval de bataille de l'enseignement wojtylien, selon lequel le Christ est le médiateur entre Dieu et les chrétiens, alors que les juifs n'ont pas besoin de Jésus puisqu'ils attendent leur Messie[830].

---

[827] M. O. GERMAIN, *Stanislas Fumet ou la Présence au temps*, cit. p. 98.
[828] Cf. C. NITOGLIA, *Nostra Ætate*, in www.cattolicesimo.com mailing-list don Curzio Nitoglia.
[829] *Histoire du Christianisme Magazine*, 2003, n° 16, p. 69.
[830] C. NITOGLIA, *Nostra Ætate*, in www.cattolicesimo.com mailing-list don Curzio Nitoglia.
Cf. D. PAGLIARANI, *La Chiesa conciliare rinuncia alla conversione della Sinagoga*, in Tradizione cattolica, n° 53, 2003, pp. 56-61.
P. STEFANI, *Alleanza PÈREnne e Chiesa della circoncisione*, in *Il Regno*, n° 919, 15 febbraio 2003, pp. 89-92.

Pour comprendre pleinement la genèse de *Nostra Ætate*, il était indispensable de sonder ce monde obscur et secret des marranes, mysticoïdes, modernistes et dévoyés qui nous a apporté "le cheval de Troie dans l'Église de Dieu", contre laquelle, cependant, ils ne l'emporteront pas, selon les promesses du Divin Rédempteur.

LES ÉTAPES DE *NOSTRA ÆTATE*

1°) Avant le Concile (1962). Appendice au schéma *De Verbo Dei* :
[texte retiré ou non examiné par la Commission Centrale Préparatoire].
« L'Église... reconnaît que l'origine de sa foi et de son élection..., se trouve chez les patriarches et les prophètes d'Israël... bien qu'une grande partie du peuple élu reste loin du Christ, ce serait injuste de l'appeler "peuple *maudit*", vu qu'il reste cher à Dieu à cause des pères... ».

2°) La session du Concile (1963). Chapitre IV du schéma *De Œcumenismo* :
[texte distribué aux évêques le 8 novembre 1963, discuté mais retiré].
« L'Église... reconnaît que l'origine de sa foi et de son élection..., se trouve chez les patriarches et les prophètes d'Israël... bien qu'une grande partie du peuple élu reste loin du Christ, ce serait injuste de l'appeler "peuple *maudit*", vu qu'il demeure cher à Dieu à cause des pères... ou bien "peuple *déicide*", parce que le Seigneur a effacé par sa passion et sa mort les péchés de tous les hommes, qui furent la cause de la mort de Jésus. Cependant la mort du Christ n'a pas été provoquée par tout le peuple vivant alors, et moins encore par le peuple d'aujourd'hui... ».

3° a) III session (1964). Déclaration sur les rapports de l'Église avec les religions non chrétiennes :
[texte distribué le 25 septembre 1964 et discuté du 28 au 30 septembre (89ème - 94ème Congrégation) ; réduit au paragraphe concernant les juifs, augmenté par l'ajout de deux paragraphes : un sur la paternité universelle de Dieu, avec un allusion aux musulmans, l'autre avec la condamnation de toute forme de discrimination ; premier texte amoindri].
« L'Église... reconnaît que l'origine de sa foi et de son élection..., se trouve chez les patriarches et les prophètes... Du fait d'un si grand patrimoine spirituel, commun aux chrétiens et aux juifs, le Concile veut recommander entre eux la connaissance et l'estime mutuelles... [pour ce motif] que jamais le peuple juif ne soit présenté comme un peuple *réprouvé* par Dieu... Ce qui fut perpétré dans la passion du Christ ne peut aucunement être imputé à tout le peuple vivant alors, moins encore au peuple d'aujourd'hui ».

3° b) III sess. (1964). Déclaration sur les rapports...
[texte corrigé et augmenté, distribué le 18 novembre 1964, discuté et voté le 20 novembre, par 1651 placet, 99 non placet, 242 placet iuxta modum, 4 votes nuls (125ème Congrégation), qui devait être mis en appendice à *De Ecclesia* ; retour aux idées d'origine].
« L'Église... reconnaît que l'origine de sa foi et de son élection..., se trouve chez les patriarches, Moïse et les prophètes... du fait d'un si grand patrimoine spirituel, commun aux

chrétiens et aux juifs, le Concile veut recommander entre eux la connaissance et l'estime mutuelle... L'Église, déplore la haine, les persécutions exercées contre les juifs... Les juifs ne doivent pas être présentés comme *réprouvés* par Dieu ni *maudits*. Cependant ce qui a été commis durant sa Passion ne peut être imputé ni indistinctement à tous les juifs vivant alors, ni aux juifs de notre temps... ».

Charles Péguy

4°) IV session (1965) Déclaration Nostra Ætate, De Ecclesiæ habitudine ad religiones non christianas, paragraphe 4ème De Judæis.

[texte revu par le Secrétariat en mai 1965, distribué aux Pères conciliaires le 11 octobre 1965, discuté et amendé le 14-15 octobre et après 8 scrutins obtint 1763 placet, 250 non placet, 10 votes nuls, adopté dans le scrutin définitif le 28 octobre (7ème session publique), par 2041 placet, 88 non placet, 3 votes nuls ; texte final amoindri].

Cf. texte définitif Nostra Ætate in Tutti i Documenti del Concilio, Massimo, Milan 1971, ou in Enchiridion Vaticanum, testo latino-italiano. Documenti. Il Concilio Vaticano II, EDB, Bologne, 9ème éd., 1971[831].

---

[831] Cf. T. FEDERICI, *Israele nella storia della salvezza*, in *Humanitas*, 22/1-2 (1967), pp. 75-109.
A. BEA, *La Chiesa e il popolo ebraico*, Brescia 1966.
B. HUSSAR, *La religione giudaica*, in *Le religioni non cristiane nel Vaticano II - La Dichiarazione "Le relazioni della Chiesa con le religioni non cristiane", genesi storica, esposizione e commento*, Coll. *Magistero conciliare*, n° 15, Leumann (TO) 1966, pp. 199-203.
G.-M. COTTIER, *La religion juive*, in *Les relations de l'Église avec les religions non chrétiennes, Déclaration "Nostra Ætate"*, Coll. *Unam Sanctam*, n° 16, Paris 1966, pp. 237-273.
T. FEDERICI, *Il Concilio e i non cristiani - Declaratio, testo e commento*, Coll. *Ave-Minima*, n° 24, Rome 1966, pp. 235-400.
R. LAURENTIN, *L'Église et les juifs à Vatican II*, Coll. *Église vivante*, Paris 1967.
SODALITIUM : La question juive 217

ISLAM ET JUDAÏSME

Par M. l'abbé Curzio Nitoglia

LA THÈSE DU PÈRE THÉRY

En 1955 le célèbre théologien dominicain, le Père Théry[832], sous le pseudonyme de Hanna Zakarias, publiait *"De Moïse à Mohammed"*, deux gros volumes réunis par la suite en un seul *"Vrai Mohammed et faux Coran"*[833], dans lequel il étudiait de manière approfondie la question des origines de l'Islam.

Dans le présent article j'essayerai de résumer et d'illustrer les thèses contenues dans ses livres, les corroborant aussi par d'autres études sérieuses et en me renforçant de l'avis d'un célèbre orientaliste de l'Université de Turin.

Les textes du Père Théry ne se trouvent plus dans le commerce, mais l'essentiel de sa thèse a été repris par l'abbé J. Bertuel, dont l'œuvre est encore disponible dans les librairies françaises[834]. Bonnet-Eymard écrit du Père Théry qu'il « doit être considéré comme le fondateur de l'"exégèse scientifique" du Coran..., bien qu'il demeure... le grand absent de toutes les bibliographies. Il est certain que l'anonymat [ou le pseudonyme de H. Zakarias n.d.r.] et l'édition privée, voulus pour ne pas exposer à de terribles représailles les religieux et les prêtres travaillant en terre d'Islam, ont desservi son œuvre. Publié sous le vrai nom de son auteur, médiéviste honorablement connu dans le monde de la recherche scientifique, elle n'eût sans doute pas joui d'un accueil plus favorable de la part des islamisants, mais elle les eût forcés à controverser à visage découvert. Feignant d'ignorer l'identité de Hanna Zakarias qui, très rapidement, ne fut plus un secret pour personne, ils purent le présenter, sans risque, "de bouche à oreille, comme un bluffeur et un ignorant ; le mépris de l'auteur

---

K. KRUBY, *Juifs et Chrétiens*, in *Catholicisme*, n° 6, 1966, pp. 1196-1209.
A. GILBERT, *The Vatican Council and the jews*, New York 1968.
C. A. RIJK, *Catholics and jews after 1967 - Anew situation*, in *New Blackfriars*, 1968, pp. 15-26.
T. FEDERICI, *Monologo e dialogo - Incontri e non incontri con Israele*, Coll. Ave-Minima, n° 17, Rome 1965.
A. BEA, *Il popolo ebraico nel piano divino della salvezza*, in *Civiltà Cattolica*, 6 nov. 1965, 209-229.
L. CERFAUX, *La teologia della Chiesa secondo san Paolo*, Coll. Teologia oggi, n° 3, Rome 1968.
T. FEDERICI, *Israël vivant*, Coll. Progressions, n° 3, Paris 1965, pp. 175-196.
S. GAROFALO, *Dizionario del Concilio Vaticano II*, Unedi, Rome 1969.

[832] 1891-1959. Il fut membre de l'Académie Pontificale, cofondateur avec Etienne Gilson des *Archives doctrinales et littéraires du Moyen Age*, fondateur de l'"Institut historique de Sainte Sabine" de Rome, professeur à l'Institut Catholique de Paris, membre de la section historique de la Sacrée Congrégation des Rites.
[833] N.E.L., Paris 1960.
[834] J. BERTUEL, *L'Islam : ses véritables origines*, N.E.L., Paris 1983-84, 3 vol.

rejaillissait évidemment sur son œuvre" »[835]. Ce ne fut seulement qu'en 1960[836], un an après sa mort, que la revue des dominicains de Rome *Angelicum* leva officiellement l'anonymat sur l'œuvre de Théry, en résumant de manière concise mais avec exactitude le contenu des deux premiers volumes[837].

Les conclusions auxquelles parvient l'éminent théologien et historien dominicain peuvent être résumées ainsi :

1) L'Islam est seulement la religion juive postmessianique, expliquée aux arabes par un rabbin.

2) Mahomet n'a jamais été inspiré par Dieu. Il se convertit au Judaïsme talmudique, poussé par sa femme Khadidja, juive de naissance, et aidé par son maître, le rabbin de La Mecque, à réaliser son projet de judaïsation de l'Arabie.

3) Le Coran a été composé et rédigé par le rabbin de La Mecque et Mahomet était seulement un "prosélyte de la porte".

4) Le *Coran primitif* (traduction et abrégé arabe du Pentateuque de Moïse) a été rédigé par un rabbin juif, mais après Mahomet fut perdu (VIIème s.). L'*actuel Coran* ne contient plus, comme le premier, la traduction et l'adaptation de l'histoire sacrée d'Israël ; c'est seulement un livre d'anecdotes, d'histoires, presque une sorte de rapport dressé par l'auteur lui-même sur ses affaires apostoliques, qu'il aurait fallu appeler plus correctement "*Les Actes de l'Islam*". Ces "*Actes*" constituent la seule source authentique qui nous permettent de connaître les origines de l'Islam, c'est-àdire en substance la judaïsation de l'Arabie, dont le rabbin de La Mecque, Mahomet et sa femme Khadidja furent les premiers auteurs.

Seule l'étude critique des "*Actes de l'Islam*" (ou actuel Coran) peut nous fournir une base solide pour une reconstruction des origines de l'Islam, c'est-à-dire de la conversion de l'Arabie au Judaïsme talmudique. Les juifs étaient présents en Arabie et habitaient dans les différents oasis du désert arabique et dans les trois cités de Médine, La Mecque et Taif. Ils étaient particulièrement nombreux à Médine (plus de la moitié de la population). Les chrétiens étaient moins nombreux que les juifs, mais n'étaient pas des catholiques romains ; ils appartenaient au contraire à des sectes hérétiques, telles que le Jacobisme et le Nestorianisme, et au Christianisme d'Abyssinie, fortement mélangé d'éléments juifs.

5) Les "*Actes de l'Islam*", justement parce qu'écrits par un rabbin, sont essentiellement antichrétiens. Les musulmans ne sont rien d'autre que des arabes convertis au Judaïsme talmudique à partir du VIIème siècle.

---

[835] BRUNO BONNET-EYMARD fr., *Le Coran*, CRC éd., Saint-Parres-lès-Vaudes 1988, tome I, p. XIX.
[836] L'édition précédente de *De Moïse à Mohammed*, sous le pseudonyme de H. ZAKARIAS, parut en 1955 "*chez l'auteur*", suivi du IIIème tome posthume en 1963 aux éditions du Scorpion. Un IVème volume est resté à l'état de manuscrit.
[837] Cf. *Angelicum*, fascic. 3-4, 1960.

La "Ka'ba" d'après une ancienne miniature turque

LA MECQUE

Au VIème siècle La Mecque devint l'un des plus importants centres commerciaux de la péninsule arabe. Là, depuis le IIème siècle, selon le Père Théry, existait le temple de la *"Ka'ba"*, une sorte de caisse actuellement longue de 12 mètres, large de 10 et haute de 15, posée sur un piédestal de marbre de 25 cm et couverte d'un tapis noir changé chaque année. Dans la *"Ka'ba"* on trouve une pierre noire, visible encore aujourd'hui[838], dont on ignore la provenance et la datation ; selon les musulmans elle fut portée directement par l'Archange Gabriel. Au VIème siècle la *"Ka'ba"* était aussi pleine de pierres grises récoltées dans les déserts d'Arabie, considérées comme divinités et adorées comme telles ; la majeure partie des personnes qui la fréquentait était formée d'arabes polythéistes, qui vénéraient outre la pierre noire encastrée dans la *"Ka'ba"*, les pierres et les idoles qu'elle contenait[839].

À La Mecque, selon la thèse du Père Théry, vivait aussi une communauté juive, dirigée par un rabbin très bien formé, fin connaisseur du Talmud, qui aurait conçu le projet de convertir les arabes polythéistes à la religion post-biblique. Pour atteindre son but il se serait servi d'un jeune arabe, Mahomet, marié à une jeune juive Khadidja ; telle est en résumé selon le Père Théry, l'histoire des origines de l'Islam : la conversion des polythéistes arabes au Judaïsme talmudique.

NAISSANCE ET MARIAGE DE MAHOMET

---

[838] Probablement un météorite.

[839] ÀLa Mecque se pratiquait soit le polythéisme, qui adorait une dizaine de divinités, parmi lesquelles une triade féminine, soit la litholâtrie : le culte des pierres sacrées.

On considère habituellement que Mahomet est né en 580, même si l'on a pas une documentation certaine. Sa famille était pauvre, comme l'atteste le rabbin de La Mecque dans les *"Actes de l'Islam"* (l'actuel Coran)[840], et, resté orphelin très vite, il paraît avoir été recueilli par son oncle Abu Tàlib, caravanier de La Mecque. C'était un enfant éveillé et intelligent, et son oncle l'emmenait souvent avec lui dans les caravanes qu'il conduisait à Gaza. Mahomet se maria avec Khadidja[841], une femme plus âgée que lui mais très riche, de caractère fort et entreprenant, s'il est vrai, comme l'affirme le Père Théry, que c'est elle qui prit l'initiative du mariage et par conséquent était volontaire et dominatrice d'un mari craintif de perdre sa position. "A l'âge de 25 ans Mahomet se maria"[842]. Ce mariage avec une juive explique l'évolution du jeune arabe, puisque sa femme le poussera à abandonner les idoles de la *"Ka'ba"* pour adhérer à la religion judaïque post-biblique ; après elle ce sera le rabbin de La Mecque qui le formera à la religion d'Israël et le lancera au milieu des arabes comme son porte-voix.

LA CONVERSION DE MAHOMET AU JUDAÏSME

Le culte des idoles est encore très répandu à La Mecque quand une voix commence à prêcher un message nouveau aux oreilles des polythéistes arabes.

> *"Je le jure par Allah (lire : Yahwé), qui a créé le mâle et la femelle. Celui qui fait l'aumône et qui craint Dieu sera récompensé. Quant à celui qui est avare, empli de suffisance, il sera précipité dans l'abîme. À quoi lui servira sa fortune ? Je vous avertis dès maintenant d'un feu qui flamboie, réservé pour celui qui ne craint pas"*[843].

Comme il connaît bien l'Ancien Testament cet orateur de La Mecque, qui divise l'humanité en deux catégories : ceux qui craignent Dieu, ceux qui croient à la Résurrection, au Jugement, au Ciel et à l'Enfer et les infidèles, les avares, les orgueilleux ! Dans ses prédications nous retrouvons des réminiscences vétérotestamentaires et talmudiques : *"Je le jure par le figuier et l'olivier, je le jure par le Mont Sinaï… Ceux qui croient et font le bien recevront une rétribution"*[844]. Mais quel est ce prédicateur qui ridiculise les idoles de la *"Ka'ba"*, qui annonce l'existence d'un Dieu unique (*"Yahwé"* en hébreu, *"Allah"* en arabe), qui jure sur le figuier et sur l'olivier, les deux arbres de la félicité terrestre de l'Ancien Testament ? C'est certainement quelqu'un qui connaît et qui annonce la religion d'Israël. Si,

---

[840] Sourate XVIII, 8.
[841] Probablement aux débuts du VIème siècle.
[842] E. PERTUS, *Connaissance élémentaire de l'Islam*, Action familiale et scolaire, Paris 1991, suppl. au n° 65, p. 24.
[843] Sourate XCII.
[844] Sourate XCV.

ensuite, on applique la critique historique, on est obligé de conclure, selon le Père Théry, que ce prédicateur est un juif.

C'est l'orateur même qui nous propose cette conclusion avec ses affirmations : "Tout ce que je vous annonce est contenu dans des feuilles vénérées"[845], "les feuilles de Moïse et d'Aaron"[846]. "Mecquois idolâtres, vous ne savez donc pas que le Dieu Créateur a parlé ? Oui, il a parlé ici, sur le Mont Sinaï, à Moïse ! C'est *Yahwé* (le Dieu unique) qui a révélé à Moïse le *"Coran hébreu"*, le seul Coran (Livre Saint) qui ait jamais existé, le Coran glorieux du Mont Sinaï"[847].

À partir de ce texte le rabbin de La Mecque donnera une traduction en arabe et sera *le premier Coran arabe écrit*, puis perdu et remplacé par l'*actuel "Coran"*, qui peutêtre serait appelé avec plus d'exactitude *"Actes de l'Islam"*.

Les discours qu'on y trouve ne contiennent rien qui ne soit pas juif, ou mieux vétérotestamentaire, et corroborent la thèse que l'auteur est un juif qui connaît de manière approfondie l'Ancien Testament et le Talmud, c'est-à-dire le rabbin de La Mecque.

L'auditoire du rabbin cependant ne veut pas renoncer à ses idoles ancestrales pour se convertir au Dieu unique *"Yahwé"*. Parmi les assistants il y a cependant un jeune arabe qui a épousé une juive : et le soir Mahomet, clandestinement, poussé par sa femme, va chez le rabbin pour connaître la nouvelle religion. Il apprend ainsi qu'il y a un seul Dieu, que ses paroles ont été recueillies par Moïse sur le Mont Sinaï et ont été écrites dans un Livre (le *Pentateuque*), en arabe appelé CORAN. Etant donné que Mahomet n'est pas en mesure de lire et de comprendre le *Coran juif*, ce sera au rabbin de lui lire et de lui expliquer oralement les histoires d'Abraham, Isaac, Jacob, Joseph, Moïse.

Mahomet apprit aussi la nouvelle profession de foi enseignée par le rabbin : "Il est unique Yahwé ; Yahwé, il est seul. IL N'A PAS ENGENDRÉ et n'a pas été engendré. PERSONNE N'EST ÉGAL À LUI"[848].

Quelle belle profession de foi judaïcotalmudique et antichrétienne (le Père N'A PAS ENGENDRÉ le Fils ; en Dieu il N'y a PAS TROIS PERSONNES ÉGALES et distinctes) !

Mahomet ne cache plus sa conversion, il l'a rend publique, rompt tous les liens avec l'idolâtrie de la *"Ka'ba"*. La Mecque est secouée : cet arabe marié à une juive ne risque peut-être t-il pas de ruiner le vieux Panthéon de la cité ? La *"Ka'ba"* est l'un des sanctuaires les plus riches du pays, et Mahomet arrive pour le ruiner ! Face à ces accusations que lui lançaient ses compatriotes il y avait la protection du rabbin sur son disciple : *"Dis-leur, Mahomet : O Infidèles ! Je n'adorerai pas ce que vous adorez. Et vous, vous n'adorez pas ce que j'adore.... À vous, votre religion. Moi, j'ai la mienne"*[849].

Selon le Père Théry, à côté de Mahomet il n'y a jamais eu d'*"Allah"* révélateur, mais seulement un juif, qui lui a raconté les histoires des Patriarches contenues dans le

---

[845] Sourate LXXX, 13-16.
[846] Sourate XXXVII, 114-120.
[847] Sourate LXXXV, 21-22.
[848] Sourate CXII.
[849] Sourate CIX, 1-6.

Pentateuque de Moïse. Le Père dominicain arrive à cette conclusion après avoir prouvé que la conversion de Mahomet au Judaïsme, a eu lieu sous la forte pression de sa femme, à la limite du chantage psychologique, conversion qui devait servir à la judaïsation de la race arabe, comme il était dans l'intention du rabbin de La Mecque. "Un seul fait est certain, qui ressort de la lecture... des *Actes de l'Islam*" : un arabe, Mahomet, mari de Khadidja, après avoir suivi les leçons d'un rabbin, s'est converti au Judaïsme parmi les arabes.... Mahomet ne sera rien de plus que le porte-parole d'un juif, l'élève d'un rabbin, pour une entreprise strictement et absolument juive"[850].

LA FORMATION RELIGIEUSE DE MAHOMET ET SON APOSTOLAT

Mahomet désormais sait que les idoles de la "*Ka'ba*" sont muettes, que Dieu n'a pas parlé. "*Oh ! Quelle nuit solennelle que cette nuit de la Révélation !*"[851]. Elle advint sur le Mont Sinaï, Moïse était accompagné de tout le peuple élu au pied de la montagne, une voix l'appela et Dieu lui révéla la Loi, lui remit un Code, le Coran, qui est autant un livre religieux qu'un code législatif, en hébreu "*Torah*" (le message religieux de "*Yahwé*" et sa loi). Et le *Coran juif* ou "*Torah*" aurait dû diriger tous les hommes[852]. En conclusion pour le Père Théry, ce n'est pas "*Allah*" qui a révélé à Mahomet l'histoire d'Israël, Mahomet n'est pas un prophète mais seulement l'élève dévot d'un rabbin, le mont Hirà, comme copie du Sinaï n'existe pas : Mahomet, en substance, est seulement le canal à travers lequel filtre l'enseignement rabbinique pour la judaïsation de l'Arabie. Les arabes qui ensuite ont suivi Mahomet ont graduellement mis de côté l'origine judaïco-rabbinique de l'Islam, pour affirmer et marquer toujours plus la révélation d'"*Allah*" à Mahomet pour la gloire des arabes eux-mêmes, qui ont donc supplanté les juifs dans leur mission.

LES ENSEIGNEMENTS DU RABBIN À MAHOMET

Avec la conversion de Mahomet au Judaïsme, selon le Père Théry, le travail du rabbin n'est pas fini, puisque sa vraie fin était la conversion de tous les arabes à la Synagogue juive. Sa mission maintenant est de former l'esprit du néophyte, d'en faire un apôtre du Judaïsme parmi ses compatriotes ; Mahomet sera ainsi instruit profondément sur l'histoire d'Israël, apprendra à prier comme les juifs, à se prosterner vers l'orient, à invoquer le nom du Dieu Unique (mais non en trois Personnes !). Parmi les connaissances religieuses, "*Les Actes de l'Islam*" n'apportent rien de nouveau à la littérature judaïco-talmudique et à l'histoire sacrée de l'Ancien Testament : un paradis terrestre, ou mieux charnel, est promis à ceux qui se

---

[850] H. ZAKARIAS, *Vrai Mohammed et faux Coran*, N.E.L., Paris 1960, p. 32.
[851] Sourate LXXX 11-15, XCVII, LXXXVII, LXVIII 15-52, LVI 76-77.
[852] "On reste frappé de la place que tiennent dans le Coran les préceptes, minutieusement détaillés, relatifs aux femmes ; or ces mêmes préceptes occupent environ un septième du contenu du Talmud". (E. PERTUS, *op. cit.*, p. 41).

soumettront au Dieu Unique d'Israël. L'apologétique utilisée pour la conversion des arabes se fonde non sur des motifs de crédibilité et sur des *"preambula fidei"*, mais sur les instincts plus élémentaires de l'homme, sur la promesse d'une vie future de plaisirs séduisants en échange de la conversion au Judaïsme[853]. Poussé par sa femme, dressé par le rabbin, le jeune chamelier ne pouvait laisser échapper l'occasion qui se présentait à lui : il devint l'apôtre du Judaïsme parmi les arabes.

Reaction des habitants de La Mecque face à la prédication de Mahomet

Face à la prédication de l'histoire sacrée d'Israël, les habitants de La Mecque répondent mal et avec animosité. Ils ne veulent pas suivre le jeune arabe qui s'est converti à la religion de sa femme. Même s'il est encouragé par le rabbin, Mahomet est découragé et est tenté de retourner à sa vieille idolâtrie. *"Ils ont été sur le point de te séduire et de t'éloigner de ce que nous t'avons révélé"*[854].

Le Coran arabe : le *"Corabor"* et le *"Corabecrit"*

Selon le Père Théry l'objection des Mecquois, selon laquelle le Coran révélé par Dieu à Moïse est écrit en hébreu et que par conséquent ils ne peuvent ni le lire ni le comprendre, conduit le rabbin à le récrire en arabe. Dans la première phase de l'apostolat du rabbin on ne trouve pas trace d'un texte religieux pour les arabes ; dans la seconde, au contraire, qui commence par la sourate LXXX, le rabbin raconte aux idolâtres qu'il existe un livre de Vérité et de direction, composé de feuillets très anciens, écrits par Abraham, Moïse, Aaron. Ces feuillets forment le Coran, c'est-à-dire un Livre ou livre de Moïse. Cependant quand le rabbin, dans la sourate LXXXV, 21, parle pour la première fois d'un Coran glorieux *"sur une table gardée"*, il se réfère encore au Coran de Moïse (ou Pentateuque) en langue hébraïque. Ce n'est seulement que dans les *"Actes de l'Islam"* qu'il sera fait allusion à un Coran en langue arabe[855] : *"Nous l'avons rendu facile pour ta langue"*, et aussi *"Nous l'avons révélé sous forme de révélation arabe"*[856].

En conclusion, le *Coran en arabe* apparaît comme l'œuvre d'un rabbin qui a traduit et adapté en langue arabe le Pentateuque mosaïque et ne contient aucun nouveau dogme, aucune originalité, aucune nouvelle Révélation. *"Allah"* n'est rien d'autre que la traduction arabe de *"Jahwé"* (le Dieu Unique). Le Coran a pour auteur *"Jahwé"*, qui l'a confié en langue

---

[853] Sourates : LXXVII, 41-44 ; LXXXIII, 47 ; LXXVIII, 31 ; LII, 20 ; LVI, 22 ; LV, 72 ; XXXVII, 47 ; XLIV, 54 ; XVI, XXXVII, 47 ; LV, 47.
[854] Sourate XVII, 75.
[855] Sourate LIV, 17, 22, 32, 40.
[856] Sourate XX, 112.

hébraïque à Moïse en 1280 avant J.-C. et a été porté à la connaissance des arabes par une traduction du VIIème siècle après J.-C.

Selon le Père Théry, Mahomet confiera le *Coran arabe* à ses compatriotes en deux moments successifs, d'abord oralement et dans un second temps par écrit. La première étape est celle du "CORABOR" (**COR**an **A**ra**B**e **OR**al), la seconde celle du "CORABECRIT" (**COR**an **A**ra**B**e **ECRIT**), traduction en arabe du Coran juif de Moïse.

LA COMPOSITION DU CORAN ET L'ACTIVITÉ LITTÉRAIRE DU RABBIN DE LA MECQUE

Récitons les versets 86-87 de la sourate XV : *"En Vérité, ton Seigneur est le Créateur, l'Omniscient Nous t'avons déjà apporté SEPT (VERSETS) DE LA RÉPÉTITION et LE CORAN SUBLIME"*.

Ces deux versets sont adressés par le rabbin à Mahomet pour lui dire que son Seigneur est le Créateur, et non les idoles de la *"Ka'ba"*. Leur auteur est celui qui a déjà composé les sept versets de la Répétition et le Coran sublime, c'est-à-dire le même rabbin qui a composé les *"Actes de l'Islam"* et le *Corabécrit*.

1) LA "PRIÈRE DES LAUDES" OU "LES SEPT VERSETS DE LA RÉPÉTITION". L'auteur est évidemment un juif : *"Ton Seigneur est l'Omniscient"*, il ne s'agit donc pas des idoles de la *"Ka'ba"*. En affirmant ensuite avoir déjà *"apporté les sept versets de la Répétition"*, il rappelle à l'élève avoir déjà composé *"sept versets"* spéciaux avant le *Corabécrit*. Ces versets en effet sont bien différents de ceux contenus dans le *Corabécrit*, et forment un tout très net, concret, bref : ils sont destinés à une répétition fréquente ; d'où le nom de "Versets de la Répétition". Ils sont courts, récités fréquemment, par conséquent sont une prière ; c'est la prière en sept versets dont les musulmans font précéder leur recueil des sourates. Pour arriver à cette conclusion le Père Théry se fonde sur l'exégèse du verset 87 de la Sourate XV des *"Actes de l'Islam"*, qui déclare : *"Nous t'avons déjà apporté sept (versets) de la Répétition et le Coran sublime"*. Il démontre que cette prière a été composée déjà à l'époque de la sourate XV et est postérieure au *Corabor*, que le rabbin racontait à Mahomet.

Durant cette période il n'y a aucun écrit arabe du rabbin de La Mecque, qui se sert uniquement du "Coran" de Moïse (ou Pentateuque) en hébreu, pour faire le "catéchisme" à Mahomet en langue arabe, en le transformant ainsi en *Corabor*. En outre, le rabbin parle d'abord des "Sept Versets de la Répétition" et ensuite du "Coran Sublime", donnant une priorité chronologique à la "prière des Laudes" par rapport au *Corabécrit*, rédigé dans un but apologétique comme concession aux arabes, hostiles à la prédication de Mahomet, de connaître directement d'un texte écrit la Révélation de *Yahwé* sur le Mont Sinaï. La "Prière des Laudes", à l'inverse, contemporaine du *"Corabécrit"* n'est pas une œuvre apologétique, et, s'adressant aux arabes DEJA convertis au Judaïsme, suppose l'existence d'une communauté de musulmans désormais convertis au Dieu d'Israël, après avoir abandonné les idoles de la *"Ka'ba"*.

2) LE CORAN ARABE ÉCRIT (CORABECRIT).

Alors qu'il composait la "Prière des Laudes", le rabbin travaillait aussi à la traduction en arabe du Coran de Moïse, le *Corabécrit* ou Coran sublime dont parle la sourate XV, verset 87. Mais que signifie exactement Coran ? C'est un écrit destiné à la récitation, un livre qu'on lit à haute voix et qu'on psalmodie, et c'est aussi un livre d'enseignements. En traduisant et en adaptant en arabe le Pentateuque mosaïque le rabbin avait comme but unique celui d'enseigner aux arabes la révélation sinaïtique ; c'est pour cela que le *Corabor* et le *Corabécrit* ne sont rien d'autre qu'une répétition (orale et écrite) du Coran de Moïse. Dans les "*Actes de l'Islam*" (l'actuel Coran) on lit : "*Le Livre de Moïse est un modèle (un guide) de la Miséricorde divine*"[857]. Dieu est l'auteur des vérités qu'il contient, les ayant révélées à Moïse en 1280 sur le Mont Sinaï, comme le confirment les sourates du Coran arabe : "*Il (Coran) est la confirmation de ce qui était avant lui (Pentateuque). Il n'est que l'explication du Livre du Seigneur des Mondes*"[858]. "*Avant celui-ci (le Coran arabe), il y avait le Livre de Moïse... Et c'est un livre confirmant l'autre, en langue arabe*"[859].

3) LES ACTES DE L'ISLAM.

Aujourd'hui nous connaissons un livre appelé improprement "Coran", qui comprend 114 chapitres ou sourates et 6.226 versets. Il n'y a pas identité affirme le Père Théry entre le Coran arabe, composé par le rabbin de La Mecque au VIIème siècle, et le Coran officiel que nous possédons aujourd'hui (qu'il serait mieux de définir "*Actes de l'Islam*") ; en définitive le "Coran" actuel n'est pas l'original. En effet aux versets 86-87 de la XVème sourate l'auteur rappelle à Mahomet qu'il a déjà composé deux œuvres, une "*Prière des Laudes*" et le "*Coran Sublime*" : cette affirmation montre qu'il est donc aussi l'auteur d'une TROISIÈME ŒUVRE, l'actuel qui comprend la XVème sourate. C'est pourquoi nous nous trouvons en présence de trois œuvres distinctes :

1. La Prière des Laudes ou Sept versets.
2. Le Coran arabe (oral ou écrit) [perdu].
1. Un troisième écrit (qui inclut la sourate XV, dans laquelle aux versets 86-87 il est question des deux œuvres précédentes). C'est seulement en lisant les versets 86-87 que l'on peut conclure que l'œuvre à laquelle ils appartiennent, appelée vulgairement ou de manière erronée Coran, est nettement différente du "*Corabor*" ou du "*Corabécrit*", et devrait s'appeler Pseudo-Coran ou "*Actes de l'Islam*". Les différences existantes entre les deux œuvres, le Coran arabe et le "Coran actuel" sont de trois types.

---

[857] Sourate XI, 20.
[858] Sourate X, 38.
[859] Sourate XLVI, 11.

*Le mariage de Mahomet avec Khadidja, représentée voilée
et avec la flamme autour de la tête (Miniature turque du XVIème siècle)*

1° DIFFÉRENCE CHRONOLOGIQUE. À l'époque de la sourate XV, le "*Corabor*" et le "*Corabécrit*" sont déjà terminés : "*Nous t'avons déjà apporté le Coran Sublime*". On peut donc affirmer que le "*Corabécrit*" ait été composé au début de la seconde période de La Mecque : "*Nous l'avons rendu facile pour ta langue, c'est-à-dire nous avons adapté en arabe le Coran hébreu de Moïse*". L'adaptation du Coran de Moïse est désormais terminée quand le rabbin écrivait les "*Actes de l'Islam*" qui contiennent la sourate XV ; mais le livre à laquelle elle appartient n'est pas encore achevé entièrement : commencé avec l'apostolat du rabbin, il en raconte les péripéties et le suit tant qu'il est en vie. Il sera terminé seulement avec la fin de l'apostolat du rabbin par la conversion de Mahomet et à travers lui de tout le peuple arabe. Par sa nature ce livre, qui est comme un journal de la vie apostolique du rabbin de La Mecque, et a des similitudes avec "Les Actes des Apôtres" des chrétiens, a été défini par le Père Théry les "*Actes de l'Islam*", probablement terminé dans sa version définitive à Médine, même s'il a été commencé à La Mecque.

2° DIFFÉRENCE DE BUTS.

Le Coran arabe est essentiellement : a) un livre de prières juives, destinées à faire prendre conscience de la Providence de Dieu aux arabes de La Mecque, à leur faire abandonner le polythéisme pour embrasser la foi en *Yahwé*. b) C'est aussi un livre liturgique : comme on récite la *Torah* (ou Coran juif) en hébreu dans les synagogues, ainsi les judéoarabes ou musulmans (soumis à *Yahwé*, Dieu Unique d'Israël) devront dans leurs assemblées réciter le Coran arabe, en langue arabe.

Les Actes de l'Islam, au contraire, ne sont ni un livre de prières, ni un livre liturgique, mais la chronique du travail apostolique du rabbin de La Mecque et de Mahomet.

3° DIFFÉRENCES LITTÉRAIRES.

– **Le Coran arabe** devait être essentiellement un livre dogmatique, d'enseignement, stable et immuable.

– **Les Actes de l'Islam** nous racontent, au contraire, les mille péripéties de l'affirmation, à La Mecque, de la religion judéo-rabbinique et les violentes luttes de la période de Médine. C'est une vraie CHRONIQUE qui nous raconte les réactions des habitants de La Mecque qui ne voulurent pas renoncer à leurs idoles et aux gestes de Mahomet, sous l'influence de Khadidja et du rabbin.

« Bref, – conclut le Père Théry – le livre des "Actes", que tout le monde appelle aujourd'hui "le Coran", n'est pas le Coran arabe, ou adaptation arabe du Coran de Moïse. Des trois œuvres composées en arabe par le rabbin de La Mecque, on a conservé, jusqu'à maintenant la *"Prière des Laudes"* et *"Les Actes de l'Islam"* »[860].

LE SORT DU CORAN ARABE

LE CORAN ARABE EST PERDU.

Une question surgit spontanément : "Quelle fin a-t-il eu ?" Il faudrait chercher dans la masse des manuscrits arabes pour voir s'il existe une version arabe du Pentateuque et une fois trouvée la confronter avec les courts récits de l'histoire sacrée de Moïse que nous trouvons dans les *"Actes de l'Islam"*. Le fait certain selon le Père Théry est que le vrai Coran arabe est perdu. Il n'était rien d'autre que l'explication des principales histoires de l'Ancien Testament écrites en hébreu. Aujourd'hui personne ne possède ce livre. Les musulmans contemporains de Mahomet et de son maître le possédaient ; les musulmans actuels ne le possèdent plus. L'unique écrit du VIIème siècle encore en leur possession est la *"Prière des Laudes"* ou les *"Sept versets de la Répétition"*, mis comme prologue à leurs "Actes", eux aussi du VIIème siècle.

Cependant dans les *"Actes de l'Islam"* on trouve des EXTRAITS (en plus de l'histoire de la judaïsation de l'Arabie) du vrai Coran arabe. Les "Actes" ont donc une énorme importance pour la connaissance de l'existence de la date de l'auteur du *"Corabécrit"* et, partiellement, de son contenu. C'est comme si, par absurde, on avait perdu les quatre Évangiles, mais qu'on ait conservé les "Actes des Apôtres". Grâce aux *"Actes de l'Islam"* nous sommes en mesure de connaître quelque chose sur l'origine de l'Islam : même les "Actes" sont un livre juif, mais d'un Judaïsme DILUE, pour ne pas heurter la susceptibilité des arabes idolâtres. Le rabbin, d'après le Père Théry, se contente de parler de l'existence d'un Dieu Unique, de sa bonté, de la Résurrection. Quant à l'histoire sacrée qui constituait l'essence du vrai Coran, dans les "Actes" il y est à peine fait allusion, puisque des personnages de l'Ancien Testament (Moïse, Abraham, Noé, etc.) y sont seulement mentionnés et vaguement rappelés.

La perte du Coran est un fait grave, mais est atténuée par la présence des "Actes", qui en permettent une reconstitution partielle. Quant ensuite aux conjonctures sur le sort du

---

[860] *Op. cit.* p. 112.

Coran arabe authentique, on peut penser qu'il a été détruit à Médine par Othmàn ou AbuBakr, ou qu'il a été perdu... mais on ne peut pas avoir de certitudes dans ce sens.

Les premiers musulmans

La première période de La Mecque est caractérisée par l'apostolat du rabbin et la conversion de Mahomet au Judaïsme ; la seconde par la présence du Coran arabe oral par lequel Mahomet catéchisera ses compatriotes.

Il fait désormais partie des "prosternés"[861], qui dans la littérature rabbinique sont les adorateurs de *Yahwé*, c'est-à-dire les juifs. Mahomet prie prosterné comme eux, fréquente la synagogue, a leur'foi'. Il réunit les arabes pour les faire devenir eux aussi des prosternés.

Il faut ici analyser une parole fondamentale, qui suffit à elle seule à nous faire comprendre l'essence de l'Islam. Les grands de l'Ancien Testament furent grands parce que SOUMIS À DIEU et le *Coran arabe* les présente comme des modèles à suivre : c'est pourquoi le musulman (ou l'arabe qui accepte le *Coran arabe*) est un SOUMIS à Dieu, un MUSLIM (ou musulman). Et les Patriarches furent soumis à la volonté de Dieu et donc "musulmans". À l'époque du rabbin maître de Mahomet, les termes musulman et Islam ne représentent pas une nouvelle religion, mais la religion du passé par rapport au Christianisme, la religion judéo-talmudique qui refuse précisément la divinité du Christ. Les musulmans par excellence sont donc les juifs ; les arabes devront les imiter, ils sont musulmans par participation. La religion des musulmans (ou des soumis à Dieu) s'appelle ISLAM et n'est rien d'autre que la religion de la Synagogue judaïco-talmudique exportée en Arabie : Islam signifie donc SOUMISSION TOTALE À LA VOLONTÉ DE DIEU . "*Celui que Yahwé* (ou *Allah, en arabe*) *désire garder, Il étend son cœur jusqu'à l'Islam* [à la soumission totale de sa volonté à Dieu]"[862]. Viendra un temps où les arabes, voulant faire oublier leurs origines judaïques (quant à la religion qu'ils embrassèrent au VIIème siècle avec Mahomet), se déclarèrent les seuls et authentiques MUSULMANS et non plus les MUSULMANISÉS ; les seuls représentants de l'ISLAM et non les ISLAMISÉS. Ce sera le début du grand bluff religieux du bassin méditerranéen[863], qui nous présentera "*Allah*" révélant à son prophète Mahomet le Coran, c'est-à-dire la religion musulmane ou islamique comme quelque chose de propre aux arabes, nouveau peuple élu de Dieu, totalement "soumis" à sa Volonté.

Disputes entre les chrétiens de La Mecque et le rabbin

Les chrétiens qui vivaient à La Mecque, selon le Père Théry, avaient mésestimé les débuts de la prédication du rabbin, mais commencèrent bien vite à s'inquiéter quand ils virent les

---

[861] Sourate XXVI, 217-219.
[862] Sourate VI, 125.
[863] *Op. cit.*, p. 129.

progrès du Judaïsme parmi le peuple arabe. Mahomet avait déjà convaincu quelques-uns de ses compatriotes et le rabbin avait déjà traduit en arabe le Pentateuque et il y avait ajouté les intégrations talmudiques et antichrétiennes. Les chrétiens se décidèrent alors à entrer publiquement dans la dispute qui voyait s'opposer les idolâtres aux judaïsants. De même que le rabbin avait prêché à Mahomet les personnages de l'Ancien Testament, ainsi les chrétiens devront-ils prêcher leurs personnages du Nouveau Testament et spécialement St Jean-Baptiste, la Vierge Marie et Notre-Seigneur Jésus-Christ. Nous ne possédons pas naturellement le texte des prédications des chrétiens de La Mecque, mais dans les *"Actes de l'Islam"* nous lisons les réponses du rabbin, et à partir d'elles nous pouvons y remonter. Naturellement les chrétiens ne rejettent pas la révélation du Mont Sinaï. Comme aujourd'hui tout bon chrétien accepte l'Ancien Testament, perfectionné dans l'Évangile de Jésus-Christ ; mais ils rejettent les fables talmudiques qui ont dénaturé la Révélation du Sinaï. Le point nodal qui sépare le chrétien du juif (et donc du musulman) est le dogme de l'Unité et de la Trinité de Dieu et de l'Incarnation, de la Passion et de la Mort de Notre-Seigneur. Les chrétiens de La Mecque prêchaient la Très Sainte Trinité et l'Incarnation du Verbe éternel, Notre-Seigneur Jésus-Christ crucifié par les juifs, pour maintenir les arabes au Christianisme et les libérer du Talmudisme. La conversion de Mahomet au Judaïsme était très dangereuse pour le Christianisme, qui, en Arabie, avait déjà connu des moments de fortune et de succès. Sur la base des réponses fournies par le rabbin de La Mecque dans les *"Actes de l'Islam"*, on peut déduire que les chrétiens de La Mecque avaient centré leur prédication (pour convertir les idolâtres au Christ, maintenir chrétiens les arabes déjà convertis et empêcher que l'apostolat de Mahomet parmi ses compatriotes portât des fruits) sur trois thèmes principaux : St Jean-Baptiste, la Très Sainte Vierge Marie et Notre-Seigneur Jésus-Christ. Et ce sont justement ces trois thèmes que le rabbin reprend, en contre-attaquant, dans les *"Actes de l'Islam"* alors qu'il mêle à ses récits sur les Patriarches de l'Ancien Testament (qui sont les vrais *muslim*, c'est-à-dire soumis) des histoires du Nouveau Testament, vidées de toute saveur chrétienne, avec même un contenu essentiellement anti-chrétien. Les histoires du Baptiste, de Marie et de Jésus dans les *"Actes de l'Islam"*, sont seulement la réponse du Judaïsme à la prédication des chrét iens de La Mecque et avaient comme unique but celui de convertir les arabes au Judaïsme. Il n'est pas vrai que le Coran actuel ait des points de contact avec le Christianisme ! Au contraire ! Si le rabbin parle de Jésus c'est seulement pour dire qu'Il n'était pas Dieu, que c'était un grand homme, mais non Dieu et cela évidemment n'est pas un point de contact avec le Christianisme, mais un point de rupture. Les trois personnages de l'Évangile, le Précurseur de Jésus, la Mère de Jésus et Jésus Lui-même ne sont pas présentés comme objet de foi musulmane, mais sont réfutés, vidés de toute valeur chrétienne. En bref Jésus-Christ, dans les *"Actes de l'Islam"*, n'est pas le Christ de l'Évangile, la seconde Personne de la très Sainte Trinité qui s'est incarnée dans le sein de Marie, pour qui le Baptiste n'est pas le Précurseur du Messie ni Marie la Mère de Dieu. Ces figures ont perdu complètement dans l'*actuel Coran* tout sens chrétien, elles sont même l'opposé du Christianisme qui est la Religion de la divinité de Jésus-Christ. Si le rabbin a contre-attaqué, il l'a fait pour répondre aux objections émises à son apostolat par des chrétiens de La

Mecque, qui annonçaient le Christ crucifié *"folie pour les idolâtres et scandale pour les juifs"*. C'est donc le moment de cesser de présenter l'*actuel Coran*, œcuméniquement, comme un livre respectueux du Christianisme ! (Ces propositions ne viennent pas par *"Allah"* et par Mahomet son prophète, mais par le rabbin de La Mecque successeur de ceux qui ont crucifié Notre-Seigneur Jésus-Christ).

Les *"Actes de l'Islam"* nous parlent du Baptiste[864], mais totalement séparé de Jésus-Christ (dont au contraire il est le Précurseur), comme l'un des nombreux miracles que *Yahwé* a fait à Israël : c'est une personne de l'Ancienne Alliance qui n'a rien affaire avec l'Alliance Nouvelle et Eternelle. La Très Sainte Vierge aussi dans les *"Actes de l'Islam"*[865] n'a rien de commun avec la Vierge Marie, Mère de Dieu. Comme il l'avait déjà fait pour le Baptiste, le rabbin place Marie dans l'Ancienne Alliance et ignore tout rapport de Marie avec la Nouvelle et Eternelle Alliance. Nonobstant cela on trouve toujours, malheureusement, des chrétiens malades de syncrétisme qui veulent à tout prix voir dans le "Coran" une considération et une dévotion mariale qui n'existent absolument pas sinon dans leur fantaisie. Par exemple selon le rabbin, la très Sainte Vierge est la sœur de Moïse et d'Aaron, qui vécut 1200 ans avant la Sainte Vierge[866] : *"O sœur d'Aaron, ton père n'était pas un père indigne, ni ta mère une prostituée"*. Enfin ils en viennent à Jésus, *"pierre d'angle et d'achoppement"*. Le pseudo-Coran essayera de détruire sa Personne divine, qui fait subsister en Lui deux natures, la nature divine *ab æterno* et la nature humaine, prise dans le sein de la Bienheureuse Vierge Marie. Jésus, pour le rabbin, n'est qu'un Prophète juif et ce serait un blasphème de l'appeler Dieu… Mais quelqu'un, comme nous rapporte l'Évangile, avait déjà crié au blasphème quand il entendit Jésus Lui-même affirmer être Dieu : et il s'agissait de Caïphe, grand-prêtre de la religion juive ! Et le pseudo-Coran met spécialement en garde contre cette, selon lui, dangereuse hérésie de présenter le Christ comme Dieu : *"Yahwé a fait descendre sur Moïse l'Ecriture, pour avertir ceux qui disent :'Dieu a pris pour lui un fils'… Monstrueux est le mot qui sort de leurs bouches. Ils ne disent qu'un mensonge"*[867] ; *"En vérité Yahwé… n'a pris pour Lui ni compagne ni fils"*[868]. Pour le Coran actuel Jésus n'est qu'un serviteur de Yahwé, un bon prophète, mais n'est absolument pas le Fils de Dieu, consubstantiel au Père.

AUTRES AUTORITÉS

Il y a d'autres autorités, qui peuvent être citées comme contre-épreuve de la conclusion que rejoint le Père Théry. En voici quelques-unes.

Selon Edouard Pertus, Mahomet aurait fréquenté à La Mecque des chrétiens-judaïsants, et cela expliquerait la fausse interprétation du Christianisme contenue dans le Coran, telle,

---

[864] Sourate XIX, 1-15.
[865] Sourate, XIX, 16-21.
[866] Sourate XIX, 29.
[867] Sourate XVIII, 3-4.
[868] Sourate LXXII, 3.

par exemple, la négation de la divinité de Notre-Seigneur Jésus-Christ et de la divine maternité de Marie, professée déjà par Nestorius[869].

L'historien juif Bernard Lazare affirme également que "Mahomet fut nourri de l'esprit juif"[870]. La position de l'un des plus célèbres islamologues actuels, Bernard Lewis (juif lui aussi) est la suivante : "Les juifs, y compris les'convertis'au Christianisme, restaient des orientaux ; dans le conflit sur la question orientale, ils prenaient le parti de l'Asie contre l'Europe, du monde islamique contre le monde chrétien. L'AMITIÉ ENTRE JUIFS ET MUSULMANS ÉTAIT UN FAIT PRÉVISIBLE... Pendant plusieurs siècles, plus dans le passé que maintenant, évidemment [après la création de l'État d'Israël, n.d.r.], LA MAJORITÉ DE PEUPLE JUIF A MANIFESTÉ UNE VIVE SYMPATHIE POUR LES MUSULMANS. Un ennemi commun est un grand lien d'amitié et DU MOMENT QUE LES CHRÉTIENS ÉTAIENT ENNEMIS TANT DES MUSULMANS QUE DES JUIFS, CES DEUX PEUPLES ONT CONCLU UNE SORTE D'ALLIANCE ENTRE EUX.... Au temps des croisades les juifs furent les alliés qui aidèrent les musulmans à repousser le flot de l'invasion chrétienne... et en Espagne les juifs ont été les alliés et les amis fidèles des maures contre les habitants chrétiens du pays.

...Les juifs avaient prospéré dans l'Espagne musulmane et avaient trouvé refuge dans la Turquie musulmane.... Rien dans l'Islam n'était comparable à cette haine spécifique... dirigée contre les juifs dans le monde chrétien.... On pourrait... parler d'une TRADITION JUDÉO-ISLAMIQUE, étant donné que LA RELIGION MUSULMANE,... EST ÉTROITEMENT LIÉE À SES ANCÊTRES JUIFS"[871].

Pour quiconque lit le Coran l'influence du Judaïsme est évidente. Quant à l'interprétation de cette influence il existe différentes explications : il y en a qui, comme le Père Théry, voient dans le Judaïsme l'unique moteur de l'Islam, d'autres qui, comme Pertus, voient des influences juives et en même temps, même si elles sont moins fortes, nestoriennes ou chrétiennes-judaïsantes. Reste le fait acquis du rapport de cause à effet entre Judaïsme post-biblique et Islam, puisque les hérésies antitrinitaires ou négatrices de la divinité du Christ (comme le Nestorianisme) furent amplement fomentées par le Judaïsme[872]. Le même Pertus reconnaît que "le Coran fut profondément imprégné, sinon inspiré par le Judaïsme"[873]. Voilà pourquoi les mots d'Arafat (le chef de l'O.L.P.) ne doivent pas nous surprendre : "LE JUDAÏSME EST UNE PARTIE DE MA RELIGION"[874] ; "NOUS VOULONS LA PAIX AVEC NOS COUSINS JUIFS"[875]. René Sirat, président des rabbins européens, a lui aussi confirmé le lien qui unit le Judaïsme à l'Islam et l'opposition qui règne,

---

[869] Cf. E. PERTUS, *Connaissance élémentaire de l'Islam*, Action familiale et scolaire, Paris 1991, suppl. au n° 65.

[870] B. LAZARE, *L'antisémitisme*, Documents et témoignages, 1969, p. 51.

[871] B. LEWIS, *La rinascita Islamica*, Il Mulino, Bologne 1991, pp. 187-205.

[872] Cf. J. MEINVIELLE, *Dalla Cabala al progressismo*, Rome 1989.

[873] E. PERTUS, *op. cit.*, p. 26.

[874] Interview d'Arafat, *LA STAMPA*, 15/9/1993.

[875] *L'Osservatore Romano*, 21/8/1994, p. 2.

au contraire, entre Israël et l'Église catholique romaine. L'ex-grand rabbin de France et aujourd'hui président du conseil permanent de la Conférence des rabbins européens a déclaré à "30 JOURS" : "Je souhaite que la même qualité de dialogue soit possible avec les chrétiens de toutes les confessions et avec les musulmans. AVEC CES DERNIERS, NOUS N'AVONS, NOUS LES JUIFS, AUCUN CONTENTIEUX THÉOLOGIQUE, CAR LES MUSULMANS NE SOUTIENNENT PAS QU'ILS SONT LE 'VRAI ISRAËL' [comme les chrétiens]. Pour eux, nous sommes… le peuple du Livre. PAR CONSÉQUENT, LE DIALOGUE AVEC EUX SERA BEAUCOUP PLUS FACILE"[876].

« La polémique juive – écrit Messori[877] [est] convaincue que L'ÉVANGILE EN LUI-MÊME (avec son affaire de Passion et de Mort de Jésus par responsabilité du Sanhédrin) constitue une source éternelle d'hostilité antijuive. Pour le dire avec la brute sincérité d'un auteur juif :'Tant que quelqu'un prendra comme historique le récit évangélique de la passion de Jésus, ce sera dangereux pour nous'.

L'Islamisme n'est pas au contraire considéré aussi *dangereux* par les juifs, et on tend à attribuer seulement aux DÉTAILS DES CIRCONSTANCES HISTORIQUES le conflit entre l'Etoile de David et le Croissant musulman.

Par le passé même il y eut un lien étroit entre l'Islam et le judaïsme dans un but antichrétien : L'Islam se tint ici [en Israël] avec l'aide active et au milieu des cris d'exultation de ces mêmes juifs qui maintenant essayent… de le combattre avec les armes.

Mahomet mourut en 632. Il suffit d'un peu plus de vingt années aux hordes arabes sorties du désert pour arriver en Occident…. Un *blitz* victorieux sans précédent et qui n'est explicable que si l'on pense au ROLE QU'Y EURENT AUSSI LES COMMUNAUTÉS JUIVES. Il est en effet historiquement établi que, par aversion pour le Christianisme, LES JUIFS JOUÈRENT LE ROLE DE 'CINQUIÈME COLONNE' EN FAVEUR DES MUSULMANS. Ce n'est pas une légende, mais la vérité qui se trouve aussi dans les chroniques arabes : on arrive à remettre aux assiégeants [musulmans] les clefs des villes et à dévoiler les points faibles de la défense. C'est un fait que l'arrivée de la cavalerie arabe fut saluée avec enthousiasme du côté juif…. Comme l'écrit… Daniel Rops : "Les juifs se firent, et avec joie, les fourriers des conquérants musulmans…. AU MOMENT DES INVASIONS, LES COMMUNAUTÉS JUIVES FURENT CONSTAMMENT AVEC LES ASSAILLANTS" »[878].

Déjà en 1833 le chercheur juif Abraham Geiger publia le célèbre livre *Was hat Mohammed aus dem Judenthume aufgenommen* ? (*Qu'est-ce que Mahomet a assimilé de l'Hébraïsme* ?), dans lequel, étudiant l'influence de la religion juive postchrétienne sur la religion islamique, il mettait en évidence les éléments vétérotestamentaires et rabbiniques

---

[876] *30 JOURS*, février 1994, p. 10.
[877] V. MESSORI. *Pensare la Storia*, éd. Paoline, Milan 1992, p. 624.
[878] *Ibidem*, pp. 117-118.

dans les premiers textes islamiques et arrivait à la conclusion qu'il s'agissait de CONTRIBUTIONS JUIVES À L'ISLAM[879].

Cette première étude, qui précède celle du Père Théry de bien cent-trente ans, fut suivit ensuite par beaucoup d'autres. "Certains chercheurs arrivèrent jusqu'à émettre l'hypothèse que Mahomet avait eu des enseignants ou des éducateurs juifs qui lui avaient fourni les rudiments de sa religion"[880]. Ces opinions furent même partagées par le célèbre arabisant écossais Richard Bell et par le grand chercheur suédois Tor Andrae, professeur de religions comparées. « Plus récemment de nouvelles approches sur le sujet des… influences juives ont vu le jour. Alors que l'origine juive de certains concepts islamiques a été mise en évidence initialement par des chercheurs juifs, pour la plupart rabbins...

Très récemment l'ouvrage de deux jeunes chercheurs… a présenté la relation historique entre Judaïsme et Islam sous une lumière tout à fait nouvelle, dans laquelle le rôle dévolu à l'Hébraïsme dans l'Islam est décrit comme quelque chose de bien plus important qu'une simple'contribution'ou qu'une'influence'. Ce travail qui dépeint L'ISLAM comme une espèce de DÉRIVE… du judaïsme[881] a suscité de violentes controverses »[882].

Bernard Lewis, l'un des plus célèbres orientalistes contemporains[883], cite aussi Hanna Zakarias (pseudonyme du Père Théry), "chercheur dominicain connu"[884]. Il est intéressant de retrouver dans le livre[885] de Lewis les analogies entre Judaïsme et Islam et une opposition entre Judaïsme et Christianisme beaucoup plus radicale que celle existant entre Judaïsme et Islam. En effet « alors que les juifs reconnaissaient l'Islam comme une religion strictement monothéiste du même type que la leur, ils avaient des doutes, partagés par les musulmans, à propos du Christianisme… Il était moins grave de témoigner que Mahomet était le prophète de Dieu, plutôt que d'affirmer que Jésus était le Fils de Dieu…

Concernant les règles alimentaires Judaïsme et Islam sont aussi très semblables entre eux et dissemblables du Christianisme »[886].

Le problème des rapports entre Judaïsme et Islam a été également récemment traité par Shelom Goitein, professeur émérite de l'Université Hébraïque de Jérusalem et actuellement membre de l'*Institute for Advanced Study* de Princeton, lequel affirme : "La ville de

---

[879] A. GEIGER, *Was hat Mohammed aus dem Judenthume aufgenommen ?*, Bonn 1833, éd. Rivista, Leipzig 1902.

[880] B. LEWIS, *Gli Ebrei nel mondo Islamico*, Sansoni, Florence 1991, p. 72.

[881] P. CRONE-M. COOK, *Magarism : the Making of the Islamic World*, Cambridge, Angleterre, 1977.

[882] B. LEWIS, *op. cit.*, p. 73.

[883] Il est professeur d'histoire du Moyen Orient à l'Université américaine de Princeton.

[884] B. LEWIS, *op. cit.*, p. 204.

[885] Pp. 82-86.

[886] Ibidem, pp. 87-88. Sur le sujet voir aussi :

S. W. BARON, Social and Religious History of the Jesus, New York 1952.

E. I. J. ROSENTHAL, *Judaism and Islam*, Londres 1961.

A. I. KATSH, *Judaism in Islam*, New York 1962.

S. D. GOITHEIN, Studies in Islamic History and Institutions, Leyde 1966.

M. R. COHEN, The Jewish self-Government in Medieval Egipt, Princeton 1980.

Médine... hébergeait une population juive si grande que, à son exemple... elle fut en mesure de préparer ses voisins Arabes à accepter la religion monothéiste"[887].

Médine, centre principal de l'activité de Mahomet, fut à l'origine une ville de *Kohanim* (prêtres) juifs. "Le témoignage le plus éloquent du caractère judaïque des communautés israélites d'Arabie... se trouve dans le Coran lui-même, qui continuellement fait référence à leurs rabbins. Le Coran fait allusion plusieurs fois au samedi comme à un jour de repos et au jeûne judaïque et aux autres lois... qui se rencontrent dans la lecture talmudique"[888].

Le Coran dit[889] que *la Résurrection arrivera en un clin d'œil* ; et ce verset, fait remarquer le chercheur, est récité par les juifs trois fois par jour.

"Enfin dans le Livre Sacré de l'Islam se sont trouvés les sans équivoque '*Midrashim*' juifs, qui jusqu'à maintenant n'ont pas été retrouvés dans la littérature juive.... C'est pourquoi, on trouve dans le Coran des inscriptions qui louent les juifs parce qu'ils observent le sabbat ou qui leur font des reproches parce qu'ils ne l'observent pas, ces légendes peuvent avoir leur origine seulement d'une source juive"[890].

Goitein se demande alors de quelle religion s'est servi Mahomet comme son modèle immédiat ou quels ont été ses maîtres, étant donné que le Coran fait allusion plusieurs fois à des personnes qui instruisirent le Prophète.

La réponse peut être triple.

Une première thèse soutient que le Coran contient une grande quantité de matériaux qu'on peut faire remonter tant à des sources judaïques que chrétiennes. Mais (seconde thèse) ce que Mahomet dit concernant Jésus-Christ et le Christianisme ne peut s'appliquer à aucune des diverses confessions chrétiennes d'alors et donc la proposition chrétienne serait écartée. Enfin (troisième thèse) une troisième tradition de type gnostique ésotérique pourrait exister, qui pourrait avoir influencé Mahomet, une espèce de gnosticisme chrétien reconductible, comme antitradition parasitaire, à la Cabale impure judaïque.

C'est en pratique la thèse de Harnack, selon laquelle "l'Islam est un remaniement de la religion juive sur le sol arabe, après que la même religion juive ait subi des modifications d'un christianisme gnostico-judaïque"[891].

Mais, selon Goitein, cette thèse ne peut être soutenue, puisque la prédication de Mahomet ne contient aucune réelle idée gnostique et révélerait une position religieuse très différente de celle des cercles ésotériques. La seconde thèse, comme on l'a vu, semble s'exclure d'elle-même : il ne reste donc qu'à sonder la piste juive dans la formation de l'Islam.

Goitein soutient que "dans la dernière période de son activité, à Médine, MAHOMET FUT INFLUENCÉ DE MANIÈRE CONSIDÉRABLE PAR LA PENSÉE ET PAR LE MODE DE VIE DES JUIFS.

---

[887] S. D. GOITEIN, *Ebrei e Arabi nella storia*, Jouvence, Rome 1980, p. 59.
[888] Ibidem, p. 63.
[889] Sourate XVI, 77.
[890] S. D. GOITEIN, *op. cit.*, p. 65.
[891] *Dogmengeschichte*, II, pp. 553-557.

...LA SPIRITUALITÉ DE MAHOMET, avec son irréductible monothéisme [interprété dans un but antitrinitaire, n.d.r.] EUT EN CELA BEAUCOUP DE L'ESPRIT DU JUDAÏSME.... l'hypothèse selon laquelle Mahomet, au début de son activité de prophète, fut principalement inspiré par des chrétiens... y compris les judéo-chrétiens, semble devoir être écartée d'une manière plus absolue par le simple fait qu'il n'y a aucune référence à la figure (même au nom) du Christ.... On a l'impression que Mahomet a fait une étude spécifique des... dogmes chrétiens uniquement dans une phase beaucoup plus tardive de son activité"[892].

La figure dominante du Coran, d'autre part, est Moïse, cité plus de cent fois contre les quatre où est cité Jésus-Christ. En outre les histoires sur Moïse remplissent tout le Coran et ne sont pas limitées à certains chapitres spécifiques. Le groupe juif, qui influença Mahomet, n'était donc pas une secte judéo-chrétienne et ébionite, puisque le CORAN PRÉSENTE DES AFFINITÉS TRÈS ÉTROITES AVEC LA LITTÉRATURE TALMUDIQUE.

C'est pourquoi la solution proposée par Goitein est celle de l'influence du Judaïsme talmudique sur l'Islam. "La bataille que Mahomet a remportée si glorieusement et facilement sur les arabes compatriotes a été décidée plusieurs siècles avant sur les collines de la Judée. LES VALEURS réelles DE LA FOI EN UN SEUL DIEU... ARRIVÈRENT À MAHOMET, comme il ne cessa jamais de le mettre en évidence, d'ISRAËL"[893].

L'Islam, comme le Judaïsme, est une religion de 'Halaka', c'est-à-dire un précepte qui règle MINUTIEUSEMENT tous les aspects de la vie. "En face de ces considérations conclut Goitein, confirmant la conclusion de Théry on est amené à penser que L'INFLUENCE DU JUDAÏSME SUR L'ISLAM DES ORIGINES DOIT AVOIR ÉTÉ TRÈS CONSIDÉRABLE, SINON DÉCISIVE"[894].

Un autre historien et journaliste connu, Paul Johnson, écrit très lucidement sur les rapports entre Islam et Judaïsme : "...l'Islam fut à l'origine un mouvement hétérodoxe à l'intérieur du Judaïsme, en divergeant au point de devenir une religion indépendante.

... La présence juive en Arabie est très ancienne... Durant les premiers temps de l'ère chrétienne le Judaïsme se diffuse en Arabie septentrionale et certaines tribus devinrent entièrement juives. Ce sont des preuves que des poètes juifs ont fleuri dans la région de Médine au VIIème siècle, et il est même possible qu'un état dominé par des juifs ait existé là à cette époque. Selon des sources arabes, environ vingt tribus à Médine et aux alentours étaient juives... L'influence du Christianisme, qui à ses yeux [de Mahomet, n.d.r.] ne pouvait pas apparaître strictement monothéiste, fut très faible... Il semble que l'objectif de Mahomet fut celui de détruire le paganisme polythéiste de la civilisation des oasis, en transmettant aux arabes le monothéisme éthique hébraïque en un langage qu'ils puissent comprendre et en des termes adaptés à leurs coutumes. Il accepta le Dieu des hébreux et leurs prophètes... le Coran étant le substitut arabe de la Bible. Le développement de la part de Mahomet d'une

---

[892] S. D. GOITEIN, *op. cit.*, pp. 68-69.
[893] Ibidem. p. 74.
[894] Ibidem, p. 76.

religion indépendante, commença quand il se rendit compte que les juifs de Médine n'étaient pas disposés à accepter sa version arabe arbitrairement élaborée du Judaïsme"[895].

Lea Sestrieri est aussi substantiellement du même avis, concernant l'origine judaïque de l'Islam et la'rupture'qui a suivi : "En contact avec les juifs... les arabes avaient acquis une certaine familiarité avec l'idée monothéiste. Pas étonnant qu'à un moment déterminé l'un d'eux... ait senti l'appel du Dieu unique.... Il est très probable... que les arabes de religion essentiellement idolâtre, arrivèrent à l'horreur de l'idolâtrie à travers le contact permanent avec les juifs, qui depuis des siècles vivaient parmi eux.... L'essence de la doctrine de Mahomet peut être résumée dans ces points : croire en Dieu, aux Anges, aux Ecritures... À cela on peut ajouter : la prière, l'aumône, les jeûnes, les pèlerinages à La Mecque. Chacun de ces points se réfère à la foi et à la pratique juive, y compris l'idée du pèlerinage (pour lequel seule la ville change)"[896].

Lea Sestrieri se demande comment s'est produite la rupture entre Judaïsme et Islam, qui aujourd'hui continuent à s'appeler cousins (cf. note n° 51) et répond : "La séparation entre Judaïsme et Christianisme fut déterminée... par le caractère christologique de Jésus [et par la divinité de Jésus, n.d.r.]... Mais dans la prédication de Mahomet il n'y a pas de doctrines qui constituent une séparation du judaïsme"[897].

Voilà expliqué en bref ce qu'on cherche à prouver : entre Christianisme et Hébraïsme il y a une opposition de contradiction de caractère théologique : pour le Christianisme Jésus est Dieu ; pour le Judaïsme Jésus n'est pas Dieu. Entre Islam et Judaïsme, au contraire, il n'y a aucune opposition de caractère théologique, alors qu'il y a une opposition de contradiction entre Christianisme et Islam au sujet des deux principaux Mystères de la Foi : Unité et Trinité de Dieu et Incarnation, Passion et Mort de Jésus-Christ, vrai Dieu et vrai Homme.

Selon Lea Sestrieri la rupture entre Judaïsme et Islam se produisit pour des motifs de caractères ou de personnes ; en effet "pour une personnalité comme celle de Mahomet la méfiance des juifs dictée par la supériorité et la tradition... furent plus que suffisantes pour produire la rupture... C'est pourquoi on pourrait conclure que la séparation Hébraïsme-Islamisme est seulement en partie religieuse ; elle fut dictée essentiellement par le désir de suprématie de l'Islam"[898].

Un autre éminent chercheur, Günter Stemberger, admet la dépendance de l'Islam du Judaïsme : "AU DÉBUT L'HEBRAÏSME,... À FORTEMENT INFLUENCÉ L'ISLAM, même si par la suite il en subit l'influence féconde.... Précisément le milieu politico-culturel de l'Islam a contribué à la diffusion du Judaïsme rabbinique"[899] ; il entre ensuite dans des détails et confirme l'influence rabbinique sur Mahomet : "Déjà bien avant Mahomet existaient en Arabie des communautés juives : elles développèrent une intense activité missionnaire... MAHOMET eut ainsi l'opportunité de les rencontrer et de connaître leur tradition.... Il

---

[895] P. JOHNSON, *Storia degli ebrei*, Longanesi, Milan 1987, pp. 186-187.
[896] L. SESTRIERI, *Gli Ebrei nella storia di tre millenni*, Carucci, Rome 1980, pp. 92-95.
[897] Ibidem, p. 95.
[898] Ibidem, pp. 94-95.
[899] G. STEMBERGER, *Il Giudaismo classico*, Città nuova, Rome 1991, p. 288.

basa LARGEMENT SA DOCTRINE SUR LA TRADITION BIBLICO-HEBRAÏQUE... Il y a DE TRES NOMBREUX ÉLÉMENTS QUI RÉUNISSENT clairement LE CORAN et la pensée islamique postérieure À LA TRADITION JUIVE"[900].

Stemberger énumère ensuite les points de contact entre Islamisme et Judaïsme : la foi, la loi religieuse et les histoires racontées, que nous avons déjà vues dans le dernier article. Mais il lui paraît opportun de s'arrêter sur les prescriptions légales relatives aux aliments. Mahomet reprend substantiellement les interdictions déjà connues du Judaïsme, même s'il y a moins de prohibitions. Toutefois "on permet aux musulmans de manger la viande abattue par les juifs"[901].

Verminjon répond à la question soulevée par Lea Sestrieri, sur la rupture entre Judaïsme et Islam, en faisant un parallèle avec Luther : « Luther... se rallia aux juifs et fut soutenu par eux ; mais quand le feu de l'hérésie fut allumé, eux, faisant machine arrière, se retirèrent. Pour cette volte-face Luther les attaqua par l'opuscule *Les Juifs et leurs mensonges*... Le rabbin Camerini reconnaît que la Réforme, en tenant occupés les chrétiens à lutter entre eux (comme c'était justement voulu par le Judaïsme), marqua une trêve aux persécutions antisémites.... Et on peut donc penser que l'intervention de la Synagogue n'a pas été étrangère à la source même du Mahométisme. Mahomet, au début, fut aidé des juifs par le conseil et par l'or. Mais UNE FOIS QUE CETTE RELIGION S'EST DIFFUSÉE, ILS TROUVÈRENT LA MANIÈRE DE SE RETIRER EN CATIMINI.... Ce fut, en réalité, le fanatisme d'une poignée de juifs, parmi les plus réputés de la ville de Médine, qui jeta les fondements de la puissance politico-religieuse de l'Islam. Après quoi, plus facilement, on déduit combien le Judaïsme a intérêt à ce que les "goyim" luttent entre eux et soient au plus haut degré distraits de ces choses »[902].

Les Juifs à Médine

« Quand les deux tribus arabes des Aus et des Khazradj s'étaient avancés vers l'oasis de Yathrib [vers 620 avant J.-C.] elles trouvèrent la ville déjà occupée par des tribus de juifs, et donc les arabes furent obligés de se mettre sous la protection des tribus juives...

La tradition appelait les tribus juives de trois noms : Les 'Banu Qurayza'... La 2ème tribu des juifs était celle des'Banu an-Nadir'... La 3ème tribu des juifs était celle des'Banu Qaynuqa'... Si on considère aussi qu'à Médine il y avait un nombre considérable de juifs qui ne faisaient pas partie de ces trois tribus, on peut estimer que... la population hébraïque dans son ensemble était d'environ 10.000 personnes » (J. BOUMAN, *Il Corano e gli Ebrei*, Queriniana, Brescia 1992, pp. 73-74).

---

[900] Ibidem, pp. 288-289.
[901] Ibidem, p. 290.
[902] VERMINJON, *Le forze occulte che manovrano il mondo*, Rome 1977, pp. 64-66.

Mahomet se rapproche des juifs de Medine

Mahomet, toujours selon le professeur Johan BOUMAN (enseignant d'islamologie à Beyrouth et d'histoire des religions à Marburg), se rapprocha des juifs de Médine dans des buts précis.

« Après environ 12 ans de prédication à La Mecque il s'était convaicu que son message n'était rien d'autre que celui des juifs... et qu'il avait été choisi par Dieu pour l'annoncer aux Arabes, dans une claire langue arabe ». (*Op. cit.*, p. 75).

Mais, selon notre auteur, il y avait déjà une dichotomie cachée dans le rapport entre Mahomet et les juifs, qui portera, au fur et à mesure, vers la rupture et la tragédie...

« D'un côté Mahomet avait besoin du soutien moral et religieux des juifs, pendant sa première année à Médine, de l'autre côté, cependant, il n'était pas très intéressé par les juifs mais surtout par les Arabes et la lutte contre l'idolâtrie et le polythéisme... Mahomet prit plusieurs pratiques religieuses juives, qui cependant n'éliminèrent pas l'ambivalence... La praxis de la prière des juifs... Le repos sabbatique qui commençait le vendredi soir... Mahomet, déjà bien avant l'Egire, s'était efforcé de former les pratiques de piété islamiques selon le modèle des juifs... Mais là aussi on se trouve face à des ambivalences : Mahomet a suivi en partie des traditions hébraïques ; mais en partie aussi leur a donné un contenu nouveau en les adaptant... à la manière arabe d'appréhender les choses. (...)

Mahomet, non seulement à La Mecque, mais aussi à Médine, considérait l'hébraïsme comme une religion étroitement liée à l'Islam, avec la conséquence que les Juifs de Médine devaient être des alliés sûrs dans sa lutte contre les polythéistes » (*Op. cit.*, pp. 75-78).

Mais Mahomet a gardé tout son 'être arabe', ce qui a maintenu une certaine ambiguïté dans ses rapports avec le judaïsme, et qui peu à peu a porté vers la rupture. (Cf. *op. cit.*, p. 80) à cause des motifs ethniques ou de nationalités et pas du tout religieux, comme, par exemple, les Églises nationales (gallicane, anglicane...) qui se sont détachées de la Religion catholique, au début surtout pour des motifs de nationalisme ou de régalisme.

Mahomet tel qu'il est représenté sur la couverture de l'ouvrage du P. Théry

Vers la rupture

« Aujourd'hui il n'est plus possible d'établir pour quelles raisons exactes les Juifs se sont refusés à Mahomet. ...[Cependant] dans le Coran de la période de Médine, on peut trouver la réaction suivante de Mahomet au refus des Juifs... » (*Op. cit.*, p. 84).

En tout cas on peut affirmer que Mahomet a appris sa religion à l'école juive, qu'il a pensé se mettre avec les Juifs pour lutter contre les polythéistes, tout en gardant son'être arabe', et que face au refus des Juifs pour des motifs ethniques « qui n'ont pas voulu admettre que Mahomet était le prophète » (*Op. cit.*, p. 85), il s'est révolté contre eux qui étaient ses maîtres à penser. En effet « un prophète *arabe* qui aidait *les arabes* à conquérir une grande puissance, n'était certainement pas une des attentes des Juifs vis-à-vis du Messie. Les buts ethniques de Mahomet n'étaient pas compatibles avec ceux des Juifs ».

MAHOMET CONTRE LES JUIFS

Les musulmans gagnèrent la bataille de Badr (an II de l'Egire). Mahomet fut convaincu que Dieu était avec lui et son peuple, donc

« il pensa qu'était arrivé le temps de se décharger du poids toujours plus lourd des Juifs » (*Op. cit.*, p. 89). Il n'acceptait pas la MISSION DIVINE DES ARABES (en effet chacun est convaincu, hélas, qu'il y a une seule mission divine et que naturellement elle appartient à son peuple...).

« Après sa rupture avec les Juifs, même le lien avec le Judaïsme se ralentit. Le centre de l'histoire de la Révélation se déplaça de Jérusalem à La Mecque. La période d'ARABISATION de l'Islam commençait donc... L'Islam trouva ainsi son centre géographique... au cœur de l'Arabie » (*Op. cit.*, pp. 102-103).

Le Professeur Sergio Noja, grand islamologue italien, écrit aussi à ce sujet : « L'attitude initiale de Mahomet vis-à-vis des Juifs a été empruntée à l'ouverture la plus large et candide ; ceci explique l'amertume postérieure de Mahomet et sa réaction violente. En effet... il avait indiqué Jérusalem comme la direction vers laquelle prier, mais, au lieu de recevoir de la part des Juifs, des mots de sympathie et d'adhésion, il fut l'objet de moqueries féroces : "Mahomet et ses compagnons ne savaient pas où était la'*qiblah*'[direction de la prière], jusqu'au moment où nous les avons dirigés"... L'homme qui avait supporté pendant plusieurs années à La Mecque les moqueries qui étaient lancées tous les jours contre lui [par les Arabes] ne pouvait pas se résigner à ne pas être bien reçu par les Juifs. (...) Le signal de rupture fut le changement de la'*qiblah*' ; (...) Maintenant la nouvelle direction de la prière, était fixée vers la "*Ka'ba*" » (S. NOJA, Maometto profeta dell'Islam, Mondadori, Milan 1974, pp. 210-217).

Il semble donc tout à fait permis d'affirmer que, si le Marxisme est une version laïcisée du Judaïsme talmudique, l'Islamisme est un Judaïsme simplifié et armé contre les chrétiens. C'est le propre de l'Islam de vouloir imposer son Croissant par l'épée, alors que l'Église admet le recours à la force uniquement pour empêcher à l'hérétique de répandre l'erreur dans la société[903] ou pour se défendre de l'attaque d'un agresseur injuste, fût-ce même un non-baptisé sur lequel elle n'a pas juridiction.

"La guerre contre les infidèles est l'un des devoirs les plus sacrés recommandés par l'Islam.... la guerre sainte ne doit ni cesser ni être interrompue avant que le monde soit entièrement soumis à l'Islam"[904].

Comment ne pas être préoccupés, alors, face au phénomène toujours plus envahissant de millions et de millions de musulmans qui se sont infiltrés en Europe (jadis) chrétienne pour vouloir l'islamiser ?

En 1981 le Dr Israël Shahak (président de la Ligue israélienne des droits de l'homme, professeur de chimie à l'Université hébraïque de Jérusalem) écrivait un appendice à un article intitulé : "*La religion juive et ses attitudes face aux autres nations*" (in Khamsin N° 9, 1981, Ithaca Press, Londres). Cet appendice a été traduit en français par Jacques Monnot, et reproduit comme postface au livre "*L'Azyme de Sion*" du général Moustafà Tlass (première édition française 1990, Damas, Syrie, pp. 303-365).

Même le Dr Shahak admet, dans cet appendice, que "l'Islam est considéré [par le système juridique judaïque, n.d.a.] plus favorablement que le Christianisme" (*op. cit.*, p. 328). « LE JUDAÏSME EST IMPREGNÉ explique le Dr Shahak D'UNE HAINE PROFONDE ENVERS LE CHRISTIANISME... Cette haine remonte à l'époque où le Christianisme était encore faible... Cette attitude... est fondée sur deux éléments principaux : en premier lieu, sur la haine et les calomnies contre Jésus... En second lieu pour des raisons théologiques, ...selon lesquelles le Christianisme est placé (par l'enseignement rabbinique) parmi les religions idolâtres. Tout cela à cause de la doctrine chrétienne sur la très Sainte Trinité... Au contraire L'ATTITUDE DU JUDAÏSME ENVERS L'ISLAM EST RELATIVEMENT BIENVEILLANTE... Le Coran, à la différence du Nouveau Testament, n'est pas condamné à être brûlé. Il n'est pas honoré comme la loi islamique honore les rouleaux de la Torah, mais il est traité comme un livre normal. La majeure partie des autorités rabbiniques reconnaissent que l'Islam n'est pas idolâtre » (*op. cit.*, pp. 362-365).

Pour R.A. Rosemberg, « l'Islam, dans l'esprit, est plus proche du Judaïsme que du Christianisme classique. Il enseigne en effet un monothéisme sans compromis et rejette la présence des images, humaines ou animales, dans ses lieux de culte. Ses fidèles pratiquent la circoncision et ne mangent pas de porc. Ses autorités religieuses ne sont pas des prêtres qui accomplissent des rites sacrés, mais des chercheurs de la loi sacrée comme les rabbins. Mahomet fut extrêmement influencé par les juifs qu'il avait connus dans sa ville natale d'Arabie, La Mecque. Dans ses premiers enseignements il avait dit à ses disciples de se tourner vers Jérusalem au moment de la prière, comme font les juifs. Il voulait qu'ils observassent le septième jour du sabbat et le Jour du Repentir comme journée annuelle de jeûne et d'expiation. Mais il modifia ces pratiques le jour où les juifs, qu'il avait approchés, se

---

[903] En assassinant ainsi l'esprit, ce crime est bien plus grave que l'homicide [voir *Sodalitium* n° 5, pp. 1423 (éd. it.)].
[904] Ibidem, p. 94. Sur le sujet voir aussi R. BARKAI, *Chrétiens, musulmans et juifs dans l'Espagne médiévale*, éd. du Cerf, Paris 1994.

refusèrent de le considérer comme le dernier prophète, le successeur des prophètes d'Israël et de Jésus, lesquels, à ses dires, lui avaient préparé la voie »[905].

CONCLUSION : LES RAPPORTS ACTUELS ENTRE MONDE PALESTINIEN ET ÉTAT D'ISRAËL

Dans cet article est traitée la question des origines historiques de l'Islam, sur la base d'études scientifiques sérieuses et documentées ; en ce qui concerne au contraire les rapports actuels entre Palestine et État d'Israël le discours est différent.

Il faut donc conclure qu'entre Judaïsme et Islam le rapport est SUBSTANTIELLEMENT de cause à effet. Cependant, ACCIDENTELLEMENT (c'est-à-dire étant donné les circonstances historiques qui ont fait qu'Israël occupa par la force les territoires palestiniens), le monde arabe s'est trouvé dans une situation conflictuelle avec Israël. Ceci, toutefois, n'est pas dû à des causes religieuses (l'Islam étant une émanation du Judaïsme talmudique), mais seulement à des causes contingentes et accidentelles, d'ordre politicomilitaire[906]. Il me semble qu'on ne peut pas nier cependant que la réaction du monde islamique à l'impérialisme juif (que réalise le Nouvel Ordre Mondial) soit à considérer comme quelque chose de positif, *"per accidens et non per se"* (diraient les scolastiques). Mais il ne faut pas exagérer et voir dans la réaction arabe à l'État d'Israël quelque chose de bon EN SOI ou SUBSTANTIELLEMENT, de manière à nous faire carrément embrasser la cause de l'Islam ! Il s'agit en effet de la lutte de la Palestine contre l'État d'Israël et non de l'Islam contre le Judaïsme ! Il serait fatal pour nous, chrétiens, d'oublier que (comme l'a déclaré Jocelyne Khoueiry, excommandant de la milice chrétienne libanaise) "le Liban [chrétien] a été sacrifié pour satisfaire la Syrie et Israël [musulmans et juifs].

… Sur le Liban… pesaient trois dangers. Le premier était la Syrie, avec ses visées… Le second est constitué par l'intégralisme… des nations islamiques, en particulier l'Iran et l'Arabie Saoudite. Enfin il y a la menace d'Israël, qui préférerait un Liban divisé en autant de petits états qu'il y a de religions. En outre il ne faut pas oublier que les USA et Israël avaient conclu un pacte international… dont le but était de résoudre la question palestinienne aux dépens des chrétiens libanais. Les palestiniens n'avaient pas de patrie ? Le Liban deviendra leur patrie. Et les chrétiens ? Ils pourront émigrer vers les USA…"[907].

---

[905] R.A. ROSEMBERG, *L'Ebraismo, Storia, pratica, fede*, Mondadori, Milan 1995, pp. 84-85.

[906] *IL GIORNALE* du 12/11/94 (p. 15) rapporte une interview de Mahmud El Adhar, l'un des chefs indiscutés du *Hamas* à Gaza, dans laquelle on lit : "POUR NOUS MUSULMANS LES JUIFS N'ONT JAMAIS CONSTITUÉ UN PROBLÈME EN TANT QUE TELS. Nous les avons accueillis chaque fois que vous Européens avez décidé de vous libérer d'eux. Nous avons commencé il y a cinq siècles quand les Espagnols commencèrent à les bouter hors de leur empire". Arafat lui-même a récemment déclaré : "Nous voulons la paix avec NOS COUSINS JUIFS" ; de *L'OSSERVATORE ROMANO*, 21 août 1994, p. 2.

[907] J. KHOUEIRY, in *Missioni della Consolata*, août 1993, pp. 26-28.

JUDAÏSME ET ISLAM SONT TOUJOURS PRÊTS (MEME MAINTENANT) À S'ALLIER, QUAND IL S'AGIT DE DÉTRUIRE LE CHRISTIANISME ! C'est pourquoi l'infiltration judéo-maçonnique à l'intérieur de l'Église romaine et la judaïsation du milieu chrétien, ne doivent pas nous faire oublier, mais au contraire doivent nous renforcer toujours plus dans la conviction que L'UNIQUE VRAI ANTIDOTE AU JUDAÏSME TALMUDIQUE N'EST PAS LE CROISSANT DE LUNE (qui est précédé et s'entrecroise avec l'étoile de David) MAIS SEULE ET SEULEMENT LA CROIX DE JÉSUS ! [Les citations du Coran ont été tirées du volume du Père Théry : "*Vrai Mohammed et faux Coran*".]

BIBLIOGRAPHIE ESSENTIELLE

C. BAFFIONI, *Storia della filosofia islamica*, Mondadori, Milan 1991.
A. BAUSANI, *L'Islam*, Garzanti, Milan 1987. J. BERAUD VILLAS, *Islam d'Hier et de Toujours*, Arthaud, Paris 1969.
A. FAHD, TOUFIC-BAUSANI, *L'Islamismo*, Laterza, Bari 1991.
R. GARAUDY, *Promesses de l'Islam*, éd. du Seuil, Paris 1991.
C. GASBARRI, *Cattolicesimo e Islam oggi*, Città Nuova, Rome 1972.
H. LAMMENS, *L'Islam, Croyances et institutions*, Librairie orientale, Beyrouth 1943.
B. LEWIS, *Il linguaggio politico dell'Islam*, Laterza, Rome-Bari 1991.
H. C. PUECH, *Islamismo*, Laterza, RomeBari 1991.
M. QUTUB, *Equivoci sull'Islam*, Sita, Ancône 1980.
R. DA MONTECROCE, *I Saraceni, Contra legem sarracenorum*, Nardini, Florence 1992.
E. VARRIALE, *La legge sacra. Diritto e Religione nell'Islam*, Stamperia della frontiera, Careggio 1986.
G. LEVI DELLA VIDA, *Arabi ed Ebrei nella Storia*, Guida éd., Naples 1984.
G. BALDACCI, *Arabi ed ebrei*, Longanesi, Milan 1968.
G. TROVATO, *Mahomet e gli ebrei*, Agate, Palerme 1939.
A. UCCELLI, Gli Arabi nella storia e nella civiltà, Vallardi, Milan 1912.
G. VALABREGA, *La Rivoluzione araba*, Dall'Oglio, Milan 1967.
ABDEL KADER, A. RAZAK, *Israele e il mondo arabo*, Il Saggiatore, Milan 1964.
DE MATTEI, La vita interiore fondamento della ControRivoluzione, in Lepanto, juillet-août 1993.
STEFANO NITOGLIA, *L'Islàm anatomia di una setta*, Effedieffe, Milan 1994.
Encyclopédie de l'Islam, 2ème éd., Brill, Leiden 1961-78. Articles : Isrà il iyyat - Al Kur'an - Ka'ba - Indjil
NOJA, *Mahomet profeta dell'Islam*, Mondadori, Milan 1974.
E. COUVERT, *La gnose universelle*, éd. de Chiré, Chiré-en-Montreuil 1994.
P. VASSALLO, *Nuove tesi su Islam e Giudaismo*, dans "*Lo Stato*", n° 23, septembre 1961, pp. 28-30.
A. BAUSANI F. M. PARADA, *L'Islamologia*, Rome, Orbis Catholicus, 1951.

CONTRE-RÉVOLUTION ET JUDÉO-MAÇONNERIE

Par M. l'abbé Curzio Nitoglia

*L*a Révolution française acheva et fit triompher un long processus historique de déchristianisation et sécularisation, que l'on peut définir comme révolutionnaire. S'y opposa et s'y oppose une école de pensée catholique, souvent appelée contre-révolutionnaire, qui tenta d'analyser les origines et les causes du phénomène opposé, ainsi que les remèdes à y opposer. Mais ce n'est que petit à petit que les auteurs "contre-révolutionnaires" mirent parfaitement au point l'objet de leurs recherches. Dans le sillage d'une étude de G. Miccoli[908] l'abbé Nitoglia montre comment, à partir de 1870, le principal agent de la Révolution fut identifié, par cette école de pensée et surtout par le Magistère Ecclésiastique, dans la judéo-maçonnerie. Une identification qui maintenant fait discuter, et qui est souvent oubliée.

Sodalitium

DE LA POLÉMIQUE CONTRE-RÉVOLUTIONNAIRE À LA LUTTE CONTRE LA JUDÉO-MAÇONNERIE

Même dans les meilleurs écrits contre la Révolution et dans la polémique catholique contre la civilisation moderne ou sécularisée, précédant la décennie 1870-1880, le Judaïsme n'occupait pas une place centrale et de premier plan.

Avec la prise de Rome par les Piémontais, la pensée du Pape et de la Secrétairerie d'État (et par conséquent des grands penseurs et polémistes catholiques, tant laïcs qu'ecclésiastiques), se précise : le Judaïsme post-biblique devient le symbole de la "modernité" et de la sécularisation de la société, le ver qui a rongé la Chrétienté, le principal artifice de la conjuration anti-chrétienne, qui a débouché sur la Révolution ("satanique dans son essence").

Le Judaïsme jusqu'en 1870 constitue un danger grave pour les polémistes antirévolutionnaires, mais seulement potentiel ; il est l'instrument plutôt que l'agent actif et principal de la conjuration antichrétienne.

"Dans la conspiration des sophistes, des philosophes, des impies, des francs-maçons dépositaires du secret suprême de la secte, des jacobins, telle qu'elle est reconstruite et racontée par Barruel [*Mémoires pour servir à l'histoire du Jacobinisme*, Londres 1797-98], les Juifs n'ont pas part. Tout comme ils ne figurent pas dans les autres analyses contemporaines qui décrivent et découvrent les caractères de la "révolution" : cela vaut pour

---

[908] G. MICCOLI, *Santa Sede, questione ebraica e antisemitismo*, in *Storia d'Italia*, Annali vol. 11 bis, *Gli ebrei in Italia*, Einaudi, Torino 1997. Il s'agit d'une étude très sérieuse, sur laquelle je m'appuie substantiellement, mais dont je ne partage pas les jugements et les conclusions.

toutes *Les considérations sur la France* [1797] de Joseph de Maistre... La polémique antimaçonnique qui fit rage parmi les émigrés français ne connaît pas trace des Juifs, sinon pour dénoncer les faveurs qui leur furent concédées. La liste des conspirateurs qui ont comploté pendant des décennies contre le trône et l'autel devient le lieu commun de toute une presse d'actualité secondaire : elle ignore les Juifs"[909].

Le Judaïsme est encore totalement absent dans l'excellent travail, en douze volumes, que Mgr JeanJoseph Gaume dédie à *La Révolution*, entre 1856 et 1858. Il y approfondit le problème du césarisme ou gibelinisme, comme retour de la philosophie politique païenne, qui en niant la subordination du Souverain temporel au Pape est source de la Révolution ou de dés-Ordre, de l'Humanisme et de la Renaissance comme étapes fondamentales du réveil de l'esprit païen, non seulement dans le domaine politique mais également dans celui des tendances et passions humaines, qui portera au Protestantisme et à la Révolution française[910].

Mais il ignore le rôle joué par la Cabale sur la culture humaniste de la Renaissance (voir Pic de la Mirandole, Marsilio Ficino, Niccolo Cusano, Giordano Bruno et leur maître à penser du Moyen Age, Raymond Lulle[911].

Dans les *Caractères de la vraie religion proposés aux jeunes gens de l'un et l'autre sexe*, imprimés en 1809 par l'"Académie de religion catholique", l'un des centres de l'intransigeance romaine, l'auteur dédie un paragraphe entier aux Juifs, mais affirme : "Les Juifs... ne sont pas nos principaux ennemis. Nous en avons d'autres plus dangereux,... je veux dire nos pseudo-philosophes"[912].

Joseph de Maistre dans ses *Quatre chapitres sur la Russie*, publiés après sa mort en 1859, mentionne en passant la dangerosité des Juifs ; mais ils ne sont pas la principale cause des bouleversements actuels, mais plutôt les instruments des illuminés de Bavière ou de la Maçonnerie déchue qui aurait perdu, selon le penseur savoyard, sa pureté originelle[913].

Même *La Civiltà Cattolica* jusqu'aux années soixante-dix ne nommera que fugitivement les Juifs. "Les premiers artisans de la révolution restent la maçonnerie et les sectes"[914].

LA CIVILTÀ CATTOLICA : NAISSANCE ET DÉVELOPPEMENT

---

[909] G. MICCOLI, *op. cit.*, p. 1388. Il faut préciser qu'avant de Maistre un jésuite, le Père PIERRE DE CLORIVIERE avait eu l'intuition du caractère mauvais et diabolique de la Révolution française, dans son livre *Etudes sur la Révolution*, Paris 1793.

[910] J.-J. GAUME, La Révolution. Recherches historiques sur l'origine et la propagation du mal en Europe depuis la Renaissance jusqu'à nos jours, Paris 1856-1858.

[911] E. INNOCENTI, *La gnosi spuria*, Ier vol. Roma 1993. IIème vol. Roma 1999.
F. YATES, Giordano Bruno e la tradizione ermetica, Laterza, Bari 1989 et Cabbala e occultismo nel età elisabettiana, Einaudi, Torino 1979.
E. GARIN, *Lo zodiaco della vita*, Laterza, Bari 1976.

[912] Rome 1809, pp. 147 ss.

[913] Sur Joseph de Maistre, cf. l'article "Joseph de Maistre ésotérique ?" in *Sodalitium* n° 49, pp. 11-31.

[914] G. MICCOLI, *op. cit.*, p. 1411.

La *Civiltà Cattolica* née en 1850 intervint déjà en 1858 sur la question juive, à propos de l'affaire Mortara. Environ dix ans après, en 1869, parut en France un livre de Gougenot des Mousseaux qui traitait amplement de la question juive *Le Juif, le Judaïsme et la judaïsation des peuples chrétiens*.

Si avec Pie IX on commença en 1870 à entrevoir dans le Judaïsme la cause première de la Révolution, ce fut surtout avec Léon XIII (1878-1903) que le Judaïsme devint l'objet principal des études et de la polémique de *La Civiltà Cattolica*.

Il convient de préciser que déjà en 1830 un abbé italien Luigi Chiarini[915], enseignant d'Antiquités Orientales à Varsovie, avait publié à Paris un ouvrage en deux volumes, intitulé "*Théorie du Judaïsme*" avec lequel il montra aux Chrétiens le vrai visage du Judaïsme talmudique et c'est sur cet ouvrage que se formèrent Giuseppe Oreglia et Gougenot des Mousseaux.

De nombreux chercheurs se sont trompés sur la date de naissance de l'antijudaïsme catholique moderne de *La Civiltà Cattolica*. Renzo de Felice la fait naître en 1895, Norman Cohn la situe en 1890, et ils soutiennent que la souche de cette bataille a été l'abbé Chabauty qui en 1882 avait publié *Les Juifs, nos maîtres*.

Au contraire, la campagne de *La Civiltà Cattolica* est antérieure à la vague antijuive française et on doit la placer en 1870 avec des prémices en 1858 (affaire Mortara) et avec la source en 1830 (abbé Chiarini) (cf. R. TARADEL B. RAGGI *La segregazione amichevole*. "*La Civiltà Cattolica*" *e la questione ebraica 1850-1945*, Editori Riuniti, Roma 2000, p. 27).

Léon Poliakov aussi a remarqué que la campagne de *La Civiltà Cattolica* avait commencé entre 1870-1880 et avait constitué une sorte de "*nihil obstat*" du Saint-Siège à l'antijudaïsme européen qui explosa en France entre 1886 et 1887, quand Edouard Drumont publia *La*

---

[915] LUIGI CHIARINI : "(1789-1832), prêtre italien, orientaliste et écrivain antisémite. Invité à venir de Toscane en Pologne, Chiarini obtint la chaire de Langues Orientales à l'Université de Varsovie grâce à la protection de Potocki, ministre de l'éducation. En 1826, il devient membre du *Jewish Committee* dont les membres sont nommés par le gouvernement. Dans sa *Théorie du Judaïsme* (1830), Chiarini calomnia le Talmud et le rabbinat... et tenta de raviver la diffamation du sang [meurtre rituel]. Il considérait que l'État devait aider les Juifs à se libérer eux-mêmes de l'influence du Talmud. Il commença une traduction française du Talmud de Babylone, avec l'appui du Tsar Nicolas Ier, dont deux volumes ont été publiés (1831)... Chiarini fut contraint d'abandonner son projet à cause de l'insurrection polonaise. Ses autres travaux sont une grammaire d'Hébreu en Latin ; un dictionnaire Hébreu-Latin, et un article : *Dei funerarii degli ebrei polacchi* (Bologne 1826)". (Voir *Encyclopedia Judaica*, Gerusalemme s. d., vol 5, pp. 409-410). *The Jewish Encyclopedia*, New York London 1905-1912, IV vol., pp. 21-22. "Chiarini né à Montepulciano le 26 avril 1789, mort à Varsovie le 28 février 1832... Il publia *Théorie du Judaïsme* (1830)... ce livre est divisé en trois parties : dans la 1ère, il établit les difficultés pour connaître le vrai visage du Judaïsme, dans la 2ème, il explique la théorie du Judaïsme, dans la 3ème, il traite de la réforme du Judaïsme et examine en détail les moyens de supprimer ses éléments "pernicieux". En résumé, Chiarini s'efforce de prouver que les prétendus maux du Judaïsme trouvent leur origine principalement dans les enseignements soi-disant antisociaux et nuisibles du Talmud. Il soutient que l'État devrait aider les Juifs à se libérer eux-mêmes de l'influence du Talmud, et qu'ils devraient retourner à la simple foi mosaïque. Ce but peut être atteint de deux manières : d'abord par la fondation d'écoles où l'on donne l'enseignement de la Bible et où l'on étudie la grammaire hébraïque ; ensuite par une traduction française du Talmud de Babylone avec des notes d'explication et des réfutations".

France juive à l'occasion de l'affaire Dreyfus. D'après *La Civiltà Cattolica*, le XIXème siècle est le siècle du complot judéo-maçonnico-libéral, le XXème est celui du complot judéo-bolchevique et dans sa seconde moitié est celui du complot judéo-anglo-américain.

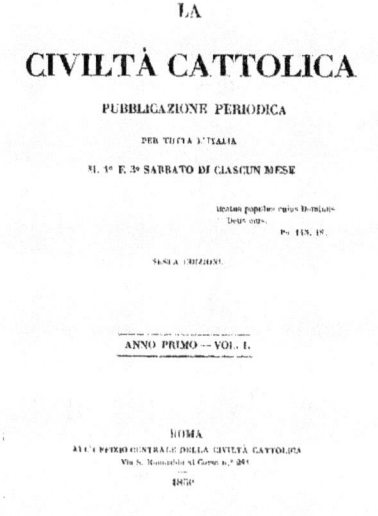

Frontispice du premier numéro de "La Civiltà Cattolica"

À ce tableau "fait exception *L'Église romaine en face de la révolution* de J. Crétineau-Joly... La première édition de l'ouvrage fut publiée en 1859... les Juifs ne sont pas mentionnés souvent... Mais un élément important pour les développements futurs fut mis au grand jour : que la *juiverie* donne le mot d'ordre et le salaire aux journalistes, les Juifs contrôlent toute la presse... "C'est une revanche de dix-neuf siècles que les déicides complotent contre le Calvaire" (vol. II, p. 386). C'est la raison pour laquelle les Juifs ont pénétré dans les sectes... Mais Crétineau-Joly, qui parle toujours de *quelques Juifs*, de *certains Juifs*, a soin enfin de le relever explicitement : "Le nombre de Juifs qui entreprirent ce commerce de haine et de vengeance est très restreint" (vol. II, p. 386). Dans sa reconstruction globale les grands noyaux de conspirateurs naissent et mûrissent ailleurs : parmi les hérésies, le jansénisme, le gallicanisme, le philosophisme, la maçonnerie, les différentes sectes.

Une indication précise cependant avait été donnée. Crétineau-Joly l'avait écrit explicitement : il ne sera pas très difficile à l'histoire de surprendre la main de certains Juifs excitant les révoltes"[916].

Encore quelques années et le pas sera franchi : d'abord par Pie IX et ensuite par Léon XIII avec la Secrétairerie d'Etat, qui s'exprimait à travers *La Civiltà Cattolica*. Cette revue, à partir de 1880 jusqu'en 1903, commença à s'occuper systématiquement des Juifs "devenant

---

[916] G. MICCOLI, *op. cit.*, pp. 1412-1413.

ainsi, même pour cette question, un modèle et un point de référence de premier plan pour l'opinion publique catholique pas seulement italienne"[917].

LE JUDAÏSME SYMBOLE ET AGENT PRINCIPAL DE LA RÉVOLUTION

"Ce n'est que lentement, au cours de la seconde moitié du siècle [XIXème], que les Juifs prirent une position toujours plus éminente et une fonction toujours plus décisive dans le domaine de cette conspiration sectaire qui, par la culture intransigeante, constituait l'unique vraie clef explicative de tous les bouleversements modernes. (...) Ce pluralisme d'opinions concernant les Juifs..., encore présent... dans les années précédentes, disparut ou presque de la scène : dans la seconde moitié du siècle, il est difficile de trouver chez les catholiques quelqu'un qui aille au-delà des prières pour leur conversion"[918].

Parmi les auteurs qui dans la seconde moitié du dix-neuvième siècle comprirent et dénoncèrent le péril juif il y eut Mgr Meurin S.J. (évêque *in partibus* d'Ascalona et par la suite archevêque titulaire de Nisibi et enfin évêque résident de Port-Louis ; né à Berlin, expert en hébreu et en sanscrit) avec le livre *La Franc-Maçonnerie synagogue de Satan*, de 1893, et Roger Gougenot des Mousseaux, né à Coulommiers en France, formé à l'école de Paul Drach, avec l'ouvrage *Le Juif, le Judaïsme et la judaïsation des peuples chrétiens*, de 1869.

LA BRÈCHE DE PORTA PIA

"Le virage se vérifie... au cours des années Soixante-dix... La chute du pouvoir temporel fut ressentie comme un épisode central de l'attaque menée par les sectes contre le catholicisme... La révolution apparaît triomphante, ses objectifs antichrétiens toujours plus manifestes et évidents"[919]. Le Judaïsme devient le symbole de la nouvelle civilisation sécularisée qui a apostasié de l'Église, précisément parce que par elle formée, après de longues années de conjuration antichrétienne. "La conspiration antichrétienne devient ainsi l'œuvre éminente des Juifs pour abattre l'Église du Christ et les porter à la domination du monde"[920].

C'est justement à l'occasion de la brèche de Porta Pia que le complot ourdi dans l'obscurité apparaît au grand jour : "Juifs de l'étranger, qui accourent dans la nouvelle capitale, en dirigent les journaux, alimentent les attaques contre l'Église ; Juifs de Rome, qui ont trahi leur souverain, en oubliant les bénéfices, qui ont accueilli joyeusement les "Piémontais", qui fréquentent des endroits qui leur étaient interdits auparavant. Le vrai, le grand scandale est là : les Juifs à Rome, siège de Pierre, capitale de la catholicité, supplantent

---

[917] G. MICCOLI, op. cit., p. 1414, note 106. Cf. R. TARADEL - B. RAGGI, *La segregazione amichevole.* "La Civiltà Cattolica" e la questione ebraica 1850-1945, Editori Riuniti, Roma 2000.
[918] G. MICCOLI, *op. cit.*, p. 1394.
[919] *Ibid.*, p. 1398.
[920] *Ibid.*, p. 1399.

les Chrétiens, achètent des propriétés, exercent des fonctions de gouvernement. C'est là que réside la preuve de leur "fusion" avec la "révolution", et la raison de la future revanche chrétienne qui ne pourra pas les frapper : le droit de prendre dans le futur des "mesures défensives" contre les Juifs naît en effet de leurs comportements actuels"[921].

À ce propos les pages écrites par les frères Lémann, Juifs convertis au catholicisme, sont significatives : "Vos coreligionnaires [juifs]… ont fait très mal à Rome. (…) Le 20 septembre 1870, les zouaves défenseurs de Rome…, avaient abandonné les remparts… Leurs amis se dépêchaient de leur apporter des habits civils. Mais à l'extrémité du pont [Saint Ange]… il y avait des hordes de Juifs qui au milieu des cris… des révolutionnaires contre les zouaves, arrachaient à ceux-ci… les valises, les habits, tout ce qu'ils pouvaient saisir, et… jetaient tout dans le Tibre, mais en-dessous il y avait leurs matelots qui dans leurs barques recueillaient tout ce qui avait été jeté dans le fleuve. (…) L'année dernière… à la porte du Gesù… on hurlait contre les Chrétiens, qui pacifiques et inoffensifs s'étaient réunis pour prier ensemble. À leur sortie ils furent frappés. Eh bien, derrière ces forcenés qui hurlaient et frappaient, on reconnaissait les Juifs du ghetto. (…) Quand nous avons demandé des renseignements sur les scènes ignobles qui se sont produites au Corso… où les choses saintes furent tournées en ridicule, les prêtres insultés, les statues de la Sainte Vierge souillées… on nous répondit toujours : les *buzzurri* [les "péquenots", c'est-à-dire les Piémontais] et les Juifs. (…) Quand le 20 septembre 1870, le Gouvernement subalpin pénétrait à coups de canon par les portes de Rome, la brèche n'était pas encore achevée qu'une foule de Juifs y était déjà passé pour aller se congratuler avec le général Cadorna et le ghetto tout entier pavoisait aux couleurs piémontaises (…).

Pie IX méritait-il que les Israélites lui causent cette double douleur : d'abord passer dans le camp de ses ennemis, ensuite dévaster Rome durant sa captivité au Vatican ? (…) Non ! Pie IX ne le méritait ni comme souverain, ni comme bienfaiteur. (…) Les Papes ont toujours consenti avec bienveillance au séjour des Juifs dans leur ville. Ce peuple errant était libre de ne pas y aller. Mais il y est toujours allé en nommant Rome… *Paradis des Juifs*. Les Papes ont donc constamment protégé les Israélites. Si cependant il y en eut un qui se soit montré plus spécialement leur protecteur, qui ait veillé avec une sollicitude plus vive sur leur condition temporelle, que nous le proclamions avec la main sur l'histoire et sur notre cœur, c'est bien Pie IX. (…) Les Israélites étaient relégués dans un quartier séparé, le ghetto… Pie IX a fait détruire ces portes et ces murs…"[922]

À partir de ces faits, les frères Lémann, tirèrent la conclusion qu'il fallait défendre la Chrétienté du péril juif et que l'on ne pouvait pas accorder aux Juifs l'égalité des droits civils : "Nous ne conseillerons jamais, poursuivent les Lémann, de vous accorder à Rome le droit de devenir propriétaires. Nous connaissons les tendances de notre nation ; ses bonnes comme ses mauvaises qualités. Si ce droit de propriété vous est accordé, nous le parions,

---

[921] *Ibid.*, p. 1400.
[922] A. ET J. LÉMANN, *Lettre aux Israélites dispersés, sur la conduite de leurs coreligionnaires de Rome durant la captivité de Pie IX au Vatican*, Roma 1873, Libreria e Cartoleria romana, pp. 5-14.

dans 30, dans 50 années au plus, Rome n'appartiendrait plus aux Catholiques, mais serait entre vos mains (...). Le suprême danger de Rome... ce ne sont pas les hommes de la révolution, ils passeront. *Le suprême danger de Rome c'est vous, ô Messieurs, qui ne passez pas.* Armés du droit de propriété, avec votre habileté... et votre puissance, avant que le siècle n'arrive à sa fin, vous serez les maîtres de Rome"[923].

Les frères Lémann, pensent donc, à partir de la brèche de Porta Pia, aux mesures que les futurs gouvernements chrétiens devront prendre pour se préserver de la contagion du Judaïsme, premier artisan et conducteur de la Révolution. "Le concept... a été formulé,... pour annoncer le futur. Défense, droit de se défendre des Juifs : les mots clés qui justifient l'organisation des mouvements politiques antisémites sont ainsi prononcés"[924]. Mais il convient de remarquer que ce sont deux Juifs convertis qui les ont prononcés, et qu'ils peuvent difficilement être accusés d'antisémitisme !

En tout cas la tendance qui se profile avec le 20 septembre 1870 est celle de l'identification des Juifs à la Révolution. "La nécessité de la lutte de défense contre la "révolution" devenait ainsi lutte de défense contre les Juifs. (...) L'étape suivante franchie en ces années fut d'en faire les principaux agents, les authentiques promoteurs occultes[925].

LA "SYNAGOGUE DE SATAN"

La représentation du peuple juif comme rebelle et subversif était très ancienne : la Synagogue talmudique était vue depuis toujours comme *"fons persecutionum"*. Donc l'émancipation des Juifs arrivée grâce à la Révolution française, et les bénéfices que les Juifs en avaient retirés étaient devant les yeux de tout le monde. Ces deux aspects : *Sinagogæ Judeorum fontes persecutionum*, et les bénéfices retirés de l'émancipation (fille de 1789), ne pouvaient expliquer à eux seuls ce qui s'était passé avant et ne suffisaient pas à faire du Judaïsme l'artisan principal du long processus de dissolution qui avait conduit à 1789. Deux éléments manquaient : le concept de Révolution, tel qu'il fut précisé dans le Magistère ecclésiastique et dans l'apologétique contre-révolutionnaire de ces années, et l'idée d'une longue conjuration souterraine et secrète.

Joseph de Maistre a bien saisi la nature de la Révolution française (même s'il ne peut être défini comme un penseur contrerévolutionnaire complet, à cause de certaines lacunes, sinon de véritables erreurs de son système doctrinal. Il est influencé par l'ésotérisme maçonnique qui ne l'a jamais quitté ; cf. sur ce thème l'article paru in *Sodalitium* n° 49). Il l'a définie "Satanique dans son essence, satanique parce que rebelle à l'autorité, c'est-à-dire à Dieu"[926]. L'unique alternative possible, pour de Maistre, était la Papauté : si "la Révolution

---

[923] *Ibid.*, pp. 19-21. Àpropos des frères Lémann, voir : P. THEOTIME DE SAINT-JUST OMC : *Les frères Lémann juifs convertis. Leur vie leur œuvre*. Lib. S. François, Paris 1937.
[924] G. MICCOLI, *op. cit.*, p. 1400.
[925] Ibidem.
[926] J. DE MAISTRE, *Considérations sur la France*, Lyon 1884, p. 67.

est l'erreur", si elle "est satanique dans son essence", elle "ne peut donc être tuée que par la Papauté, qui est la vérité, puisqu'elle est le Christ en terre"[927]. Il faut donc réunir à nouveau l'Église et l'Etat, le trône et l'autel.

Mais l'année 1870, avec la chute du pouvoir temporel du Pape créa une situation nouvelle. Les gouvernements et les Rois, désormais largement infiltrés par le mal révolutionnaire, n'avaient pas répondu à l'appel en défense du Pape. En 1876 le Père Raffaele Ballerini[928], dans *La Civiltà Cattolica*, écrivait que le péché de l'Europe consistait dans la guerre que *tous* les Etats et *toutes* les cours, suite à la politique césaropapiste de la seconde moitié du XVIIIème siècle, *sans aucune exception* faisaient à l'Église catholique. "Les degrés du mal varient dans chaque État : mais tous ne sont pas infectés. (...) Tous, en un mot, se sont entendu pour exclure Jésus-Christ de leur civilisation, en répétant la parole de la Synagogue contre le Christ-Roi : *"Nolumus hunc regnare super nos"* (Lc XIX, 14) : nous voulons vivre séparés de l'Église… nous voulons la sécularisation universelle"[929].

Déjà en 1872, à Munich, les *"Historischpolitische Blätter"*, faisaient des Juifs les protagonistes absolus de la Révolution et de la laïcisation de l'Europe. Le Père Ballerini, bien qu'en ne les nommant pas explicitement, fait une analogie entre le comportement des Etats modernes et celui de la Synagogue pharisaïque : c'est-à-dire le refus du Règne Social du Christ et de son Église. La nouvelle condition de la société, au fond, est ancienne : c'est le même rejet obstiné de Jésus-Christ, qui avait été comploté par le Sanhédrin et fait passer dans la majeure partie du peuple juif.

Le cas du Père jésuite Ballerini n'est pas isolé. Les conditions de l'Église romaine ces années sont semblables à celles des trois premiers siècles : elle est persécutée.

Les discours de Pie IX, après 1870, sont significatifs : "Pie IX ne manque pas de paroles dures explicites contre les Juifs : "chiens", devenus tels de "fils" qu'ils étaient, "pour leur dureté et incrédulité" ("et de ces chiens ajoute le pontife il y en a malheureusement trop aujourd'hui à Rome, et nous les entendons aboyer par toutes les rues, et ils nous harcèlent partout")[930]. Et le Pape poursuit : "bœufs", qui "ne connaissent pas Dieu", et "écrivent des blasphèmes et des obscénités dans les journaux" : "mais viendra un jour, terrible jour de la vengeance divine, où ils devront rendre compte des iniquités qu'ils ont commises"[931]. "Peuple dur et déloyal, comme on voit aussi dans ses descendants", qui "faisait de continuelles promesses à Dieu et ne les maintenait jamais"[932].

---

[927] *Idem, Du Pape*, Genève 1966, p. 23. Il s'agit du texte critique avec introduction de J. Lovie et J. Chetail.

[928] RAFFAELE BALLERINI S.J. (1830-1907), entré comme novice au Collège Romain en 1847, a été ordonné prêtre à Lyon en 1858. Ballerini fut engagé dans le collège des écrivains de *La Civiltà Cattolica* en 1868 et il y resta jusqu'à sa mort. Parmi ses ouvrages, il faut signaler *Della questione giudica in Europa*, Prato 1891 et *Della Massoneria, quel che è, quel che fa, quel che vuole*, Prato 1900.

[929] R. BALLERINI, *I peccati d'Europa*, in "CC", 27 (1876), III, pp. 388 ss.

[930] *Discorsi del Sommo Pontefice Pio IX pronunziati in Vaticano ai fedeli di Roma e dell'orbe dal principio della sua prigionia fino al presente*, Roma 1874-1878, cit. in G. MICCOLI, pp. 1404-1405.

[931] *Discorsi* cit. in G. MICCOLI, p. 1405.

[932] Ibidem.

Le 23 mars 1873, Pie IX, faisant référence à Simon le Cyrénéen, revint sur le sujet des "Juifs réprouvés" : "En cette circonstance le Seigneur ne permit pas qu'un Juif l'aidât. Cette nation était déjà *réprouvée*, et dure dans la *réprobation*, (...) Jésus-Christ voulut plutôt être aidé par un païen, donnant ainsi une preuve de ce qui avait été prédit, c'est-à-dire qu'à la nation juive dépravée d'autres nations se substitueraient pour connaître et suivre Jésus-Christ"[933].

Dans le discours du 12 février 1874 aux curés de Rome, le pape Mastai établit, encore une fois, un parallèle entre la situation actuelle de l'Église romaine et celle de ses débuts : "Les tempêtes" qui l'assaillent sont les mêmes que celles subies à ses origines ; elles étaient alors "provoquées par les Gentils, par les gnostiques et par les Juifs" et "les Juifs y sont aussi présentement"[934].

« Ce n'est pas par hasard qu'en ces années-là Pie IX recourut à la figure de la "*Synagogue de Satan*"[935]. Selon Pie IX les actuels révolutionnaires sont les "pharisiens modernes" qui voudraient, "comme les anciens", détruire l'Église, ils "répètent les expressions iniques que les pharisiens répétaient quand le Divin Rédempteur conversait avec les hommes" »[936].

Le Père Francesco Berardinelli, dans un article publié dans *La Civiltà Cattolica* en 1872, définit les persécuteurs modernes du Vatican comme de "nouveaux Juifs", "rénégats et apostats (...) de la race de ceux qui ont craché sur Jésus dans l'atrium de Caïphe", "bande de chiens (...) de la race de ces bêtes véreuses du Golghota"[937].

La Civiltà Cattolica, qui exprimait la pensée de la Secrétairerie d'État du Saint-Siège, identifiait, à partir de 1870, Révolution, Maçonnerie et Judaïsme, et voyait dans le Judaïsme talmudique le berceau de la Maçonnerie et des sectes qui avaient porté la Révolution en Europe. En résumé la société moderne est, pour *La Civiltà Cattolica* et pour le Saint-Siège une "société judaïsée", et Judaïsme est synonyme de Révolution et de Maçonnerie, il en est même la cause.

LA CONJURATION ANTICHRÉTIENNE

L'approfondissement des concepts de conspiration, conjuration, complot ou machination fut décisif pour faire faire le pas au Magistère ecclésiastique et aux polémistes contre-révolutionnaires ; ils purent ainsi affirmer que l'auteur principal de l'assaut infernal contre la Papauté et la Chrétienté était le Judaïsme, qui se servait des différentes sectes,

---

[933] Discorsi di Pio IX, vol. II, p. 294. On remarque comment le Magistère authentique du Pape Mastai est contredit par ce qui est affirmé par le Concile Vatican II dans Nostra Ætate 4h : "Les Juifs ne doivent pas, pour autant, être présentés comme *réprouvés* par Dieu ni maudits, *comme si cela découlait* de la Sainte Ecriture".

[934] Discorsi, vol. III, p. 149.

[935] Etsi multa luctuosa, Encyclique du 21 nov. 1873. Cf. aussi la Lettre de 1865, de Pie IX à Mgr. Darboy, archevêque de Paris, in *La Documentation catholique*, t. VI, juillet-décembre 1921, p. 139.

[936] Discorsi, vol. IV, p. 115 et vol. III, p. 37.

[937] F. BERARDINELLI, *Il Golgota e il Vaticano*, in "CC", 23 (1872), I, pp. 649-50, 654-55.

divisées quant aux "obédiences", mais unies quant à la fin : la destruction de l'Église et de la Société chrétienne[938].

Pie IX lui-même, déjà immédiatement après 1848 avait lancé l'idée d'une grande conjuration[939]. Toutefois "un fil conducteur unit les premières élaborations de la fin du XVIIIème siècle aux théories et aux constructions d'un siècle après. Mais les protagonistes et les artisans en varient. Ce n'est qu'au cours de la seconde moitié du siècle que les Juifs y jouèrent un rôle toujours plus important jusqu'à en devenir les auteurs"[940].

Le P. Oreglia[941] dans *La Civiltà Cattolica* exprima avec une grande lucidité ce concept : la Maçonnerie est une fondation relativement moderne, mais "ce complexe de doctrines sataniquement et savamment antichrétiennes [...] qui, depuis les premiers gnostiques et manichéens aux modernes maçons et libéraux, de secte en secte, fut transmis par la Cabale et la tradition, est très ancien et contemporain de la fondation même de l'Église"[942].

---

[938] A. PREUSS, *Etude sur la Franc-Maçonnerie américaine* (1908), réédition Centro Librario Sodalitium, Verrua Savoia (TO) 1998.

[939] Cf. l'Encyclique *Nostis et nobiscum*, 8 décembre 1849. Et l'Allocution tenue au Consistoire secret du 25 septembre 1865 : *Inter multiplices machinationes*.

[940] G. MICCOLI, *op. cit.*, p. 1408.

[941] GIUSEPPE OREGLIA DA SANTO STEFANO (18231895) était une personnalité notable. Il entra très jeune au Collège des Nobles aux Carmine de Turin dirigé par les Jésuites. Le 10 août 1842 il était entré au noviciat de Chieri et en février 1850 il avait assisté à la première réunion de *La Civiltà Cattolica* à laquelle ont participé les Pères Carlo Curci, Matteo Liberatore, Luigi Taparelli d'Azeglio, Antonio Bresciani et Francesco Pellico. Il s'adonna à la polémique antilibérale maçonnique. Durant cette période il fut pendant quelques années directeur de *La Civiltà Cattolica*. Parmi les œuvres du P. Oreglia, il faut signaler "*Giovanni Pico della Mirandola e la Càbala*", Cagarelli 1894. Parmi les autres jésuites qui se sont distingués dans l'étude de la question juive, il faut se souvenir des Pères :
Mario Barbera (1877-1947), entré au noviciat de la Compagnie de Jésus à Malte, ordonné prêtre en 1905, il entra au collège des écrivains de *La Civiltà Cattolica* en 1910. Parmi ses œuvres, il convient de signaler *Ortogenesi e Biotipologia*, Roma 1943.
Antonio Messineo (1897-1978), entré très jeune dans la Compagnie de Jésus, il fut appelé à faire partie du collège des écrivains de *La Civiltà Cattolica* en 1931 ; il fut un des plus grands experts de Droit international et collabora pendant les années 50 à *l'Enciclopedia Cattolica*. Parmi ses œuvres, signalons *La Nazione*, Roma 1944 et *Il problema delle minoranze nazionali*, Roma 1945.
Francesco Saverio Rondina (1827-1897), entré en 1842 au noviciat de la Compagnie de Jésus de St André au Vinimal de Rome. Il était intimement lié à Léon XIII et il fut appelé à faire partie du collège des écrivains de *La Civiltà Cattolica*.

[942] G. OREGLIA DA SANTO STEFANO, *Di un recente libro "Pro Judæis"*, in "CC", 36 (1885), I, p. 35.

*Le Père jésuite G. Oreglia da Santo Stefano,
un des plus grands experts du problème juif*

Les points de départ théologiques sont évidents : l'opposition constante entre Dieu et Satan correspond, au temps historique, à une opposition tout aussi irréductible entre Église et Synagogue, entre Cité de Dieu et Cité de Satan. Ceci a toujours été l'enseignement des Pères de l'Église. Cependant à partir de la brèche de Porta Pia, les blocs sont clairement distincts. Toutes les sectes, différentes quant aux membres et aux rituels, fondées par des personnes différentes en des temps et des lieux divers, ont un unique et même but : la haine de Jésus-Christ et de son Église. C'est pourquoi elles "doivent avoir toujours reçu l'inspiration d'une même secte pérenne, cohabitant avec l'Église et naturellement son ennemie"[943]. Or, pour obtenir cette fin, conclut le P. Oreglia, le diable tout seul aurait pu suffire ; cependant il a voulu se servir de ses suppôts principaux et préférés, ceux qui ont crucifié Jésus : "Si le diable..., en plus de sa maligne volonté et puissance... s'était encore trouvé avoir en main dès les origines de l'Église une société et même un peuple, une race et une nation de gens prête naturellement et disposée à en suivre les criminels desseins antichrétiens : si ce peuple, cette race et cette nation s'était aussi trouvée être la plus intelligente, la plus industrieuse et la plus obstinée, ce qu'est la nation juive, comme en tout le reste ainsi spécialement dans la haine du Christ et des Chrétiens : et ce parce que par le Christ réprouvée et évincée jusqu'aux derniers temps, quand elle se convertira à Lui... Si, disons-nous, le diable, depuis les débuts de l'Église jusqu'à nous, avait trouvé prête à ses ordres et services une race aussi apte et aussi disposée naturellement à combattre toujours et partout sa guerre antichrétienne, pourquoi n'aurait-il pas dû la choisir comme étant sa propre université perpétuelle et partout diffusée destinée à conserver propager toujours et partout... tout le corps des doctrines et des arts antichrétiens favorables au but commun du diable et des Juifs ?"[944].

---

[943] *Ibid.*, pp. 35 ss.
[944] G. OREGLIA, *op. cit.*, pp. 37 ss.

Ce jugement se fonde sur la "théologie de l'histoire" propre à l'Église romaine. Elle a enseigné depuis des siècles que les Juifs sont les ennemis par excellence du Christianisme comme de Jésus Lui-même.

A partir de 1870 l'Église précise que seul le Judaïsme talmudique peut être le principal inspirateur et le metteur en scène occulte de la conjuration antichrétienne qui a explosé avec la plus grande virulence précisément à Rome siège du Vicaire du Christ. L'expérience vécue par Pie IX a représenté la preuve par neuf de cette théorie. L'Église invitait donc ses fidèles à une légitime (et modérée) défense.

ANTISÉMITISME ET ANTIJUDAÏSME

Un des plus grands spécialistes de la polémique antijudéo-maçonnique et antimoderniste fut Mgr Henri Delassus. Né le 12 avril 1836 à Estaires en France, ordonné prêtre à Cambrai en 1862, en 1875 il devient directeur de l'hebdomadaire La semaine religieuse de Cambrai.

S'appuyant sur une doctrine théologique sûre et une documentation abondante, très souvent de première main, doté d'une exceptionnelle clairvoyance (il fut l'un des rares antimaçons à ne pas tomber dans le piège taxilien), disciple du cardinal Pie et de Dom Guéranger, des représentants de la pensée ultramontaine la plus pure, formés à l'école de Louis Veuillot, membre du "*Sodalitium Pianum*", il attaque la Révolution française, en se fondant sur les idées de Maistre à propos des principes de 1789. Mais il les intègre avec une sûre doctrine thomiste qui faisait défaut au Savoyard et les expurge de certaines idées ésotériques (l'unité transcendante de la Tradition primordiale) qui ont accompagné de Maistre jusqu'à la fin ; il attaque aussi la "démocratie chrétienne" et l'Américanisme. Ses ouvrages principaux sur le problème judéo-maçonnique, qui représentent une véritable Somme de la pensée contre-révolutionnaire sont : *La conjuration antichrétienne. Le temple maçonnique voulant s'élever sur les ruines de l'Église catholique* en 3 volumes (1910), et *Le problème de l'heure présente : Antagonisme de deux civilisations* en 2 volumes (1904).

Mgr Delassus fut créé prélat domestique de Sa Sainteté par St Pie X en 1904 et protonotaire apostolique en 1911. Il mourut à Saméon le 6 octobre 1921.

Il a écrit : "Le Calvaire a séparé en deux la race juive : d'une part, les disciples qui ont appelé à eux et se sont incorporé tous les chrétiens ; de l'autre, les bourreaux, sur la tête desquels, selon leur vœu, est retombé le sang du Juste, les vouant à une malédiction qui durera autant que leur rébellion"[945]. Pour Mgr Delassus l'Antijudaïsme coïncide avec le

---

[945] H. DELASSUS, La conjuration antichrétienne. Le temple maçonnique voulant s'élever sur les ruines de l'Église Catholique, t. III, Lille 1910, p. 1117. Àpropos de Mgr Delassus, voir : LOUIS MEDLER : Mgr Henri Delassus (1836-1921) in Le Sel de la Terre :
n° 24 printemps 1998. I "Le légataire universel". n° 28 printemps 1999. II "Le spécialiste de l'ennemi".
n° 29 été 1999. III "Le combattant".
n° 30 automne 1999. IV "Coups donnés et coups reçus".

Catholicisme dans le sens que les catholiques doivent combattre le Judaïsme, comme ils combattent la Maçonnerie, le Socialisme et l'Anarchie, pour défendre la société civile et l'Église.

Sa position est très différente de celle de l'Antisémitisme biologique ou racial, surtout en ce qui concerne deux éléments fondamentaux : "La pleine sauvegarde du Judaïsme antique, duquel naquirent Jésus, Marie, les Apôtres, les fidèles des premières communautés chrétiennes, et la reconnaissance qui reste toujours ouverte au Juif pour se racheter, et qui doit rester telle, la voie de la conversion au Christianisme. La considération de "race maudite"... est une condition historique, historiquement datée et historiquement surmontable... n'est pas le produit de la nature qui emprisonne irrémédiablement dans une condition sans issue"[946].

Le P. Oreglia aussi, dès 1880, avait exprimé la même théorie (ou mieux la théorie du Saint-Siège et de la Secrétairerie d'Etat, diffusée au moyen de *La Civiltà Cattolica* et reprise, petit à petit, par les grands penseurs contrerévolutionnaires, parmi lesquels Delassus) précisément sur les pages de *La Civiltà Cattolica* en écrivant : "Les catholiques ne demandent pas l'expulsion des Juifs, mais demandent seulement que l'on en restreigne l'action dans la mesure où elle nuit au bien public. Ils veulent conserver le caractère chrétien de l'Etat, de la législation, de l'enseignement et des principes sociaux. Ils veulent l'extirpation des principes judaïques,... rendus dominant par le régime libéral, mais non l'expulsion d'un peuple qui, en fin de compte, est du sang d'Abraham, et au sein duquel naquit le Sauveur. Avec une organisation chrétienne de l'Etat, les Juifs n'inspirent aucune crainte"[947]. Le P. Oreglia était très critique sur les agitations antisémites qui avaient éclaté en Allemagne à cette période, elles étaient étrangères à l'esprit catholique, elles étaient en effet d'inspiration protestante. Mais comme cette agitation ne venait pas d'un "pur esprit de justice poursuit le Père jésuite de religion et de défense sociale bien entendue, mais principalement de la passion de l'envie et de la vengeance", elle sera stérile : *nihil violentum durat* ! Le critère sur lequel le P. Oreglia se fonde, pour juger de la bonté ou non d'un mouvement, est s'il s'inspire du Magistère de l'Église romaine ou non. C'est pourquoi l'unique vraie réaction au Judaïsme talmudique est celle guidée par le Magistère de Pierre, et il est évident que les catholiques qui s'engagent dans le domaine social et politique devront être en première ligne dans la lutte contre la Judéo-maçonnerie, sous les directives du Saint-Siège. En effet avec les préjugés libéraux, de "saine" autonomie par rapport à l'enseignement pontifical, on ne peut gagner la lutte contre le Judaïsme. Selon le P. Oreglia le chemin à prendre est le chemin opposé : "Le Judaïsme se vainc d'une seule manière, c'est-à-dire en vainquant le Libéralisme... Libéralisme et Judaïsme sont... deux choses tout à fait identiques et en parfaite harmonie... Les libéraux sont impuissants à freiner l'invasion juive parce que ce sont eux-mêmes, bien que n'ayant pas de sang sémite dans les veines, qui se sont faits juifs avec les fausses doctrines et les œuvres mauvaises. Ils ont répudié les grandes idées de la charité, du sacrifice et de l'honneur qui

---

[946] G. MICCOLI, *op. cit.*, p. 1377.
[947] "*CC*", 31 (1880), IV, pp. 756 ss.

constituent la splendide et glorieuse couronne du Chrétien, et ensuite se plaignent parce qu'ils sont tombés dans l'esclavage juif. C'est en vain et injustement qu'ils se plaignent ; c'est la peine de leur péché. Qu'ils redeviennent de vrais Chrétiens et la servitude juive cessera"[948].

Le Pape Pie IX (image du XIXème siècle)

DE L'ANTIJUDAÏSME À L'ANTIMODERNISME

À la fin du XIXème siècle, surtout avec les pontificats de Pie IX et de Léon XIII, l'Église romaine avait davantage saisi la cause de la Révolution qui menaçait depuis l'Humanisme, de manière publique et institutionnelle (même si au cours du Moyen-Age n'avaient pas manqué les mouvements hérétiques ou gibelins mais qui n'avaient pas atteint la portée ou la dimension publique et officielle du retour au "Judéo-paganisme" propre à l'époque humaniste), la Chrétienté et l'Église elle-même : le véritable ennemi et la source de toute révolution et de tout désordre était le Judaïsme talmudique.

Pour le Saint-Siège l'Antijudaïsme représentait aussi la contre-attaque, ainsi que le remède et l'antidote pour redonner force de pénétration dans la société civile à la Royauté sociale de Jésus-Christ, expulsé de l'État laïcisé et sécularisé.

À partir des premières années du XXème siècle, avec le Pontificat de St Pie X, il y eut un certain changement dans l'étude de la question, dû à la survenance d'un phénomène très dangereux, le Modernisme, condamné par l'encyclique *Pascendi* du Pape Sarto, mouvement qui voulait détruire l'Église *de l'intérieur* ; elle dut réunir ses propres forces et raffermir ses rangs pour démasquer les infiltrations ennemies jusqu'à son cœur, grâce à la convergence de tous les catholiques sous la suprême conduite du Pape et du Magistère authentique de l'Église.

La Civiltà Cattolica, qui de 1880 à 1903 avait étudié constamment et sans interruption pendant vingt-trois ans le péril juif, ne traitera plus avec la même attention ledit problème, pour diriger ses efforts vers la lutte contre le Modernisme, sans aucun changement d'opinion sur les dangers judéomaçonniques.

---

[948] "*CC*", 35 (1884), III, pp. 101 ss.

Le Pape Léon XIII

Certainement si l'on avait cherché derrière les coulisses on aurait découvert que les promoteurs de l'hérésie moderniste étaient les mêmes. Mgr Delassus dans *L'Américanisme et la conjuration antichrétienne* (1899) avait démontré comment cette forme de modernisme dans le domaine ascétique (qui fut condamné par Léon XIII dans *Testem benevolentiæ*), avait à ses origines *L'Alliance Israélite Universelle* ! Mais il fallait ne pas disperser les efforts sans "perdre" de temps, remonter aux causes et essayer de débusquer immédiatement les modernistes, qui s'étaient infiltrés dans les centres vitaux de l'Église, pour les écraser au plus vite, avec des mesures pratiques et disciplinaires : c'est ce que fit admirablement St Pie X, même s'il ne réussit pas à achever l'œuvre entreprise du fait de sa mort prématurée. "Cette *relative diminution* de la polémique antijuive du côté catholique *n*'en représenta *pas* cependant *l'abandon* ; encore moins sa critique et son refus. La pensée intégriste, à Rome comme ailleurs, continua à théoriser le rôle néfaste des Juifs dans l'ensemble de la société chrétienne. Et on sait de quel crédit elle jouissait à Rome durant le pontificat de Pie X"[949].

En 1913 le procès Beylis, qui eut lieu à Kiev pour un cas d'homicide rituel "reproposa dans la presse catholique, dans toute leur amplitude, les habituelles accusations contre le judaïsme talmudique"[950].

Outre *La Civiltà Cattolica* se distinguèrent dans cette bataille Mgr Umberto Benigni (dans sa *Storia sociale della Chiesa* et dans plusieurs articles écrits dans la revue florentine

---

[949] G. MICCOLI, op. cit., p. 1549. Je renvoie le lecteur aux ouvrages fondamentaux d'EMILE POULAT, *Intégrisme et catholicisme intégral. Un réseau secret international antimoderniste La Sapinière (1909-1912)*, Tournai 1969. Et *Catholicisme, démocratie et socialisme. Le mouvement catholique et Mgr Benigni de la naissance du socialisme à la victoire du fascisme*, Tournai 1977.

[950] G. MICCOLI, *op. cit.*, p. 1549. Cf. P. SILVA, *Raggiri ebraici e documenti papali. Àproposito di un recente processo*. In "CC", 65 (1914), II, pp. 196-215 et 330-344.

Fede e Ragione de l'abbé Giulio De Toth) et Mgr Ernest Jouin (dans la *RISS*) considérés comme les "représentants de l'intégrisme catholique"[951].

SOLUTION PRATIQUE DU PROBLÈME JUIF

La solution du problème juif consistait, pour *La Civiltà Cattolica*, à abattre l'état libéral qui avait accordé l'égalité des droits civils aux Juifs et donc dans la ségrégation charitable des Juifs, mis ainsi à l'abri des réactions populaires et violentes des antisémites et mis en même temps en condition de ne pas nuire à la société chrétienne. Les articles sur le problème juif commencés par le P. Oreglia (1870-1880) étaient de caractère spéculatif, montraient aux Chrétiens la philosophie, les principes du Judaïsme, ceux du P. Mario Barbera sont l'application pratique des articles d'Oreglia, c'est-à-dire qu'ils étudiaient à fond comment pouvoir résoudre la question juive au moyen de la ségrégation charitable.

PEUPLE OU RACE JUIVE ?

La terminologie de *La Civiltà Cattolica* se précisa peu à peu, au début on parlait de Race juive, puis d'origine donc de Nation ou Peuple juif. Selon le P. Ballerini le peuple juif est constitué d'un "mélange de Bible, de Talmud et de Cabale", c'est-à-dire ce qui permet de discerner la nature d'un peuple c'est une culture (pas nécessairement et uniquement religieuse) commune qui unissait un groupe de familles. Le Judaïsme est donc, pour *La Civiltà Cattolica*, une nation non au sens territorial mais culturel et par conséquent est un peuple. Ce concept de nation culturelle ou peuple supplanta les termes de race et d'origine. Or la culture juive est la culture talmudique selon laquelle les Juifs sont la **race supérieure** qui doit devenir maîtresse du monde entier.

« L'appartenance d'un individu à la "nation juive" ne dépend pas de facteurs raciaux... ni... religieux : elle naît, au contraire, de sa provenance d'une famille juive, et pour avoir absorbé par son intermédiaire les éléments essentiels de la culture juive et avec elle la solidarité par rapport à sa propre "nation" » (R. TARADEL B. RAGGI, *op. cit.*, p. 102).

Avec la victoire du National-socialisme en Allemagne en 1933, *La Civiltà Cattolica* s'éloigna encore plus du concept de race juive pour élaborer le concept de nation et peuple juif.

Le P. Antonio Messineo en 1938 écrivit plusieurs articles sur le concept de nation et de race, d'après lui la nation est un ensemble social naturel qui a comme but celui de développer les fondements ethniques et culturels sur lesquels il se fonde et de promouvoir le bien-être commun temporel (subordonné au surnaturel) de ses sujets.

---

[951] G. MICCOLI, *op. cit.*, p. 1550. Àpropos de Mgr Jouin, voir : CHANOINE SAUVETRE : *Vie de Mgr Jouin*, éd. saint-Rémi ; Ets Brepols S.A. Belgique 1935.

Elle doit donc se défendre de ceux (les Juifs) qui la corrompraient, car ils ne se laissent pas assimiler et au contraire tendent à hégémoniser.

Il faut donc recourir à la **ségrégation charitable** (tel le lépreux placé dans une léproserie, pour sa santé et pour celle des autres). Pie XI condamna le racisme exagéré et biologique mais déclara : "Voilà ce qu'est pour l'Église le **vrai racisme**... le **racisme sain**... Tous de même, tous faisant l'objet de la même affection maternelle, appelés à être tous dans leur propre pays, dans les nationalités particulières... dans la race particulière, les propagateurs de cette idée si grande et... humaine, avant même d'être chrétienne" (28 juillet 1938, Discours aux Elèves du Collège de la Propagande, in Actes de S.S. Pie XI, tome XVIII, Bayard, Paris 1939). Le P. Messineo s'employa ensuite à ce que le terme "Race" fût remplacé par celui de Peuple ou Nation.

LA LUTTE CONTRE LES TOTALITARISMES CÉSARISTES

Pie XI condamna les différents totalitarismes, soit d'origine marxiste (le Communisme), soit d'origine néopaïenne ou mazzinienne (le National-socialisme et, sous certains aspects, le Fascisme).

Le racisme biologique préoccupait toujours plus le Pontife, qui chargea un jésuite de rédiger, avec deux autres prêtres, l'épreuve d'une future Encyclique qui condamnerait le racisme biologique ; mais Pie XI mourut peu de temps avant de pouvoir promulguer cette Encyclique, dans laquelle cependant, concernant le problème juif, on réaffirmait la thèse traditionnelle.

Voici une partie du texte : "La prétendue question juive, dans son essence, n'est une question ni de race, ni de nation, ni de nationalité territoriale, ni de droit de cité dans l'Etat. C'est une question de religion et, depuis le venue du Christ, une question de christianisme. (...) Le Sauveur, que Dieu, ...envoya à son peuple choisi, fut rejeté par ce peuple, répudié violemment et condamné comme un criminel par les plus hauts tribunaux de la nation en collusion avec l'autorité païenne... Enfin, il fut mis à mort. (...) Le geste même par lequel *le peuple juif a mis à mort son Sauveur ... fut... le salut du monde.*

De plus, ce peuple infortuné, qui s'est jeté lui-même dans le malheur, dont les chefs aveuglés ont appelé sur leurs propres têtes les malédictions divines, condamné, semble-t-il, à errer éternellement sur la face de la terre, a cependant été préservé... de la ruine totale. (...)

Saint Paul... maintient la possibilité du salut pour les Juifs, pourvu qu'ils se détournent de leur péché (...). Israël demeure le peuple *jadis choisi* (...).

Nous constatons chez le peuple juif une inimitié constante vis-à-vis du christianisme. Il en résulte une tension perpétuelle entre Juif et Chrétien, qui *ne s'est à proprement parler jamais relâchée* (...). La haute dignité que l'Église a toujours reconnue à la mission historique du peuple juif,... ne l'aveugle pas cependant sur les dangers spirituels auxquels le contact avec les Juifs peut exposer les âmes... Tant que persiste l'incrédulité du peuple juif... l'Église doit, par tous ses efforts, prévenir les périls que cette incrédulité et cette hostilité pourraient créer pour la foi et les mœurs de ses fidèles (...). L'Église n'a jamais failli à ce devoir de prémunir les fidèles contre les enseignements juifs, quand les doctrines comportées menacent la foi. (...) Elle a pareillement mis en garde contre des relations trop faciles avec la communauté juive..."[952].

Conclusion

Les véritables penseurs, intégralement contre-révolutionnaires, qui ont écrit sur la Révolution après 1870, se réfèrent justement aux directives du Saint-Siège. Ils voient dans le Judaïsme la cause (d'ordre naturel) principale de tout désordre ; elle se sert dans ce but des différentes sectes et surtout de la Maçonnerie qui est sa créature.

Naturellement il existe aussi une cause concomitante (d'ordre préternaturel) : le diable, qui tente l'homme, en déchaînant les passions déréglées qui logent dans le cœur de tout fils d'Adam. Le problème consiste aussi à analyser la nature de la Révolution et des mécanismes grâce auxquels elle avance ; mais il serait erroné de minimiser le devoir qui nous revient, celui de dévoiler l'identité des conspirateurs, puisque sans conspirateurs il n'y aurait pas de Révolution. *Actiones sunt suppositorum*, enseigne la bonne philosophie. En outre il n'est pas vrai selon le Magistère ecclésiastique que les agents de la révolution changent. Non, après le déicide l'agent naturel et principal, le suppôt privilégié de Satan est le Judaïsme, qui continuera à vouloir détruire l'Église et la Chrétienté, comme il a tué Jésus-Christ, tant qu'il ne se convertira pas au Christianisme. Parler seulement en passant de sectes secrètes ou même de Maçonnerie qui sont les principaux agents de la Révolution, sans dire quelle est l'origine et le berceau de la Maçonnerie (c'est-à-dire le Judaïsme postbiblique) est pour le moins réductif ![953]

En résumé, pour être contre-révolutionnaires intégraux il faut combattre publiquement la Judéo-maçonnerie.

---

[952] G. PASSELECQ - B. SUCHECKY, *L'Encyclique cachée de Pie XI*, éd. La Découverte, Paris 1995, pp. 285-289.

[953] Je me réfère à PLINIO CORREA DE OLIVEIRA, *Revoluçao e Contra-revoluçao*, Campos 1959. Là l'auteur, parlant des "agents de la Révolution" consacre seulement une demi-page à la Maçonnerie "maîtresse de toutes les sectes", sans rien dire du Judaïsme talmudique.
Parmi les très nombreux articles que le professeur brésilien a écrit au cours de sa longue vie, un seul (d'àpeine neuf pages) concerne le Judaïsme (si l'on s'en tient à ce qu'écrit son biographe Roberto De Mattei) : À*Igrejae o Judaismo*, in "A Ordem", n° 11 (janvier 1931), pp. 44-52. C'est pourquoi le titre que lui a conféré De Mattei de "Docteur de la Contre-Révolution" (Cf. *Il crociato del secolo XX*, Casale Monferrato 1996, p. 151) me paraît quelque peu exagéré et ne correspondant pas à la réalité.

Écrit par lequel Pie IX remercie et bénit les auteurs de "La Civiltà Cattolica"

Aspects contemporains du Judaïsme : mondialisme, ploutocratie, franc-maçonnerie

Par M. l'abbé Curzio Nitoglia

Le Judaïsme antichrétien : cause première des maux d'aujourd'hui

Comme l'a magistralement compris le professeur Andrea Dalle Donne : « … l'alternative de fond est… celle entre le thomisme originaire et l'humanisme gnostico-immanentiste. Mais ce combat est spirituellement participant de celui qui se révèle vraiment le dernier : c'est-à-dire celui entre **l'unique christianisme de toujours et l'anti-christianisme plus radical** »[954].

Panthéisme juif contre créationnisme chrétien

Edmondo Fleg résume bien la conception juive de Dieu et du cosmos : « Je suis juif parce que pour Israël le monde n'est pas fini, ce sont les hommes qui le finissent ; **je suis juif parce que pour Israël l'homme n'est pas créé, ce sont les hommes qui le créent** »[955]. Cette déclaration n'est cependant pas une opinion personnelle de Fleg, mais met en cause le Judaïsme antichrétien dans son ensemble, puisque « la spiritualité juive… est au fond une condition de l'être dans lequel… entre la communion avec Dieu et la communion avec le monde la seconde est préférée. Mais… qu'est-ce que la communion avec le monde sinon la communion avec Dieu ? »[956]. L'Absolu et le monde font, pour le Judaïsme, une seule chose ; le Judaïsme nie l'authentique création en tant qu'elle refuse précisément l'unique vrai Dieu, personnel, distinct du monde et transcendant.

L'Ancien Testament vit dans l'adoration de "Celui qui est", l'Etre lui-même subsistant. Les citations ci-dessus rapportées offrent la preuve évidente et apodictique que **le Judaïsme antichrétien** ou talmudique **a rompu avec l'Ancien Testament**, pour imposer à sa place le

---

[954] A. DALLE DONNE, *Valenze etico-speculative del realismo metafisico*, Marzorati, Settimo Milanese 1993, p. 253.
[955] A. CAQUOT - E. GUGENHEIM - L. SESTRIERI, *Storia dell'Ebraismo*, édité par H.C. PUECH, Laterza, Roma Bari 1985, p. 264.
[956] A. CAQUOT - E. GUGENHEIM - L. SESTRIERI, *op. cit.*, pp. 242-271 *passim*.

pharisaïsme gnostico-panthéiste de la Cabale impure et du Talmud, déformation ésotérique de la dogmatique et de la morale.

Déjà le prophète Jérémie s'exclamait :

> « Comment dites-vous : "Nous sommes sages et la loi de Dieu est avec nous ?" Il a vraiment gravé le mensonge, le style menteur des scribes. »[957]

Si pour Orio Nardi la Cabale impure est "l'aberration de la vraie doctrine biblique"[958], pour Eugenio Zolli, l'ex-grand rabbin de Rome converti au Catholicisme, « l'opposition entre juifs et chrétiens se réduit à une interprétation différente de la Bible »[959].

Israël, comme on peut le lire dans les Livres saints, tendait à se former un « Dieu » à son image et à sa ressemblance, reniant le Dieu personnel et transcendant, distinct du monde, se façonnait une morale utile (talmudique) et une vérité contingente (cabalistique) : « Notre bouche et notre cœur ne se mirent jamais d'accord pour adorer le même Dieu : celle-là applaudit toujours au Ciel, celui-ci fut toujours idolâtre de l'**or** et de l'**usure** »[960].

« Le Judaïsme n'est pas ce que la Torah a promulgué,... même si c'est ce que le peuple juif aujourd'hui pense de la Torah... Le système judaïque s'identifie au pharisaïsme... Dans le judaïsme il n'est rien resté de la prédication des Prophètes ; y domine incontestée, au contraire, l'orientation créée par les pharisiens »[961].

Affiche répréhensible antijuive. (Tirée de Elena Romero Castello, "Gli ebrei e l'Europa, 2000 anni di storia", Fenice 2000, p. 100)

JÉSUS ET LE JUDAÏSME PHARISAÏQUE

Notre-Seigneur Jésus-Christ, la Bonté infinie, a accusé les juifs antichrétiens en les appelant *fils de l'enfer*[962], et en leur disant qu'ils avaient comme père le diable[963]. Les Apôtres de leur côté s'expriment de manière analogue. St Paul soutient que les Juifs « *ont tué le Seigneur Jésus et les Prophètes* », qu'ils « *ne plaisent point à Dieu et qu'ils sont devenus les*

---

[957] Jér. VIII, 8.
[958] ORIO NARDI, *Il vitello d'oro*, Linea diretta, Milano 1989, p. 53.
[959] SANT ANGELO, *L'ultima battaglia*, Àdrano (Catania) 1985, p. 27.
[960] F. G. DE QUEVEDO, *Obras completas*, Madrid 1945, cité par GIOVANNI VANNONI, *Le società segrete dal'600 al'900*, Sansoni, Firenze 1985, pp. 44-365.
[961] A. ROMEO, *Il Giudaismo*, in *Il presente e il futuro della Rivelazione biblica*, Roma-Parigi-Tournai-NewYork 1964, pp. 204-242.
[962] Matth. XXIII, 15 et 33.
[963] Jn VIII, 44.

ennemis de tous les hommes »[964], St Pierre les accuse (tous, chefs et peuple, excepté les rares qui ont accepté le Christ) d'avoir crucifié Jésus[965] et St Jean condamne les juifs antichrétiens comme la "*Synagogue de Satan*"[966].

Contre quiconque soutient que le Judaïsme actuel est fils de l'Ancien Testament, il est facile de démontrer le contraire, en citant justement l'Ancien Testament, à commencer par Moïse et les Prophètes[967] jusqu'à Osée[968], où le Seigneur accuse de méchanceté extrême la majorité du peuple juif plusieurs siècles avant l'avènement du Christ. Notre-Seigneur Lui-même dit aux pharisiens : « *Ne pensez pas que ce soit moi qui doive vous accuser devant le Père* : **celui qui vous accuse, c'est Moïse**.... *Car si vous croyiez à Moïse, vous croiriez sans doute à moi aussi, parce que c'est de moi qu'il a écrit* »[969].

Moïse, donc, (comme Adam et les Patriarches) était chrétien puisqu'il croyait au Messie à venir, tandis que le Judaïsme actuel est antichrétien puisqu'il nie la divinité du Christ. Le juif Pergola, converti au Christianisme, a écrit admirablement : « Il faut… distinguer entre le **Judaïsme prophétique** qui servit de préparation au Christianisme et le **Judaïsme pharisaïque**, professé toujours par les juifs, qui peut se dire Judaïsme en tant qu'il peut tirer son nom du traître Judas Iscariote »[970].

Le drame du peuple élu par Dieu pour accueillir le Messie et pour le faire connaître et aimer du monde entier, est celui d'avoir substitué la foi en Dieu à la foi dans le monde, d'avoir préféré le veau d'or à l'Agneau sans tache, le "dieu argent" au Dieu Trine.

LES FRÈRES LES PLUS SÉPARÉS ET LA RADICALITÉ DE L'ANTICHRISTIANISME JUDAÏQUE

Il faut préciser, comme fait le professeur Dalle Donne, qu'il est préférable d'appeler le Judaïsme actuel un **système** plutôt qu'une religion, dans la mesure où il s'est établi dans l'histoire au moyen d'une fausse tradition (ou contre-tradition) gnostique panthéistico-cabalistique, tendant à étouffer l'unique vraie Tradition divine (Ancien et Nouveau Testament), et en se présentant comme son alternative ésotérico-initiatique. Ce système a pour objectif de corrompre la droite Tradition ou religion, par une tradition impure ou "gnose", transmise par une voie secrète et réservée aux seuls initiés.

---

[964] I Thess. II, 15.
[965] Actes II, 14-40.
[966] Ap. II, 9 III, 9.
[967] Deut . XXXII, 1-33 ; Is . I, 21 ; X, 5-11 ; Jér. VI, 8–19 ; XVIII, 13-17 ; Ez. IX, 9-22.
[968] Os. X, 15.
[969] Jn V, 45.
[970] D. PERGOLA, *L'antisemitismo e i torti degli ebrei*, Torino 1889, p. 4.

« Cette "tradition" très ancienne, débouche même dans les antiques mystères du paganisme, infectée de mythes, magie, fantaisies et pesantes aberrations morales... qui en révèlent l'origine... satanique »[971].

La connaissance alternative à la Révélation divine (ou gnose) s'est développée de manière parasitaire au sein du peuple élu et a explosé à l'avènement du Messie quand il en a décidé le meurtre. Jésus prêchait la distinction entre Créateur et créature, le Royaume des Cieux à obtenir par la foi et les bonnes œuvres, la conversion du péché, l'ascèse et la pratique des vertus ; la « gnose », au contraire, prêche l'identité entre Dieu et le monde, le paradis dans l'homme lui-même, le salut au moyen de la seule connaissance. Le Judaïsme antichrétien est donc la somme la plus raffinée et la plus complète de la gnose impure, qui tend à déformer la Révélation. C'est une contre-religion et comme nous le disions plus haut, il est définissable comme un **système** plutôt que comme une Religion (qui a la tâche de réunir, « *religare* » l'homme à Dieu). Il est bon à ce point d'ajouter plus d'éclaircissements sur l'intensité de la haine avec laquelle le système judaïque antichrétien persécute Jésus et Sa Sainte Église[972].

« Celui qui... ne joue pas au Christianisme, dans la mesure où il y croit sérieusement, est théologiquement obligé de reconnaître et de dénoncer... que les juifs antichrétiens, c'est-àdire la majorité, sont **nos frères les plus séparés** : séparés de Dieu le Père, de Dieu le Fils, de Dieu le Saint-Esprit »[973]. La séparation et l'inimitié en arrivent à mériter l'accusation de fond : « Préférant le Veau d'or à Yahvé, Barabbas au Christ... et en pervertissant dans un sens matérialiste sa très haute vocation spirituelle, l'Israël matérialiste s'obstine dans un péché immense qui lui est encore aujourd'hui reproché par le Très Haut : "*Mon peuple a fait deux maux : ils M'ont abandonné, moi, source d'eau vive et ils se sont creusé des citernes... qui ne peuvent retenir les eaux*"[974]. »[975] Et contre les Juifs, définis par Mariani "fils du diable"[976], terrible est l'accusation de St Justin Martyr : « **Maintenant encore, en vérité, votre main est levée pour le mal** ; car après avoir tué le Christ, vous n'en avez même pas le repentir ; **mais** vous nous haïssez et **vous nous mettez à mort** chaque fois que vous en obtenez le pouvoir... »[977]

LA TRADITION AUTHENTIQUE ET LA CONTRE-TRADITION IMPURE

Dieu parlait à Adam comme il parlait avec les anges, et il lui révélait les mystères de sa vie intime, spécialement l'Unité et la Trinité de Dieu et l'Incarnation du Verbe[978]. Lucifer, par envie et jalousie, fit tomber Adam et Eve dans le péché, et ils perdirent ainsi la grâce

---

[971] O. NARDI, *Gnosi e Rivoluzione*, Grafiche Pavoniane, Milano 1991, p. 13.
[972] Cf. *Sodalitium* n° 36, pp. 4-11.
[973] A. DALLE DONNE, *op. cit.*, pp. 285-6.
[974] Jér. II, 13.
[975] O. NARDI, *Il Vitello d'oro*, p. 250.
[976] B. MARIANI, *L'ateismo degli Angeli*, in AA.VV. *Ateismo e Bibbia*, Assisi 1988, p. 220.
[977] ST JUSTIN, *Dialogue avec Tryphon*, 133, 6, trad. di G. Visonà, Milano-Torino 1988, p. 370.
[978] Cf. ST THOMAS, *Somme Théologique*, Ia q. 94 a. 12a 2æ q. 2 a7.

sanctifiante et les dons préternaturels. Mais Dieu, dans son infinie bonté, accepta leur pénitence et pardonna leur péché. Et voici qu'Adam transmit oralement à ses fils la Révélation reçue de Dieu, ou **tradition orale vraie**, parvenue ainsi jusqu'aux Patriarches (1900 av. J.-C.) et à Moïse, qui reçut à son tour une Révélation qu'il mit par écrit dans le Pentateuque (**tradition écrite**). Moïse consigna cette Révélation écrite et orale à Josué et aux soixante-dix sages, qu'il s'était associés dans le gouvernement et ce fut ainsi jusqu'aux aux Prophètes et à la venue du Verbe. À partir de ce moment Notre-Seigneur Jésus-Christ confia la **tradition orale vraie** à ses Apôtres et spécialement à leur chef Pierre, et il en sera ainsi jusqu'à la fin du monde par le moyen du Pape (successeur de Pierre) et des Evêques (successeurs des Apôtres), unis à lui.

Jésus, par le moyen du Saint-Esprit, confia aussi une Révélation qui, mise par écrit dans le Nouveau Testament, nous a été consignée et transmise par le Magistère de l'Église romaine (**tradition écrite**). Le diable a toujours tenté de faire surgir entre les hommes une connaissance impure ou « gnose », qui est une **fausse tradition ou contre-tradition**, pour tenter de corrompre la **droite ou vraie tradition**. Celle que Dieu nous a transmise par Adam jusqu'à aujourd'hui, au moyen de la vraie Synagogue mosaïque de l'Ancien Testament d'abord, et de l'Église romaine de la Nouvelle et Eternelle Alliance, ensuite.

Nous avons donc une **gnose juive**, opposée au **Mosaïsme**, et une gnose soi-disant "**chrétienne**" qui s'oppose à la prédication ou Tradition apostolique et au Magistère de l'Église. Cette **gnose** soi-disant « chrétienne », mais en réalité antichrétienne et antichristique, n'est rien d'autre qu'une **tradition impure et mensongère, alternative à la révélation divine**, une tradition hétérodoxe qui tend à pervertir la Révélation divine avec des suppositions d'ésotérisme, magie, symbolisme, initiations…

La **gnose** hébraïque, pénétra au sein de la vraie Synagogue mosaïque la transformant en Synagogue talmudique et la gnose soi-disant "chrétienne" a toujours essayé de s'infiltrer au sein de l'Église, avec la vaine et orgueilleuse prétention d'être une "révélation" secrète, ésotérique, réservée aux esprits plus élevés (ou plus gonflés d'orgueil). Elle prétend carrément être plus parfaite que celle qui nous est transmise par la prédication apostolique !

La réaction de l'Église à la "gnose" fut immédiate ; nous connaissons l'affaire de Simon le Magicien, contemporain de St Pierre[979]. La gnose soi-disant "chrétienne" n'est donc rien d'autre qu'une **secte cancéreuse**, qui essaye de s'infiltrer au cœur du Christianisme, pour le renverser diaboliquement. Les francsmaçons et les modernistes (fils du Judaïsme antichrétien) sont les actuels initiés ou "gnostiques" qui essayent de s'insinuer à l'intérieur de l'Église et de la judaïser par l'intermédiaire de la Cabale et de l'ésotérisme.

PSYCHOLOGIE JUIVE

---

[979] Actes VIII, 18 ss.

« Rentre dans la psychologie juive... le fait de tirer avantage de n'importe quelle situation »[980]. La génialité juive est capable talmudiquement de construire un "ennemi utile"[981] pour **s'ériger en victime** et obtenir ainsi d'énormes avantages, quitte ensuite à abattre le faux ennemi suscité "*ad hoc*", une fois terminée la fonction qui lui avait été assignée, c'est-à-dire celle de support au succès mondial du peuple "persécuté". La tactique enseignée par le Talmud au juif est celle d'agir avec prudence et circonspection, s'érigeant toujours en victime innocente pour susciter sympathie et commisération, et pour s'emparer ainsi des leviers de commande de la société, et pouvoir ensuite la gouverner derrière les coulisses.

On peut dire que par certains côtés le Judaïsme antichrétien se sert, en fait de morale[982], de la doctrine et surtout de la pratique de la **double vérité**, pour des buts tactiques précis, pragmatico-utilitaristes. Le Judaïsme, au moyen de la Maçonnerie, prêche **pour les *goyim*** la démocratie, l'égalité, la liberté, la fraternité, le pluralisme, le non-exclusivisme, tandis qu'il s'applique à lui bien d'autres principes : l'exclusivisme racial et raciste, l'impérialisme affamé de domination universelle, l'isolement jaloux à l'intérieur des états.

Mais quelle est la fin tactique de cette duplicité talmudico-pharisaïque ? Simplement la domination d'Israël sur le monde entier. En effet, alors que la "**morale interne**" du Judaïsme est destinée à renforcer et à maintenir intègre et solide le Judaïsme, l'autre "**morale**", la morale "**externe**" (ou pour les *goyim*), a comme fin d'aplanir la voie à la domination juive du monde.

La philosophie humaniste, illuministe et idéaliste (de dérivation gnostique, en tant que doctrine philosophique ésotérique dérivée de la philosophie ésotérique et occulte : la gnose justement) est l'antécédent du Nouvel Ordre Mondial.

Israël s'est servi des concepts de « *liberté, égalité, fraternité* » pour arriver lentement à l'hégémonie sur les peuples chrétiens qui, à partir de l'Humanisme néopaïen, avaient commencé un processus de déchristianisation. Cette hégémonie, dans nos bien tristes temps, est arrivée à appliquer la psychanalyse freudienne, de dérivation cabalistique[983], dans le domaine juridico-pénal, pour enlever à l'Etat, autrefois chrétien, même le droit à la légitime défense. Les théories psychanalytiques en effet, ont imprégné l'école, la musique, la littérature, les mass media (et parmi eux, en particulier, la télévision, souvent instrument de véritable lavage de cerveau, surtout pour les jeunes), ont rendu les personnes hypersensibles, émotives, irrationnelles, incapables de dominer les instincts et par conséquent toujours prêtes à justifier le coupable, et tout à fait incapables d'assumer leurs propres

---

[980] P. C. LANDUCCI, *Cento problemi di fede*, Assisi 1962, p. 238.

[981] Comme il l'avait déjà fait avec Voltaire, par exemple.

[982] Sur la morale talmudique voir les citations de Mgr Pranaitis in *Sodalitium* n° 36, pp. 4-11.

[983] Selon Freud il faut se débarrasser de toute contrainte religieuse, en particulier de la « Thora ». Ici on distingue le caractère anti-vétérotestamentaire du Judaïsme postchrétien, qui a rompu non seulement avec le Christ, mais aussi avec Moïse (comme Jésus l'enseigna dans l'Évangile).

responsabilités[984]. Le droit de l'individu, des parents, de l'État à se défendre a été piétiné à l'époque actuelle. Le Judaïsme en effet sait que tant que l'homme, la famille, la cité conserveront, ne serait-ce qu'une ombre, d'**ordre** (qui autrefois existait dans les Etats traditionnels et chrétiens, spécialement dans la Chrétienté médiévale) il n'y aura aucune certitude de victoire pour la Révolution. En effet elle est la destruction de l'ordre, c'est-à-dire de la soumission de l'intelligence à la Vérité, de la volonté au Bien, des sens à l'intelligence et à la volonté. Si l'homme est ordonné à Dieu, et à Sa Loi immuable, la Révolution ne pourra porter le désordre permanent et constant dans la société, mais sera écrasée par celui qui, maître de lui-même parce qu'il s'est fait esclave de Dieu[985], n'admet aucun désordre ou passion déréglée tendant à l'éloigner de Lui. Mais Dieu seul sait combien notre époque, désormais presque définitivement cabalisée, est dominée par le désordre, par l'hégémonie des passions et des instincts sur l'intelligence et la volonté, par le plaisir sur la patience dans la douleur, par la richesse désordonnée sur l'amour de la frugalité, de l'orgueil sur le mépris réaliste d'eux-mêmes.

Eh bien à la source de ce désordre nous retrouvons les théories qui dans le cours des siècles naquirent de la « gnose », ou fausse tradition parasitaire, laquelle a toujours visé à se substituer à la vraie Religion, tout comme Satan, son inspirateur direct, a toujours cherché à se faire adorer comme Dieu.

Le diable, inspirateur du Judaïsme antichrétien, selon les paroles de Jésus-Christ, a réussi à faire pénétrer dans nos familles et dans la société la plus pernicieuse corruption spirituelle et morale, jusqu'à endormir le sens éthique de l'homme moderne, rendu engourdi et incapable d'une réaction saine et équilibrée au mal qui l'assaille.

Celui qui face à une telle dégradation penserait ensuite que la situation actuelle puisse être assainie par la victoire d'une fausse droite politique, se trompe et prend ses désirs pour la réalité.

La « *polis* » est formée des familles et des individus et tant que l'individu n'aura pas retrouvé l'ordre avec Dieu et avec lui-même, la « *polis* » sera en désordre ou sens dessus dessous : révolutionnée et révolutionnaire.

Il est vrai que Pie XII a enseigné que « de la forme donnée à la société… dépend et s'infiltre le bien ou le mal des âmes[986] », mais Pie XII savait aussi que pour mettre l'ordre dans la société, pour donner une bonne forme à la société, composée d'individus qui s'associent en vue d'un bien commun, il faut avant tout que l'individu soit en ordre et puisse ainsi porter cet ordre dans la société elle-même ("*nemo dat quod non habet*").

L'éthique naturelle et chrétienne, ou saine philosophie morale, enseigne que l'individu vient d'abord et ensuite la société, c'est pourquoi l'affirmation "*politique d'abord*" est très ambiguë et dangereuse, comme il est tout aussi dangereux d'affirmer que le chrétien ne doit pas s'occuper de politique (traditionnellement entendue comme science morale appliquée à

---

[984] Combien de suicides de pauvres garçons très jeunes, désormais incapables de supporter un reproche de leurs parents ou une mauvaise note à l'école !
[985] "*Cui servire regnare est.*"
[986] Pie XII, Pour l'anniversaire de Rerum Novarum, juin 1941.

la société). La politique jusqu'à Machiavel était une science pratique qui se servait de la connaissance pour agir droitement, c'est-à-dire qui avait comme principes la loi naturelle et la loi divine ; principes qu'elle appliquait ensuite aux familles et à la cité, puisque chacun pouvait obtenir un certain bien-être temporel, subordonné toujours au spirituel. Dieu en effet a voulu créer l'homme et l'élever à l'ordre surnaturel, sans le laisser dans l'état de pure nature.

St Pie X, dont la devise était *"Instaurare **omnia** in Christo"* disait « Nous [le Pape et l'Église] ne pouvons faire de politique » et il écrivait : « L'action catholique... se proposant de restaurer toutes choses dans le Christ, constitue un véritable apostolat à l'honneur et à la gloire du Christ Lui-même. Pour bien l'accomplir, il nous faut la grâce divine, et l'apôtre ne la reçoit point s'il n'est uni au Christ. C'est seulement quand nous aurons formé Jésus-Christ en nous que nous pourrons plus facilement Le rendre aux familles, à la société »[987]. Donc *"sanctification d'abord et ensuite politique"* ! Dom Chautard se demandait : « D'où viendra le salut de la société ?...Quand sera-ce à l'Église de triompher à son tour ? Avec le Maître, il nous est aisé de répondre : *"Hoc autem genus [dæmonorum] non ejicitur nisi per orationem et jejunium"* (Matth. XVII, 20). Quand des rangs du sacerdoce... sortira une pléiade d'hommes mortifiés *faisant resplendir à travers les peuples le mystère de la Croix*, ces peuples contemplant dans le prêtre... mortifié les réparations pour les péchés du monde, comprendront la Rédemption par le Sang de Jésus-Christ »[988].

Même aux laïcs appartient le devoir d'apostolat ; comme disait St Pie X à un groupe de cardinaux français : « Qu'y a-t-il... de plus nécessaire aujourd'hui pour le salut de la société ?... C'est d'avoir dans chaque paroisse un groupe de laïcs très vertueux... et vraiment apôtres »[989]. C'est donc la sainteté personnelle, des prêtres *in primis* et des laïcs ensuite, qui sauvera la société et aidera les hommes à vivre mieux ordonnés à leur fin dernière : ce serait donc une dangereuse erreur, surtout aujourd'hui, de vouloir inverser l'ordre et de commencer par la politique (c'est-à-dire par la société) en faisant abstraction de la sanctification personnelle de l'individu.

La politique, ou mieux la politique des partis politiques, moderne est fondée sur les idées révolutionnaires forgées par la "gnose" pour détruire la société chrétienne et l'Église (si toutefois c'était possible). Spécialement la démocratie, qui pour Aristote et St Thomas est une dégénerescence de la "**politia**" ou forme de gouvernement dans laquelle la multitude [à ne pas confondre avec la masse indéterminée] la *"sanior pars"* du peuple[990] choisit le chef à qui Dieu donne le pouvoir. Ce dernier subsiste en lui habituellement, à travers la multitude qui en est l'instrument ou le canal, mais dans laquelle le pouvoir ne reste pas ; et dans cette forme de gouvernement chacun, pourvu qu'il soit capable, peut être choisi pour régner. Eh bien, la démocratie moderne dit que le pouvoir ou l'autorité dérive de la masse, du bas, des hommes et ne vient pas de Dieu ; elle dit que le chef de la société est seulement un député

---

[987] ST PIE X, *Encyclique aux Evêques d'Italie*, 11 juin 1905.
[988] DOM CHAUTARD, *L'âme de tout apostolat*, Abbaye de Sept-Fons, Dompierre-sur-Besbre 1934, p. 147.
[989] *Ibid.* p. 168.
[990] Du sanscrit *"pr-nâm"* : plénitude, multitude.

qui représente la masse qui gouverne ; elle dit que la vérité consiste dans la majorité, quelque soit la délibération qu'elle prenne[991].

La démocratie est voulue en vue de la "**massification juive moniste,** laquelle, contre le Christianisme... feint démagogiquement de valoriser la personne, pour l'asservir au totalitarisme sans égal qui est... celui **de l'unité**"[992]. Le Talmud décrète : « Il faut suivre la majorité. Quand la majorité déclare qu'une chose est permise, elle l'est ; et quand la majorité la déclare défendue, elle est défendue »[993]. Cette tactique talmudique est voulue en vue de la domination universelle d'Israël sur le monde entier, rendu, grâce à la démocratie, une masse informe et amorphe ; la même "tactique démocratique" fut utilisée par Caïphe pour faire crucifier Jésus quand il dit qu'un seul homme devait mourir (Notre-Seigneur Jésus-Christ) pour le peuple[994]. Et Pilate, en bon démagogue « *voulant contenter le peuple* [et conserver son fauteuil, n.d.r.] *remit... en liberté Barabbas et livra Jésus* »[995].

« Mais quand Dieu approuva-t-Il la majorité en tant que telle ?... la majorité... du peuple juif... aurait eu raison, en tant que majorité, contre Jésus qui était seul »[996]. Mais la vérité n'est pas démocratique, ne dépend pas de la majorité ! Mais d'où vient cette "haine des sommets" (comme l'appelait Giuliotti) typiquement démocratique ?

« De la **foi dans le monde,** pour qui la seule humanité ose se dresser... comme "*causa sui*", en déifiant ce que l'on peut imaginer de plus vaste »[997].

Même actuellement le Judaïsme reprend la maxime talmudique selon laquelle la majorité a toujours raison, **même contre le vouloir de Dieu,** parce que l'homme (le juif) étant le complément de Dieu, Dieu Luimême doit prendre des leçons de lui. L'explication que *Shalom* donne d'une parabole est intéressante sur l'éthique et la résolution des problèmes actuels : « Un rabbin (Eliezer) pour démontrer la justesse de son opinion demanda à un arbre de caroube de se déplacer. Le caroube se déplaça et beaucoup d'autres prodiges se produisirent ensuite.... Mais rien de cela ne fut accepté comme preuve de sa raison. Rabbin Eliezer ne se tint pas pour vaincu [et dit] "si la règle suit mon opinion, que le ciel le démontre". On entendit une voix céleste qui disait : "Qu'avez-vous à dire contre Rabbin Eliezer ? La norme est toujours établie d'après son opinion !" Alors Rabbin Jehoshwa se leva et dit : "La Thora n'est pas au ciel !"... [cette parabole du Talmud, Bava'Mezia'49b, signifie que, n.d.r.] aucun individu (**pas même Dieu**) ne peut imposer son opinion. Etablir les normes revient à la majorité »[998]. Cependant, par la loi de la double vérité que nous avons vu plus haut, ce principe vaut seulement pour les païens, pour pouvoir mieux les corrompre

---

[991] Si nous sommes dix sur la coupole de Saint-Pierre et que six décident que nous devons nous jeter en bas, je dois le faire moi aussi, malgré moi, d'après le principe selon lequel **la majorité a toujours raison.**
[992] A. DALLE DONNE, *op. cit.*, p. 281.
[993] *Sanhedrin* Jerosol. 22 a.
[994] Jn XI, 45-53.
[995] Jn XVIII, 40.
[996] A. DALLE DONNE, *op. cit.*, p. 282.
[997] A. DALLE DONNE, *op. cit.*, p. 285.
[998] *Shalom,* 30 avril 1994, p. 13.

également à travers une forme de gouvernement dans laquelle la raison revient toujours à la majorité, même contre Dieu (c'est ce qui est arrivé avec les lois sur le divorce et sur l'avortement). La situation pour Israël est différente, où c'est le rabbin qui impose à la majorité ses vues, même en lui donnant l'illusion que c'est elle qui décide, comme cela se produisit pour la condamnation à mort de Jésus, quand le peuple "librement" choisit de… faire ce que Caïphe et le Sanhédrin avaient déjà depuis longtemps décrété.

À QUOI DEVONS-NOUS NOUS ATTENDRE ?

Selon Andrea Dalle Donne : « Puisque la majeure partie de l'humanité d'aujourd'hui se fait toujours plus esclave… de ces intrus, destructeurs et révolutionnaires, il n'y a rien d'autre à attendre qu'un **châtiment** de gravité et **de proportions effroyables**.

Les croyants… se plaignent des différentes hallucinations autour d'un redressement de la situation politique actuelle tant mondiale que nationale. Aux rêves… ces croyants substituent la prière afin que la **punition planétaire**, inévitable et désormais presque imminente, soit utilisée par Dieu pour la conversion de la majeure partie des pécheurs. C'est tout le contraire du troisième millénaire ! »[999].

DERNIERS DÉVELOPPEMENTS DE LA RÉVOLUTION GNOSTIQUE : JUDAÏSME, HAUTE FINANCE ET MONDIALISME

Le 29 mai 1453, sous la pression des Turcs (musulmans), tomba l'Empire Byzantin ou ex-Empire Romain d'Orient. À Byzance, quelques années après, à la suite de l'expulsion d'Espagne (1492) se réfugiaient les juifs qui n'hésitèrent pas à donner « un fort essor à la Marine turque contre l'Occident chrétien, jusqu'à la bataille de Lépante (1571). De Byzance [et aussi de Venise] les Juifs développaient leurs opérations commerciales en Europe, faisant d'**Amsterdam** (Pays Bas) leur principale place financière. De Byzance… ils influencèrent les **académies de la Renaissance** d'inspiration antichrétienne, en répandant à la fin de 1400 des doctrines ésotériques (Cabale) qui alimentèrent les clans rosicruciens… En 1655 Marrassch ben Israël, grand banquier d'Amsterdam, obtint du dictateur Olivier Cromwell que les juifs, expulsés trois siècles avant soient réadmis à **Londres**, engageant la haute finance… d'Amsterdam à encourager l'économie et la politique anglaise. Grâce à l'appui juif, le hollandais Guillaume III d'Orange conquit la couronne anglaise… La Maçonnerie anglaise naquit à Londres (1688) comme instrument d'expansion mondiale de l'**impérialisme anglo-juif** »[1000].

---

[999] A. DALLE DONNE, *op. cit.*, p. 289.
[1000] O. NARDI, *Il Vitello d'oro*, ed. Linea diretta, Milano 1989, p. 24. Voir aussi J. LOMBARD, *La cara oculta de la Historia Moderna*, Fuerza Nueva, Madrid 1979, vol. I, pp. 117-177 et 235-253.

Les liens entre **judaïsme** et Islam dans un but antichrétien et ceux entre haute finance et néopaganisme de la Renaissance se révèlent donc clairement. Déterminante fut l'influence du Judaïsme sur la haute finance des Pays Bas, qui se servirent de la Maçonnerie pour accroître et consolider la puissance anglaise en Europe, en opposition à la puissance de la catholique Espagne, et pour servir au Judaïsme comme instrument d'expansion mondiale et de cabalisation des pays chrétiens. « Londres éclipsa Amsterdam et s'achemina vers son destin de centre de la haute finance mondiale. (…) L'Angleterre devait rester fermement attachée à Israël. Cette union même prendrait des dimensions mondialistes, avec l'alliance anglo-américaine de notre siècle »[1001].

La Maçonnerie anglaise joua un rôle de premier plan dans la formation et l'affirmation de l'illuminisme maçonnique français, qui fut un des principaux moteurs de la Révolution de 1789, une des grandes étapes de la judaïsation de l'Europe chrétienne.

Le vingtième siècle marque ensuite le déplacement de l'épicentre de la haute finance d'Amsterdam-Londres à Wall Street (New York), avec l'appui duquel **Lénine** put réaliser la Révolution bolchevique (1917). La première et la seconde guerre mondiale « créent les conditions pour de nouvelles concentrations de pouvoir, et se dessinent des organismes supranationaux de pression idéologique et sociale mondialiste »[1002] : il suffit de penser au *Bilderberg Club* (1954) et à la *Trilateral Commission* (1975), mouvements plus ou moins occultes, liés étroitement à la haute finance dont le but caché est la formation d'une société multiethnique, politiquement unie et religieusement œcuménique[1003], c'est-à-dire le Nouvel Ordre Mondial qui nous rappelle le Règne de l'Antéchrist. « L'union anglo-juive fait de **Londres** non seulement le **centre du [super]-capitalisme international,** mais aussi la **loge mère de la maçonnerie,** destinée à propager l'idéal… de la plouto-démocratie moderne »[1004].

LES HAUTES SPHÈRES DU MONDIALISME :

a) le *Bilderberg Club*

En 1954 ont commencé en Hollande les conférences du *Bilderberg Club*, ainsi appelé du nom de l'hôtel où elles se réunirent la première fois.

La presse en parla, cependant il est impossible de connaître l'objet de ces discussions, qui peuvent donc être appelées secrètes. Parfois on connaît aussi les noms des

---

[1001] O. NARDI, *op. cit.*, p. 103.
[1002] O. NARDI, *op. cit.*, p. 25.
[1003] Le magistère épiscopal s'est ainsi exprimé concernant la société multiethnique : « L'unité du Pays dans la vraie foi constitue la plus élevée de ses valeurs spirituelles. Cette unité peut être brisée si l'on ouvre les frontières à des courants d'immigration qui constitueront des tumeurs religieuses !... Au total détriment spirituel des populations catholiques ». Mgr ANTONIO DE CASTRO MAYER, Evêque de Campos, in *Problemi dell'A postolato moderno*, Parma 1964, p. 95.
[1004] O. NARDI, *op. cit.*, p. 104.

participants[1005], qui varient chaque année, alors qu'immanquablement y paraissent les représentants des célèbres sommets économiques (Rockefeller, Ford, Rothschild...).

b) la *Trilateral Commission*

Déjà en 1970 Brzezinski « ébauchait les grandes lignes d'une communauté des nations occidentales évoluées, fondée sur le triangle [d'où le nom de trilatérale, n.d.r.] Amérique du Nord, Europe occidentale, Japon »[1006]. En novembre 1972 après une réunion entre David Rockefeller, Max Konhstan et George Franklin, le programme définitif de la *Trilateral* fut mis au point. Le 23 octobre 1973, à Tokyo, elle tint sa première réunion. La Trilatérale, dont parmi les principaux artisans se trouve l'ex-Président français Giscard d'Estaing, organise des rencontres habituelles et régulières entre les dirigeants des principales puissances d'Europe, du Japon et d'Amérique.

Au sein de la Trilatérale sont représentées les plus puissantes organisations et pour l'Italie on peut citer La Stampa, la Fiat, La Rinascente ; les grands noms de la Trilatérale sont David Rockefeller, Henry Kissinger, Zbigniev Brzezinski, Edmond de Rothschild, Olivier Giscard d'Estaing (frère de l'ex-Président français), et parmi les italiens les plus connus sont : Giovanni Agnelli, Guido Carli, Umberto Colombo, Giorgio La Malfa, Arrigo Levi. La revue de la *Trilateral* s'appelle *Trialogue*.

Cesare Romiti, Giovanni Agnelli avec le grand rabbin de Rome Elio Toaff

---

[1005] On connaît les noms des participants italiens : à Cesme, en Turquie, du 25 au 27 avril 1975, on trouve Giovanni Agnelli, Guido Carli, Roberto Ducci, Giorgio La Malfa, Arrigo Levi ; à Villa d'Este le 24 avril 1965, Ugo La Malfa, Giovanni Malagodi, Franco Maria Malfatti, Alberto Pirelli ; à Megève, en France, du 15 au 21 avril 1974, Enzo Bettiza, Alberto Ronchey ; à Torquay en Angleterre du 22 au 24 avril 1976, Tina Anselmi ; à Aquisgrana du 10 au 12 avril 1980, Giorgio Benvenuto, Barbara Spinelli, Romano Prodi.
[1006] O. NARDI, *op. cit.*, p. 204.

c) le *R.I.I.A.*

The Royal Institute of International Affairs naquit à Londres en 1919, et est connu aussi comme *Chatham House* ; la branche américaine du même institut anglais, prit le nom de *Council of Foreign Relations* (C.F.R.). Ces institutions, très influentes sur la politique angloaméricaine, sont au centre de différents courants, tels la "maçonnerie écossaise", la "haute finance mondialiste" et la "société théosophique" d'Annie Besant et de Mme Blavansky. D'après Nardi « la *Chatham House* est le pivot de la politique anglaise »[1007]. Le *Royal Institute of International Affairs* a ses différents départements ; en Italie il s'appelle I.A.I. (Istituto Affari Internazionali) et I.S.P.I. (Istituto per gli Studi di Politica Internazionale). L'I.A.I fut créé en 1965 par la fondation Olivetti, par l'Association de culture politique "Il Mulino" et par le Centro Studi "Nord-Sud", sur proposition du député Altiero Spinelli (député P.C.I.), mais son premier patron est Gianni Agnelli ; Guido Carli et Arrigo Levi y exercèrent aussi leur influence.

d) La Loge P2

La Loge P2 fut fondée par le Grand Maître du Grand Orient d'Italie Adriano Lemmi en 1875. Depuis le début elle eut pour but d'occulter l'affiliation maçonnique de ses membres (aujourd'hui on dirait une loge couverte) ; de 1961 à 1970 le Grand Maître Gamberini délégua Ascarelli comme Grand Maître adjoint qui devait procéder à l'admission des membres de la Loge P2. En 1967 Gamberini en personne établit que Licio Gelli[1008] passerait de la Loge Romagnosi à la Propaganda 2 dont, en 1975, il fut nommé vénérable.

[1007] O. NARDI, *op. cit.*, p. 215.

[1008] Tout le monde ou presque parle de la loge P2 comme d'une organisation maçonnique de "droite" en faisant référence au passé de Licio Gelli, d'abord soldat volontaire dans la guerre civile espagnole contre les communistes et ensuite comme adhérent à la RSI.
Cependant « en 1944 on le retrouve collaborant avec les partisans, en particulier avec les hommes du PCI de Pistoie. (...) Il s'était donc transformé en délateur de ses anciens camarades, en établissant un contact avec les services secrets italiens » [M. TEODORI, *P2 : la controstoria*, ed. Sugarco, Milano 1986, p. 19]. Un Gelli donc ambivalent, en même temps fasciste et communiste, démocrate-chrétien et informateur des services secrets italiens ? Non, simplement franc-maçon et en tant que tel "transversal à tous les partis" ou organisations.
On ne s'étonne pas dans ces conditions de le savoir en contact avec le KGB [PIERRE DE VILLEMAREST in *Centre Européen d'information*, 7 juin 1994, n° 6, p. II], ni d'apprendre que durant son activité de militant dans la RSI il était muni d'une « attestation d'une association juive à l'"héroïque ami" qui a libéré des prisonniers juifs » [GIANCARLO PENNA, in *Il Giornale*, 22 août 1994, p. 3].
« Le premier tour de valse Gelli l'exécuta (...) entre 1943 et 1945 en se transformant de soldat de la République Sociale Italienne en collaborateur des partisans et même protégé par le PCI. (...) Le second tour de valse Gelli l'exécuta à la Maddalena où, en septembre 1945, il fut arrêté pour des délits commis par un collaborateur. De sa propre initiative, au premier interrogatoire des gendarmes il fournit une liste détaillée de 56 collaborateurs de la RSI et des nazis, détaillant pour chacun faits et attitudes » [M. TEODORI, *op. cit.* pp. 54-55. Le 29 septembre 1950 le Centre de contre-espionnage de Pistoie envoie au Sifar [R enseignements Généraux italiens de l'époque] central une note sur Licio Gelli "agent suspect du Kominform", le décrivant comme un personnage "capable d'exécuter n'importe quelle action", qui en 1944 a commencé la collaboration avec le PCI et qui aujourd'hui encore exerce des activités en faveur des Pays de l'Est communiste [cf. M. TEODORI, *op.*

« On ne peut… absolument pas soutenir que la Loge P2 fût seulement une "soi-disant" loge maçonique. Elle avait toutes les caractéristiques nécessaires des 496 autres loges du Grand Orient en Italie, et en outre avait aussi un **lien tout particulier** avec le Grand Maître, qui depuis plus de cent ans a été en même temps vénérable de cette loge »[1009]. En mars 1981 deux juges de Milan perquisitionnèrent (durant une enquête sur le cas Sindona) la villa de Lucio Gelli, dans les environs d'Arezzo, où ils découvrirent une partie des listes des affiliés à la P2[1010]. Licio Gelli était un directeur général de la Permaflex. Le 29 mars 1965 fut inauguré à Frosinone le nouveau complexe industriel de la Permaflex ; le député À ndreotti, le maire et Licio Gelli étaient présents. Le "père spirituel" de Gelli était un certain Frank Gigliotti, à qui avait été confiée par la Maçonnerie américaine la charge de recoudre l'accroc qui s'était produit dans la Maçonnerie italienne entre le courant de droite et le courant démocratique. Gigliotti était un féroce anticommuniste et Gelli, excombattant de la R.S.I. frappa justement à sa porte, se prévalant de l'amitié avec Andreotti et avec certains prélats postconciliaires. À mesure que Gigliotti vieillissait et touchait à sa fin, se levait l'astre de Gelli, qui pourra ainsi continuer la carrière de son parrain, en entretenant des liens avec la "droite" américaine, comme le confirme sa présence à l'intronisation de Ronald Reagan[1011]. Dans les états imprimés découverts le 17 mars 1981 à Castiglion Fibocchi se trouvent les noms de 950 inscrits à la P2, mais pas tous… évidemment.

Parmi les 950 figurent 52 hauts officiers des *carabinieri*, 50 de l'armée, 37 des douanes, 29 de la Marine, 11 préfets de police, 5 préfets, 2 ex-ministres, 38 députés, 14 magistrats. « Mais les plus inquiétants des noms publiés dans les listes sont ceux que nous ne connaissons pas : d'après la Commission parlementaire d'enquête la liste complète des inscrits à la P2 contenait environ 2500 noms, il en manquent donc 1650 »[1012]. En relisant le projet politique de la P2, le soi-disant "Plan de renaissance démocratique" on a l'impression que plusieurs de ses points se sont réalisés dernièrement. Le projet de Licio Gelli prévoyait la création d'un état "autoritaire" du type république présidentielle, l'assujettissement de la magistrature (qui pourtant rechigne) au pouvoir politique, l'utilisation d'instruments financiers pour la naissance de deux mouvements, l'un de gauche ou progressiste et l'autre démocratico-libéral, penchant un peu à "droite". « Ces mouvements auraient dû être fondés par des **clubs**… promoteurs composés d'hommes politiques et représentants de la société

---

cit., p. 55]. En outre, d'après Teodori vingt-quatre morts suspectes sont liées d'une certaine manière à sa personne.
Méritent attention le livre de ROBERTO FABIANI, *I massoni in Italia*, ed. Libri dell'ESPRESSO, Milano 1978, [qui met à nu la haine de Gelli pour les prêtres et ses rapports avec Jimmy Carter, le duc de Kent, Grand Maître de la Grande Loge Unie d'Angleterre, et la plupart des politiques italiens], celui d'Enrico NASSI, *La Massoneria in Italia*, ed. Newton, Roma 1994, et celui de CECCHI, *Storia della P2*, Ed. Riuniti, Roma 1985.

[1009] J. STIMPELE, *La Chiesa cattolica e la Massoneria*, in "Quaderni di Cristianità", printemps 1986, n° 4, pp. 45 ss.

[1010] Il y avait presque tout le sommet des forces armées et des services secrets.

[1011] M. GAMBINO, *La loggia P2 : la storia e i documenti*, Libera Informazione editrice, supplément au n° 12 d'*Avvenimenti*, année V, p. 5.

[1012] M. GAMBINO, *op. cit.*, p. 9.

civile [les techniciens], en proportion d'un à trois. Tous les promoteurs doivent être fondamentalement disponibles pour une action politique **pragmatique** avec **renonciation aux habituels et rebattus points de vue idéologiques** »[1013]. Dans un second temps il faudra acquérir ou faire naître des hebdomadaires de bataille... enfin les circonstances devront permettre de compter sur l'ascèse au gouvernement d'un homme "politique" déjà en synthonie avec l'esprit du club [ou de la loge, n.d.r.]. Si l'on voulait donner une image sensible de cette situation « nous pouvons penser à une pyramide dont le sommet est constitué par Licio Gelli... [puis il faut] admettre l'existence au-dessus d'elle d'une autre pyramide qui, retournée, voit son sommet inférieur dans le visage de Licio Gelli. Celui-ci en effet est le point de jonction entre les forces et les groupes qui dans la pyramide supérieure identifient les finalités ultimes et dans la pyramide inférieure, où elles trouvent leur réalisation pratique »[1014]. Il est bon de rappeler que de l'intersection des deux pyramides ou triangles, naît l'étoile de David.

Pier Carpi raconte, dans une interview accordée à Antonio Socci, que « ... en 1977 Gelli crée l'Ompam (Organizzazione mondiale per l'assistenza massonica), qui est une des causes de l'attaque de la P2. (...) L'organisation... est reconnue par l'Unesco, par le FAO et l'ONU envoie des observateurs au premier congrès... [L'Ompam] a des positions nettement anticommunistes... [Il y a] un protocole secret, de guerre au communisme, approuvé à ce premier congrès de 77 au Brésil... [il] finit entre les mains du KGB qui donne des dispositions de détruire cette redoutable organisation qui pouvait disposer de moyens énormes, la P2 et la Maçonnerie. Se déchaîne ainsi une guerre souterraine internationale »[1015].

INFLUENCE MONDIALISTE DU JUDAÏSME ANTICHRÉTIEN

« **Dans la dispersion**, qui est la faiblesse de notre race les juifs ont raison de le dire nous **avons trouvé notre force**, qui nous a portés au seuil de la domination mondiale »[1016]. Les juifs ne sont pas réticents à admettre leur énorme influence sur le mouvement synarchique mondialiste, qui prépare le Nouvel Ordre Mondial et la Nouvelle Maison Européenne.

Déjà au XVIIème siècle Jan Amos Kominsky (1592-1670) théorisait une nouvelle société multiethnique, raciale, politique, religieuse, tendant à dépasser le Christianisme dans l'ésotérisme. Ses théories alimentèrent le Sionisme, conduisant ainsi à l'"Alliance Israélite Universelle". Le grand Maître de la Maçonnerie Crémieux (juif) soutenait que « cette alliance ne s'attaque pas seulement à notre culte mais à tous les cultes. Elle veut pénétrer toutes les religions... [elle a comme but de] faire tomber les barrières qui séparent ce qui

---

[1013] M. GAMBINO, *op. cit.*, p. 17.
[1014] M. GAMBINO, *op. cit.*, p. 13.
[1015] De *Il Giornale*, 14/5/1994, p. 11.
[1016] O. NARDI, *op. cit.*, p. 237.

doit se réunir un jour »[1017]. Crémieux encore affirme que « ... Une Jérusalem du Nouvel Ordre... doit se substituer à la double cité des Césars et des Papes. L'Alliance Israélite Universelle commence à peine, et déjà son influence se fait sentir loin »[1018]. Dans le même sens Baruch Levi à Marx : « le peuple juif (...) sera lui-même son propre Messie. Sa domination sur le monde sera atteinte au moyen de l'**unification des autres races** humaines, l'élimination des frontières et des monarchies... et au moyen de l'institution d'une **république mondiale** »[1019].

Isidoro Loeb, secrétaire de l'*Alliance Israélite Universelle* admettait lui aussi que « ... ce qui est certain, c'est que, avec ou sans Messie personnel, les juifs constitueront le centre de l'humanité, autour duquel les non juifs se grouperont après leur conversion. Les Nations se réuniront pour aller porter leurs hommages au peuple de Dieu »[1020]. Très réaliste est Zur Beer quand il soutient que « sans avoir été absorbé, aujourd'hui l'esprit juif domine là où avant il était tout juste supporté... Nous contrôlons le marché de l'or... l'esprit juif a conquis le monde »[1021]. Jacob de Haas, parlant de la Révolution russe de 1917 affirme qu'elle est une révolution juive[1022]. J. Bidegain s'exprime très ouvertement concernant la Maçonnerie. « ... La Franc-Maçonnerie, qui est incontestablement d'origine juive, est, pour les israélites, un instrument d'action et de combat dont ils se servent secrètement... Les juifs ont créé la Maçonnerie dans le but d'y enrôler les hommes qui n'appartiennent pas à leur race... Les juifs... qui n'ont pas perdu leur foi en la reconstruction du Temple, cachent, sous cette parole symbolique... la volonté, de faire, du monde entier, un temple gigantesque où les enfants d'Israël soient prêtres et rois, et où tous les hommes... réduits à la servitude par l'organisation capitaliste, travailleront à la gloire de Jahvé »[1023].

Sans commentaire pour leur prégnance sont les mots d'un auteur juif : « *Il n'existe qu'un seul problème sur la terre, et c'est le problème d'Israël* »[1024].

DANGERS

D'après ce qui est exposé jusque-là, il est évident que l'humanité court un grave danger : il est donc de notre devoir de lancer un **cri d'alarme.** Avec les dernières lois approuvées presque partout, quiconque ose montrer la perfidie de la religion talmudique est immédiatement accusé d'antisémitisme et condamné. Si les fautes imputées au Judaïsme se révélaient des calomnies, cette attitude vexatoire serait juste, mais si on réussit à démontrer que la "perfidie" (au sens théologique) de la religion juive postbiblique est réelle, ces

---

[1017] H. DELASSUS, *Le problème de l'heure présente*, Desclée, Lille-Paris 1905, vol. I p. 396.
[1018] Cf. Archives Israélites, 1861.
[1019] *Revue de Paris*, ann. 35, n° 2, p. 574.
[1020] I. LOEB, *La Littérature des pauvres dans la Bible*, Paris, 1892, p. 218.
[1021] *Die Geheimnisse*, 3° ed. 1919, p. 17.
[1022] In *The Macabean* cité par O. NARDI, *op. cit.* p. 241.
[1023] J. BIDEGAIN, *Grand Orient, ses doctrines et ses actes*, p. 186, cité in DELASSUS, *op. cit.*, p. 363.
[1024] J. IZOULET, *Paris capitale des religions, ou la mission d'Israël*, Albin Michel, Paris 1926, p. 56.

condamnations devraient inspirer de la crainte seulement aux nigauds ou aux lâches. En 1970 Umberto Greco (sous le pseudonyme de Verminjon) écrivait : « Je me propose de dévoiler les coulisses que nous ne voyons pas. L'humanité se trouve déjà au bord d'un abîme, à cause du Judaïsme manœuvrant dans l'ombre, qui, comme un marionnettiste, nous agite »[1025].

LE DANGER JUDÉO-MASSONIQUE

Le Judaïsme est une idéologie animée par le **désir de vengeance**. Le grand rabbin de Rome Elio Toaff déclarait en 1994 à un journaliste qui lui demandait s'il n'y avait pas une limite de temps à la rancœur : « La limite de la **rancœur** est la vie humaine »[1026]. Cette rancœur que les juifs nourrissent envers tout *"goy"* (non juif) et spécialement envers les chrétiens[1027] les porte à les brimer avec toute sorte d'injustices. Marcus Eli Ravage écrivait : « Nous avons été la cause première non seulement de la dernière guerre, mais presque de toutes vos guerres »[1028].

HISTORIA MAGISTRA VITÆ

Avant l'avènement de Jésus-Christ les Israélites étaient le peuple élu de Dieu, mais ils se montraient déjà (sauf les rares exceptions des Patriarches et des Prophètes) un "peuple à la tête dure", avide d'argent jusqu'à adorer le veau d'or. Eh bien, depuis l'Ancienne Alliance ils avaient la caractéristique qui s'est aggravée avec le déicide de "mettre à côté des personnes qui ont des fonctions hautement directives, des femmes de race juive"[1029]. Sous les Romains, l'emPÈREur Tibère appela la communauté juive romaine "un péril pour Rome"[1030]. L'emPÈREur Claude les expulsa de Rome. Sénèque prononça la phrase historique : *"judei victoribus victi legem dederunt"* (les juifs même s'ils sont vaincus dicteront la loi aux vainqueurs)[1031]. Dioclétien promulgua des lois restrictives contre eux. Cicéron, dans *Oratio pro Flacco*, prétend craindre la cohésion juive. Poppée, par exemple, la femme de Néron était une convertie au Judaïsme et prosélyte de la porte[1032]. Voici que, de derrière les coulisses, on aperçoit l'ombre de celle qui dressait Rome à persécuter les Chrétiens ; Tertullien confirme « *Sinagogæ Judeorum fontes persecutionum* »[1033].

[1025] VERMINJON, *Le forze occulte che manovrano il mondo*, tip. S.A.T.E.S., Roma 1970, p. 6.
[1026] *La Stampa*, 4 novembre 1994, p. 20.
[1027] Cf. MGR G. B. PRANAITIS, *Christianus in Talmude Judeorum*, Pietroburgo 1842.
[1028] *Country Magazine*, n° 3-4, 1928 ; cité in VERMINJON, *op. cit.*, p. 23.
[1029] VERMINJON, *op. cit.*, p. 28.
[1030] Cf. SVETONIO, *Vite dei Cesari*.
[1031] *De superstitione*, ed. Bipont, 1782, vol. IV, p. 423.
[1032] Cf. TACITE, *Annales*, ch. 61, livre X.
[1033] TERTULLIEN, *Scorp.*, c. X.

« L'influence juive parmi les Romains devint, à un moment donné, si prépondérante que l'on voit pour la première fois, monter sur le trône des Césars un emPÈREur d'origine juive... Septime Sévère l'Africain... ayant mis à mort ses ennemis introduisit une dangereuse innovation : le service militaire obligatoire dans tout l'empire à l'exception des italiens, à qui au contraire il était interdit. Désormais ils étaient à la merci des légions étrangères... le terrain étant préparé comme on voulait, commença... une période d'anarchie et de désastres ; Rome ne tarda pas à être envahie par des barbares et... anéantie. S'accomplissait ainsi la vengeance de la Synagogue pour la destruction de Jérusalem opérée par Titus. Aujourd'hui nous voyons encore trôner au Forum romain l'un contre l'autre deux seuls arcs de triomphe : celui de Titus et celui de Septime Sévère... Que la postérité tienne compte que si Rome a vaincu Israël, Israël a détruit Rome »[1034]. Il n'y a pas eu de peuple dans le passé auprès duquel les juifs n'aient pas réussi à s'infiltrer, et qui n'ait pas ressenti à un certain point la nécessité de se libérer et de se défendre d'eux. L'unanimité de réaction, comme remarque aussi Bernard Lazare[1035], provient du fait que la religion talmudique est tellement malveillante et encline au crime que les autres peuples ont été contraints d'en refuser l'oppression, y compris par la force.

JUDAÏSME, BOLCHÉVISME ET PLOUTOCRATIE

Comme nous l'avons vu plus haut le Judaïsme a fondé la Maçonnerie pour imposer son "credo" au monde entier, celui des *'goyim'*[1036], en commençant sa pénétration à travers les classes haut placées, et en séduisant les classes pauvres par le marxisme et le bolchevisme.

Communisme et supercapitalisme ne sont donc pas essentiellement ennemis, même s'ils semblent l'être ou le deviennent accidentellement dans certaines circonstances. En réalité ce sont des tentacules de la même pieuvre, qui au moyen de la haine des classes suscitée entre pauvres et riches, détiennent un pouvoir de fer sur tous, pourvu qu'ils soient *goyim*. L'origine juive de Marx, Trotski et Lénine est connue, et celle des femmes de Staline, et de Molotov, qui précisément en vertu de sa parenté avec la puissante famille des Karp, put maintenir de bons rapports avec cette dynastie de la haute finance judéo-américaine[1037]. Bolchevisme et ploutocratie sont unis au sommet du Judaïsme : la contradiction n'est qu'apparente, puisque la dictature communiste en dépouillant les *goyim* de la propriété privée, la rend à l'Etat, unique supercapitaliste ou ploutocrate. Les masses prolétaires sont utilisées à des fins antibourgeoises ; souvent elles se font l'illusion d'instaurer un régime dans lequel figure la justice distributive, alors qu'elles seront dépouillées de la liberté et des biens et ensuite

---

[1034] VERMINJON, *op. cit.* pp. 29-31. Cf. aussi U. BENIGNI, *Storia sociale della Chiesa*, cité in *Sodalitium* (éd. ital.) n° 43, pp. 29-33.
[1035] BERNARD LAZARE, *L'Antisémitisme*, Documents et Témoignages, Vienne 1969.
[1036] Cf. *Sodalitium* n° 34, pp. 21-46.
[1037] "Les grands fournisseurs américains à l'URSS de bateaux, armes, machines, utensiles, etc.... passèrent tous par la Famille Karp" [VERMINJON, *op. cit.* p. 43].

brimées par une dictature ou tyrannie, celle de l'Etat-patron (et supercapitaliste). À sa tête, même si cachés derrière de tierces personnes (il suffit de penser au multimilliardaire américain Hamer), il y a souvent les juifs qui, dans le transfert général des propriétés, s'emparent *ipso facto* de tous les biens des non juifs.

DIFFICULTÉS

Cependant à la réalisation de ce plan diabolique s'oppose l'intelligence des *goyim* : c'est alors que la Synagogue talmudique essayera par tous les moyens d'abaisser le niveau intellectuel des peuples et, avec lui, la capacité de discernement du danger imminent ; tout devient instrument dans ce but, de la diffusion de l'immoralité qui abaisse l'homme au niveau de la brute, à la presse ; des spectacles impudiques et obscènes à la drogue ; en somme tout vice est utile pour enlever aux peuples la faculté de raisonner.

USA ET JUDÉO-MAÇONNERIE

Benjamin Franklin (qui était pourtant franc-maçon) disait aux Américains à la Convention Constitutionnelle de Boston de 1789 : « Si les juifs ne sont pas exclus des États-Unis… d'ici moins de cent ans ils nous gouverneront et nous détruiront… je vous avertis… si vous n'éliminez pas les juifs… vos fils et vos petits-fils vous maudiront dans vos tombes. **Les idées des juifs ne sont pas celles des américains** »[1038].

Et quand on parle des Américains il ne faut pas confondre le peuple américain, première victime de la judéo-maçonnerie, avec les gouvernants, pour la plupart juifs et francs-maçons.

Le problème américain

Il faut cependant savoir qu'en Amérique existe un vrai problème : **le culte de la liberté**. La liberté, entendue non comme faculté avec laquelle on choisit le moyen le meilleur pour faire le bien, mais comme "licence" ou libertinage : vouloir faire tout ce qui plaît, même le mal ; la liberté de religion, de culte ou d'expression. « L'attachement à la liberté [écrit un prêtre américain, n.d.r.] représente… l'essence de la culture américaine »[1039]. Cette idolâtrie n'est pas seulement américaine ; malheureusement aujourd'hui toutes les démocraties européennes sacralisent la liberté. Le culte de la liberté est étroitement lié à la Maçonnerie (même la Maçonnerie américaine), qui tend à libérer l'homme de la "tyrannie" de l'Église catholique et de Jésus-Christ ! La culture américaine a été imprégnée de principes contraires à la Foi catholique, grâce à l'influence qu'ont eue en Amérique la Judéo-maçonnerie et le Protestantisme, avant que le Catholicisme puisse s'y implanter et prospérer. Même le clergé américain n'a pas été épargné par cette influence. Au XIXème siècle le clergé était divisé en

---

[1038] Cité in VERMINJION, *op. cit.*, p. 73.
[1039] ABBÉ D. SANBORN, in *Sodalitium* n° 45, p. 41.

deux tendances : les catholiques-libéraux et les anti-libéraux. Les premiers faisaient leur le culte de la liberté (ou mieux de la "licence") ; alors que les anti-libéraux le réfutaient puisqu'il affaiblissait la pureté de la Foi. Ce furent malheureusement les catholiques-libéraux qui prévalurent. Donc le Catholicisme qui s'est développé en Amérique a fait abstraction (dans la plupart des cas, sauf les exceptions valables) du principe catholique de la soumission de l'État à l'unique vraie Église, celle fondée par Jésus-Christ, l'Église catholique apostolique et romaine. Elle seule a droit à la liberté (puisque seule la vérité a des droits, non l'erreur) ; les autres confessions peuvent être tolérées pour empêcher un dommage plus grand, mais ne sont pas sujet de droit. Jésus est Roi, non seulement du fidèle pris individuellement, mais de la société dont il reçoit un culte publique, et ce culte est uniquement celui qu'il a institué : le culte catholique-romain. En Amérique au contraire, le droit à la liberté d'action pour toutes les écoles de pensée et les différentes confessions religieuses est considéré comme sacro-saint même par une grande partie du clergé (déjà avant le Concile Vatican II).

Malheureusement aussi les catholiques en Amérique ont accepté la culture protestante et maçonnique préexistante aux U.S.A. et y sont tenacement attachés. Ils ont ainsi uni ce que Dieu avait divisé : la Foi catholique avec le culte de la liberté absolue. Révéler ces vérités signifie peut-être dénigrer l'Amérique ? Je laisse la parole à l'abbé Sanborn (prêtre américain) : « Il y a dans le système américain quelque chose de très imparfait en ce sens que c'est un Pays qui ne professe publiquement et officiellement aucune religion... Il n'est en aucune façon contraire à la justice de son propre pays, de signaler ses erreurs, en particulier ses erreurs systématiques... Personne ne me convaincra jamais que l'indifférence du gouvernement américain vis-à-vis de Dieu est une chose qui Lui agrée »[1040]. Que nous sommes loin de certains "catholiques" italo-brésiliens qui bien que se faisant passer pour "intégristes" nous proposent comme modèle l'Amérique, le libéralisme conservateur américain ; l'un d'eux est même arrivé à mieux apprécier la Maçonnerie américaine puisque tolérante en matière religieuse et, naturellement, anticommuniste et philo-latifundiste !

QUI GOUVERNE L'AMÉRIQUE ?

En vérité la nation la plus fortement soumise aux intérêts juifs est aujourd'hui l'Amérique, où ce ne sont pas tant en réalité les Présidents américains qui gouvernent qu'au contraire le Gouvernement central juif ou'Kahal', qui à son tour dirige les gouvernements régionaux ou'Kehillah', les loges et les gouvernements. Paul Finley a écrit : « Le premier ministre d'Israël a beaucoup plus d'influence sur la politique étrangère des EtatsUnis au Moyen Orient, que dans son Pays »[1041]. Alain Cotta : « Aux États-Unis, où vivent six millions de juifs, leur voix, peut être déterminante puisque la majorité électorale... peut être atteinte grâce à un écart de 3 ou 4%... En 1988 les élections américaines pour le Sénat exigeaient un

---

[1040] *Ibid.*, pp. 54-55.
[1041] P. FINLEY, *They dare to speak out*, Lawrence Hill, Chicago 1989, p. 92.

effort publicitaire de 500 millions de dollars »[1042]. Wrofsky affirme : « Le *lobby* le plus puissant officiellement accrédité au Capitole est l'*American Israel Public Affairs Comitee* »[1043]. L'ex-premier ministre anglais Clement Attlee fit en son temps cette déclaration : « La politique des États-Unis en Palestine était modelée par le vote des juifs et par les subventions des plus grandes firmes juives »[1044]. John F. Kennedy, lors de sa première rencontre avec Ben Gourion lui dit : « Je sais que j'ai été élu grâce au vote des juifs américains : je leur dois mon élection. Ditesmoi ce que je dois faire pour le peuple juif »[1045]. Après Kennedy, Lyndon Johnson alla encore plus loin. Un diplomate israélien écrivit : « [avec la mort de Kennedy, n.d.r.] nous avons perdu un grand ami, mais nous en avons trouvé un meilleur... Johnson est le meilleur ami que l'État juif ait eu à la Maison Blanche »[1046]. En effet Johnson appuya largement la guerre des six jours. À ce moment-là 99% des juifs américains défendait le Sionisme : « Etre juifs aujourd'hui signifie être liés à Israël »[1047]. Carter aussi continua dans la même voie et déclara à la synagogue d'Elisabeth : « J'honore le même Dieu que vous. Nous (baptistes) étudions la même Bible que vous... La survivance d'Israël... est un devoir moral »[1048]. Paul Finley, dans son livre *They dare to speak out*, publié en 1985, a décrit le fonctionnement actuel du *lobby* sioniste et son pouvoir. Cette véritable « succursale du gouvernement israélien » contrôle le Congrès et le Sénat, la Présidence de la République, le département d'État et le Pentagone, tout comme les media, et exerce son influence tant dans les Universités que dans les Églises. Aucune décision concernant Israël ne peut être prise, au niveau exécutif, sans qu'elle soit immédiatement connue du gouvernement israélien.

[1042] A. COTTA, *Le capitalisme dans tous ses états*, Fayard, Paris 1991, p. 158.

[1043] MELVIN I. WROFSKY, *We are one ! American jewry and Israel*, Ander Press-Doubleday, New York 1978, p. 265.

[1044] C. ATTLEE, À *Prime Minister Remember*, Heinemann, London 1961, p. 181.

[1045] E. TIVNAN, *The lobby*, p. 56.

[1046] I. L. KENAN, *Israel's defense line*, Prometheus, Buffalo 1981, pp. 66-67.

[1047] S. AVINERI, *The Making of Modern Sionism*, Basis Book, New York 1981, p. 219.

[1048] *The Time*, 21-06-1976.

Tombe du P. Tomaso da Sardegna à Damas

Georges Virebeau a écrit un intéressant ouvrage intitulé : *Mais qui gouverne l'Amérique* ? On peut y lire : « L'Amérique veut dominer le monde !... La vérité est différente : ce ne sont pas les Américains, le peuple américain, qui veut dominer la planète, mais les forces qui régentent l'Amérique »[1049]. L'auteur démontre avec de nombreuses citations que la haute finance contrôle le Parti Démocrate et le Parti Républicain, et par conséquent la politique américaine. Les représentants de la haute finance sont : Lehman, Baruch, Rosenwald, Guggenheim, Rockefeller, Lewinsohn...

« Bernard Baruch, du *B'naï B'rith*, était le numéro un du *brain trust* du Président Roosevelt, qui comptait une demi-douzaine de ses amis, eux aussi étroitement unis au célèbre Ordre international maçonnique »[1050].

« Le Président Gerald Ford, francmaçon, avait atteint le 33° degré lorsqu'il succéda à Nixon.

Carter accéda à la Maison Blanche en 1977... Il avait été choisi et propulsé par la Trilatérale... En 1978, Jimmy Carter appela auprès de lui un nouveau conseiller, Edward Sanders, qui quitta la présidence de l'*American Israel Public Affairs Comittee*, une organisation contrôlée par le *B'naï B'rith*, pour devenir officiellement le conseiller du Président »[1051]. Quand Ronald Reagan arriva à la Maison Blanche, bien que n'étant pas affilié à la *Trilateral*, ou au *C. F. R.*, ou au *Bilderberg* ou au *B'naï B'rith* et pas non plus à la Maçonnerie, il ne rompit pas avec les habitudes prises par ses prédécesseurs : en effet son Vice-Président George Bush, était membre du *C. F. R.* et de la *Trilateral* ; son Secrétaire d'Etat, le général Haig, était un adepte du *C. F. R.*, comme son secrétaire au Trésor, Donald T. Regan ; son secrétaire à la Défense, Weinberger, était de la *Trilateral*. Pour ce qui est de Clinton le 16 septembre 1992 le *Jewish Post* écrivait : « Sur sept conseillers de Clinton cinq

---

[1049] G. VIREBEAU, *Mais qui gouverne l'Amérique ?*, éd. Henry Coston, Paris 1991, p. 3.

[1050] Ibid., p. 5.

[1051] *Ibid.*, pp. 10-11.

sont juifs ». En 1995 les conseillers juifs sont neuf sur dix. En décembre 1996 Clinton change de secrétaire d'État et choisit Madeleine Albright, juive née en Tchécoslovaquie[1052].

Evidemment les Présidents passent, les Sociétés secrètes restent... « Il y a à Washington, une force plus discrète, mais étrangement plus puissante que le Président de la République : ce sont les Sociétés secrètes, qui ont infiltré le Gouvernement, le Parlement et qui dictent littéralement leur loi aux représentants du peuple américain »[1053].

L'ANTICLÉRICALISME

L'Église catholique est le principal ennemi de la judéo-maçonnerie dont le projet spécifique est de « ... travailler sans trêve pour [en] diminuer l'influence. Il convient donc d'imprimer dans l'esprit de ceux qui professent la Religion chrétienne les idées de libre pensée, de scepticisme, de schisme et provoquer des querelles religieuses. Logiquement il convient de commencer par mépriser les ministres de cette religion... en provoquant des soupçons sur leur dévotion, sur leur conduite privée »[1054].

C'est le propre de la Synagogue juive de voir dans le clergé son ennemi, comme l'affirme déjà St Jean Chrysostome[1055] ; son but, d'après l'un des plus grands spécialistes du rabbinisme, est d'» abattre la Religion chrétienne »[1056]. C'est pourquoi Verminjon, se référant à l'œuvre du juif converti Pèrgola[1057], soutient que le Judaïsme n'est pas une religion mais une école d'impiété.

LE REMÈDE

Face a une conjuration d'une telle ampleur, le salut dépend avant tout de l'intervention de Dieu et aussi de notre conduite. Ce n'est que si les hommes, coopérant avec Dieu, essayent de réagir en se vainquant eux-mêmes et en luttant contre la triple concupiscence, le monde et le démon, qu'ils pourront changer substantiellement les choses. Il faut comprendre qu'à partir du déicide le Judaïsme est mû, dans sa haine du Christ, par l'envie et par l'orgueil, comme l'affirmait déjà St Thomas[1058], et qu'actuellement aussi il exerce le rôle de tentateur des âmes, quand ce n'est pas celui de fouet.

[1052] *Il Foglio*, 11 décembre 1996. *La Stampa*, 5 février 1997.
[1053] *Ibid.*, p. 14.
[1054] Discours-programme tenu par le Rabbin Reicborn au'Raleb'de Prague en 1880, et publié par Sir John Radcliff sur *Le Contemporain* le 1/7/1886. Cf. VERMINJON, *op. cit.*, p. 86.
[1055] ST JEAN CHRYSOSTOME, *Contra Judeos*, hom. I.
[1056] BUXTORFIUS SENIOR, *Synagoga Judaica*, Bâle, 1603, p. 24.
[1057] DANIELE PERGOLA, *Gli ebrei popolo reietto e maledetto da Dio*, Torino 1886.
[1058] ST THOMAS D'AQUIN, *Super Matt.* XXVII, 18 ; n° 233, Marietti, Torino 1951.

Et nous, que faisons-nous alors que le Sanctuaire brûle ? Nous nous occupons hélas d'une myriade de choses contingentes, et peut-être même importantes, mais nous ne pensons pas à nous sauver en éteignant le feu.

« Ah ! permettez-moi écrivait St Louis Marie de Monfort de crier partout : Au feu, au feu ! À l'aide, à l'aide ! Au feu dans la maison de Dieu, au feu jusque dans le Sanctuaire ! À l'aide de notre frère qu'on assassine, à l'aide de nos enfants qu'on égorge, à l'aide de notre bon père qu'on poignarde !... *Exsurge, Domine, quare obdormis ? Exsurge...* Seigneur, levez-vous !... pour vous former une compagnie choisie de garde-corps, pour garder votre maison, pour défendre votre gloire et sauver vos âmes, afin qu'il n'y ait qu'un bercail et qu'un pasteur... Amen ! »[1059]

Verminjon écrivait : « Mais je crains fort que prétendre à l'intelligence et à la réaction de nos jours, ne soit complètement impossible, étant déjà peut-être, réellement, plus temps. Et ce à cause de la dégradation morale à laquelle nous sommes arrivés, qui a fait précipiter le niveau de l'intelligence humaine... par terre... Comment sortir de ces ténèbres ? Il n'y aurait rien d'autre à faire qu'à **élever** à nouveau le **niveau de la moralité et de l'intelligence**, mais de cela, aïe ! combien nous sommes éloignés. Combien de difficultés s'y opposent ! **Que Dieu nous aide !**... [Hélas] nous avons subi un tel lavage de cerveau que nous ne sommes plus capables d'entendre des choses sérieuses,... seule une force surhumaine pourrait encore nous ouvrir les yeux... Ou nous crions aujourd'hui à haute voix ou notre bouche restera fermée pour toujours »[1060]. Certainement il faut avoir courage et force pour ne pas se laisser intimider par les systèmes employés par l'ennemi. Par exemple d'après Verminjon, souvent ce sont les juifs qui orchestrent une campagne artificielle d'antisémitisme pour localiser la plus forte réaction au Judaïsme et pour obtenir des gouvernements des lois en leur faveur et pour réduire au silence quiconque ose combattre le Judaïsme, en mobilisant gouvernements, institutions et opinion publique. (Et ici il faut rappeler que l'antijudaïsme n'a rien de commun avec l'antisémitisme et le préjugé raciste). Il ne faut cependant pas se laisser intimider par ces manœuvres mais continuer à proclamer la vérité, fût-ce même *usque ad effusionem sanguinis*, se rappelant que, même si aujourd'hui on semble perdants et vaincus, la victoire à la fin ne fera pas défaut, puisqu'elle a été prophétisée par Notre-Seigneur Jésus-Christ, la Vérité infaillible : « *Portæ inferi non prævalebunt* ».

UN PATRON DANS LA BATAILLE CONTRE LA JUDÉOMAÇONNERIE : LE PÈRE KOLBE

« Maintenant que la lumière est faite et que le secret est évident, il est temps d'ouvrir les yeux sur l'ampleur du péril et de rassembler les forces du Christianisme en vue de la défense

---

[1059] SAINT LOUIS MARIE DE MONFORT, *Prière embrasée*.
[1060] VERMINJON, *op. cit.*, pp. 145-7.

commune. C'est une question de vie ou de mort... Que les orateurs et la presse qui ne sont pas liés au maçonnisme juif parlent clairement et fulminent pour illuminer ceux qui ne voient pas la machination dénoncée... ne signifie pas offenser ou manquer à la charité... mais est légitime défense non seulement pour les corps mais plus encore pour les âmes. C'est suivre l'exemple du Christ, qui a eu des paroles de feu contre les dirigeants d'Israël.

Ce qui serait un manque de charité... serait au contraire de maintenir un **silence glacial** sur l'action de perversion des ennemis du Christ et de la société »[1061].

Face à l'objection répandue et stupide selon laquelle Jésus-Christ aussi était de race juive et que par conséquent il faut vénérer le Judaïsme et considérer les juifs comme des *frères aînés*, on doit répondre avec St Thomas que l'on ne doit pas vénérer les anges rebelles, en haine de Dieu le Père, par le seul fait qu'ils furent des anges.

Il faut au contraire, dans la charité, mettre en garde contre les risques du philo-judaïsme régnant ; suivons en cela les traces du Père Kolbe[1062], qui fut infatigable à dénoncer le danger maçonnique et le danger juif et à attirer tout le monde à la vraie foi en Notre-Seigneur Jésus-Christ ; « ... dans ce but il conçut la résolution de se livrer de toutes ses forces à **faire barrage** contre ces mouvements... [et] dans cette perspective... fonda la Milice de l'Immaculée »[1063]. Le religieux franciscain nous a laissé un enseignement lumineux concernant le danger judéo-maçonnique : « Dans les années précédant la guerre... à Rome, la **mafia maçonnique**... faisait la loi. (...) Elle ne renonça pas... à déployer à travers les rues de la ville... un étendard... à l'effigie de St Michel Àrchange sous les pieds de Lucifer ! (...) et même à écrire : "Satan doit régner au Vatican" »[1064]. Et il s'adressa encore aux francs-maçons et aux juifs : « Messieurs les maçons... réfléchissez... s'il n'est pas mieux de servir le Créateur... plutôt que d'obéir aux ordres de la **cruelle clique juive**, mystérieuse, rusée, méconnue et qui vous hait ? Et à vous, petite poignée de juifs... qui cachés... avez provoqué consciemment déjà tant de malheurs et êtes en train d'en préparer encore plus (...) : quel avantage en recevez-vous ? ...Ne serait-il pas mieux si vous aussi, **maçons... dupés par un groupe de juifs, et vous chefs juifs, qui vous êtes laissés séduire par Satan**... reconnaissiez le Sauveur Jésus-Christ... ? »[1065].

Que le Père Kolbe nous serve d'exemple et intercède pour nous en nous obtenant la lumière nécessaire pour voir le danger imminent sur la Chrétienté et la force pour *agere contra per diametrum, usque ad mortem.*

[1061] VERMINJON, *op. cit.*, pp. 183.
[1062] « Il est difficile de retrouver dans l'histoire des dernières décennies une figure plus héroïque et plus populaire que Maximilien Kolbe ». In R. ESPOSITO, *Santi e massoni al servizio dell'uomo*, Bastogi, Foggia 1992, p. 193.
[1063] *Ibid.*, p. 193.
[1064] *Gli scritti di Massimiliano Kolbe*, Città di Vita, Firenze 1975-1978, 3ème volume, p. 771.
[1065] *Ibid.*, p. 299.

Le P. Maximilien Kolbe à l'âge de 19 ans

Conclusion. Christianisme ou Judaïsme : telle est la suprême alternative !

Le Christianisme est bien plus en opposition avec le Judaïsme qu'avec le paganisme ou avec n'importe quelle autre fausse "religion". En effet le Judaïsme par l'intermédiaire de la Cabale impure et du Talmud a essayé d'ensevelir la Bible et a mis en croix Notre-Seigneur Jésus-Christ.

Le Christianisme est la religion qui affirme la divinité du Christ, le Judaïsme est le système qui la nie le plus radicalement et la crucifie : c'est pourquoi l'opposition entre Christianisme et Judaïsme n'est pas seulement de contrariété mais de contradiction.

De là naît la suprême alternative pour les individus comme pour les nations : ou sainteté chrétienne ou gnose juive.

Je termine par la citation d'une oraison du IIIème Dimanche de Carême tirée du rite ambrosien : « Oh combien perfide, pertinace, l'inique peuple juif, qui ne veut pas reconnaître le Père céleste et se glorifie dans sa descendance... ô peuple ingrat !... nous au contraire... nous avons pris la place et le royaume des juifs. Par le Christ Notre-Seigneur »[1066].

[1066] "Les juifs écrivaient Giuliotti et Papini n'auraient pas pris le pouvoir qu'ils ont et n'auraient pas tant d'outrecuidance, si les chrétiens étaient vraiment chrétiens et n'avaient pas adopté les valeurs juives. La conversion des chrétiens au Christianisme apporterait la fin du sémitisme et donc de l'antisémitisme et peut-être la conversion des juifs eux-mêmes à la Vérité crucifiée en Judée". In GIULITTI PAPINI, *Dizionario dell'omo selvatico*, Firenze 1923, p. 190.

LE GRAND KAHAL : UN TERRIBLE SECRET

Par M. l'abbé Curzio Nitoglia

INTRODUCTION

En étudiant le problème juif, je suis tombé encore une fois sur un secret : celui du Kahal. Peu d'auteurs en ont traité et tous en restent à l'œuvre fondamentale d'un juif converti, Jacob Brafmann, qui est presque totalement introuvable.

Après de longues et difficiles recherches, j'ai réussi à en trouver la traduction (manuscrite) en langue française (l'original existe aussi en russe, au *British Museum*, de même qu'une version en polonais et une en allemand).

Jacob Brafmann, un russe d'origine juive, se convertit au Christianisme à trente-quatre ans et fut nommé professeur d'hébreu au Séminaire théologique gouvernemental de Minsk. En 1870 il publia en langue russe, à Vilnius, son œuvre *Le Livre du Kahal*. Les juifs achetèrent pratiquement tous les exemplaires et les détruisirent. Cependant un exemplaire fut sauvé et il y eut aussi une traduction française de l'ouvrage qui parut en 1873, intitulée : *Livre du Kahal. Matériaux pour étudier le Judaïsme en Russie et son Influence sur les populations parmi lesquelles il existe*.

L'Encyclopaedia Judaica écrit à ce sujet :

« Brafmann attaqua l'organisation juive (Kahal) dans différents périodiques russes, en la décrivant... comme un État dans l'État et affirma qu'elle faisait partie d'une conspiration internationale juive. En 1869, Brafmann... publia le Livre du Kahal, une traduction en russe des minutes de la Kehillah de Minsk... Bien que Brafmann ait été accusé de faux, **en réalité son livre était une traduction très consciencieuse de documents**, il a servi à de nombreux chercheurs comme **source historique** pour la connaissance de la vie interne du Judaïsme russe au XIXème siècle »[1067]. Le Livre du Kahal n'est donc pas un faux comme le seraient les *Protocoles des Sages de Sion* (même s'ils disent la vérité), ainsi que l'a affirmé récemment Norma Cohn[1068], mais plutôt "une source historique", d'après l'avis de l'autorisée Encyclopédie Juive ! Et est étudié comme telle.

Il existe ensuite un autre ouvrage très sérieux, qui est comme la reproduction du livre de Brafmann ; il s'agit de l'étude de Kalixt de Wolski, *La Russie juive*[1069]. Cette œuvre aussi connut le même sort que celle de Brafmann ; heureusement j'ai réussi à m'en procurer une copie. Enfin Vial, s'inspirant du livre de Wolski, écrivit en 1889 un intéressant ouvrage

---

[1067] *Encyclopaedia Judaica*, Jérusalem 1971, vol. IV, col. 1287-1288.
[1068] N. COHN, *Histoire d'un mythe*, Gallimard, Paris 1967, pp. 58-59.
[1069] KALIXT DE WOLSKI, *De la Russie juive*, Savine Éditeur, Paris 1887.

intitulé *Le Juif sectaire ou la Tolérance talmudique*[1070], qui constitue un excellent résumé de la question.

Ce sont les trois sources principales auxquelles j'ai puisé ; je citerai au cours de l'article d'autres études sur ce sujet publiées par la suite.

Dans le présent article donc, j'essayerai de jeter un peu de lumière sur le mystère du Kahal, en me prévalant de l'œuvre de Brafmann et d'autres livres ou articles (en vérité rares, mais sérieux) écrits sur ce thème brûlant et de grande importance et actualité.

EXISTE-T-IL ENCORE UN TRIBUNAL JUIF ?

Chaque peuple, religion et société a ses lois et ses tribunaux. Le peuple juif ne fait pas exception ; dans l'Ancien Testament il était gouverné par le Sanhédrin. Après la destruction de Jérusalem et la dispersion, privé qu'il était d'une organisation étatique, a-t-il maintenu, sous une forme secrète, des tribunaux héritiers de l'ancien Sanhédrin ? Nous verrons comment d'après différentes sources on peut répondre affirmativement. Je citerai avant tout des auteurs connus et sérieux tels que Monseigneur Jouin, Léon de Poncins, Hugo Wast (pseudonyme de G. Martinez Zuviria) et Henry Ford. L'existence du Kahal sera ensuite confirmée par les auteurs juifs Simon Schwarzfuchs et Israël Shahak.

Serguei Nilus, auteur des Protocoles des Sages de Sion

[1070] L. VIAL, *Le Juif sectaire ou la Tolérance talmudique*, Fleury, Paris 1899.

Monseigneur Jouin

Dans la très célèbre et prestigieuse *Revue Internationale des Sociétés Secrètes*[1071] on peut lire un intéressant article sur le Kahal, qui ouvre de vastes horizons et incite à aller aux sources.

Dans cet article on apprend que pour les juifs le Talmud est la **loi**, mais pour ce qui concerne son application, il faut qu'existe un **pouvoir exécutif et judiciaire**, et ceci appartient à un groupe restreint de magistrats. Le **collège souverain** de ces juges est le **Kahal**, qui signifie : assemblée, réunion, communauté.

Le Kahal est donc l'assemblée des représentants d'Israël. Cette institution remonte aux temps les plus anciens, par exemple au temps de Moïse[1072]. Malgré la Dispersion (130 après J.-C.) le Kahal ne perdit ni son influence ni son autorité, mais ne fonctionna plus au grand jour et resta confiné à l'ombre des ghettos et des synagogues.

Aujourd'hui comme hier, le Kahal est le régulateur de la vie juive. « Il représente le gouvernement d'une nation sans territoire [au moins jusqu'en 1948, n.d.a.], mais néanmoins réelle et agissante. Il est un État qui se superpose, et souvent s'oppose, aux Etats dans lesquels vivent les juifs »[1073]. **Son but est de maintenir intact et isolé le peuple juif dispersé dans le monde**, afin que d'un côté il ne soit pas discriminé et de l'autre qu'il ne perde pas son identité par l'assimilation ; jusqu'au jour où le peuple d'Israël aura la domination absolue sur le monde entier. Comme l'écrivait en 1925 Albrecht, ce jour d'après les cabalistes devrait commencer en 1966 ! (Un an après *Nostra Ætate*).

Léon de Poncins (3 novembre 1897-18 décembre 1975)

Léon de Poncins et le Kahal

Le célèbre auteur français écrit : « Il n'est pas douteux que les Juifs aient une organisation très disciplinée. Il est presque impossible à un non-Juif d'en pénétrer les détails secrets, mais ses manifestations extérieures montrent une autorité et un pouvoir occulte indéniables »[1074]. L'auteur parle aussi « de

---

[1071] E. JOUIN, R.I.S.S., 5ème, *Le péril judéo-maçonnique, deuxième partie, Les actes de la Contre-Église I, Discipline de l'Impérialisme Juif, IV, QAHAL*, édité par A. ALBRECHT, Paris 1925, pp. 89-122.
[1072] Josué, XXIII, 2 XXIV, 1.
[1073] A. ALBRECHT, *op. cit.*, p. 90.
[1074] L. DE PONCINS, *Les Forces Secrètes de la Révolution*, éd. Bossard, Paris 1928, p. 254.

l'existence de la **direction centrale** d'une puissance considérable »[1075], qu'est le Kahal.

HUGO WAST ET LE KAHAL

Gustavo Martinez Zuviria, Directeur de la Bibliothèque Nationale d'Argentine, et Ministre de la Justice et de l'Instruction Publique, a écrit en 1954 un intéressant livre sur le Kahal[1076].

Il écrit dans ce livre : « Peu de problèmes sont aussi difficiles à résoudre que celui du **gouvernement interne** du peuple juif. Il n'y a pas de mystère tenu plus tenacement secret... Le gouvernement du peuple juif est une véritable **société secrète**. Et comme dans toutes les sociétés secrètes il y a des initiés qui... ne parviennent jamais aux premiers rangs... Ainsi dans le Judaïsme il y a des circoncis de totale bonne foi qui ignorent la constitution et l'existence même du Kahal, c'est-à-dire de l'**autorité qui gouverne dans l'ombre le peuple juif** »[1077]. Etre juif ne signifie pas tant professer la religion juive post-templière ou post-biblique, mais surtout faire partie du peuple juif[1078] ; le juif appartient donc à une nation différente de celle par qui il est accueilli et dans laquelle il vit et prospère.

Le Kahal est un "Tribunal mystérieux, une sorte de Charbonnerie"[1079]. Les Tribunaux régionaux sont appelés Kehillah. Le Kahal est le Tribunal suprême qui dirige tous les Kehillah. Le grand Kahal, d'après notre auteur, résiderait à New York "vrai Vatican juif"[1080]. Le Kahal est l'**expression concrète du Talmud**, c'est-à-dire : **le tribunal qui juge si les pratiques talmudiques sont observées ou non**. C'est le "magistère vivant" de la Synagogue post-biblique puisqu'il applique la doctrine talmudique aux cas concrets. Avec le Kahal, qui commande et juge, il y a, subordonné à lui, le Bet-Dine, vrai **tribunal secret** : il évoque à soi toute cause et détient le pouvoir exécutif, conformément au Talmud, c'est-à-dire exécute les sentences émises par le Kahal. Donc **le Talmud est le pouvoir législatif, le Kahal est le pouvoir judiciaire, et le Bet-Dine le pouvoir exécutif**. Les trois pouvoirs agissent au sein de la Synagogue post-templière qui se sert de ces deux Tribunaux pour gouverner le peuple juif, disséminé sur la terre ou rassemblé dans l'État d'Israël à partir de 1948.

NATURE ET ORGANISATION DU KAHAL

LE SECRET DU KAHAL

[1075] *Ibid.*, p. 255.
[1076] H. WAST, *El Kahal*, editorial Aldecoa, Burgos 1954, réédité par Omnia Veritas Ltd, www.omnia-veritas.com.
[1077] *Ibid.*, p. 24.
[1078] A. ELKANN - E. TOAFF, *Essere ebreo*, Bompiani, Milano 1994, p. 13.
[1079] H. Wast, *op. cit.*, p. 43.
[1080] *Ibid.*, p. 44.

Le mystère entoure les actes pratiques du Kahal : ils doivent rester secrets ; malheur à qui ose les révéler : on condamne à l'anathème et souvent même à la mort. Jacob Brafmann eut cette audace, mais perdit la vie.

D'après Hugo Wast, le secret du Kahal serait ceci : pour conquérir le monde l'épée n'est pas nécessaire, mais un livre suffit : le Talmud ![1081]. Au moyen de l'esprit talmudique le Judaïsme se propose d'écraser le Christianisme, unique vrai bastion qui s'oppose à la domination universelle d'Israël.

Les sentiments principaux qui animent l'esprit talmudique seraient au nombre de quatre :

1°) Une ambition démesurée de dominer le monde.
2°) Une avidité insatiable de posséder toutes les richesses des non juifs.
3°) La rancœur contre le non juif, et spécialement contre le chrétien.
4°) La haine de Jésus-Christ.

Or, pour satisfaire ces quatre passions, il faut s'approprier la richesse du monde, par laquelle on pourra tout. C'est ainsi qu'au moyen de l'or la Synagogue s'emparera de toute chose, et rendra les non juifs ses esclaves. Ou du moins cela serait son plan secret (qui arrivera à sa quasi réalisation avec le Règne de l'Antéchrist)[1082]. Mais pour pouvoir arriver à cela il est nécessaire de corrompre les chrétiens, en fomentant en eux l'amour des plaisirs, du luxe et d'eux-mêmes. Etant donné que l'unique patron de l'or qui permette d'avoir plaisirs, luxe et honneur du monde sera (selon le plan du Kahal) le Judaïsme, les non juifs une fois corrompus pourront avoir les plaisirs à condition de demander l'or au juif qui seul le possède !

« La force des juifs consiste dans le fait de **savoir cacher leurs intentions propres**. Le peuple juif vit encore uniquement parce qu'il **a su maintenir un secret** durant vingt siècles de persécutions »[1083]. Ce secret est l'esprit talmudique de haine du Christ et des chrétiens et de désir de domination mondiale. La foi talmudique n'est pas dans l'au-delà ; mais dans la domination en ce monde ; son "paradis" est la terre.

LE KAHAL AUJOURD'HUI

Les informations sur le Grand Kahal aujourd'hui sont très rares : les plus récentes remontent à 1954, avec Hugo Wast et à 1996 avec Israël Shahak qui explique que les Juifs en Occident ayant acquis en 1780 l'égalité juridique et s'étant peu à peu émancipés, le pouvoir judiciaire que la Communauté juive détenait alla en diminuant[1084], surtout en Occident ; alors qu'en Orient l'émancipation a été très faible et que le Kahal a maintenu sa force. Cependant en Occident il y a eu des poches de résistance à l'assimilation, et avec le

---

[1081] *Ibid.*, p. 72.
[1082] *Ibid.*
[1083] *Ibid.*, p. 111.
[1084] I. SHAHAK, *Histoire juive Religion juive. Le poids de trois millénaires*, La Vieille Taupe, Paris 1996, p. 42.

mouvement sioniste et la fondation du B'naï B'rith (1843), le courant anti-assimilationiste (et philo-Kahaliste) a repris l'avantage. C'est pourquoi le Kahal a maintenu un certain pouvoir même après l'émancipation des juifs et l'a recouvré complètement à partir de la montée du Sionisme, et surtout après la seconde guerre mondiale avec le mythe de l'"Holocauste". Shahak écrit toujours :

« Depuis le Bas-Empire, les communautés juives possédaient des pouvoirs juridiques considérables sur leurs membres... même un pouvoir de pure coercition : la flagellation, l'emprisonnement, le bannissement, toutes sortes de peines pouvaient être infligées, en toute légalité, par les tribunaux rabbiniques... même la sentence capitale »[1085]. Et il continue :

« Beaucoup de juifs d'aujourd'hui ont la nostalgie de ce monde juif [précédant l'assimilation], ce paradis perdu... Une part importante du mouvement sioniste a toujours voulu le rétablir, et cette part l'a emporté »[1086]. L'État d'Israël et le Sionisme semblent marquer le retour du pouvoir absolu du Kahal[1087].

En 1986 Simon Schwarzfuchs a écrit un intéressant livre (pour la collection "*Présence et mémoire juive*") concernant le Kahal dans l'Europe médiévale[1088]. Il y soutient que la Communauté juive du Moyen Age, appelée Kahal, apparaît en Europe au Xème siècle.

« Elle est la continuation de la communauté juive de l'antiquité »[1089]. Les origines de la Communauté juive en Europe sont très anciennes ; il y en avait une à Rome antérieur au Christianisme. « Pendant plusieurs siècles, sans doute jusqu'au début du Vème siècle, les groupements juifs d'Europe restèrent en contact avec le patriarche de Terre Sainte et continuèrent à lui verser leur tribut »[1090]. Le Kahal régissait et dirigeait tout.

Le numéro 566 de l'hebdomadaire de la communauté juive de France "*Actualité Juive*", du 28 mai 1998 nous parle du Kahal et du Beth Din dans 4 longues pages. Elles sont très intéressantes et surtout actuelles. Nous allons les citer : "Avoir recours à un Beth Din (tribunal religieux) pour qu'il prononce un Din Torah (jugement) lorsqu'on est en conflit avec un autre juif, c'est une procédure à laquelle peu de gens pensent (...) Pourquoi faire appel à un tribunal rabbinique ? (...) Le Rav [rabbin] Ouziel Amar tente de comprendre pourquoi la halakha affirme la *nécessité* de recourir à un tribunal rabbinique quand un litige entre deux membres de la communauté juive se présente. (...) La halakha interdit en cas de litiges entre deux membres de la communauté juive, le recours aux tribunaux civils" (p. 2). Donc l'hebdomadaire de la communauté juive de France admet qu'il y a un tribunal religieux qui *doit* prononcer un jugement quand il y a un conflit entre deux juifs, même aujourd'hui ! Cependant c'est "un choix souvent difficile (...) pour que le Din Torah (jugement) fonctionne (...), il faut que les juifs respectent les décisions des instances

---

[1085] *Ibid.*, p. 42.
[1086] *Ibid.*, p. 50.
[1087] *Ibid.*, p. 203.
[1088] S. SCHWARZFUCHS, *Kahal. La communauté juive de l'Europe médiévale*, Maisonneuve et Larose, Paris 1986.
[1089] *Ibid.*, p. 11.
[1090] *Ibid.*, p. 17.

religieuses. Sinon l'une des parties se retrouvera toujours flouée" (...) [il faut donc] "s'engager à accepter la décision du Beth Din (tribunal rabbinique) et s'y tenir" (p. 3). Rav Mardoché À maz affirme : "Première démarche : présenter le problème à un Beth Din. La Torah *interdit formellement* à un juif de soumettre un différend qui l'oppose à un autre juif à un tribunal civil. Celui qui agit ainsi en dépit de ce commandement cause (...) une profanation du nom de Dieu. (...) ce qui concerne toute la question qu'un juif peut se poser dans sa vie civile ou religieuse, où qu'il se trouve face à un problème, il *doit* alors soumettre ce problème à son Rabbin (...) afin que celui-ci puisse trouver un compromis ou une solution. (...) Un juif n'a pas le droit de traîner un autre juif devant un tribunal non rabbinique" (p. 4). Mais on s'interroge encore "Quelle peut être la validité d'un Din Thora (jugement) au regard du droit français ? Les décisions répond Katia Szleper, avocat docteur en droit du tribunal rabbinique, pour avoir une valeur au regard du Droit français, doivent être rendues dans le respect d'un certain formalisme. (...) [c'est-à-dire] doivent pouvoir être assimilées à une sentence arbitrale, (...) chacune des parties doit accepter librement de confier la résolution du litige au Beth Din (...) L'acceptation du recours au Beth Din doit être formalisée par un écrit précisant notamment l'objet du litige et le nom des rabbins saisis (...) Une position prise par le Beth Din, lorsqu'elle en respecte les formes a donc autant de valeur qu'un jugement rendu par un tribunal étatique" (p. 4).

Voilà ce que nous révèle "*Actualité Juive*". Il y a donc encore aujourd'hui (1998) un tribunal rabbinique qui doit se prononcer sur un jugement rendu par un tribunal de l'Etat.

On voit donc comment le pouvoir du Kahal grâce au Beth Din a pu perdurer jusqu'à nos jours. La Synagogue talmudique légifère grâce au Talmud, juge et fait exécuter ses jugements au moyen du Kahal et du Beth Din et gouverne ainsi encore aujourd'hui le peuple juif. Et tout cela nous est révélé par un hebdomadaire juif français et non par des antisémites ou comploteurs maniaques.

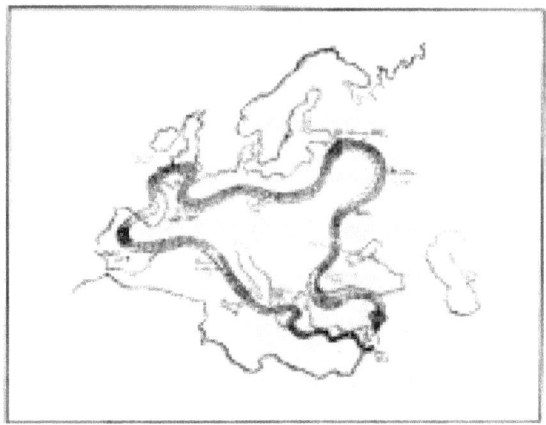

Le serpent symbolique qui représente le progrès de la conspiration juive

LE KAHAL : SA NATURE

Le Kahal représente la source de la cohésion que les juifs ont réussi à maintenir pendant deux mille ans, bien que dispersés dans le monde, sans temple ni sacrifice.

Aux grands maux qu'il a dû affronter au cours de son histoire, le peuple juif a su opposer un grand remède : le Kahal. Les juifs, dispersés dans le monde entier, après le déicide, se sont constitués comme un État dans chaque État qui les a accueillis. Aussi K. de Wolski est-il de l'avis que pour maintenir leur unité et leur cohésion et pour ne pas perdre leur identité propre, les juifs obéissent à une sorte de gouvernement occulte, tant judiciaire, le Kahal, qu'exécutif, le Bet Dine. On peut parler, dit l'auteur, d'une sorte de corporation qui représente tout Israël et qui, même étant disséminée de corps, est unie spirituellement, par le but et par les moyens[1091].

L'Église catholique est le principal ennemi du Kahal, lequel s'efforce donc d'en diminuer l'influence en mettant dans les intelligences des chrétiens les idées de libre pensée, de scepticisme, de schisme, et en provoquant ainsi les disputes religieuses, fertiles en divisions. Dans leur programme il faut avant tout commencer à discréditer les prêtres, en provoquant des soupçons sur leur dévotion, sur leur conduite privée, puis il faut gagner l'estime des jeunes, en infiltrant les écoles par des idées antichrétiennes.

LA MOREINE

La *Moreine* est la hiérarchie des charges chez les juifs. Elle commence tout de suite après la destruction du Royaume d'Israël, et a pour objectif la préservation et la conservation de la nationalité perdue, jusqu'au jour où le Messie restituera au peuple d'Israël sa gloire et son pays [ce qui n'est pas arrivé en 1948, puisque l'entité sioniste a été reconstituée de main d'homme et non par le Messie, qui est déjà venu il y a deux mille ans, n.d.a.].

Durant le long pèlerinage du peuple juif dispersé dans le monde entier, la *Moreine* est restée toujours la même mais s'est développée et a acquis une grande puissance, en se constituant peu à peu en société secrète, pour pouvoir affronter les difficultés de l'exil et en arrivant ainsi presque intacte jusqu'à nos jours.

LES MEMBRES DU KAHAL OU LA MOREINE

Le Kahal comprend deux catégories de membres : les dignitaires d'une part et les subalternes de l'autre. Kahal enseignant et disciple.

1°) Les dignitaires constituent le Grand Conseil et jouissent d'une autorité souveraine sur la Communauté juive.

2°) Les subalternes sont les secrétaires et les scribes.

[1091] K. DE WOLSKI, *La Russie juive*, Savine éd., Paris 1887, p. 2.

Parmi eux est choisi le *Persécuteur secret*, qui est l'exécuteur des sentences du Kahal[1092]. Il paraît qu'il s'engage par serment à n'épargner personne.

Il y a ensuite les *facteurs*, qui sont une sorte d'informateurs et de *factotum*.

"LE JUIF SECTAIRE" DANS SA CONDUITE PRATIQUE

Vial, dans son précieux livre, soutient que le **gouvernement secret** des juifs s'appelle Kahal et est universel et absolu. « Il réunit dans ses mains le pouvoir législatif et le pouvoir exécutif [le Bet-Dine, **branche du Kahal**, a, à proprement parler, le pouvoir exécutif, n.d.a.]. Il a le droit de vie et de mort... Il a, à ses ordres... une *magistrature* pour les imposer, une *police* pour en surveiller l'exécution, un *budget* pour alimenter sa police et ses fonctionnaires, et un *impôt* pour alimenter son *budget*...

Les décisions du Kahal ne sont susceptibles d'aucun contrôle et n'ont besoin d'approbation de qui que ce soit... Ce gouvernement secret, vieux souvenir du tout-puissant Sanhédrin, ...a toujours fonctionné, depuis la dispersion d'Israël à travers le monde, dans la mesure où le lui permettait, ce qu'il appelle aujourd'hui "l'intolérance moyenâgeuse" »[1093]. Son **code** est le Talmud, qui est véritablement la Constitution fondamentale du peuple juif, dont il résume la suprême aspiration : la conquête du monde entier. Mais cette Constitution doit être, dans la pratique, interprétée par le Kahal au moyen de ses lois.

Brafmann, dans son *Livre du Kahal* rapporte plus de mille prescriptions du Kahal, qui représentent ainsi le droit d'Israël, son code de jurisprudence[1094].

LES AGENTS DU KAHAL

Brafmann dans son ouvrage nous dit que les agents du Kahal sont employés par les juifs, non seulement dans le commerce, mais dans tous les secteurs des affaires. La fin principale de tout agent est de prendre note, scrupuleusement, des moyens par lesquels il est arrivé à corrompre l'employé de police, en faveur de son coreligionnaire. Toutes ces informations recueillies avec soin, doivent être déposées auprès du Kahal, qui se trouve ainsi en possession des moyens d'action sur l'employé corrompu, au cas où il voudrait intenter quelque action contre le Judaïsme, ou prendre une décision qui ne lui serait pas favorable[1095].

LE KASHER

[1092] Cf. J. BRAFMANN, *Le livre du Kahal*, fiche n° 148, citée par L. VIAL, *op. cit.*, p. 91.

[1093] L. VIAL, *op. cit.*, pp. 79-80.

[1094] J. BRAFMANN, *Le livre du Kahal*, fiches nn° 134, 170, 146, 148, 149, 177, 57, 261, 239, 260, 284, 21, 33, 37, 4, 156, 159, 17, 280, 281, 282, 285.

[1095] L. VIAL., *op. cit.*, p. 116.

La loi sur la cuisine *Kasher* est d'une importance capitale pour maintenir séparée la vie des juifs du reste du monde. Elle doit donc être maintenue intacte ; cette charge appartient au Kahal, interprète fidèle du Talmud.

LES CONFRERIES JUIVES

En recourant à un exemple l'on peut dire que les confréries sont les *artères* de la Société juive, alors que le Kahal en est le *cœur*. Quel est le fil mystérieux qui enchaîne et lie entre eux tous les juifs disséminés sur la face de la terre, comme une invisible et toute-puissante corporation ? Les confréries ! Chacune d'elles a son chef et très souvent sa maison de prière (succursale de la synagogue principale) ; toute confrérie est un Kahal secondaire. La plupart des membres appartient à l'*élite* traditionnelle de la Société juive, qui forme ainsi presque une légion de combattants qui entourent et défendent l'étendard du Talmud, au service du Kahal.

Blâmable couverture antisémite d'une édition française des Protocoles

LA COUR DE LA SYNAGOGUE

Elle consiste en une surface de terrain, située dans le quartier habité par la population juive, où doivent se trouver :

1°) Le Bet-Haknest (la synagogue principale). 2°) Le Bet-Gamidrasch (la maison de prière et l'école).

3°) Le Bet-Hamerhatz (les bains à vapeur). 4°) Le Bet-Hakahal (la chambre du Kahal). 5°) Le Bet-Dine (tribunal judiciaire).

6°) Le Hek-Dech (refuge pour les pauvres). De tous ces lieux celui qui nous intéresse le plus est la chambre du Kahal, dont nous avons déjà parlé, et le Bet-Dine : un Conseil analogue à l'ancien Sanhédrin, qui se perpétue jusqu'à maintenant **sous la tutelle du Kahal** et qui forme sa section de justice exécutive.

« ...la chambre du Kahal... règle la vie publique et privée de ses coreligionnaires despotiquement et presque sans aucun contrôle, n'admettant aucun recours à une autre autorité. Cette domination... s'étend ...à la vie religieuse, intérieure et privée des Juifs... Mais lorsqu'il s'agit de prononcer un jugement dans un procès entre deux Juifs, ou entre un Juif et le Kahal, c'est le Bet-Dine (*le saint tribunal*) qui est chargé de juger.

Le Bet-Dine, quoique appelé *le saint*, est cependant **sous la haute protection du Kahal**, et ne forme, pour ainsi dire, que la section judiciaire de cette autorité suprême, à laquelle tout Juif doit être aveuglément soumis »[1096].

LE SIEGE DU KAHAL SELON HENRY FORD

Où se trouverait le siège central du Kahal ? On ne sait pas.

Cependant dans un article du *Dearborn Independent*, écrit dans les années vingt[1097] on lit que : « Le Kahal a établi ses tribunaux dans la ville de New York... Les juifs s'en remettent au Kahal parce qu'ils préfèrent la justice juive à celle des pays qui les accueillent ».

Henry Ford en 1920 a écrit : « L'organisation juive la plus importante... vit aux EtatsUnis d'Amérique. (...) Des loges juives existent en Amérique... Mais... il est nécessaire de savoir que dedans et derrière elles fonctionne un **centre dominant**, avec son administration et son gouvernement.

Ses dispositions ont force légale... Deux de ces organisations, toutes deux intéressantes tant par leur caractère secret que par leur pouvoir, sont la Keillha [H. Ford l'écrit de cette manière] new-yorkaise et le Comité judéo-américain. (...) La Keillha représente le plus important facteur politique de la vie officielle de New York.

Le mot Keillha est identique au mot Kahal et signifie quelque chose comme communauté ou réunion ou administration. **Le Kahal représente la forme authentiquement juive de gouvernement et d'administration du peuple dispersé.** Cela veut dire qu'après leur dispersion à travers le monde, les juifs ont créé partout leur gouvernement propre...

À New York le Kahal possède ses propres tribunaux, décrète les lois, prononce officiellement des jugements et les fait exécuter, et les juifs préfèrent leur justice à celle de l'Etat. (...) La Keillha new-yorkaise est la principale et la plus puissante organisation juive du monde entier. À New York, ...prend [naissance] le centre vital et potentiel du Judaïsme moderne. **New York représente pour le juif moderne ce que représente Rome pour le catholique** ... L'actuelle New York est une réponse vive, latente, à la question : est-il possible qu'un groupe de personnes numériquement inférieur puisse dicter des lois à toute une population ? **Tout à New York répond affirmativement** »[1098]. Cependant après 1948, avec la constitution de l'État d'Israël, on doit se poser la question de savoir si le siège central du Grand Kahal n'a pas été transféré à Jérusalem.

[1096] K. DE WOLSKI, *op. cit.*, p. 172. Cf. J. BRAFMANN, *Le livre du Kahal*, nn° 24, 78, 120, 132, 146, 177, 203, 204, 239, 256.

[1097] *Dearborn Independent* du 26-02-1921.

[1098] H. FORD, *L'ebreo internazionale*, L'altra biblioteca ed., sine loco et data, pp. 225-231.

Conclusion

« Après tout ce qui a été dit sur la vie intime et secrète des Juifs, écrit de Wolski... il est facile de s'expliquer les persécutions qui, en tous pays et à toutes les époques, ont été dirigées contre ce peuple incorrigible, orgueilleux et fanatique »[1099].

La concession des droits civils accordés au peuple juif, avec l'espoir de l'assimiler, a été, comme reconnaissait Napoléon Ier, "une illusion" ; en effet ce peuple a refusé obstinément le droit commun, et a voulu continuer à vivre isolé, pour ne pas perdre son identité, aidé en cela par le Kahal ! La cause de cette persévérante obstination est dans le Judaïsme même, c'est-à-dire dans toutes ces institutions prescrites par le Talmud et protégées par le Kahal et par le Bet-Dine, qui dureront jusqu'à ce que Israël se convertisse à Jésus-Christ.

Les pays chrétiens qui donnent l'hospitalité à ce peuple seront toujours considérés par lui comme "un lac ouvert où tout juif peut pêcher librement" (comme dit le Talmud), autrement dit : exploiter et dépouiller le chrétien.

En effet l'esprit du Kahal est un esprit exclusif, jaloux et fanatique. Le Kahal se préoccupe de maintenir l'esprit talmudique et en même temps protège les intérêts temporels du peuple d'Israël : il **est l'âme et la conscience de ce monde à part**, et d'après les auteurs examinés, prédominerait même sur le rabbinat.

La force d'Israël réside dans le Kahal ; elle a asservi le monde entier, en agissant dans le secret et j'espère avec cet article avoir fait un peu de lumière, qui puisse éclairer les *goyim* et particulièrement les chrétiens, sur le danger qui les menace. Si quelqu'un parmi les lecteurs avait des informations plus récentes (mais sérieuses et documentées) à me fournir, je serai heureux de pouvoir approfondir le problème.

[1099] K. DE WOLSKI, *op. cit.*, p. 303.

Les lois raciales

Par M. l'abbé Curzio Nitoglia

1ᴱᴿᴱ PARTIE : L'ÉGLISE ET LES JUIFS

Un peuple théologique

L'Église étudie le problème juif à la lumière de la foi. Dieu a créé Israël pour lui, afin qu'il préparât la voie au Messie et qu'il le fasse connaître au monde entier ; la grandeur du peuple juif se fonde sur la promesse que Dieu a faite à Abraham de le faire devenir la souche d'une "race" (Gen. XII) d'où naîtrait le Messie. Abraham a *cru*, et ses descendants pour être bénis de Dieu, durent *croire* en la promesse Messianique (qui s'est réalisée par l'Avènement de Jésus-Christ). Il ne suffit donc pas d'être *descendants d'Abraham* seulement selon la chair, mais il faut avoir *sa foi* en Jésus-Christ. Les "vrais Israélites" pour l'Église sont ceux qui imitent la foi du Patriarche, en croyant au Christ, tandis que ceux qui ne descendent que charnellement d'Abraham, sans avoir sa foi, ne sont pas de "vrais Israélites".

« Mais comme alors écrit saint Thomas celui [Ismaël] qui était né selon la chair persécutait celui qui était né selon l'esprit [Isaac], ainsi maintenant [le faux Israël ou Synagogue talmudique, persécute le vrai Israël ou Église du Christ]. Dès le début de l'Église primitive les juifs ont persécuté les chrétiens, comme il ressort des *Actes des Apôtres* et le feraient encore maintenant, s'ils le pouvaient »[1100].

En résumé, pour l'Église le peuple juif a été élu par Dieu pour nous apporter le Messie, Jésus-Christ, et non parce qu'il descend d'Abraham selon le sang ; autrement dit, c'est le Christ qui sanctifie le peuple juif. S'il lui est fidèle, il est sa fin dernière. Toutefois, pour le faux Israël-charnel, qui a commencé à dévier de manière officielle à partir de 175 avant J.-C., le Messie est grand justement parce qu'il est juif selon le sang, et quand vint Jésus, et qu'il commença à enseigner que ce sont la foi et les bonnes œuvres qui sauvent et non le sang ou la race, ils le mirent à mort, se tachant de déicide.

La vocation du vrai Israël-spirituel est irrévocable (Rom. XI, 9) puisqu'il est uni spirituellement à Jésus sauveur du monde, mais le faux Israël-charnel, qui s'obstine aujourd'hui encore à refuser Jésus, "a été coupé de l'olivier fécond, pour son incrédulité" (Rom. XI, 20).

C'est pourquoi la vocation, de la part de Dieu, demeure ; mais de la part de l'homme elle peut être refusée (Judas et le faux Israël-charnel qui ont renié Jésus) et donc être perdue.

[1100] SAINT THOMAS, *Super epistulam ad Galatas lectura*, lectio VII, n° 249, 271-272, Marietti, Torino 1953, pp. 620 ss.

La racine de l'aveuglement juif consiste dans le fait de changer la race avec le Sauveur : *la race a le primat sur le Christ*. Le judaïsme, en ayant cette conception raciste de l'histoire, est ennemi de tous les peuples (I Thess. II, 15) ; ennemi des païens qu'il entend dominer comme des bêtes, mais encore plus ennemi des chrétiens qu'il voudrait exterminer comme continuation de Jésus dans l'histoire. « Quand la romanité devint la chrétienté écrit Mgr Benigni la haine de la Synagogue redoubla contre elle pour le motif religieux, puisque *l'esprit talmudique hait plus le christianisme que le paganisme*. Celui-ci représente pour la Synagogue un troupeau à soumettre, à dépouiller ; et à l'ensemble des adeptes de Jésus-Christ va l'héritage de la haine très spéciale du Sanhédrin contre le Crucifié »[1101].

Saint Augustin, dans le commentaire du psaume 58, écrit que les juifs « existent partout et *sont juifs partout*, ils n'ont pas cessé d'être ce qu'ils étaient ».

Les juifs seront toujours une nation à l'intérieur de la nation qui les accueille ; quand un État accorde à un étranger la plénitude du droit il le fait en échange de la renonciation à ses lois avec son ancienne patrie ; les juifs au contraire ne veulent pas y renoncer et prétendent obtenir la plénitude du *droit commun* de la société qui les héberge. Pour cela un État confessionnel accorde aux israélites seulement un *droit d'exception* ou particulier, puisque les juifs, voulant rester tels, s'excluent d'eux-mêmes du *droit commun* de l'État qui les reçoit (comme les gitans), lequel se voit obligé d'avoir recours à une *législation spéciale, restrictive ou exceptionnelle* pour les gouverner. L'Église et les nations autrefois chrétiennes, ont régi la vie civile et individuelle des juifs par des *lois spéciales* qui sont *théologiques*, c'est-à-dire qui visaient à défendre le chrétien de la contagion de l'antichristianisme talmudique, et n'étaient en aucun cas raciales, au sens biologique et matérialiste.

LE MAGISTÈRE ECCLÉSIASTIQUE

L'Église n'a jamais caché l'opposition entre la Synagogue et Jésus.

1°) **Innocent IV** (1244), *Impia judeorum perfidia* : « Les juifs, ingrats envers Jésus, méprisant la Loi mosaïque et les Prophètes, suivent certaines traditions de leurs aïeux qui sont appelées *Talmud*, lequel *s'éloigne énormément de la Bible* et est plein de blasphèmes envers Dieu, le Christ et la Vierge Marie ».

2°) **Jean XXII** (1320), *Dudum felicis* : exprime la même idée.

3°) **Paul IV** (1555), *Cum nimis absurdum* :

« Les juifs tant qu'ils persistent dans leurs erreurs, reconnaissent qu'ils sont *esclaves* à cause d'elles, tandis que les chrétiens ont été faits *libres* par Jésus-Christ Notre-Seigneur ».

4°) **Pie IV** (1566), *Dudum felicis* : exprime la même idée.

5°) **Pie V** (1569), *Hæbreorum* : « Le peuple juif, *autrefois élu par Dieu*, puis abandonné pour son incrédulité, mérita d'être *réprouvé*, parce qu'il a avec impiété repoussé son Rédempteur et l'a tué d'une mort honteuse. Son impiété a atteint un tel niveau que, pour notre salut, *il faut repousser la force d'une telle méchanceté*, qui, par des sortilèges,

---

[1101] U. BENIGNI, *Storia sociale delle Chiesa*, Milano, Vallardi, 1922, vol. III, p. 24.

incantations, magie et maléfices conduit aux tromperies de Satan un grand nombre de personnes imprudentes et simples ».

6°) **Grégoire XIII** (1581), *Antiqua judeorum* : « Les juifs, devenus *pire que leurs pères*, loin d'être calmés, renonçant aucunement à leur passé déicide, s'acharnent maintenant aussi dans les synagogues contre N.-S. Jésus-Christ et, extrêmement hostiles aux chrétiens, accomplissent des crimes horribles contre la religion du Christ ».

7°) **Clément VIII** (1593), *Cœca et obturata* : exprime les mêmes idées.

8°) **Benoît XIV** (1751), À *quo primum* :

« Tout le trafic des marchandises utiles est exploité par les juifs, ils possèdent des cabarets, des propriétés, des villages, des biens pour lesquels, non seulement ils sont devenus les maîtres, mais pour lesquels ils font travailler les chrétiens sans répit, *en exerçant une domination cruelle et inhumaine sur eux*. En outre après avoir accumulé une grande somme d'argent par l'*usure*, ils assèchent les richesses et les patrimoines des chrétiens ».

9°) **Pie IX** (1874-1878), *Discorsi del sommo Pontefice Pio IX pronunciati in Vaticano* : il appelle les juifs « chiens », devenus tels de « fils » qu'ils étaient, « à cause de leur dureté et incrédulité ». Le Pontife poursuit en les traitant de « bœufs », qui « ne connaissent pas Dieu » et ajoute « peuple dur et déloyal, comme on le voit aussi chez ses descendants », qui « faisait des promesses continuelles à Dieu et ne les maintenait jamais ».

De plus le Pape Mastai établit un parallèle entre l'Église de son temps et celle des origines, en affirmant : « les tempêtes qui l'assaillent sont les mêmes que celles dont elle a souffert à ses origines ; elles étaient alors provoquées par les païens, par les gnostiques et par les juifs, et les juifs y sont encore présentement ». Il recourt donc à l'expression « Synagogue de Satan » pour mieux les identifier.

10°) **Pie XI** (1937), *Mit brennerder Sorge* :

« Le Christ a reçu son humaine nature d'un *peuple* qui devait le crucifier ».

Le même Pie XI dans la fameuse "encyclique cachée" (*HUMANI GENERIS UNITAS*) qui ne fut pas promulguée, du fait de la mort du Pape survenue le 10 février 1939, écrivait : « la vraie nature de la *séparation sociale des Juifs du reste de l'humanité, a un caractère directement religieux et non racial* . La question juive n'*est une question* ni de race, ni de nation, mais *de religion* et, depuis la venue du Christ, *une question de christianisme…* Le peuple juif a mis à mort son Sauveur… Nous constatons chez le peuple juif une *inimitié constante vis-à-vis du christianisme*. Il en résulte une *tension perpétuelle entre juifs et Chrétiens* jamais relâchée. Ses vœux ardents [de l'Église] pour sa conversion ne l'aveuglent pas cependant sur les *dangers auxquels le contact avec les juifs peut exposer les âmes*. Tant que persiste l'incrédulité du peuple juif *l'Église doit prévenir les périls que cette incrédulité pourrait créer pour la foi et les mœurs de ses fidèles* ».

LA LÉGISLATION SPÉCIALE DE L'ÉGLISE ET DE LA CHRÉTIENTÉ

Cet enseignement du Magistère devint loi pour protéger les Chrétiens d'une telle "perfidie" (au sens théologique). L'Église a légiféré sur différents sujets dont je résume les principaux :

a) Le mariage :

L'Église n'a jamais pensé interdire le mariage entre les israélites, les premiers qui l'ont fait ont été les absolutistes et les révolutionnaires anti-chrétiens : par exemple, Louis XVI en 1784 interdisait aux juifs alsaciens de contracter mariage sans sa permission.

Benito Mussolini en 1938 déclarait invalide le mariage d'un(e) juif(ve) avec un(e) "aryen(nne)", même si le juif était de religion catholique. Alors que l'Église, bien que déconseillant le "mariage mixte", c'est-àdire entre un baptisé et un non baptisé, peut accorder une dispense afin qu'il soit canoniquement valide.

b) Les serviteurs chrétiens d'une famille juive :

l'Église ne tolère pas que le chrétien serve d'esclave aux juifs, puisque le Christ a *libéré* ses fidèles, alors que celui qui a renié le Christ est *esclave* du péché ; surtout concernant la femme qui peut être corrompue plus facilement et même moralement. Innocent IV, Clément IV, Paul IV, saint Pie V, Innocent XII, Benoît XIII, ont établi dans diverses constitutions cette interdiction.

c) La résidence et les professions :

l'Église contrôlait sévèrement la résidence des juifs, puisque, ennemis jurés du christianisme, « ils ont tué le Seigneur Jésus et les Prophètes, nous ont persécutés, ne plaisent point à Dieu, sont ennemis de tous les hommes, nous empêchant de prêcher aux *païens pour les sauver* » (I Thess. II, 15-16) ; dans ces versets est enfermée *in nuce* toute la théologie catholique sur le problème juif : l'israélite est déicide, ne plaît pas à Dieu et par conséquent ne doit pas nous plaire à nous non plus chrétiens, et au cours de l'histoire il empêche au moyen des hérésies et des persécutions que soit prêché l'Évangile pour le salut de tous les hommes.

Saint Bernardin de Sienne prêchant aux Juifs (1470)

Même s'ils étaient obligés de vivre dans des ghettos, pour qu'ils ne nuisent pas à la Chrétienté, les juifs jouissaient cependant d'un droit de résidence (même si limité).

Il faut spécifier que *le ghetto est l'œuvre de la miséricorde de l'Église*, laquelle ne voulant pas que le peuple chrétien, maltraité par les juifs, en arrivât à la violence et aux *pogroms* contre les israélites, l'institua pour le bien des uns et des autres. Pour circuler hors du ghetto, le juif devait endosser un insigne jaune, pour être reconnaissable, pour *ne pas pouvoir nuire au chrétien* et pour ne pas être méprisé ou maltraité. En outre l'Église leur interdisait le domaine des affaires et laissait ouverte la voie de l'agriculture. La profession d'enseignant leur était interdite (possibilité de transmettre une science erronée aux étudiants et de ruiner leur foi).

Il était de même interdit au médecin juif de soigner le malade chrétien, à cause du danger d'empoisonnement, tout comme était interdite la profession de pharmacien pour chrétiens, pour le même motif, et à cause du risque de préparation de potions magiques.

De la même manière celle de magistrat, puisque pour le Talmud le magistrat juif doit favoriser son coreligionnaire (même s'il est coupable) contre le chrétien (même s'il est innocent). De même la carrière militaire, qui se fonde sur l'amour de la patrie, puisque le juif apatride ne se considère ni français ni allemand, mais toujours juif.

Les chrétiens ne peuvent haïr les juifs, et l'Église a condamné l'antisémitisme en tant que haine raciale (Pie XI, 25 mars 1928), alors qu'elle admet l'anti-judaïsme théologique en tant que légitime défense.

Saint Thomas enseigne : « aucune hostilité, mais plutôt des *mesures défensives*, liberté surveillée pour les juifs mais protection pour les chrétiens »[1102].

La véritable charité envers les juifs écrivait Mgr Landucci consiste à les éclairer loyalement sur leur état actuel de séparation de Dieu, en outre contre leur anti-christianisme actif la *légitime défense* peut être permise, exempte de toute haine de malveillance[1103].

LÉON XIII, PIE XI ET LA CIVILTÀ CATTOLICA

De 1878 à 1903, *La Civiltà Cattolica*, sur ordre de Léon XIII, étudia l'origine et la cause des maux qui avaient conduit à la "brèche de Porta Pia".

L'organe des Jésuites, reprenant l'enseignement traditionnel de la théologie catholique sur la dangerosité individuelle et sociale du judaïsme et sur la nécessité d'une *législation spéciale* pour le mettre au pas, notait qu'après l'abrogation des *lois discriminatoires*, ayant commencé avec la révolution française, sa dangerosité était passée à l'action et était devenue une menace vivante pour toute l'Europe. La *reconnaissance des droits* avait amené à la *prépondérance juive* et celle-ci avait suscité des réactions antisémites. Il proposait donc la restauration d'une législation spéciale qui empêcherait les juifs de nuire (en acte) aux chrétiens, qui les sauverait du totalitarisme talmudique et qui en même temps préserverait les juifs des *pogroms* antisémites de type matérialiste et biologiquement raciste.

[1102] Cf. G. DAHAN, *La disputa antigiudaica nel medioevo cristiano*, ECIG, Genova 1993.
[1103] P. C. LANDUCCI, *La vera carità verso il popolo ebreo*, in « Renovatio » n° 3, 1982.

La solution du problème juif consistait pour Léon XIII et *La Civiltà Cattolica* soit en la conversion du faux Israël post-biblique au christianisme, soit en la "*ségrégation amicale et non haineuse des juifs*" dans les ghettos. Pour le Pape, les *lois d'exception* ne signifiaient pas persécution, mais légitime défense des chrétiens et en même temps protection des juifs de l'antisémitisme exagéré et violent[1104].

CATHOLICISME ET "RACE"

Vers 1880 la terminologie est encore imprécise, on parle du côté catholique de *peuple* (multitude), *souche* (racine, tronc, famille), *nation* (qui doit naître), *lignée* (empreinte, caractère, trempe) et *race* (racine, origine, principe, genre ou nature), indifféremment.

Les Pères Oreglia, Rondina et Ballerini de *La Civiltà Cattolica* les emploient, à propos du judaïsme, pour indiquer le mélange du Talmud et de la Cabale qui produit une culture nationale juive antichrétienne, à savoir que la famille, avec la culture juive, produisent un lien national juif qui considère la *race* israélite *supérieure* et maîtresse du monde. Le judaïsme n'est pas décrit par le catholicisme comme un fait racial et biologique, mais comme *une philosophie qui produit une culture nationale hyper-raciste* ; par conséquent *le judaïsme est surtout racisme*. Mais vers 1938, sous le pontificat de Pie XI, face aux lois raciales fascistes, *La Civiltà Cattolica*, avec les Pères Messineo et Barbera, précise les termes : le judaïsme est une *religion raciste*, mais il est préférable de parler de nation juive plutôt que de race, pour se distinguer du racisme biologique et matérialiste du national-socialisme et du fascisme. Pour le P. Messineo est de nation juive celui qui a une famille juive, qui est lié à la communauté nationale israélite et à sa culture raciste-talmudique.

La nation juive est un concept qui inclut culture et civilisation talmudiques ; les nations de culture et civilisation chrétiennes, peuvent licitement se défendre contre le racisme-talmudique juif qui porte atteinte à leur unité culturelle civile et religieuse, soit *ab extrinseco*, soit *ab intrinseco* ; ce racisme en tant que nation judéo-talmudique, à l'intérieur d'une nation chrétienne, non seulement ne veut pas s'intégrer, mais prétend imposer sa propre domination à tous les autres, corrompant leur civilisation, leur culture et leur foi ; et c'est pourquoi le judaïsme doit être discriminé, par des lois spéciales, qui l'isolent sans user de violence pour empêcher qu'il corrode les nations chrétiennes et les corrompe, et aussi pour le défendre, en même temps, des réactions violentes de la part des non-juifs.

Pie XI lui-même intervint le 21 juillet 1938, au cours d'une audience accordée à 150 assistants ecclésiastiques d'Action Catholique en disant : « catholique veut dire universel, non pas raciste, nationaliste, séparatiste ; il y a quelque chose de particulièrement détestable, c'est cet esprit de séparatisme, de nationalisme exagéré qui, précisément parce qu'il n'est pas chrétien, parce qu'il n'est pas religieux, finit par n'être même pas humain »[1105].

[1104] R. TARADEL - B. RAGGI, *La segregazione amichevole. « La Civiltà Cattolica » e la questione ebraica, 1850-1945*, Editori Riuniti, Roma 2000, pp. 124-155, passim.

[1105] *La Civiltà Cattolica*, 1938, vol. III, p. 271.

Le 28 juillet, le Pape aborda de nouveau la question au cours d'un discours aux élèves du collège de la *Propagande* : « avec l'universalité, il y a l'essence de l'Église catholique, mais avec cette universalité il y a certainement beaucoup de choses, bien entendu à leur place : l'idée de race, de descendance ; l'idée de nation, de nationalité... Il ne faut cependant pas être trop exigeants. De même que l'on dit genre, on peut dire race ; et l'on doit dire que les hommes sont avant tout un grand et seul genre, une grande famille... Ainsi le genre humain est une seule race, universelle, "catholique". On ne peut toutefois nier que dans cette race universelle il y ait place pour les races spéciales... Voici ce qu'est pour l'Église le vrai racisme, le racisme proprement dit, le racisme sain. Tous de même, tous faisant l'objet de la même affection maternelle, appelés... à être tous dans leur propre pays, dans les nationalités particulières de chacun, dans la race particulière, les propagateurs de cette idée si grande et si magnifiquement maternelle, humaine, avant même d'être chrétienne »[1106].

En résumé, l'Église condamne le racisme matérialiste et dénonce le péril juif, pour s'en protéger, il faut une *législation d'inégalité civile, de restrictions et précautions*, pour défendre la culture nationale et religieuse et l'ordre social chrétien.

On note que Pie XI a repris le concept de race mais l'a spiritualisé, il n'est pas seulement matière, "sang et sol", biologie, mais il est *genus gens stirpis* ou nation, comme l'avait déjà esquissé le P. Messineo de *La Civiltà Cattolica*. Mais le concept de "seule race" fut abandonné et on lui préféra celui de nation ; et chaque fois qu'il était utilisé il aurait fallu spécifier qu'il n'était pas entendu de manière matérialiste et biologique, mais spirituellement comme un ensemble de civilisation, culture et religion qui forment ensemble une nation.

LES CAUSES DE L'ANTISÉMITISME

Un chercheur israélite, mort en 1903, Bernard Lazare, écrivait : « Partout où les juifs se sont établis, partout s'est développé l'antisémitisme, ou plutôt l'antijudaïsme, car antisémitisme est un mot mal choisi... Cette race a été en butte à la haine de tous les peuples au milieu desquels elle s'est établie... *Les juifs causèrent en partie du moins leurs maux, parce que le juif est un être insociable* »[1107]. Selon Lazare, les causes générales de l'antisémitisme résident dans le judaïsme et non dans les peuples qui l'ont combattu ; puisque si les peuples vaincus finissaient par se soumettre aux vainqueurs, tout en maintenant éventuellement leur foi, au contraire les juifs ne voulurent jamais s'assujettir aux coutumes des peuples chez lesquels ils étaient appelés à vivre. Ils voulurent partout rester juifs, comme peuple, religion et Etat, fondant ainsi *un État dans l'Etat*, dans lequel ils n'entraient pas comme citoyens mais comme *privilégiés* ou *non-assimilés* en devenant les maîtres de leurs maîtres. En outre, le protestantisme, la révolution française, le libéralisme ont affranchi les juifs, les ont

---

[1106] *L'Osservatore Romano*, 29 juillet 1938.
[1107] B. LAZARE, *L'antisémitisme son histoire et ses causes*, Documents et témoignages, Vienne 1969, pp. 11 ; 13-14 ; 17. "*Centro Librario Sodalitium*", Verrua Savoia (TO) 2000.

émancipés et leur ont permis de devenir les maîtres des nations chrétiennes, en faisant éclater violemment le problème juif.

C'est pourquoi il est faux de soutenir que l'Église est la responsable directe du racisme antisémite ; au contraire, elle a protégé les juifs et les chrétiens et a essayé d'empêcher que la tension théologique entre eux devînt réaction violente ; alors que le monde moderne, sécularisé et laïcisé, en ayant permis que les juifs émancipés oppriment les peuples chrétiens, a causé la réaction violente de ces derniers.

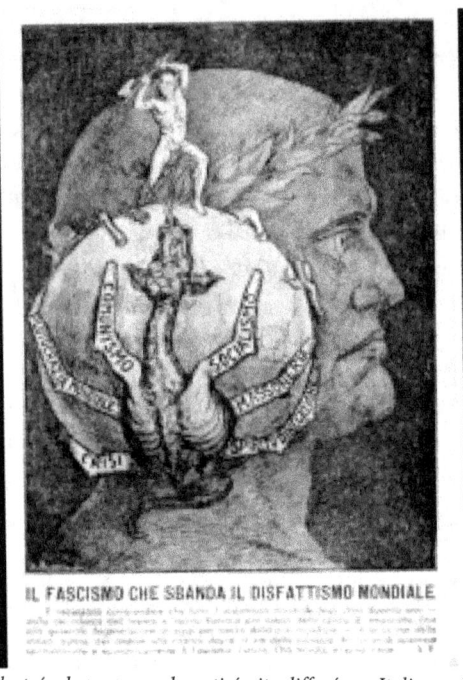

Carte illustrée de propagande antisémite diffusée en Italie par les nazis

DE L'ANTIJUDAÏSME À L'ANTISÉMITISME

L'antijudaïsme est la réaction théologique de l'Église à l'agression du talmudisme juif, qui déjà dans les trois premiers siècles de l'ère chrétienne essaya de l'étouffer dans le sang et, dans les siècles post-constantiniens, de la détruire par les hérésies.

Avec la sécularisation et la laïcisation du monde moderne (à partir de l'humanisme et de la renaissance) on assiste à un passage de l'antijudaïsme théologique (qui condamnait la haine et la violence gratuite contre les juifs, à l'exception de la légitime défense ; mais qui, d'autre part, recommandait la prudence pour éviter la contagion du judaïsme) à l'antisémitisme racial, de Luther ou de Voltaire, lequel « dans la mesure où il implique la haine et fomente la violence écrit Mgr Antonino Romeo est contraire à la morale chrétienne.

Cependant, ce n'est pas de l'antisémitisme de parler des dangers du judaïsme... la justice et la charité n'excluent pas une *défense prudente et modérée*... c'est seulement sur ces bases, excluant toute haine personnelle, qu'est permis un *antijudaïsme dans le domaine des idées*, tourné vers la protection vigilante du patrimoine social, religieux et moral de la Chrétienté »[1108].

La Civiltà Cattolica écrivait : « Si l'on ne remet pas les juifs à leur place, avec des lois humaines et chrétiennes certes, mais d'exception, qui leur enlèvent l'égalité civile à laquelle ils n'ont pas droit... cela ne servira à rien ou très peu, étant donné leur nature *d'étrangers partout*... et étant donné le dogme fondamental de leur religion, qui les pousse à *s'em parer, par n'importe quel moyen du bien de tous les peuples* ; étant donné que *l'expérience démontre que la parité des droits avec les chrétiens a pour effet, ou la suppression de ceux-ci, ou le massacre des juifs de la part des chrétiens, il s'ensuit que la seule manière d'accorder le séjour des juifs avec le droit des chrétiens est celui de le réglementer par des lois spéciales*, qui en même temps empêchent les juifs de porter atteinte au bien des chrétiens, et aux chrétiens de porter atteinte à celui des juifs »[1109].

2ᵉᵐᵉ PARTIE : LE FASCISME ET LES LOIS RACIALES

LES JUIFS EN ITALIE

Le plus ancien noyau de juifs est celui de Rome, « ils s'y établirent au IIème siècle avant J.-C. sans jamais plus en partir.

À ce groupe de juifs d'Italie s'ajoutèrent les juifs provenant d'Espagne (1492) ou Séfarades, et ceux originaires de l'Europe centro-orientale ou Ashkénazes (XIXème). Il y a donc trois rites différents : italien, séfarade et ashkénaze »[1110].

À Rome, en 70 après J.C., les juifs étaient environ « 40 000 sur un total de 800 000 personnes. Au moyen-âge le nombre était tombé... à 15 000 juifs dans la péninsule. Entre la fin du XIIIème siècle et le commencement du XIVème leur nombre était monté à 50 000 sur un total de 11 millions d'Italiens. À la fin du XVème siècle, suite à l'expulsion d'Espagne (1492), 120 000 juifs étaient concentrés surtout dans l'Italie méridionale et insulaire ». Expulsés aussi du Sud ils s'arrêtèrent en masse à Rome et dans l'Italie centro-septentrionale, laissant complètement privés de juifs le sud et les îles... le 31 décembre 1938 ils étaient 45 270[1111].

Aujourd'hui, en Italie, vivent 35 000 juifs, sur un total de 60 millions d'Italiens. Les « sympathisants ne sont pas considérés comme des juifs : même s'ils voulaient entrer dans la Communauté en se convertissant, le chemin ne serait pas facile parce que *le judaïsme ne*

[1108] ENCICLOPEDIA CATTOLICA, Città del Vaticano 1949, vol. I, col. 1502.
[1109] *La Civiltà Cattolica*, 1890, série XIV, vol. 8.
[1110] A. SACERDOTI, *Judei italiani. Chi sono, quanti sono, come vivono*, Marsilio, Venezia 1997, p. 17.
[1111] Ivi.

fait pas de prosélytisme, au contraire, il décourage les conversions en les rendant longues et difficiles »[1112]. On naît juif, on ne le devient pas.

« Aujourd'hui selon la loi juive, doit être considéré comme juif quiconque est né de mère juive... le judaïsme *n'est pas seulement une religion, mais est surtout une... vie, le juif... est l'élément d'un peuple unique* »[1113].

Les *grandes communautés* italiennes se trouvent à Rome qui compte 15 000 juifs et à Milan avec 10 000, alors que les autres communautés sont de *moyenne importance* avec 1000-500 inscrits (Turin, Florence, Livourne, Trieste, Venise et Gênes), enfin il y a celles de *petite importance* avec quelques centaines ou quelques dizaines d'inscrits (Ancône, Bologne, Naples, Padoue, Vérone, Mantoue, Ferrare, Modène, Pise, Parme, Merano, Vercelli, Casale Monferrato).

LES JUIFS ITALIENS AU DÉBUT DU FASCISME

En 1922 la Communauté Juive Italienne était parfaitement intégrée dans la société italienne. À partir du *Risorgimento*, les juifs ont été émancipés et complètement assimilés et ils avaient pris une part active à l'unification de l'Italie. Victor Emmanuel III avait dit à Herzl en visite à Rome en 1904 : « pour nous, les juifs sont italiens en tout et pour tout »[1114].

Affiche expliquant l'application des lois raciales, publiée par "La difesa della razza" en 1938

[1112] *Ibidem*, p. 11.
[1113] Ivi.
[1114] M. MICHAELIS, *Mussolini e la questione ebraica*, Milano 1982, p. 25. Cf. aussi :
U. CAFFAZ, *L'antisemitismo italiano sotto il fascismo*, Firenze 1975.
G. DI SEGNI, *Ebraismo e libertà religiosa in Italia*, Torino 1983.
U. NAHON, *Per non morire. Enzo Sereni, vita, scritti, testimonianze*, Milano 1973.

Il existait seulement l'antijudaïsme théologique du point de vue anti*Risorgimento* soutenu par le Saint-Siège à travers *La Civiltà Cattolica* qui voyait dans le judaïsme et dans la maçonnerie (manœuvrée par le premier) les artisans du *Risorgimento* de la Rome des Césars contre celle de Pierre.

Mussolini n'avait pas une ligne de conduite bien précise sur le problème juif ; depuis le début comme l'explique De Felice il fut même assez fluctuant selon les circonstances.

Dans le climat interventionniste et nationaliste (1914-1919) d'avant-la marche [sur Rome], il avait fait sien des slogans antisionistes, sur la haute finance juive, sur le judéobolchevisme. Dans un article (*Il popolo d'Italia* du 4 juin 1919), il soutenait que le bolchevisme et la haute finance étaient dirigés par les juifs ; tandis que l'année d'après, toujours sur le même journal (19 octobre 1920), il écrivait que le bolchevisme ne pouvait pas être considéré comme un phénomène juif et concluait ainsi : « L'Italie ne connaît pas l'antisémitisme et nous croyons qu'elle ne le connaîtra jamais... », mais à peine dix-huit ans plus tard il promulguait les lois raciales antisémites.

De leur côté, beaucoup de juifs italiens s'étaient détachés de l'orthodoxie juive et s'étaient laïcisés et assimilés à la vie italienne. Lorsque « se forma le fascisme même les juifs... n'eurent pas de préventions particulières les empêchant d'y adhérer... [environ 300 juifs participèrent à la "marche sur Rome"] en outre les assurances de Mussolini en 1923 à Angelo Sacerdoti, le grand rabbin de Rome, dissipèrent peu à peu la méfiance... c'est si vrai qu'à plusieurs occasions les dirigeants du judaïsme italien finirent par s'aligner sur les positions du gouvernement [fasciste]... et par accepter l'arrivée de Mussolini au pouvoir »[1115].

Quand en 1929 Mussolini signa le concordat avec l'Église, il déclara que les juifs n'avaient rien à craindre : les accords avec l'Église ne comportaient pas que les autres cultes, jusqu'alors *tolérés* d'après le *Statuto Albertino*, fussent ignorés ; le fascisme parlait même de *cultes admis* et le « 30 octobre 1930 le Décret Royal donnait aux Communautés Israélites Italiennes une assiette juridique, réglant l'organisation interne et les rapports avec l'État »[1116]. Cette loi de 1930 est restée en vigueur jusqu'en 1989, année où elle a été remplacée par le "nouveau Concordat avec l'Etat", signé par Bettino Craxi.

LE RACISME ET L'ITALIE FASCISTE DANS LES ANNÉES TRENTE

Quand Hitler arriva au pouvoir en 1933, Mussolini continua sa "ligne fluctuante" à l'égard du judaïsme italien.

D'un côté, il condamnait le racisme allemand, publiquement, par une déclaration amicale à l'égard des juifs et aidait les juifs allemands persécutés, de l'autre, il critiquait le sionisme-italien (pas celui existant à l'étranger), car il ne pouvait pas tolérer qu'un Italien puisse aspirer à deux patries, Israël et l'Italie. Alors qu'à l'égard de l'"Organisation Sioniste

---

[1115] F. TAGLIACOZZO - B. MIGLIAU, *Gli judei nella storia e nella società contemporanea*, La Nuova Italia, Scandicci (Firenze) 1993, pp. 210-211.
[1116] *Ibidem*, pp. 216-217.

Internationale", il était bien disposé car il voyait dans son aile droite (le révisionnisme antibritannique de Jabotinsky) un moyen pour établir l'Italie dans la Méditerranée orientale et créer des difficultés aux positions de la Grande-Bretagne.

Quand en 1935 l'Italie attaqua l'Ethiopie, de nombreux juifs furent volontaires ; « dans l'armée fut institué un rabbinat militaire... La proclamation de l'Empire en mai 1936 fut... exaltée y compris dans la presse juive qui mit en relief comment la conquête de l'Ethiopie avait entraîné le passage des *falascià*... sous l'égide de l'Union des Communautés Israélites Italiennes »[1117].

Le 2 novembre 1935, la Société des Nations approuva les sanctions contre l'Italie ; Mussolini, préoccupé par l'isolement dans lequel il se trouva, envoya plusieurs représentants du judaïsme italien en Angleterre pour faire ôter les sanctions à l'Italie, mais sans résultat ; le *duce* commença donc à se tourner vers l'Allemagne, avec cependant de nombreuses hésitations, ainsi que vers le monde arabe.

En 1936 éclata la guerre civile espagnole ; Mussolini soutint Franco avec Hitler contre les rouges, alors que la France soutint les rouges ; et l'Angleterre, bien qu'étant contre Franco, n'entra pas ouvertement en lice. Cet événement rendit impossible tout rapprochement de l'Italie qui était cependant désiré par Mussolini avec l'Angleterre et la France, et la poussait inéluctablement, même si cela était à contrecœur, dans les bras de Hitler. On peut tranquillement affirmer que Mussolini signa sa condamnation à mort en 1936, en entrant dans la guerre civile espagnole aux côtés de Franco ; en effet, la France et l'Angleterre qui avaient mal accepté l'invasion de l'Ethiopie, ne pardonnèrent pas à Mussolini de vouloir se faire une place aussi en Europe, en participant à la guerre civile espagnole.

Le traité de Versailles, qui avait enchaîné l'Allemagne défaite et avait humilié l'Italie, qui pourtant avait gagné la première guerre mondiale, ne lui reconnaissait pratiquement pas son rôle international ; tant que Mussolini restait à l'intérieur des frontières italiennes on lui permettait l'expérience fasciste, mais s'il en sortait, on n'admettait pas la liberté et l'existence pour la dictature, malgré la démocratie anglo-française (américaine).

En 1936 se forma l'axe Rome-Berlin qui peut être considéré comme un accouchement provoqué démocratiquement. Les éléments extrémistes du Régime (Farinacci, Preziosi, Interlandi, Bottai) étaient philo-allemands et antisémites, l'antisémitisme italien commença donc à se répandre, surtout grâce à trois intellectuels :

Julius Evola (dans la revue *Regime fascista*, dirigée par Roberto Farinacci), soutenait un "racisme spirituel" qui tiendrait compte non seulement du corps et du sang, mais aussi de l'esprit juif pour pouvoir le combattre. Ceci n'empêcha pas à Evola, qui en 1945 était rentré d'Autriche en Italie sans subir de condamnations, d'accorder en 1967, durant "la guerre des six jours", une interview (voir appendice) dans laquelle il se ralliait à l'État d'Israël.

Telesio Interlandi (dans la feuille *La difesa della razza*, et dans *Il Tevere*, aidé de son "secrétaire de rédaction" Giorgio Almirante, qui en 1945 fut sauvé par une famille juive

---

[1117] *Ibidem*, p. 225.

piémontaise) souhaitait que l'on fasse une législation raciale spécifiquement pour les juifs et, avec Almirante, polémiquait avec Evola, en défendant le pur racisme biologique et matérialiste allemand ; après 1945 Interlandi changea de camp et passa avec le nouveau vainqueur[1118].

Giovanni Preziosi (dans le périodique *La vita italiana*) soutenait que la race est la loi du juif et que pour frapper ce dernier il fallait frapper la race juive. Il fut, de son point de vue, le plus cohérent et en 1945 il préféra se suicider sans demander de l'aide à la race qu'il avait offensée.

Mussolini essayait de se délier et de se libérer de cet étau qui se faisait toujours plus serré ; si, d'une part, il ne pouvait pas se brouiller avec l'Allemagne (le seul pays disposé à l'accepter comme allié), il ne voulait pas non plus rompre totalement avec la France et l'Angleterre, puisqu'il se méfiait de Hitler ; mais il se faisait des illusions ; son destin désormais était marqué ; l'Amérique, l'Angleterre et la France voulaient l'unir à l'Allemagne pour le détruire avec elle. C'est la raison pour laquelle il dut s'engager, tout doucement, dans la voie de l'antisémitisme, par nécessités de circonstances plus que par conviction : d'un côté, il essaya de convaincre les Italiens que le fascisme avait toujours été antisémite et raciste, de l'autre, il revendiquait une certaine originalité italienne par rapport à l'Allemagne puisque le fascisme comme il avait coutume de dire en l'occurrence veut "discriminer, non persécuter". Mais il fut entraîné par les événements.

LES LOIS RACIALES EN ITALIE

En janvier 1938 commença en Italie une violente campagne raciste et antisémite, au moyen de la radio et de la presse.

Le premier acte officiel du régime contre les juifs en Italie fut *Il manifesto degli scienziati razzisti*, rédigé par un groupe d'enseignants universitaires sous l'égide du Ministère de la Culture Populaire et publié le 14 juillet 1938 dans *Il Giornale d'Italia* ; il voulait être la plate-forme doctrinale ou idéologicoscientifique de l'antisémitisme raciste.

S'ensuivirent certaines "applications pratiques" de la "doctrine raciste" :

a) l'interdiction aux scientifiques juifs de participer aux congrès internationaux ("mesure restrictive" de juin 1938) ;

b) l'interdiction aux juifs étrangers de s'établir en Italie et la révocation de la citoyenneté italienne obtenue après le 1er janvier 1919 ("décret-loi" du 1er septembre 1938) ;

[1118] Sur la figure discutée d'Interlandi cf.
G. MUGHINI, *À via della Mercede c'era un razzista*, Rizzoli, Milano 1991.
F. GERMINARIO, *Razza del sangue, razza dello spirito. Julius Evola, l'antisemitismo e il nazionalsocialismo (1930-43)*, Bollati-Boringhieri, Torino 2001.
M. T. PICHETTO, *Alle radici dell'odio. Preziosi e Benigni antisemiti*, F. Angeli, Milano 1983.
G. SALOTTI, *Breve storia del fascismo*, Bompiani, Milano 1998.

c) les enseignants et les élèves juifs furent expulsés de toute école publique qui ne pouvait pas adopter de livres écrits par des auteurs juifs ("décret-loi" du 5 septembre 1938) ;

d) la "*Carta della razza*", approuvée le 7 octobre 1938 par le Grand Conseil du fascisme (qui contenait les fondements de toute la législation suivante) ; elle interdisait les mariages mixtes d'Italiens avec des non-aryens ; elle considérait de race juive celui qui naissait de parents tous deux juifs ou celui qui étant né d'un mariage mixte professait la religion juive ; elle interdisait aux citoyens de race juive d'être inscrits au PNF, d'être titulaires d'entreprises de cent employés ou plus, d'être propriétaires de plus de cinquante hectares de terre, et enfin de faire le service militaire en paix et en guerre.

Mussolini, « en vue des mesures pour *la défense de la race*, prit des contacts avec le roi et le Pape. De la part de Victor Emmanuel III, il n'y eut pas d'opposition substantielle, si bien que la législation antijuive porta sa signature ; alors que les rapports avec le Saint-Siège furent plus complexes.

Pie XI avait condamné le racisme allemand... en principe, l'Église acceptait une législation *discriminatoire* à l'égard des juifs... La constante préoccupation de Pie XI fut d'obtenir du gouvernement la modification des articles qui pouvaient léser les prérogatives de l'Église sur le plan juridico-concordataire, en particulier pour ce qui concernait les juifs convertis. L'Église obtint la suppression de l'article 2 du projet de loi qui définissait "concubinat" le mariage d'un juif même converti avec un aryen. Le Pape montra de fait que le racisme italien était antichrétien et matérialiste dans une moindre mesure que le racisme allemand »[1119].

Renzo De Felice explique encore mieux et plus objectivement qu'il fut très difficile de dépasser l'écueil de Pie XI ; l'historien de Rieti se fonde sur les études, fondamentales entre toutes, du Père jésuite Angelo Martini, parues (en plusieurs parties) sur *La Civiltà Cattolica* en 1959 et réunies dans un livre[1120] ; ces articles « furent composés avec la précision d'un chercheur et d'après des documents des Archives vaticanes » ; ils « offrent une histoire presque complète souvent très détaillée de la position du Vatican à l'égard de la politique fasciste de la race de la mi1938 à la mort de Pie XI »[1121].

Avec l'encyclique *Mit brennender Sorge* (1937), l'Église avait condamné explique De Felice le racisme nazi ; en outre, *La Civiltà Cattolica* du 6 août 1938, avec l'intention de séparer le destin de l'Italie de celui de Hitler, en commentant le manifeste des "savants", écrivit : « Quiconque a présentes les thèses du racisme allemand, remarquera la différence notable avec celles proposées par le groupe de chercheurs fascistes italiens. Ceci confirmerait que le fascisme italien ne veut pas se confondre avec le nazisme ou racisme allemand intrinsèquement et explicitement matérialiste et antichrétien »[1122].

[1119] *Ibidem*, pp. 254-255.
Cf. aussi : F. COEN, *Italiani ed judei : come eravamo. Le leggi razziali del 1938*, Genova 1988.

[1120] A. MARTINI, *Studi sulla questione romana e la Conciliazione*, Cinque Lune, Roma 1963.

[1121] R. DE FELICE, *Storia degli judei italiani sotto il fascismo*, Einaudi, Torino, 3ª edizione, 1988, p. 292.

[1122] *La Civiltà Cattolica*, 1938, fasc. 2115, pp. 277-278.

Deux couvertures de la revue "La difesa della razza" de 1938

Pie XI dans le message radio de Noël 1938 avait défini la svastica ou croix gammée : « *croix ennemie de la Croix du Christ* », insistant sur cette définition explique Giovanni Miccoli même quand on lui fit observer qu'il s'agissait pourtant du symbole d'un État avec lequel le Saint-Siège entretenait toujours des relations diplomatiques[1123].

Ce qui préoccupait le plus les catholiques était le fait que la politique fasciste n'attaquait pas le judaïsme comme religion mais comme race et même les juifs convertis au catholicisme. Comme nous l'avons dit, le Saint-Siège réussit à obtenir la suppression de l'article 2 du projet, qui assimilait au "concubinat" le mariage religieux entre un(e) aryen(ne) et un(e) juif(ve) converti(e), « mais il ne réussit pas à obtenir que l'article 7... reconnaisse les mariages contractés par des juifs convertis au catholicisme. En vain Pie XI déclara-t-il que de cette façon on violait le Concordat, en vain écrivit-il personnellement à Mussolini (4 novembre) et au roi (5 novembre). Mussolini ne lui répondit pas et, même, fit savoir écrit De Felice qu'il "avait l'impression que le Vatican tirait trop sur la corde" et qu'il était disposé, si le Pape insistait, à engager une lutte à fond contre l'Église ; quant à Victor Emmanuel, il se contenta de répondre avoir transmis la lettre reçue au *duce* (7 novembre).

Le Saint-Siège n'approuvait pas le racisme matérialiste, « mais, en même temps, n'était pas opposé à une *action antisémite modérée*, se manifestant sur le plan des diminutions civiles »[1124].

Renato Moro, professeur d'Histoire contemporaine à l'Université de Rome III, écrit que « *La Civiltà Cattolica* (17 mars et 7 avril 1934), se refusa à toute défense de la race... si les méthodes employées étaient opposées à la loi naturelle et divine et condamna sévèrement l'idée que la "race aryenne" puisse être le "bien suprême" de la société »[1125].

Riccardo Calimani, résume le sujet (non sans préjugés) dans son livre *Stella gialla. Giudei e pregiudizio*, Rusconi, Milano 1993, chap. XIV *Le leggi razziali in Italia*, pp. 161-178.

e) les déclarations du programme du Grand Conseil du fascisme furent transposées dans les *lois de l'état italien* le 17 novembre 1938. Elles interdisaient aux juifs de publier des livres,

---

[1123] Pour l'insistance du Pape à maintenir cette phrase cf. A. MARTINI, *L'ultima battaglia di Pio XI*, rapportée in *Studi sulla questione romana e la Conciliazione*, Roma, Cinque Lune, 1963, p. 180.

[1124] R. DE FELICE, *op. cit.*, p. 298.

[1125] R. MORO, *La Chiesa e lo sterminio degli judei*, Il Mulino, Bologna 2002, p. 77.

de donner des conférences, d'accéder aux fonctions publiques, d'exercer le commerce ambulant, d'être concierges dans des maisons aryennes. La figure de l'» *aryanisé* », par laquelle le Ministère de l'Intérieur pouvait déclarer de race aryenne même un juif, fut introduite ; cette disposition allait contre toute logique raciste et favorisa la concussion et la corruption[1126].

LA FRANCE DE PÉTAIN ET LES STATUTS DES JUIFS

Le premier statut des juifs français fut promulgué à Vichy durant l'occupation allemande le 3 octobre 1940 ; le deuxième (qui remplaçait le premier) le 2 juin 1941. Le 7 août 1941 le Maréchal Philippe Pétain écrivit, avec prudence et bon sens, à l'Ambassade de France près le Saint-Siège pour savoir si la nouvelle législation sur les juifs était ou non en accord avec la doctrine catholique romaine (chose que ne firent pas imprudemment et sans bon sens Hitler et Mussolini). La réponse de l'ambassadeur français près le Saint-Siège, Léon Bérard, arriva au Maréchal le 2 septembre 1941 ; on y lit ceci : « Il y a une opposition entre la doctrine de l'Église, qui est par définition universelle et professe l'unité du genre humain et les théories "racistes"... mais jamais il ne m'avait été rien dit au Vatican qui supposât, de la part du Saint-Siège, une critique ou une désapprobation des actes législatifs et réglementaires dont il s'agit... De ces enseignements touchant les idées racistes on ne saurait pourtant déduire, il s'en faut de beaucoup, qu'elle condamne nécessairement toute mesure particulière prise par tel ou tel État contre ce que l'on appelle la race juive... Aux yeux de l'Église, un juif qui a reçu valablement le baptême cesse d'être juif pour se confondre dans le "troupeau du Christ". Toutefois, il ne faudrait pas se hâter d'en conclure que, pour l'Église, la religion soit la seule qui distingue Israël au milieu des autres nations... Elle reconnaît que parmi les traits distinctifs de la communauté israélite, il entre des *particularités*, non pas raciales mais *ethniques*... Nous savons par l'histoire générale que l'Église a souvent protégé les juifs contre la violence de leurs persécuteurs et qu'en même temps elle les a relégués dans les ghettos.

Saint Thomas d'Aquin dans la *Somme Théologique*, question 10 de la IIa-IIae, articles 9-12 enseigne que : il faut se montrer tolérant envers les juifs quant à l'exercice de leur religion ; qu'ils soient à l'abri des contraintes religieuses ; que l'on ne baptise pas leurs enfants par force, sans le consentement des parents. D'autre part, tout en proscrivant toute politique d'oppression envers les juifs, saint Thomas n'en recommande pas moins de prendre à leur égard des *mesures propres à limiter leur action dans la société* et à restreindre leur influence. Il serait déraisonnable de leur laisser, dans un État chrétien, exercer le

---

[1126] Lire aussi :
R. DE FELICE, *op. cit.*, cap VII *La persecuzione fascista*, pp. 344-440.
R. DE FELICE, *Mussolini il duce II - Lo stato totalitario (1936-1940)*, Einaudi, Torino 1996, pp. 866-877.
G. MICCOLI, in Annali 11**, *Gli judei in Italia*, Einaudi, Torino, Santa Sede, questione ebraica e antisemitismo, V-1, Antisemitismo cristiano e razzismo, pp. 1544-1574.
M. SARFATTI, *Gli judei nell'Italia fascista*, Torino, Einaudi, 2000.
M. GHIRETTI, Storia dell'antigiudaismo e dell'antisemitismo, Bruno Mondadori, Milano 2002.

gouvernement et réduire par là à leur autorité les catholiques. D'où il résulte qu'il *est légitime de leur interdire l'accès des fonctions publiques* ; légitime également de ne les admettre que dans une proportion déterminée dans les Universités et dans les professions libérales. (...) Cependant la législation française du 2 juin 1941 parle de race juive, en outre si un juif prouve qu'il a adhéré, avant le 25 juin 1940, à la confession catholique ou chrétienne réformée, il cesse d'être "regardé comme juif", pourvu, en outre, qu'il n'ait pas plus de deux grands-parents de race juive. Il demeure qu'*un israélite, fût-il dûment converti et baptisé, sera considéré comme juif s'il est issu d'au moins trois grands-parents de race juive. Là, il faut le reconnaître, il y a contradiction entre la loi française et la doctrine de l'Église.* C'est le point unique sur lequel la loi française se trouve en désaccord avec l'enseignement de l'Église romaine[1127]. (...) En outre le Vatican nous recommande de ne rien ajouter à notre législation concernant le mariage (comme au contraire cela a été fait en Italie)... et qu'il soit tenu compte, dans l'application de la loi, des préceptes de la justice et de la charité... »[1128].

Le Maréchal Pétain (en compagnie de Pierre Laval)

[1127] XAVIER VALLAT (autorité en la matière, ayant exercé les fonctions de "commissaire général aux questions juives" dans le gouvernement du Maréchal Pétain) a écrit que l'article en question n'a pas été effacé par le gouvernement de Vichy qui cependant « a permis de discriminer aisément les juifs des non-juifs… [en mettant] les seconds en demeure de fournir la preuve que leurs grands-parents avaient appartenu à une autre des **religions** reconnues jadis en France […]. Tous les enfants étaient baptisés, et les mariages ou les enterrements étaient tous religieux. Il était donc aisé à des non-juifs de retrouver des documents faisant foi que leurs aïeux appartenaient à une autre **religion** que la religion juive […]. En outre la loi du 2 juin 1941 [art. 7] spécifie que l'application de la loi aux prisonniers de guerre ou aux membres de leur famille est suspendue pendant la durée de la captivité. Enfin, l'article 8 réservait au Conseil d'État […] la possibilité de **relever** certains juifs des interdictions prévues par la loi » (X. VALLAT, *Le nez de Cléopâtre. Souvenirs d'un homme de droite*, Paris 1957, pp. 243-245).

On peut donc conclure que bien que l'article n'ait pas été effacé, en pratique il a été corrigé de façon antiraciale, en effet il était suffisant de démontrer que les aïeux étaient baptisés pour ne pas être déclarés juifs ; donc ce n'était pas une question de **race** (comme en Allemagne ou en Italie) mais plutôt une question de **religion** au moins en pratique. Enfin le gouvernement de Vichy prévoyait des dispenses pour les juifs qui « auraient rendu à l'État Français des services exceptionnels » (*op. cit.* p. 245), et non l'aryanisation comme en Allemagne et en Italie ; pour Vichy il n'y avait pas une question de "**sang**" mais une question de civilisation, de **culture** et de **religion** qui devait être résolue avec des lois spéciales d'interdictions.

[1128] Le texte intégral peut être demandé à : ANEC, B. P. 21 F 44530 Saint-Gildas-des-Bois.

LES JUIFS ITALIENS SOUS LE GOUVERNEMENT BADOGLIO

Le nouveau gouvernement, après le 25 juillet 1943, « maintint en vie la Direction générale de la démographie et de la race du Ministère de l'Intérieur et maintint en vigueur la législation raciale fasciste... Durant l'été 1943, l'Union des Communautés Israélites Italiennes eut différents contacts avec le gouvernement Badoglio, sans obtenir le moindre engagement pour l'abrogation des lois antijuives, ni non plus une atténuation des lois fascistes qui interdisaient encore... l'accès aux écoles... aux jeunes juifs ou prévoyaient l'expropriation de leurs biens. En réponse Badoglio communiqua aux représentants du judaïsme italien que "ne pouvant *pour le moment* procéder radicalement à l'abolition des lois, celles-ci resteraient *inopérantes*" ; cependant les lois raciales restèrent en vigueur »[1129]. Il faut expliquer que les Allemands se trouvaient encore en Italie, qu'ils y restèrent environ deux ans, et Badoglio (contrairement à Pétain) n'était pas un "cœur de lion".

CONCLUSION

L'Église ayant toujours été haïe par le judaïsme talmudique, depuis les temps de Jésus et des Apôtres, a donc dû prendre des mesures de *légitime défense* contre lui. Ces mesures furent le "Magistère" qui expliquait l'opposition doctrinale et théologique entre *le vrai et le faux Israël* et une "législation spéciale" qui diminuait et restreignait le pouvoir juif et qui en même temps sauvegardait les israélites de la colère populaire, qui existait déjà au temps du paganisme[1130]. Cette législation est inspirée par la justice (donner à chacun son dû ou ce qu'il mérite : *la limitation* pour empêcher l'expansion, la prépondérance ou l'envahissement ; et *la protection* pour garantir le droit à l'existence) mais aussi par la charité surnaturelle (amour de Dieu et du prochain aimé, *propter Deum*, en tant que créature de Dieu et non en soi ou parce que sympathique naturellement).

A l'ère moderne, avec le protestantisme et la révolution française, on arriva à l'affranchissement, à l'assimilation, à l'égalisation des juifs qui accédèrent par conséquent à une *prépondérance* dans les nations de tradition chrétienne qui les accueillaient, déchaînant ainsi la réaction violente du peuple opprimé ou l'antisémitisme racial qui trouve en Luther, Voltaire, Hitler ses meilleurs représentants. Ceux-ci ne sont pas les fruits de la doctrine catholique mais de la modernité sécularisée, laïcisée et matérialiste laquelle a produit le passage de l'antijudaïsme théologique (juste et charitable) à l'antisémitisme racial ou

---

[1129] F. TAGLIACOZZO B. MIGLIAU, *op. cit.*, p. 361. Cf. aussi :
L. PICCIOTTO FARGION, L'occupazione tedesca e gli judei di Roma, Roma 1979.
PICCIOTTO FARGION, *Il libro della memoria. Gli judei deportati dall'Italia (1943-1945)*, Milano 1991.
M. TOSCANO, *L'abrogazione delle leggi razziali in Italia (1943-1987). Reintegrazione dei diritti dei cittadini e ritorno ai valori del Risorgimento*, Roma 1988.
G. FORMIGGINI, *Stella d'Italia. Stella di David. Gli judei dal Risorgimento alla Resistenza*, Milano 1970.
[1130] Cf. G. P. MATTOGNO, *L'antigiudaismo nell'Antichità classica*, ediz. Ar Padova-Salerno 2002.

"racisme aryen" (qui étant laïcisé est privé de justice, puisqu'il *n'a pas la foi* surnaturelle et dépasse souvent le droit pour devenir injustice. De plus, puisqu'il *n'a pas la charité* surnaturelle, il n'aime pas et persécute en devenant odieux et cruel ; l'Église au contraire est inébranlable dans les principes parce qu'elle croit, mais est miséricordieuse dans la pratique parce qu'elle aime, ce que la modernité, ayant renié l'ordre surnaturel, n'est pas capable de faire).

Le racisme "aryen" du fascisme, qualifié par Pie XI comme "étatolâtrie païenne", voulut légiférer sur les sacrements, c'est-àdire *in spiritualibus*, matière qui appartient seulement à l'Église, puisque, pour le paganisme, l'État est une divinité immanente, César est divin et donc le *duce* est aussi Pape ; c'est ainsi que Mussolini voulut se mettre à la place de l'Église et du Pape, et, bien que faisant profession de laïcisme, voulut pontifier en matière sacramentaire : contradiction dans les termes.

Au contraire, dans la France (occupée) Pétain, avant de mettre en pratique la législation sur les juifs, demanda au Pontife si elle était conforme à la doctrine de l'Église ; il ne se mit pas à faire le "pape" comme avait fait le *duce*, mais avec bon sens demanda la lumière au Pasteur universel, au Vicaire du Christ.

Quant aux idéologues du racisme italien :

Julius Evola était un sorcier gnostique diaboliquement antichrétien, *Giovanni Preziosi* un prêtre moderniste défroqué et *Telesio Interlandi* un opportuniste, adepte de l'à-peuprès, brouillon et girouette. Tous les trois étaient a-chrétiens ou même antichrétiens.

En Allemagne, le racisme biologique avait son paladin en la personne d'*Alfred Rosenberg*, l'auteur de *Le mythe du XXème siècle*, mis à l'Index (1934) pour son antichristianisme virulent.

Racisme nazi-fasciste et antijudaïsme catholique sont donc deux conceptions diamétralement opposées, qui n'ont rien de commun.

La cause de la réaction antijuive écrit Bernard Lazare est l'exclusivisme judaïque ou le *super-racisme judaïque* qui ne veut pas se faire assimiler par les peuples d'accueil, mais *veut être hôte tout en restant étranger*, c'est-à-dire veut tous les avantages sans aucun inconvénient, formant ainsi un État dans l'Etat, pour écraser celui qui offre l'hospitalité (comme il est arrivé en Palestine depuis 1948 à aujourd'hui).

Léon XIII, face au retour du paganisme gibelin, voulut découvrir la cause de ce mal et en se servant de la précieuse collaboration de *La Civiltà Cattolica* la trouva dans la secte maçonnique dirigée par le judaïsmetalmudique, qui comme elle avait tué les Prophètes, Jésus et les Apôtres, voulait de même exterminer l'Église de Rome, qui est "Jésus continué dans l'histoire".

Il indiqua le remède au fléau de la *prépondérance juive* dans le retour à l'esprit chrétien, à sa doctrine et donc à sa praxis (lois restrictives) qui ne peut produire de fruits que si elle est vécue, c'est-à-dire si elle est l'expression convaincue de la foi surnaturelle et non si elle est utilisée comme *instrumentum regni*, comme le voulaient les mouvements autoritaires du XXème siècle de Maurras à Mussolini, lesquels n'ont produit que "tribulations et épines".

Pie XI, face au totalitarisme communiste (Staline a persécuté des milliers de juifs : c'est un fait, mais presque personne ne le dit) et nazi-fasciste a condamné le racisme matérialiste et donc antichrétien, mais a continué à mettre en garde les chrétiens contre le danger dogmatique, moral et social du judaïsme ; il n'a pas été écouté par l'absolutisme néopaïen qui a provoqué sa propre ruine et celle de nombreux juifs.

Le jugement sur les lois raciales italiennes est négatif, parce qu'elles furent matérialistes, bâclées et empreintes d'un opportunisme de circonstances (quoique défavorables). Elles furent mal appliquées, par excès et par défaut, elles étaient inopportunes car produites par un mouvement qui accréditait le *Risorgimento* laïciste et qui en le promulguant se mettait précisément en opposition avec l'esprit du *Risorgimento*, philojuif, maçonnique et libéral.

En résumé, hors de Jésus et de son Église n'existe pas la plénitude de la vérité mais l'erreur par excès (racisme matérialiste) ou par défaut (philanthropisme philojuif qui ne veut pas voir les dangers que le judaïsme représente) ; alors que la doctrine catholique s'élève *in medio et cùlmen* comme un sommet entre deux ravins, et enseigne à ne pas haïr cruellement mais en même temps à prendre toutes les précautions pour ne pas être écrasés : *"simples comme des colombes, mais prudents comme des serpents"*, enseigne l'Évangile.

Le rabbin Angelo Sacerdoti reçoit le Roi Victor Emmanuel III au temple de Rome pour l'inauguration de la plaque commémorative en mémoire des juifs tombés à la guerre

Appendice : l'interview d'Evola publiée par Heliodromos

En page 11 du présent numéro de Sodalitium, l'abbé Nitoglia fait référence à une interview réalisée par Julius Evola publiée par la revue Heliodromos (n° 6, printemps 1995). Comme le précise la revue sicilienne, l'interview est tirée du livre d'Elisabeth Antébi, "Ave Lucifer" (Calmann-Lévy éditeur). Nous publions de cette interview d'amples extraits concernant la question juive et le soutien apporté par Evola à l'État d'Israël. Dans ce contexte, la possible collaboration du même Evola avec la CIA, telle qu'elle est rapportée dans le livre de Sergio Flamigni "Trame atlantiche", dont nous relatons le passage relatif à Evola, est moins étonnante (à prendre naturellement sous bénéfice d'inventaire).

Sodalitium

« R) – Le juif est un déraciné ; le judaïsme traditionnel n'est pas dangereux, mais est dangereux celui qui n'a ni patrie ni point de référence (…).

Q) Dans cette accusation contre la race juive faites-vous rentrer certaines valeurs traditionnelles comme la Kabbale ?

R) – Sûrement pas. Sur le plan traditionnel, il serait frivole de créer des oppositions de ce genre. Seules les formulations sont différentes. À un certain niveau il y a accord entre'ceux qui savent'(…).

Q) – Vous seriez donc pour l'État d'Israël ?

R) – *S'il existe des juifs dangereux, ce ne sont pas ceux d'Israël*, qui travaillent, s'organisent, témoignent d'extraordinaires vertus militaires ; ce sont ceux des métropoles occidentales, qui grâce à la démocratie ont les mains libres. *Si aujourd'hui quelqu'un veut poser le problème juif, il arrive trop tard, il n'existe plus*. Comme je vous l'ai dit, le problème de la race 'intérieure'est beaucoup plus important à mes yeux ; et les attitudes pour lesquelles on considérait le juif indésirable étant aujourd'hui répandues chez les braves Aryens, il serait injuste et injustifié d'opérer une discrimination ».

De Un'intervista a Julius Evola
(Heliodromos, n° 6, printemps 1995).

« En mai 1995, le magistrat de Venise Felice Casson entra en possession d'une liste de douze ex-"collaborateurs" de la CIA en Italie (Commission parlementaire d'enquête P2, volume 3, tome 4, partie III, pp. 119-23). En plus du penseur d'extrême droite Julius Evola (…)

(En note : le Procureur Casson a transmis au gouvernement américain la demande de pouvoir consulter les archives de la CIA pour vérifier l'authenticité de la liste) ».

De Sergio Flamigni, Trame atlantiche.
Storia della Loggia massonica segreta P2,
Kaos edizioni, Milano 1996, p. 85.

LE SIONISME : UN RÊVE MAGNIFIQUE OU UN TERRIBLE FIASCO ?

Par M. l'abbé Curzio Nitoglia

Avec le présent article, à travers l'analyse de la pensée et des conquêtes du Sionisme, on entend montrer comment la formation de l'actuel État d'Israël ne répond pas aux promesses divines.
À l'analyse de l'évolution de l'idée sioniste suivra l'étude du mouvement sioniste et de ses rapports avec les Superpuissances et avec les différents Etats européens, y compris les nazis et les fascistes, pour arriver à la question théologique et doctrinale et au rapport avec l'Église.

INTRODUCTION

Vers la seconde moitié du XIXème siècle se développa le flux migratoire des Juifs vers la Palestine, qui n'était cependant pas un phénomène spontané, mais le produit du SIONISME[1131], avec le concours de deux cents délégués juifs réunis à Bâle et l'adhésion de

---

[1131] "Dans les dernières vingt-cinq années du XIXème siècle, ...un nouveau type de mouvement prit forme dans l'Europe orientale avec l'objectif de promouvoir le retour des Juifs dans la terre d'Israël... De nombreuses autorités orthodoxes s'opposèrent à ce qui pour elles était une appropriation arrogante du rôle du Messie... En 1890 un journaliste viennois, Theodor Herzl, fut envoyé à Paris pour faire un rapport sur l'affaire Dreyfus... Herzl, un juif non religieux, fut indigné par l'antisémitisme... de nombreux opposants à Dreyfus. Il devint profondément convaincu qu'il ne pouvait y avoir de liberté et d'égalité pour les Juifs que sur leur terre. C'est ainsi que Herzl fonda le Mouvement sioniste, une organisation consacrée à promouvoir la cause d'un état juif en terre d'Israël alors dominée par la Turquie... Durant la première guerre mondiale (1917) la Grande-Bretagne publia un document dans lequel elle appuyait le concept de Palestine comme siège d'un foyer national juif. Ainsi après avoir conquis cette terre aux Turcs, la Grande-Bretagne reçut un mandat sur les territoires de la Société des Nations... En 1947 la Grande-Bretagne informa les Nations Unies de vouloir abandonner son mandat sur la Palestine... l'ONU vota le partage de la Palestine en deux états séparés : l'un juif et l'autre arabe et mit Jérusalem sous une juridiction internationale. Les pays arabes se refusèrent à accepter cette solution et cinq d'entre eux envoyèrent leurs armées en Palestine dès que s'en allèrent les Anglais... La direction juive proclama la naissance de l'État d'Israël au terme de la souveraineté britannique le 14 mai 1948. Les forces militaires israéliennes réussirent à battre sur le champ les armées arabes, et Israël s'appropria un territoire plus vaste que celui prévu par le plan de partage de l'ONU. L'État hébreu réussit à occuper aussi une partie de Jérusalem à l'exception de la Vieille Ville... [elle] et certains territoires habités par la majorité des Arabes restèrent occupés par les forces militaires jordaniennes et furent appelés la Rive occidentale (*West bank*)... En 1967 Israël lança une action préventive contre l'Egypte... Les forces militaires israéliennes réussirent à occuper la péninsule du Sinaï, la Rive occidentale et la Vieille Ville de Jérusalem, le conflit dura six jours. En 1973 l'Egypte attaqua les forces militaires israéliennes au Sinaï : à cette occasion le résultat ne fut pas concluant

plus de cinquante mille Juifs, et dans le but de "travailler au rachat de la Palestine, pour y créer un État israélite"[1132].

Mais le Sionisme ne commence pas au XIXème siècle, mais "est l'expression moderne du vieux rêve de mille neuf cents ans, de reconstruire Israël, après que Rome avait mis fin à l'indépendance juive en terre d'Israël"[1133].

DIFFÉRENTES ÉTAPES DE L'IDÉE SIONISTE

A) PREMIÈRE PÉRIODE : DE LA CHUTE DE JÉRUSALEM À LA MORT DE JULIEN L'APOSTAT (70-363).

Sous le règne de Trajan († 117) un faux Messie, nommé André, excita le fanatisme des Juifs au point que, parmi les Grecs et les Romains, "deux cent mille hommes périssent par l'épée et par la fureur des Juifs"[1134]. Marcius Turbo attaqua les rebelles et leur fit payer de leur sang un jour de triomphe.

Sous le règne d'Adrien (130-135) eut lieu une seconde tentative, quand un certain Bar Cozbad se fit passer pour le Messie et les Romains furent chassés de Jérusalem, qui cependant retomba très vite entre leurs mains ; mais tandis que Titus avait laissé encore cette maison entière, avec Adrien la ville fut rasée au sol et à sa place fut construite *Aelia Capitolana*, qui ne reprit le nom de Jérusalem que plus tard.

La troisième tentative de révolte, advenue sous le règne d'Antonin (138-161), ainsi que la quatrième sous Marc Aurèle (174-175) n'eurent de succès et furent réprimées. Une autre fois la cinquième les Juifs, animés par l'espérance de restaurer politiquement le Royaume d'Israël, au temps de Septime Sévère (193-211), conspirèrent en Syrie avec les Samaritains contre la domination romaine, mais obtinrent seulement d'appesantir le joug auquel ils étaient soumis.

La sixième tentative d'insurrection se vérifia sous Constantin (321-327), mais fut elle aussi étouffée et "St Jean Chrysostome dans le *Second discours contre les Juifs*, nous raconte que Constantin, convaincu que les Juifs n'avaient pas renoncé à leur esprit de révolte, leur fit couper une partie de l'oreille, afin que, dispersés dans l'Empire, ils portassent partout avec eux le signe de leur rébellion"[1135].

Sous Constance il y eut une septième révolte, mais Gallus passa en Judée, où il battit les insurgés et rasa Diocésarée, siège de l'insurrection : les Juifs furent tués par milliers et de nombreuses villes, parmi lesquelles Tibériade, furent brûlées.

---

comme par le passé... l'Egypte avait réussi à repousser une avance israélienne sur ses territoires". Cf. R. A. ROSEMBERG, *l'Ebraismo, storia, pratica, fede*, Mondadori, Milano 1995, pp. 170-174.

[1132] A. LÉMANN, *L'avenir de Jérusalem*, Paris 1901, p. 3.
[1133] *Che cos'è il Sionismo*, par le Centre d'information d'Israël, Jérusalem 1990.
[1134] A. LÉMANN, *op. cit.*, p. 11.
[1135] A. LÉMANN, *op. cit.*, p. 21.

L'ultime tentative de cette première période est l'une des plus célèbres et a comme coopérateur Julien l'Apostat, qui non seulement permit aux Juifs de reconstruire le Temple, mais les aida par tous les moyens : sur l'issue finale voir ce présent numéro[1136].

Si un rôle important dans toutes ces tentatives de révolte est à attribuer à la ténacité juive, le facteur principal est dû, selon le juif converti Augustin Lémann, à une "interprétation d'un certain groupe de prophéties bibliques"[1137] ; même "c'est en se fondant sur ces prophéties que les Juifs ont toujours espéré qu'ils reviendraient à Jérusalem, qu'ils y restaureraient le Temple[1138], pour y jouir avec le Messie d'une pleine et inaltérable prospérité"[1139].

B) SECONDE PÉRIODE : DE LA MORT DE JULIEN L'APOSTAT À LA RÉVOLUTION FRANÇAISE (363-1789).

Cette longue période fut marquée par la résignation, même si se maintint toujours une certaine espérance endormie, comme l'affirme également l'abbé Lémann : "...avec la mort de Julien l'Apostat et le triomphe définitif du Christianisme jusqu'à la Révolution française, c'est pour les Juifs la période de résignation mais toujours d'espérance"[1140]. Durant cette période "l'aptitude financière et commerciale des Juifs se développe et s'étend à toutes les nations d'une manière extraordinaire... [ils] deviennent les financiers des rois. Mais, au milieu des préoccupations de leurs trafics et des calculs de leur négoce, ils ne laissent pas que de penser à Jérusalem"[1141].

Vers le XVIème et le XVIIème siècle les Juifs amis de la Terre Sainte se déplacèrent vers Safed, à quelques kilomètres de Bethsaïde ; au XVIIème siècle on dénombrait à Jérusalem environ cent familles juives et, à partir de cette époque, les pèlerinages à la Ville sainte commencèrent à devenir toujours plus nombreux.

C) TROISIÈME PÉRIODE

Avec le philosophisme allemand du XVIIIème siècle et avec la Révolution française on assiste à l'ABANDON de l'idée du retour à Jérusalem et du dogme du Messie personnel. Quelles furent les causes de ce changement ?

La première est justement le philosophisme imprégné de ce scepticisme du dix-huitième siècle, qui a été l'agent corrosif de toutes les religions, y compris de la religion talmudique,

---

[1136] Cf. ce n° 42, pp. 70-73 et n° 40 (éd. ital.) pp. 54-56.

[1137] A. LÉMANN, *op. cit.*, p. 26.

[1138] Cf. M. BLONDET, *I fanatici dell'Apocalisse*, Il Cerchio, Rimini 1992.

[1139] A. LÉMANN, *op. cit.*, p. 26.

[1140] *Ibidem*, p. 41.

[1141] *Ibidem*, p. 43. Voir aussi, sur ce sujet : L. POLIAKOV, *I banchieri ebrei e la Santa Sede*, Newton Compton, Roma 1974.

d'abord avec Spinoza et ensuite avec Mendelssohn, qui peut être considéré comme le fondateur d'une sorte de néoJudaïsme, masqué de déisme. Commence ainsi à se répandre dans les ghettos l'idée que le Messie pourrait être un concept, un royaume, un peuple,… mais non une personne, et surgit aussi le problème de la disposition physique et géographique de ce royaume. C'est la Révolution française qui concrétise ce mythe. L'EMANCIPATION aux Juifs français fut accordée en 1791 ; ils virent le Messie dans les *Droits de l'homme* proclamés par la Révolution.

De la fin du XVIIème siècle à 1848 le mythe du Messie impersonnel a eu deux écoles principales, dont la première fleurit en Allemagne sous l'égide du philosophisme. En 1843 à Francfort-sur-le-Main s'organisa un comité juif réformiste, auquel suivirent trois synodes, un la même année à Brunswick, un encore à Francfort en 1845 et un troisième à Breslau en 1846, dans lesquels on affirmait que l'unique Messie attendu était la liberté d'être admis parmi les Nations ; par cela le parti talmudiste allemand fut blessé à mort.

La seconde école se forma en France, sous l'égide de l'émancipation, qui marque aussi l'élément diversifiant des deux écoles. En effet en Allemagne, du moment que le juif n'était pas encore émancipé civilement, sa pensée devait être considérée comme hardie et prématurée : la liberté civile, non encore conquise, était la perle pour laquelle on était prêt à sacrifier toute chose, même le Messie personnel. En France, au contraire, les juifs depuis 1791 jouissaient de la liberté civile et étaient donc plus modérés dans l'évolution de la foi à propos du Messie. Dans le Grand Sionisme de 1807 Napoléon avait été honoré et décoré des titres réservés exclusivement au Messie, même si le parti talmudiste était encore assez fort pour contrebalancer. Ce fut seulement à partir de 1848 que toute "répression" de la part de la Synagogue talmudique devint inefficace même en France. En effet durant le règne de LouisPhilippe le rationalisme allemand avait exercé une influence notable sur le Judaïsme français. En 1846, durant l'intronisation du grand rabbin de Paris, le colonel Cerf-Beer, dans un discours de circonstance lui fit comprendre qu'il était désormais temps de commencer avec les réformes ("l'aggiornamento") également en Allemagne : le parti talmudiste n'eut plus la force de réagir comme par le passé. Désormais même le monde juif français affirmait que "La Révolution était le vrai Messie pour les opprimés"[1142].

"La Jérusalem nouvelle serait la Jérusalem de l'argent avec un banquier pour Messie, la cote des fonds publics au lieu du Sefer Thora, la Bourse au lieu du Temple"[1143]. Presque tous les pays de l'Europe occidentale et des USA dans lesquels les juifs connurent l'émancipation civile, accueillirent ces idées sur le Messie impersonnel, avec l'abandon consécutif du dogme du Messie personnel et du retour à Jérusalem.

BRÈVE HISTOIRE DU MOUVEMENT SIONISTE

[1142] *Archives israélites*, année 1862, p. 309.
[1143] A. LÉMANN, *op. cit.*, p. 65.

Le Canal de Suez et la Grande-Bretagne. Le projet d'ouvrir le canal de Suez suscita, vers la moitié du XIXème, un vif intérêt en Europe, parce que la Méditerranée aurait regagné une notable importance. C'est surtout la France, l'Empire habsbourgeois et l'Italie qui étaient intéressés au projet.

L'Angleterre au contraire aurait été lésée. Celui qui assuma la charge économique des travaux fut, en très grande partie, le pacha d'Egypte Saïd, mais les finances égyptiennes furent bouleversées par l'énorme quantité des débours. En 1863 lui succéda son neveu Ismaïl, à qui « … vinrent en *aide* les banques juives Oppeneim et Rothschild, lesquelles, ayant bloqué tout accès au crédit, étreignirent en fin de compte le souverain dans un embrassement mortel… Le contrôle conjoint anglo-français est imposé aux Egyptiens sur leurs finances ; c'est l'antichambre de l'occupation coloniale… La banqueroute égyptienne et les difficultés politiques qu'elle génère coïncident avec le réveil de l'intérêt britannique pour le canal »[1144]. La Grande-Bretagne commença ainsi à changer de politique dans ses rapports avec l'Empire Ottoman, et après l'avoir défendu jalousement, du point de vue antirusse et antifrançais, décida de ne pas s'opposer à son déclin. En 1878 elle occupe Chypre et prit possession des douanes turques. La situation au fil des ans dégénère en violents désordres et les anglais décident d'intervenir *manu militari*, c'est pourquoi le 10 juillet 1882 les navires anglais ouvrirent le feu sur Alexandrie d'Egypte. Avec la grande guerre (1914-1918) l'Angleterre saisit l'occasion pour asséner le coup de grâce à l'Empire Ottoman, en prenant le contrôle de la péninsule *arabe* et de la Syrie, s'assurant ainsi la clé d'accès de la Méditerranée vers la Mésopotamie et le Golfe Persique. La Palestine aurait mis en sécurité les communications avec l'Inde au moyen du Canal de Suez. Le 18 décembre 1814 la Grande-Bretagne occupe l'entier trajet du canal. Les Anglais, pour être plus assurés d'avoir vaincu définitivement l'Empire Ottoman, menèrent une politique apte à détériorer les rapports entre les Turcs et les populations de l'ex-Empire Ottoman, « excitèrent à la révolte contre Constantinople les populations arabes auxquelles ils promirent, la guerre terminée, la séparation de l'Empire et la pleine indépendance politique »[1145]. Ils contactèrent en outre le cheikh de la Mecque, Hussein, descendant de la fille de Mahomet Fatima et pour cette raison chargé d'un grand prestige spirituel dans le monde islamique. « Comme contrepartie pour la rébellion aux Turcs, les Anglais garantirent à Hussein leur appui à l'ambitieux projet de donner vie à un grand État Arabe »[1146]. Ainsi se rompit la solidarité du front musulman. Après trois ans de lutte la partie contre les Turcs est vaincue par les *Arabes*. Les Anglais occupent Jérusalem et Hussein Damas. Le 11 novembre 1918 un communiqué anglo-français rassure les *Arabes* en leur promettant après la longue oppression turque, l'installation de gouvernements et d'administrations arabes. Cependant les *Arabes* durent changer d'avis et constater que la Grande-Bretagne n'avait absolument pas en vue la libération des peuples *Arabes* par l'oppresseur turc, mais plutôt désirait imposer sa propre

---

[1144] P. SELLA, *Prima d'Israèle*, ed. L'uomo libero, Milano 1990, pp. 19-21.

[1145] P. SELLA, *op. cit*, p. 25.

[1146] P. SELLA, *op. cit*, p. 26.

volonté aux pays du Moyen-Orient. C'est surtout l'Angleterre et la France qui tirèrent avantage de la dissolution de l'Empire Ottoman ; le traité de Sèvres (10 août 1920) signe la fin définitive de l'Empire Ottoman, la ratification anglaise de Chypre et des pouvoirs sur le Canal de Suez. Les Turcs éliminés, le destin de l'*Arabie* passe aux mains anglo-françaises. Les *Arabes* ne voulurent pas renoncer à l'indépendance, mais le 24 juillet 1920 les Syriens sont écrasés par les Français et Damas est occupée. « La Palestine… est privée de la liberté et du droit même à la vie : non seulement l'indépendance lui sera déniée, mais elle sortira des mains anglaises transformée en une entité ethnique et culturelle absolument méconnaissable »[1147].

Réunion de militants du Bétar en uniforme à Lyck (Empire allemand) en 1935.
Sur le mur, au fond, on aperçoit un portrait de Zeev Jabotinsky

Pendant ce temps la naissance du Sionisme, loin de résoudre l'éternelle question juive, la compliquera, en la transportant, dans une optique conflictuelle, dans les pays *arabes*, allumera une nouvelle haine entre Islam et Judaïsme, qui d'abord, théologiquement, n'existait pas et qui s'affirme par des motifs nationalistes et d'indépendance territoriales. Le Judaïsme international mobilise ses propres coreligionnaires anglais pour obtenir l'intervention dans la première guerre mondiale des USA. La Grande-Bretagne concéda aux chefs sionistes qui s'étaient engagés a faire entrer en guerre l'Amérique, des privilèges exceptionnels. « Les accords prévoient pour le Sionisme, le don d'un *National Home*, en Palestine, base de départ du futur État hébreu »[1148]. Le 2 novembre 1917 le ministre des Affaires Etrangères britannique Lord Balfour adressa au président de la fédération sioniste britannique Lord Rothschild une lettre qui affirme : « Sa Majesté voit avec bienveillance l'institution en Palestine d'un *National Home* pour le peuple juif ». Ce *foyer juif* est un mot polisémantique, derrière lequel se cache le concept d'ÉTAT JUIF. Ce projet coûtera cher surtout aux palestiniens, même si l'implantation juive ne dormira jamais sur ses deux oreilles

---

[1147] P. SELLA, *op. cit*, p. 36.
[1148] P. SELLA, *op. cit*, p. 162.

dans ce qui se révélera en Orient, comme cela l'avait déjà été en Occident, une aventure privée de certitude depuis le jour où les chefs du peuple dirent *"Sanguis eius super nos et super filios nostros"*, assumant une terrible responsabilité pour les fils d'Israël tant qu'ils ne se convertiront pas et ne rentreront pas dans l'Église de Dieu.

La Palestine : un pays isolé. « Rompre l'unité de la Grande Syrie et dégager d'elle la Palestine est le premier pas pour assurer le succès du projet sioniste... c'est une politique qui engendre chez les palestiniens une grande désorientation. Ils se trouvent tout à coup dans un pays occupé militairement et coupé à l'extérieur de toute liaison administrative et politique antérieure. La nouvelle entité territoriale qui avait toujours fait partie des organisations étatiques plus vastes et n'avait jamais manifesté d'aspirations autonomistes, est créée, depuis le début, avec l'objectif de la dégradation ethnique. La population arabe d'origine est destinée à être submergée et remplacée »[1149].

La réaction arabe contre l'immigration et l'occupation juive (que les Anglais eux-mêmes autorisaient) offrira à l'Empire britannique de vastes possibilités d'ingérence. Derrière l'alibi du maintien de la paix, l'Angleterre aurait pu cacher facilement sa volonté de présence militaire en Palestine *sine die*. Seul le processus de décolonisation commencé à la fin de la seconde guerre mondiale poussera les Anglais à laisser la Palestine. Alors au colonialisme anglais succédera le colonialisme sioniste.

Le *"Livre Blanc"*. Le 17 mai 1939 l'Angleterre annonça sa volonté d'abandonner l'idée de la disparition de la Palestine et le *Foreign Office* avec un *Livre Blanc*, s'engagera à accorder aux Palestiniens l'indépendance ; la passation effective des pouvoirs, toutefois, n'adviendrait que dix ans après. Les *Arabes* pensaient entrevoir la fin de leurs souffrances, mais la proposition anglaise est conditionnée par l'issue de la seconde guerre mondiale. En effet le *Livre Blanc* suit de quelques jours les garanties antigermaniques laissées par l'Angleterre à la Pologne, à la Grèce et à la Roumanie, c'est pourquoi il représente seulement une diversion ou un acte expédient pour s'accaparer, dans un moment aussi difficile, la sympathie et la neutralité du monde arabe, dont la position est d'une extrême importance stratégique. L'Angleterre en substance avec le *Livre Blanc* a voulu seulement tergiverser et congeler la question palestinienne et renvoyer toute décision à la fin du conflit. Les Juifs de Palestine se voient accorder ainsi une trêve providentielle de plusieurs années, une prorogation à l'éventuelle expulsion et peuvent continuer à accueillir de nouveaux immigrés. En mai 1942 à New York, à l'Hôtel Biltmore, se réunit une conférence sioniste qui réclama la constitution de l'État hébreu et prétexta l'annulation de toute limite à l'immigration, et réclama enfin de confier la supervision sur l'immigration à la *Jewish Agency*. « En Palestine pendant ce temps, l'*Haganah*, l'organisation militaire officielle des sionistes qui de 1929 à 1939 s'était armée avec la connivence de la puissance mandataire (la Grande-Bretagne),... renforça ses unités et se prépara à la lutte contre les Anglais pour le cas où ceux-ci insistent à mettre en pratique ce *Livre Blanc* de 1939 par lequel ils avaient promis aux Palestiniens l'indépendance. L'*Irgun*... et la *Bande Stern*... déchaînèrent... une campagne terroriste qui se proposa de

---

[1149] P. SELLA, *op. cit*, p. 169.

plier définitivement les Anglais au vouloir du Sionisme. La première victime illustre de la *Bande Stern* est le ministre britannique pour le Moyen-Orient, Lord Moyne, qui fut assassiné... en novembre 1944 »[1150]. Avec la fin de la seconde guerre mondiale nous assistons à la coïncidence *de facto* des aspirations du Sionisme avec celles des deux superpuissances, (USA et URSS). Russes et Américains ont compris qu'un État hébreu en Palestine est un élément valable déstabilisant dans une des zones géopolitiques les plus importantes du monde, qui leur permettra d'intervenir dans les affaires intérieures de tous les pays du Moyen-Orient et d'y amorcer un grave conflit entre l'Europe et le monde arabe. La tâche de l'occupant britannique est désormais accomplie, à elle succédèrent sionistes, USA et URSS. Le 29 novembre 1947 l'Assemblée Générale de l'ONU, par la résolution 181, approuve le plan qui prévoit la partition de la Palestine en deux Etats : un État arabe et un État juif. « La décision est prise au siège et par des sujets trompés. L'ONU, qui ne possède aucun droit de souveraineté sur la Palestine, ne peut s'arroger la compétence d'en disposer ; elle ne peut la diviser... »[1151]. Le 14 mai 1948 le Conseil National Juif proclama l'État d'Israël, en mettant le monde devant le fait accompli.

« La logique de Yalta vainquit donc aussi en Palestine. Amérique et Russie ont réservé au pays le même traitement inique déjà arrivé à l'Europe »[1152]. Alors que USA et URSS derrière l'écran de la guerre froide collaborent en secret à la partition de l'Europe et du Moyen-Orient, la presse philojuive présente Israël comme le bastion contre le communisme – alors qu'en réalité c'était un état laïque et socialiste né avec le consentement soviétique mais en taisant que le communisme était hors la loi dans tous les pays *arabes*, et en créant le consensus de la pensée modérée et libérale-conservatrice. Avec la guerre de 1967 toute la Palestine appartient à Israël, y compris Jérusalem, qui d'après la résolution 181 aurait dû être placée sous administration internationale[1153]. Les Juifs ne respectent pas la décision de l'ONU, dont les résolutions imposèrent le retrait de l'armée israélienne et qui restent cependant lettre morte. Le 10 novembre 1975 l'ONU, pour ne pas perdre la face, est contrainte d'approuver une résolution qui assimile Sionisme et racisme, mais Israël ne s'arrête pas, confiante dans l'indécision de l'ONU, qui à quelques temps de là supprime la résolution.

Mais la victoire du Sionisme manque son objectif principal, qui est celui de donner vie à un État national pacifié et uni même ethniquement, comme l'a aussi révélé le journaliste juif Paolo Guzzanti dans un récent article sur *La Stampa* de Turin : « Ces jeunes [de Tel-

---

[1150] P. SELLA, *op. cit*, p. 224.

[1151] P. SELLA, *op. cit*, p. 234.

[1152] P. SELLA, *op. cit*, p. 240.

[1153] Àce propos, l'interview accordée par Fini au *JERUSALEM POST* et rapportée par le *Secolo d'Italia* sous le titre *Abbiamo un amico a Roma*, par Dennis Eisemberg et Uri Dan, ex-agent du Mossad et auteur de *Mossad, 50 ans de guerre secrète* (Presses de la cité, Paris 1995) ne peut pas surprendre. À la déclaration de Fini selon laquelle « Jérusalem doit et peut être seulement aux Israéliens » [4 juillet 1995, p. 5] les intervieweurs commentent : « Il est vraiment rare de trouver un homme d'état européen qui ne soit pas tenu à demander à Israël de renoncer à une partie de sa souveraineté sur Jérusalem... ou d'internationaliser la ville. Le tout sur le fond de pressions du Vatican ».

Aviv] aussi... euro-américains, aussi laïques..., n'ont pas du tout l'air de cultiver le patriotisme nostalgique de leurs pères et de leurs aïeux... Cette ville est en train de perdre la mémoire... Tel-Aviv construit toujours plus dans ses murs comme une minuscule symbolique New York... la ville entière pullule de lieux pour gays, pour lesbiennes, pour transsexuels... Les passions déchaînées de l'adolescence de nombreux jeunes de Tel-Aviv pour Che Guevara de Hamas sont légendaires... Passions en général vécues par de jeunes Palestiniens avec un esprit prédateur à sens unique : on a pas d'échos des malheureux écarts des jeunes Palestiniennes pour les jeunes soldats israéliens et les mariages dans les deux sens suivent la même loi : mari palestinien et femme israélienne, oui. Mari israélien et femme palestinienne, non. (...)Un homme qui a combattu toute les guerres me dit : "La paix n'est pas la fin du cauchemar... Les ennemis qui un temps étaient incapables de combattre contre ceux d'entre nous qu'ils pouvaient battre en un instant AUJOURD'HUI SONT BRAVES COMME ET MÊME PLUS QUE NOS SOLDATS ; ils savent pourquoi ils combattent, sont bien armés et entraînés. Par nous le patriotisme cède le pas au sens de la faute. Les *Arabes* nous haïssent, mais parlent parfaitement l'hébreu. Nous ne parlons pas un mot d'arabe et voudrions être aimés par eux »[1154].

LE SIONISME : NAISSANCE ET DÉVELOPPEMENT DU MOUVEMENT SIONISTE

a) Le premier Congrès de Bâle (août 1897)

Les origines du Sionisme actuel sont recherchées dans l'ouvrage du journaliste viennois Theodor Herzl qui, avec le parisien Max Nordan, organisa trois congrès à Bâle. Dans le premier fut défini le programme du Sionisme, c'est-à-dire "créer au peuple juif un domicile garanti par le droit publique en Palestine". Les réactions furent très fortes et vives, presque "une levée en masse du rabbinat contre un pareil projet"[1155], au point que l'on parle de DIVORCE ENTRE SYNAGOGUE ET SIONISME. "La première, satisfaite de l'émancipation, ne veut plus être autre chose qu'une religion. Le second, réveillé par l'explosion mystérieuse de l'antisémitisme, proclame hautement : Nous sommes un peuple, et nous voulons reconstituer notre nationalité... La première n'a plus la foi intégrale de Moïse et des prophètes. LE SIONISME NE CONSIDÈRE LES JUIFS QUE COMME UN PEUPLE, AU LIEU DE RECONNAITRE QU'IL EST LE PEUPLE, LE PEUPLE DE DIEU"[1156].

En effet c'est "uniquement dans un BUT POLITIQUE ET SANS SE RATTACHER AU PASSE RELIGIEUX D'ISRAËL que le Sionisme voudrait rentrer en possession de Jérusalem et y ressusciter la nationalité juive"[1157].

[1154] P. GUZZANTI, Tel Aviv, anima ribelle d'Israèle, in *La Stampa*. 15/7/1995, p. 9.
[1155] A. LÉMANN, *op. cit.*, p. 70.
[1156] A. LÉMANN, *op. cit.*, p. 71. Voir aussi *Le Réveil d'Israël*, juillet 1898.
[1157] A. LÉMANN, *op. cit.*, p. 71.

D'autre part le rabbinat occidental, même en ayant pour la plupart abandonné l'espérance d'un Messie personnel, refuse de s'associer au Sionisme et de s'acheminer vers Jérusalem. C'est le cœur du problème sioniste et le principe de sa solution à la lumière de la foi chrétienne, comme nous le verrons ensuite.

Le grand rabbin de France Zadoc-Fahn explique admirablement que "Le Sionisme... remonte à la destruction du Temple de Jérusalem par Titus... Mais il y a une énorme différence entre le Sionisme actuel et celui d'il y a dix-huit siècles. POUR LES FIDÈLES DES TEMPS ANTIQUES C'ÉTAIT LE MESSIE ENVOYÉ PAR DIEU... QUI DEVAIT MIRACULEUSEMENT RECONSTRUIRE SION... PERSONNE N'AURAIT JAMAIS NI MEME LOINTAINEMENT PENSÉ À ARRIVER À CE BUT AU MOYEN DES VOIES NATURELLES. Cet esprit ne pouvait pas résister à l'influence de la Révolution française... L'idée messianique se transforma... Le Messie devint le symbole du progrès, de la fraternité humaine, enfin réalisée par le triomphe des grandes vérités morales et religieuses que le Judaïsme a répandues partout"[1158].

Si le rabbinat occidental, désormais bien intégré en Europe, refusait aussi le PSEUDO SIONISME LAÏC de Herzl, il y avait encore une frange juive qui attendait un Messie fils de David, mais "ne saurait accepter l'idée d'un retour à Jérusalem, tant que ce Messie n'aurait point paru"[1159]. RÉTABLIR UN ÉTAT D'ISRAËL AVEC DES MOYENS HUMAINS comme il est arrivé N'ETAIT PAS ACCEPTABLE POUR LES JUIFS TALMUDISTES. Les *Archives Israélites* écrivaient à ce propos : "Si par Sionisme on entend ceux qui poursuivent actuellement avant le temps promis... la reconstruction de la nationalité juive... nous pouvons affirmer que les sionistes de cette espèce... sont *rari nantes in gurgite vasto*"[1160]. Et encore : "Reconstruire le Royaume de Juda ?... Nous juifs orthodoxes, fidèles à l'idée messianique, croyons à la venue du Messie... fondateur d'un empire universel. Mais quel rapport y-at-il entre cet idéal religieux et le projet du docteur Herzl et de ses amis ?"[1161].

b) Le second Congrès de Bâle (août 1898)

Durant le second Congrès apparut encore plus clairement le nœud du problème et la contradiction immanente avec le Sionisme moderne, pour lequel le Judaïsme doit être une nation et non une religion, alors que pour le rabbinat il était une religion plutôt qu'une nation. C'est pourquoi le rabbinat occidental émancipé, bien que *libéral* ne voulait pas avoir de rapports avec le Sionisme, puisque ce dernier était seulement un nationalisme rationaliste laïciste et naturaliste qui n'avait aucune racine dans son passé religieux : "Nous ne nous imaginons pas facilement un état hébreu laïc, dont la Thora ne soit pas la carte nécessaire... ne réussit pas à comprendre l'existence d'une société israélite qui n'ait pas la foi pour son

---

[1158] *Archives israélites*, 23 septembre 1897.
[1159] A. LÉMANN, *op. cit.*, p. 77.
[1160] *Archives israélites*, 20 septembre 1897.
[1161] M. Dreyfuss, grand rabbin de Paris, in *Archives israélites*, 23 septembre 1897.

fondement. Ce nationalisme purement rationaliste serait la négation de l'histoire et des prophéties bibliques !"[1162].

En résumé, le second Congrès marque l'abandon de Jérusalem de la part des rabbins et l'abandon de la religion, et donc du passé d'Israël, de la part du Sionisme.

c) Le troisième Congrès de Bâle (août 1899)

L'hostilité du rabbinat explosa pour la troisième fois et la majeure partie des Juifs d'Occident se montra fermement opposée aux projets des sionistes. Cependant les Juifs orientaux, pas encore émancipés civilement et donc non assimilés, restent fidèles, pour la majeure partie, à l'idée du Messie personnel et du retour miraculeux à Jérusalem[1163].

LA PÉRIODE DE RÉSIGNATION CONFIANTE SUBSISTE TOUJOURS DANS LE JUDAÏSME ORIENTAL

Des milliers et des milliers de Juifs d'Autriche, de Roumanie, de Pologne, de Russie, d'Asie et d'Afrique restent fidèles au Talmudisme, c'est-à-dire restent étrangers à l'influence du philosophisme, des idées modernes et n'ont pas connu la révolution émancipatrice ; c'est pourquoi ils gardent une foi aveugle en un Messie belliqueux et conquérant qui les ramènera à Jérusalem. Ils sont plus nombreux que les Juifs occidentaux. "Sur sept à huit millions de Juifs, qui existent, en effet, aujourd'hui [1901] comme à l'époque de Jésus-Christ, le plus grand nombre réside en dehors des Etats occidentaux de l'Europe"[1164]. L'appel adressé aux étudiants juifs de l'université de Prague par le Conseil élu du Corps des étudiants de la nation juive est significatif : "Compagnons Israélites,... les Juifs ne sont ni allemands, ni slaves, ils sont UN PEUPLE À PART. Les Juifs ont été et restent un peuple autonome par unité de race, d'histoire, de sentiments ! Assez d'humiliations ! Juif, ne sois pas un esclave !"[1165].

LE SIONISME ET LE B'NAI B'RITH

Si le but du présent article est d'affronter le discours sur le Sionisme à la lumière des prophéties de l'Ancien et du Nouveau Testament qui lui est inhérente, il faut cependant faire une référence constante au processus historique de la réalisation du Sionisme en Palestine de la fin du XIXème siècle à nos jours, en renvoyant le lecteur pour les thèmes plus spécifiques à la bibliographie indiquée à la fin.

[1162] *Archives israélites*, 15 septembre 1898.
[1163] Cf. *Le Réveil d'Israël*, octobre 1899.
[1164] A. LÉMANN, *op. cit.*, p. 122.
[1165] *La Croix*, 10 mars 1895.

Emmanuel Ratier a présenté récemment une étude très intéressante et riche de documents inédits sur le B'naï B'rith[1166], dans laquelle se trouve un chapitre entier consacré au Sionisme, dont la documentation servira maintenant pour analyser quelle influence la puissante loge des "Fils de l'Alliance" aurait eue dans la naissance de l'État d'Israël.

Depuis son origine le B'naï B'rith est d'inspiration sioniste, dès lors que deux représentants du B'naï B'rith roumain participèrent en 1898 au second congrès sioniste de Bâle. Toutefois les loges américaines, à la différence des loges européennes, toutes philosionistes, campaient sur des positions beaucoup plus modérées ; mais l'évolution vers une attitude favorable au Sionisme fut rapide et déjà en 1917 le journal officiel du B'naï B'rith américain affirmait que la déclaration de Balfour était « un événement aussi important que l'édit de Cyrus »[1167]. Aussi les loges londoniennes exercèrent-elles une influence capitale sur le développement du Sionisme, comme en témoigne aussi Paul Goodman dans l'histoire de la première loge du B'naï B'rith d'Angleterre : « En Palestine... le B'naï B'rith a eu un RÔLE UNIQUE, avant que le Sionisme n'en fît la base du Foyer national juif, ce fut à la Loge *Yerushalaim* et dans d'autres loges que, pour la première fois, se rencontrèrent séfarades et ashkénazes... »[1168]. Le district d'Allemagne, initialement hostile au Sionisme se rapprocha aussi ensuite des positions londoniennes philosionistes. En 1897 dans une déclaration du 27 juin, le Comité général du B'naï B'rith allemand, se déclara totalement opposé au Sionisme, mais par la suite dans une seconde résolution du Comité général du 22 mai 1921 se rallia à des positions absolument favorables à la création d'un État hébreu en Palestine.

LE B'NAÏ B'RITH EN PALESTINE

« L'histoire du B'naï B'rith se confond avec celle de *Eretz Israel* »[1169]. Depuis des centaines d'années le Judaïsme d'Orient vivait dans un état presque léthargique sous le régime ottoman : « ce qui fut le plus utile [à son renouveau] ce fut la pénétration du B'naï B'rith dans les communautés, au moyen des loges, en particulier la loge *Yerushalaim* »[1170].

En 1865, vingt-trois ans avant la naissance du Mouvement sioniste de Herzl, le B'naï B'rith organisa une grande campagne d'aide aux victimes juives du choléra en Palestine et depuis lors n'a jamais cessé de financer des initiatives privées en Israël. Dès que les circonstances politiques le permirent, l'ordre s'implanta au Moyen-Orient ; deux loges furent créées en Egypte en 1887 et l'année suivante fut fondée la première loge de Palestine, dont le premier secrétaire fut Elieser BenYehouda, le père de l'hébreu moderne, alors considéré comme une langue morte, dans laquelle il traduisit la constitution et le rituel secret

---

[1166] E. RATIER, *Mystères et secrets du B'naï B'rith*, éd. Facta, Paris 1993.

[1167] E. RATIER, *op. cit.*, p. 180.

[1168] *B'naï B'rith, The first Lodge of England*, 191035, Paul Goodman, imprimé par la Loge, Londres 1936.

[1169] M. Honigbaum, *B'naï B'rith journal*, juin 1988.

[1170] *B'naï B'rith Magazine*, supplément, février 1925.

du B'naï B'rith. « Les linguistes reconnaissent d'ailleurs aujourd'hui que c'est grâce aux Loges du B'naï B'rith que l'hébreu est aujourd'hui la langue officielle d'Israël »[1171].
En avril 1925 l'Ordre inaugura la première Université hébraïque.

LA GRANDE LOGE DE PALESTINE

Le B'naï B'rith avait toujours craint que la création d'un district de Palestine alerte le régime turc, c'est pourquoi le siège du district d'Orient avait été placé à Constantinople. Le mandat anglais et la déclaration Balfour autorisèrent la création du XIVème district dont le premier grand Président fut David Yellin. En 1948 le B'naï B'rith comptait en Israël quarante-huit loges, en 1968 cent-trente-huit, alors qu'aujourd'hui leur nombre dépasse les deux cent.

D urant le régime turc, entre 1873 et 1917, six loges maçonniques avaient déjà été fondées en Palestine... dont la première, dénommée *Loge du roi Salomon*, à Jérusalem en mai 1873 ; durant le mandat britannique (1921-1947) la Maçonnerie connut un très rapide développement.

LA LOGE ANGLAISE DU B'NAÏ B'RITH ET LA PALESTINE

Le premier président du B'naï B'rith Herbert Bentwich avait été l'un des premiers à partager les thèses de Theodor Herzl sur le Sionisme et en 1897 avait organisé un pèlerinage des Juifs en Palestine par l'intermédiaire de l'Ordre des anciens Maccabées, au nom duquel il y avait acquis un terrain, à Gezer, donnant en outre à la *First Lodge* une orientation typiquement sioniste.

Au début de la première guerre mondiale fut créé un Comité juif d'urgence, composé exclusivement de membres du B'naï B'rith, dans le but de faire pression sur les futurs négociateurs de paix, pour obtenir dans l'aprèsguerre un *Foyer* national juif en Palestine[1172].

HENRY MONSKY

En Amérique l'Ordre fut le principal lieu de rencontre et de fusion entre les Juifs d'origine allemande (bourgeois et réformistes) et les Juifs provenant de l'Europe de l'Est (plus pauvres, orthodoxes et philosocialistes), qui s'opposaient à l'idée de fusion des Juifs avec le peuple américain. L'accès au pouvoir d'Hitler en 1933 relança l'intérêt pour le *Foyer* national juif en Palestine. « Le vieil antisioniste est devenu écrit Alfred Cohen, président du B'naï B'rith américain tout au plus un non-sioniste. Il regarde sans hostilité l'opération Palestine... Mais il fait toujours front au Sionisme politique qui ne paraît pas pour le

---

[1171] E. RATIER, *op. cit.*, p. 183.
[1172] E. RATIER, *op. cit.*, p. 188.

moment être une cause pour laquelle on peut s'enflammer. Les brûlantes discussions entre sionistes et oposants se sont refroidies »[1173].

Henry Monsky, élu président du B'naï B'rith en 1938, profita de la seconde guerre mondiale pour relancer l'*Eretz Israel* et dès 1941 resta en contact étroit avec les principaux dirigeants sionistes. Le B'naï B'rith en 1942 approuva le programme de Baltimore.

Le 29 août 1943 se tint une réunion historique de l'Hébraïsme américain, voulue par Monsky, à laquelle étaient présents soixantequatre organisations nationales juives, avec cinq cent quatre délégués dont au moins deux cents frères du B'naï B'rith représentant un million et demi de Juifs. La réunion fut cependant boycottée par deux des principales organisations juives antisionistes, le Comité juif américain et le Comité du travail juif.

Monsky fut corapporteur de la résolution en faveur du programme de Baltimore, approuvée presqu'à l'unanimité (408 votes contre 3), et devint le président de la nouvelle structure juive unitaire, la Conférence juive américaine, qui prit fin en 1949, mais qui fut remise sur pied en 1955 par un organisme plus modeste, la Conférence des présidents des grandes organisations juives, suite à la reconnaissance de l'État d'Israël. Samuel Happerin a écrit : « Même en ayant jamais officiellement fait sienne l'idéologie sioniste… les actions effectives du B'naï B'rith ont compensé toutes les hésitations. Pour évaluer l'accroissement du pouvoir du Sionisme américain… il faut tenir compte de manière prééminente de la direction, du nombre des membres et de l'assistance financière du B'naï B'rith »[1174]. Le B'naï B'rith n'avait en effet pas pris officiellement position en faveur du Sionisme jusqu'en 1947, voulant éviter toute division au sein du Judaïsme américain à l'intérieur duquel demeurait une minorité antisioniste.

LE B'NAI B'RITH FAIT RECONNAITRE ISRAËL

C'est le "*B'naï B'rith*" qui a provoqué la reconnaissance (*de facto*) de l'État d'Israël par le président américain Harry Truman, qui était hostile à une reconnaissance rapide d'Israël, et qui à cause de son "retardisme" était accusé par les dirigeants sionistes d'être un traître. Aucun des *leaders* sionistes n'était reçu, en l'occurrence, à la Maison Blanche. Tous, sauf Frank Goldman, président du "*B'naï B'rith*", qui ne réussit toutefois pas à convaincre le Président. Alors Goldman téléphona à l'avocat Granoff, conseiller de Jacobson, ami personnel du président Truman. Jacobson, un "*B'naï B'rith*", bien que n'étant pas sioniste, écrivit cependant un télégramme à son ami Truman, lui demandant de recevoir Weizmann (président du Congrès Sioniste mondial). Le télégramme resta sans réponse, alors Jacobson demanda un rendez-vous personnel à la Maison Blanche. Truman l'avisa qu'il aurait été heureux de le revoir, à condition qu'il ne lui parlât pas de la Palestine. Jacobson promit et partit. Arrivé à la Maison Blanche, ainsi que l'écrit Truman lui-même dans ses "*Mémoires*" :

[1173] E. RATIER, *op. cit.*, p. 190.
[1174] SAMUEL HAPPERIN, *The Polittical World of American Zionism*, édité par Informations Dynamics Inc., 1985.

« De grandes larmes coulaient de ses yeux... alors il dit : "Eddie, tu es un malheureux, tu m'avais promis de ne pas parler de ce qui arrive au Moyen-Orient". Jacobson me répondit : "Monsieur le Président, je n'ai pas dit un seul mot, mais toutes les fois que je pense aux Juifs sans patrie (...) je me mets à pleurer" (...) Alors je lui dis : "Eddie, ça suffit". Et parlons d'autre chose, mais de temps en temps une grosse larme coulait de ses yeux (...) Puis il s'en alla ».

Eh bien, peu de temps après, Truman reçut Weizmann en secret et changea radicalement d'opinion, en décidant de reconnaître immédiatement l'État d'Israël. Ainsi le 15 mai 1948 Truman demanda au représentant des États-Unis de reconnaître *de facto* le nouvel Etat. Et quand le Président signa les documents de reconnaissance officielle d'Israël, le 13 janvier 1949, les seuls observateurs n'appartenant pas au gouvernement des EtatsUnis étaient trois dirigeants du "*B'naï B'rith*" : Eddie Jacobson, Maurice Bisyger et Frank Goldman.

C'est en outre au B'naï B'rith que revient le changement de la politique américaine concernant la question palestinienne : en effet si dans les années cinquante elle avait été globalement favorable aux *Arabes*, elle changea rapidement suite aux continuelles pressions de l'Ordre sur le gouvernement américain pour obtenir d'énormes secours économiques et de guerre en faveur de l'État d'Israël.

Avec la "guerre des six jours" on assiste enfin à la sionisation définitive *de facto* et *de jure* du B'naï B'rith et de l'A.D.L. : « Cette victoire miracle va permettre une identification desJuifs à Israël, tout à fait différente de celle qui existait déjà à l'origine du nouvel Etat. C'est à ce moment que l'A.D.L. et le B'naï B'rith font une véritable pierre de touche l'assertion selon laquelle l'antisionisme équivaut à l'antisémitisme »[1175].

LE LAÏCISME SIONISTE

L'idée sioniste de Theodor Herzl est absolument laïque et « s'inspirant du principe de la séparation entre le pouvoir religieux et le pouvoir politique »[1176], comme en témoignent ses paroles : « Nous ne permettrons absolument pas... que les velléités théoriques de certains de nos rabbins prennent pied : nous saurons bien les tenir fermés dans leurs temples... Dans l'État ils n'ont pas à intervenir »[1177].

« De leur côté les groupes religieux attaquaient le mouvement [sioniste] en se basant sur la tradition qui réunissait le retour des Juifs en Israël avec l'avènement de l'ère messianique »[1178].

Mais l'idée sioniste était très forte, au point de frôler chez de nombreux fondateurs d'Israël l'indifférence à l'égard du génocide, comme le dénonce l'historien israélien Tom

---

[1175] E. RATIER, *op. cit.*, p. 202.

[1176] F. TAGLIACOZZO - B. MIGLIAU, *Gli ebrei nella storia e nella società contemporanea*, La Nuova Italia, Firenze 1993, p. 114.

[1177] TEODORO HERZL, *Lo Stato Ebraico*, Roma 1955, p. 77.

[1178] F. TAGLIACOZZO - B. MIGLIAU, *op. cit.*, p. 115.

Segev dans son livre *Le septième million*[1179], et comme l'écrit Barbara Spinelli sur *La Stampa* : « Les sionistes qui vivaient en Palestine, mais aussi les Juifs américains s'occupaient en ce temps-là seulement de l'État indépendant, et sauver les Juifs d'Europe était pour eux secondaire »[1180]. De même Fiamma Nirestein quelques jours avant avait rappelé, sur le même quotidien, que Ben Gourion avait fait couler un navire chargé de jeunes militants de l'*Irgum*, parce qu'ils étaient un obstacle à la reconnaissance de l'État d'Israël.

Vaine avait été aussi l'espérance de Theodor Herzl d'obtenir une reconnaissance de la part du Saint-Siège, nonobstant la rencontre avec Saint Pie X le 25 janvier 1904, précédée par celle avec le cardinal Merry Del Val le 22. « Le Saint-Siège n'entendait favoriser ni le mouvement sioniste ni l'implantation juive à Jérusalem… Selon le Pontife la situation aurait pu changer seulement avec une conversion en masse des Juifs »[1181].

LA CONQUÊTE DE LA TERRE SAINTE

"Ce plan écrit Lémann semble devoir être adopté par les promoteurs… du Sionisme… C'est ainsi que l'infiltration lente et dissimulée préparerait à coup sûr les éléments constitutifs du rétablissement de l'État juif en Palestine, jusqu'au jour où un événement heureux et soudain [la seconde guerre mondiale, n.d.r.], permettrait au Sionisme, soit par une tentative hardie, soit par une diplomatie habile, de mettre définitivement la main sur le sol convoité de toute la Judée"[1182].

Avec la dissolution de l'Empire ottoman (durant la première guerre mondiale) le monde catholique commença à espérer que la Palestine retournerait aux mains chrétiennes : « Les cloches de toute la ville de Rome sonnèrent pour saluer l'entrée des troupes britanniques, le 9 décembre 1917, à Jérusalem et la libération de la ville de la domination musulmane »[1183]. Et Pasquale Baldi, l'un des chercheurs les plus connus de la question des Lieux Saints, écrivait ceci :

« Aujourd'hui par un prodigieux concours de circonstances, que nous considérons providentiel, l'Italie, la France, l'Angleterre, trois nations qui eurent une si grande part dans les guerres saintes, tiennent Jérusalem sous leur domination. Aujourd'hui avec raison donc les catholiques du monde entier peuvent s'attendre que sonne finalement l'heure de la justice ;… que pour les Sanctuaires de la Palestine se renouvellent les splendeurs de l'ère constantinienne, les splendeurs du premier siècle des croisades ! »[1184].

[1179] TOM SEGEV, *Le septième million*, éd. Liana Levi, Jérusalem 1991 (1993).

[1180] BARBARA SPINELLI, in *La Stampa*, 27 avril 1995, pp. 1-6.

[1181] F. TAGLIACOZZO - B. MIGLIAU, *op. cit.*, p. 120.

[1182] A. LÉMANN, *op. cit.*, p. 136.

[1183] S. FERRARI, *Vaticano e Israèle*, Sansoni, Firenze 1991, p. 9. Cf. H. F. KÖCK, *Der Vatikan und Palestina*, Wien-München, Herold 1973, p. 40.

[1184] PASQUALE BALDI, *La Questione dei Luoghi Santi in generale*, Bona, Torino 1919, pp. 85-87. Cf. A. BAUDRILLART, *Jérusalem délivrée*, Beauchesne, Paris 1918 et E. JULIEN, *La délivrance de Jérusalem*, Imprimeries réunies, Boulogne-sur-Mer 1917.

Ce qui frappa le plus l'attention de l'opinion publique européenne relativement à la question des Lieux Saints fut leur libération de la domination musulmane et ensuite les controverses des différentes confessions chrétiennes à propos de leur possession. Le Saint-Siège agit diplomatiquement en vue de ces deux objectifs principaux, situer la Palestine dans la sphère de contrôle des puissances catholiques, et remédier aux usurpations accomplies par les Grecs orthodoxes en 1757[1185]. Quand les Etats de l'Entente, désormais sur le point de gagner le conflit, manifestèrent une orientation favorable à l'INTERNATIONALISATION de la Terre Sainte, le monde catholique pensa que le premier objectif était presque atteint.

L'idée de confier la Terre Sainte à un gouvernement international n'était pas nouvelle, mais ce fut seulement au cours de la première guerre mondiale que ces propositions prirent un caractère d'actualité. Avec la chute du régime tsariste cessa aussi toute possibilité d'intervention russo-orthodoxe au Moyen-Orient.

« Ce qui signifiait que l'internationalisation de la Palestine aurait été *exploitée* par des puissances bien plus attentives à la parole du Pontife qu'à celles du patriarche de Constantinople ou de Moscou »[1186].

Le Vatican cependant ne pensait pas que la solution de confier le gouvernement de la Terre Sainte à un gouvernement international fût la meilleure ; le cardinal Gasparri luimême fit le point que au Saint-Siège semblait plus correct de parler de « caractère de nationalité... entendant souligner que les Lieux Saints, bien qu'ils soient soumis au gouvernement de plusieurs nations, auraient dû être soustraits au contrôle de cet organisme politique et confiés à des institutions religieuses comme la Custodie de Terre Sainte. Dans ce contexte pourrait trouver l'explication des bruits mais non confirmés relatifs a l'éventualité d'un gouvernement pontifical en Palestine. Cependant la conscience de l'impossibilité de traduire en pratique ce projet en avait empêché une élaboration concrète et avait conduit le Saint-Siège à se rabattre sur l'hypothèse d'un régime international »[1187].

« Après la première guerre mondiale les efforts du Saint-Siège s'étaient dirigés dans le sens de réaliser un projet de réaffirmation du Catholicisme inspiré par la "proposition de procéder à une christianisation non seulement des individus, mais de la société et des Etats à accomplir par tous les moyens"[1188]. La codification canonique de 1917, dominée par l'image de l'Église comme *societas juridice perfecta*, et la politique concordataire des années vingt et trente, qui voulait restituer à l'Église ces fonctions publiques qui lui avaient été soustraites à l'époque libérale, constituèrent les manifestations saillantes de cette intention, à laquelle était soumise une ecclésiologie qui visait à instaurer visiblement le règne du Christ dans chaque sphère de la vie humaine, y compris la politique »[1189].

[1185] S. SAYEGH, *Le Statu quo des Lieux Saints*, Pontificia Università Lateranense, Roma 1971.

[1186] S. FERRARI, *op. cit.*, p. 11.

[1187] S. FERRARI, *op. cit*., p. 12. Cf. aussi : S. I. MINERBI, *Il Vaticano, la Terra Santa e il Sionismo*, Bompiani, Milano 1988, p. 39.

[1188] G. VERRUCCI, *La Chiesa nella società contemporanea*, Laterza, Bari 1988, pp. 10-11.

[1189] S. FERRARI, *op. cit.*, p. 13. Cf. également : G. ALBERIGO - A. RICCARDI, *Chiesa e papato nel mondo contemporaneo*, Laterza, Bari 1990.

Cependant les espérances du Saint-Siège furent de courte durée, puisqu'entre 1917 et 1918 le cadre politique subit des changements radicaux qui conduisirent à mettre de côté le projet d'internationalisation.

Il y eut donc la fameuse déclaration Balfour, qui engageait la Grande-Bretagne à favoriser la création d'un Foyer national juif en Palestine. « Elle introduisait un élément nouveau et préoccupant pour le Saint-Siège, d'où prit corps la crainte que la Palestine, depuis peu enlevée aux Musulmans, fût sur le point de tomber aux mains des Juifs »[1190].

Le cardinal Gasparri, en décembre 1917, avait dit au représentant diplomatique de Belgique que « ... le danger qui nous épouvantait le plus est la constitution d'un État juif en Palestine », ajoutant aussi : « Nous ne verrions aucun mal si les Juifs entraient dans leur pays pour y fonder des colonies agricoles ; mais leur concéder le gouvernement des Lieux Saints est inadmissible pour les Chrétiens »[1191]. Le Pape Benoît XV lui-même intervint publiquement et affirma qu'il désapprouvait l'éventualité d'un « projet destiné à enlever au Christianisme la position qu'il y a toujours occupée jusqu'ici, pour y substituer les Juifs »[1192].

Le Pape craignait surtout que « les Israélites arrivent à se trouver en Palestine dans une position de prépondérance et de statut privilégié »[1193].

Le Conseil suprême Allié réuni à Sanremo en avril 1920 mit définitivement fin à l'espérance d'une internationalisation de la Palestine en confiant le contrôle à la Grande-Bretagne, justement à ce pays, c'est-à-dire, dont le Saint-Siège se méfiait particulièrement, non seulement du fait du soutien promis à la cause sioniste, mais aussi du fait de l'influence que l'église anglicane aurait pu exercer en Terre Sainte[1194].

LE SAINT-SIÈGE ET LA "THÉOLOGIE DU SIONISME"

Le Saint-Siège voyait dans la déclaration Balfour pour la création d'un siège national juif en Palestine la confirmation de la crainte déjà exprimée par Benoît XV, c'est-à-dire que l'on entendait concéder aux Juifs « une position de prépondérance et de statut privilégié » en Palestine. Le cardinal Gasparri de son côté, ajoutait dans une lettre aux craintes purement religieuses exprimées par le Pontife, une nouvelle motivation, la défense des "populations indigènes" et des "nationalités" menacées par les aspirations sionistes[1195].

[1190] S. FERRARI, *op. cit.*, pp. 13-14.
[1191] S. I. MINERBI, *Il Vaticano, la Terra Santa e il Sionismo*, Bompiani, Milano 1988, p. 189. Du même auteur voir aussi *Il Vaticano e la Palestina durante la prima guerra mondiale*, in *Clio* 1967, pp. 433-435, et E. FARHAT, *Jerusalem nei documenti pontifici, Città del Vaticano 1987*, Libreria editrice Vaticana.
[1192] Allocution *Causa nobis*, 13 juin 1921, Actes de Benoît XV, tome III, Bayard, Paris 1926, p. 85.
[1193] Ibidem.
[1194] Sur cette question voir G. CASTELLI CAVAZZANA, *L'opera per la preservazione della fede in Palestina*, ed. Cavalieri del Santo Sepolcro, Milano 1933 ; C. CRIVELLI, *Protestanti e cristiani orientali*, ed. La Civiltà Cattolica, Roma 1944, pp. 397-429 ; *Osservatore Romano*, 20 novembre 1924.
[1195] Cf. *Osservatore Romano* 30 juin 1922.

« C'était la même objection avancée dans ces mêmes mois au gouvernement britannique par la délégation arabe palestinienne »[1196].

L'*Osservatore Romano* s'occupa abondamment des problèmes de la Terre Sainte et du Sionisme, en ne sous-évaluant pas l'énorme importance et la portée eschatologique de la question sioniste. « En Europe écrivait son correspondant de Jérusalem on regarde trop facilement, avec une superficialité qui irrite, le nouveau phénomène sémitique palestinien avec un air sceptique de compassion. Mais la réalité est seulement celle-ci : les Juifs travaillent avec un sérieux héroïque de projets… L'éventualité d'une barrière de la part des *Arabes* n'a aucune consistance. Leur opposition d'usage n'arrêtera pas même d'un pas l'avancée du Sionisme »[1197].

De cette observation naissaient deux lignes interprétatives, l'une privilégiait une lecture du point de vue religieux du Sionisme, jugé un point de passage vers "la conversion des Juifs au Christianisme"[1198] ; l'autre, au contraire, insistait plutôt sur les dangers qui résultaient de la présence chrétienne en Terre Sainte, par le renforcement du Sionisme.

La *Civiltà Cattolica* se signala pour avoir donné une vision théologique du problème sioniste, en définissant comme *chimérique* le projet poursuivi par le Sionisme : « La réalisation INTÉGRALE du Sionisme apparaît matériellement et moralement impossible »[1199], outre qu'injuste, parce que « … les Sionistes envahissent avec arrogance le pays, qui est la maison des *Arabes*, pour y implanter leur *home*, en expulsant les anciens et pacifiques habitants »[1200]. Le Sionisme en outre, pour les Jésuites de la *Civiltà Cattolica*, se montre incapable d'apporter une réponse convaincante au problème juif : « Le Sionisme n'est pas réalisable, ou du moins ni rapidement, ni facilement, et en tout cas n'apparaît comme une solution ni sûre ni entière à la question juive »[1201]. Surtout il constituait « un mouvement antichrétien et anticatholique »[1202]. Le remède proposé pour ramener la paix en Palestine ne sera que « le départ des Juifs, ou au moins la cessation de leurs progrès et de leur immigration, en un mot, le total abandon de l'idée d'un État juif en Palestine »[1203].

[1196] S. FERRARI, *op. cit.*, p. 16.

[1197] *L'Osservatore Romano*, 14 novembre 1924, "Dalla Palestina. Le avanguardie dei missionari".

[1198] Cf. *L'Osservatore Romano*, 15 novembre 1924, "Come divenni cattolico. Hans Herzl, figlio del fondatore del Sionismo, racconta la sua conversione dal giudaismo". Cf. aussi : *La Civiltà Cattolica* 1937, III, p. 37, "La questione giudaica e l'apostolato cattolico".

[1199] *La Civiltà Cattolica* 1938, VI, p. 78, "Intorno alla questione del Sionismo".

[1200] *La Civiltà Cattolica* 1922, III, p. 117, "Il Sionismo dinanzi all'opinione dei non ebrei".

[1201] *La Civiltà Cattolica* 1937, II, p. 431, "La questione giudaica e il Sionismo".

[1202] *La Civiltà Cattolica* 1934, IV, p. 136, "La questione giudaica e l'antisemitismo nazista".

[1203] *La Civiltà Cattolica* 1938, II, p. 81, "Intorno alla questione del Sionismo". Voir aussi *La Civiltà Cattolica* 1924, IV, p. 487, "Un episodio del Sionismo in Palestina". Cf. E. CAVIGLIA, *Il Sionismo e la Palestina negli articili dell'Osservatore Romano e della Civiltà Cattolica*, in Clio 1981, pp. 79-90 ; R. DE FELICE, *Storia degli ebrei italiani sotto il fascismo*, Einaudi, Milano 1961, pp. 60-61.

En 1943 Mgr Tardini, Secrétaire pour les affaires extraordinaires du Saint-Siège, confirma cette vision théologique sur le Sionisme, en affirmant que « … Le Saint-Siège n'a jamais approuvé le projet de faire de la Palestine un *home* juif »[1204].

La condamnation de l'antisémitisme raciste et biologique exprimée par Pie XI en 1928 « n'impliquait en aucune manière l'adoption d'orientations plus favorables au Sionisme. Elle naissait en effet de la réaction préoccupée du Saint-Siège par l'invasion en Europe de mouvements et doctrines inspirés par les principes d'un racisme et d'un nationalisme exacerbé, mais ne supposait aucune révision de la conception traditionnelle catholique qui déniait au peuple juif, après la venue du Christ, un quelconque rôle dans l'histoire du salut, sinon celui de témoigner, par ses souffrances, la vérité de la Révélation chrétienne. "Après la mort du Christ, Israël fut licencié du service de la Révélation", dit en 1933 l'archevêque de Munich, le cardinal Faulhaber »[1205].

En 1938 La *Civiltà Cattolica* confirma d'une manière plus détaillée sa position :

« Toute la valeur du Judaïsme était dans sa seule raison d'être la préparation de l'Avènement du Messie… Une fois le Messie venu, en la personne de Jésus-Christ, cesse nécessairement et automatiquement la valeur du Judaïsme tout ensemble, et ce peuple "élu" et cette religion »[1206].

« Sans une profonde révision de la théologie de l'Hébraïsme… il était impossible que les efforts pour restituer au peuple juif une patrie… en Terre Sainte ne fussent pas considérés comme "un arrogant prétexte contraire au vouloir de Dieu"[1207] »[1208].

Comme l'avait écrit *L'Osservatore Romano* « … le Sacrifice du Christ, voulu par un peuple qui s'en proclama responsable pour lui et pour ses fils, pour tous les siècles, devant le juge humain comme devant le juge divin, constituait face à l'histoire et à la civilisation mondiale un telle prescription de ce droit sur la terre promise de ne pas avoir besoin d'invoquer vingt siècles maintenant passés à son service pour être ratifié par un quelconque tribunal politique »[1209]. Sur ces bases de nature théologique se fixaient ensuite des raisons précises d'ordre politique, qui confirmaient l'aversion au mouvement sioniste du Saint-Siège, dont l'objectif prioritaire était celui de maintenir aux mains chrétiennes le contrôle de la Palestine tout entière et pour laquelle le mandat britannique apparaissait comme le moindre mal face à la constitution de deux états non chrétiens en Terre Sainte : « de toute façon, si la fin du mandat avait rendu inévitable le choix entre un État arabe et un État hébreu, de nombreux indices montrent que les préférences du Saint-Siège seraient allées au premier »[1210].

[1204] *Acta Diurna Sancta Sedis*, IX, p. 184, 13/03/ 1943.

[1205] S. FERRARI, *op. cit.*, p. 20.

[1206] *La Civiltà Cattolica* 1938, II, p. 76, "Intorno alla questione del Sionismo".

[1207] M. J. DUBOIS, *The Catholic Viecu*, in Encyclopedia Judaica Yearbook, Jerusalem 1974, p. 168.

[1208] S. FERRARI, *op. cit.*, p. 21.

[1209] *L'Osservatore Romano*, 20 septembre 1921.

[1210] S. FERRARI, *op. cit.*, p. 22.

LE VATICAN ET LA QUESTION PALESTINIENNE

Le Saint-Siège continua à confirmer sa ferme opposition à la constitution d'un *home* juif en Terre Sainte. Dans une lettre au délégué apostolique à Washington le Secrétaire d'État du Vatican le 25 mai 1943 soutenait explicitement que « les Catholiques du monde entier… ne pourraient pas ne pas se voir blessés dans leur sentiment religieux au cas où la Palestine serait donnée et confiée, en prépondérance, aux Juifs »[1211]. Mgr Tardini écrivait aussi : « Le Saint-Siège s'est toujours opposé à la domination juive sur la Palestine. Benoît XV s'est employé avec succès pour éviter que la Palestine devienne un État juif. En effet du point de vue religieux (le plus important) la Palestine est une terre sacrée, non seulement pour les Juifs, mais plus encore pour tous les Chrétiens et spécialement pour les Catholiques. La donner aux Juifs signifierait offenser tous les Chrétiens et violer leurs droits »[1212]. L'aversion à la constitution d'un *home* juif en Palestine ne signifiait cependant pas que le Saint-Siège fût favorable à une domination arabe sur la Terre Sainte, « même si cette éventualité était considérée comme un moindre mal par rapport à l'hypothèse d'un État juif »[1213]. Toute la politique vaticane concernant la Palestine était inspirée par la crainte que soit une domination arabe soit une domination juive se révèlent préjudiciables pour les intérêts catholiques en Terre Sainte[1214].

Mais la résolution approuvée par l'Assemblée des Nations Unies le 29 novembre 1947 introduisit un fait nouveau dans le décor du Moyen-Orient : la création d'un État juif indépendant, prévu pour octobre 1948. La perspective de la constitution d'un État hébreu en Palestine eut un échos profond dans tout le monde chrétien. La proclamation de l'indépendance d'Israël fut accueillie au Vatican avec beaucoup de réserve. *L'Osservatore Romano* affirma que « Le Sionisme n'est pas l'Israël de la Bible [mais] celui de la déclaration de Balfour,… de l'État moderne, de l'État philosophiquement et politiquement laïc »[1215].

[1211] Lettre du cardinal Maglione au cardinal Cicognani, 18 mai 1944, in *Acta Diurna Sanctae Sedis*, IX, p. 302.
[1212] *Acta Diurna Sanctae Sedis*, XI, p. 509.
[1213] S. FERRARI, *op. cit.*, p. 42.
[1214] On peut consulter à ce sujet :
G. VANZINI, *Il Sionismo e la divinità di Gesù Cristo*, Artigianelli, Pavia 1933 ;
A. GRASSI, *Contributo alla soluzione della questione dei Luoghi Santi*, Tipografia dei Padri francescani, Jerusalem 1935 ; dans la Civiltà Cattolica : La rivoluzione mondiale e gli ebrei, 1922, IV, pp. 111 ss ; Il pericolo giudaico e gli Amici d'Israèle, 1928, II, p. 342 ss ; La questione giudaica, 1936, IV, pp. 37-88 ; la questione giudaica e il Sionismo, 1937, II, p. 418-99 ;
G. DE VRIES, *Cattolicesimo e problemi religiosi nel prossimo Oriente*, Roma 1944, La Civiltà Cattolica.
[1215] *L'Osservatore Romano*, 28 mai 1948. Déjà le 14 mai, jour de la naissance d'Israël, il avait écrit : « Le Sionisme moderne n'est pas le vrai Israël biblique, mais est un état laïc… c'est parce que la Terre Sainte et les Lieux sacrés appartiennent au Christianisme, vrai Israël ». Voir également : J. PARKERS, *Il problema ebraico nel mondo moderno*, Nuova Italia, Firenze 1953 et G. LOGIUDICE, *L'essenza dell'Ebraismo liberale*, in Civiltà Cattolica, 1952, III, pp. 411-15.

LES RAPPORTS ENTRE SIONISME ET NATIONAL-SOCIALISME

En 1922 Vladimir Jabotinsky se retira de l'exécutif de l'Organisation sioniste et fonda en 1924 le Parti Révisionniste. Le Nouveau bloc combattait la politique de l'Exécutif sioniste trop disponible au compromis avec les Anglais et avec les *Arabes* et « dans le domaine social… manifestait une certaine sympathie pour le corporatisme théorisé en Italie par le fascisme »[1216].

A ce propos Blondet est plus explicite et riche d'informations : « Vladimir Z. Jabotinsky (1880-1940) défendit un État armé et raciste et voulait qu'Israël se constituât comme "État autoritaire et corporatiste". Il finit par adhérer au fascisme et sympathisa ouvertement avec le Troisième Reich »[1217].

« Jabotinsky semble avoir subi l'influence d'Ahad Ha'am, grand admirateur comme Herzl de Nietzsche, à qui il emprunta l'idée du "surhomme", l'associant à l'idée de NATION SUPERIEURE »[1218]. Il connut ensuite un ex-officier tsariste, mutilé, un certain Joseph Trumpeldor et imagina avec lui l'organisation d'une "légion juive" à l'intérieur de n'importe quelle armée alliée. Précisément Trumpeldor a donné son nom à la principale organisation de jeunesse sioniste révisionniste, le BÉTAR ou B'RITH TRUMPELDOR (Alliance de Trumpeldor). *Bétar* est aussi le nom de la forteresse d'où Bar Kochba conduisit la révolte contre les légions de Rome au deuxième siècle.

Vladimir Jabotinsky

Durant le douzième Congrès sioniste de septembre 1921 à Karlovy Vary, Jabotinsky, sans informer les dirigeants sionistes, signa un accord avec Maxime Slavinsky, représentant du *leader* du gouvernement ukrainien en exil, Simon Petlioura (accusé aujourd'hui d'antisémitisme). Cet accord avec un régime qui favorisait les *pogroms*, fut justifié par Jabotinsky avec l'affirmation que si l'Armée Rouge lui avait fait la même proposition, il l'aurait également acceptée[1219]. L'alliance avec l'Ukraine contraignit Jabotinsky à se démettre de l'Exécutif sioniste et de l'Organisation sioniste. En 1923 il publia une série d'articles dans laquelle il visait à entreprendre une sorte de REVISION du Sionisme, en affirmant qu'il s'agissait d'un retour aux thèses d'origine de Herzl. Il soutint ainsi des positions d'un NATIONALISME ENFLAMME, dont l'unique fin était de transférer des millions de Juifs en Israël faisant de cette manière de la Palestine un

---

[1216] F. TAGLIACOZZO, *op. cit.*, p. 192.
[1217] M. BLONDET, *I fanatici dell'Apocalisse*, Il Cerchio, Rimini 1992, p. 26.
[1218] E. RATIER, *Les guerriers d'Israël*, éd. Facta, Paris 1995, p. 29.
[1219] Cf. J. SCHECHTMAN, *The Jabotinsky-Slavinsky agreement*, Jewis Social Studies, octobre 1955.

État hébreu de fait. Les *Arabes*, « pour Jabotinsky n'avaient aucun droit sur la Palestine. Ils devaient en être expulsés. Aujourd'hui encore, pour ses continuateurs... "il n'y a pas de territoires occupés en Israël"[1220] »[1221]. Jabotinsky est convaincu que l'état a la primauté sur l'individu, c'est pourquoi il n'est absolument pas nécessaire de se référer à l'éthique biblique mais il faut puiser ses propres forces aux théories du NATIONALISME INTEGRAL ; « ce qui le fera passer, aux yeux de nombreux dirigeants juifs, pour un *fasciste juif* »[1222]. Jabotinsky est absolument opposé à la diaspora et POUR EMPECHER L'ASSIMILATION des Juifs, IL SERA MEME PRÊT À ACCUEILLIR favorablement LES IDEES ANTISÉMITES, qui auraient poussé les Juifs à retourner dans leur terre et à retrouver l'identité qu'ils avaient perdue. « Pour Jabotinsky toute assimilation aux *goyim* est non seulement néfaste, mais impossible... "La source du sentiment national se trouve dans le SANG de l'homme... dans son TYPE PHYSICO-RACIAL... Il est inconcevable qu'un Juif... puisse s'adapter à la vision spirituelle d'un Allemand ou d'un Français" »[1223]. En outre il élimine l'idée d'un Dieu transcendant et la remplace par celle de nation, minant à la base le fondement même du Judaïsme orthodoxe. À tout cela il unit une haine viscérale pour le socialo-communisme, alors qu'il voit, en conséquence, la force principale du Sionisme dans le supercapitalisme.

a) Le Bétar[1224]

[1220] Cf. P. GINIEWSKI, in *Cactus*, mai 1991.
[1221] E. RATIER, *op. cit.*, p. 39.
[1222] E. RATIER, *op. cit.*, p. 41.
[1223] E. RATIER, *op. cit.*, pp. 41-42.
[1224] Le Bétar, présenté officiellement à Paris [où le 25 avril 1925 avait été fondée aussi *l'Alliance des Sionistes révisionnistes*] le 5 décembre 1929 sous le nom de *Berich Trumpledor-Jeunesse sioniste révisioninste*, est né du *Mouvement sioniste révisionniste* fondé en 1923 par Jabotinsky à Riga. « Le Bétar... est aujourd'hui pour la jeunesse la structure militaire du parti HÉRUT, qui dérivait à son tour du TAGAR, organisation qui a la charge de protéger *manu militari* les communautés ». (*L'événement du jeudi*, 26 septembre 1991). Tagar en hébreu signifie défi ; en France il représente l'organisation la plus militante du Bétar et réunit exclusivement des étudiants de dix-huit à vingt-trois ans. Son siège parisien est dans le même bâtiment que le Bétar, 59 Boulevard de Strasbourg, Xème arrondissement, et sur son papier à en-tête figure une autre organisation, le *Mouvement des étudiants sionistes* (qui est en réalité le Tagar lui-même). D'après Emmanuel Ratier c'est une organisation paramilitaire dont les membres ont le droit d'endosser l'uniforme ; elle possède en outre son journal, le *Cactus*, qui ne sort que de manière sporadique et auquel collabore le journaliste ultrasioniste Paul Giniewski, auteur du livre *La croix des Juifs* (éd. MJR, Genève 1994 dont a traité M. l'abbé F. RICOSSA in *Sodalitium* n° 41, pp. 12-28). Àpartir de septembre 1992 le Tagar publie aussi *L'Etudiant juif* ; il entretient en outre de très bons rapports avec le *Tsahal*, l'armée israélienne. LES ARGUMENTS DU BÉTAR SONT SYMETRIQUES ÀCEUX DES ANTISÉMITES : LES JUIFS NE POURRONT JAMAIS ETRE FRANCAIS (OU ALLEMANDS OU ITALIENS...) COMME LES AUTRES. CE POINT EST TRES IMPORTANT POUR LES ULTRA SIONISTES, PARCE QU'IL DETRUIT COMPLETEMENT TOUTE IDEE D'INTEGRATION OU D'ASSIMILATION ET SEMBLE CONFIRMER COMMENT LE SIONISME ET L'ANTISÉMITISME BIOLOGIQUE COINCIDENT IDEOLOGIQUEMENT. L'*HERUT* français est le représentant en France du parti de Begin et Shamir et réunit les sionistes révisionnistes partisans de Jabotinsky. Il fut érigé en association légale en 1905 et est la maison-mère du Bétar-Tagar. Le *LIKUD* (alliance de divers partis d'extrême-droite) a comme élément moteur propre l'Hérut. Celui qui contrôle au plus haut niveau l'autodéfense juive est le *MOSSAD*, dont le fondateur Isser

En 1923 Jabotinsky fonda le bras armé du Révisionnisme sioniste le *Bétar B'rith Trumpeldor*, dont les membres « portent la chemise brune, et seront dénoncés comme fascistes par leurs adversaires »[1225]. De 1934 à 1937 une école navale du *Bétar* fonctionnera en Italie, à Civitavecchia, avec 153 cadets diplômés. Pour Marius Schattner « toute la philosophie du *Bétar* tient dans ce mouvement : de la fosse à la lumière, du ghetto au pays d'Israël. Elle entretient le mythe d'une race spirituelle juive... Sautant par-dessus dix-neuf siècles de diaspora, le *Bétar* annonce le retour du type hébreu antique »[1226]. Le *Bétar* est une organisation rigide, avec un rituel strict et sévère : tout bétarim doit s'employer à consacrer les deux premières années de son établissement en Palestine à l'activité militante à temps complet dans le *Bétar*, lequel se fonde substantiellement sur le mythe de la force, sur la puissance du cérémonial, sur une structure paramilitaire.

Dans les années 1931-32 Jabotinsky vécut à Paris, « où il semble avoir été initié à la Loge *Etoile du Nord* du Grand Orient de France »[1227]. En 1935 il fonda à Vienne, durant un congrès, la *Nouvelle Organisation Sioniste* (N.O.S.), qui inaugurait une politique très discutée avec tous les gouvernements (même antisémites) À CONDITION QU'ILS AIENT L'INTENTION DE REGLER LA QUESTION JUIVE DANS LE SENS SIONISTE, c'est-à-dire en consentant à l'émigration juive en Palestine. Cela n'empêchera pas d'ailleurs Jabotinsky de se prononcer, dans les années de guerre, en faveur de la création d'une armée juive destinée à combattre l'Allemagne hitlérienne.

b) Menahem Begin

Jusqu'à la victoire de Begin en 1977 à la tête du *Likud*, formation politique héritière du *Bétar* de Jabotinsky, la majeure partie des historiens du Sionisme avaient relégué le Révisionnisme dans le ghetto spirituel des fanatiques ou carrément des lunatiques exaltés. Mais en 1977 le "fasciste" Begin accéda au pouvoir en Israël et, dès son premier discours, se référa explicitement aux idées de Jabotinsky, même s'il avait fait partie de l'aile la plus radicale du Révisionnisme, la plus proche du fascisme et associée au *B'ritj Ha Biryonim* (le groupe des bruts), débordant à droite Jabotinsky lui-même !

Après la seconde guerre mondiale Begin comme leader du parti *Hérout* (Liberté) fera travailler au quotidien du parti son ami Abba Ahimert, idéologue extrémiste révisionniste,

---

Harel a déclaré en 1992, suite à certaines manifestations des nazis allemands, que si les autorités allemandes sont incapables d'arrêter la montée du néonazisme : « ... pourquoi le département *action* du service secret israélien n'éliminerait-il pas lui-même discrètement partout où ce serait nécessaire les nouveaux adeptes de la peste brune ? » (*Le Monde*, 26/XI/1992). Harel explique également comment il a organisé des groupes d'autodéfense dans toute l'Europe : « Nous avons décidé de secourir toutes les communautés juives dans les pays où les gouvernements ne pouvaient ou ne voulaient pas freiner la vague antisémite. Nous l'avons fait en Europe et dans le monde entier... en créant des organisations juives de défense. (...) Ceci n'a pas été fait en coordination avec les autorités locales, nous avons pris cette initiative unilatéralement » (*Tribune Juive*, 26/I/1993).

[1225] E. RATIER, *op. cit.*, p. 46.
[1226] Cit. in E. RATIER, *op. cit.*, p. 49.
[1227] E. RATIER, *op. cit.*, p. 50.

qui avait écrit : « Oui, NOUS LES REVISIONNISTES NOUS AVONS UNE GRANDE ADMIATION POUR HITLER. Hitler a sauvé l'Allemagne... ET S'IL ABANDONNE SON ANTISÉMITISME, NOUS POURRONS FAIRE UN BOUT DE CHEMIN AVEC LUI »[1228].

Quand Begin se rendit pour la première fois aux USA en 1948, certains intellectuels juifs, parmi lesquels Einstein, Hannah Arendt et Sydney Hook, écrivirent une lettre ouverte au *New York Times* (4 décembre 1948) dans laquelle ils affirmaient que le parti de Begin était « un parti politique très proche, quant à son organisation, à ses méthodes, à sa philosophie politique et à sa doctrine sociale, des partis nazi et fasciste ». Begin ne reniera en rien ses vieilles idées extrémistes : après lui deviendra premier ministre d'Israël son ami (et terroriste) Yitzhak Shamir, pour qui « *Eretz Israel* appartient au seul peuple d'Israël et à lui seul »[1229].

c) Révisionnisme et nazisme

Au printemps 1936 un couple de juifs, les Tuchler, envoyés par la *Fédération Sioniste d'Allemagne*, et un couple de nazis, les von Mildenstein, envoyés par le N.S.D.A.P. et par la S.S., se retrouvèrent à la gare de Berlin d'où ils prirent le train pour Trieste et s'embarquèrent sur la *Martha Washington* pour la Palestine. Le but du voyage était de faire une enquête la plus complète et la plus documentée possible sur les POSSIBILITÉS D'IMPLANTATION DES JUIFS ALLEMANDS EN PALESTINE. « Malgré ses déclarations de principe et diverses mesures spécifiques (boycott des Juifs allemands à partir du 1er avril 1933), tous les historiens s'accordent pour admettre qu'Hitler n'eut aucune politique d'ensemble précise sur la question juive jusqu'à la Nuit de cristal du 910 novembre 1938. Cela laissa le champ libre au *Bureau des Affaires juives* de la S.S., pour explorer les politiques diverses envisageables. Le voyage du baron von Mildenstein en fut une. À ce moment, Mildenstein était officier supérieur de la S.S.... il s'était intéressé depuis longtemps à la question juive... Fervent sioniste, il passait au sein de la S.S. pour l'un des rares spécialistes du Judaïsme. C'est lui qui vit en premier l'intérêt qu'on pouvait tirer des organisations sionistes, en particulier révisionnistes... Il devait écrire une série de douze longs articles très documentés dans le quotidien berlinois *Der Angriff* de Goebbels, sous le titre *Un nazi voyage en Palestine*. Il y exprimait son admiration pour le Sionisme... et concluait que "le foyer national" juif en Palestine "...indique un moyen de guérir une blessure vieille de plusieurs siècles : la question juive". Une médaille fut frappée, à la demande de Goebbels pour commémorer cette visite. Elle était ornée d'une face de la svastika et de l'autre de l'étoile de David... La S.S. était devenue la composante la plus sioniste du parti nazi »[1230]. Suite à ce voyage le journal de la

---

[1228] Cit. in RATIER, *op. cit.*, p. 58.
Cf. Y. SHAVIT, Jabotinsky and the Revisionist movement, Franck Cass, 1988 ;
DIELHOFF, *L'invention d'une nation*, Gallimard, Paris 1993.
[1229] Cit. in RATIER, *op. cit.*, p. 60.
[1230] E. RATIER, *op. cit.*, pp. 75-77. Cf. L. BRENNER, *Zionism in The age of dictators*, Corcum Hell, 1983 ; E. BENELISSAR, La diplomatie du Troisième Reich et les Juifs, Julliard 1969.

S.S. *Das schwarze Korps* proclama officiellement son appui au Sionisme[1231]. Le 26 novembre le même quotidien renouvelait son appui au Sionisme : « La reconnaissance de la communauté juive comme COMMUNAUTÉ RACIALE FONDÉE SUR LE SANG et non pas sur la religion conduit le gouvernement allemand à garantir sans réserve l'intégrité raciale de cette communauté »[1232]. Encore, en mai 1935 Heyndrich dans un article distinguait les Juifs en deux catégories démontrant une forte prédilection pour ceux qui « professaient une conception strictement raciale » et Alfred Rosemberg écrivait que « le Sionisme devait être vigoureusement soutenu »[1233]. Avec l'avènement au pouvoir de Hitler le *Bétar* fut la seule organisation à continuer à parader en uniforme dans les rues de Berlin. Le 13 avril 1935 la police de Bavière (fief de Himmler et de Heyndrich) admettait exceptionnellement que les adhérents au *Bétar* puissent endosser leur uniforme. Ceux-ci essayaient ainsi de pousser les Juifs d'Allemagne à CESSER DE S'IDENTIFIER COMME ALLEMANDS et à les séduire par leur nouvelle identité nationale israélienne[1234]. La Gestapo fit tout son possible pour favoriser l'émigration vers la Palestine ; en septembre 1939 elle autorisa encore une délégation de sionistes allemands à participer au 21° Congrès sioniste de Genève. Jabotinsky au contraire s'était prononcé pour le boycott de l'Allemagne, alors que Kareski, membre du mouvement révisionniste, poursuivait une politique de collaboration avec l'Allemagne en vue de pouvoir constituer le *Heretz Israel*. En 1942 restait encore en activité en Allemagne un *Kibbutz* à Nevendorf pour exercer de potentiels émigrants vers la Palestine. « Le Mossad... disposa d'un réseau d'une quarantaine de camps et de centres agricoles, où les futurs colons se préparèrent en vue de leur départ en Palestine »[1235].

d) Un pacte secret entre la bande Stern et le troisième Reich

Les dirigeants juifs du *gang Stern* incroyable mais vrai firent aux nazis une proposition d'alliance en 1941 pour lutter contre les Anglais : la chose qui frappe le plus est que l'un d'eux était Yitzhak Shamir, futur premier ministre d'Israël. « Le faible équipage militaire de l'Italie, tant en Libye qu'en Grèce, convainquit Stern que l'Italie n'avait pas les moyens pour conduire à terme sa politique, alors que l'Allemagne en 1940, remportait victoire sur victoire. Ces succès impressionnèrent Stern, qui se lança dans une aventure folle et sans issue : former une alliance avec l'Allemagne hitlérienne. Stern travaille jusqu'en février 1941 (quand il fut tué par les Anglais) à concrétiser cet objectif, se fondant sur une analyse insolite de la situation du Judaïsme. Pour lui l'Angleterre est le vrai ennemi, tandis que l'Allemagne est seulement un OPPRESSEUR qui appartient à la lignée des PERSÉCUTEURS que le peuple juif a rencontré durant son histoire. Ceci est l'erreur le plus grande de Stern : il voit dans le

---

[1231] 15/III/1935, p. 1.
[1232] Cit. in E. RATIER, *op. cit.*, p. 77.
[1233] Cit. par E. RATIER, *op. cit.*, p. 78.
[1234] Cf. F. NICOSIA, *The Third Reich and the Palestine Question*, Tauris [London] 1985.
[1235] E. RATIER, *op. cit.*, p. 93.

Nazisme un mouvement animé par un *antisémitisme raisonnable*... »[1236]. Au début de 1941 Lubentchik, agent secret de la bande Stern, proposa un pacte militaire entre l'Organisation militaire sioniste *Irgun* (un scission de la même bande) et l'Allemagne, proposition connue sous le nom de *texte d'Ankara*[1237], transmis à Berlin le 11 janvier 1941 et retrouvé il y a quelques temps dans les archives de l'ambassade allemande en Turquie. On y lit : « ... Les principaux hommes d'État de l'Allemagne nationale-socialiste ont souvent insisté sur le fait qu'un ordre nouveau en Europe requiert comme condition préalable une solution radicale de la question juive, au moyen par l'évacuation. L'évacuation des masses juives d'Europe est la première étape de la solution de la question juive. Toutefois, le seul moyen d'atteindre cet objectif est d'installer ces masses dans la patrie du peuple juif, la Palestine, et par l'établissement d'un État juif dans ses frontières historiques... »[1238]. L'Etat-major allemand, cependant, décida de s'appuyer dans la lutte sur la Grande-Bretagne, sur les *Arabes* qui étaient des millions, plutôt que sur les Juifs, qui n'étaient qu'une poignée d'hommes[1239]. La véridicité de ce document a été mise en doute, mais Israël Eldadsnab, l'un des chefs historiques du groupe *Stern*, a confirmé la vérité des faits[1240] et l'hebdomadaire *Hotam* affirma que ce document avait été remis personnellement par Shamir et Stern. Quand le 10 octobre Shamir devint premier ministre de l'État d'Israël après le ministère Begin, l'Association Israélienne des combattants antifascistes et des victimes du Nazisme manifesta son indignation par un télégramme au président Herzog de voir le poste de premier ministre occupé par « l'un de ceux qui essayèrent d'arriver à une alliance avec des représentants officiels de l'Allemagne nazie »[1241]. Si la bande *Stern* fut l'unique groupe sioniste révisionniste à négocier avec le Troisième Reich en pleine guerre, les organisations sionistes modérées n'avaient pas hésité à le faire avant la guerre, en grand secret. « Les cercles nationalistes juifs sont très satisfaits de la politique de l'Allemagne, puisque la population juive en Palestine sera par cette ligne politique tellement accrue que dans un futur très proche les Juifs pourront compter sur une supériorité numérique face aux *Arabes* »[1242].

LES RAPPORTS ENTRE SIONISME ET FASCISME

a) **L'école navale du Bétar dans l'Italie fasciste** Déjà dans les années précédant la première guerre mondiale Jabotinsky avait développé une théorie sur les FONDEMENTS

[1236] A. DIECK HOFF, *L'invention d'une nation, Israël et la modernité politique*, Gallimard 1993 cit. in E. RATIER, *op. cit.*, pp. 97-98.

[1237] Le texte original a été publié par D. YISRAELI, *Le problème palestinien dans la politique allemande*, Bar Ilan University, 1974.

[1238] Cit. in E. RATIER, *op. cit.*, p. 98.

[1239] Cf. N. YAHIM-MOR, *Israël*, La Renaissance, 1978.

[1240] Cf. *Yediot Aharonot*, 4/II/1983.

[1241] Cf. *Jerusalem Post*, 18/IX/1983.

[1242] L. BRENNER, *Zionism in the Age of the Dictators*, Corcun Hell, 1983.

RACIAUX DES NATIONS (*Race et nationalité*), dont les postulats coïncidèrent avec la Doctrine de l'État de Mussolini[1243].

« Dépourvu d'animosité à l'égard des Juifs, Benito Mussolini considérait les organisations sionistes révisionnistes comme d'authentiques mouvements fascistes. C'est ainsi qu'il fit entraîner à partir de novembre 1934, suite à la demande de Jabotinsky, un escadron complet du *Bétar* à la Scuola Maritima di Civitavecchia, dirigée par des chemises noires. Lors de l'inauguration du quartier général des escadrons italiens du *Bétar*, en mars 1936,... un triple chant ordonné par l'officier commandant l'escadron résonna ; *"Viva l'Italia, Viva il Re, Viva il Duce* !" suivi de la "bénédiction" que le rabbin Aldo Lattes invoqua, en italien et en hébreu, pour Dieu, le Roi et pour le *Duce*... "*Giovinezza*" (l'hymne du parti fasciste) fut entonné par les bétarim avec beaucoup d'enthousiasme. Mussolini devait en outre recevoir officiellement les promotions de bétarim en 1936 »[1244]. Mussolini fut aussi le premier Chef d'État à proposer la division de la Palestine et la création d'un État juif[1245]. Jabotinsky toutefois, au contraire de ses lieutenants, ne se proclama jamais fasciste ou nazi, même s'il prit la défense de Mussolini dans une série d'articles écrits aux USA en 1935[1246], alors qu'il était considéré comme tel par de nombreux chefs israéliens, au point que Ben Gourion l'appelait *Vladimir Hitler*. En 1935 Mussolini confia à David Prato, futur grand rabbin de Rome que « ... le Sionisme pour réussir a besoin d'un état juif, d'un drapeau juif et d'une langue juive. Un qui l'a vraiment compris c'est votre fasciste Jabotinsky »[1247].

Les dirigeants sionistes non révisionnistes de 1922 avaient pris contact avec Mussolini ; il reçut les premiers sionistes peu de temps après sa marche sur Rome, le 20 décembre 1922, en assurant le grand rabbin de Rome qu'il ne tolérerait aucune manœuvre antisémite[1248]. Hahimeir, principal *leader* du mouvement révisionniste palestinien dans les années trente, réaffirma en mars 1962 : « Ce n'était ni Kerensky ni Weimar qui pouvaient combattre le bolchevisme, mais le fascisme italien au début de sa route »[1249].

b) Mussolini et le Sionisme

Il faut cependant préciser avec De Felice que « ... les avances des sionistes-révisionnistes cessèrent immédiatement dès qu'il fut clair que Mussolini avait décidé de prendre également en matière d'antisémitisme la route de l'adaptation absolue à l'allié nazi »[1250].

Par ailleurs « ... Après les sanctions... votées par la Société des Nations contre l'Italie, Mussolini coupa les rapports qu'il avait entretenus jusqu'alors avec les dirigeants sionistes

---

[1243] Cf. M. COHEN, *Du rêve sioniste à la réalité israélienne*, La Découverte, 1990.
[1244] RATIER, *op. cit.*, p. 66.
Cf. la revue *L'idea sionista*, in L. Brenner, *Zionism in the Age of the Dictators*.
[1245] Cf. B. MUSSOLINI in Il *Popolo d'Italia*, 8/IX/1933 et 17/II/1934.
[1246] Cf. Jewish Daily Bulletin, 1935.
[1247] M. BAR ZOHAR, *Ben Gourion, le prophète armé*, Fayard 1966.
[1248] Cf. E. RATIER, *op. cit.*, p. 68.
[1249] Cit. in E. RATIER, *op. cit.*, p. 70.
[1250] R. DE FELICE, *op. cit.*, p. 174.

et se rapprocha des *Arabes*, dans la tentative de faire sauter les positions britanniques et françaises au Moyen-Orient »[1251].

Pour mieux comprendre l'attitude de Mussolini envers le Sionisme il est bon de lire l'intéressante *Storia degli ebrei italiani sotto il fascismo* de De Felice, dans laquelle on voit comment la position de Mussolini a été fluctuante, selon qu'il s'agissait du Sionisme en Palestine ou de la participation de citoyens italiens au mouvement sioniste[1252].

« Envers le SIONISME ITALIEN Mussolini nourrissait tous les préjugés et les méfiances répandues entre nationalistes et fascistes... La conviction que les sionistes auraient eu deux "patries" qui n'étaient même pas sur le même plan entre elles, que donc la dominante aurait été la palestinienne, heurtait profondément son concept monolithique et exclusif de la patrie et lui rendait automatiquement antipathiques et suspects les sionistes... Envers le SIONISME INTERNATIONAL Mussolini nourrissait au contraire, sinon de la sympathie... du moins une certaine bienveillance... il voyait dans le Sionisme (en particulier dans ses groupes de droite plus enflammés et anti-anglais) un précieux moyen pour intégrer l'Italie dans les événements méditerranéo-orientaux et surtout un moyen pour créer des difficultés dans ce secteur à l'Angleterre... La carte "Sionisme", à partir d'un certain moment puis celle des "*Arabes*"... était pour Mussolini surtout un élément de son jeu méditerranéen... Que les sionistes, de leur côté, ne refusèrent pas le "rapport" avec l'Italie fasciste est évident. Avant que Mussolini "tombe sous l'influence de Hitler", l'Italie était l'un des pays européens les plus libéraux envers les Juifs »[1253].

Escadron du Bétar en uniforme dans les rues de Civitavecchia, dans les années 30

[1251] F. TAGLIACOZZO, *op. cit.*, p. 198.

[1252] « Mussolini n'a jamais été antisémite, au moins jusqu'en 1936. Il avait traité avec le Sionisme avec une grande ouverture et indépendance d'esprit, toutes les fois qu'il lui avait été utile dans sa perspective de pénétration au Moyen-Orient et d'opposition à la prépondérance anglo-française. Il avait exalté... la contribution des Juifs au Risorgimento... ». G. SPADOLINI, *Gli anni della svolta mondiale*, Longanesi, Milano 1990, p. 250.

[1253] R. DE FELICE, *op. cit.*, pp. 159-161.

ANTISÉMITISME PAÏEN ET SIONISME

Hannah Arendt, philosophe juif allemand (1906-1975) a écrit des considérations d'un grand intérêt sur la nature du Sionisme : « En ce qui concerne l'organisation sioniste... qui décida de traiter avec Hitler... elle rencontra peu d'opposition dans la patrie nationale juive »[1254]. Et encore : « Ce consentement à l'accord nazi-sioniste... n'est que l'un des exemples parmi les nombreux prouvant la faiblesse politique de l'aristocratie des Juifs en Palestine »[1255]. Arendt critique la définition même du Sionisme donnée par Herzl, selon lequel une nation « est un groupe de personnes... tenues ensemble par un ennemi commun » et affirme que « la conclusion à laquelle arrivèrent ces sionistes fut que SANS L'ANTISÉMITISME LE PEUPLE JUIF N'AURAIT PAS SURVÉCU... raison pour laquelle ILS S'OPPOSÈRENT À UNE QUELCONQUE TENTATIVE DE LIQUIDER L'ANTISÉMITISME À UNE LARGE ECHELLE. Au contraire, ils déclarèrent que "NOS ENNEMIS, LES ANTISÉMITES, AURAIENT ÉTÉ NOS AMIS LES PLUS SÛRS ET LES PAYS ANTISÉMITES NOS ALLIÉS... L'antisémitisme était une force irrésistible et les Juifs AURAIENT DÛ L'UTILISER ou en auraient été dévorés... (L'antisémitisme) était la force motrice responsable... de toutes les souffrances des Juifs, et aurait continué à causer de la souffrance TANT QUE LES JUIFS NE SE SERAIENT PAS PRÉPARÉS À L'UTILISER À LEUR AVANTAGE. ENTRE DES MAINS EXPERTES CETTE FORCE MOTRICE SE SERAIT DÉMONTRÉE LE FACTEUR LE PLUS SALUTAIRE DE LA VIE JUIVE... Tout ce qu'il fallait faire était d'utiliser la FORCE MOTRICE de l'antisémitisme qui comme l'onde du futur aurait porté les Juifs dans la terre promise »[1256].

LES RAPPORTS ENTRE SIONISME USA ET URSS

« La période de la guerre [1939-1945] transforma la communauté juive de Palestine en un organisme plus fort, conscient, tendu vers l'affirmation concrète de ses idéaux... Les années de guerre avaient rendu l'opinion publique américaine extrêmement sensible au drame de l'Hébraïsme européen et avaient transformé notablement la communauté juive qui s'était faite plus homogène, influente et ouverte au Sionisme. En quelques années l'intérêt pour ce mouvement d'un sentiment purement philanthropique se transforma en une forme de participation concrète »[1257].

Paul Johnson a affirmé récemment que... « L'holocauste et la nouvelle Sion sont organiquement associés... La fondation d'Israël fut comme la conséquence des souffrances des Juifs »[1258].

[1254] HANNAH ARENDT, Ripensare in Sionismo in *Ebraismo e modernità*, Feltrinelli, Milano 1993, p. 26.
[1255] HANNAH ARENDT, *op. cit.*, p. 87.
[1256] HANNAH ARENDT, *op. cit.*, pp. 98-134.
[1257] F. TAGLIACOZZO, *op. cit.*, pp. 405-413.
[1258] PAUL JOHNSON, *Storia degli ebrei*, Longanesi, Milano 1987, p. 580.

Après la guerre le jeu décisif était aux mains des grandes superpuissances (USA et URSS). L'Amérique présentait l'État d'Israël comme rempart du monde occidental au Moyen-Orient. La politique myope des libéraux-conservateurs voyait (et continue à voir) comme UNIQUE danger le danger communiste (qui est certainement énorme et ne doit pas être sous-évalué même aujourd'hui), mais ne réussissait pas à voir la portée apocalyptique et théologique de la fondation de l'État d'Israël, et peut-être ignorait que : « Dans l'immédiat après-guerre Staline se présenta plusieurs fois comme le défenseur des peuples frappés par la domination nazie, en se montrant enclin à considérer les instances des Juifs qui avec six millions de victimes revendiquaient leurs droits. Le représentant soviétique aux Nations Unies, Andreï Gromyko, soutint que l'on ne pouvait pas dénier au peuple juif le droit d'avoir un Etat... Il approuva donc le plan UNSCOP à la surprise générale »[1259]. Selon Johnson « si complot il y eut pour fonder Israël, CE FUT L'UNION SOVIÉTIQUE À EN ÊTRE MEMBRE INFLUENT.

Durant la guerre, pour des raisons tactiques, Staline avait suspendu... sa politique antisémite, en créant même un Comité juif antifasciste. Dès 1944, pour une courte période, il avait adopté une attitude philosioniste en politique étrangère...en mai 1947, Andreï Gromyko... surprit tout le monde en annonçant que son gouvernement était favorable à la création d'un État juif »[1260].

Ceux qui au contraire comprirent très bien la portée de la fondation de l'État d'Israël furent justement les Juifs : « Dans cette circonstance [la résolution de 1948, n.d.r.] les Juifs de Rome, qui traditionnellement s'étaient imposés de ne plus passer sous l'Arc de Titus, témoin de leur asservissement, lors d'une cérémonie solennelle rompirent cette défense symbolique, en traversant l'Arc de Titus dans le sens opposé à celui du triomphe de l'emPÈREur romain »[1261].

« Jusqu'à la moitié des années cinquante puis la presse occidentale de gauche présenta Israël comme la réalisation concrète des principes socialistes et démocratiques en opposition à la reculade du monde arabe »[1262].

Cependant avec 1949 les rapports entre URSS et Israël commencent à se gâter.

Andrew et Leslie Cockburn, dans un livre récent et bien documenté, jettent une lumière nouvelle sur les rapports entre USA, URSS et Sionisme : « Après plusieurs décennies et une guerre froide, Andreï Gromyko, levant une main aurait déclaré : "Avec cette main j'ai créé l'État d'Israël"... L'éloquence de Gromyko se manifesta sur l'ordre de Joseph Staline, qui, en ce qui concerne la fondation de l'État d'Israël, ne s'était certainement pas fait influencer par des sentiments... Les Russes avaient de très bonnes raisons pour soutenir tant la résistance armée juive contre la domination britannique en Palestine, que la création de l'État sioniste, du moment que l'État arabe était alors résolument dans la sphère d'influence de l'Occident. (...) Le soutien diplomatique... ne fut pas l'unique forme d'encouragement que Staline

---

[1259] F. TAGLIACOZZO, *op. cit.*, p. 419.
[1260] PAUL JOHNSON, *op. cit.*, pp. 587-588.
[1261] F. TAGLIACOZZO, *op. cit.*, p. 421.
[1262] F. TAGLIACOZZO, *op. cit.*, p. 438.

donna à la lutte d'Israël pour se construire et survivre comme État »[1263]. L'État d'Israël en outre, reçut des aides de guerre « du régime communiste qui prit le pouvoir en Tchécoslovaquie en février 1948, gouvernement sous l'œil attentif et vigilant de Staline. Dans les mois qui précédèrent la déclaration d'indépendance d'Israël (mai 1948), les services secrets militaires des Etats Unis découvrirent l'existence d'un pont aérien régulier pour le transport des armes entre Prague et le Moyen-Orient[1264]. (…) À l'automne de 1948… pas moins de cinquante mille militaires israéliens furent entraînés dans les différentes bases tchécoslovaques et quand ils partirent pour Israël, leur unité prit le nom de Klement Gottwald, le dirigeant communiste tchèque »[1265]. Israël rendit en outre service à la Tchécoslovaquie, en lui fournissant de précieuses informations sur les plus modernes armes américaines, véritables joyaux d'un secteur de technologie de guerre hautement avancée, dans laquelle les Soviétiques étaient encore très arriérés. « En 1948, à la faveur d'au moins deux occasions, les Israéliens confièrent aux Tchécoslovaques des exemplaires d'armes modernes américaines… Quand et comment les Israéliens eurent obtenu ces produits de la technologie occidentale, puis confiés aux Soviétiques, on a jamais pu le savoir, mais évidemment pour l'État hébreu il s'agissait d'une opération qu'il valait la peine d'accomplir »[1266]. Cependant le rapport privilégié avec l'Est soviétique ne devait pas être exclusif puisqu'il n'était pas seul suffisant à fournir au Sionisme « le troisième élément essentiel dont avait besoin Israël : l'argent… L'unique endroit où trouver ces moyens financiers étaient justement les Etats Unis d'Amérique », à la tête desquels se trouvait le président Truman qui initialement ne se montra pas enthousiaste à soutenir la création d'un état juif en Palestine[1267]. Ce fut seulement au cours de son second mandat que Truman reconnut formellement l'État hébreu : « Pousser le président américain dans le camp philo-israélien avait été une initiative importante, mais cela ne comporta pas pour Israël la rupture de ses liens avec les pays de l'Est et son passage dans le bloc occidental… [en tant que]… Israël voulait tant les capitaux américains que les deux millions de Juifs de l'Union soviétique, mais il ne semblait pas possible de les obtenir ensemble en même temps. Et d'autre part l'argent servait tout de suite. La communauté juive américaine avait contribué de sa poche, et avec des sommes considérables, à des opérations comme l'acquisition d'armes tchécoslovaques »[1268]. Si l'Union Soviétique se contentait de la neutralité d'Israël, au cours de la guerre froide les Etats Unis n'étaient pas du tout satisfaits de cette position. Cependant les Israéliens « de crainte de s'aliéner complètement les Soviétiques, tentèrent de maintenir quand même un profil bas et une certaine neutralité… Israël se trouvait dans une impasse : d'une part il n'osait pas s'engager trop ouvertement avec les Américains par crainte de

---

[1263] ANDREW E LESLIE COCKBURN, *Amicizie pericolose*, Gamberetti editrice, Roma 1993, pp. 45/46.
[1264] Cf. S. GREEN, *Taking Sides*, William Mozzow, New York 1984.
[1265] A. E L. COCKBURN, *op. cit.*, pp. 46-47.
[1266] A. E L. COCKBURN, *op. cit.*, p. 47. Cf. S. GREEN, *Living by the sword*, Brattleboro, VT, Amana Books, 1988, pp. 217-219.
[1267] Cf. M. J. STONE, *Truman and Israel*, University of California press, Berkeley 1990.
[1268] A. et L. COCKBURN, *op. cit.*, pp. 49-55, passim.

couper tous les liens avec l'Est... d'autre part, il se trouvait face au problème de comment continuer à traire la "vache" américaine sans être disposé ni capable de donner quoi que ce soit en échange[1269]... En réalité il y avait quelque chose qu'Israël pouvait donner à la "vache" américaine, mais cela devait rester secret »[1270]. S'il était très difficile pour les USA et la C.I.A. de contacter directement les habitants de l'Est et d'en avoir de précieuses informations, « il ne restait rien d'autre qu'à trouver un endroit où il y eut beaucoup de gens qui eussent vécu récemment dans un territoire contrôlé par les Soviétiques. Puis tant mieux si ce pays (Israël) avait aussi une expérience consolidée du travail clandestin dans cette partie du monde et une organisation de services secrets hautement efficace et impatiente de collaborer avec les USA »[1271]. Cette thèse trouve confirmation également dans le livre de Ostrovsky, qui soutient que le Mossad dépend totalement des Juifs qui vivent hors d'Israël, ceux qu'on appelle les *Sayanim*, et ne pourrait pas fonctionner sans eux[1272].

LE SIONISME ET L'ANCIEN TESTAMENT

Mais quel est le plan de Dieu ? Jérusalem est-elle destinée par le Seigneur à redevenir la capitale d'un État hébreu ? La façon dont s'est réalisée la formation de l'État d'Israël correspond-elle à ce que doit être le royaume de Juda d'après les prophéties ? Ceci est la clé de la question sioniste : est-ce une chimère ou est-ce une réalité ? L'étude théologique du plan de Dieu donnera une réponse.

La réponse se trouve dans les prophéties bibliques, mais qui doivent être bien interprétées, au sens spirituel (et non temporel) ; en effet elles ne prédisent pas le rétablissement du royaume temporel d'Israël, mais annoncent la fondation de l'Église romaine, royaume surtout et principalement spirituel et céleste.

Déjà aux temps de la venue du Christ les docteurs, les scribes et les pharisiens, en interprétant à la lettre les prophéties, se faisaient une idée tout à fait terrestre et matérielle du royaume du Messie, et c'est pour cela qu'ils condamnèrent à mort Jésus, qui prêchait un royaume principalement spirituel (l'Église sur terre et le Ciel dans l'au-delà) pour tous les hommes. Les *sionistes* d'alors ne furent pas contents et éliminèrent le vrai Messie. Et c'est

---

[1269] Cf. U. BIALER, *Between East and West*, Cambridge University Press, New York 1990.
[1270] A. et L. COCKBURN, *op. cit.*, p. 59.
[1271] A. et L. COCKBURN, *op. cit.*, p. 67.
[1272] V. OSTROVSKY, *Mossad. Un agent des services secrets israéliens parle*, Presses de la Cité 1990. Le livre d'Ostrovsky, bien qu'il soit un agent des services secrets, semble être digne de foi, en tant que comme l'écrit *Actualité juive* « Un ex-agent du Mossad, Vistor Ostrovsky, condamné à trente ans de prison par contumace, poursuit légalement une chaîne de télévision canadienne... "pour incitation à l'homicide" Vistor Ostrovsky est l'auteur de deux livres à succès sur le Mossad, basés sur cinq années passées dans les services israéliens... Ladite chaîne de télévision dénoncée par Ostrovsky recevait le 5 octobre 1994 le journaliste israélien Yosef Lapid qui, quelques jours avant avait écrit sur le quotidien israélien *Ma aziv* que Ostrovsky ne devrait pas avoir le droit de vivre. Durant l'interview télévisée Lapid a déclaré que le Mossad n'assassinerait pas Ostrovsky pour ne pas compromettre les relations israélo-canadiennes. » Cf. *Actualité Juive*, n° 417, février 1995, p. 13.

encore avec cette fausse interprétation des prophéties messianiques que les Juifs, depuis la destruction de Jérusalem et jusqu'à nos jours, continuèrent à espérer dans la reconstitution du royaume d'Israël.

La cause de ces fausses interprétations est, pour la théologie catholique, la méconnaissance du double objet de ces prophéties : l'un temporel, concernant la restauration de Jérusalem et de l'État hébreu après la captivité de Babylone (586 avant J.-C.) et non après la mort du Messie et la destruction de Titus ; l'autre spirituel et concernant la fondation de l'Église, l'Israël spirituel qui doit conduire les hommes de tous les peuples au Ciel (la Jérusalem céleste).

L'insigne théologien et exégète Mgr Lémann écrit à ce propos : "C'est après avoir... méconnu le double objet des prophéties messianiques, l'un temporel, relatif à l'ancienne Jérusalem terrestre, et l'autre spirituel, relatif à la Jérusalem des âmes, œuvre du Messie, que le peuple juif s'est trompé et se trompe encore. (…) Malheureusement… le peuple juif s'est attaché et s'attache encore aux IMAGES qui revêtent la VERITÉ des prophéties… Et c'est une seconde et nouvelle réédification de Jérusalem et du Royaume de Juda que beaucoup parmi eux persistent à vouloir. CHIMÈRE ! Le double objet des prophéties s'étant avéré, il y a vingt-cinq siècles, grâce à la réédification matérielle de Jérusalem après l'exil babylonien, sous Esdras et Néhémie ; l'autre, il y a dix-neuf siècles, grâce à la fondation de l'Église : Jérusalem spirituelle…

Chercher à reconstruire une Jérusalem terrestre est la même chose que vouloir édifier l'ombre de la réalité. Or depuis dix-neuf siècles et pour toujours la réalité, qui est l'Église, a dissipé l'ombre. *Umbram fugat veritas* !"[1273].

Déjà St Alphonse Marie de Liguori avait découvert ces erreurs : « Deux furent les erreurs des Juifs au sujet du Rédempteur qu'ils attendaient : la première fut que quant à ce que prédirent les prophètes des biens spirituels et éternels, avec lesquelles le Messie devait enrichir son peuple, ils voulurent l'entendre des biens terrestres et temporels : *Et erit fides in temporibus tuis, divitiae salutis, sapientia et scientia, timor Domini, ipse est thesaurus eius* (Is. XXXIII, 6). Voilà les biens promis par le Rédempteur, la foi, la science des vertus, la sainte crainte : telles furent les richesses salutaires promises. En outre Il promit qu'Il aurait apporté le remède aux pénitents, le pardon aux pécheurs et la liberté aux captifs du démon : *Ad annuntiandum mansuetis misit me, ut mederer contritis corde et praedicarem captivis indulgentiam et clausis apertiorem* (Is. LXI, 1).

L'autre erreur des Juifs fut que ce qui avait été prédit par les prophètes de la seconde venue du Sauveur, quand Il viendra juger le monde à la fin des siècles, ils voulurent l'entendre de la première venue. Tandis que David écrit du futur Messie qu'il doit vaincre les princes de la terre et abattre l'orgueil de plusieurs et, par la force de l'épée, détruire toute la terre : *Dominus a dextris tuis : confregit in die irae suae reges. Iudicabit in nationibus… conquassabit capita in terra multorum* (Ps. CIX, 5 et 6). Et le prophète (Joël II, 11) [voir Jérémie XII, 12] écrit : *Gladius Domini devorabit ab extremo terrae usque ad extremum eius.*

[1273] *Ibidem*, pp. 165-169.

Mais ceci s'entend déjà de la seconde venue, quand Il viendra comme juge pour condamner les mauvais ; mais en parlant de la première venue, dans laquelle il doit venir pour consommer l'œuvre de la Rédemption, trop clairement prédirent les prophètes que le Rédempteur devait faire sur cette terre une vie pauvre et méprisée. Voilà ce qu'écrivit le prophète Zacharie en parlant de la vie abjecte de Jésus-Christ : *Ecce rex tuus venit tibi iustus et salvator : ipse pauper et ascendens super asinam et super pullum filium asinae* (Zach. IX, 9) »[1274].

LE SIONISME ET LE NOUVEAU TESTAMENT

Jésus, quatre fois, a prophétisé concernant l'avenir du Temple de Jérusalem ; une première fois Il a annoncé son abandon de la part de Dieu (Lc XIII, 34-35) : *"voici que votre maison vous sera laissée ABANDONNÉE"* (l'adjectif *deserta* cité dans la Vulgate ne se trouve pas dans le texte grec). Cette phrase annonce l'abandon du Temple de la part de Dieu : Jésus n'appelle plus le Temple MA maison ou la maison de MON PÈRE, mais VOTRE maison.

Une seconde fois Jésus prédit la destruction de fond en comble du Temple : *"Ils ne laisseront pas* (tes ennemis) *en toi PIERRE SUR PIERRE"* (Lc XIX, 41-44).

Une troisième fois Jésus prédit que le Temple sera rendu comme désert : *"Voilà que votre maison vous sera laissée DÉSERTE"* (Matth. XXIII, 37-38). Ceci est une nouvelle annonce, plus solennelle, que Dieu abandonnerait le Temple où Il habitait. Jésus répète deux fois cet abandon du Temple, parce que les Juifs avaient la folle espérance que le Temple, étant la maison de Dieu, Il l'aurait épargné de toute calamité. C'est pourquoi Jésus voulut leur enlever cette confiance, en répétant l'annonce de l'abandon et même pour faire mieux comprendre la gravité de cet abandon Il ajouta que le terrible mot *déserte*, signifie que le Temple est destiné à tomber en ruine.

Jésus enfin s'est prononcé une quatrième fois, en jurant carrément que le Temple serait détruit même avec ses ruines : *"En vérité je vous dis : il ne restera pas là pierre sur pierre QUI NE SOIT DÉTRUITE"* (Matth. XXIV,1) Eh bien Dieu ABANDONNA le Temple quand Jésus fut mis à mort et le voile du Temple se déchira en deux (Mc XV, 38 ; Lc XXIII, 45). Le Temple fut DÉTRUIT par Titus, qui fit démolir par des soldats les murs du Temple incendié. Restaient les FONDATIONS, qui, au temps de Julien l'Apostat, FURENT ARRACHÉES précisément par les Juifs eux-mêmes qui les avaient déterrées dans l'espoir d'en creuser de nouvelles et de reconstruire le Temple, chose qui ne fut pas possible à cause des feux souterrains et des tremblements de terre, "qui engloutirent...ce qui restait du Temple"[1275]. Voilà accomplie la quatrième promesse, les ruines elles-mêmes du Temple ont été détruites : *"Lapis super lapidem qui non destruatur"* (Matth. XXIV, 2). Cette destruction, d'après la Tradition, n'est pas seulement totale, mais FINALE ! St Jean Chrysostome dit : "personne

---

[1274] ST ALPHONSE MARIE DE LIGUORI, *Passion de Notre-Seigneur Jésus-Christ*, Alfonsianum, Roma 1934, pp. 188-189.

[1275] A. LÉMANN, *op. cit.*, pp. 177-178.

ne peut détruire ce que Jésus-Christ a édifié, aussi personne ne peut réédifier ce qu'Il a détruit. Il a fondé l'Église et personne ne pourra jamais la détruire ; Il a détruit le Temple et personne ne pourra jamais le réédifier"[1276].

CE QUE JÉSUS A PROPHÉTISÉ CONCERNANT JÉRUSALEM

Jésus a prophétisé deux choses : la destruction de Jérusalem et son sort après la destruction, quand elle devra être *"foulée aux pieds par les gentils, jusqu'à ce que les temps des nations soient accomplis"* (Lc XXI, 24).

Après la destruction, opérée par Titus en 70, Jérusalem fut effectivement encore occupée, saccagée, foulée aux pieds et dominée par différents peuples païens. Vingt fois elle connut l'invasion et le saccage ! Les légions d'Adrien commencèrent en 130 ; en 613 ce fut le tour des Perses, auxquels suivit en 627 Héraclius et en 636 le calife Omar. Une cinquième et une sixième fois elle fut occupée entre 643 et 868, quand la dynastie des Omeyades tomba et fut remplacée par les Abbassides. En deux cents ans environ elle subit neuf invasions : en 868 par le souverain égyptien Ahmed, en 905 par les califes de Bagdad, en 936 par Mahomet-Ikhschid, en 968 par les Fatimides, en 984 par le turc Ortok, et ensuite par le calife d'Egypte, en 1076 par le turc Meleschah, puis par les Ortokides et encore en 1076 par les Fatimides. La seizième fois ce furent les croisés qui entrèrent à Jérusalem le vendredi 15 août 1099, à l'heure même de la mort de Jésus-Christ. En 1188 ce fut Saladin qui enleva aux chrétiens les Lieux Saints, en 1242 le souverain d'Egypte Nedjmeddin, en 1382 les Mamelouks et enfin en 1516 les Turcs avec Séhim I.

Sur le verset évangélique qui suit la prédiction de l'assujettissement de Jérusalem aux païens *"jusqu'à ce que les temps des nations soient accomplis"* on donne deux interprétations : pour la première, soutenue par St Jean Chrysostome (*Discours contre les Juifs*) les paroles du Christ signifient "jusqu'à ce qu'il n'y ait plus de nations", c'est-à-dire JUSQU'À LA FIN DU MONDE, et donc exclut la possibilité que Jérusalem puisse jamais devenir la capitale d'un État juif. Pour la seconde, au contraire, Jérusalem sera foulée aux pieds jusqu'à ce que la plénitude des nations soit entrée dans l'Église avec la conversion d'Israël, d'après les paroles de St Paul (Rm. XI, 25-26) : *"Une partie d'Israël est tombée dans l'aveuglement, jusqu'à ce que la plénitude des gentils soit entrée, et qu'ainsi tout Israël soit sauvé"*. Cette thèse exclut aussi, avec l'entrée progressive des nations dans l'Église et le salut final d'Israël, la reconstruction du royaume d'Israël, comme le démontrent aussi l'abbé Lémann et Mgr Spadafora[1277].

[1276] ST JEAN CHRYSOSTOME, *Homiliae contra Judeos*. Cf. V. MESSORI, *Pati sotto Ponzio Pilato*, Sei, Torino 1992 et M. BLONDET, *I fanatici dell'Apocalisse*, Il Cerchio, Rimini 1992.

[1277] F. SPADAFORA, *Gesù e la fine di Jérusalem*, Istituto Padano di Arti Grafiche, Rovigo 1950.

Rome 1948 proclamation de l'État d'Israël : les Juifs de la ville défilent en sens inverse sous l'arc de Titus, enfreignant une tradition de 2000 ans puisque cet arc était le symbole de la victoire des anciens Romains sur le peuple juif. Sur la photo, le premier à gauche est le grand rabbin d'alors, David Prato, le troisième est Settimio Sorani (qui écrivit un livre sur le B'naï B'rith) et à côté de lui se trouve Raffaele Cantoni, premier président de l'Union de l'après-guerre (photo Karnenu terra e popolo)

JÉSUS ET LE ROYAUME D'ISRAËL

Le jour de l'Ascension les Apôtres, non encore remplis du Saint-Esprit, étaient imbus de rêves de gloire et de félicité temporelle, comme tous les Juifs de cette époque qui attendaient un Royaume terrestre du Messie guerrier et conquérant. Et comme Jésus leur avait parlé en ce jour du Royaume de Dieu et de la descente du Saint-Esprit, voilà que leurs espérances de royauté temporelle se réveillèrent et ils demandèrent à Jésus : "Seigneur, est-ce en ce temps que vous rétablirez le Royaume d'Israël ?"[1278]. Dans la réponse de Jésus ["Ce n'est pas à vous de connaître les temps et les moments que le Père a réservés en sa puissance ; mais vous recevrez la vertu de l'Esprit-Saint, qui viendra sur vous, et vous serez témoins pour moi à Jérusalem, dans toute la Judée et la Samarie, et jusqu'aux extrémités de la terre"[1279]] il y a un enseignement indirect concernant le rétablissement du royaume d'Israël, dans la mesure où Il choisit les disciples comme ses témoins jusqu'aux extrémités du monde, Notre-Seigneur Jésus-Christ leur faisait comprendre qu'il NE S'AGISSAIT PAS pour Lui DE RENDRE À LA NATION JUIVE SON ROYAUME TEMPOREL, mais de fonder, au moyen de leur ministère apostolique, le Royaume d'Israël spirituel, l'Église (*Verus Israël*) qui de Jérusalem aurait du se répandre dans le monde entier.

[1278] *Actes*, I, 6.
[1279] *Actes*, I, 7-8.

Tel est le Royaume d'Israël que Jésus-Christ est venu fonder, Royaume des âmes, Royaume des Cieux : l'Église ici *in via*, et le Paradis *in Patria* ! Aucune allusion à un État d'Israël qui réapparaîtra à Jérusalem.

À l'objection spontanée qu'actuellement Jérusalem est à nouveau la capitale d'un État hébreu, que la Palestine est le Royaume d'Israël il faut donner une réponse ample et articulée.

Le fait que Dieu ait permis le retour d'une grande masse de Juifs en Terre Sainte non seulement ne contredit pas les prophéties de Jésus-Christ mais LES ACCOMPLIT, en tant que les Ecritures nous parlent même de la conversion d'Israël au Christianisme. Et Mgr Lémann lui-même voyait dans ce mouvement vers la Palestine une PRÉPARATION AU REGROUPEMENT imposant des Juifs qui sera nécessaire puisque LEUR CONVERSION EN MASSE apparaît ÉVIDENTE AU MONDE ENTIER.

Et le retour en masse du peuple juif dans la Terre Sainte implique-t-il vraiment la réalisation STRICTE ET FORMELLE du Sionisme ? Avant sa conversion au Christianisme le peuple juif retrouvera-t-il la possession COMPLÈTE ET INDÉPENDANTE du pays de ses ancêtres ? L'histoire jusqu'à maintenant a répondu. La possession n'est pas PLEINE, COMPLÈTE et EXCLUSIVE. En outre l'État d'Israël pour être VRAI ET LÉGITIME Royaume d'Israël devrait être théocratique et donc avoir le troisième Temple. Or, comme l'affirment tous les Juifs orthodoxes, le Sionisme actuel n'a pas réussi à faire revivre cet état de choses, ou plutôt n'a même pas voulu l'essayer par principe ; c'est pourquoi l'État d'Israël est seulement MATERIELLEMENT, mais non FORMELLEMENT, le Royaume rêvé des talmudistes. En outre les Juifs n'ont pas encore la pleine possession de la Terre Sainte, qu'ils doivent partager, en état de guerre continue, avec l'État palestinien[1280].

Selon Mgr Lémann, même APRÈS LA CONVERSION AU CHRISTIANISME, les Juifs ne pourront pas rétablir le Royaume d'Israël, c'est-à-dire qu'ils ne seront pas remis par Dieu dans le pays de leurs ancêtres dans lequel ils jouiront de la paix la plus profonde, puisque le retour d'Israël dans la terre promise doit être interprété dans le sens spirituel et métahistorique, c'est-à-dire comme la conversion et le retour d'Israël dans l'Église du Christ, le *Verus Israël*.

D'autres exégètes soutiennent au contraire qu'Israël sera rétabli en Palestine et qu'il y formera un État [chrétien, du moment qu'il s'agit d'Israël converti][1281].

La conversion future des Juifs est admise communément par les théologiens catholiques, parmi lesquels certains affirment que les Juifs, retournés au Christ et incorporés à l'Église, seront reconduits providentiellement en Palestine où ils restaureront Jérusalem et même le Temple, mais en l'honneur de Jésus-Christ. St Bède affirme, par exemple : "Quand Israël se convertira il n'est pas téméraire d'espérer qu'il retournera sur le sol de ses pères, qu'il reprendra la possession de Jérusalem pour y habiter"[1282]. Cette opinion cependant, même si elle reprend les prophéties qui annoncent le rétablissement du Royaume d'Israël et est suivie

---

[1280] Cf. J. PIGNAL, *Le Sionisme palestinien et son attitude religieuse*, in *Christus*, Lyon 1935, pp. 482-507.
[1281] Cf. T. DE SAINT JUST, *Les frères Lémann juifs convertis*, Duculot, Gembloux 1937, p. 442.
[1282] St BEDE, *In Luc* XXI, 24 *In Rom*. XI, 25-26.

par certains exégètes, semble renouveler dans le fond l'erreur du Judaïsme talmudique, qui s'arrête à la signification littérale des prophéties sans en saisir la signification spirituelle. Aussi l'opinion que les Juifs convertis reconstruiront le Temple en l'honneur de Jésus-Christ est repoussée par Mgr Lémann en tant que contraire à toute l'économie du Nouveau Testament : en effet le Temple avait, outre la destination immédiate au culte divin de l'Ancienne Alliance, désormais révoquée une signification symbolique[1283], c'était la figure du TEMPLE FUTUR fondé par Dieu Lui-même, l'Église romaine. Le *Saint* représentait l'Église militante et le *Saint des Saints* l'Église triomphante. Maintenant que la réalité a remplacé la figure il n'y a plus de motif de reconstruire un Temple qui était éminemment figuratif.

LE SORT DE JÉRUSALEM JUSQU'À LA FIN DU MONDE

Sur ce sujet deux thèses sont en présence ; la première soutient que quand les temps des nations seront accomplis Jérusalem ne connaîtra plus la cohabitation avec l'Islam et deviendra une capitale chrétienne, tandis que l'autre, plus sûre, soutient que JÉRUSALEM SERA FOULEE AUX PIEDS JUSQU'À LA FIN DU MONDE à cause du déicide.

Aussi les paroles de Jésus "*Jérusalem sera foulée aux pieds par les gentils, jusqu'à ce que les temps des nations soient accomplis*"[1284], sont expliquées de différentes manières : pour certains, elles signifient que Jérusalem cessera d'être foulée aux pieds quand l'Évangile sera prêché partout dans le monde entier et Israël se convertira en devenant un État chrétien ; la majeure partie des exégètes, toutefois, soutient que Jérusalem sera foulée aux pieds jusqu'à la fin du monde, selon la thèse de St Jean Chrysostome : « Jamais Jérusalem ne jouira de cette complète et tranquille splendeur... Elle présentera toujours des signes de la désolation décrétée. S'il advient même que, dans l'avenir, l'Antéchrist, réussisse à lui imprimer soudainement une splendeur antichrétienne, cette splendeur antichrétienne ne sera que FACTICE ET PASSAGÈRE. Croire le contraire serait s'illusionner... Que cet "*homme de péché, fils de la perdition*"(II Thess. 2,3), tente de lui rendre, pour faire mentir les prophéties, sa splendeur passée, immédiatement il se trouvera sous le coup d'une malédiction semblable à celle que prononça Josué contre quiconque tenterait de reconstruire les murailles de Jéricho : "*maudit soit devant le Seigneur*"... Ainsi en adviendra-t-il de la tentative de l'Antéchrist... Pour faire disparaître une splendeur que Jérusalem ne doit plus connaître [et

---

[1283] St THOMAS D'AQUIN, *Somme Théologique*, 1a 2æ q 102 a 2.
[1284] Lc XXI, 24.

ici l'on voit la gravité du plan de Jean-Paul II dans *Tertio Millennio Adveniente*]^{1285} un miracle de vengeance divine aura subitement frappé l'Antéchrist et arrêté son bras »^{1286}.

ROME CONTRE JÉRUSALEM

« Il y a deux villes ici-bas à l'égard desquelles les combinaisons humaines resteront impuissantes : Rome et Jérusalem... Rome, siège du Vicaire de Jésus-Christ, ne cessera jamais de l'être. Léon XIII vient de le proclamer une fois de plus dans son Encyclique relative au Jubilé de 1900 : "La marque divine, qui a été imprimée à cette ville, ne peut être altérée ni par les combinaisons humaines, ni par aucune violence. Jésus-Christ, Sauveur du monde, a choisi, seule entre toutes, la ville de Rome pour une mission plus élevée et plus haute que les choses humaines, et Il se l'est consacrée. Il a décidé que le trône de son Vicaire s'y dresserait dans la perpétuité". Mais si Rome doit rester jusqu'à la fin des siècles le siège

---

^{1285} Jean-Paul II dans la *Lettre Apostolique* explique que nous entrons dans le troisième millénaire de l'*Ère Nouvelle* et que le Concile Vatican II a été l'événement qui a marqué le début de la préparation du Jubilé du second millénaire. « Avec le Concile a été comme inaugurée la préparation immédiate du grand Jubilé de l'An 2000 » (*Tertio Millennio Adveniente*, n° 20). Le Concile est une espèce d'"Avent" qui nous prépare à la venue du Messie (comme si le Messie n'était pas déjà venu en la personne de Jésus-Christ !). La préparation de l'an 2000 est une clef herméneutique pour comprendre les encycliques de Jean-Paul II, pour qui « le Jubilé consistera à visiter tous ces lieux qui se trouvent sur le chemin du peuple de Dieu de l'Ancienne Alliance » (*Ibidem*, n° 24), qui pour JeanPaul II « n'a jamais été révoquée » (cf. N. LOHFINK, *L'alleanza mai revocata*, Queriniana, Brescia 1991). L'an 2000 devra être soigneusement préparé par une phase PRÉPARATOIRE (après la phase IMMÉDIATE du Concile Vatican II) articulée en deux phases : a) «... une première phase de sensibilisation des fidèles », de 1994 à 1996 avec un caractère ANTÉ-PRÉPARATOIRE (n° 31), qui « devra servir à raviver chez le peuple chrétien la conscience de la valeur et de la signification que le Jubilé de l'An 2000 revêt dans l'histoire humaine ». Dans cette période non seulement est créé à cet effet un Comité d'étude, mais «... il est juste que... l'Église prenne en charge... le péché de ses enfants... dans le souvenir de toutes les circonstances dans lesquelles ils se sont éloignés de l'esprit du Christ... Parmi les péchés qui requièrent... un plus grand effort de conversion, il faut compter... ceux qui ont porté atteinte à l'unité voulue par Dieu pour son Peuple ». (Comme si l'Église n'était plus UNE comme le proclame le Credo !). Cette période servira à dépasser les divisions du second millénaire de l'histoire de l'Église. L'autre péché dont on doit demander pardon est le recours aux « méthodes d'intolérance... dans le service de la Vérité » (n° 35). Ces péchés des catholiques « en ont défiguré son visage [de l'Église], l'empêchant de refléter pleinement l'image de son Seigneur » (n° 35). L'Église anteconciliaire n'est donc pas pleinement l'Église du Christ et cela depuis au moins un millénaire !
La seconde phase proprement préparatoire va de 1997 à 1999. Au cours de la première année (1997) on réfléchira sur Jésus-Christ, dans la seconde sur l'EspritSaint et dans la troisième sur le Père, le tout à la lumière du dialogue spécialement avec les Juifs et les Musulmans (qui nient le Père, le Fils et le Saint-Esprit !). Sont ensuite prévues des rencontres communes à Jérusalem. 1999 [et il suffit de renverser les chiffres pour avoir le chiffre de la Bête 666] est le tremplin du saut pour le Jubilé de l'an 2000 « qui aura lieu simultanément en Terre Sainte et à Rome (n° 55). « La dimension œcuménique du saint Jubilé pourra... être mise en évidence par une RENCONTRE PAN-CHRÉTIENNE significative » (n° 55). Si on lit *Tertio Millennio Adveniente* à la lumière de ce que la Tradition a enseigné sur la conversion d'Israël, précédée de l'avènement de l'Antéchrist, on ne peut pas ne pas être terrifiés.
^{1286} A. LÉMANN, *op. cit.*, p. 333.

indestructible du royaume du Christ et de la Papauté, Jérusalem, par contre, ne redeviendra jamais la capitale ni le siège d'un nouveau royaume d'Israël. Une marque divine a été également imprimée sur elle, celle du châtiment. Ni les combinaisons humaines, ni aucune violence ne sauraient la faire disparaître »[1287].

LE SIONISME ET L'ANTÉCHRIST

Il est une sentence commune des Pères de l'Église[1288] que les Juifs doivent recevoir et acclamer l'Antéchrist comme leur Messie et que Jérusalem ne redeviendra la capitale d'un état juif (*parfaitement et complètement*) ni sous le Règne de l'Antéchrist ni grâce à son aide. Pour bien comprendre la portée de cette affirmation il faut d'abord résoudre la question de ce que sera le siège de l'Antéchrist, pour laquelle existent deux opinions.

Selon la première, l'Antéchrist aura comme siège de son royaume Jérusalem ; les partisans de cette thèse sont nombreux, parmi lesquels : St Irénée[1289], Lactance[1290], Sulpice Sévère[1291], St Robert Bellarmin[1292], Cornelius a Lapide[1293], François Suarez[1294]. Elle se fonde sur l'Apocalypse dans laquelle St Jean affirme que Enoch et Elie, adversaires de l'Antéchrist, seront tués « dans la grande cité où même le Seigneur a été crucifié »[1295], c'est-à-dire à Jérusalem où donc l'Antéchrist, aura d'abord placé le siège de son royaume.

La seconde opinion affirme au contraire que la capitale du royaume de l'Antéchrist sera Rome, parce que, pour les partisans de cette thèse, le texte de l'Apocalypse ne se réfère pas nécessairement à Jérusalem comme siège de l'Antéchrist, lequel pourrait ordonner la suppression des deux témoins dans cette cité, mais en ayant ailleurs son siège ; même pour mieux faire opposition au vrai Christ « N'EST-CE PAS LÀ QUE L'ANTÉCHRIST S'EFFORCERA DE SUPPLANTER SON VICAIRE, LE PAPE ? »[1296]. Ceux qui préparent son règne (les anticléricaux de toute sorte), semblent l'avoir très bien compris, en effet « c'est CONTRE ROME que se sont coalisés, depuis des années, les efforts des francs-maçons et des Juifs, ces formidables préparateurs de la puissance de l'Antéchrist. *Une fois établis dans cette terre de gloire qu'est Rome, rien ne sera plus facile à l'Antéchrist que de se rendre à Jérusalem*. C'est là, en effet, que l'attend, d'après la prophétie de Daniel, le bras vengeur de Dieu »[1297].

[1287] *Ibidem*, pp. 333-334.
[1288] Cf. *Sodalitium*, n° 21, pp. 3-22.
[1289] ST IRENEE, *Adversus Haereses*, lib. V, cap. 25.
[1290] LACTANCE, *Institutiones*, lib. VI, cap. 15.
[1291] SULPICE SEVERE, *Vita Sancti Martini*, dial. II.
[1292] ST ROBERT BELLARMIN, *De romano Pontifice*, lib. III, cap. 13.
[1293] CORNELIUSA LAPIDE, *In II ad Thessalonicenses*, Ii in Dom., IX, 27.
[1294] FRANÇOIS SUAREZ, *Disputationes* LIV, De Antichristo, sectio V, obj. VI.
[1295] *Apocalypse*, XI, 7,8.
[1296] A. LÉMANN, *op. cit.*, p. 220.
[1297] A. LÉMANN, *op. cit.*, pp. 220-221.

Mais même au cas où l'Antéchrist s'établirait à Jérusalem, ce n'est pas pour cela que se réalisera le rêve du Sionisme, parce que celui-ci n'aura pas comme fin celle de rétablir le Royaume d'Israël et de réaliser ainsi les prophéties, mais seulement de se faire adorer comme Dieu, pour cela « ... le peuple juif, tout en l'acclamant, devra, comme les autres peuples, se courber sous son joug : nulle indépendance nationale en face de son empire »[1298] et les yeux ouverts se convertira à Jésus-Christ *regardant Celui qu'ils ont transpercé*.

Concernant le Temple, ensuite, ici l'on peut se demander si l'Antéchrist arrivera à le reconstruire par haine des prophéties de Jésus-Christ et pour essayer de les démentir ou de les discréditer ; certains Pères et exégètes, parmi lesquels St Irénée, St Cyrille de Jérusalem, Suarez, l'affirment, en interprétant à la lettre les paroles de St Paul « *jusqu'à s'asseoir dans le Temple de Dieu, se faisant passer lui-même pour Dieu* »[1299]. Beaucoup d'autres Pères au contraire entendent métaphoriquement le mot Temple, qui n'est pas celui de Jérusalem. Pour St Jérôme « s'assiéra dans le Temple de Dieu : veut dire ou à Jérusalem, ou dans l'Église et cela me paraît le plus vrai [*vel in Ecclesia, ut verius arbitramur*] »[1300]. St Jean Chrysostome[1301] est également de cette opinion ainsi que Théodoret qui explique aussi la manière dont cela arrivera : « Ce que St Paul appelle le Temple de Dieu, ce sont les églises dans lesquelles cet impie prendra la première place, en essayant de se faire reconnaître comme Dieu »[1302].

Mais même en admettant que l'Antéchrist essaye de reconstruire le troisième Temple, ce n'est pas pour cela que se réaliseront les espérances du Sionisme, puisque le but ne sera pas la gloire de *Jahwé*, mais son culte personnel à la place de celui de Dieu. De plus « cette tentative sera tellement imparfaite, que le Temple, à proprement parler, ne sera pas alors rétabli AU SENS STRICT ou *proprie loquendo*... Le Temple ne saurait être relevé FORMELLEMENT, puisque l'entreprise aura pour objet non pas le culte du vrai Dieu, mais celui de l'Antéchrist. Car bien qu'au début, l'Antéchrist, pour tromper les Juifs, simulera de vouloir rebâtir le Temple pour le culte de Dieu, en réalité et dans le secret de son âme il n'agira de la sorte que pour sa propre gloire et pour se faire adorer »[1303]. CONCLUSION : L'ACTUEL ÉTAT D'ISRAËL EST-IL LE ROYAUME MESSIANIQUE ?

Le Sionisme qui se réalise actuellement est-il l'accomplissement d'un BEAU RÊVE ou est-il une CHIMÈRE ? Après avoir vu la réponse du juif converti Augustin Lémann en 1901, examinons ce qu'affirment aujourd'hui des historiens et des politologues de différentes extractions de pensée. Pour Paul Johnson la nouvelle Sion avait été conçue comme réponse à l'antisémitisme du XIXème siècle et n'avait donc aucun fondement ni fin religieuse, mais était seulement « un instrument politique et militaire pour la survivance du peuple juif... L'essence du Judaïsme était que l'exil finirait par un événement métaphysique, en un

---

[1298] A. LÉMANN, *op. cit.*, p. 222.
[1299] ST PAUL, *II Thess.*, II, 4.
[1300] ST JEROME, *Ad Algasiam*, q. II.
[1301] II ad Thessalonicenses, II.
[1302] THEODORET, in II *ad Thessalonicenses*, II.
[1303] A. LÉMANN, *op. cit.*, pp. 229-230.

moment établi par Dieu, non par une solution politique imaginée par l'homme. L'État sioniste était simplement un nouveau Saül, sous-entendre qu'il fût une forme moderne du Messie était non seulement une erreur, mais un blasphème. (...) Il pouvait seulement engendrer un autre faux Messie »[1304]. Pour Gershom Scholem, grand chercheur de mystique juive : « L'idéal sioniste est une chose et l'idéal messianique en est une autre, et les deux choses n'ont pas de points de contact sinon dans la phraséologie ronflante des rassemblements de masse qui souvent inspirent dans nos jeunes l'esprit du nouveau *shabbatisme* destiné à tomber »[1305].

« Dans le Sionisme il n'y avait pas de place selon Johnson pour Dieu comme tel... parce que depuis le début la majeure partie des Juifs pratiquants considérèrent le Sionisme avec soupçon ou avec une hostilité déclarée et certains... pensèrent que c'était l'ŒUVRE DE SATAN... La création de l'État sioniste n'était pas un retour juif dans l'histoire, un Troisième Etat, mais le commencement d'un nouvel exil et beaucoup plus dangereux... Le Sionisme était'rébellion'contre le Roi des rois... l'État juif finirait dans une catastrophe pire que l'holocauste »[1306].

Les tout derniers massacres ont fait écrire à Fiamma Nirestein : « DÉSARROI. Israël, qui a pour *pierre angulaire* le concept de la sécurité de l'État juif, qui est né décidé à délivrer pour toujours l'histoire juive du sentiment de danger inévitable et continu, se trouve peut-être pour la première fois depuis 1948, année de sa fondation, à ne pas savoir que faire, à percevoir, à cause des attaques homicido-suicidaires qui se succèdent implacablement, un sens de vide, de perte, de DESARROI précisément »[1307].

Toujours sur *La Stampa*, Avraham Ben Yehoshua met en évidence le même malaise : « LE CAUCHEMAR : Juifs contre Juifs : L'antique spectre de la guerre civile revient.

Dans ces derniers temps la presse israélienne consacre beaucoup de place à l'éventualité d'une guerre civile. Le traumatisme d'une guerre fratricide... s'accompagne du souvenir de la perte de la souveraineté... En 1970... Jérusalem fut conquise... mais à la défaite militaire contribua une guerre fratricide... combattue entre ceux qui avaient choisi pour nom 'zélotes' et les 'sadducéens'. Cette guerre interne affaiblit l'État hébreu et prépara le terrain à la défaite militaire définitive, et c'est pour cette raison que tout symptôme de lutte possible de ce genre réveille un souvenir doublement traumatique... Au fond les motifs de division étaient les mêmes qui se rencontrent aujourd'hui dans la société israélienne. Il s'agit de la lutte entre deux codes différents... le code religieux et le code national... On est retourné [aujourd'hui] en un certain sens à l'ancien conflit entre les deux codes... on ne doit donc pas s'étonner si parmi les plus violents opposants au gouvernement actuel se trouvent de nombreuses personnes qui exhibent leur religiosité. Ce sont eux les représentants de pointe d'une opposition qui risque de devenir violente. C'est pourquoi le code religieux, qui s'exprime

---

[1304] P. JOHNSON, *op. cit.*, p. 611.
[1305] '*With Gershon Scholem : An Interview*'in W.J. Dannhauser, G. S. : Jesus and Judaism in crisis, New York, 1976.
[1306] P. JOHNSON, *op. cit.*, pp. 612-615.
[1307] *La Stampa*, 10/IV/1995, p. 7.

dans la sacralisation de la terre d'Israël, l'emporte sur le code national… Comme pour les *zélotes* il n'était pas absurde de se révolter contre l'Empire romain. Ainsi pour les religieux contemporains il n'y a rien de mal dans le fait de continuer l'absurde domination sur un peuple qui représente environ cinquante pour cent de sa population sans lui accorder les droits civils… C'est donc la possibilité que ces facteurs [USA et Europe, n.d.r.] contribuent à empêcher que les partisans du code religieux déchaînent une guerre civile aux issues DIFFICILEMENT PRONOSTICABLES »[1308].

« Israël le lendemain du grand malheur [la mort de Rabin, n.d.r.]… la grande peur des Israéliens a un nom blasphématoire : guerre civile. Inutile de se voiler la face. Israël court et courra ce risque monstrueux, dévastant, si celui qui a recueilli le témoignage n'agit rapidement »[1309].

Il semble presque comprendre le doute ou la crainte que le Sionisme, loin de représenter un magnifique succès, puisse se transformer en un TERRIBLE ÉCHEC.

Au terme de l'analyse du Sionisme on retourne au point de départ : tout ce qui concerne le problème juif est un problème exclusivement religieux : déjà St Grégoire le Grand affirmait que « ceux qui refusent de croire au Rédempteur se donneront ensuite… à l'Antéchrist »[1310]. Le motif peut être trouvé dans les mots de Nirenstein : Israël a rejeté la vraie *pierre d'angle* Notre-Seigneur Jésus-Christ (qui aurait du réunir les Juifs aux païens dans l'unique Église de Dieu, comme la pierre d'angle sert de base aux deux murs de la maison) et y a substitué une autre, le concept de la SÉCURITÉ de l'État hébreu ; mais jamais l'homme ne sera sûr s'il ne fonde pas toute son espérance en Dieu et en Son Fils Jésus-Christ[1311]. Alors la substitution d'un Messie personnel par une idée abstraite est à la base de l'échec du Sionisme, c'est la raison profonde de la situation de DÉSARROI constatée par Nirenstein, nonobstant l'opulence et la puissance actuelle de l'État d'Israël, puisque le cœur de l'homme ne trouvera pas la paix tant qu'il ne se reposera pas en Celui qui l'a sauvé et qui dans l'Évangile avait prédit :

> « *La pierre [le Christ] qu'ont rejetée ceux qui bâtissaient [les Juifs] est devenue PIERRE ANGULAIRE [qui unit en une seule Église les deux peuples, le païen et l'israélite] . Quiconque tombera sur cette pierre sera brisé, et celui sur qui elle tombera, elle le réduira en poudre [c'est-à-dire celui qui par mépris aura voulu l'enlever]* »[1312].

[1308] *La Stampa*, 22/VIII/1995, pp. 2-3.
[1309] IGOR MAN, *Contro la grande paura*, in *La Stampa*, 6/11/95, p. 1.
[1310] Comm. in *I Reg.*, II.
[1311] « Si le Seigneur ne bâtit la maison, en vain travaillent ceux qui la bâtissent. Si le Seigneur ne garde la cité, inutilement veille celui qui la garde [l'homme] » Ps. CXXVI.
[1312] Lc XX,17-18.

Des membres de la Brigade Juive arrêtent des soldats allemands à la fin de la Seconde Guerre mondiale (photo tirée de l'Encyclopedia Judaica)

Uri Dan, le journaliste qui interviewa aussi Fini, en compagnie du fondateur et premier chef du "Mossad" : Isser Harel

BIBLIOGRAPHIE

OUVRAGES DE CARACTÈRE GÉNÉRAL :

D. BIDUSSA, *Il Sionismo politico*, ed. Unicopli, Milano 1993.
M. ARENDT, *Ebraismo e modernità*, Unicopli, Milano 1986.
C. LUPORINI, *Ebraismo e anti-Ebraismo : immagine e pregiudizio*, La Giuntina, Firenze 1989.
L. CREMONESI, *Le origini del Sionismo e la nascita del Kibbutz (1887-1920)*, La Giuntina, Firenze 1985.
M. TOSCANO, *Stato nazionale ed emancipazione ebraica*, Bonacci, Roma 1992.
A. FOA, *Ebrei in Europa. Dalla peste nera all'emancipazione*, Laterza, Bari 1992.
F. JESI, *Mitologie intorno all'Illuminismo*, ed. Comunità, Milano 1972.
Y. LEIBOWITZ, *Ebraismo, popolo ebraico e Stato d'Israèle*, Carucci, Roma 1980.
Y. MANOR, *Naissance du Sionisme politique*, Gallimard, Paris 1981.
G. L. MOSSE, *Ebrei in Germania fra assimilazione ed antisemitismo*, La Giuntina, Firenze 1991.
A. CHOURAQUI, *L'État d'Israël*, Presses universitaires de France, Paris 1959.
L. POLIAKOV, *De L'antisionisme à l'antisémitisme*, Calmann-Lévy, Paris 1969.
M. WALZER, *Che cosa significa essere americani*, Marsilio, Venezia 1992.
H. ELON, *La rivolta degli ebrei*, Rizzoli, Milano 1979.
E. W. SAID, *La questione palestinese*, Gamberetti, Roma 1995.
Enciclopedia Italiana, rubrique *Sionismo*, ed. Treccani, vol. 31, col. 864-866, Roma 1949.
FALCONE, *L'Ebraismo e la scuola*, ed. Kineret, Bergamo 1994.
CLEMENTI, *Israèle e la Palestina*, Carucci, Roma.
PETERS, *From time immemorial*, ed. Harpes.
D. GURGAND, *La morte in faccia*, Rizzoli, Milano.

SUR L'HISTOIRE DU SIONISME :

R. BALBI, *Hatikavà, Il ritorno degli ebrei nella terra promessa*, Bari 1983, Milano 1986.
M. BUBER, *Sionismo. La storia di un'idea*, Genova 1987.
L. CREMONESI, *Le origini del Sionismo*, Firenze 1985.
J. TSUR, *Il Sionismo*, Milano 1987.
N. WEINSTSOCK, *Storia del Sionismo*, Roma 1970-75 (2 vol.).
F. DEL CANUTO, *Il movimento sionistico in Italia*, Milano 1972.
A. EBAN, *Storia dello Stato di Israèle*, Milano 1974.
F. COEN, *Quarant'anni di Storia d'Israèle*, Casale Monferrato 1991.
A. DONNO, *Gli Stati Uniti, il Sionismo e Israèle*, Roma 1992.
S. MINERBI, *Il Vaticano, la Terra Santa e il Sionismo*, Milano 1988.
J. DE REYNIERE, *À Jérusalem*, La Baconnière, Neuchâtel 1969.
JOYCE-KOLKO, *I limiti della potenza americana*, Milano 1975.

Conclusion de l'introduction à la question juive : "Vous avez le diable pour Père" !

Par M. l'abbé Curzio Nitoglia

Prologue

En 1991 je commençai de traiter dans *Sodalitium* la "question juive" d'un point de vue catholique, en me référant à ce qu'avaient enseigné les Pères de l'Église, les Docteurs, les Saints, les théologiens qualifiés, le Magistère pontifical et des auteurs sérieux[1313] sur les rapports entre Judaïsme (tant vétérotestamentaire que postbiblique) et Christianisme. Je suis convaincu, que ce "problème" représente le cœur de notre Sainte Religion. En effet on ne peut comprendre complètement l'Évangile, si l'on a pas compris le rapport qui existe entre l'Ancien et le Nouveau Testament, entre la Synagogue talmudique et l'Église romaine.

J'ai affronté le "problème" qui est surtout une question de Foi, mais qui a aussi des conséquences "politiques", en n'étant aucunement animé par des sentiments de racisme biologique et matérialiste. En effet les Catholiques tendent à former une Société chrétienne, conformément à leur Credo et à leur Morale, individuelle et sociale ; alors que le peuple juif, qui s'est obstiné dans le refus du Messie Jésus-Christ, tend à régner sur le monde entier, conformément à l'esprit talmudique et pharisaïque, qui rêve d'une ère messianique de prospérité matérielle et temporelle.

Mgr Mattioli écrit : « Du peuple juif devait naître le Messie... Israël avait une mission historico-salvifique à accomplir. Or avec la naissance du Christ cette mission a été remplie... À Israël, peuple des promesses, a succédé l'Église chrétienne, peuple de la réalisation. Cette élection divine a eu lieu, mais les motifs pour qu'elle subsiste encore n'existent plus. L'on ne peut pas confier un privilège *usque ad finem*, quand il n'était que *usque ad tempus*... C'est par rapport à cette "prédilection" que dans le passé le peuple juif s'est considéré "différent" des autres... c'était le peuple de Yahvé. Aujourd'hui encore, en n'acceptant pas que la mission historique soit achevée, l'attitude continue dans la même ligne. Ce fait en soi n'aurait pas eu

---

[1313] Parmi lesquels : Augustin Barruel, Emmanuel Barbier, Umberto Benigni, Paul Boulin, Pierre de Clorivière, Augustin Cochin, Paul Copin-Albancelli, Jacques Crétineau-Joly, Henri Coston, Henri Delassus, Nicolas Deschamps, Vittorio De Bernardi, Àndrea Dalle Donne, Paul Drach, Raymond Dulac, Bernard Fay, Florido Giantulli, Réginald Garrigou-Lagrange, oger Gougenot des Mousseaux, Ernest Jouin, les frères Lemann, Léon Meurin, Julio Mienvielle, Albert Monniot, Charles Nicoullaud, Jean-Baptiste Pitra, Léon de Poncins, Antonino Romeo, Emmanuel Ratier, Francesco Spadafora.
Les personnes désirant plus d'informations sur la vie et les œuvres de ces auteurs peuvent consulter : M.-F. JAMES, *Esotérisme, Occultisme, Franc-Maçonnerie et Christianisme aux XIX et XX siècles*, NEL, Paris 1981.

de conséquences sur le *plan politique* si n'avaient pas mûri dans l'esprit des Juifs deux attitudes : celle de supériorité à l'égard des autres peuples et celle de ne pas se confondre, ne pas s'identifier avec les populations limitrophes... Ce sont ces deux styles de vie qui ont empêché l'harmonisation et fait considérer les Juifs aux yeux des populations les accueillant comme un "corps étranger" »[1314].

Le chercheur juif Bernard Lazare lui fait écho lorsqu'il décrit parfaitement l'attitude constante des Juifs au cours de l'histoire : « Les Juifs émancipés pénétrèrent dans les nations comme des étrangers... Ils formaient un peuple parmi les peuples, un peuple spécial conservant ses caractères grâce à des rites stricts et précis, grâce aussi à une législation qui le tenait à l'écart et servait à le perpétuer. Ils entrèrent dans les sociétés modernes non comme des hôtes, mais comme des conquérants... il leur fut facile de s'emparer du commerce et de la finance »[1315].

Mgr Mattioli ajoute : « Ce comportement uni à un certain état d'esprit de supériorité, d'avidité d'argent poussé parfois jusqu'à l'usure et au désir de ne pas "se contaminer" avec les autres, a souvent exacerbé les esprits des populations les recevant... De Vries... en décrivant les causes de l'antisémitisme perçoit un cheminement constant, indépendant de la religion et de la civilisation des Etats où vivaient les Juifs.

L'auteur met en évidence cinq phases : d'abord ils furent accueillis par la population sans préjugés ; ensuite ils obtinrent un traitement de faveur qui consolide leur condition ; dans un troisième temps leur fortune dans la richesse et le prestige de la culture commence à susciter un sentiment d'envie et d'aversion à leur égard ; s'ensuit une période d'opposition et de lutte... avec des périodes de calme ; enfin le cinquième stade, le peuple exaspéré rompt les freins et la rivalité ouverte éclate jusqu'à en demander l'expulsion »[1316].

Le fait que la "question juive" ait aussi des conséquences politiques et sociales (en plus d'être une question surtout théologique et relative aux fins dernières) se constate en étudiant le rapport entre Judaïsme, Supercapitalisme et Socialo-communisme. Le rabbin Baruch Lévy, dans une lettre à Karl Marx, augurait une République universelle, en ces termes : « Dans cette nouvelle organisation de l'humanité, les fils d'Israël, disséminés par le monde, deviendront partout, sans rencontrer aucune opposition, l'élément dirigeant, spécialement s'ils réussissent à imposer aux masses ouvrières la direction d'un Juif. De cette manière, avec l'aide de la victoire du prolétariat, les gouvernements des nations qui s'intégreront dans la République Universelle, passeront facilement aux mains israélites. La propriété privée pourra alors être supprimée par des dirigeants de race juive, qui administreront la richesse publique sous un tout autre aspect. Ainsi s'accompliront les promesses du Talmud, selon lesquelles les Juifs, une fois venus les temps du Messie, auront en mains les richesses de tous

---

[1314] V. MATTIOLI, *Gli Ebrei e la Église*, Mursia, Milano 1997, pp. 11-16.

[1315] B. LAZARE, *L'antisémitisme, son histoire et ses causes*, Paris 1934, vol. II, pp. 45-46. Ce livre a été édité en italien par le *Centro Librario Sodalitium* dans la collection "*Il Mistero d'Israele*".

[1316] H. DE VRIES DE HEEKELINGEN, *Israele, il suo passato, il suo avvenire*, Ed. Tumminelli, Milano 1937, pp. 103-118. Cité in V. MATTIOLI, *op. cit.*, p. 17.

les peuples du monde »[1317]. Le Socialisme n'est donc pas ordonné à l'élévation du prolétariat et à l'adoucissement des injustices sociales, mais à la domination juive dans le monde entier.

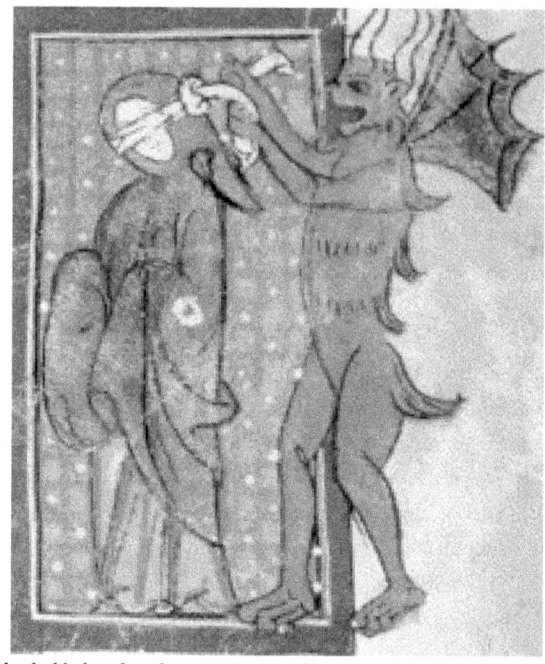

Représentation du diable bandant les yeux à un juif (Bréviaire d'amour de Ermengaut de Béziers, XIVème siècle, St Laurent de l'Escorial, Bibliothèque Laurentine)

La Civiltà Cattolica[1318] explique que deux faits apparemment contradictoires, coïncident en réalité dans le Juif disséminé dans le monde entier : la domination sur l'argent et la prépondérance dans le Socialo-communisme. L'influente revue des Jésuites cite de Poncins : « D'un côté, [les Juifs] ont été parmi les fondateurs du capitalisme industriel et financier et ils collaborent activement à cette centralisation extrême des capitaux qui facilitera sans doute leur socialisation ; de l'autre, ils sont parmi les plus ardents adversaires du capital. Au Juif draîneur d'or... s'oppose le Juif révolutionnaire... À Rothschild correspondent Marx et Lassalle »[1319]. Concernant la domination du Judaïsme sur la finance, de Poncins la démontre par de nombreuses citations d'auteurs juifs, comme Lazare qui affirme : « [A partir de l'émancipation des Juifs avec la Révolution française] en un seul siècle ils sont devenus les maîtres de l'argent, et, par l'argent... ils sont devenus les maîtres du monde ».

De Poncins démontre aussi avec autorité la prépondérance juive dans le Socialo-communisme : les deux "prophètes rouges" Marx et Lassalle étaient tous deux juifs, comme

---

[1317] Cit. in J. TALLANDIER, *Les origines secrètes du Bolchevisme*, Salluste, Paris 1930, p. 33.
[1318] *La questione giudaica*, vol. IV, 1936, pp. 37-46.
[1319] L. DE PONCINS, *La mystérieuse Internationale juive*, Beauchesne, Paris 1936, pp. 179 et 193.

la plupart des chefs du Bolchevisme russe, Trotsky, Sverdloff, Zinovef, Kameneff, Uriski, Sokolnikoff et Lénine lui-même, comme on s'en est aperçu récemment : « Le père de la Révolution bolchevique était juif par ascendance maternelle... Quelque chose... avait filtré dans les années de la PÈREstroïka... mais l'autorisation d'en révéler la preuve documentée n'a été accordée que récemment. (...) Les spécialistes... ajoutent que Lénine avait été informé par sa mère de ses origines juives, mais qu'avec ses proches il a toujours maintenu le secret »[1320]. En Allemagne, les dirigeants du spartakisme Liebknecht, Rosa Luxembourg, Kurth Eisner, Eugène Levine étaient juifs ; de même en France Léon Blum, chef du Socialisme français, et en Espagne le maître absolu de Madrid dévastée par la guerre civile était Heinz Neumann, juif d'origine allemande.

« Ce double aspect, apparemment contradictoire, coexiste dans le Judaïsme, et est conscient et voulu », poursuit *La Civiltà Cattolica* à la page 38. Mais comment expliquer ce lien entre haute Finance et Révolution ? 1°) La mentalité socialiste et supercapitaliste se ressemblent, parce que toutes les deux se fondent sur une conception économico-matérialiste du monde, d'origine judéopuritaine. 2°) Il faut distinguer entre le propriétaire (de la terre ou de l'industrie) et le financier ou l'affairiste, qui vit de spéculation. Le désordre social et la Révolution, sont fatals aux premiers, mais sont occasion de profit pour les seconds. 3°) Le Socialisme n'est pas la fin de la Révolution, il peut être parfois un moyen de destruction qui favorise la Finance internationale. *La Civiltà Cattolica* poursuit : « Les Juifs sont riches, mais d'une richesse différente de celle des autres hommes, laquelle, plutôt que de leur faire craindre le Communisme, leur en fait espérer le profit. Ils sont capitalistes au sens moderne du mot, c'est-àdire spéculateurs et trafiquants d'argent... Leur prototype est le banquier. Toute sa propriété se réduit, en somme, à un coffre et à un portefeuille »[1321]. Le moyen le plus rapide pour arriver à la domination du monde pour le Judaïsme est dans certains cas le Socialo-communisme, qui en enlevant la propriété aux *goyim* et en la centralisant toute entre les mains du Parti, dirigé en grande partie par des Juifs, réalisera le projet talmudique de rendre Israël le Roi et le Prêtre du monde, de toute maison, bourse... Synagogue et Loge. Toujours *La Civiltà Cattolica*, dans un autre fascicule, corrobore la thèse ci-dessus, en soutenant : « Les gouvernements... passeront... aux mains israélites, au moyen de la victoire du prolétariat. Alors la propriété individuelle pourra être supprimée par les gouvernants de race juive, lesquels administreront partout la fortune publique. Ainsi se réalisera la promesse du Talmud selon laquelle... les Juifs tiendront sous leurs clés les biens de tous les peuples du monde... Les ouvriers sont donc l'instrument dont doivent se servir les Juifs pour devenir les maîtres du monde... la Révolution socialiste ou communiste est la voie la plus courte et la plus sûre pour la totale concentration des capitaux entre les mains des Juifs, constituant une espèce de Supercapitalisme d'État »[1322].

[1320] *La Repubblica*, 1er avril 1997, p. 38.
[1321] *La Civiltà Cattolica*, cit., p. 39.
[1322] *La Civiltà Cattolica*, La questione giudaica e il Sionismo, vol. II, 1937, p. 421.

Dans cette série d'articles, qui ont voulu être une sorte d'*introduction à la question juive*, au cours desquels j'ai abordé les thèmes les plus importants, je suis arrivé finalement à ce qui me semble en être la *conclusion* : d'où vient et où va le Judaïsme post-templier ? Qui le guide et qui l'inspire ?

Naturellement j'ai cherché la réponse dans l'Évangile et dans la Tradition, qui sont la source de la Vérité révélée.

Représentation de l'Église et de la Synagogue (à droite), aveugle et conduite par la main par le Diable (Missel de l'abbaye St Pierre de Gand, XIIIème siècle)

L'ÉVANGILE

Dans le quatrième Évangile nous lisons :

> « *Jésus disait à ceux des Juifs qui croyaient en Lui : "Pour vous, si vous demeurez dans ma parole, vous serez vraiment mes disciples ; et vous connaîtrez la vérité, et la vérité vous rendra libres". Ils lui répondirent : "Nous sommes la race d'Abraham et nous n'avons jamais été esclaves de personne ; comment dis-tu, toi : Vous serez libres ?". Jésus leur répartit : "... quiconque commet le péché est esclave du péché. (...) Si donc le Fils vous met en liberté, vous serez vraiment libres. Je sais que vous êtes fils d'Abraham ; mais vous cherchez à me faire mourir, parce que ma parole ne prend pas en vous. Pour moi, ce que j'ai vu en mon Père, je le dis ; et vous, ce que vous avez vu en votre père, vous le faites". Ils répliquèrent (...) :"Notre père est Abraham". Jésus leur dit : "Si vous êtes fils d'Abraham,*

faites les œuvres d'Abraham. Mais loin de là, vous cherchez à me faire mourir, moi homme qui vous ai dit la vérité que j'ai entendue de Dieu ; c'est ce qu'Abraham n'a pas fait. Vous faites les œuvres de votre Père". Ils lui répliquèrent donc : "Nous ne sommes pas nés de la fornication ; nous n'avons qu'un père, Dieu". Mais Jésus leur répartit : "Si Dieu était votre père, certes vous m'aimeriez ; car c'est de Dieu que je suis sorti et que je suis venu ; ainsi je ne suis point venu de moi-même, mais c'est lui qui m'a envoyé. (...) VOUS AVEZ LE DIABLE POUR PÈRE, ET VOUS VOULEZ ACCOMPLIR LES DÉSIRS DE VOTRE PÈRE. Il a été homicide dès le commencement, et il n'est pas demeuré dans la vérité, parce qu'il n'y a pas de vérité en lui ; lorsqu'il parle mensonge, il parle de son propre fonds, parce qu'il est menteur et le Père du mensonge. (...) Celui qui est de Dieu écoute les paroles de Dieu. Et si vous ne les écoutez point, c'est parce que vous n'êtes point de Dieu" »[1323].

Ceci est ce que Jésus nous a révélé, mais quel est le sens exact des paroles divines ? Eh bien, c'est dans l'interprétation que nous en donnent les Pères de l'Église que nous devons chercher le sens de l'Évangile.

SAINT JEAN CHRYSOSTOME

Dans *la Quarante-quatrième homélie sur l'Évangile de St Jean*, St Jean Chrysostome écrit : « De quoi la vérité les rendra-t-elle libres ? de leurs péchés. Et que répondirent ces insolents ? *"Nous sommes la race d'Abraham et nous n'avons jamais été esclaves de personne"*. (...) Ils ne se donnent pas la peine d'avoir perdu la Vérité et la grâce de Dieu ; l'unique chose qui les touchait et les affligeait était la perte des biens matériels. (...) Quoi ? Tu as appelé esclaves ceux qui sont de la RACE (on remarque que ce sont eux qui parlent de RACE, non pas nous ! n.d.a.) d'Abraham... Tel est l'orgueil et la vanité des Juifs : *"Nous sommes la RACE d'Abraham, nous sommes Israélites"*. Ils ne parlent jamais de leurs actions (...) »[1324]

Mais pourquoi Jésus ne les reprend-il pas, du moment qu'ils avaient été esclaves des Égyptiens, des Babyloniens, et de beaucoup d'autres ? Jésus essayait de leur faire comprendre qu'ils étaient esclaves du péché, plus que des hommes ! Puisque le véritable esclavage est celui du péché, dont Dieu seul peut nous libérer, dans la mesure où Lui seul a le pouvoir de pardonner les péchés. Mais Jésus veut que les Hébreux le reconnaissent et le confessent, avant de les libérer de cet odieux esclavage, en leur accordant son pardon.

Puis le Sauveur continue : *"Je sais que vous êtes fils d'Abraham ; mais vous cherchez à me faire mourir"*. St Jean Chrysostome commente : « Doucement et presque insensiblement il les exclue de la famille d'Abraham. (...) Puisque ce sont les œuvres qui rendent l'homme libre ou esclave, ce sont toujours elles qui forment une vraie parenté. Il ne leur a pas dit immédiatement : Vous n'êtes pas fils d'Abraham, homme juste, mais vous êtes homicides ; il leur accorde une certaine filiation et dit : *"Je sais que vous êtes fils d'Abraham ; mais vous*

[1323] Jn VIII, 31-47.
[1324] ST JEAN CHRYSOSTOME, *Commentaire sur Jean*, Homélie LIV, 1.

cherchez à me faire mourir, parce que ma parole ne prend pas en vous". Mais alors comment se fait-il qu'il leur ait dit plus haut qu'ils ont cru en Lui ? Oui, ils ont cru, mais ils n'ont pas persévéré : et c'est pourquoi il les réprimande. Si vous vous glorifiez de cette filiation, il faut que votre vie lui corresponde.

"Pour moi, ce que j'ai vu en mon Père, je le dis ; et vous, ce que vous avez vu en votre père, vous le faites". Ce qui veut dire : de même que je fais connaître mon Père par mes paroles et par mes œuvres ; ainsi vous, par vos œuvres vous montrez qui est le vôtre. En effet *"Vous cherchez à me faire mourir"*. Jésus leur montre qu'ils se sont exclus de la filiation d'Abraham [Rien à voir avec *"Frères aînés dans la Foi d'Abraham"*] et qu'ils ne doivent pas compter sur une alliance charnelle pour pouvoir se sauver, mais sur une alliance spirituelle, produite par la bonne volonté et par les bonnes œuvres. C'était justement ce qui les empêchait de rester unis à Jésus : ils s'imaginaient que la parenté charnelle, le sang et la race, suffisaient à les sauver ! »[1325]

Puisque Jésus les avait dépouillés de la filiation d'Abraham, alors ils prétendent monter encore plus haut et s'arrogent la dignité de fils de Dieu, mais Jésus les dégrade encore une fois en disant : *"Si Dieu était votre père, vous m'aimeriez... MAIS VOUS AVEZ LE DIABLE POUR PÈRE, et vous voulez accomplir les désirs de votre père"*.

St Jean Chrysostome commente : « Je ne laisse pas cette accusation sans preuve ; au contraire je la démontre : tuer, leur dis-je, est une action de malice diabolique... qui montre que les Juifs comme le diable, sont portés à l'homicide, par envie. Puisque le diable a tué spirituellement Adam, uniquement pour satisfaire son envie... Tandis qu'Abraham n'a pas fait le mal ; au contraire ses œuvres ont été la douceur, la modération, l'obéissance : vous au contraire vous êtes inhumains et cruels. »[1326]

Le Démon prend l'âme de Judas qui s'est pendu
(*Giovanni Canavesio, N.-D. des Fontaines, XVème siècle*)

Saint Augustin

Le Saint Evêque d'Hippone, dans la *Quarante-deuxième homélie sur l'Évangile de Jean*, affirme : « Jésus a promis la liberté à ceux qui croient en Lui. Mais les Juifs, qui s'enorgueillissaient de la liberté qu'ils croyaient avoir,

---

[1325] *Ibid.*, 2.
[1326] *Ibid.*, 3.

refusèrent dédaigneusement de devenir libres alors qu'ils étaient les esclaves du péché. Ils déclarèrent qu'ils étaient libres puisqu'ils étaient la descendance d'Abraham »[1327].

Le Sauveur répondit : *"Je sais que vous êtes fils d'Abraham, mais vous cherchez à me faire mourir"*. St Augustin commente : « *"Je reconnais l'origine de votre chair, mais non la foi de votre cœur. Vous êtes fils d'Abraham, mais selon la chair"*. (...) Les Juifs même en étant fils d'Abraham... étaient des hommes iniques. Ils tenaient en effet de lui leur race charnelle, mais ils avaient dégénéré en n'imitant pas la foi de celui dont ils étaient les fils. (...) Mais eux, où donc ont-ils vu le mal qu'ils font, que le Seigneur leur reproche et dont il les reprend ? Auprès de leur père. Quand nous entendrons dire plus clairement qui est leur père, nous comprendrons ce qu'ils ont vu auprès d'un tel père. Pour le moment en effet, il ne nomme pas leur père. (...) Il va leur parler de leur autre père qui ne les a point engendrés et qui ne les a point créés pour qu'ils soient des hommes, mais pourtant ils étaient ses fils en tant qu'ils étaient mauvais, et non point en tant qu'ils étaient des hommes, parce qu'ils l'imitaient et non pas parce qu'il les avait créés »[1328].

Bien plus, Abraham est loué par Jésus et ils sont condamnés ; Abraham n'était pas un homicide et au contraire ils veulent tuer Jésus et c'est pourquoi ils ne peuvent être fils spirituels d'Abraham. Leur chair descendait d'Abraham, certainement pas leur vie.

« La chair des Juifs tient son origine de sa chair, mais non la chair des chrétiens ; nous descendons, nous, d'autres peuples et pourtant, en l'imitant, nous sommes devenus des fils d'Abraham. (...) Nous sommes donc devenus par la grâce de Dieu la descendance d'Abraham. CE N'EST PAS EN PARTANT DE LA CHAIR D'ABRAHAM QUE DIEU LUI A DONNÉ DES COHÉRITIERS ; CEUX-LA, IL LES A DESHÉRITÉS, il a adopté les autres... »[1329]

Quand les Juifs allèrent à Jean-Baptiste pour lui demander le baptême, il les appela : *"race de vipères"* (Matth. III, 9). Ils se glorifiaient de la noblesse de leur origine, et il les accusa d'être une race de vipères, pour le venin qu'ils portaient dans le corps. C'est pourquoi il les invita à faire pénitence pour leurs péchés, en leur disant qu'il était inutile de se vanter d'avoir Abraham comme Père charnel, puisque Dieu pouvait faire surgir des pierres les fils spirituels d'Abraham, ceux qui en imiteraient la foi et les œuvres. Les pierres symbolisent les païens, qui adoraient les idoles de pierre, et desquels Dieu a tiré les Chrétiens.

[Pour les Juifs], poursuit St Augustin, « déjà Abraham a perdu de sa valeur ; ils se sont repliés en effet, comme ils devaient se replier, devant cette parole véridique, car Abraham était ce qu'avait dit le Seigneur, lui dont ils n'imitaient pas les actes, mais à la race de qui ils se glorifiaient d'appartenir. Ils eurent recours à une autre réponse... Nous, nous ne pouvons pas imiter un saint, un juste, un innocent, un homme si grand ; disons que Dieu est notre père et voyons ce qu'il va nous répondre (...).

[1327] ST AUGUSTIN, *Commentaire sur Jean*, Homélie XLII, 1.
[1328] *Ibid.* 1-2.
[1329] *Ibid.* 5.

Jésus leur dit donc : *"Si Dieu était votre père, vous m'aimeriez sans aucun doute ; car je suis sorti de Dieu et je suis venu"*. Vous dites que Dieu est votre père, reconnaissezmoi au moins comme un frère. »[1330]

"Pourquoi ne reconnaissez-vous pas mon langage ? Parce que vous ne pouvez pas entendre ma parole", continua Jésus. L'évêque d'Hippone commente : « S'ils ne pouvaient pas reconnaître, c'est qu'ils ne pouvaient pas entendre. Mais pourquoi ne pouvaient-ils pas entendre sinon parce qu'ils NE VOULAIENT PAS SE CORRIGER en croyant. Et quelle en était la raison ? *"VOUS AVEZ POUR PÈRE LE DIABLE."* (...) Comment les Juifs étaient-ils donc fils du diable ? Par l'imitation, non par la naissance. (...) *"ET VOUS VOULEZ RÉALISER LES DÉSIRS DE VOTRE PÈRE"*. Voyez comment vous êtes ses fils : c'est parce que vous avez les mêmes désirs, et non parce que vous êtes nés de lui.

Quels sont ces désirs, à lui ? *"Il était homicide dès le commencement."* (...) Voyez, frères, le genre de cet homicide. Le diable est appelé homicide : ce n'est pas le glaive à la main ou l'épée à la ceinture qu'il est venu vers l'homme, il a semé en lui une parole mauvaise et il l'a tué. (...) Il était homicide à l'égard du premier homme. »[1331]

Saint Thomas d'Aquin

Le Docteur Angélique dans son *Commentaire sur l'Évangile de St Jean* explique : « La présomption des Juifs apparaît dans une interrogation : *"Nous sommes la race d'Abraham et nous n'avons jamais été esclaves de personne. Comment toi, dis-tu : Vous serez libres ?"*. Ils affirment être la race d'Abraham, ce qui montre leur vaine gloire ; car ils se GLORIFIENT DE LEUR SEULE ORIGINE CHARNELLE. (...) Ils font de même, ceux qui cherchent à être tirés d'une noblesse selon la chair : *"Toute leur gloire vient d'un enfantement, d'un sein et d'une conception"* (Os. IX, 11).

Ils nient ensuite leur condition d'esclaves ; en cela, ils se montrent stupides et menteurs. Stupides, parce que ce que le Seigneur dit de la liberté spirituelle, ils l'entendent d'une liberté matérielle (...). Et ils sont menteurs, parce que s'ils nient ici être esclaves d'une manière matérielle, ou bien ils l'entendent de l'ensemble du peuple juif, ou bien ils parlent tout particulièrement d'eux-mêmes. S'ils parlent de l'ensemble du peuple juif, ils mentent manifestement, car... leurs ancêtres ont été esclaves en Egypte... Et si les Juifs parlent ici à leur propre sujet, on ne peut même pas les disculper de mensonge, car eux aussi à ce moment-là payaient des tributs aux Romains »[1332].

Avec la phrase suivante : *"Je sais que vous êtes fils d'Abraham"*, Jésus commence à traiter de leur origine. « D'abord, le Christ révèle leur origine selon la chair, puis il leur fait découvrir leur origine selon l'esprit : *"mais vous cherchez à me tuer"*... Il dit que leur origine selon la chair, c'est Abraham... Par l'origine de la chair seulement, et non en lui étant

---

[1330] *Ibid.* 7-8.
[1331] *Ibid.* 9-11.
[1332] ST THOMAS, *Commentaire sur St Jean*, VIII, Leçon IV, 1201.

semblables par la foi... Le Seigneur leur montre donc que spirituellement ils sont issus d'une souche mauvaise, et c'est pourquoi il les blâme ouvertement de leur péché. Et passant sous silence tous les autres péchés par lesquels les Juifs étaient entravés..., il rappelle seulement celui qu'ils avaient constamment dans l'esprit, c'est-à-dire le péché d'homicide, parce qu'ils voulaient le tuer... Et c'est pourquoi le Seigneur dit que la cause de l'homicide n'est certes pas une faute de sa part, ni leur justice, mais précisément leur manque de foi à eux : *"Parce que ma parole ne prend pas en vous"* »[1333].

Le Seigneur conclut ici à leur origine spirituelle : *"VOUS AVEZ LE DIABLE POUR PÈRE"*, dont ils étaient les fils, non en tant qu'hommes, mais en tant qu'ils étaient mauvais.

« Plus haut, le Christ a affirmé qu'ils sont fils d'Abraham selon la chair ; mais ici, il leur refuse le titre de fils d'Abraham parce qu'ils n'imitent pas ses œuvres, et en premier lieu sa foi. De cette même manière, les Juifs étaient bien la semence d'Abraham, ...mais ils n'étaient pas ses fils »[1334].

Les œuvres des Juifs étaient différentes de celles d'Abraham : elles étaient en effet mauvaises et perverses, puisqu'ils étaient homicides : *"Vous cherchez à me tuer"*.

« Mais cet homicide était un péché D'UNE GRAVITÉ SANS MESURE, PARCE QU'IL ÉTAIT CONTRE LA PERSONNE DU FILS DE DIEU »[1335]. Ils voulaient même le tuer précisément parce qu'il enseignait qu'il était consubstantiel au Père. Abraham au contraire avait désiré voir Son jour, *"je l'ai vu et je m'en réjouis"*. Et justement le fait qu'ils n'accomplissent pas les œuvres d'Abraham, signifie qu'ils ont un autre Père, dont ils font les œuvres !

Spirituellement parlant, le Seigneur démontre qu'ils ne tiennent pas leur origine de Dieu. En effet quand les Juifs affirment : *"Nous, nous ne sommes pas nés de la prostitution"*, ils veulent dire : « Si autrefois notre mère la Synagogue, s'éloignant de Dieu, s'est prostituée avec les idoles, nous cependant, nous ne nous sommes pas éloignés de Dieu, et nous ne nous sommes pas prostitués avec les idoles »[1336]. En effet Dieu est spirituellement l'époux des âmes. De même que l'épouse se prostitue quand, outre son mari, elle accueille un autre homme, ainsi une âme ou un peuple sont accusés de prostitution, quand abandonnant le vrai Dieu, ils se tournent vers les créatures en une espèce d'idolâtrie.

Et nous voici arrivés au point clef : le Seigneur, après avoir montré que les Juifs avaient une certaine origine spirituelle et après avoir exclu l'origine divine, à laquelle ils prétendaient, démontre finalement ici leur véritable origine, en leur assignant la paternité du diable. Voici l'affirmation de Jésus : *"VOUS FAITES LES ŒUVRES DU DIABLE, VOUS AVEZ LE DIABLE POUR PÈRE"*, c'est-à-dire vous lui appartenez par imitation ! En effet Jésus poursuit : *"Et vous voulez accomplir les désirs de votre Père"*, cela revient à dire : vous n'êtes pas fils du diable en tant que créés et amenés à l'être par lui, mais parce que, L'IMITANT, *"VOUS VOULEZ ACCOMPLIR LES DÉSIRS DE VOTRE PÈRE"*. Et

---

[1333] *Ibid.* 1211-1215.
[1334] *Ibid.* 1222.
[1335] *Ibid.* 1227.
[1336] *Ibid.* 1232.

l'Angélique commente : « Comme lui-même a jalousé l'homme et l'a tué [spirituellement], ainsi vous aussi, me jalousant, *"Vous cherchez à me tuer, moi un homme qui vous ai dit la vérité"* »[1337].

Il y a un autre passage de l'Évangile de St Jean qui mérite d'être étudié. Jésus dit à ses Apôtres : « S'ils m'ont persécuté, ils vous persécuteront aussi... Si je n'étais pas venu, et que je ne leur eusse point parlé, ils n'auraient point de péché ; mais maintenant ils n'ont point d'excuse de leur péché. Qui me hait, hait aussi mon Père... Ils vous chasseront des synagogues,... quiconque vous fera mourir croira rendre hommage à Dieu : et ils vous feront ainsi, parce qu'ils ne connaissent ni mon Père ni moi »[1338].

Saint Thomas commente : « Parmi les disciples [les Juifs] persécutaient le Christ... Mais puisque l'ignorance de soi n'excuse pas la faute, il démontre ici qu'ils sont inexcusables... 1°) par la vérité de son enseignement, 2°) par l'évidence de ses miracles... *"Mais maintenant ils n'ont point d'excuse de leur péché"* ; 3°) il indique de quelle racine naît leur persécution : *"Qui me hait, hait aussi mon Père"*. Il affirme donc : *"Tout ce que vous ferez à cause de mon nom"* ; mais ils ne purent en être excusés, *"si je n'étais pas venu, et que je ne leur eusse point parlé"* ; c'est-àdire si je ne m'étais pas présenté personnellement à eux et si je ne leur avais pas enseigné directement, *"ils n'auraient point de péché"*. (...) Le Seigneur parle ici... du péché d'incrédulité, par lequel ils ne croient pas au Christ. (...) C'est pourquoi si le Christ n'était pas venu, les Juifs ne seraient pas tombés dans le péché d'incrédulité... Mais il leur manque ces excuses, puisque le Christ s'était montré et leur avait parlé personnellement. C'est pourquoi il déclare : *"Mais maintenant"*, par le fait que je suis venu et que j'ai parlé, l'ignorance est exclue, *"ils n'ont point d'excuse de leur péché"*. Voir Rom. I, 20s. : *"Ils sont inexcusables ; parce qu'ayant connu Dieu, ils ne l'ont point glorifié comme Dieu"*. Il ressort donc de cette parabole... que les Juifs ont connu le Christ (Mc XII, 7) : *"Celui-ci est l'héritier ; venez, tuons-le"* (...).

Ils n'étaient donc pas excusés par l'ignorance : c'est pourquoi ils firent cela [le Déicide] non par ignorance, mais par un autre motif, c'est-à-dire par haine et par vraie méchanceté. Voilà pourquoi le Christ ajoute aussitôt : *"Qui me hait, hait aussi mon Père"* ; comme pour dire : ce n'est pas l'ignorance qui leur est imputée à faute, mais la haine qu'ils ont contre Moi, et qui se tourne en haine contre le Père. En effet, le Père et le Fils étant une seule chose dans l'essence... quiconque aime le Fils aime aussi le Père ; et quiconque connaît l'un connaît aussi l'autre ; et celui qui hait le Fils hait aussi le Père. Cependant personne ne peut haïr ce qu'il ne connaît pas. Or les Juifs ignoraient le Père : *"Ils ne connaissent pas Celui qui m'a envoyé"*. Ce qu'il dit ici ne semble donc pas être vrai : *"... hait aussi mon Père"*. On répond toutefois, avec Augustin, que quelqu'un peut aimer ou haïr un être qu'il n'a jamais vu, seulement par la bonne ou la mauvaise réputation qui le concerne. (...) Or les Juifs haïssaient le Christ et la vérité qu'il prêchait. C'est pourquoi puisque la vérité que le Christ prêchait s'inscrivait dans la volonté du Père, tout comme les œuvres qu'il accomplissait, puisqu'ils

---

[1337] *Ibid.* 1241.
[1338] Jn XV, 20-XVI, 3.

haïssaient le Christ, ils haïssaient aussi le Père, bien qu'ils ignorassent que ces choses s'inscrivaient dans la volonté du Père. (...) Il montre ensuite par quelle cause profonde ils sont tombés dans le péché d'incrédulité : au motif de la haine... Leur péché ne provient donc pas de la fragilité, ou de l'ignorance, mais uniquement d'une délibération »[1339].

LE MAGISTÈRE DE L'ÉGLISE DE 1244 A 1937

Les Constitutions des Papes sur ce problème sont nombreuses ; j'en citerai quelquesunes en renvoyant le lecteur au texte que je projette de publier. Après avoir écouté les Pères de l'Église, interrogeons le Magistère Pontifical. Il nous montre lui aussi comment l'Église, fidèle à l'Évangile, n'a jamais caché l'opposition entre Jésus et la Synagogue, qui depuis le temps des Évangiles jusqu'à aujourd'hui, n'a pas diminué.

IMPIA JUDEORUM PERFIDIA, du Pape Innocent IV (1244) : « L'impie perfidie des Juifs... commet d'énormes crimes... Les Juifs, en effet, ingrats envers Jésus-Christ... en négligeant et en méprisant la Loi mosaïque et les Prophètes, suivent certaines traditions de leurs ancêtres... qui en langue hébraïque sont appelées Talmud, lequel pour les Juifs est le plus grand livre. Ce Talmud s'éloigne énormément du texte de la Bible et il s'y trouve des blasphèmes explicites envers Dieu, le Christ et la Bienheureuse Vierge... ».

DUDUM FELICIS, du Pape Jean XXII (1320) : « Après avoir examiné certains de leurs livres... qu'ils appellent Talmud et après avoir trouvé qu'ils contenaient d'innombrables erreurs, abus, outrages et blasphèmes... Nous avons réfléchi que l'on ne doit pas sous-évaluer cette maladie si pestilentielle et si dangereuse... mais qu'il faut plutôt intervenir par une action empressée pour couper à la racine ses vrilles mortelles pour qu'ils ne se répandent pas... En outre par les Juifs... faites-vous remettre intégralement le livre qu'ils appellent Talmud... Réduisez ensuite en cendres par le feu ledit Talmud... [il cite ensuite Clément IV, 15 juillet 1267, n.d.a.] : "L'exécrable perfidie des Juifs, condamnée à cause de l'ingratitude et le mémoire de répudiation ayant été remis à la Synagogue, pour avoir ignoré le temps de la visitation du Seigneur, ce peuple aveugle... est devenu errant... par toute la terre, comme le fratricide Caïn... En vérité, ce peuple... non seulement nia de manière inique que Notre-Seigneur Jésus-Christ, Fils du Père éternel... était venu les appeler pour les faire coparticipants de l'héritage éternel... en disant avec mépris : Il n'est pas Dieu ; mais ils le tuèrent carrément... en invoquant... son sang sur eux et sur leurs descendants... Nous pensons que tous les exécrables blasphèmes contenus dans le Talmud, sont la cause principale pour laquelle le peuple de prédilection... persiste obstiné dans sa perfidie" ».

CUM NIMIS ABSURDUM, du Pape Paul IV (1555) : « Il est vraiment absurde... que les Juifs... en répondant par l'offense à la faveur [qui leur est faite] et à la place de l'esclavage dû, soient si ingrats à l'égard des Chrétiens qu'ils cherchent à dominer. (...) L'Église romaine les tolère en témoignage de la vraie foi chrétienne et dans le seul but qu'ils... reconnaissent finalement leurs erreurs et parviennent à la vraie lumière de la Foi Catholique. Tant qu'ils

---

[1339] ST THOMAS, *Commentaire sur St Jean* XV, Leçons IV-V, 2039-2067.

persistent dans leurs erreurs, qu'ils reconnaissent qu'ils sont asservis par l'effet de leurs actions, alors que les Chrétiens ont été libérés par Jésus-Christ Notre-Seigneur... ».

DUDUM À FELICIS, du Pape Pie IV (1566) : « La Sainte Église... tolère les Juifs en mémoire de la Passion du Seigneur, afin qu'ils... reconnaissent leur erreur et se convertissent à la vraie Lumière qu'est le Christ ».

HEBRÆORUM GENS, de St Pie V (1569) : « Le peuple juif, le seul UN TEMPS ÉLU DE DIEU... dépassa d'abord tous les autres en grâce et sainteté, puis ABANDONNÉ POUR SON INCREDULITÉ, mérita d'être RÉPROUVÉ, puisque venue la plénitude du temps, ce peuple perfide et ingrat a repoussé avec impiété son Rédempteur et L'A TUE d'une mort honteuse... Toutefois son impiété, instruite de toutes les pires astuces, est désormais arrivée à un point tel que, pour notre salut commun, il faut repousser la force d'un si grand mal, par un prompt remède. (...) Ce qui porte le plus préjudice est le fait que, étant adonnés aux sortilèges, aux ensorcellements, aux superstitions de la magie et aux maléfices, ILS [les Juifs] CONDUISENT AUX TROMPERIES DE SATAN DE TRÈS NOMBREUSES PERSONNES IMPRUDENTES ET FAIBLES.

Enfin nous sommes informés... qu'avec ces tromperies ils dressent des embûches à la vie des Chrétiens ».

ANTIQUA JUDEORUM, du Pape Grégoire XIII (1581) : « L'antique iniquité des Juifs, à cause de laquelle ils opposèrent toujours de la résistance à la bonté divine, est d'autant plus exécrable dans les fils dans la mesure où, pour combler la mesure des pères, ils péchèrent encore plus gravement en rejetant le Fils de Dieu et EN COMPLOTTANT POUR LE TUER d'une manière criminelle. Pour cette raison devenus pire que leurs pères... absolument pas calmés... ne renonçant en rien à leur crime passé, ils s'acharnent encore maintenant dans les synagogues et partout contre N.-S. Jésus-Christ... et très hostiles aux Chrétiens ils osent encore commettre... d'effroyables crimes contre la religion chrétienne ».

CÆCA ET OBTURATA, du Pape Clément VIII (1593) : « L'aveugle et sourde perfidie des Juifs non seulement est ingrate envers Jésus-Christ... mais ne reconnaît pas non plus la grande miséricorde à l'égard de la Sainte Église qui attend patiemment leur conversion ».

A QUO PRIMUM, du Pape Benoît XIV (1751) : « En outre, tout trafic de marchandises utiles... est géré par les Juifs eux-mêmes... en outre ils possèdent des cabarets, des propriétés, des villages, des biens pour lesquels, devenus les maîtres, non seulement ils font travailler sans répit, en exerçant une domination cruelle et inhumaine, les pauvres Chrétiens employés aux travaux agricoles et les contraignent au transport de poids énormes ; mais ils leur infligent aussi des peines : ceux qui sont soumis aux coups de fouet en ont le corps blessé... En outre les mêmes Juifs, étant adonnés spécialement à l'exercice du commerce, après avoir de cette manière accumulé une grande somme d'argent, par la pratique immodérée de l'usure assèchent les richesses et les patrimoines des Chrétiens ».

MIT BRENNENDER SORGE, du Pape Pie XI (1937) : « ... Tel qu'il est apparu dans la chair,... le Christ... a reçu son humaine nature d'un peuple qui devait le crucifier ».

Enfin, après avoir cité ces Bulles plus anciennes et peu connues je voudrais traiter de la question de l'"Encyclique cachée", ainsi que l'ont appelée les historiens.

En juin 1938, Pie XI demanda à trois jeunes jésuites une épreuve pour une Encyclique contre l'Antisémitisme biologique (*HUMANI GENERIS UNITAS*).

Cette épreuve fut remise au Vatican à la fin de septembre 1938. Pie XI mourut le 10 février 1939 et le document ne devint jamais Encyclique ; il garde cependant une importance historique considérable, et c'est dans cette optique que je me permets de le citer.

« ... La vraie nature, la base authentique de la séparation des Juifs du reste de l'humanité... cette base a un caractère directement religieux [et non racial ou biologique, n.d.a.]. La prétendue question juive, dans son essence, n'est une question ni de race, ni de nation... C'est une question de religion et, DEPUIS LA VENUE DU CHRIST, UNE QUESTION DE CHRISTIANISME. (...)

Un seul peuple a été favorisé, à proprement parler, d'une vocation. C'est le peuple juif, choisi par le Tout-Puissant, pour PRÉPARER LES VOIES À L'INCARNATION de son Fils unique en ce monde... Le Sauveur, que Dieu... envoya à son peuple choisi, FUT REJETÉ PAR CE PEUPLE, répudié violemment et condamné comme un criminel par les plus hauts tribunaux de la nation...

LE PEUPLE JUIF A MIS À MORT SON SAUVEUR... De plus, ce peuple infortuné, qui s'est jeté lui-même dans le malheur, dont les chefs aveuglés ont appelé sur leurs propres têtes les malédictions divines... Nous constatons chez le peuple juif une INIMITIÉ CONSTANTE visà-vis du Christianisme. Il en résulte une tension perpétuelle entre Juif et Chrétien, qui ne s'est à proprement parler jamais relâchée. (...) ses vœux ardents [de l'Église] pour sa conversion, ne l'aveuglent pas cependant sur les dangers spirituels auxquels le contact avec les Juifs peut exposer les âmes. (...) Tant que persiste l'incrédulité du peuple juif... l'Église doit... prévenir les périls que cette incrédulité... pourrait créer pour la foi et les mœurs de ses fidèles »[1340].

LES MOTIFS DE L'INFIDÉLITÉ JUIVE

L'INFIDÉLITÉ EN GÉNÉRAL

Pour St Thomas l'infidélité « est le péché dans lequel sont englobés tous les autres. L'infidélité est donc bien le plus grand de tous les péchés »[1341]. C'est le dernier des péchés, auquel l'homme est parfois conduit par les autres péchés[1342]. Les théologiens concluent donc que : « La perte de la foi est... toujours conditionnée par un péché : très souvent c'est toute une série de fautes et de transactions graduelles qui prépare l'apostasie »[1343].

[1340] G. PASSELECQ - B. SUCHECKY, *L'Encyclique cachée de Pie XI*, éd. La Découverte, Paris 1995, pp. 283-293.
[1341] S. T., II-II, q. 10, a. 3.
[1342] S. T., II-II, q. 162, a. 7, ad 3um.
[1343] F. ROBERTI P. PALAZZINI, *Dizionario di Teologia morale*, Studium, Roma 1968, Vol. I, p. 802.

L'INFIDÉLITÉ COUPABLE DES JUIFS

St Thomas se demande si l'infidélité des Païens est la plus grave, et répond que : « Les Gentils n'ont pas connu la voie de la justice ; mais les hérétiques et les Juifs, la connaissant de quelque manière, l'ont désertée : leur péché est donc plus grave »[1344].

Dans l'Évangile nous lisons : « *Mais quoiqu'Il eût fait de si grands miracles devant eux, ils ne croyaient pas en Lui* »[1345]. Le peuple juif, dans son ensemble n'a pas cru. Les Chefs de la nation n'ont pas cru, la majorité de la foule n'a pas cru. Et il n'est pas permis de dire que l'unique et ultime cause de la culpabilité de la foule a été seulement l'influence des chefs, bien qu'il soit certain que leurs insinuations malignes, montrèrent sous un jour défavorable la figure de Jésus auprès du peuple. Et ainsi derrière l'exemple des chefs, la foule ne correspondit pas aux premières grâces.

La foule apparaît d'abord incertaine et dubitative en face de Jésus, mais les chefs interviennent immédiatement pour étouffer tout éventuel enthousiasme. En effet si des mesures n'avaient pas tout de suite été prises peut-être que tous (ou la majeure partie) auraient cru en Jésus. Les chefs « acceptèrent ainsi d'avance toutes les responsabilités de l'apostasie de la nation élue »[1346].

JÉSUS CONDAMNE L'INFIDÉLITÉ DES JUIFS :
LEUR AVEUGLEMENT EST VOLONTAIRE

L'infidélité des Juifs est un péché formel. Plus grave chez les chefs, mais volontaire et donc coupable (même si moins gravement) chez les fidèles[1347]. Jésus Lui-même a dit :

> « Si je n'étais pas venu, et que je ne leur eusse point parlé, ils n'auraient point de péché ; MAIS MAINTENANT ILS N'ONT POINT D'EXCUSE DE LEUR PÉCHÉ... Si je n'avais fait parmi eux les œuvres que nul autre n'a faites, ils n'auraient point de péché ; mais maintenant, et ils les ont vues, et ILS ONT HAÏ ET MOI ET MON PÈRE »[1348].

[1344] S. T., II-II, q. 10, a. 6, sed contra.

[1345] Jn XII, 37.

[1346] A. CHARUE, *L'incrédulité des Juifs dans le Nouveau Testament*, Gembloux, Duculot, 1929, p. 246. Il faut préciser que si **objectivement** parlant le péché de la masse des Juifs (considéré comme objet d'étude) fut grave, **subjectivement** considéré (c'est-à-dire en chaque personne en particulier) seul Dieu *"qui sonde les reins et les cœurs"* sait s'il y a culpabilité grave, légère ou s'il n'y en a pas.

[1347] Cf. *Sodalitium* n° 28, pp. 29-41.

[1348] Jn XV, 22-24 ; XVI, 8-9.

Deux scènes de la légende de Théophile dans laquelle un juif sert d'intermédiaire entre le diable et l'archidiacre qui veut lui vendre son âme pour racheter le prestige perdu (Lambeth Apocalypse, 1260, Londres, Lambeth Palace Library)

« La condamnation explicite et répétée frappe tant les chefs que la foule. Tout le peuple juif apparaît, en général, gravement coupable de son incrédulité. La culpabilité des chefs ressort... Ils sont en grande partie coupables de l'incrédulité de la foule. Eux plus que les autres pouvaient comprendre... »[1349]. Leur ignorance est déterminée par l'envie et la jalousie à l'égard du Sauveur. Ils sont aveuglés par la haine, mais l'aveuglement a été volontaire, Jésus les condamne donc : "*Si vous étiez aveugles, vous n'auriez point de péché. Mais vous dites au contraire : Nous voyons. Ainsi votre péché subsiste*"[1350]. St Pierre parlant aux Israélites, après leur avoir montré de quel crime horrible ils se sont souillés, veut trouver (poussé par la miséricorde) une sorte d'atténuation à leur péché : l'ignorance : "*Mes frères, je sais que c'est par ignorance que vous avez agi, aussi bien que vos chefs*"[1351]. Mais leur ignorance fut vincible et coupable. Les Juifs "*avaient fermé les yeux de l'esprit*"[1352]. Celui qui veut rester dans les ténèbres même quand il s'approche de la lumière, n'a aucune excuse. C'est pourquoi, en faisant abstraction des cas individuels, l'ignorance fut en général coupable chez les chefs et parmi la foule. Mais chez les chefs elle fut plus coupable que parmi la foule.

Selon St Thomas, le Docteur commun de l'Église, les chefs connaissaient explicitement la messianité et la divinité de Jésus : « Les notables connurent, COMME AUSSI LES DÉMONS, que Jésus était le Christ promis dans la Loi »[1353]. Mais ils voulurent ignorer par ignorance affectée et donc encore plus coupable ! Et voilà que nous revenons à l'analogie entre le diable et le peuple déicide, qui a imité son Père "*homicide dès le commencement*" !

La foule, qui était ignorante ne connut pleinement et explicitement ni la messianité ni la divinité de Jésus. Et même si certains ont cru, le peuple cependant ne crut pas ; qui plus est il fut trompé par ses chefs. C'est pourquoi le peuple juif « a commis le péché le plus grave, si l'on regarde le genre de leur péché [il a crucifié Dieu] : néanmoins, ce péché est

---

[1349] A. DAL COVOLO, *La psicologia dell'incredulo*, Vita e Pensiero, Milano 1945, pp. 21-22.
[1350] Jn IX, 41.
[1351] Actes III, 17.
[1352] AMMONIO ALESSANDRINO, *Fragmenta in S. Joann.*, P. G. LXXXV, 1478.
[1353] S. T., III, q. 47, a. 5. c.

DIMINUE QUELQUE PEU à cause de son ignorance »[1354] ; qui bien que n'étant pas affectée comme celle des chefs, était cependant vincible et par conséquent coupable.

DIFFÉRENTES CAUSES DE L'INCRÉDULITÉ JUIVE : LA VOLONTÉ DIVINE, L'ACTION DE SATAN, L'INFLUENCE DES CHEFS

La foule des Juifs (chefs compris) a eu de Dieu la grâce suffisante pour croire et si elle n'a pas cru cela a été de sa faute.

Satan, comme à son habitude, a dirigé, organisé et mis en mouvement les forces d'opposition au Christ. En effet dans tout le Nouveau Testament il apparaît comme l'adversaire, l'ennemi du Messie.

Les chefs ont influé sur le jugement de la foule, avec leurs calomnies et leurs intrigues ils ont au moins mal disposé l'âme du peuple à l'égard de Jésus. La foule suivra les chefs (excepté un petit reste), bien qu'ayant la grâce suffisante et les motifs de crédibilité pour suivre Jésus ; c'est pourquoi quiconque a résisté est coupable.

LA CAUSE ULTIME DE L'INCRÉDULITÉ JUIVE

Les difficultés de la part de la foule (qui normalement a le devoir de suivre les chefs) à croire à Jésus étaient graves et objectives. Mais nous savons que Dieu quand il se révèle, donne aux hommes, avec la Révélation, également la possibilité de la connaître comme telle. Le peuple juif fut donc coupable si à travers les Prophéties de l'Ancien Testament qui se sont accomplies en Jésus, les miracles opérés par le Sauveur, la grâce suffisante que Dieu ne refuse à personne, il ne reconnut pas le vrai Messie. Il y a donc une cause subjective qui détermina l'incrédulité juive :

a) Les œuvres mauvaises

L'Évangile nous révèle : « La lumière a paru dans le monde, et les hommes ont mieux aimé les ténèbres que la lumière, PARCE QUE LEURS ŒUVRES ÉTAIENT MAUVAISES. Car quiconque fait le mal hait la lumière, et il ne vient point à la lumière, de peur que ses œuvres ne soient découvertes »[1355].

Cette infidélité envers le Christ est coupable, puisque le monde pouvait croire : *"La lumière est venue dans le monde... et a brillé dans les ténèbres"* : aux hommes fut donnée la possibilité et adressée l'invitation à sortir des ténèbres et à venir à la lumière. Mais à la lumière ne parvient que celui qui le veut librement, et les hommes ont préféré les ténèbres à la lumière.

[1354] S. T., III, q. 47, a. 6, ad. 3.
[1355] Jn III, 19-20.

Mais quelle est la raison de ce choix erroné ? La véritable raison doit être recherchée dans les ŒUVRES MAUVAISES, dans la VIE, dans l'ACTE DE LA VOLONTÉ qui peut même être seulement intérieur (comme l'orgueil de l'esprit). Les œuvres mauvaises ne sont pas seulement l'IMMORALITÉ GROSSIÈRE : attachement aux plaisirs des sens, mais aussi l'IMMORALITÉ SUBTILE : l'exaltation du moi, la recherche de la gloire humaine et de l'honneur du monde. Eh bien celui qui fait le mal fuit la lumière intérieure de la vérité qui lui reprochera, comme le voleur fuit la lumière du soleil et cherche les ténèbres pour ne pas être vu. Celui-ci ne viendra pas à la lumière, ne s'approchera pas d'une doctrine (même quand il l'a connue comme vraie) qui condamne sa vie. « Il est impossible de ne pas penser à ceux qui prêchent l'observance de la Loi... et dont la vie ne correspond pas à cet idéal. C'est précisément ce qui est arrivé en Israël »[1356]. Les pharisiens aiment donc les ténèbres non pour elles-mêmes, mais parce qu'elles justifient leur conduite extérieure, et ils haïssent la lumière, parce qu'elle démasquerait leur perversité intérieure et cachée ! Jésus Lui-même a affirmé : Celui qui fait la volonté de Dieu, connaîtra si la doctrine que J'enseigne est divine ou non[1357]. Ce qui signifie : la doctrine de Jésus apparaîtra divine à tout esprit loyal, à tout esprit qui est de Dieu et non du diable, et qui veut ce que Dieu veut et non ce que veut le diable : le péché !

Revenons donc à St Jean chapitre VIII. Jésus dit : "*Celui qui est de Dieu écoute les paroles de Dieu*", c'est-à-dire : quiconque cherche la vérité avec pureté d'intentions et s'inspire dans sa vie pratique de cette vérité, sera disposé à écouter la parole de Dieu. Si donc les Juifs (dans leur majorité) n'écoutent pas la parole de Dieu c'est parce qu'ils ne sont pas de Dieu, mais que LEUR PÈRE EST LE DIABLE !

b) L'orgueil des chefs

Le Sauveur « démasquera ses adversaires, en mettant inexorablement à nu la passion cachée qui les corrode. (...) Ils n'ont pas l'amour de Dieu : "*J'ai reconnu que vous n'avez pas l'amour de Dieu en vous*" (Jn V, 42). La véritable et plus profonde raison de leur incrédulité est ailleurs : elle est en euxmêmes, dans leur volonté : "*Vous ne voulez pas venir à moi*" (Jn V, 40) »[1358]. Donc l'ambition les aveugle et fut pour eux un grand obstacle à croire et à venir au Christ. « C'est donc avant tout L'ORGUEIL qui a tenu la classe dominante dans l'incrédulité... N'estce pas un fait qui confirme que la superbe est la passion qui tient éloignés du Christ les hommes de la manière la plus tenace ? »[1359].

c) Espérances politiques et trop terrestres

La foule, dans les miracles de Jésus, voit la réalisation de ses espérances messianiques ; espérances d'une libération politique du joug romain ; espérances d'une ère heureuse de prospérité matérielle.

[1356] A. DAL COVOLO, *op. cit.*, p. 37.
[1357] Cf. Jn VII, 17.
[1358] A. DAL COVOLO, *op. cit.*, p. 43.
[1359] *Ibid.*, p. 49.

En résumé LES MAUVAISES DISPOSITIONS DE LA VOLONTÉ SONT LA CAUSE ULTIME QUI EMPÊCHE À LA FOULE DE RECONNAITRE LE VRAI MESSIE EN JÉSUS de Nazareth, dans la mesure où elle veut un roi terrestre, réalisateur de ses aspirations matérielles. L'ultime raison de l'incrédulité ne doit pas être recherchée dans l'intelligence, puisqu'elle n'est pas dans le fait de n'avoir pas *pu* croire, par manque de motifs objectifs et intelligibles de crédibilité, mais dans le fait de N'AVOIR PAS *VOULU* CROIRE, à cause d'une mauvaise volonté mal disposée moralement. Leur incrédulité est donc volontaire et par conséquent coupable. On peut donc conclure que LA MAUVAISE VIE EST LA CAUSE DE TOUTE INCREDULITÉ !

Comme le diable est un Ange déchu pour mauvaise volonté (il a préféré s'affirmer luimême, même en se damnant, que de se soumettre à la volonté de Dieu), de la même manière les Juifs dont le Père est le diable (en tant qu'ils en ont imité la mauvaise volonté) ont préféré refuser le Sauveur et le salut, pour pouvoir satisfaire leur volonté perverse.

ÉPILOGUE

Comme je disais au début de l'article, à la question : "D'où vient et où va le Judaïsme post-templier ? Qui en est le chef et qui l'inspire ?", on peut répondre que derrière les forces occultes (Judaïsme, Maçonnerie, Esotérisme, Haute Finance) qui manœuvrent le monde, il faut voir l'action du diable, leur Père et leur maître : en effet une explosion aussi vaste de passions malsaines, d'idées perverses et de faits déplorables, ne peut être expliquée sans une intervention préternaturelle et diabolique. L'on ne peut oublier ni sous-estimer la part prise par le diable dans la marche de la Conjuration antichrétienne et de la Révolution, ni oublier que l'instrument principal dont le diable se sert pour subvertir le monde et l'esprit humain est le Judaïsme, décidé et réprouvé par Dieu. Qui donc voudrait combattre la Révolution sans en combattre le principal agent humain, le Judaïsme talmudique, échouerait et ne serait qu'un "semi-contrerévolutionnaire".

Comme le Père Garrigou-Lagrange l'écrivait déjà avec perspicacité en 1945 : « Les erreurs très dangereuses, aujourd'hui les plus répandues tendent à la déchristianisation complète des peuples. Le mal a commencé avec la Renaissance païenne du XVIème siècle, qui fut la renaissance de la *Superbe* et des *Sensualités* païennes chez les Chrétiens. Le Protestantisme l'accentua... Vint ensuite la Révolution française... avec son Déisme et son Naturalisme... Puis l'esprit de la Révolution conduisit au Libéralisme... Le Libéralisme [conservateur] ayant échoué... lui succéda le Radicalisme, pour ne pas dire plus exactement l'Antichristianisme. D'où ont pris naissance les Francs-Maçons. Le Radicalisme à son tour causa le Socialisme et celui-ci le Communisme... Contre toutes ces négations... seule l'Église Catholique... peut résister efficacement, parce qu'elle seule possède la Vérité sans erreurs. C'est la raison pour laquelle le Nationalisme ne peut efficacement résister [à la

Révolution] »¹³⁶⁰. Ces idées furent reprises environ quinze ans après (en 1959), par un penseur brésilien, Plinio Correa de Oliveira, dans un livre intéressant mais incomplet intitulé *Revolucao e Contra-Revolucao*¹³⁶¹.

La Révolution est une œuvre diabolique de déchristianisation inspirée par Lucifer et conduite en premier lieu par le Judaïsme antichristique et antichrétien, qui dirige plusieurs autres branches, parmi lesquelles la Maçonnerie, l'Esotérisme, la Haute Finance et le Communisme. Combattre seulement et d'une manière excessive le dernier d'entre eux sans s'adonner à une étude approfondie et vaste de la question juive est erroné et... sent le... brûlé !

QUE FAIRE ?

La divine Providence a voulu nous donner "un Secret", pour ramener les âmes au Catholicisme et pour combattre ses ennemis invisibles et ténébreux, c'est la Vraie Dévotion à Marie, spécialement telle qu'elle a été enseignée par St Louis Grignion de Montfort, dans le *"Traité de la vraie dévotion à la Sainte Vierge"*, qui peut être défini comme l'uranium du Christianisme, pour développer une énergie spirituelle comparable à l'énergie atomique, surtout en ces tristes temps d'Apostasie générale. La lutte contre le diable, le Judaïsme et ses dérivations secrètes, est une lutte essentiellement religieuse, qui a besoin de l'aide de la grâce de Dieu. Or Marie est la Médiatrice Universelle de toute grâce, elle en est la trésorière et la dispensatrice ! La vraie dévotion, en qualité d'esclaves de Marie, est absolument nécessaire pour vaincre la bataille contre les forces du mal. La Révolution et le Judaïsme talmudique, étant sataniques dans leur essence, ne peuvent être combattus et vaincus que par une réaction qui soit surnaturelle dans son essence. Lucifer, symbole du Judaïsme rebelle à Dieu et déchu de sa vocation, sera vaincu par Marie qui lui écrasera la tête, comme avait promis le Seigneur : *"IPSA CONTERET CAPUT TUUM"*¹³⁶².

Dans cette optique notre victoire contre le Judaïsme révolutionnaire dépend de Marie et de notre union à Elle. St Louis Grignion de Montfort, avait prophétisé cette victoire dans la *"Prière embrasée"*, en demandant au Seigneur des armées un déluge de feu du pur amour qui purifiera l'humanité et sera : « *Si doux et si véhément, que toutes les nations, les Turcs, les idolâtres, les Juifs même en brûleront et se convertiront* ».

[1360] R. GARRIGOU-LAGRANGE, *Santificazione sacerdotale nel nostro tempo*, Marietti, Torino 1945, pp. 7-9.
[1361] Campos 1959.
[1362] Gen. III, 15.

Marie est notre refuge

Déjà paru

OMNIA VERITAS

Omnia Veritas Ltd presente:

LA GUERRE OCCULTE
de
Emmanuel Malynski

*Satan s'est révolté au nom de la **liberté** et de **l'égalité** avec **Dieu**, pour asservir en se substituant à **l'autorité** légitime du Très-Haut...*

Toute l'histoire du XIXe siècle est marquée par l'évolution du mouvement révolutionnaire

Les étapes du duel gigantesque entre deux principes

OMNIA VERITAS

Omnia Veritas Ltd présente :

JÉSUS-CHRIST,
sa vie, sa passion, son triomphe
par AUGUSTIN BERTHE

Par sa doctrine, il éclipsa tous les sages ; par ses prodiges, tous les thaumaturges ; par ses prédictions, tous les prophètes...

Il fit du monde entier son royaume, et courba sous son joug les peuples et les rois

OMNIA VERITAS

Omnia Veritas Ltd présente :

LA RÉVOLUTION
PRÉPARÉE PAR LA
FRANC-MAÇONNERIE
PAR
JEAN DE LANNOY

La Franc-Maçonnerie doit porter la responsabilité des crimes de la Révolution aussi bien que de ses principes

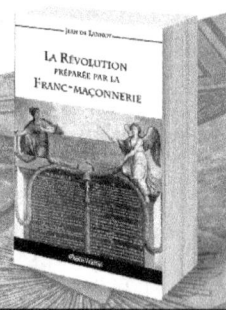

L'histoire de la Révolution remise à l'endroit

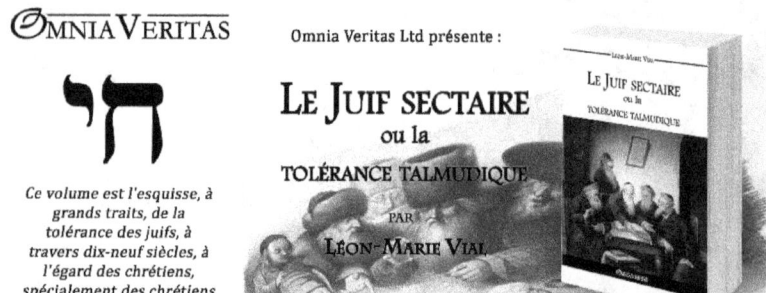

www.omnia-veritas.com

www.ingramcontent.com/pod-product-compliance
Lightning Source LLC
Chambersburg PA
CBHW060312230426

43663CB00009B/1675